MW00773040

EL SUEÑO INCONCLUSO

Historia del Directorio Revolucionario Estudiantil (DRE)

Cuba, 1959-1966

COLECCIÓN CUBA Y SUS JUECES

EDICIONES UNIVERSAL, Miami, Florida, 2022

JAVIER FIGUEROA DE CÁRDENAS

EL SUEÑO INCONCLUSO

Historia del Directorio Revolucionario Estudiantil (DRE)

Cuba, 1959-1966

EDICIONES UNIVERSAL

Copyright © 2022 by Javier Figueroa de Cárdenas

Primera edición, 2022

EDICIONES UNIVERSAL
P.O. Box 450353 (Shenandoah Station)
Miami, FL 33245-0353. USA
e-mail: ediciones@ediciones.com
http://www.ediciones.com
(Desde 1965)

Library of Congress Control Number: 2022936714
ISBN-13: 978-1-59388-330-0

Composición de textos: María Cristina Zarraluqui

Diseño de la cubierta: Carlos Fleitas

Foto en la cubierta: Calcomanía del Directorio Revolucionario Estudiantil

Todos los derechos
son reservados. Ninguna parte de
este libro puede ser reproducida o transmitida
en ninguna forma o por ningún medio electrónico o mecánico,
incluyendo fotocopiadoras, grabadoras o sistemas computarizados,
sin el permiso por escrito del autor, excepto en el caso de
breves citas incorporadas en artículos críticos o en
revistas. Para obtener información diríjase a
Ediciones Universal.

«El DRE fue un sueño de un grupo de jóvenes idealistas, que luchaban por su Patria, como lo más importante en sus vidas»

Pedro Ynterián en *Clandestinos*

A Luis Fernández Rocha y Cecilia la Villa, y con ellos, a todos los hombres y mujeres que militaron en el DRE y soñaron con una Cuba mejor.

Índice

Prólogo

El sueño inconcluso es la historia del Directorio Revolucionario Estudiantil (DRE), un movimiento estudiantil gestado a lo largo de 1960 en Cuba con el propósito de enfrentarse y detener lo que entonces se interpretó como el intento de radicalizar al país para establecer un Estado comunista en la isla caribeña. Mi interés por este tema debe remontarse a mi propia experiencia ya que, fui militante de la Sección Preuniversitaria del DRE mientras cursaba mis años de High School en la ciudad de Miami, Florida, al salir de Cuba el 2 de julio de 1961. En ese sentido, y dado el peso que esa militancia tuvo en mi formación como ser humano, desarrollé un especial afecto hacia la organización, aunque tuvieron que pasar muchos años antes de que yo concibiera la idea de recrear la historia del Directorio. Es probable que el punto de inflexión que me llevó a asumir el proyecto acerca de la historia del DRE fuese la invitación que me hiciera Juan Manuel Salvat para revisar la documentación del Directorio que él guardaba en su librería de Miami, la mítica Librería Universal.

La época en que recibí la propuesta del «Gordo» Salvat, yo estaba terminando lo que sería mi tesis doctoral, *Creating Paradise: The Cuban-American Struggle For The Control of Cuba's Economic Development, 1944-1952.* Con la disertación, que era el último de los requisitos exigidos por el departamento de Historia de The University of Connecticut, terminaría mis estudios doctorales que había emprendido en 1982. En aquel momento corría el año académico de 1987-1988 y, además del trabajo que implicaba la escritura de la tesis doctoral, yo daba clases en Colgate University. Fue allí que recibí el mensaje de Salvat hablándome de la documentación del DRE. Gracias a esa invitación, solicité de mi centro de trabajo una subvención económica para poder viajar a Miami y examinar las cajas con documentos almacenados en la Universal.

Viajé a la Florida en algún momento del semestre de primavera, y, sin perder tiempo, me encaminé a la librería del «Gordo» en donde me esperaban las cajas que custodiaban varios de los múltiples pedazos que constituían la historia del Directorio. Como uno de los objetivos de Salvat era que esa documentación se depositara en la Cuban Heritage Collection (CHC) de University of Miami, examiné cada uno de los cientos de documentos que encontré, hice un inventario preliminar de la colección, fotocopié una parte de la documentación, y apoyé el deseo de Salvat de entregar los documentos a la CHC que, en aquel momento, dirigía Esperanza de Varona junto a la valiosa colaboración de Lesbia O. de Varona. De más está decir que, mi impresión sobre el fondo del DRE, el cual pasaría a la biblioteca de University of Miami, fue muy positiva pues contenía un acervo documental valiosísimo para conocer, no solo a una de las principales organizaciones que fue parte de la primera oposición al régimen revolucionario que dirigía Fidel Castro, sino para entender un período de la historia cubana que en ese momento estaba muy distorsionado por una historiografía que solía ser de signo binario.

Todavía recuerdo el entusiasmo con el que mi consejero doctoral en UCONN, Thomas G. Paterson, recibió la noticia de mi hallazgo en Miami. Paterson, quien es considerado como uno de los principales historiadores de la diplomacia de Estados Unidos, y quien entonces estaba enfrascado en la investigación de lo que sería una obra seminal sobre las relaciones entre Estados Unidos y Cuba para el período revolucionario, *Contesting Castro. The United States and the Triumph of the Cuban Revolution*, comprendió la riqueza de los documentos que yo acababa de examinar y me animó a seguir con la investigación. Sin embargo, me hizo una advertencia que me hizo reflexionar sobre la seriedad del contenido que había en la colección del DRE. Paterson pensó, en aquel momento, que, sería difícil que la Agencia Central de Inteligencia de Estados Unidos (CIA), permitiese el uso de muchos de esos documentos pues estarían comprometiendo la participación que la Agencia había tenido en los asuntos cubanos de aquel período. Sin embargo, no fue la advertencia de mi profesor y consejero lo que me alejó de un posible proyecto de investigación sobre la historia del DRE. En agosto de 1988, después de haber completado mis estudios doctorales, me trasladé, junto a mi familia, a Puerto Rico. Fui contratado por el departamento de Historia de la Universidad de Puerto Rico, Recinto de Río Piedras. Las responsabilidades académicas que fui asumiendo en mi querida y antigua Alma Mater, incluyendo algunos años como director del Programa Graduado, ayudaron a que fuera posponiendo la investigación acerca de la historia del Directorio. No obstante, el proyecto no fue abandonado completamente. Durante esos años pude abordar directa o indirectamente el tema que tanto interés había generado en mí el encuentro con los documentos del Directorio en aquel, cada vez más lejano, 1988. Además, algunas lecturas que como *La contrarrevolución cubana* de Jesús Arboleya, publicada en 1997, o el indispensable *The Castro Obsession. U. S. Covert Operations Against Cuba, 1959-1965* del periodista del *The Miami Herald* Don Bohning, publicado en 2005, aguijonearon mi inclinación a retomar el marginado proyecto. También, escribí dos ensayos y un libro que abordaron asuntos cercanos a mi tema. Entre los primeros, estuvo el ensayo *Por delitos contra los poderes del Estado: memorias y relatos del presidio cubano, Isla de Pinos, 1959-1967* publicado en el 2003 por la revista *Historia y Sociedad* del departamento de Historia de la Universidad de Puerto Rico. Asimismo, elaboré *El deber y la patria. El Directorio Revolucionario Estudiantil (DRE),* el cual fue publicado en el número de invierno (2005-2006) de la revista *Encuentro de la cultura cubana*. Este ensayo fue parte de un *dossier* dedicado a la Primera Oposición Cubana. Ambos artículos fueron precedidos por sendas presentaciones orales: una para un encuentro de la Latin America Studies Association (LASA) y otra del Cuban Research Institute (CRI) de Florida International University. El libro, que fue publicado en 2006, fue *El Exilio en Invierno. Miguel Figueroa y Miranda. Diario del Destierro*. El núcleo central de esta última obra, que abarca varios meses del año 1962, fue la Colección José Miró Cardona que se encuentra depositada en la Cuban Heritage Collection. Esta colección documental, de quien fuera Primer Ministro del Gobierno Revolucionario de Cuba a principios de 1959 y que después ocupara la presidencia del Consejo Revolucionario Cubano en Miami, es valiosísima para adentrarse en la historia política del exilio cubano durante los años 1961, 1962 y 1963. Por supuesto, en la Colección Miró me encontré documentos relacionados con el DRE. De igual manera, la investigación que llevé a cabo en la CHC para *El Exilio en Invierno,* revisé algunos folios de la Colección del DRE y que contribuyeron a la acumulación de información para una posible y futura historia del Directorio. A la misma vez, no puedo dejar de mencionar que durante toda esa etapa, y durante los frecuentes viajes que yo hacía a la ciudad Miami, mis visitas a la Librería Universal eran de rigor. En ellas, el «Gordo» Salvat no dejaba de insistirme acerca de la historia del DRE que estaba esperando por mí. En marzo de 1999 aproveché una visita a Miami y le hice sendas y largas entrevistas a dos de los principales fundadores y dirigentes del Directorio, al propio Salvat y a quien fuera uno de los secretarios generales de la organización, Alberto Muller.

En otra ocasión, Salvat me citó para que asistiera a una reunión en casa de Cecilia la Villa y Tommy Fernández Travieso, dos antiguos militantes del DRE que vivían en Miami. La razón para la invitación era el interés que tenía Cecilia por la historia del Directorio. La idea que movía a Salvat era la de una posible colaboración entre Cecilia y yo. Aunque, en esa coyuntura yo estaba enfocado en mi trabajo en la UPR, expresé mi interés por el proyecto y ofrecí mi colaboración. Cecilia se comprometió a entrevistar a la antigua militancia en el DRE, particularmente, a quienes vivían o pasaban por la «capital» del exilio cubano. Cecilia, quien había sido parte importante del Directorio tanto en Cuba como en Miami, pudo completar su trabajo y cuyo fruto es su libro *Clandestinos* publicado después de su fallecimiento en 2020. Yo, por mi parte, seguí posponiendo la investigación hasta que logré contar con el tiempo necesario para dedicar todo mi esfuerzo a un proyecto que era muy querido, pero que había dilatado excesivamente.

En diciembre de 2012 me jubilé de la Universidad de Puerto Rico y en septiembre de 2013, por circunstancias familiares, me trasladé a vivir en Miami. Sin embargo, el primer año de mi residencia en la Florida lo dediqué, junto a mi amigo y también historiador y bibliotecario, Salvador Miranda, a organizar el archivo de la Agrupación Católica Universitaria (ACU), una Congregación Mariana de universitarios y profesionales cubanos, fundada en Cuba en 1931. La ACU fue una de las principales matrices de la que surgieron varias organizaciones políticas que fueron parte de la primera oposición al régimen de Fidel Castro, entre las cuales se encontraba el DRE. En ese sentido, el trabajo con los papeles de la ACU reforzaron mi interés por la historia del Directorio y tuve la suerte de topar con una fuente importante para mi futuro trabajo, los números de la publicación agrupacional *Esto Vir* que abarcan los años de 1959 y 1960. Sin embargo, antes de que llegara el momento de inmersión definitiva en la elaboración de la historia del DRE, me ocupé de otro proyecto que me acercó aún más con aquel que venía gestándose desde 1988. José María de Lasa, militante del Directorio desde los días fundacionales, me pidió que colaborara con él para escribir sus memorias. Por supuesto, parte de su historia particular incluía su trabajo político dentro del DRE, y, de esa forma, pude adquirir una información que sería muy útil cuando me dedicara «a tiempo completo» a la historia del Directorio. Ese momento llegó en 2018. No había razones que justificaran una posposición adicional del proyecto y, el 9 de octubre de aquel año comencé con el trabajo.

La primera tarea que asumí fue la lectura de las fuentes secundarias que, de alguna manera, se relacionaban con el objeto de mi trabajo. Los libros y artículos que iría leyendo aportarían, además de información y datos, las visiones historiográficas que, sobre el tema, han presentado los correspondientes autores. Una vez agotada esta fase, pasé a la consideración de las fuentes primarias, es decir, a las colecciones documentales. Como yo tenía parte de la documentación generada por el DRE, incluyendo unos folios que fueron de la delegación del Directorio en Puerto Rico, un número importante de las actas que resumían las discusiones y acuerdos tomados por el Ejecutivo del DRE, y de la que también forman parte la colección del periódico *Trinchera*, así como el boletín que publicó la Sección Americana del Directorio, *The Cuban Report*, concentré mi trabajo en el examen de estas fuentes. Mi plan era trasladarme a la sede de la Cuban Heritage Collection después de agotar la revisión de esa documentación. Allí podría consultar el material que me faltaba. Sin embargo, la pandemia del Covid-19 que estalló al comienzo de 2020, me imposibilitó el cumplimiento de ese objetivo. No obstante, tuve un golpe de suerte, pues Cecilia la Villa, junto a Bertha Santa Cruz de Kindelán, habían trabajado la colección del DRE en la CHC y tenían tres carpetas con duplicados de los documentos de la organización. Gracias a la generosidad de Cecilia, que me entregó las carpetas, pude acceder a la mayor parte de los documentos del Directorio sin tener que moverme de mi casa. Advierto, que toda mi colección sobre el DRE pasará eventualmente a la Cuban Heritage Collection de manera que aquellos investigadores que deseen consultar los documentos citados por mí, lo podrán hacer en ese extraordinario archivo de la diáspora cubana.

Para completar la parte referencial de las fuentes primarias, tenía que examinar la documentación del gobierno de Estados Unidos correspondiente a Cuba y al Directorio. Una vez más, no fue necesario que me trasladara a ningún archivo para hacer la consulta de tan importante documentación. Para los asuntos de política general necesitaba tener acceso a los volúmenes documentales que publica el Departamento de Estado de Estados Unidos, los indispensables *Foreign Relations of the United States* (FRUS). Todos los que son pertinentes para mi investigación están accesibles en la internet. Además, tuve la buena fortuna de localizar la reciente publicación digital de unos volúmenes suplementarios de FRUS, los cuales contenían información acerca del tema que yo estaba trabajando. Lo que yo ignoraba en ese momento era que The National Archives también había puesto a disposición del público en general los miles de documentos relacionados con el asesinato del presidente John F. Kennedy y que, una parte de ellos tenían que ver con la oposición cubana que se enfrentó al régimen de Castro. Quien primero me alertó acerca de la existencia de esta colección fue otro antiguo militante del DRE, José A. G. Lanuza. Gracias a la advertencia de José Antonio me puse a buscar en internet y encontré un tesoro documental, sobre todo, porque allí estaba gran parte de la documentación generada por la Agencia Central de Inteligencia (CIA) con relación a sus gestiones para promover un cambio de régimen en Cuba. Hay que advertir que la CIA es una agencia muy burocratizada y que todo lo suele dejar por escrito. Es verdad que usan claves que hay que descifrar, y que hay veces que censura parte de los documentos que publica; pero, para la historia del período y tema que yo estaba trabajando, resulta ser una fuente indispensable. El problema que confronté fue que, el trabajo con esa colección es muy complicado ya que impera el desorden. Fue entonces cuando supe de una institución, The Mary Ferrell Foundation (MFF), que, por estar interesada en el asesinato de Kennedy, había trabajado esa documentación. Utilizando las claves proporcionadas por la MFF, se hizo muchísimo más fácil la identificación de los documentos que yo necesitaba para mi trabajo. De más está decir que, todo esto, también está en la internet y puede ser consultado por cualquier persona interesada en la materia. Debo señalar, además, que durante todo este tiempo en el que fui trabajando con todas estas fuentes, también tuve la oportunidad de hacer entrevistas a algunos de las personas que fueron militantes del DRE. Aclaro que soy escéptico en cuanto al valor que tiene la memoria como mecanismo para generar conocimiento histórico fiable, sobre todo, cuando ha pasado mucho tiempo desde que ocurrieron los hechos que se quieren conocer. La memoria se construye a través de procesos muy complejos y no siempre manifiesta lo que realmente sucedió. De todas maneras, es un instrumento que no se debe descartar y que puede ser útil para aclarar ciertos hechos históricos.

Con toda la información que fui recopilando, de todas las fuentes consultadas, fui confeccionando una cronología que, además de situar la historia del DRE dentro de un determinado contexto histórico, pude perfilar los temas que compondrían el relato que quería elaborar. Tan pronto terminé con la cronología comencé la fase de la escritura.

Los dos primeros capítulos le ofrecen al lector del libro el contexto histórico dentro del cual se organizó un movimiento estudiantil que optó por enfrentarse a un proceso político que se interpretó como autoritario e inclinado a promover la transformación de Cuba en un Estado comunista. En ese sentido, me pareció que, era indispensable para entender el surgimiento del DRE hacerme la siguiente pregunta: ¿por qué una oposición? Para responder a esa pregunta presupuse que el movimiento que llegó al poder en enero de 1959, el que se había enfrentado con éxito a la dictadura de Fulgencio Batista y que se había comprometido con la restitución de la democracia y la promoción de reformas que disminuyeran las desigualdades existentes en la sociedad cubana, gozaba de un enorme respaldo en la opinión pública del país. El primer capítulo trata, precisamente, de responder a esa pregunta y de explicar, por lo tanto, las razones generales que explican la aparición de un movimiento oposicionista en la Cuba de 1959 y 1960.

A la misma vez, tuve la necesidad de enfrentarme a otro problema que consideré esencial para poder entender a una organización como la que llegó a ser el Directorio. Al percibir el camino radical por el que una parte de la dirigencia política del país conducía los destinos de Cuba, otros sectores de la sociedad cubana activaron el dispositivo del anticomunismo como razón para oponerse a los cambios vislumbrados. Es verdad que el conflicto que se avecinaba en la isla quedaría encuadrado en ese fenómeno mundial que se llamó la Guerra Fría. También es cierto que la ubicación en la confrontación ideológica que tenía como principales protagonistas a Estados Unidos y la Unión Soviética, incidiría en el devenir de los acontecimientos cubanos; pero, ¿era la Guerra Fría la variable fundamental para explicar la respuesta que algunos cubanos le dieron al proceso de radicalización que tenía lugar en el país? ¿Era una casualidad que cuatro de los principales grupos que se organizaron en Cuba para oponerse a la temida transformación tuvieron, en términos generales, vínculos muy fuertes con organizaciones católicas de militancia laica? Tres de ellos, el Movimiento de Recuperación Revolucionaria (MRR), el Directorio Revolucionario Estudiantil (DRE) y el Movimiento Demócrata Cristiano (MDC), pero, sobre todo, los dos primeros, tuvieron relación estrecha con la Agrupación Católica Universitaria (ACU). El cuarto, el Movimiento Revolucionario del Pueblo (MRP), recibió parte de su militancia de individuos asociados con la Acción Católica (AC). Se sabe que la Iglesia católica recibió con júbilo al derrocamiento de la dictadura dirigida por Fulgencio Batista, y que, inclusive, saludó con entusiasmo muchas de las reformas que anunció el movimiento político que alcanzó el poder en Cuba a partir del 1 de enero de 1959. No obstante, tan pronto se generalizó la sospecha sobre la influencia comunista en los cambios que se estaban llevando a cabo, la reacción de muchos católicos cubanos fue vigorosa. Había que oponerse a la posible transformación, había que combatir el comunismo. Ante semejante cuadro, la pregunta de rigor sería, ¿por qué? ¿Fue esa respuesta una simple reacción doctrinal o había otros elementos que de alguna forma podrían explicar la naturaleza con que esos movimientos laicos, o mejor, muchos de sus militantes le respondieron a las pretensiones radicales de quienes dirigían el proceso político cubano? Eran preguntas que tenía que responder.

Al adentrarme en la historia del DRE, no podía dejar de colocar el origen del Directorio dentro del contexto de las luchas estudiantiles que se forjaron en Cuba a lo largo del siglo XX. Lo peculiar, en este caso, es que durante los dos momentos históricos en que los estudiantes cubanos tuvieron una participación política sustantiva, la tendencia predominante fue la de crear movimientos autónomos que se diferenciaran del resto de la clase política, aun con la de aquellos que compartían un mismo objetivo. Así ocurrió en la lucha contra la dictadura de Gerardo Machado en los finales de la década de los veinte y principio de los treinta y cuando optaron después a enfrentarse con la dictadura de Batista. Quienes fundaron al DRE seguirían esta tradición. Sin embargo, El Directorio no quedó plenamente instituido hasta finales de 1960. En el capítulo tres se rastrean, precisamente, los principales hechos que antecedieron a la fundación de la organización. Asimismo, se le presta especial atención a la participación que tuvieron algunos de los futuros fundadores del DRE en la política universitaria cuyo foco principal estaba en la Universidad de La Habana. De igual manera, se examina la protesta que muchos de ellos escenificaron en el Parque Central de la capital cubana el 5 de febrero de 1960. Aquellos acontecimientos coinciden, más o menos, con el momento en que el gobierno de Estados Unidos adoptó una política cubana dirigida a deshacerse, por el uso de la fuerza, del régimen dirigido por Fidel Castro. Es en esta coyuntura histórica que los universitarios cubanos que eran parte de la oposición, tomaron la decisión de crear una organización estudiantil que les ayudara a frenar el giro radical que se le dio al desarrollo político del país. A la misma vez, se propusieron promover en Cuba la instauración de un régimen democrático. Al alcanzar ese momento histórico, vuelve a surgir una nueva pregunta: ¿se acoplarán estos estudiantes a la maquinaria que el gobierno de Estados Unidos ha estado fraguando para derrocar a Castro o seguirán por un camino independiente que les permitiese conseguir ese objetivo?

La fundación del Directorio fue un proceso complejo que no culminó hasta diciembre de 1960. En agosto de ese año, tres de los principales dirigentes del movimiento estudiantil contestatario con el poder revolucionario, llegaron a Miami. El propósito de los tres, Alberto Muller, Juan Manuel Salvat y Ernesto Fernández Travieso, fue para recabar ayuda de los exiliados cubanos que se encontraban en la ciudad de la Florida. El objetivo de ellos era volver a Cuba y enfrentarse al régimen de Castro. En ese momento, la manera de enfrentarse al adversario ya está definida: promover el cambio mediante la lucha armada. Para ellos, esa era la única opción posible. La decisión, sin embargo, tenía un problema fundamental. Escogen la vía insurreccional cuando están desarmados y se enfrentan a un enemigo que dispondrá de amplios recursos para encarar ese tipo de oposición. Con esa perspectiva por delante, ¿cómo proceder? El camino que eligieron fue el de buscar un acuerdo con una entidad que fuese opuesta al régimen de Castro y que tuviese los recursos que pudieran garantizar el mayor éxito posible a la lucha armada. Esa entidad sería el gobierno de Estados Unidos, un sujeto que tenía como responsabilidades principales las de definir y dirigir los intereses generales de su país, el cual, además, estaba considerado como una superpotencia y que, en el caso cubano, le había encomendado la ejecución de su política a la Agencia Central de Inteligencia (CIA). Es decir, que si el futuro DRE llegaba a un trato con el presunto aliado, este tendría que ser tramitado con el organismo responsable de llevar a cabo los planes aprobados por el gobierno de Estados Unidos. En resumen, y, dada la opción escogida, la organización que Muller, Salvat y Fernández Travieso querían fundar no tenía otra alternativa que negociar con la CIA. Y eso, precisamente, fue lo que hicieron. ¿Qué consecuencias tendría semejante acuerdo? ¿Cuál sería el alcance del trato? Las expectativas del futuro DRE, ¿serían las mismas que las concebidas por la CIA o por el gobierno de Estados Unidos? ¿Qué esperaba conseguir el DRE de la CIA y qué era lo que la CIA esperaba del DRE? ¿Cómo sería la naturaleza de esa relación? ¿Se tomó en consideración la enorme asimetría que existía en el vínculo que existió entre las dos partes del trato? ¿Era la lucha armada una alternativa garante del éxito? ¿Qué pasaría si se fracasaba con la lucha armada? Más preguntas que se tendrían que responder.

Las gestiones que llevaron a cabo Muller, Salvat y Fernández Travieso en Miami les llevó a fundar una organización que se llamó el Directorio Revolucionario Estudiantil del Frente Revolucionario Democrático. El Frente, como comúnmente se conoció a esta entidad sombrilla, cobijó a varios de los principales movimientos políticos cubanos organizados con el propósito de derrocar a Castro. Era, además, un ente estrechamente vinculado a la CIA y su devenir histórico fue paralelo a cómo el gobierno de Estados Unidos, desde la presidencia de Dwight D. Eisenhower hasta la de John F. Kennedy, definió su estrategia cubana. Así, el FRD quedará plenamente identificado con la fórmula que elaboró la CIA y que aprobó la administración Kennedy, la que postuló que el éxito de la estrategia contra Castro descansaba en la invasión armada a Cuba por unos mil quinientos opositores cubanos. Precisamente, esta comunidad de intereses de opositores cubanos y el gobierno de Estados Unidos es la que determinó que en mi libro tenga que abordar, constantemente, la participación que tuvo el gobierno estadounidense en el conflicto cubano.

Sin embargo, al fundarse el DRE del FRD en Miami, el énfasis de sus principales promotores, Muller, Salvat y Fernández Travieso, era regresar a Cuba y enfrentarse al régimen desde la lucha clandestina. También asumieron que los diferentes grupos estudiantiles que se habían organizado en la isla como parte de la oposición, se integrarían al movimiento que ellos habían fundado. Se debe señalar que la estructura organizativa del DRE del FRD era similar a la del Frente, es decir, ser una organización sombrilla que reuniera al estudiantado cubano descontento con el rumbo que se le daba al país. El modelo, sin embargo, no funcionó y solo cuando Muller y Salvat llegaron a Cuba, mediante un viaje clandestino, se le dio cuerpo final a la organización que se conoció como el Directorio Revolucionario Estudiantil (DRE). El acontecimiento tuvo lugar en diciembre de 1960 en una reunión que se efectuó en la Universidad Católica de Santo Tomás de Villanueva.

Los primeros meses de 1961 fueron tiempos de cambios y redefiniciones en la agenda cubana de Washington. El capítulo cinco intenta explorar esas transformaciones y responder a una pregunta indispensable para poder entender las consecuencias derivadas de las mismas: ¿a qué respondieron los cambios? Asimismo, fue necesario examinar el trabajo del DRE durante ese tiempo para ver de qué manera la actividad del Directorio dentro de Cuba respondía, o no, a las directrices que emanaban de la estrategia que fue elaborando la CIA. Por otro lado, si se toma en consideración que el período bajo examen terminó en el mes de abril con el fracaso de la invasión ejecutada por la Brigada de Asalto 2506 por Bahía de Cochinos, no quedó otra alternativa que indagar por el desenlace que la derrota de la Brigada tuvo para el DRE, para sus cuadros de lucha clandestina, y con el intento dirigido a organizar un grupo guerrillero en las montañas de la Sierra Maestra en la provincia de Oriente. Es en el capítulo 6 donde, precisamente, se analizan las secuelas de lo acontecido en abril.

Después de abril de 1961, el DRE, aunque mantuvo un aparato clandestino dentro de Cuba, vio cómo su centro de operaciones y mando se desplazó hacia Miami. La transformación en una organización del exilio se consolidó a partir de la segunda mitad de 1962 cuando, la mayor parte de los miembros de la del DRE que luchaban en la resistencia interna fueron detenidos por la Seguridad del Estado como consecuencia de una delación. El desplazamiento ocurrió a pesar del compromiso que tuvieron sus dirigentes principales de volver a Cuba. Un caso fue el de Juan Manuel Salvat quien intentó entrar clandestinamente al territorio cubano en diciembre de 1961. Sin embargo, su gestión no tuvo éxito, pues el comité de recepción que lo esperaba en la isla fue descubierto. En esa ocasión, quien entonces era el coordinador general de DRE en Cuba, Juan Pereira Varela, cayó abatido en un encuentro con los agentes gubernamentales. Mejor destino pareció tener la operación para infiltrar a Luis Fernández Rocha en mayo de 1962. Fernández Rocha era el secretario general del Directorio y logró permanecer en Cuba hasta septiembre del mismo año. Durante ese tiempo, trabajó para reorganizar los cuadros internos del movimiento sin saber que, una de las personas que le acompañó en sus gestiones, Jorge Medina Bringuier, era un agente de la Seguridad del Estado. Al salir Fernández Rocha de Cuba, Medina Bringuier entregó a la Seguridad la mayor parte del ejecutivo de la organización determinando, con ese acto, el fin práctico del DRE dentro de Cuba.

Junto al desplazamiento de los mandos del DRE hacia el exilio, ocurrió otro hecho de importancia para el futuro de la organización: la relación del Directorio con la CIA se hizo mucho más estrecha. Gracias a esa relación, el DRE recibió un subsidio que le permitía tener las oficinas centrales en Miami, pudo construir una red de delegados en gran parte de América Latina y logró desarrollar un exitoso aparato de propaganda que incluyó la publicación de un periódico, *Trinchera*, y varios programas de radio dirigidos a Cuba. El objetivo que la Agencia persiguió a través de aquel acuerdo era el de promover un mensaje crítico sobre el régimen cubano a la vez que obtenía información sobre lo que estaba pasando en la isla. Esa relación entre el DRE y la CIA ha generado comentarios críticos como el que recientemente publicó Michael J. Bustamante en su libro *Cuban Memory Wars*. En el texto de Bustamante se alude a la convicción que se tenía en el Directorio de constituir una nueva representación de la organización estudiantil que, con un nombre parecido, Directorio Revolucionario, después DR 13 de Marzo, se enfrentó a la Dictadura de Fulgencio Batista. Precisamente, con el lema adoptado por el DRE desde su fundación en 1960, «José Antonio Echeverría, con tus ideas en marcha», se quiso personificar la continuidad con el movimiento estudiantil que le precedió en la lucha por la democracia cubana. Sin embargo, para Bustamante, esa vinculación no era posible ya que para él, José Antonio Echeverría, principal dirigente del antiguo Directorio, representaba un pensamiento antiimperialista que no era propio para un movimiento que, como el DRE, recibía fondos de la CIA[1]. ¿Es este juicio de Michael J. Bustamante justo o es una simplificación? La respuesta a esta pregunta es uno de los ejes temáticos que guía el desarrollo histórico del DRE a partir del capítulo siete y que concluye en el catorce con la desaparición del Directorio como organización del exilio cubano.

De todas maneras hay que señalar que dos de las más importantes áreas en las que el DRE trabajará con ahínco durante este mismo período de tiempo, el desarrollo de delegaciones en Estados Unidos, por un lado, junto con la publicación de un boletín, *The Cuban Report*, de gran impacto en ciertos medios de la élite política estadounidense, y, por otro, la que está vinculada a la acción militar, no estaban contemplados por la CIA como actividades propias para recibir financiamiento de la Agencia. ¿Cómo, entonces, pudo el DRE moverse en esos campos? Este tipo de actividad, ¿generó tensiones en la relación entre el Directorio y la CIA? El 24 de agosto de 1962, una embarcación del DRE cañoneó desde el litoral habanero el hotel Rosita de Hornedo. Fidel Castro acusó al gobierno de Estados Unidos de ser el autor del ataque. Sin embargo, la CIA no tuvo conocimiento previo de la acción. ¿Cómo repercutió el bombardeo al Rosita de Hornedo en la relación entre el DRE y la CIA? ¿Qué objetivo perseguía el Directorio con aquella acción? ¿Respondía el ataque al Rosita de Hornedo a las líneas generales que guiaban la política cubana del gobierno de Estados Unidos? ¿Qué decía la propaganda generada por el DRE acerca del comportamiento del gobierno de Estados Unidos hacia Cuba? El primer número de *Trinchera* publicado el

[1] Michael J. Bustamante, *Cuban Memory Wars. Retrospective Politics in Revolution and Exile*, Chapel Hill, North Carolina, The University of North Carolina Press, 2021, 135.

17 de junio de 1962 expuso a grandes letras un lema que resumía la demanda principal del Directorio en aquel momento: «Coexistencia pacífica NO ¡Guerra SI!». ¿Reflejaba esa consigna una afinidad con la política que Estados Unidos seguía con relación a Cuba?

En ese mismo año de 1962, a partir del mes de octubre, se desató la Crisis de los Misiles, al descubrirse el despliegue en Cuba de cohetes soviéticos con capacidad de transportar cargas nucleares. ¿Cuál fue la perspectiva que tuvo el DRE sobre aquel conflicto? ¿Era similar a la que tuvo el gobierno de Estados Unidos? ¿Cuál fue la trayectoria que siguió el Directorio después de la Crisis de Octubre? A partir de aquel momento, y después de varios fracasos en 1963 al intentar llevar a cabo algunas acciones similares a la que se efectuó contra el Rosita de Hornedo, el DRE se dio a la tarea de buscar una base para operaciones de tipo militar que estuviera enclavada fuera de Estados Unidos. En 1964 se consiguió una en la República Dominicana y en junio de aquel año se trasladó un contingente de militantes del Directorio a la base que le concedieron en la isla Catalina, al sur de La Romana, en la costa sur dominicana. ¿Tuvo el DRE el apoyo de la CIA para operar desde aquel territorio? El cierre de la base tuvo lugar en septiembre de 1964. ¿Cuáles fueron las razones que determinaron el cierre de la operación en República Dominicana?

Con el fin de la base en la isla Catalina, la capacidad del Directorio para llevar a cabo acciones militares disminuyó considerablemente. Si se toma en consideración que el DRE se definía como un movimiento fundamentalmente insurreccional, se podrá aquilatar lo que para el futuro de la organización significó la limitación que enfrentó en el campo militar a partir de aquella coyuntura. ¿Fue este el fin del DRE? Además de lo sucedido con la posibilidad de ejecutar acciones armadas contra el régimen, ¿Qué otras variables intervinieron para determinar el desenlace final del DRE?

Mientras que el Directorio se fue desvaneciendo como organización del exilio cubano, su existencia como grupo de oposición se mantuvo vigente en un campo que, por su naturaleza, era el menos idóneo para la subsistencia de un movimiento político, la prisión.

El capítulo quince del texto se enfoca, precisamente, en el espacio carcelario, con atención principal al Reclusorio Nacional de Varones enclavado en Isla de Pinos. Esa cárcel era el lugar en donde el DRE logró un alto nivel de organización. ¿Cómo, para qué y con qué resultado, se organizó el Directorio en la prisión cubana? son tres preguntas esenciales para examinar el final del Directorio como movimiento organizado en la política cubana de los años sesenta del pasado siglo. Fue en las prisiones cubanas en donde, finalmente, se detuvo el sueño.

Capítulo 1

1959: nace la oposición. La ruptura del consenso

Así narra Jaime/Leonardo Soriano en una carta a Guillermo Cabrera Infante del 20 de enero de 1975 lo que él llama «la estrepitosa revuelta nocturna del 1ro de enero» y dice: «el gran embarque de Batista, yéndose secretamente, sin discursos ridículos, las calles desiertas al amanecer, los pasquines de los viejos políticos, los primeros rumores, la noticia que empieza a circular a primeras horas de la mañana, la confusión, la gente saliendo a la calle todavía atemorizada, el discurso de Fidel Castro llamando a la huelga general, y de ahí a las banderas del 26, las manifestaciones, la salida de los presos políticos y los actos de violencia»[2]. De esta forma amaneció en Cuba el año 1959, a la misma vez, amanece un nuevo período en la historia del pueblo cubano. Fue con gran alegría que la mayoría del pueblo cubano recibió la noticia de que el dictador Fulgencio Batista huía del país; y de que aquella emoción era la expresión genuina y amplia de la sociedad fue confirmada por el éxito que tuvo la huelga general convocada para consolidar el fin de la dictadura.

Ese estado de ánimo no apareció de la noche a la mañana, sino que fue un resultado que se gestó de forma gradual durante los años en que se gestionó la oposición al régimen dictatorial. Además, el júbilo era también la expresión de un gran acuerdo consensuado por la mayoría de quienes se opusieron a Batista y que quedó concretado en un importante documento firmado en la capital de Venezuela el 20 de julio de 1958, el Pacto de Caracas. En ese documento se plasmaron los principios en los que todos estaban de acuerdo: una vez depuesto el dictador se habría de «conducir al

---

[2] Carta de Jaime/Leonardo Soriano a Guillermo Cabrera Infante, 20 de enero de 1975 en Soriano, Jaime/Leonardo, *Cuba no existe o Quién sabe qué propósito*, selección, notas y prólogo de Carlos Velazco, Miami, Florida: Editorial Silueta, 2018, p. 320.

país...mediante un breve gobierno provisional, a su normalidad, encauzándola por el procedimiento constitucional y democrático»[3]. La gesta de Caracas, además de dejar sentados los fundamentos de la transición una vez fuese derrocada la ya desgastada dictadura, debe considerarse como un paso a favor de la eventual desaparición del régimen encabezado por Batista. Así, el primero de enero de 1959 entrañó un momento singular en la historia del pueblo cubano ya que el país se abría a la posibilidad de un nuevo comienzo mediante un proceso de negociación entre sus ciudadanos.

Sin embargo, a la hora de formar el gobierno de transición pactado en Caracas, los grupos signatarios del acuerdo en el Pacto le reconocieron cierta deferencia al Movimiento 26 de Julio que dirigía Fidel Castro. Como comenta la historiadora Lilliam Guerra, «la experiencia de la Sierra dota a las guerrillas del 26 de Julio con la percepción de que ellos *ya* tenían la autoridad para gobernar y que por eso merecían el monopolio del poder»[4], una apreciación que logran impulsar con éxito. A esos efectos, tan pronto se conoció la fuga de Batista se procedió a designar a los funcionarios que habrían de cumplir con las metas pactadas. El gobierno que tendría la responsabilidad de administrar el Estado durante ese período «breve» tuvo, desde el 16 de febrero, a Fidel Castro como su primer ministro. Mientras tanto, el Ejército Rebelde, la fuerza militar compuesta principalmente por los guerrilleros del M-26-7, pasaría a ser el ejército de la república.

Por otra parte, una vez que se le reconoce la deferencia al grupo fundado por Fidel Castro, el período de transición queda ubicado dentro de una zona de riesgo. Es un reconocimiento que le da ventaja a un conjunto de individuos e instituciones, muy particularmente a su máximo dirigente que reclama el monopolio de la victoria y desdeña la participación de otros. Tan temprano como el 8 de enero de 1959, Fidel Castro, después de su entrada

---

[3] http://www.cedema.org/ver.php?id=3397

[4] Lilliam Guerra, *Visions of Power in Cuba. Revolution, Redemption, and Resistance, 1959-1971*, Chapel Hill, The University of North Carolina Press, 2012, Kindle Edition, loc. 1024-1047. Énfasis en el texto. En inglés el original. De ahora en adelante, de no indicarse lo contrario, las traducciones serán responsabilidad del autor.

triunfal en La Habana, se ocuparía de minimizar la participación en el triunfo de la insurrección contra Batista de otros grupos de oposición que como el Directorio 13 de Marzo y el Segundo Frente Nacional del Escambray habían sido coprotagonistas en la lucha contra el dictador. Su instalación como primer ministro del gobierno fue una señal clara de un sentimiento que dentro de esa coyuntura era general entre gran parte del pueblo cubano. Además, la retórica nacionalista con la que se expresaba el dirigente revolucionario en sus alocuciones públicas estaba en perfecta sintonía con la forma de sentir de la mayor parte de los hombres y mujeres que reconocieron su jefatura durante los comienzos de 1959. Con una revisión rápida de la publicidad comercial que inundó a los medios de comunicación en los días posteriores al fin de la dictadura, se puede apreciar la profundidad de ese sentimiento en la sociedad cubana. La plena independencia de un país que muchos veían como demasiado cercano a Estados Unidos era una vieja aspiración incubada por décadas que en ese momento un joven barbudo prometía como posible; y a él y a su movimiento le extendieron su apoyo. En febrero de 1959 la cuota de respaldo que tenía el gobierno que tenía a Fidel Castro como su primer ministro alcanzó, según la revista *Bohemia*, la cifra de un noventa y cinco por ciento de la población[5].

Así como la etapa insurreccional y su éxito en sacar al dictador de gobernar al país, junto a un discurso nacionalista fueron elementos determinantes para promover el arraigo popular de Fidel Castro, muchas de las medidas que tomará el nuevo gobierno durante los primeros meses de gestión servirán para consolidar la entronización del primer ministro como dirigente máximo indiscutible en la vida política de Cuba.

De gran importancia en este proceso fueron las disposiciones que generaron una redistribución del ingreso nacional favoreciendo, sobre todo, a los grupos sociales de mayor debilidad económica. Algunas de las medidas que se aprobaron en ese sentido fueron el aumento de jornales y salarios, la inversión de fondos

---

[5] Citado por Jesús Arboleya, *La contrarrevolución cubana*, La Habana, Editorial de Ciencias Sociales, 1997, 49.

públicos en programas de obras públicas que generasen trabajo, la reducción en las tarifas que se cobraban por el uso de la electricidad y el teléfono y otras que contribuyeron a desplazar al menos un quince por ciento del ingreso nacional de los sectores con propiedades y empresariales hacia aquellos que se sostenían con sus salarios y jornales[6].

Un paso fundamental que se tomó en el camino para crear una sociedad económicamente mejor equilibrada fue la Ley de Reforma Agraria que se aprobó el 17 de mayo de 1959. Con esta medida, que limitó la propiedad de la tierra a un máximo de treinta caballerías o novecientas noventa y cinco acres, se promovió la idea de que el número de propietarios que cultivarían los campos de Cuba quedaría ampliado sustancialmente cuando se entregara a los campesinos los excedentes de tierra que fueran expropiados. Para administrar las disposiciones de la ley se creó el Instituto de Reforma Agraria (INRA) que tendría como presidente a Fidel Castro y al capitán Antonio Núñez Jiménez como director ejecutivo. De esta manera la figura personal de líder carismático y de político que aprovecha oportunidades de Fidel Castro quedó directamente asociada a una política agraria que había sido la columna vertebral del programa reformista suscrito por muchos de los opositores a la recién derrocada dictadura. En la Constitución que en 1940 el pueblo cubano se había dado, se expuso como principio de mayor significado la erradicación del latifundio. La Ley de Reforma Agraria cumplía con esa aspiración y ante los ojos de muchos cubanos, Fidel Castro era quien lo hacía posible. De ahí que la celebración que se llevó a cabo en la todavía Plaza Cívica de la República para conmemorar el sexto aniversario del 26 de Julio, día en el que unas milicias dirigidas por Fidel Castro asaltaran los cuarteles de Bayamo y el Moncada en Santiago de Cuba, se transformase en un acto multitudinario de notables consecuencias en la vida del país. Según la historiadora Lilliam Guerra, «la concentración campesina hizo de Fidel Castro un prota-

---

[6] Morris H. Morley, *Imperial State and Revolution. The United States and Cuba, 1952-1986*, New York, Cambridge University Press, 1987, 76-77 (citando a Felipe Pazos, «The Economy», *Cambridge Opinion*, No. 32, 1963, 15).

gonista primario en un drama en desarrollo sobre la redención nacional así como también hizo de él un auto designado profeta con poderes para definir el proceso de cambio»[7]; un proceso de cambio al que se le daría un giro radical y que tendría como consecuencia principal la ruptura del consenso que fue responsable de la instauración de un nuevo horizonte para la Cuba que amanecía el 1 de enero de 1959.

El consenso que originó el régimen de transición pactado en Caracas durante el mes de julio de 1958 se agrietó de manera acelerada durante el período que va entre el verano y otoño de 1959, un momento en el que también se observa el enrarecimiento del ambiente político con una conspiración vinculada a la depuesta dictadura y que fue abortada en agosto de aquel año. Algunas de las señales más destacadas que anunciaron que el consenso estaba resquebrajándose se ejemplifican con sucesos que involucran a tres importantes cargos dentro de la dirección política y militar del país.

El primero tiene que ver con el comandante Pedro Luis Díaz Lanz quien renunció a la jefatura de la Fuerza Aérea Revolucionaria el 29 de junio. Díaz Lanz logró escapar del país y se refugió en Estados Unidos. A este evento le siguió uno todavía más dramático ya que estuvo precedido, como maniobra política, por la renuncia de Fidel Castro a la posición de primer ministro. En efecto, Castro dejó su cargo el 16 de julio con el fin de crear presión en la opinión pública y hacer renunciar al entonces presidente de la república Manuel Urrutia. El procedimiento fue exitoso pues Urrutia tuvo que abandonar la presidencia al día siguiente y buscar asilo en la Embajada de Venezuela; lo que hizo posible que Castro volviera al poder. El tercer incidente está vinculado con la dimisión del comandante Huber Matos como jefe militar de la provincia de Camagüey. El 19 de octubre Matos le escribió una carta a Fidel Castro anunciándole que había solicitado el licenciamiento del Ejército Rebelde[8]. Al día siguiente se ordenó su detención, así como la de los miembros de su comandancia que le

[7] Guerra, *Visions of Power*, loc. 985.

[8] Huber Matos, *Cómo llegó la noche*, Barcelona, Tusquets Editores, S.A., 2002, 575.

apoyaban. Más tarde, comenzando el 11 de diciembre, se le celebra un juicio del que sale condenado a veinte años de prisión. La detención de Huber Matos provocó, además, las protestas y renuncias de los ministros Ingeniero Manuel Ray Rivero, a cargo de Obras Públicas, y del comandante Faustino Pérez quien era responsable del Ministerio de Recuperación de Bienes Malversados. Lo que destaca en estos tres casos es que en todos ellos hay una raíz común en relación con sus respectivos conflictos, y es la denuncia que hacen sobre la participación cada vez mayor de individuos vinculados al Partido Socialista Popular (comunista) en las instituciones y órganos del Estado, particularmente en sus Fuerzas Armadas. El asunto es medular a la hora de analizar el conflicto que se avecinaba tanto al interior de la sociedad cubana que tendrá que enfrentarse a una guerra civil[9], como hacia el exterior pues creará las condiciones para que queden involucradas en el enfrentamiento las dos potencias que se disputaban la supremacía en el orden mundial, Estados Unidos y la Unión Soviética. Hay que tomar en consideración que el PSP era un partido que en aquel momento no gozaba de una amplia simpatía dentro de la opinión pública cubana. Fue una organización que en cierto momento propició una alianza electoral con Fulgencio Batista, que era muy cercana a Moscú y que contaba con el rechazo de quienes le temían por sus posturas distantes del ámbito religioso[10].

Un aspecto singular en las denuncias públicas que hacían algunas de las figuras vinculadas con la dirigencia política del país era que con ellas se ponía ante la consideración de la sociedad cubana una historia de la que muy pocos tenían noticia y de la que otros se preocupaban por no dar a la publicidad. Las palabras pronunciadas por Fidel Castro al llegar a La Habana después de un viaje de largo periplo por varias naciones del continente

---

[9] Concurro con Rafael Rojas en proponer que el concepto más apropiado para describir el conflicto violento que enfrentó a los cubanos entre 1959 y 1966 es el de «guerra civil». Véase a Rafael Rojas, «*Introducción. Dossier: La Primera Oposición Cubana (1959-1965)*» en *Encuentro de la Cultura Cubana*, Madrid, No. 39, Invierno de 2005-2006, 126-127 e *Historia Mínima de la Revolución Cubana*, México, D.F., El Colegio de México, 129-131.

[10] Arboleya, 55.

americano son elocuentes para ilustrar el empeño por evadir la transparencia. Fue el 8 de mayo de 1959 cuando afirmó que «Todos los cubanos, de cualquier partido, serán siempre respetados... Entonces nosotros decimos que nuestra revolución no es comunista. Si nuestras ideas fueran comunistas, nosotros lo diríamos aquí»[11]. No obstante, ya en aquellos momentos se tomaban pasos unilaterales para transformar las estructuras del país de acuerdo con orientaciones próximas al marxismo y con la posible colaboración de naciones pertenecientes a la órbita del comunismo.

Uno de los espacios que se destacó por ser uno de los primeros en promover la agenda radical fue el campamento militar de Managua, en la provincia de La Habana. Allí, a finales del mes de enero de 1959 se puso en práctica un programa para alfabetizar y formar a miembros del Ejército Rebelde. La iniciativa fue de un sacerdote jesuita, el P. Cipriano Cavero, S.J. quien había sido capellán de las guerrillas del M-26-7 en la Sierra Maestra[12]. Según contó el propio P. Cavero. S.J., él ya había estado al frente de un programa parecido durante su estancia en el campamento guerrillero. «La mayoría de las fuerzas [rebeldes]», declaró el sacerdote, «estaban compuestas por guajiros de la zona, los que eran adiestrados militarmente y a su vez se les adoctrinaba para actuar con moral cristiana, por espacio de 30 días, en forma rigurosa»[13]. La experiencia pudo continuar en Managua gracias al beneplácito del comandante Juan Almeida, con quien el P. Cavero, S.J. había entablado lazos de amistad en la Sierra Maestra[14]. Esta vez estuvo auxiliado por jóvenes procedentes del Colegio de Belén y de la Agrupación Católica Universitaria (ACU), ambas obras de la Compañía de Jesús a la que Cavero pertenecía. Sin embargo, el programa fue suspendido al llegar el mes de abril. Lo

---

[11] Citado por Reinol González, *Y Fidel Castro Creo el Punto X*, Miami-Caracas, Ediciones Saetas, 1987, 47.

[12] Ignacio Uría, *Iglesia y Revolución en Cuba. Enrique Pérez Serantes (1883-1968), el Obispo que Salvó a Fidel Castro*, Madrid, Ediciones Encuentro, 2011, 330.

[13] Entrevista al P. Cipriano Cavero, S.J., La Habana, *Diario de la Marina*, 15 de enero de 1959, 1.

[14] Uría, *Ibid.*

que continuó fueron las clases de formación, lo único que ahora se hacían con manuales marxistas preparados por cuadros del PSP. De acuerdo con Lilliam Guerra, ya el comandante Ernesto Guevara había impartido órdenes para que las tropas bajo su mando se instruyeran con esta orientación doctrinal apenas dos semanas después de la huida de Batista[15] Uría afirma que Raúl Castro lo hizo desde febrero[16]. Siguiendo a Guerra se sabe que entre los instrumentos preferidos para impartir la instrucción a los miembros de las Fuerzas Armadas Revolucionarias estaban el manual *Aprender a leer y escribir* que tenía entre sus autores a Guevara y al periodista miembro del PSP Oscar Pino Santos. También fue extenso el uso de cine debates para promover la nueva orientación. Según la propia historiadora, en el señalado manual se definía al ejército como «el principal instrumento del Estado y se subrayó la idea de que los civiles nunca deben guiar al ejército o al Estado». Para Guerra, *Aprender a leer* «representó un tratado atrevido en los cimientos autoritarios de una sociedad futura»[17].

En una señal de los nuevos tiempos que se querían entronizar en Cuba, fue también en el mes de abril cuando el ministro de las Fuerzas Armadas, Raúl Castro, envió a Lázaro Peña, de la dirigencia más alta en el PSP, a Moscú para que solicitara ayuda militar de los soviéticos; específicamente, lo que buscaba la misión de Peña era que se enviasen a Cuba algunos militares de origen español que pudiesen servir de instructores en el entrenamiento de las FAR. La petición fue aprobada por el *Presidium* del Partido Comunista de la URSS el cual, a su vez, le solicitó al PC español que se encargase del asunto[18]. Lo que hacía Raúl Castro con ese gesto era aprovechar el ofrecimiento que en su momento había hecho el PSP para abrir un canal de comunicación entre el liderato radical del M-26-7 y los jerarcas del régimen so-

---

[15] Guerra, loc. 2005.

[16] Uría, 330.

[17] Guerra, locs. 2030 y 2065.

[18] Aleksandr Fursenko & Timothy Naftali, *«One Hell of a Gamble». Khrushchev, Castro and Kennedy, 1958-1964*, New York, W. W. Norton & Company, 1997, 11-12.

viético[19].No en balde Blas Roca, secretario general del PSP, dejó ver, con acierto, que los comunistas criollos sabían perfectamente que dentro del movimiento que dirigía Fidel Castro, habían tendencias que no verían con buenos ojos la forja de vasos comunicantes entre La Habana y Moscú. A tales efectos, y a principios de mayo de 1959, impulsó la idea de que la conducción verdadera de la Revolución estaba en quienes constituyeron el foco guerrillero del M-26-7 y no en el sector que se había enfrentado a la dictadura desde el ámbito urbano, es decir, los que estaban en el «Llano»[20].

Tal parece que lo apuntado por Blas Roca se puso en práctica cuando se firmó en la Sierra Maestra lo que sería la primera Ley de Reforma Agraria. La legislación se aprobó el 17 de mayo de 1959 y con ese acto se dieron pasos más firmes para ir adelantando los objetivos de los sectores más inclinados hacia una solución socialista del futuro cubano. En general, la ley, que pretendía erradicar el latifundio de los campos de Cuba, a la vez que anunciaba una redistribución de la propiedad agraria, tuvo, en general, una acogida favorable en la sociedad cubana[21]. Importantes cargos dentro de la jerarquía de la Iglesia católica como monseñor Evelio Díaz, obispo coadjutor de La Habana, monseñor Martin Villaverde, obispo de Matanzas y monseñor Enrique Pérez Serantes, arzobispo de Santiago de Cuba, le dieron la bienvenida a la legislación[22]. Lo que no fue posible detectar en aquella ocasión era que la ley, que se suponía que fuera de la autoría del ministro de Agricultura, comandante Humberto Sorí Marín, se redactó, sin su participación, en la casa que Ernesto Guevara ocupaba en Tarará y que tuvo como autores a Osvaldo Dorticós, a Oscar Pino Santos, Antonio Núñez Jiménez, Alfredo Guevara y Vilma Espín[23]. Este grupo de persona pasaría a ser parte del núcleo que, junto a Fidel Castro, se

[19] *Ibid*, 13.

[20] Guerra, loc. 1564.

[21] Para una discusión sobre este particular véase a Marifeli Pérez-Stable, *The Cuban Revolution. Origins, Course, and Legacy*, New York, Oxford University Press, 1999, 62-67.

[22] Manuel Fernández Santalices, *Cronología Histórica de Cuba. 1492-2000*, Miami, Florida, Ediciones Universal, 2001, 121.

[23] Guerra, loc. 1491. Rojas, 103.

convertirían en «un poder alternativo en el cual se concentraron los elementos revolucionarios más radicales»[24].

En la historiografía que trata el origen de la Ley de Reforma Agraria hay una discusión que se dirige a dilucidar el papel que Sorí Marín desempeñó en la redacción de la legislación aprobada el 17 mayo. Lilliam Guerra pone el peso de su aportación en el desconcierto que sintió el ministro al darse cuenta de que la ley se había escrito sin su participación y que por eso presentó su renuncia al cargo mientras que Rafael Rojas apunta a que la ley contiene aspectos que ya aparecían en la ley agraria que Sorí Marín suscribió, junto a Fidel Castro, en octubre de 1958. Una y otra cosa no parecen incompatibles, lo que sí es relevante para entender el giro radical que se le quería dar a la vida cubana es que con esa legislación se creó el Instituto Nacional de Reforma Agraria (INRA), organismo responsabilizado con la ejecución de la ley y que sería aprovechado por Fidel Castro, como presidente del Instituto, para impulsar desde el INRA una agenda distinta a la que había emanado del Pacto de Caracas de 1958. Jesús Arboleya cita unas declaraciones hechas por Fidel Castro en un momento posterior al período que aquí se considera pero que aclara cual era la composición de lugar que tenía el primer ministro sobre la coyuntura que vivía el país al concluir la primera mitad de 1959: «En aquellos días cada cual quería una revolución de acuerdo con su pensamiento, es decir, unos querían una falsa revolución como siempre, y otros querían una verdadera revolución, como nunca»[25].

Con estas palabras de sentido binario, en la que no se aclara que se quiere indicar con el concepto de «revolución», Fidel Castro da a entender que solo hay una ruta correcta para encaminar el futuro del pueblo cubano y que él asume como imperativo categórico de la Historia la dirección o conducción de un proyecto que él categoriza como la «verdadera revolución». Descarta, por «falsa», las aspiraciones de aquellos segmentos de la sociedad que como Díaz Lanz, Urrutia o Matos optaban por algo que, para él, simplemente no podía ser porque desde su definición era un sinsentido.

[24] Arboleya, 56-57.
[25] *Ibid.*, 50.

No importa que muchos de ellos hayan sido sus aliados y que contribuyeran a catapultarlo hacia el máximo liderato de Cuba, el problema es que, a pesar de la diversidad que pueda existir entre ellos, persiguen iniciativas fundamentadas en el orden republicano, reformista y liberal que se asomó a la vida cubana con la Constitución de 1940. De igual forma rechazan la inclusión de cuadros del PSP en las instituciones del Estado, así como la deriva hacia posiciones cercanas con el tipo de sociedad que tal incorporación sugería. Es decir, manifiestan unas aspiraciones, que por mucha legitimidad que pudieran tener a los ojos de sus promotores y de sus seguidores, no encajaban dentro de la «verdadera revolución» que Castro esboza con las medidas que está impulsando a mediados de 1959.

Además, dado el maniqueísmo de la cita que ofrece Arboleya se puede desprender otra conclusión tan radical como la anterior: se asume como inevitable el triunfo de la «verdadera revolución». En ese sentido, el destino de la «falsa revolución» es su eventual aniquilación, su expulsión de la Historia; fenómeno que pudiera ocurrir de manera espontánea o mediante el uso de la fuerza. De cualquier forma, se hizo evidente que el espacio que apareció el primero de enero de 1959 y dentro del cual la mayoría de los ciudadanos tendría la posibilidad de negociar su futuro apelando a la persuasión y los compromisos, es decir, el lugar de la política, quedaría anulado.

A esa «falsa revolución» Arboleya le llama «contrarrevolución» y afirma que «no tiene un origen independiente, ni identidad propia, sino que se define por el proyecto que enfrenta, su fuente de legitimidad consiste en negar la propuesta revolucionaria»[26]. Con semejante definición Arboleya, como Fidel Castro, da a entender que solo existe un camino legítimo para encauzar el futuro cubano, y al hacerlo no solo ignora el carácter plural de la coalición que hizo posible el fin de la dictadura de Fulgencio Batista sino que también prescinde de la naturaleza consensual que asumió la tarea refrendada por ellos en el Pacto de Caracas. Es una operación discursiva que oculta que ese espacio político que

[26] *Ibid*, 2.

se abrió en el país con aquel comienzo de año entraña un derecho fundamental por el que se ha luchado al enfrentarse a la dictadura: el reconocimiento de que todos los ciudadanos pueden y deben participar en los asuntos del país. Desde esta perspectiva se puede afirmar que estos sectores provenientes del consenso sí tienen identidad propia y legitimidad. El mero hecho de haber sido partícipes en los eventos que fueron responsables por el fin de la dictadura y la instauración del momento singular que tuvo lugar a partir de los primeros días de enero de 1959, les otorgaba ese rasgo y esa capacidad.

Es evidente, y así queda sugerido por los hechos que tienen lugar en Cuba a partir de mediados de 1959, que se están creando las condiciones para promover un enfrentamiento en la sociedad cubana. Es claro que dentro del consenso que triunfó al desaparecer la dictadura aparecieron discrepancias que anuncian su posible resquebrajamiento y eventual aniquilación. El panorama político parece bifurcarse. Hay un núcleo que muestra un notable empeño por seguir la ruta de una radicalidad con apoyo del PSP y con todo lo que este viejo partido significa en cuanto a su cercanía con Moscú. Es una corriente que cuenta, de manera prominente, con Fidel Castro y aspira a lograr la hegemonía del poder político. Pero también hay partes del consenso que presumen de legitimidad para poder presentar sus propios proyectos y se oponen a cualquier intento por cerrar el espacio político consensuado por el conjunto de fuerzas que se opusieron al régimen dictatorial de Batista. El autor de *La contrarrevolución cubana* parece contradecir esta afirmación cuando propone que con «la negativa a aceptar que los comunistas pudieran integrarse en la vida política del país y participar del gobierno...la actitud de la emergente oposición no consistía en ampliar la democracia, sino restringirla»[27]. Pero ¿es eso lo que busca «la emergente oposición»? Un dato del que no da cuenta Arboleya es que el PSP no participó en el acuerdo que se concretó en el Pacto de Caracas; en ese sentido, no era parte del consenso político que asumió el poder el primero de enero de 1959. Además, en aquel momento no hay un reclamo

[27] *Ibid*, 55.

significativo para erradicar a los comunistas de «la vida política del país». Lo que existe, ante todo, es un rechazo implícito a la unilateralidad con la que se decidía la integración de cuadros del PSP en las instituciones del Estado. Es un reclamo de diálogo cuando las apariencias señalan que se está prescindiendo de un dispositivo que es esencial en el firmamento de la política. Era una señal de que el espacio se cerraba y de que se renunciaba al consenso. No se puede soslayar, además, que el modelo político con el que se solía asociar al comunismo del PSP era con el de la Unión Soviética, un Estado totalitario contrario a toda forma de democracia. No es que se estuviera transitando por la Guerra Fría lo que le da sentido al anticomunismo que muchos expresan en la Cuba de 1959. Sin lugar a duda es un contexto histórico de notable importancia para explicar eventos de aquella coyuntura, pero hay otras variables que también intervienen en el fenómeno. Es notable, por ejemplo, que Carlos Franqui, entonces director del periódico *Revolución*, órgano del M-26-7, al referirse a las diferencias que existían dentro del movimiento fundado por Fidel Castro y en el cual él fue una figura de envergadura, afirmase que el origen de la división no era «la profundidad y radicalización, el radical antiimperialismo y anticapitalismo: es el comunismo»[28]. Franqui había pasado por las filas del PSP y las abandonó en 1946 debido a la rigidez de pensamiento y el sectarismo que se imponía al interior de la organización[29]. De ahí que él, y el órgano de prensa que dirigió por algún tiempo, se expresaron de manera crítica sobre la inclusión de los comunistas criollos en posiciones sensibles del Estado cubano[30]. Era un rechazo ajeno a la Guerra Fría, era la experiencia vivida lo que en este caso generaba una opinión disidente dentro del consenso que se resquebrajaba; y contrario a lo sugerido por Arboleya, la responsabilidad

[28] Carlos Franqui, *Retrato de familia con Fidel*, Barcelona, Editorial Seix Barral, 1981, 41.

[29] Carlos Franqui, *Cuba, la Revolución: ¿Mito o Realidad? Memorias de un fantasma socialista*, Barcelona, Editorial Península, 2006, 125-133.

[30] Guerra, loc. 1380-1661; Samuel Farber, *The Origins of the Cuban Revolution. Reconsidered*, Chapel Hill, The University of North Carolina Press, 2006, 164-165; Naftali & Fursenko, 21-22.

por la fractura no recaía en «la emergente oposición» sino en quienes, con sus actos, prescindían de la política.

El desarrollo de las tensiones apuntadas se complicó con la entrada en escena de un sujeto indispensable dentro de esta historia y sin el cual muchas cosas serían muy difíciles de entender; la referencia es a Estados Unidos de América. Dada la estrecha relación que existía entre Cuba y su vecino del Norte, muchas de las cosas que pasaban en la isla caribeña eran de interés en los círculos de gobierno en Washington, D.C. y en el mundo económico norteamericano. Así, la coyuntura histórica que se inauguraba en Cuba a partir del primero de enero de 1959 habría de generar una notable inquietud en los circuitos de Estados Unidos que monitoreaban el acontecer cubano. La zozobra antecedía al fin de la dictadura de Fulgencio Batista, antiguo aliado de Washington. En la medida en que el gobierno presidido por Dwight D. Eisenhower olfateó la posibilidad de un cambio político en el horizonte de Cuba, se hizo un gran esfuerzo por procurar que esa transformación no fuese el resultado de un triunfo insurreccional sino el de una iniciativa política negociada. Pero ese intento fracasó y en su lugar se impuso el panorama menos apetecido en la administración del antiguo General[31]. No obstante, el gobierno de Estados Unidos reconoció al nuevo gobierno cubano el 7 de enero de 1959, nombrando a Philip W. Bonsal, un diplomático de carrera, como el nuevo embajador en Cuba.

Bonsal llegó a La Habana el 17 de febrero y tuvo su primera entrevista con Fidel Castro el día 5 del mes siguiente. El dirigente cubano caracterizó su encuentro con el embajador norteamericano como cordial y afirmó que su interlocutor era «un buen embajador». Esa declaración la hizo en público mientras que en privado no tuvo reparos en pintar un cuadro diferente de la impresión que se llevó del representante de Washington. De acuerdo con los autores de *Back Channel To Cuba*, Castro describió el comportamiento de Bonsal como el de un «procónsul», dando a entender con esa expresión que todos los intentos que pudiera

[31] Véase a Thomas G. Paterson, *Contesting Castro. The United States and the Triumph of the Cuban Revolution*, New York, Oxford University Press, 1994.

hacer el embajador de Estados Unidos para crear un clima cordial en las relaciones de su país con Cuba tendrían que enfrentarse a una cuesta difícil de escalar[32]. No obstante, en una reunión de los jefes de Misión de Estados Unidos en el Caribe y América Central, cuyo objetivo era informarse de la política norteamericana hacia Cuba, Bonsal ofreció una visión equilibrada sobre lo que sucedía en la isla del Caribe[33].

Pocos días después de que el embajador de Estados Unidos ofreciese sus impresiones sobre el acontecer cubano, Fidel Castro emprendió un viaje al país representado por Bonsal en La Habana. El desplazamiento del primer ministro de Cuba respondía a una invitación que le extendiera la American Society of Newspaper Editors (ASNE). La visita, por lo tanto, no era una de carácter oficial lo que le permitió al Presidente Eisenhower ausentarse de Washington para no tener que reunirse con el gobernante cubano. Esa responsabilidad recaería en el vice presidente Richard M. Nixon. La presencia de Castro en Estados Unidos había estado precedida por un conjunto de críticas que miembros de la clase política norteamericana y algunos órganos de prensa habían expresado a los primeros actos de fusilamiento que habían tenido lugar en Cuba durante las primeras semanas después del fin de la dictadura. Con esas ejecuciones se buscaba hacer justicia con los cientos de cubanos que habían sido víctima de la represión de las fuerzas de seguridad del depuesto dictador[34].

El viaje de Castro, que incluyó la visita a varios centros universitarios como Harvard y Princeton, y varias comparecencias ante miembros de la prensa norteamericana, tuvo su punto culminante en el encuentro que el cubano tuvo con el vice presidente Nixon. De acuerdo con Carlos Franqui, que fue parte de la delegación cubana que acompañó a Castro durante el periplo a Estados Unidos, «el encuentro Nixon-Fidel fue un desastre. Reforza-

---

[32] William M. LeoGrande & Peter Kornbluh, *Back Channel to Cuba. The Hidden History of Negotiations Between Washington and Havana*, Chapel Hill, The University of North Carolina Press, 2014, 13.

[33] *Ibid*, 11-12.

[34] Farber, 79.

ría una enemistad que duraría largo»[35]. Para los autores de *Back Channel*, y analizando el viaje desde el presente, aquella «fue la mejor oportunidad que tuvieron los dos gobiernos para evitar un rompimiento de relaciones»[36]. Un asunto que si destacó durante varias de las conversaciones que Castro tuvo con algunos de los funcionarios con quien se entrevistó en aquella ocasión, ente ellos un emisario de la Agencia Central de Inteligencia (CIA), fue el del comunismo. En el gobierno de Estados Unidos había una gran preocupación por el tema, y muy particularmente con lo que podría pasar en Cuba dado los acontecimientos que tenían lugar en el panorama político de la isla[37]. Si en algún momento antes de la visita a Estados Unidos Fidel Castro intuía que la cuestión del comunismo podía ser motivo de confrontación con los norteamericanos, después de completar su estancia en el país vecino debía tener muy claro lo que ese asunto significaba para Washington y para el futuro de las relaciones con Cuba.

La firma de la Ley de Reforma Agraria en Cuba no fue, precisamente, ocasión para estrechar las relaciones entre Cuba y Estados Unidos. Aunque el gobierno presidido por Eisenhower reconoció el derecho del Estado cubano a regular la posesión de la tierra y a expropiar aquella parte que fuese mayor al límite establecido por la legislación, también creyó pertinente recordar que los entes perjudicados por esas expropiaciones tenían el derecho a ser compensados. Fue la misma posición que asumió el gobierno de Estados Unidos cuando Egipto expropió el Canal de Suez[38]. En el caso cubano, la ley estipuló que los propietarios serían indemnizados, pero no en el corto plazo pues, como le explicó el propio Fidel Castro al embajador Bonsal, el Estado cubano

[35] Franqui, *Retrato de familia*, 59.

[36] LeoGrande & Kornbluh, 14.

[37] *Ibid*, 20-21. El agente de la CIA que se entrevistó con Fidel Castro en Nueva York fue Gerry Droller, más conocido por su seudónimo Frank Bender. Droller jugaría un papel importante en los planes de la CIA que condujeron a la invasión de la Brigada 2506 por Bahía de Cochinos al sur de Cuba el 17 de abril de 1961.

[38] Aleksandr Fursenko & Timothy Naftali, *Khrushchev's Cold War. The Inside History of an American Adversary*, New York, W. W. Norton & Company, 2006, 91.

no contaba con las condiciones financieras que permitiesen el desembolso inmediato de la compensación, tal y como lo había sugerido la nota diplomática entregada por el representante de Estados Unidos a Cuba el 11 de junio de 1959[39]. Sin lugar a duda que la reforma agraria cubana perjudicó a intereses económicos norteamericanos que tenían inversiones en Cuba particularmente, en este caso, en la industria azucarera y ganadera. Sin embargo, y como argumentan los autores de *Back Channel*, el problema para las relaciones entre los dos países es la interpretación que le da Washington a la legislación cubana: un anticipo claro del curso radical que tomaba la revolución[40].

El panorama, ya oscurecido por la ley agraria firmada en Cuba, se complicó algo más al llegar a Estados Unidos el comandante disidente, Pedro Luis Díaz Lanz. La comparecencia ante el Congreso norteamericano que tuvo el hasta hace poco jefe de la Fuerza Aérea Revolucionaria, volvió a traer al primer plano de la discusión el asunto del comunismo. Ya no eran las sospechas albergadas en los círculos de poder en Washington, ni las denuncias que pudieron hacer elementos afines a Fulgencio Batista; ahora era un estrecho colaborador de las fuerzas que derrocaron al dictador y que a su vez llegó a comandar la aviación cubana quien hacía la denuncia sobre la penetración de cuadros del PSP en el ejército de Cuba. No tardó mucho tiempo para que «funcionarios claves en la administración Eisenhower llegaran a la conclusión de que la continuidad del gobierno de Fidel Castro confligía con los intereses de Estados Unidos»[41]. La subsiguiente renuncia del presidente Urrutia en el mes de julio y la detención del comandante Huber Matos en octubre contribuyeron a ratificar el punto de vista pesimista que arraigó en Washington a raíz de esos y otros acontecimientos que tuvieron lugar en Cuba a partir del verano de 1959. El 15 de julio la CIA quedó advertida del nuevo enfoque con que se estaba analizando el acontecer cubano a la vez que el secretario de Estado de Estados Unidos, Christian Her-

[39] *Ibid*, 22.
[40] *Ibid*, 22-23.
[41] *Ibid*, 23.

ter, se convenció de la necesidad de adoptar una nueva política hacia Cuba[42]. Es verdad que el embajador Bonsal insistirá por algún tiempo en la vía diplomática como la iniciativa adecuada para tratar con el gobierno cubano; inclusive, para alcanzar una resolución negociada a los problemas que distanciaban a los dos países, sostuvo varios encuentros con Raúl Roa, ministro de Relaciones Exteriores de Cuba. No obstante, los acontecimientos no fueron favorables para las gestiones del embajador norteamericano y, al final, se impondrá la línea dura que germinaba en Washington[43].

La aparición en Cuba de voces y acontecimientos que anunciaban el fin del consenso instaurado con la desaparición de la dictadura de Batista, complementado con el creciente malestar del gobierno norteamericano hacia lo que sucedía en Cuba, propició que, en el discurso público de Fidel Castro, así como en el de quienes concurrían con su particular visión de futuro, se privilegiara la retórica nacionalista, así como el concepto de la unidad política del país. Es más, de ambos elementos se haría una fusión y de esa manera se adelantó la noción, de sospechoso perfil totalitario, de que la unidad política era parte de la esencia nacional. Es decir, de que quien no fuese parte del «nuevo» consenso, se colocaba fuera de la Nación.

A pesar de las grietas que aparecieron en el consenso que gobernaba a Cuba desde enero de 1959, Fidel Castro no dejó de tener un gran respaldo entre la población cubana. La impresionante celebración que acudió el 26 de julio a la Plaza Cívica de la República, como todavía se llamaba al espacio que al poco tiempo se conoció como la Plaza de la Revolución, para conmemorar el sexto aniversario del ataque al Cuartel Moncada fue una ratificación del apoyo que gran parte de la población cubana le ofrecía a la agenda pública impulsada por Castro. Era, además, una forma de avalar su posición como máximo dirigente en el proceso político cubano[44]. ¡Hasta las campanas de los templos católicos

---

[42] *Ibid*, 23-24.

[43] *Ibid*, 24-34.

[44] Guerra, loc. 985, Rojas, 107 y Pérez Stable, 61 y 67.

sonaron ese día en saludo a la efeméride! Además, con esta manifestación multitudinaria se apuntaló en Cuba una forma distinta de expresar la voluntad general que no era, precisamente, la pactada en Caracas en 1958. A partir de aquel momento, y con la complicidad consciente del discurso castrista, se privilegió el espectáculo público de la concentración de una muchedumbre en una plaza como la forma óptima de legitimar las decisiones del poder. Es decir, se hacía evidente que ya no era necesario un proceso electoral para refrendar la voluntad popular, algo que Fidel Castro había insinuado en repetidas ocasiones.

La segunda mitad del 1959 cubano se desarrolló dentro de un contexto enrarecido. Por un lado, se fraccionaba el consenso original instalado a principios de enero; la posibilidad de transitar hacia un régimen democrático se desvanecía; sobreviene un creciente distanciamiento entre Cuba y Estados Unidos; y, sin embargo, el eje político que giraba en torno a Fidel Castro y su componente radical parecía fortalecerse. Además, los tambores que un poco más adelante sonarían para avisar que Cuba se podría convertir en escenario de un conflicto bélico comenzaron a calentarse. Cuando el 8 de agosto se hizo pública la existencia de una conspiración para derrocar al nuevo orden que regía en Cuba, que tenía como uno de sus principales apoyos a un número importante de ganaderos cubanos afectados por la Ley de Reforma Agraria y contó, además, con un contingente invasor procedente de la República Dominicana, las alarmas del régimen quedaron activadas. Según propone Lilliam Guerra, «la experiencia fue interpretada por el gobierno cubano como la evidencia concreta de que las advertencias de Estados Unidos acerca del comunismo incipiente en Cuba era una excusa para justificar futuras invasiones y llevar a Cuba vuelta al pasado»[45]. Es en ese ambiente que se da el incidente relacionado a la renuncia del comandante Huber Matos y la subsiguiente dimisión de varios ministros del gabinete de gobierno. Pero, también, es la ocasión en que tendría lugar un evento de notable importancia para explicar algunas decisiones de gran alcance en el futuro cubano: la llegada a Cuba

[45] Guerra, loc. 1909.

del agente del Comité para la Seguridad del Estado, KGB por sus siglas en ruso, el soviético Aleksandr Alekseev.

Alekseev llegó a La Habana el 1 de octubre de 1959 y según le contó a una periodista norteamericana que lo entrevistó en 1992, él entró en Cuba como corresponsal de la agencia de noticias TASS. La razón para utilizar semejante cobertura respondía a la certeza que en ese momento tenía Fidel Castro de que la coyuntura no era propicia para que se apareciese en Cuba un funcionario de una organización del gobierno soviético. De ahí que el gobierno cubano prefirió que viniese como periodista. Alekseev aclaró que el motivo para su visita era obtener de primera mano un conocimiento de lo que estaba ocurriendo en la isla caribeña ya que, en la Unión Soviética, particularmente en el gobierno, se tenía una vaga idea sobre el proceso político cubano. El propio Alekseev, como otros en Moscú, eran escépticos a los reclamos que hacía el PSP de que el partido de los comunistas cubanos ejercía un control considerable sobre el núcleo del M-26-7 que seguía la línea radical[46]. La URSS quería certezas antes de inmiscuirse en asuntos de un país que estaba ubicado en lo que los propios soviéticos consideraban como parte de la esfera de influencia de Estados Unidos.

En ese sentido, no era la simple curiosidad lo que movía al agente de la KGB para ir a Cuba. Desde la isla se habían lanzado señales invitando a la Unión Soviética y a los países del mundo socialista para que no fueran meros espectadores de lo que ocurría en el Caribe, sino que también fuesen colaboradores del cambio que allí se quería promover. Ernesto Guevara, por ejemplo, le afirmó al embajador soviético en Japón, que los comunistas aliados de Fidel Castro que eran miembros del M-26-7 tenían plena intención de construir el socialismo en Cuba[47]. El guerrillero argentino, quien estuvo dos meses viajando por diferentes paí-

[46] Interview with Alexander Alekseyev by Sherry Jones, «Cuban Missile Crisis: What the World Didn't Know», produced by Sherry Jones for Peter Jennings Reporting, ABC News (Washington Media Associates, 1992) en http://nsarchive2.gwu/NSAEBB/NSAEBB400/docs/Interview%20with%20Alekseev.pdf (en lo adelante Alekseev Entrevista) y Fursenko & Naftali, 26.

[47]. Fursenko & Naftali, 21.

ses de África y Asia antes de que Alekseev llegara a Cuba, igualmente instó a otros diplomáticos de la propia Unión Soviética y de varios países de la Europa del Este con quienes se encontró durante su periplo, a expandir su comercio con Cuba[48]. Las autoridades cubanas también fueron diligentes en sus acercamientos con el bloque socialista cuando se acercaron a Polonia con el propósito de comprarle armamento. Esta petición requirió de una afanosa discusión dentro de los centros de poder en Moscú. Los polacos no querían comprometerse con los cubanos sin antes tener el consentimiento de los soviéticos. Semejante decisión, además, implicó que el jerarca con más autoridad en el Kremlin, el Premier Nikita Khrushchev, tuviera que extender un visto bueno a la transacción del envío a Cuba de un cargamento de armas proveniente de un país miembro del Pacto de Varsovia, ya que acarreaba grandes riesgos para la política exterior de la URSS pues pondría en alerta a su principal adversario en la arena internacional, Estados Unidos. Esa fue la razón para explicar los reparos que surgieron entre importantes funcionarios adscritos a las instituciones responsables de intervenir en ese tipo de situación. Sin embargo, Khrushchev interpretó la venta como un paso que adelantaría los intereses nacionales y globales de la Unión Soviética y le dio su autorización a una transacción que significó un hito de consecuencias sustanciales[49].

Es con este trasfondo que Aleksandr Alekseev inició su viaje a Cuba. La misión del agente de la KGB serviría para poner los cimientos de las relaciones entre Cuba, la Unión Soviética y el bloque de países aliados a los soviéticos. Si para octubre de 1959 quedaban dudas en el Kremlin acerca del derrotero que Fidel Castro quería darle a la política cubana y si se quería aquilatar la posibilidad de establecer una estrecha relación con un país que quedaba a noventa millas de Estados Unidos, Alekseev se encargaría de despejar estas cuestiones. Más aún, la oportunidad de abrir un frente de relaciones con la república caribeña le daba a la

48. *Ibid.*
49. *Ibid*, 24.

URSS la posibilidad de ejecutar objetivos que recién había adoptado para su política exterior.

El ascenso de Khrushchev a la dirección del Partido Comunista de la Unión Soviética en la década de los cincuenta fue un momento significativo en la orientación que tomaría el país en sus relaciones con la comunidad internacional y particularmente con Estados Unidos. En el fondo, se intentaba imprimir un mayor dinamismo a la economía en concurrencia con la promoción de un poder militar que parecía débil ante la capacidad nuclear desplegada por los norteamericanos. Un fortalecimiento en este renglón tendría como resultado la posibilidad de «situar las relaciones con Estados Unidos en un plano de igualdad»[50]. Lograda esa paridad la URSS estaría en condiciones de desarrollar una relación de «coexistencia pacífica» con su mayor rival en la arena internacional. De acuerdo con Blanca Torres Ramírez, para Khrushchev «la coexistencia pacífica...no significaba solamente la ausencia de guerra entre los dos sistemas, sino que implicaba la competencia económica pacífica entre ellos y la cooperación en las áreas económicas, políticas y culturales. Khruschev (sic) aceptaba la competencia pacífica confiando en el rápido crecimiento económico de la Unión Soviética»[51]. La ocasión para adelantar el curso trazado se presentó en 1957 cuando los soviéticos probaron con éxito el primer cohete transcontinental y, quizá todavía algo más espectacular, al colocar en órbita un satélite Sputnik. Era también el momento de la descolonización de las viejas colonias de Europa en África y Asia y el Kremlin no tardó en lanzar una ofensiva diplomática en estos territorios. En 1959, Khrushchev fue invitado a visitar Estados Unidos, una ocasión para poder concretar el tipo de relación que anhelaba el Premier soviético. En ese sentido, aunque Cuba se presentaba como una posibilidad que no se debía desperdiciar, había que andar con mucho cuidado ya que la

[50]. Vladislav M. Zubok, *Un imperio fallido. La Unión Soviética durante la Guerra Fría*, Barcelona, Crítica, 2008, 215. Véase a Fursenko & Naftali, *Khrushchev*, 25-27.

[51]. Blanca Torres Ramírez, *Las relaciones cubano-soviéticas (1959-1968)*, México, D. F., El Colegio de México, 1971, 4.

posible presencia de la URSS en el traspatio de Estados Unidos podía poner en peligro la política de distensión que, por otro lado, se buscaba. A la misma vez, eran los tiempos en que las relaciones entre la Unión Soviética y la República Popular de China comenzaban a tensarse, un evento que significó una competencia entre los dos polos del mundo comunista para ganar la adhesión de aliados, entre los cuales podía encontrarse Cuba. Por esa razón, para la URSS, el desarrollo de lazos con los cubanos era una tarea ingente, compleja y de importancia para sus intereses. Por todas estas razones, el viaje de Aleksandr Alekseev a Cuba se revestía de notable trascendencia.

La mejor forma que encontró el agente soviético para hacerse una composición de lugar sobre la situación cubana fue acercándose a las fuentes que más información podían ofrecerle sobre los asuntos que le ocupaban; y esas fuentes fueron Ernesto Guevara y Fidel Castro. Con el primero se reunió el 12 de octubre y con el segundo, cuatro días después.

En su encuentro con el soviético, Guevara afirmó que la única esperanza que tenía Cuba de alcanzar la plena soberanía era mediante la construcción del socialismo. A la misma vez, expuso la necesidad que tenía Cuba de desarrollar una estrecha relación con la Unión Soviética y los países del campo socialista. Para el argentino, esos vínculos también eran medios necesarios para poder garantizar la independencia cubana[52]. Al finalizar la reunión, Guevara se comprometió gestionarle a Alekseev una entrevista con Fidel Castro.

La reunión con el mandatario cubano tuvo lugar el 16 de octubre en la oficina que Castro tenía en el edificio que ocupaba el INRA. En la conversación también participó el capitán Antonio Núñez Jiménez. Un punto central de la conversación fue el restablecimiento de las relaciones diplomáticas entre Cuba y la Unión Soviética. En aquel momento Castro era partidario de que las relaciones con el campo socialista, y particularmente con la URSS, actuaran como un contrapeso a la influencia que Estados Unidos pretendería ejercer en Cuba, sobre todo, una vez que se profundi-

---

[52]. Fursenko & Naftali, *Khrushchev*, 27.

zara en los cambios que él y sus seguidores querían hacer en el país[53]. Según relató Alekseev, en aquel momento Castro consideraba que Estados Unidos era su principal enemigo[54]. No obstante, el mandatario cubano, que probablemente no estaba todavía comprometido con un modelo específico del socialismo que hablaba Guevara, comprendía que las condiciones necesarias para un rápido movimiento hacia el restablecimiento de las relaciones entre los dos países no eran las mejores. Castro, y así se lo sugirió a Alekseev, sabía que el sentimiento anticomunista era muy fuerte dentro de la sociedad cubana y que cualquier acercamiento a la Unión Soviética tendría que enfrentarse a un fuerte rechazo. La prudencia dictaba la necesidad de hacer un trabajo de propaganda para vencer ese obstáculo y allanar el camino para que la opinión pública cubana aceptara un acuerdo con los soviéticos. Por esa razón, y como un primer paso hacia el pleno restablecimiento de las relaciones diplomáticas con la URSS, Castro sugirió traer a Cuba la Exposición Cultural y Tecnológica Soviética que ya había visitado a Estados Unidos a principios de año y que en aquel momento se encontraba en México. Otra recomendación que hizo el primer ministro cubano fue que la exhibición se inaugurase por el Vice Presidente del Presidium del Soviet Supremo, Anastas Mikoyan[55].

Desprovisto de un canal directo para informar a Moscú de sus impresiones después de estos dos importantes encuentros, Alekseev tuvo que esperar al mes de noviembre para poder dar a conocer sus hallazgos sobre Cuba. La ocasión fue un viaje a México en donde sostuvo una reunión con Mikoyan. Para entonces, el agente de la KGB poseía evidencia adicional sobre el fortalecimiento del núcleo que en Cuba trabajaba para llevar el socialismo a la isla. Justo después de su entrevista con Fidel Castro, Alekseev pudo enterarse de la creación del Ministerio de las Fuerzas Armadas y que la responsabilidad de dirigirlo había recaído en Raúl Castro, uno de los principales promotores del acer-

[53]. *Ibid.* 28.
[54]. Alekseev, Entrevista.
[55]. *Ibid.*

camiento a la Unión Soviética y firme partidario del socialismo. Justo ese mismo día Fidel Castro supo que el gobierno de Estados Unidos hacía gestiones para que Gran Bretaña no le entregase a Cuba unos aviones de combate que habían sido previamente adquiridos por el gobierno de Fulgencio Batista, noticia que el mandatario cubano interpretó como una prueba indiscutible de que la administración de Eisenhower no quería sostener relaciones normales con el Estado cubano[56]. A los pocos días tuvo lugar el affaire generado por la renuncia pública del comandante Huber Matos y la posterior dimisión de varios ministros que no estuvieron de acuerdo con la detención del militar. En esos mismos días el excomandante Díaz Lanz sobrevoló La Habana para lanzar volantes que contenían una Carta Abierta al Pueblo de Cuba. El objetivo de Díaz Lanz fue denunciar la incorporación de comunistas en las filas del gobierno y del ejército cubanos. La incursión aérea provocó la activación de armas antiaéreas cuyos proyectiles causaron varios muertos en tierra. Todos estos acontecimientos fueron acompañados por la desaparición del entonces Jefe de las Fuerzas Armadas Revolucionarias (FAR), el popular comandante Camilo Cienfuegos, el restablecimiento de los tribunales revolucionarios y la pena de muerte para los delitos catalogados como «contra la seguridad de los poderes del Estado», la creación de las milicias y la declaración de Fidel Castro caracterizando la acción de Díaz Lanz como una agresión externa consentida por Estados Unidos y similar a Pearl Harbor. Con todo este cúmulo de información es que Alekseev se reúne con Mikoyan en México.

De acuerdo con los autores de *One Hell of a Gamble*, Mikoyan se sintió muy satisfecho con el informe de Alekseev e incorporó muchas de las sugerencias ofrecidas por el agente de la KGB al documento que sobre este particular elevó a Moscú[57]. No

---

[56] LeoGrande & Kornbluh, 27. Esta misma fuente revela que «Privately, Allen Dulles [Director de la CIA] told the British Ambassador that he hoped to force Castro to buy arms from the Soviet bloc because, in the case of Guatemala, it had been a shipment of Soviet arms that had created the occasion for what had been done' (the CIA's overthrow of the Guatemalan government) and 'the same might be true in the case of Cuba».

[57] Fursenko & Naftali, *One Hell of a Gamble*, 32.

obstante, el documento del funcionario soviético contenía una advertencia acerca de la necesidad de encaminar con cierta cautela los asuntos referentes a Cuba. Mikoyan, que favoreció el fomento de las relaciones económicas entre la URSS y la isla caribeña, en aquel momento, sin embargo, no era partidario de la venta directa de armamento soviético a los cubanos[58].

La prudencia que manifiesta la sugerencia de Mikoyan con relación a la venta de equipo militar a Cuba, era también característica de cómo se veía desde Moscú el desarrollo de un sistema de relaciones entre la Unión Soviética y los cubanos. Propio de esa forma de pensar es un informe contemporáneo a esta discusión y que fue escrito por el jefe de la KGB, Aleksandr Shelepin. La comunicación se destinó al ministro de Relaciones Exteriores Andrei Gromyko y en ella se afirmó que en Cuba existían grupos de oposición al gobierno a la vez que sostuvo la idea de que el gobierno cubano «no ejerce suficiente control»[59]. Sin embargo, cautela y prudencia no eran sinónimos de paralización. La evidencia sugiere que el Kremlin quería continuar hacia adelante con una política de apertura hacia Cuba[60]. La invitación de Castro para que la Exposición Cultural y Tecnológica visitara el país fue recibida favorablemente por los mandatarios soviéticos. Lo sorprendente, sin embargo, fue que el freno vino de Cuba.

Al finalizar el mes de noviembre Fidel Castró volvió a reunirse con Alekseev. El propósito para el encuentro es que Castro quería discutir con el soviético un acontecimiento que sembró algunas dudas en el dirigente cubano acerca de la velocidad con que se conducía el proceso para estrechar relaciones con el bloque de países socialistas. El evento en referencia fue la celebración en La Habana del Congreso Católico Nacional, un congreso que había sido convocado por los obispos de Cuba el 20 de octubre y que se celebró entre el 28 y 29 de noviembre. Para esa ocasión se llevó a La Habana desde su santuario en el Cobre, provincia de Oriente, la imagen de la patrona del pueblo cubano, la Vir-

[58] *Ibid.*
[59] *Ibid, 33.*
[60] *Ibid*, 34.

gen de la Caridad del Cobre. En la noche del día 28, y bajo una lluvia persistente, se celebró una misa en la Plaza Cívica. Alrededor de un millón de fieles participaron activamente en la actividad, primero con un desfile de antorchas que recorrió varias avenidas importantes de la capital cubana y después asistiendo a una misa cerca del monumento a José Martí que domina la plaza. Durante el acto litúrgico, al que asistieron Fidel Castro y otros miembros del gobierno y de varias instituciones del Estado, se escuchó un mensaje del papa Juan XXIII dirigido al pueblo cubano. El Congreso concluyó al día siguiente con una Asamblea Plenaria de la Acción Católica en el estadio de La Tropical. En esta ocasión se fijó la posición de la Iglesia cubana con respecto a los asuntos sociales que se discutían en el país y se hizo énfasis en los conceptos de justicia y caridad sin olvidar el rechazo del catolicismo hacia el comunismo[61]. Para Fidel Castro, la demostración de fuerza que logró la Iglesia católica con aquella actividad era un aviso muy claro acerca de la resistencia que había en importantes sectores de la sociedad cubana con respecto a sus planes de acercamiento al bloque de países socialista. Ese fue el mensaje que le transmitió a Alekseev el día que se reunieron para discutir las repercusiones del Congreso. Como secuela de su preocupación le pidió al agente de la KGB que viajara a México y le dijese a Mikoyan que por el momento aplazara sus planes de viajar a Cuba[62].

La vacilación mostrada por Fidel Castro con relación al viaje de Mikoyan a La Habana, no fue de larga duración. Fue a mediado del mes de diciembre cuando el Primer Ministro cubano recibió un aviso del propio Alekseev dándole a conocer unos supuestos planes forjados en el exterior con el propósito de promover un cambio de régimen en Cuba[63]. Aunque la noticia, originada por los servicios de espionaje de Polonia y Checoeslovaquia, resultó ser falsa, tal parece que fue un resorte para que Castro retomara

[61] «Gran Demostración de Fe Popular, El Congreso Católico», *Bohemia*, La Habana, 6 de diciembre de 1959, 74 y siguientes.
[62] Fursenko & Naftali, *One Hell of a Gamble*, 34.
[63] *Ibid*, 36.

la iniciativa en sus planes de acercarse a la Unión Soviética y de promover una profunda transformación política, económica y social en su país. Para el dirigente cubano, el informe soviético de una posible agresión al país, que tenía que ser interpretado como una señal del interés que la URSS sentía por lo que sucedía en Cuba, pudo ser un estímulo para que Castro afinara el rumbo por el que quería que transitara el pueblo cubano[64].

Ya entonces se había activado el mecanismo para adquirir un mayor control sobre la poderosa Confederación de Trabajadores de Cuba (CTC), un acontecimiento que para algunos fue una clara indicación sobre el giro radical que tomaban los acontecimientos en la isla. La operación se dio mientras la CTC celebraba su IX Congreso durante los días 18 al 22 de noviembre. En esa ocasión los delegados sindicales afiliados al M-26-7 demostraron tener un peso muy superior a aquellos que militaban en el PSP. Sin embargo, Fidel Castro insistió en que se eligiera una candidatura única y que la misma incluyera un número significativo de comunistas[65]. También había tenido lugar el juicio contra el comandante Huber Matos y varios de sus compañeros en el Ejército Rebelde, y en el que Matos fue condenado a una pena de veinte años de prisión. Fue entonces, después del breve titubeo provocado por el Congreso Católico, que los soviéticos tuvieron noticia de la resolución de Castro por darle un renovado impulso a la vía revolucionaria, un itinerario para el cual ya se podía perfilar una notable inclinación hacia el socialismo, una decisión que sería una pieza principal a la hora de tomar las decisiones más trascendentales[66]. Al menos, así es que se desprende de los mensajes que desde Cuba transmitieron a la embajada de la URSS en México los emisarios de Ernesto Guevara y Fidel Castro respectivamente[67].

---

[64] *Ibid.*

[65] Reinol González, 51.

[66] Farber, 126.

[67] Fursenko & Naftali, *One Hell of a Gamble*, 35-36. Los emisarios aludidos fueron Emilio Aragonés y Carlos Rafael Rodríguez.

Esos mismos acontecimientos que hicieron posible un acercamiento entre La Habana y Moscú, también fueron responsables de provocar un mayor distanciamiento entre Estados Unidos y Cuba. Según la caracterización que hizo el Subsecretario de Estado para Asuntos Políticos, Livingston T. Merchant, el problema cubano llegó a ser «el más difícil y peligroso de los problemas confrontados por Estados Unidos en toda la historia de nuestras relaciones con América Latina»[68]. Desde esa perspectiva, se entiende que el Departamento de Estado, junto a la CIA, se ocuparan de diseñar un programa para promover un cambio en Cuba. En esa faena se trabajó durante los meses de julio y agosto de 1959, un período de tiempo en el que se vislumbró cierta esperanza de poder negociar con el gobierno cubano algún tipo de acuerdo que fuese capaz de satisfacer las preocupaciones expresadas por algunas de las empresas norteamericanas que operaban en Cuba. Por esa razón, el gobierno de Estados Unidos se abstuvo de poner en práctica el proyecto[69]. No obstante, la esperanza vislumbrada en aquella coyuntura se desvaneció y los acontecimientos de septiembre y octubre instigaron un giro hacia una política más agresiva hacia el gobierno cubano.

Uno de los asuntos que fue considerado como un hito en la evolución del régimen cubano fue la creación del Ministerio de las Fuerzas Armadas junto al nombramiento de Raúl Castro al frente de este nuevo ministerio. En un telegrama que el embajador Bonsal envió a Washington con esta información, el diplomático consideró que con este cambio todo parecía indicar que se estaba alcanzando una mayor centralización y control de las fuerzas armadas. Para él, el nombramiento del hermano de Fidel Castro representó una señal clara del poder que los sectores más radicales dentro del régimen estaban alcanzando a expensas de los más moderados. Bonsal evaluó el suceso como «un desarrollo

---

[68] «Memorandum of Discussion at the 432d Meeting of the National Security Council», Washington, January 14, 1960, *Foreign Relations of the United States* (*FRUS* de ahora en adelante), *1958-1960*, VI, Document 423.

[69] *Ibid.*

alarmante»[70]. También fue motivo de gran intranquilidad los ataques verbales de Fidel Castro hacia Estados Unidos.

Ante semejante situación el Departamento de Estado de Estados Unidos comenzó a trabajar el documento que habría de delinear la política que seguiría el gobierno de Eisenhower con respecto a Cuba. Cuando el secretario Asistente para Asuntos Inter-Americanos, Roy R. Rubottom, transmitió el documento al subsecretario de Estado para Asuntos Políticos, Robert D. Murphy, incluyó un comentario en que afirmaba que ya existía una incompatibilidad entre Castro y los objetivos de Estados Unidos. Para Rubottom los «extremistas» habían ganado terreno en Cuba, un logro que según el funcionario se obtenía gracias a la ausencia de un contrapeso derivado de los sectores moderados de la sociedad cubana y de su clase media. Por eso, en uno de los renglones de la nueva política que se sometería para la aprobación del presidente se incluyó como un objetivo de Estados Unidos el fomento y unión de una oposición cubana, una pieza clave en el propósito norteamericano de impulsar cambios en Cuba[71]. Una valoración similar a la que expresó el Departamento de Estado la expuso el director de la CIA, Allen Dulles, en una reunión del Consejo de Seguridad Nacional (NSC) celebrado en Washington el 29 de octubre[72].

El texto final llegó a la Casa Blanca el 5 de noviembre. El secretario de Estado, Christian Herter, le explicó al presidente Eisenhower que las recomendaciones que se le hacían en el documento eran el resultado de varias conclusiones a las que se habían llegado después de analizar los acontecimientos que tenían lugar en Cuba. Una de ellas señaló que «la continuada prolongación del régimen de Castro en Cuba» afectaría la posición de Estados Unidos en América Latina con la correspondiente ventaja

---

[70] «Telegram from the Embassy in Cuba to the Department of State, Havana, October17, 1959» en *FRUS, 1958-1960*, VI, Document 370.

[71] «Memorandum from Assistant Secretary of State for Inter-American Affairs (Rubottom) to the Under Secretary of State for Political Affairs (Murphy)», Washington, October 23, 1959, *FRUS, 1958-1960*, VI, Document 376.

[72] «Memorandum of Discussion at the 422 Meeting of the National Security Council», Washington, October 29, 1959, *FRUS, 1958-1960*, VI, Document 380.

que obtendría «el comunismo internacional»; y en otra se afirmó que para poder «reemplazar o controlar» al régimen de Castro era necesario el desarrollo dentro de Cuba de una «oposición coherente» con elementos deseosos de alcanzar un progreso político y económico «dentro del marco de buenas relaciones entre Cuba y Estados Unidos». De ahí que el secretario recomendara «generar dentro de Cuba y en otras partes de América Latina oposición a la vía extremista y antiamericana del régimen de Castro». De la misma forma sugirió que al poner en práctica la nueva política se evitara dar la impresión de que Estados Unidos generaba «presión directa» o «intervención» en contra del régimen de Castro, al menos que fuese en defensa de «legítimos intereses de Estados Unidos»[73].

Al asumir el análisis de este documento, los autores de *The Back Channel* afirman que la interpretación que hace Rubottom del mismo es que las directrices que emanan del texto procuran el derrocamiento de Castro[74]. Sin embargo, una lectura cuidadosa de las instrucciones generadas por el Departamento de Estado, escritas en el lenguaje legal y diplomático típico de las Cancillerías, ofrece una imagen más compleja de la que proponen LeoGrande y Kornbluh sobre lo que dijo o no el secretario Asistente. Al revelar la forma en la que el Departamento de Estado de Estados Unidos examina la cuestión cubana en aquel momento es posible darse cuenta de que en esa institución se asume que el giro radical promovido por Fidel Castro en la isla caribeña ha sido posible por la debilidad de la oposición. Por lo tanto, si se quiere que semejante curso se detenga o retroceda, es imperativo que quienes componen la oposición queden fortalecidos. Es decir, que para Estados Unidos el fortalecimiento de la oposición está en función del freno que se le pueda poner al proceso de radicalización que impulsa Castro. Llama la atención que ese texto da a entender que el gobierno de Estados Unidos está dispuesto a

[73] «Memorandum From the Secretary of State to the President», Washington, November 5, 1959, *FRUS, 1958-1960*, VI, Document 387.

[74] LeoGrande & Kornbluh, 28.

aceptar un «régimen de Castro reformado»[75]. Es verdad que, si ese objetivo no se lograra, las directrices también consideraron el posible derrocamiento de Fidel Castro[76].

El memorándum conteniendo la nueva política llegó a la consideración del Presidente Eisenhower el 5 de noviembre, y ese mismo fue aprobado por el primer mandatario de Estados Unidos[77].

Una vez definido el conjunto de objetivos que guiarían la política de Estados Unidos hacia Cuba, el gobierno norteamericano se dio a la tarea de alcanzar sus metas en la isla caribeña. Es evidente que para obtener el fin buscado, se hacía imprescindible enfocarse en el trabajo sobre un instrumento que se definía como necesario, es decir, el fortalecimiento de la oposición al gobierno de Castro. Ya el embajador Bonsal había ofrecido su punto de vista sobre el particular. En un telegrama fechado en La Habana el 30 de octubre señaló que los adversarios del régimen se encontraban sin liderazgo, estaban atemorizados y carecían de un programa concreto. De acuerdo con las observaciones del diplomático, muchos dentro de esa oposición confiaban que el colapso del gobierno se adelantaría por los propios errores, la incompetencia y los excesos del régimen. La esperanza es que con ese comportamiento se fomentaría la desilusión entre la población[78]. Bonsal reiteró su opinión sobre el estado de la oposición en otro telegrama que envió al Departamento de Estado el 26 de noviembre[79]. Pero quizá, el análisis más abarcador que se hizo sobre este tema

[75] *FRUS, 1958-1960*, VI, Document 376.

[76] En una reunión con directores de importantes empresas norteamericanas con inversiones en Cuba, Rubottom se expresó contrario a las sugerencias que promovían «una filosofía de castigo en nuestra política hacia Castro» ya que, según se expresó el funcionario, la misma «consolidaría a todos los elementos detrás de Castro». *FRUS, 1958-1960*, «Memorandum of a Conversation», Department of State, Washington, November 24, 1959, Document 397.

[77] LeoGrande & Kornbluh, 28. El documento se le envió a Bonsal el 20 de noviembre. *FRUS, 1958-1960*, Document 396.

[78] «Telegram From the Embassy in Cuba to the Department of State», Havana, October 30, 1959, *FRUS, 1958-1960*, VI, Document 382.

[79]. *FRUS, 1958-1960*, VI, «Telegram From the Embassy in Cuba to the Department of State», Havana, November 26, 1959, Document 399.

durante este período de tiempo fue el elaborado por John Hill, Asistente Especial de Rubottom.

Hill redactó su informe después de visitar a Cuba durante el mes de noviembre y en el memorándum que somete al Departamento de Estado destaca la importancia que para la supervivencia del régimen tenía el idealismo que proyectaban al público sus dirigentes. En términos prácticos, según lo explica Hill, ese idealismo significaba la esperanza en un cambio que alejaría al país de lo que había sido en el pasado. Apoyándose en este punto, Hill afirma que en aquel momento en Cuba no existía un conglomerado político que pudiera proyectar desde la oposición una imagen que fuese capaz de contrarrestar la exhibida por los dirigentes del régimen. No obstante, el Asistente de Rubottom le manifiesta a su jefe que en Cuba ha empezado un proceso de desilusión que pudiera acelerarse y provocar consecuencias incalculables, una observación que le lleva a dirigir su atención al asunto de la oposición al régimen. En este punto Hill afirma que él no pudo encontrar ninguna fuerza opositora que tuviera esperanzas reales o planes para derrocar o tomar control del gobierno en 1960. No obstante, después de analizar a algunos de los grupos que como los «Auténticos» de Manuel Antonio de Varona, los social demócratas de Aureliano Sánchez Arango, los seguidores del movimiento «Montecristi» de Justo Carrillo, los «moderados» provenientes del M-26-7 o los católicos inclinados hacia la democracia cristiana, se han colocado en el espacio de la oposición, Hill sugiere que lo más viable para enfrentar en el futuro al régimen de Castro es el fomento de una coalición, una suerte de «Directorio Revolucionario Democrático», como él le llama, que pueda representar a las diferentes facciones. Fuera de esas consideraciones quedan los seguidores del dictador depuesto Fulgencio Batista. El funcionario termina su indagación sugiriendo que, en esa coyuntura, el liderato capaz de asumir la tarea propuesta no se encontraba en el exilio y que la oposición, al menos en la fase inicial, no debía de dirigir sus ataques directamente contra Castro, sino que era menester criticar «los excesos y fallos de la Revolución» y a los elementos extremistas de los que Castro depende[80]. El memorándum de Hill no era solo un diagnóstico, sino que también constituía todo un programa para alcanzar los objetivos que acaba de abrazar la administración de Eisenhower.

Al tomar en consideración la centralidad que para los nuevos planes del gobierno de Estados Unidos tiene la presencia en Cuba de una fuerza opositora capaz de detener el giro radical que han tomado los acontecimientos en ese país, y al asumir por los informes que se van recibiendo desde la isla que ese núcleo opositor no reúne todas las características que esos planes esperan, no parece algo fuera de lo común observar que la Agencia Central de Inteligencia (CIA) asumiera el proyecto de contribuir al fortalecimiento de aquellos sectores políticos que estaban dispuestos a enfrentarse al régimen de Fidel Castro. De acuerdo con las fuentes citadas por la Mary Ferrell Foundation, la gestiones para crear un grupo opositor en Cuba comenzaron en el mes de noviembre de 1959. La responsabilidad recayó en la estación de la CIA en La Habana y el núcleo que se quiso organizar sería identificado con el nombre clave de AMPALM[81]. Hacia mediados del mes siguiente, la misma CIA se involucró en un proyecto cuyo objetivo final sería provocar un cambio de régimen en Cuba[82], al fin y al cabo, ese era también una de las metas contempladas en las directrices aprobadas por Eisenhower al ir tomando conciencia de que los acontecimientos que tenían lugar en Cuba durante esa segunda mitad de 1959 conspiraban en contra de los intereses de Estados Unidos. La urgencia de seguir calibrando la «Presente Política Básica de Estados Unidos Hacia Cuba» se hará patente hacia fin del año cuando los sectores que promovían en la isla un futuro dentro de algún régimen socialista en alianza con Moscú, y

---

[80] *FRUS, 1958-1960*, VI, «Memorandum from the Assistant Secretary of State for Inter-American Affairs' Special Assistant (Hill) to the Assistant Secretary of State (Rubottom)», Washington, December 4, 1959, Document 405.

[81] Mary Ferrell Foundation, https://www.maryferrell.org/php/cryptdb.php?id=AMCRACKLE-1

[82] James G. Blight & Peter Kornbluh, eds., *Politics of Illusion. The Bay of Pigs Invasion Reexamined*, Boulder, Colorado, Lynne Rienner Publishers, Inc., 1998, 159; Tim Winer, *Legacy of Ashes. The History of the CIA*, New York, Doubleday, 2007, 156 y LeoGrande & Kornbluh, 29.

que para todo efecto práctico tenían pleno control del gobierno y del Estado, emprendieron una campaña en contra de los medios de prensa independiente[83].

Una cuestión que aparecía de manera clara al ir terminando el 1959 era que el consenso político, tan destacado al finalizar la dictadura de Batista y que había asumido la responsabilidad de guiar a Cuba durante un período de transición hacia la democracia, ya no existía. La paulatina anulación de los principios acordados en el Pacto de Caracas era responsable del rompimiento. En su lugar se erigía un régimen dominado por los elementos más radicales de aquel consenso. Es verdad que gozaban de un amplio apoyo popular pero también es cierto que esperaban que sus oponentes se sometieran a esos cambios ya que, de lo contrario, se les excluiría de la vida nacional. Sin embargo, muchos de los que no estuvieron de acuerdo con la transformación que se le daba a Cuba se empeñaron en no aceptar la realidad que se les imponía y optaron por situarse en el campo de una oposición activa. Era una decisión difícil y riesgosa, pero, desde la perspectiva con la que confrontaron la situación que se abría paso en Cuba, creyeron que era el deber que tenían que cumplir.

[83] Guerra, loc. 2580.

Ejercicios Espirituales en Pío XII, 1959
Estudiantes que se identificaran con el DRE
(de abajo hacia arriba y de izquierda a derecha)

Sentados: P. Amando Llorente, S. J.,Elio Más

1a fila: Alberto Muller (2), Juan Manuel Salvat (6)

2da fila: Luis «Tati» Boza (3), Luis Gutiérrez (6), Eduardo Muñiz (9), Jorge «Pico» Marbán (10)

3a fila: Joaquín Pérez Rodríguez (4), Juanín Pereira Varela (9), Martín Morúa (10)

4ta fila: José Raúl Labrador (1), Armando Acevedo (3), Frank Bernardino (6), Tony Diez (8), Francisco Javier Muller(9)

5ta fila: Nelson Amaro (2), Pedro González Llorente (7), General Fatjó (8), Carlos Brravo (10)

6ta fila: Reinaldo Ramos (4), Amaro Taquechel (7)

Otros notables:

6ta fila: Carlos Rodríguez Santana «Carlay» (2). Murió en los campamentos de Guatemala y su número de inscripción, el 2506, le dio nombre a la Brigada de Asalto que invadió por Bahía de Cochinos

5ta fila: Salvador Subirá (1). Miembro del MRR y autor de una historia sobre este movimiento

2da fila: Octavio de la Concepción y Pedraja «Tavito». Miembro del Ejército Rebelde, murió en Bolivia junto a varios guerrilleros comandados por Ernesto Guevara

Capítulo 2

Religión y política: un trasfondo

Cuando John Hill, el Asistente Especial de Roy Rubottom, redactó el informe en el que da cuenta del estado de la oposición en Cuba a fines de 1959, no solo evaluó el estado en el que se encontraba la corriente opositora, sino que también tuvo la precaución de dar una relación de los movimientos que se estaban organizando en aquella coyuntura[84]. Desde su perspectiva, el grupo más organizado en ese momento es el que dirige Antonio «Tony» Varona. No se olvidó de señalar a los grupos encabezados por Aureliano Sánchez Arango y Justo Carrillo como conjuntos activos, pero con un grado de organización menor que el conducido por Varona. Sin embargo, aun cuando alude a una corriente de oposición constituida por militantes de movimientos religiosos afiliados a la Iglesia católica, Hill no detecta la actividad organizativa que despliegan algunos individuos provenientes de esa militancia y que participaron en la creación de los que quizá fueron, en aquella coyuntura, los grupos políticos más activos en la oposición al régimen de Fidel Castro, el Movimiento de Recuperación Revolucionaria (MRR), el Movimiento Demócrata Cristiano (MDC), el Directorio Revolucionario Estudiantil (DRE) y el Movimiento Revolucionario del Pueblo (MRP). De todas maneras, aun cuando a Hill se le escapara el dato concreto sobre la actividad política que llevan a cabo sectores específicos del laicado creyente, su observación es importante. Con su comentario, el funcionario norteamericano intuye que la variable religiosa será un componente de envergadura en la confrontación que se avecinaba en Cuba, aunque el hincapié de su observación está inclinado al aspecto institucional y no al componente religioso.

---

[84] *FRUS, 1958-1960*, VI, Document 405.

Años más tarde, en 1996 y en medio de un encuentro en el que se examinaban las circunstancias que rodearon a la invasión a Cuba por la Brigada de Asalto 2506, el académico Enrique Baloyra se vio precisado a explicar las razones que movieron a jóvenes como él a «tomar las armas en contra del gobierno [de Castro]». La respuesta de Baloyra abordó dos motivos principales: uno, por la exclusión de la coalición revolucionaria y el otro, por las convicciones religiosas[85]. De esta manera, Baloyra ratificó la importancia de la observación que hizo Hill treinta y siete años antes respecto al vínculo entre el catolicismo cubano y la oposición al régimen de Castro, a la vez que sugería un fenómeno de una dimensión mucho más amplia que el advertido por el funcionario del Departamento de Estado. Por otra parte, Jesús Arboleya también aludió a la importancia que tuvo la Iglesia católica en la movilización de individuos y grupos de la sociedad cubana al confrontar la aparente deriva del gobierno cubano hacia posiciones cada vez más afines con la idea de un Estado socialista, que para muchos de ellos era sinónimo de comunismo[86]. Sin embargo, el énfasis de este académico cubano es explicar el posicionamiento de esa parte de la resistencia mediante la categoría de clase, propia de una lectura marxista de la religión y de la historia. El problema con semejante enfoque es que descarta la posibilidad de aproximarse a las motivaciones que guían la praxis política del grupo en cuestión desde la perspectiva de lo trascendente o sagrado, una óptica mucho más afín con lo que sugirió Baloyra en 1996.

En lo que existe muy pocas dudas son en señalar la importancia del catolicismo cubano en el impulso que recibió la iniciativa opositora a finales de 1959. Para muchos de los cubanos que se involucraron en el enfrentamiento político que tuvo lugar en Cuba a partir de aquel año, el sentimiento religioso constituyó un referente fundamental a la hora de ubicarse del lado de la oposición. Sin embargo, ese posicionamiento carecería de poco sentido histórico si no se vincula al devenir de la Iglesia católica en Cuba

---

[85] Blight & Kornbluh, *Politics of Illusion*, 15.

[86] Arboleya, *La contrarrevolución*, 65-67.

a lo largo de las primeras seis décadas del siglo XX. Como sugiere el historiador Gerald Poyo, al advenimiento del triunfo insurreccional que termina con el régimen dictatorial de Batista, el catolicismo cubano ha pasado por una notable transformación. De una religión cuya práctica al momento de su independencia en 1902 se limitaba a pequeños grupos de la población, se transformó en una fuerza social formidable que se involucra «por primera vez en el corazón del discurso público sobre el futuro cubano»[87]. Al llegar el siglo XX, el catolicismo, como otras religiones que se practicaron en Cuba durante el transcurso de esos años e, inclusive, desde antes, desde gran parte del siglo XIX, era una práctica religiosa relegada al plano del hogar y del templo. La cosa pública era asunto exclusivo del Estado. Era el resultado de las ideas liberales que se exponían en Europa y que habían logrado enraizar en Cuba. La independencia del país, ocurrida en 1902, lejos de modificar la situación, contribuyó a darle más arraigo ya que el nuevo Estado cubano se mostró muy proclive a favorecer las ideas de la filosofía positivista, sobre todo en el campo de la pedagogía.[88].

Una idea importante que se difundió en Cuba a partir del positivismo fue que una educación laica garantizaría la solidez del orden republicano y de la democracia ya que la condición colonial era el resultado del maridaje entre la Corona y la Iglesia. Si ya el positivismo tenía una veta anticlerical por su insistencia en la primacía del conocimiento científico, ahora con la generalización en la república de su plan educativo, diseñado por Enrique José Varona, se acentúa la marginación social de la religión. También hay que considerar que las corrientes liberales que impulsaron la separación de la Iglesia y del Estado y que fueron recogidas en la Constitución de 1901 contribuyeron a colocar la experiencia religiosa en el ámbito de lo privado[89].

---

[87] Gerald E. Poyo, *Cuban Catholics In The United States, 1960-1980*, Notre Dame, Indiana, University of Notre Dame Press, 2007, 49.

[88] Manuel Maza, S. J., *Iglesia cubana: cinco siglos de desafíos y respuestas*, Santo Domingo, República Dominicana, Amigo del Hogar, 1995, 35-36.

[89] Beatriz Bernal, *Cuba y sus constituciones republicanas*, Miami, Florida, Instituto y Biblioteca de la Libertad, 2003. La Constitución de 1901, 75-100.

Ante un panorama tan desalentador, la Iglesia católica en Cuba se dio a la tarea de «recatolizar»[90] al país, es decir, a promover el espíritu cristiano en una población que, por lo general, era indiferente hacia la práctica religiosa. El objetivo perseguido lo describió el editorial de la revista católica cubana *La Quincena* en 1955: promover «una interferencia directa en el comportamiento del hombre en su esfera individual y social»[91]. Para lograr esa meta, la Iglesia concibió un proyecto que, de acuerdo con Esperanza Purón, descansaría en tres pilares principales: la promoción del clero nativo, la educación y el fomento de movimientos de laicos[92].

El fomento de la vocación sacerdotal y religiosa entre la población cubana descansó en el hecho de que, para los inicios del siglo XX, la mayor parte de esta comunidad estaba compuesta por personas extranjeras, sobre todo oriundos de España. La cuestión de tener un clero tan mayoritariamente español en un país recién liberado del yugo colonial radicaba en la dificultad de lograr una comunicación eficaz entre sector eclesiástico y la población en general. Como comenta el P. Manuel Maza, S. J., «Durante la República, especialmente en las primeras décadas, hubo religiosos españoles a quienes resultó casi imposible valorar lo cubano, sus luchas por la independencia»[93]. Ante la necesidad de poder tener un mejor intercambio con la sociedad cubana, se hizo conveniente promover el clero nativo. Para 1959 la jerarquía eclesiástica ya era mayoritariamente cubana; de un total de nueve miembros en el episcopado, siete eran nacidos en Cuba, entre ellos el único cardenal de todas las Antillas, Monseñor Manuel Arteaga y Betancourt. Al comentar el fenómeno de la cubanización del clero, el periodista Ángel del Cerro, escribiendo en 1961,

[90] El concepto de «recatolizar» ya se había utilizado en Europa durante el siglo XIX y era una respuesta de la Iglesia católica a los profundos cambios y tensiones que afectaron a la sociedad europea durante aquellos años.

[91] Editorial, «Reafirmación de Posiciones», *La Quincena,* La Habana, 15 de febrero de 1955, 33.

[92] Esperanza Purón, *Acción Católica (I)*, http://espaciolaical.net/wp-content/uploads/2016/09/0640.pdf

[93] Maza, S. J., *Iglesia cubana*, 36.

afirma que «La aparición de un clero nativo, capacitado, apostólico y conocedor del medio ambiente, es un fenómeno de los últimos veinte años»[94]. La cifra esperanzadora de lo que se había logrado durante ese tiempo en el fomento de un presbiterio criollo se manifiesta en el número de individuos que en 1959 se encontraban estudiando la carrera sacerdotal. Según las estadísticas de los Caballeros Católicos de Cuba, en ese año había ciento noventa y ocho personas en los seminarios y noviciados establecidos en Cuba[95]. Hay que asumir que la mayoría de esos individuos eran nacidos en la isla y que, con el tiempo, la presencia de muchos de esos futuros sacerdotes contribuiría a dotarle a su Iglesia de una mayor sensibilidad hacia los asuntos propios de la vida cubana.

El tema de la educación siempre fue una preocupación de la Iglesia en Cuba. Era un medio para la formación de la juventud del país en los principios y valores del catolicismo. Era, a la vez, una forma de poder ejercer influencia en la sociedad. La defensa por practicar un magisterio orientado por la espiritualidad cristiana, inclusive en el sector público, fue un campo de batalla que la Iglesia tuvo que enfrentar desde los primeros años de la república. Durante ese período de tiempo logró importantes resultados. En 1955 ya funcionaban unas 212 escuelas católicas en Cuba con un estudiantado que alcanzó el número de 61,960 estudiantes[96]. Hacia fines de la década de los cincuenta se habían fundado dos universidades y la Compañía de Jesús tenía planes para abrir un nuevo centro educativo de enseñanza universitaria. Los propios obispos de Cuba, en un informe elevado a la Santa Sede en 1955, admitieron que «La eficacia de los colegios católicos es notable. Casi puede

[94] Ángel del Cerro, «¿Ha comenzado la persecución religiosa?», *CUBA 1961*, Suplemento de *Cuadernos*, Francia, marzo-abril 1961, 26.

[95] Ramiro Sánchez García, «La Iglesia en Cuba en enero de 1959», *Anuario de la Iglesia Católica. Cuba Diáspora, 1976*, Miami, Florida, 1976, 15.

[96] Manuel Fernández Santalices, *Presencia en Cuba del Catolicismo. Apuntes históricos del siglo XX*, Caracas, Konrad Adenauer Stiftung/Organización Demócrata Cristiana de América, 1998, 45.

decirse que es una de las principales causas del florecimiento religioso que ha tenido lugar en Cuba de treinta años a esta parte»[97].

Por supuesto, el resultado más importante del empeño educacional llevado a cabo por la educación católica cubana fue el fomento de cuadros dentro del laicado católico. Para Manuel Fernández Santalices estos militantes pasaron a darle vida a los movimientos de seglares que tanta importancia tendrían en vigorizar «una iglesia surgida a la vida 'independiente' con las rémoras de la época colonial, y debilitada y empobrecida tanto de medios como de personal»[98].

Si la Iglesia quería «recatolizar» a Cuba durante la primera mitad del siglo XX no tenía más remedio que promover un laicado que pudiera suplir la inferioridad numérica del clero nativo. Era lo que dictaba el sentido común para poder asegurar que la Iglesia fuese sensible a las necesidades espirituales y materiales del pueblo cubano. Hacia ese empeño se dirigieron los esfuerzos de dos religiosos que, sin embargo, eran extranjeros pero que demostraron tener un gran respeto y preocupación por el futuro de Cuba, el Hermano Victorino (Agustín Pagés) de la Congregación de los Hermanos de La Salle, nacido en Francia y fundador de lo que llegaría a conocerse como Acción Católica (AC); y el P. Felipe Rey de Castro, S. J., español fundador de la Agrupación Católica Universitaria (ACU). Aunque durante la primera mitad del siglo XX llegaron a organizarse más de una docena de instituciones de seglares católicos en Cuba, las dos señaladas pueden considerarse como las que mayor anclaje y resonancia tuvieron en la sociedad[99].

El origen de Acción Católica en Cuba se remonta a 1928 cuando el Hermano Victorino, religioso de los Hermanos de La Salle, reunió a varios grupos de jóvenes católicos y los aglutinó en la Federación de la Juventud Católica Cubana. Esta primera organización evolucionó hasta que en 1941 se transformó en el gran movimiento de laicos que se conoció como Acción Católica.

---

[97] Citado por Fernández Santalices en *Ibid*, 55.

[98] *Ibid*, 61.

[99] Gerald E. Poyo, *Cuban Catholics in the United States, 1960-1980*, 11-15.

En el seno de AC convivieron hombres y mujeres, estudiantes y profesionales, obreros y campesinos. Entre todas las organizaciones de seglares católicos cubanos fue la más numerosa y la que adquirió mayor diversidad.

La Agrupación Católica Universitaria (ACU) fue una obra de la Compañía de Jesús que se organizó en Cuba 1931 como una Congregación Mariana y cuyo objetivo sería «crear un grupo selecto de hombres perfectamente formados religiosa y culturalmente, que inspirados en motivos sobrenaturales se propusieran influir de tal modo en los criterios del país, que éste fuese rectificando el camino hasta tomar el que lo devolviera a Él»[100]. El fundador de esta iniciativa apostólica fue el Padre Felipe Rey de Castro, S.J., un sacerdote nacido en España, pero nacionalizado cubano, un dato singular si se toma en consideración que una parte importante del clero católico, incluyendo a los jesuitas, era y se mantenía con la nacionalidad española. Se cuenta, además, que cuando el P. Rey de Castro, S.J. llegó a Cuba para trabajar en el Colegio de Belén durante los años veinte del siglo pasado, ordenó que la bandera cubana ondeara en la fachada del edificio que albergaba al Colegio. Antes de la orden del P. Rey solo flotaba la española[101]. El P. Rey de Castro, S.J. falleció en febrero de 1952 y fue sustituido por el P. Amando Llorente, S.J. que fue director de la institución hasta su deceso en Miami, Florida en 2010.

Aunque el énfasis del trabajo apostólico de la ACU fue diverso y canalizado a través de las profesiones, el P. Rey de Castro, S.J. también animó a los agrupados a intervenir directamente

[100] Miguel Figueroa y Miranda, *Historia de la Agrupación Católica Universitaria, 1931-1956*, La Habana, edición privada de la ACU, 1957, 19. El sustantivo «hombres» está utilizado en su sentido estricto significando solamente a los miembros del género masculino ya que las mujeres no están incluidas en su membresía. Sabina Pavone afirma que «El modelo de piedad laica propuesto por [los jesuitas] era diferente del de otras confraternidades y promovía el control de la sociedad, mediante la creación de una élite católica...que debía reconocerse en la expresión de una religiosidad vivida con intensidad y en la fidelidad de la Virgen». Sabina Pavone, *Los Jesuitas desde los orígenes hasta la supresión*, Buenos Aires, Libros de la Araucaria, 2007, 92.

[101] Entrevista audiovisual de José Antonio Solis-Silva a Juan Antonio Rubio Padilla. Archivo del autor.

en el ámbito político, aunque nunca pretendió convertir a la ACU en un movimiento organizado para ese fin. Que un sacerdote en Cuba exhortara a jóvenes y profesionales católicos a participar en la vida política del país era una señal de la transformación que se estaba dando dentro del catolicismo cubano durante el siglo XX. Descartadas las viejas formas de un estado confesional, la Iglesia en Cuba comenzaba a proclamar las bondades de la democracia liberal. En ese sentido la ACU, como la AC y otros movimientos de seglares católicos de Cuba, como en otras partes del mundo, estimaba que una manera de promover los criterios cristianos dentro de la sociedad es mediante la actividad política. Otro asunto es la manera de instrumentar ese tipo de apostolado. Al no existir en Cuba un partido que pudiese representar los valores tradicionales consustanciales a una cultura cristiana, y ante la necesidad de actuar en política para contribuir a la «recatolización» de Cuba, los católicos cubanos tenían la opción de organizarse como partido o de integrarse en los ya existentes y de ahí buscar, desde adentro, el objetivo perseguido. En Cuba, sin embargo, hubo voces dentro de la jerarquía católica que se mostraron renuentes a favorecer la primera alternativa, aunque, en 1955, un editorial de *La Quincena* se mostró favorable a la formación de un «Partido de inspiración cristiana»[102]. La solución general que se le dio a la disyuntiva antes de 1959 fue la de afiliarse a los partidos ya organizados, aun cuando también se hicieron esfuerzos dirigidos a crear una organización de corte democristianos como las que operaron en Europa y América Latina después de la Segunda Guerra Mundial. La única objeción que se puso fue a los partidos que mantengan «un programa antirreligioso y ateo»[103].

[102] Manuel Fernández Santalices, en *Cronología Histórica de Cuba*, 109, cita una carta pastoral de 1941 y suscrita por el Arzobispo de La Habana, Manuel Arteaga, animando a los fieles católicos interesados en la participación política, hacerlo desde los partidos existentes. Editorial «Hacia una integración de fuerzas», *La Quincena*, 30 de septiembre de 1955, 33.

[103] Manuel Arteaga, Vicario Capitular de La Habana, «Circular con motivo de la nueva Constitución», 20 de junio de 1940, en Conferencia de Obispos Católicos de Cuba, *La Voz de la Iglesia en Cuba. 100 Documentos Episcopales*, México, D. F., Obra Nacional de la Buena Prensa, A. C., 1995, 32-33.

En septiembre de 1955, *La Quincena* pudo proclamar en un editorial de la revista que «En ningún otro momento de la historia republicana se han visto minorías cristianas tan decididas y tan conscientes de su vocación para la tarea 'política'»[104].

Al llegar enero de 1959, el andamiaje forjado por la Iglesia en Cuba en apoyo al proyecto de «recatolización» presumía de cierta fortaleza. De los tres pilares que fueron adquiriendo vitalidad a lo largo de la primera mitad del siglo XX, es muy posible que el desarrollo del laicado fuese el que más impulso le dio a la iniciativa[105]. Es verdad, como anotó *La Quincena*, que el principal resultado del esfuerzo se notaba en la gestación de un grupo relativamente pequeño de hombres y mujeres comprometidos con el trabajo apostólico en Cuba. Una encuesta sobre asuntos religiosos promovida por la ACU durante la década de los cincuenta corrobora esta afirmación. Entre los resultados arrojados por el sondeo se destaca el hecho de que en aquel momento el noventa y cinco por ciento de los encuestados se declararon creyentes, de los que solo un setenta y dos por cientos afirmaron ser católicos[106]. Un hallazgo importante del sondeo es que existía un grado de correlación entre el índice de catolicismo y la pertenencia a una clase social; mientras más alta la clase, mayor índice de catolicismo y viceversa[107]. Por eso, al concluir el análisis, y observar las prácticas de los principios católicos, se señala la «imprescindible necesidad en que nos encontramos en Cuba, de darles a nuestras actividades católicas un carácter más proselitista, de regocijarnos menos con la contemplación de las ovejas mejores que tenemos en nuestro rebaño y ocuparnos más de las ovejas que se

[104] Editorial, «Hacia la integración de fuerzas», *La Quincena*, 30 de septiembre de 1955, 33.

[105] Manuel Fernández Santalices, *Presencia en Cuba del catolicismo*, 31.

[106] René de la Huerta, *Encuesta. Como Piensa el Pueblo de Cuba Sobre: la existencia de Dios, Jesucristo, la Virgen, Divorcio, Supersticiones*, La Habana, S. F., Buró de Información y Propaganda, Agrupación Católica Universitaria, 10 y 13. De acuerdo con Miguel Figueroa y Miranda, el trabajo de la encuesta comenzó en 1953 y los resultados se dieron a la publicidad al año siguiente. Ver *Historia de la Agrupación Católica Universitaria, 1931-1956*, 218-219.

[107] *Ibid*, 21.

encuentran fuera, y que en el caso concreto nuestro son muchos más, muchísimos más de los que estamos dentro del redil»[108]. De todas maneras, para la Iglesia católica en Cuba, el panorama que tenía delante el catolicismo distaba mucho del que prevalecía en la isla al advenimiento de la independencia. Había razones para sentir optimismo, sobre todo cuando se contemplaba la posibilidad de fortalecer aún más la labor apostólica[109].

Fue el arzobispo de Santiago de Cuba, Monseñor Enrique Pérez Serantes, quien quizá mejor pudo representar el espíritu que animaba al catolicismo cubano al conocerse el fin de la dictadura de Batista. Tres días después de que el pueblo cubano comenzara a festejar la fuga del dictador y la aniquilación de su régimen, los fieles de la Archidiócesis oriental conocieron la circular, «Nueva Vida» que el prelado había escrito para celebrar el advenimiento de un tiempo nuevo[110]. Como introducción, Pérez Serantes situó su perspectiva en el plano de lo divino al proponer que la victoria del movimiento que derrotó a Batista era el resultado de la voluntad Divina. A la misma vez afirmó que la razón para explicar el desplome del desaparecido régimen había que encontrarla al interior del propio sistema que se había construido «por obra de maestros muy liberales y ultramodernos, totalmente desvinculados de los principios rectores en la constitución de los Estados», es decir, desconociendo los valores cristianos. De donde concluyó que el nuevo régimen tenía que ser el producto de una «restauración», ya que, de lo contrario, correría la misma suerte que el anterior. Pérez Serantes no pretendía apoyar a un régimen confesional que desconociera la separación de la Iglesia y el Estado, pero tenía muy claro que las bases que sostuvieran el orden por edificar respondieran a una visión cristiana de la vida. El arzobispo de Santiago de Cuba reclamó la necesidad de erradi-

---

108 *Ibid*, 37.

109 Véase a Nazario Vivero, «La Iglesia Católica en Cuba (I): un marco de referencia», *Raíz*, Miami, Florida, Año I, No. 3, julio 1990, 23-32.

110 Arzobispado de Santiago de Cuba, «Vida Nueva», Santiago de Cuba, 3 de enero de 1959, en *La Voz de la Iglesia en Cuba. 100 Documentos Episcopales*, 53-59.

car la corrupción de la administración pública y defendió una propuesta para que la Iglesia pudiese difundir, sin carácter de obligatoriedad, la instrucción religiosa en los planteles educativos regenteados por el Estado. Así mismo pidió el reconocimiento a la indisolubilidad del matrimonio y la limpieza en «la sociedad de los focos de infección moral» con referencia específica a ciertas publicaciones y «espectáculos pornográficos». Más allá de las reivindicaciones del orden moral, el arzobispo Pérez Serantes no se olvidó de recalcar la importancia de asuntos relacionados a la justicia social. Teniendo como referentes las encíclicas que sobre este tema se habían emitido en Roma, Pérez Serantes abogó, entre otras cosas, por el fomento de una vivienda decente para los miles de cubanos que vivían en lo que él llamó «pocilgas inmundas» y favoreció un empeño por mejorar la situación económica del campesinado cubano. Por último, el prelado oriental expresó en la «circular» el deseo de la Iglesia a participar en el esfuerzo «restaurador» y lo hace porque en su mensaje está implícita la idea de que la institución que él representa y a la que le da voz, ha sido parte del movimiento que ha hecho posible el fin de la dictadura[111]. Desde la perspectiva de Monseñor Enrique Pérez Serantes, había llegado la hora de la Iglesia.

La revista *La Quincena* dedicó su primer ejemplar de 1959 a comentar extensamente el momento histórico que se comenzó a vivir en Cuba a partir del 1 de enero. La portada la ocupó una foto de Fidel Castro y en la nota presentando el número resalta, con júbilo y esperanza, lo que significa, desde la perspectiva católica, la transformación que empieza a darse en el país. Insiste, como el arzobispo de Santiago de Cuba, en el apoyo que el catolicismo le

[111] *Ibid.* Para una síntesis histórica acerca de cómo la Iglesia católica en Cuba se comportó durante los años de la dictadura de Fulgencio Batista (1952-1958) véase de José Ignacio Lasaga, «Informe a la Santa Sede sobre la situación en Cuba. Marzo de 1958» en *Recuerdos y Escritos del Dr. José Ignacio Lasaga*, Vol. 10. Miami, 2004. [Después de morir el Dr. Lasaga en el 2004, su familia recopiló y fotocopió su documentación y los artículos aparecidos en múltiples publicaciones y los reunió en una colección de 26 volúmenes. Se pueden consultar en Ramón Guiteras Memorial Library de Belén Jesuit Preparatory School, Miami, Florida]

ha dado, «desde el principio», a «la Revolución»; es decir, se hace parte del movimiento que hizo desaparecer a la dictadura y que ahora adquiere la responsabilidad de cambiar a Cuba. Precisamente, el énfasis del número que publican sus editores está en presentar evidencia de esa participación. Es lo que le da legitimidad al requerimiento de colaborar en la promoción de un mejor porvenir para todos los cubanos. La identificación con el proceso es total y lo demuestra al afirmar «que esta ha sido y es una revolución cristiana en sus principios, en sus propósitos y en los altos valores morales patentizados tanto en la lucha armada como en los primeros pasos dados por el Gobierno provisional»[112].

Otra perspectiva interesante para examinar la visión que se forjó dentro del catolicismo cubano acerca del cambio de régimen al comenzar el 1959 es la que ofrece el director de la ACU, el P. Amando Llorente, S.J. Este jesuita había forjado una relación de amistad muy estrecha con Fidel Castro. El vínculo se desarrolló durante los años en que el ahora dirigente cubano había sido estudiante en el Colegio de Belén, una institución de la Compañía de Jesús en la que el P. Llorente, S. J. estuvo destacado. El jesuita, inclusive, solía contar que Fidel Castro le había salvado la vida al rescatarlo de las aguas del río Taco Taco en Pinar del Río[113]. En diciembre de 1958, el P. Llorente se entrevistó con Fidel Castro en los cuarteles generales que las guerrillas del M-26-7 tenían en la Sierra Maestra. El jesuita fue a ver a su antiguo discípulo por encomienda de la Santa Sede. El Vaticano quería tener información sobre los objetivos que perseguía el dirigente guerrillero y se asumió que el P. Llorente, S. J., por el conocimiento y relación que tenía con Castro, era la persona más indicada para cumplir con la misión[114]. De acuerdo con José Ig-

---

[112] *La Quincena*, enero 1959, Nos. 1-2, 1.

[113] Entrevista grabada al P. Amando Llorente, S. J., en Archivo de la Agrupación Católica Universitaria, (AACU).

[114] En el curso del año 2020, y por gestión de Efraín Zabala, se supo que una copia del informe redactado por el P. A. Llorente, S. J. sobre su entrevista con Fidel Castro se encuentra en el Archivo Secreto del Vaticano. El mismo no está disponible para ser examinado debido a que la documentación del pontifi-

nacio Lasaga, un eminente y respetado miembro de la ACU que había sido presidente de la Confederación Mundial de Congregaciones Marianas, «Llorente vino muy optimista sobre el futuro de Cuba si Fidel triunfaba»[115]. En la propia ACU se saludó con júbilo la llegada del nuevo año y los acontecimientos políticos que celebraban en el país. En el primer número de la revista *Esto Vir*, publicación de la ACU, se presentó un reportaje gráfico en el que se ven a varios jóvenes miembros de la institución portando armas; eran milicianos que colaboraban con las nuevas autoridades en el mantenimiento de la seguridad pública. El comentario que aparece acompañando a las fotos se expresa el rechazo hacia el régimen depuesto y afirma que «La vida en Cuba volvía a ser vida y no estertor. El triunfo de un pueblo contra las balas y los cañones. La carne valerosa contra el metal bélico. Hasta los niños reían sin saber por qué». Termina el reportaje afirmando que lo que hacen es una «actividad noble» que se ejecuta «por Dios y por la Patria»[116]. No todo fue alegría en la ACU. Por aquellos días se descubrieron los cadáveres de cuatro miembros de la congregación que habían sido salvajemente torturados y asesinados por miembros de las fuerzas represivas del régimen recién derrocado. Javier Calvo Formoso, Julián Martínez Inclán, Ramón Pérez Lima y José Ignacio Martí Santacruz-Pacheco habían intentado entablar contacto con grupos de opositores a la dictadura que operaban en las montañas de la provincia de Pinar del Río y fueron descubiertos antes de lograr el objetivo[117]. De todas maneras, había gran optimismo por el porvenir y se concebían planes para contribuir al bienestar de Cuba.

Cuarenta y nueve años después de la visita del P. Llorente, S. J. a Fidel Castro, el jesuita firmó un documento legal en el que

cado de San Juan XXIII, que es la que incluye el documento, permanece cerrada a la investigación histórica.

[115] Entrevista audiovisual de José Antonio Solís-Silva a José Ignacio Lasaga, archivo del autor.

[116] *Esto Vir. Hoja íntima de la Agrupación Católica Universitaria*, La Habana, Año XXVIII, No. 1, 6.

[117] Juan Emilio Friguls, «Los cuatro mártires de Guajaibón», *Bohemia*, La Habana, 18-25 de enero de 1959, 26-27, 146.

plasmó con lujo de detalles su recuerdo sobre lo que había acontecido en la Sierra Maestra[118]. La imagen que emana de la declaración jurada de 2007 no se asemeja al optimismo que Lasaga le adscribió a Llorente cuando recordaba aquel momento de principios de 1959. De acuerdo con la memoria que tenía el jesuita a la hora de firmar el documento, él y Fidel Castro pasaron «los tres días solos, caminando ahí por todos lados», tiempo que él aprovechó para hacerle preguntas a su antiguo discípulo, entre ellas, por supuesto, la de «si era comunista». Afirma el P. Llorente, S. J. que la respuesta de Castro a tal requerimiento fue: «Padre, de donde voy a sacar el comunismo, mi Padre (sic) es más franquista que usted. Aquí padre el único problema son los americanos». También, según el relato elaborado en la declaración jurada, se abordaron otros asuntos, que al ser descrito por el director de la ACU van tejiendo una imagen adversa sobre lo que acontecía en la Sierra Maestra. De igual manera, transmite una impresión negativa de Fidel Castro ya que lo describe como un jefe autoritario que es capaz, inclusive, de humillar a sus aliados si así lo estimase conveniente. Dice el P. Llorente, S. J.: «Fidel creía que él era todo».

¿Cómo conciliar la representación optimista que tuvo Lasaga sobre el talante del P. Llorente, S. J. después de entrevistarse con Fidel Castro en diciembre de 1958 con el recuerdo que después tiene el director de la ACU sobre el mismo acontecimiento? El problema se hace todavía más complejo cuando se toman en consideración los relatos que sobre aquel momento tan significativo tuvieron dos agrupados que se han ocupado en narrar la historia de la institución, José Manuel Hernández y Salvador Subirá. Ninguno de los dos rechaza el sentido esperanzador que se sentía en la ACU ante los acontecimientos que marcaron en Cuba el comienzo de 1959. Según Hernández, «Mientras la Agrupación

---

[118] El documento fue firmado el 13 de junio de 2007 ante el abogado y notario Agustín de Goytisolo, pero no se divulgó hasta el fallecimiento del P. Llorente, S. J. el 28 de abril de 2010. Posteriormente fue publicado en la revista *Girón. Órgano oficial de la Asociación de Veteranos de Bahía de Cochinos, Brigada de Asalto 2506*, Miami, Florida, Año 2013, No. 1, 22, 23 y 25. Las citas referentes a este documento son tomadas del original que se encuentra en el archivo de la ACU.

creyó, como tantísimos otros en el país, que la revolución estaba ubicada en la tradición del radicalismo cubano, no experimentó temor alguno»[119]. A su vez, Subirá asegura que «Casi unánimemente, el pueblo festejó su supuesta reconquista de la libertad, y además se despertó en él una disposición general, como nunca antes, para trabajar y cooperar para el engrandecimiento del país. La ACU no fue una excepción. Además de que aquel cambio podía representar la coyuntura real para materializar muchas de las aspiraciones por las que la ACU luchaba»[120].

Una posible solución al dilema de las dos memorias la puede ofrecer el propio director de la ACU pues en el documento de 2007 asegura que él reflexionó sobre el papel que debía asumir la Agrupación ante lo que caracterizó como «el maremoto que se acercaba». Al contemplar semejante panorama, el P. Llorente, S. J. dice que se preguntó: «¿Cruzarse estoicamente de brazos? ¿Tratar de resistirlo automáticamente al lado de un gobierno repudiado por las grandes mayorías del Pueblo? ¿Buscar la manera de incorporarse a la nueva situación intentarla influenciar desde adentro?». La respuesta a tales interrogantes está incluida en la declaración jurada: «Dentro de estas posibilidades la menos insatisfactoria era la última». Es decir, es posible que, en aquel momento, y según su testimonio, el director de la ACU pudiera estar desconfiando del proyecto político de Fidel Castro. A la misma vez pudo pensar que la prudencia le estuviese requiriendo discreción sobre lo que él pensara en relación con Fidel Castro y sobre lo que su antiguo discípulo quería para el futuro de Cuba. De acuerdo con lo que relata el jesuita en el documento de 2007, la persona con la que confió sus preocupaciones fue con Manuel Artime, un joven médico cubano, miembro destacado de la ACU y por quien el P. Llorente, S. J. siente una gran admiración[121]. Tal pare-

---

[119] José Manuel Hernández, *ACU. Agrupación Católica Universitaria. Los primeros cincuenta años*, Miami, Florida, 1981, 96.

[120] Salvador Subirá, *ACU 75 Aniversario. A.M.D.G. 1931-2006*, Miami, Florida, 2006, 41.

[121] En 1996 el P. Amando Llorente, S. J. se refirió a Manuel Artime en los siguientes términos: «...hubo algunos años en que la Agrupación fue Manuel Artime porque se involucró en todo. Había una confianza total entre nosotros

ce que, para los planes del director de la ACU, Artime era una figura clave. En 1996 el P. Llorente, S. J. afirmó que él le había dicho a Artime que cuando la insurrección contra Batista se terminase «él era el hombre. Él era un hombre indispensable en el movimiento contra Batista. Él tenía que unirse a Fidel porque, si lo hacía, él podía hacer una labor fantástica, porque el poder caería sobre él. Y aunque Fidel quisiera hacerlo todo... quizá él era el hombre que pudiese mejorar lo malo»[122]. Desde esta perspectiva el P. Llorente, S. J. no tendría que entrar en contradicción con el recuerdo de José Ignacio Lasaga pues, aunque existía peligro para el proyecto de «recatolizar» a Cuba, también existía la alternativa para hacer abortar tal amenaza. A los pocos días de la conversación entre el director de la ACU y Artime, éste, junto a otro agrupado, se unió a la guerrilla del M-26-7 en la Sierra Maestra y el 1 de enero de 1959 bajó de la montaña con el grado de teniente.

De todas maneras, cualquiera que hubiese sido la visión que el director de la ACU tuviese sobre el futuro cubano en los albores de 1959, la realidad fue que no titubeó en reconocer que el momento histórico que vivía Cuba era propicio para impulsar a los miembros de la ACU a participar activamente en el proyecto de «recatolizar» al país, una iniciativa que desde la visión particular de este jesuita incluía la toma del poder. Años más tarde, reflexionando sobre aquellos acontecimientos, el P. Llorente, S. J. afirmó que «En Cuba», refiriéndose a la ACU, «la idea era llegar al poder»; una declaración de intenciones que fue acompañada por un lamento revelador de la plena conciencia que tenía el jesuita acerca del potencial que entrañaba la coyuntura que se abría el 1 de enero de 1959: «Si no hubiera venido la Revolución cubana, Cuba sería hoy un país católico»[123].

dos. Éramos como...no puedo decir como padre e hijo porque éramos como hermanos, como los mejores amigos. Pero sí, un padre porque su padre estaba lejos». Ver Judith M. Artime, *The Golden Boy...Dr. Manuel Artime Buesa*, copia de manuscrito, 1996, 8, AACU (original en inglés).

[122] Judith M. Artime, 10-11.

[123] Entrevista grabada al P. Amando Llorente, S. J, AACU

En 1959 era evidente que la Iglesia católica en Cuba se ha transformado. El esfuerzo que mantuvo para crecer y fortalecerse en el país ha dado sus frutos. La Iglesia puede contar con un clero que se «cubaniza», un sistema educativo sólido y ejemplar, y un laicado amplio y preparado que está ansioso de promover las bases cristianas sobre las cuales se pueda fundar la Cuba nueva que se vislumbra. Participó en el proceso que fue responsable de terminar con la dictadura de Batista y ahora se identifica con el proyecto de cambio que se le propone al pueblo cubano, una afinidad que queda expresada en palabras precisas que escribe el futuro obispo auxiliar de La Habana, Eduardo Boza Masvidal: «Los grandes lineamientos de la Revolución y sus proyecciones futuras manifestadas por su máximo líder envuelven principios fundamentales cristianos. Como católicos tenemos que hacer que Cristo esté presente en el desarrollo y realización de todos esos postulados»[124]. Lejos de proponer una vuelta al espacio doméstico del hogar y el templo en el que había quedado arrinconado cuando se inició la vida republicana, en 1959 la Iglesia católica en Cuba se sentía en condiciones de cumplir con aquel objetivo que definió *La Quincena* en 1955, es decir, en ejercer «una interferencia directa en el comportamiento del hombre en su esfera individual y social». En aquel comienzo de año no contempla la posibilidad de enfrentarse a grandes obstáculos que puedan desviar su misión apostólica y evangelizadora de la meta que se persigue, a no ser por un asunto al que le ha prestado atención durante gran parte del siglo transcurrido y el cual da señales de querer hacerse de un espacio en la vida política cubana, es decir, el comunismo.

Tan temprano como en el mes de febrero de 1959, la revista *La Quincena*, la voz que quizá representó mejor al sector más progresista del catolicismo cubano, comentó con amplitud una discusión pública que por esos días ocupaba la atención de la sociedad cubana. El debate giraba alrededor de la posible legalización del Partido Socialista Popular (comunista). Quienes defendían la legí-

[124] Eduardo Boza Masvidal, «Nuestro deber en el momento presente», La Habana, 1 de marzo de 1959, en *Documentos*, 280.

tima organización del PSP argumentaron que de no llevarse a cabo la acción se le estaría negando al comunismo criollo el derecho a disentir. *La Quincena*, por su parte, adelantó que lo que no se le podía negar al PSP era el derecho a la libre expresión pero que, con respecto a la libre asociación había que tomar en cuenta que de acuerdo con la Constitución cubana de 1940 ese era un derecho condicionado. Citando la norma constitucional, *La Quincena* expuso que a las «organizaciones políticas contrarias al régimen de gobierno representativo democrático de la República» se les podía negar el derecho a organizarse como partido político[125]. Para la publicación católica la exclusión del PSP de la vida política organizada se justificaba porque la aspiración de los comunistas era establecer «la dictadura del proletariado», una forma de gobierno autoritaria incompatible con la democracia representativa.

La Quincena aprovechó el comentario para insertar en la discusión el reclamo que el dirigente del PSP, Blas Roca, había expresado recientemente. Según señaló la revista, Roca pidió «una mayor radicalización de la Revolución»[126]. Para *La Quincena* la exigencia del dirigente comunista era incompatible con la revolución que dirigía Fidel Castro y finalizaba esta observación afirmando que «Sería ingenuo pensar que pueda darse un consorcio amistoso y fecundo entre ambos mandos»[127]. Al mismo tiempo, la publicación católica advertía que «Células comunistas...están filtrándose, impunemente...en las filas del ejército rebelde, en las planas mayores y en las organizaciones de base del obrerismo, e incluso en las instituciones más respetables y representativas del país»[128]. Según la opinión de *La Quincena*, el objetivo que perseguía el comunismo criollo con esas maniobras era «provocar el caos en el país», una razón adicional para oponerse a la legalización del PSP[129]. Si se reconociese el derecho de los comunistas cubanos a organizar su partido de manera legal, eso equivaldría,

---

[125] «Instantáneas», *La Quincena*, No. 3, febrero de 1959, 32.

[126] *Ibid.*

[127] *Ibid, 33.*

[128] *Ibid.*

[129] *Ibid.*

de acuerdo con la revista, «a amparar un genocidio político y social y a propiciar un suicidio colectivo»[130].

Al momento de publicar su juicio sobre la posibilidad de que se reconociese el derecho del PSP a ampararse en el derecho de asociación, *La Quincena* no daba a entender a sus lectores de que lo que estaba exponiendo constituía un motivo de gran preocupación acerca de los cambios que se estaban llevando a cabo en Cuba desde la caída del régimen batistiano. Todo lo contrario, la revista expresó plena confianza en que lo que pedían los comunistas cubanos sería rechazado por la dirigencia del nuevo gobierno cubano. No obstante, la nota expuso con claridad lo que era una preocupación de la Iglesia católica sobre un asunto que para ella representaba un peligro latente que se debería evitar. Esa oposición del catolicismo hacia el movimiento comunista tenía su propia historia, tanto dentro de la Iglesia universal como en Cuba.

Es en el siglo XIX cuando comienza a manifestarse el conflicto de la Iglesia con las corrientes comunistas y socialistas que surgen en Europa como respuesta a las transformaciones que ocasiona la Revolución Industrial. Una primera censura aparece en 1846 con la encíclica *Qui Pluribus* del papa Pío IX. En ese mismo documento se incluye, igualmente, una condena hacia el liberalismo; y es que, en el fondo, una de las principales preocupaciones que tiene el catolicismo universal durante esos años está relacionada con la tendencia inherente a estos y otros movimientos «modernos» a arrinconar la religión hacia la esfera de lo privado si no hacia su total erradicación. La reprobación vuelve a darse en 1864 con el documento *Sílabo de Errores* del mismo pontífice. Es en 1937, después de que en Rusia se ha establecido el Estado soviético y se persigue una política antirreligiosa y de un ateísmo militante, cuando aparece una condena explícita al comunismo en la encíclica *Divini Redemptoris* del papa Pío XI[131].

---

[130] *Ibid.*

[131] Días antes de la aparición de *Divini Redemptoris*, Pío XI emitió otra encíclica, *Mit Brennender Sorge*, en la que censuraba al nazismo alemán.

En Cuba, al menos durante los primeros veinticinco años de vida republicana, una de las principales preocupaciones dentro de la Iglesia católica no era tanto el comunismo, que apenas tenía vida, sino, más bien, el anticlericalismo vinculado a las ideas del liberalismo y del positivismo. Es cierto que en 1923 se funda en Cuba la Liga Anticlerical y que en ella tiene alguna participación uno de los fundadores del Partido Comunista de Cuba, Julio Antonio Mella. Sin embargo, tal parece que la aparición de esta organización no causó mayor desasosiego en la Iglesia a pesar de que la Liga se dio a la tarea de combatir el «oscurantismo religioso en todas sus formas además de predicar el ateísmo y el pensamiento científico y materialista».[132] La Liga se percibió como una institución muy débil en aquella época y que, como propone Manuel Fernández Santalices, no se podía considerar como «una amenaza 'clericalista'»[133]. El panorama comienza a cambiar un poco después cuando se convoca el primer Congreso Nacional de Estudiantes. La reunión tiene lugar en la Universidad de La Habana y a la misma asistió una importante delegación de estudiantes procedentes de varias instituciones educativas de la Iglesia. Mella fue uno de los presentes en el Congreso y defendió una moción atacando la educación católica. La propuesta fue derrotada, pero en aquella contienda se generó un impulso asociativo entre el estudiantado católico que contribuiría a la gestación de instituciones como Acción Católica y la Agrupación Católica Universitaria. Mientras tanto, en 1925, se organizó en Cuba el Partido Comunista, un movimiento que logrará una participación importante en la vida del país y que tendrá en el catolicismo cubano a uno de sus principales adversarios. Se debe tomar en consideración que para la Iglesia católica de finales del siglo XIX y comienzos del XX, el materialismo marxista del que irradia el movimiento comunista era tan poco atractivo como el materialismo del capitalismo, al que ya criticaba,

[132] Citado por Manuel Fernández Santalices, *Presencia en Cuba del Catolicismo*, 11.
[133] *Ibid,* 12.

y menos, si era acompañado por un ateísmo militante[134]. De ahí la relación antagónica entre estas dos fuerzas sociales.

En una nota publicada con fecha de 16 de junio de 1931 en la «Hoja Quincenal de la Agrupación Católica de Universitarios» ya se advierte que el asunto del comunismo se ha convertido en una preocupación del catolicismo cubano. Ese sentido de peligro se ha ido forjando en algunos grupos de militancia católica desde la aparición en Cuba del Partido Comunista. En ese número, por ejemplo, se comenta sobre «Los derechos del Obrero en Rusia» y se advierte que la razón para difundir el apunte sobre el «comunismo ruso» es que «se está haciendo intensísima propaganda en nuestra patria»[135]. No se debe pasar por alto el hecho de que en ese momento ya opera en el país una central sindical, la Confederación Nacional Obrera de Cuba, y que son miembros del PC cubano quienes la controlan. Es de suponer, por lo tanto, que el comentarista tiene en mente este referente cuando hace su acotación, que no es otra cosa que una crítica sumamente negativa sobre la forma en que el Estado soviético trata al proletariado ruso. El énfasis en la nota se puso en algunos de los derechos que a juicio del autor les niegan a los trabajadores en la Unión Soviética, algo que podría suceder en Cuba en caso de que se instaurase un régimen similar en el país.

En ese mismo espíritu es que José Ignacio Lasaga redacta un texto en 1934 que él tituló «Meditación Roja» y en el que explica las razones por las que él, un católico miembro de la ACU no puede ser comunista. En su «meditación», Lasaga hace suyas varias reivindicaciones que él, como católico, comparte con los comunistas. Se refiere, por ejemplo, a la lucha en contra del «imperialismo», la necesidad de erradicar los «latifundios», el combate a favor de la igualdad racial, el afán por eliminar la pobreza, el repudio al machismo, la búsqueda de mejoras económicas para

[134] Emile Perreau-Saussine, *Catholicism and Democracy. An Essay in the History of Political Thought*, Princeton, Princeton University Press, 2012, 113.

[135] «Los derechos del Obrero en Rusia» en *Hoja Quincenal de la Agrupación Católica de Universitarios*, La Habana, 16 de junio de 1931, *Recuerdos y Escritos del Dr. José Ignacio Lasaga*, Vol. 4.

los obreros y la construcción de viviendas populares que eliminen la indignidad de los barrios periféricos que rodean a La Habana y otras ciudades y campos de Cuba. El autor reconoce que los gobiernos que han administrado la cosa pública en el país han hecho muy poco por adelantar estas causas mientras que el Partido Comunista defiende estas demandas. Lo que sucede, según Lasaga, es que «el comunismo es algo más que eso, mucho más que eso». Es, ante todo, ateo, y, en ese momento, para un católico como Lasaga, el ateísmo era un asunto de primordial importancia, sobre todo si, como él lo percibe, es militante. Lasaga también rechaza la manera en que el comunismo se aproxima a diferentes conceptos que, como patria, familia, amor, libertad, propiedad y la moral, que para él resulta distinta a como los concibe un católico. Además, Lasaga argumenta que para alcanzar las necesidades económicas y sociales a la que aspiran muchos cubanos, no hace falta el comunismo. «Para derrotar al imperialismo», afirma Lasaga, «para desbaratar el latifundio, para nivelar las clases sociales, para rehabilitar al negro, no hace falta la dictadura del proletariado». La solución que ofrece este dirigente católico en 1934 para que se puedan lograr todas estas reivindicaciones sin necesidad de tener que afiliarse al credo comunista o a su partido político es seguir y poner en práctica las enseñanzas de la Iglesia en lo que a doctrina social se refiere[136].

El antagonismo entre el catolicismo cubano y el movimiento comunista sigue desarrollándose en la década de los años cuarenta. La presencia del comunismo criollo en la vida cubana adquiere mayor preeminencia a partir de 1938. En mayo de ese año aparece el periódico *Hoy* de alcance nacional; en el mes de julio se celebra el X Pleno del Partido Comunista de Cuba y en septiembre se legaliza la organización. El PCC le ofrece su apoyo a Fulgencio Batista, jefe del ejército en aquel momento y quien se vislumbraba como candidato a presidir la república tan pronto se celebraran elecciones. Antes, sin embargo, se convocó a un proceso electoral para elegir los delegados para una asamblea consti-

---

[136] José Ignacio Lasaga, *Meditación Roja*, La Habana, S. Ed., 1934 en *Recuerdos y Escritos del Dr. José Ignacio Lasaga*, Vol. 5.

tuyente que redactaría, en 1940, la nueva constitución de Cuba. En esa jornada los comunistas eligieron varios delegados que tuvieron una participación importante en los trabajos del documento que debería regir los destinos de la república cubana. Para los católicos no dejó de ser causa de grave irritación la postura asumida por la delegación comunista cuando se discutió la invocación a Dios como parte del preámbulo del documento. Por supuesto, los comunistas se opusieron. Una vez aprobada la nueva constitución se convocó al pueblo cubano a elegir a los gobernantes que regirían el país de 1940 a 1944. El Partido Comunista, ahora Partido Socialista Popular, se coaligó con los partidos que apoyaron a Batista y ganaron las elecciones. En el nuevo gobierno llegaron a tener a dos de sus miembros en el gabinete del presidente. En 1941 un miembro destacado del PSP, Juan Marinello, fue designado a presidir la Comisión de Enseñanza Privada del Consejo de Educación, entidad estatal responsabilizada con la regulación de la educación en Cuba. Tal nombramiento contribuyó a movilizar a los católicos que se reunieron para protestar en un acto público que se celebró en el Teatro Nacional de La Habana y en el que se organizó un movimiento que se llamó «Pro Patria y Escuelas» que tendría como objetivo procurar el mejoramiento moral, económico y social del pueblo cubano.

Una secuela de la movilización católica provocada por la participación que estaban teniendo los comunistas cubanos en la actividad pública de Cuba fue la elección de Ángel Fernández Varela, militante católico y miembro de la ACU, como Representante a la Cámara por la provincia de La Habana. Fernández Varela había respondido al reto que había lanzado el director de la ACU, el P. Rey de Castro, S. J., para que los agrupados que sintiesen vocación por la vida política se lanzasen al ruedo. En esa ocasión también fue electo José Miguel Morales Gómez, profesor de la Universidad de La Habana y miembro de Acción Católica, como concejal en el municipio de La Habana.

Fernández Varela ocupó su cargo como afiliado al Partido Republicano que, a su vez, pertenecía a una coalición en la que la entidad principal era el Partido Revolucionario Cubano (Auténtico). Poco después de celebrarse las elecciones, esta coalición recibió el apoyo de la delegación congresional del PSP, lo que motivó que Fernández Varela rompiera con su partido por la incompatibilidad entre su militancia religiosa y el comunismo. Poco después, Fernández Varela presentó un proyecto de ley en la Cámara para ilegalizar al PSP, pero la medida no prosperó, aunque quedó patentizado el creciente antagonismo que se fue forjando entre el catolicismo cubano y el movimiento comunista.

Una muestra del tono que fue adquiriendo la voz católica que se oponía a las incursiones de los comunistas cubanos en los quehaceres del país, se encuentra en el número de febrero de 1947 de la revista *Lumen* que publicaba la Agrupación Católica Universitaria. En esa ocasión, la publicación le dedicó un amplio comentario a la ley que reguló la colegiación de las profesiones. El foco de la nota se dirigió a la pugna entre el Colegio Nacional de Maestros, institución controlada por militantes comunistas, y la Federación de Maestras Católicas de Cuba. La raíz del problema fue que el CNM intentó ser el organismo al cual se tendrían que afiliar todos los miembros del magisterio cubano. La Federación, por su parte, defendió el modelo que permitía a los maestros a colegiarse según las especialidades de la profesión; así, por ejemplo, los maestros normalistas tendrían su propia organización, los de educación física la suya, y así sucesivamente. Para *Lumen* el objetivo que perseguían los comunistas era «destruir la Iglesia Católica, atacando lo que es su base más firme de sostén, o sea, la educación católica de la juventud»[137]. En ese mismo número, y en un comentario en el que se presenta la Democracia Social Cristiana, la revista vuelve a afirmar la incompatibilidad entre el catolicismo y el comunismo. Lo hace aclarando primero que no es porque ese movimiento se opone al capitalismo, ya que, aclara, «también la doctrina católica reprueba los excesos que tantas veces vician ese sistema». Su reprobación consiste en definir al movimiento comunista como enteramente opuesto «a los sanos principios del derecho natural, de la religión, de la his-

[137] «Guion», *Lumen*, La Habana, Agrupación Católica Universitaria, febrero de 1947, 4.

toria y del sentido común»[138]. Por último, el comentario no se olvida de ir al fundamento de la posición católica sobre el comunismo, la encíclica «Divini Redemptoris» del papa Pío XI. Llama la atención la insistencia constante en este tipo de exégesis acerca de cómo la Iglesia quiere que el lector tome conciencia de que su oposición al comunismo no se fundamenta en razones materiales sino que el rechazo se hace a partir de valores que para ella son trascendentales, como puede ser la dignidad del ser humano quien es considerado hijo de Dios. A la misma vez, habría que señalar como el antagonismo que existe entre el catolicismo cubano y el movimiento comunista forjó una ideología anticomunista de fuerte arraigo en la comunidad católica de Cuba, fenómeno que se reforzó con la aparición de la Guerra Fría en el panorama de las relaciones internacionales.

No obstante, dentro del anticomunismo católico que se desarrolló en Cuba antes de 1959, no hay un posicionamiento monolítico. Se debe reconocer que la tendencia general es de un rechazo hacia los planteamientos principales y la praxis del comunismo criollo; pero, a la misma vez, se pueden encontrar matices que indican la diversidad de criterios dentro del campo católico. Un excelente ejemplo de este hecho histórico se manifiesta en un artículo que apareció en *La Quincena* en el número publicado el 30 de junio de 1955. El texto se tituló «Lo fácil y lo difícil en el anticomunismo» y lo firma el director de la publicación, el P. Ignacio Biaín, O. F. M., bajo el pseudónimo de P. Moyúa[139]. El motivo que mueve al autor a escribir este artículo es darles a los lectores de una publicación católica la posibilidad de orientar el rechazo al comunismo siguiendo lo que él considera que son las bases correctas para sostener esta posición, es decir, la fundamentación católica. El autor deja muy clara su posición ante el comunismo. Según lo explicó en el artículo, la gravedad del comunismo está en «el sentido materialista de la vida, la negación furiosa de lo

[138] «Democracia Social Cristiana», *Lumen, Ibid*, 6.

[139] Manuel Fernández Santalices, quien colaboró con el P. Biaín en *La Quincena*, revela el pseudónimo del director de la revista en su libro ya citado *Presencia en Cuba del catolicismo*, 75.

sobrenatural, el odio al cristianismo, el ateísmo y la promesa de un paraíso en la tierra»[140]. Pero él cree que el anticomunismo en Cuba «se ha puesto de moda». Es muy probable que, para el director de *La Quincena*, algunos católicos estuviesen ubicados dentro de esta definición. Es singular que entre los sectores que componen lo que él llama el «anticomunismo fácil» se encuentran «las clases industriales y capitalistas, que todo lo ven bajo el prisma económico, de la lucha de clases, como si ese lado del comunismo fuese el esencial y primario»[141]. Si se toma en consideración que la encuesta de la ACU sobre la religión en Cuba arrojó que en 1954 el cien por ciento de la clase alta cubana era católica[142], no debe extrañar que el P. Biaín, O. F. M., hiciera una extrapolación de datos que le permitiera concluir que muchos de los católicos cubanos estaban en «las clases industriales y capitalistas» y que, por lo tanto, asumieran un «anticomunismo fácil». En un duro juicio hacia esta actitud, el director de *La Quincena* propuso que «ser anticomunista es ahora un modo de parecer elegante, decente y hombre que tiene puesto el reloj a la hora del día». Para él, y aquí establece la conexión con el contexto internacional, estos anticomunistas están colocados «bajo la égida norteamericana».

Es evidente que para el P. Biaín, O. F. M., la posición cristiana o católica es la que se responsabiliza con el «anticomunismo difícil». Desde la perspectiva del autor, este tipo de anticomunismo es el que «quiere vencer el error con la verdad» y el que se canaliza por la vía de la justicia social. El autor censura a «Los que trinan contra el comunismo y, al mismo tiempo, repudian las soluciones católicas a los problemas económicos»; y es que para él «la miseria, los cuerpos desnutridos, la falta de trabajo, el resentimiento social y el salario escamoteado constituyen el mejor caldo de cultivo del comunismo»[143]. En resumen, lo que busca el P. Biaín O. F. M. es reforzar la posición católica ante un asunto

[140] P. Moyua, «Lo Fácil y lo Difícil en el Anticomunismo», *La Quincena*, 30 de junio de 1955, 19.
[141] *Ibid.*
[142] René de la Huerta, *Encuesta. Como piensa el pueblo de Cuba*, 19-21.
[143] P. Moyua, *Ibid.*

que se discutía dentro de la sociedad cubana desde, por lo menos, los años veinte cuando se organizó el Partido Comunista. Desde la Iglesia católica, y, sobre todo, desde las organizaciones católicas de seglares, se fue elaborando una postura ante el reto que representó la presencia de esa fuerza dentro de la vida cubana y para el proyecto de «recatolizar» al país que tanto animó a la Iglesia. Lo que persiguió el director de *La Quincena*, no fue que el catolicismo cubano abandonara su discurso anticomunista sino, todo lo contrario, que lo orientase de una manera más afín con el sentir de la Iglesia en aquel momento.

El artículo del P. Biaín, O. F. M., fue publicado en el mes de junio de 1955. Un año después, la sociedad cubana estaría enfrentando los comienzos de la insurrección que contribuiría a ponerle fin al régimen dictatorial que encabezó Fulgencio Batista. A raíz de ese esfuerzo por restaurar la democracia en Cuba aparecieron dudas sobre el posible vínculo entre el movimiento insurreccional, particularmente con el M-26-7 que dirigía Fidel Castro, y el comunismo[144]. Un tema como el que representó esa acusación tuvo que llamar la atención de la Iglesia. En el ya citado «Informe a la Santa Sede sobre la Situación en Cuba» que escribió José Ignacio Lasaga en marzo de 1958, el dirigente católico le dedica uno párrafos a este asunto. En primer lugar, reconoce que los comunistas cubanos «han buscado identificarse con los movimientos nacionalistas, que tienen tras sí las simpatías de la mayor parte de la población» e indica que el grupo en el que más interés ha mostrado es, precisamente, el 26 de Julio. No obstante, afirma que «El Dr. Castro no es comunista, ni existen, a mi modo de ver, pruebas serias y convincentes de que anteriormente lo hubiera sido». Sin embargo, Lasaga estima que de lo que sí era capaz el dirigente de la oposición era de utilizar «a los comunistas si le viene bien y los dejan a un lado si le estorban». No se olvida tampoco de mencionar el hecho de que en las guerrillas del M-26-7 hay un capellán católico ejerciendo su ministerio sacerdotal. A la

[144] Manuel de Paz Sánchez, *Zona Rebelde. La Diplomacia Española ante la Revolución Cubana (1957-1960)*, Santa Cruz de Tenerife, Taller de Historia, 1997, 49.

vez, y como contraste que ratifica su percepción de que el movimiento de Castro no representa una amenaza para la misión de la Iglesia en Cuba, Lasaga apunta que la presencia de ese sacerdote en las filas del ejército rebelde contrasta con el dato de que en las Fuerzas Armadas de la república no pueden trabajar ya que no lo permiten «las disposiciones laicistas de nuestra Constitución». En cuanto a este tema, y para acabar de disipar cualquier duda que sobre el particular pudiera preocupar a la Santa Sede, el líder católico trae a la consideración del Vaticano la noticia de que en el sector laboral vinculado al M-26-7 hay una gran influencia de miembros de la JOC (Juventud Obrera Católica), quienes, según termina diciendo Lasaga, «han logrado eliminar a los comunistas de las posiciones claves de dicho movimiento»[145].

Si se toma en consideración lo que propone el historiador Ignacio Uría en su obra *Iglesia y Revolución en Cuba*, se pudiera asumir que la alta jerarquía de la Iglesia Católica en Roma mantenía sus dudas sobre «la penetración comunista en Cuba durante 1958». De acuerdo con este autor, «Pío XII estaba seriamente preocupado» con el asunto[146]. El problema con esta aseveración es que Uría no presenta evidencia directa de lo que él afirma. Según su relato, la noticia sobre la preocupación que tenía el Santo Padre se la comunica monseñor Angelo Dell'Acqua, funcionario de la Secretaría de Estado del Vaticano, al embajador de Cuba ante la Santa Sede, José Miguel Ribas. Este, a su vez, lo informa a su gobierno en La Habana y la fuente para conocer de este periplo es un telegrama del 18 de abril de 1958 que aparece en la colección documental del Departamento de Estado de Estados Unidos depositada en los Archivos Nacionales de esa nación. A su vez, sigue relatando Uría, la fuente de Dell'Acqua sería el nuncio del Vaticano en La Habana, monseñor Luiggi Centoz, aunque sobre este particular tampoco hay evidencia[147].

---

[145] José Ignacio Lasaga, «Informe a la Santa Sede Sobre la Situación de Cuba», *Recuerdos y Escritos*, Vol. 7.

[146] Uría, *Iglesia y Revolución en Cuba*, 223.

[147] *Ibid*, 224.

Una fuente que, sin embargo, pudiera corroborar la sugerencia de Uría es el testimonio del P. Amando Llorente, S.J. En la declaración jurada que firma en el 2007 y que narra su encuentro con Fidel Castro en la Sierra Maestra durante unos días del mes de diciembre de 1958, el jesuita afirma que «al Vaticano le llegó noticia de una parte de que era una revolución justa [la que dirigía Fidel Castro], hasta cristiana, otra de que era una revolución marxista y no sabían a qué atenerse»[148]. La petición que le hizo la Santa Sede al antiguo maestro de Fidel Castro es que fuera a entrevistarse con el guerrillero para que conociera la naturaleza de su movimiento y de sus intenciones si llegaba al poder. El jesuita, de esa manera, se convertía en «los ojos y oídos» de la Santa Sede. Una vez más, sin embargo, hay que confrontar el problema de la fiabilidad de la fuente ya que, siendo el P. Llorente, S.J. testigo de los acontecimientos que narra, su relato de lo que recuerda está construido mucho después del momento en que sucedieron los hechos descritos. La memoria hay que respetarla y se debe considerar el recuerdo, pero como ha argumentado el historiador Enzo Traverso, «la memoria es eminentemente subjetiva...es una construcción, está siempre 'filtrada' por los acontecimientos posteriormente adquiridos, por la reflexión que sigue al acontecimiento, o por otras experiencias que se superponen a la primera y modifican el recuerdo»[149]. De todas maneras, se podría aceptar que, en general, al ir finalizando el año 1958, podía existir cierta preocupación dentro de la Iglesia católica acerca del rumbo que pudiera tomar la vida política cubana de ser derrocado el gobierno de Fulgencio Batista. Lo que es difícil de cuestionar es que en aquel momento en el que Cuba podía cambiar de rumbo, el asunto del comunismo en el país era un problema latente que no se había disipado. En ese sentido, la Iglesia, que se oponía al fundamento materialista de la ideología predicada por el movimiento

[148] P. Amando Llorente, S. J., «Declaración Jurada», Miami, Florida, mayo de 2007.

[149] Enzo Traverso, «Historia y memoria. Notas sobre un debate», en Marina Franco y Florencia Levín, *Historia reciente. Perspectivas y desafíos para un campo en construcción*, Buenos Aires, Paidos, 2007, 37.

comunista, contaba con una trayectoria de enfrentamientos con los comunistas cubanos que la hacían particularmente sensible hacia la posibilidad de que éstos pudieran gozar de alguna preeminencia en la política de Cuba. De igual forma y, en consecuencia, al comienzo de 1959 contó con una feligresía convenientemente dispuesta a responder a una conciencia anticomunista si así fuese demandado por los acontecimientos.

Jesús Arboleya, en su libro sobre el desarrollo de la oposición cubana durante los primeros años del período revolucionario comenzado en 1959, asegura que «la ACU fue la fuente primaria del movimiento contrarrevolucionario»[150]. Esta institución de seglares cubanos comprometidos con el proyecto de la Iglesia de «recatolizar» a Cuba estuvo vinculada, según propone el autor citado, con el origen de tres de los más importantes grupos que se organizaron en Cuba en aquella época y que tuvieron como objetivo fundamental el propiciar un cambio de régimen en el país. Convencidos de que los destinos de Cuba se estaban conduciendo por una vía radical que insinuaba la instauración de un sistema socialista de tendencia comunista, cuantiosos miembros de la ACU se dieron a la tarea de colaborar en la constitución de unas fuerzas políticas que fuesen capaces de detener ese giro. Los movimientos en que los agrupados tuvieron un protagonismo más particular fueron el Movimiento de Recuperación Revolucionaria (MRR), el Movimiento Demócrata Cristiano (MDC) y el Directorio Revolucionario Estudiantil (DRE). Además, se debe señalar que una de las primeras estructuras identificadas por la Agencia Central de Inteligencia para colaborar en el cambio de régimen, y a la que le llamó AMPALM, estaba integrada, en su casi totalidad, por miembros de la ACU[151].

---

[150] Arboleya, 67.

[151] Mary Ferrell Foundation, https://www.maryferrell.org/php/cryptdb.php?id=AMCRACKLE- 1.104- 10271-10039:DISPATCH:OPERATIONAL/ORGANIZATION. 3/4/60 cable from Chief of Station, Havana to Director, Attn: Anthony Ponchay (aka Jake Esterline, see 104-10109-10162), subject Operational/KUCAGE, AMPALM organization. Véase en los Apéndices la sección (CRYPTONYMS) Códigos cifrados utilizados por la Agencia Central de Inteligencia (CIA) para el DRE.

Eduardo Muñiz, un agrupado que llegó a ocupar posiciones de dirección dentro del DRE, es de la opinión que detrás del esfuerzo «conspirativo» tenía que existir una dirección «superior» y asume que esa gerencia correspondió al director de la ACU, el P. Llorente, S. J.[152]. Sin embargo, el jesuita declaró en una entrevista, y aludiendo a la actividad política que se generó en la ACU a partir de 1959, que él no se «había metido en nada directamente»[153]. De la misma manera, en la declaración jurada de 2007 parece corroborar tal afirmación al relatar que cuando Manuel Artime se le acercó para confiarle que en Cuba se estaba planeando «cómo hacer el Comunismo» (sic), él le dijo: «Tú has venido y me has contado esto con toda confianza, pero yo no te puedo dar ningún consejo, tú eres adulto, ya sabrás lo que haces»[154].

En ese sentido, es pertinente aclarar que, a pesar de que el director/confesor adquiere una influencia notable sobre los miembros de la institución en una congregación mariana como la ACU[155], también es cierto que en la Agrupación de principios de 1959 se puede encontrar, muy particularmente entre los miembros que eran estudiantes universitarios, espacios de autonomía que podían amortiguar cualquier movimiento de imposición que viniese de la dirección. Es lo que se desprende, por ejemplo, de los testimonios que ofrecen algunos agrupados que, como Joaquín Pérez, Antonio García Crews, José A. Ramy o Luis Fernández Rocha, fueron parte de la ACU durante el período en que se fue gestando el movimiento de oposición al giro radical que se le daba a Cuba[156]. Algunos de estos estudiantes provenían del Colegio de Belén, muchos de ellos

[152] Eduardo Muñiz, entrevista, Miami, 22 de enero de 2020.

[153] Entrevista grabada al P. Amando Llorente, S. J, AACU.

[154] P. Amando Llorente, S. J., «Declaración Jurada», mayo de 2007.

[155] Véase a Sabina Pavone, *Los jesuitas desde los orígenes hasta la supresión*, 91-97. Según esta autora, las congregaciones marianas se organizaron siguiendo el modelo vertical de autoridad practicado por la Compañía de Jesús.

[156] Joaquín Pérez, correspondencia electrónica con el autor, 6 de diciembre de 2019; Antonio García Crews, entrevista, Key Biscayne, Florida, 10 de noviembre de 2019 y subsiguientes comunicaciones electrónicas; José A. Ramy, entrevista telefónica, San Juan, Puerto Rico, 7 de febrero de 2020 y Luis Fernández Rocha, entrevista, Coral Gables, Florida, 16 de diciembre de 2019.

eran del curso graduado en 1957, y habían vivido ciertas experiencias que les sirvieron para marcar determinadas distancias con la jerarquía de la ACU. Así, por ejemplo, el compromiso que varios de ellos adquirieron para seguir la vía insurreccional en el enfrentamiento con la dictadura de Batista difería de lo que Joaquín Pérez pensaba que era una opción que no «concordaba con la que muchos agrupados tenían». Así lo recuerda al evocar a su compañero de clase y gran amigo Julián Martínez Inclán quien fue asesinado por miembros del ejército batistiano cuando organizaba un alzamiento en las montañas de Pinar del Río. De acuerdo con Joaquín, «Julián, Pepe Ramy, [Rolando] Castañeda y yo manteníamos una postura a favor de la revolución» mientras que otros en la ACU favorecieron una solución electoral[157]. Más aún, esta misma fuente reafirma la distancia que, en algunos aspectos, los separó de la dirección de la ACU cuando reconoce, refiriéndose a su grupo, que la opción que ellos siguieron no coincidía con «el pensamiento de Llorente, ni de muchos de nuestros profesores españoles, en su mayoría franquistas...De hecho», afirma, «no los tomábamos muy en serio en materia política»[158].

También se debe aludir a las inquietudes sociales que asumieron varios de estos estudiantes como otro de los aspectos que ayudó a fomentar una identidad autónoma del conjunto de sus compañeros dentro de la ACU. Los del curso de Belén de 1957, particularmente, reconocen la influencia que sobre ellos ejercieron dos jesuitas, los PP. Rafael Camacho, S. J. y Castañeda, S. J. De acuerdo al testimonio ofrecido, estos dos profesores, con sus prédicas y actividades, contribuyeron al desarrollo de una conciencia social que seguía las orientaciones de las encíclicas papales sobre esa materia[159]. En ese sentido reconocen la importancia que tuvo el contacto en la ACU con Humberto Alvira, quien era el director de Apostolado entre los estudiantes y quién, además,

[157] José M. González Llorente, ed., *Mártir de Guajaibón, homenaje a Julián Martínez Inclán*, Miami, Florida, Ediciones Universal, 2009, 47.

[158] Entrevista, Joaquín Pérez.

[159] Entrevistas, Joaquín Pérez, José A. Ramy, Eduardo Muñiz y Antonio García Crews.

dirigía un círculo de estudio sobre problemas sociales, y con Javier Calvo Formoso, estudiante de medicina que fue asesinado junto a Julián Martínez Inclán en Guajaibón[160]. De esa manera se fue constituyendo dentro de la ACU un núcleo de personas, en su mayoría jóvenes, con criterio propio, con gran celo apostólico, con grandes deseos de contribuir a la «recatolización» de Cuba, y que siguiendo las enseñanzas de la Iglesia en materia social le concedían cierta prioridad a los asuntos sociales y económicos del país. Contaron, además, con el referente cercano de los cuatro compañeros agrupados asesinados en Guajaibón el 28 de diciembre de 1958, un ejemplo que pudo servir para promover entre ellos ese sentido de identidad particular y autonomía que les distinguió. De acuerdo con el testimonio de Joaquín Pérez, toda la operación que llevó al fracasado alzamiento de diciembre de 1958 en el Pan de Guajaibón fue organizada al margen de la dirección de la ACU, aspecto que quiere corroborar Salvador Subirá en su historia de la ACU y que también insinuó el P. Amando Llorente, S. J. en varias ocasiones[161].

Lo que es necesario comprender es que, más allá de la importancia que pudiera tener el director de la ACU en las decisiones políticas que tomasen los miembros de la institución, lo cierto es que en los comienzos de 1959 en la Agrupación Católica Universitaria existía un ambiente o espíritu muy favorable para que los agrupados tomaran posturas frente al panorama político que sorprendía al país a la caída de Batista. Ese ambiente se originó en el espíritu apostólico que fomentó la institución, en sus prácticas y en la pedagogía que surgía de la espiritualidad propia de la ACU. Una carta escrita por Julián Martínez Inclán mientras asistía a una tanda de Ejercicios Espirituales en noviembre de 1957, ejemplifica la dinámica que podía imprimir esta práctica diseñada por Ignacio de Loyola en el ejercitante, en este caso, un joven recién ingresado en la ACU. En ese documento, que dirigió pro-

[160] Entrevistas, Luis Fernández Rocha, Antonio García Crews y José A. Ramy.
[161] Entrevista, Joaquín Pérez; Salvador Subirá, *ACU. 75 Aniversario*, Miami, Florida, 40 y Juan E. Friguls, «Los Cuatro Mártires de Guajaibón», *Bohemia*, 11 de enero de 1959, 26-27, 146.

bablemente al P. Rafael Camacho, S. J., Martínez Inclán se refirió a una plática que el director de aquellos ejercicios, el P. Llorente, S. J. les acababa de ofrecer: «El Padre volvió a hablar de Cuba, y de la Agrupación, y sentí gran alegría, al oír de sus labios, con una gran seguridad, y una confianza absoluta, la frase más dulce que he oído: 'Cuba será católica'. Aquello más que una meditación fue una arenga»[162].

Por supuesto, la decisión que llevó a estos agrupados a involucrarse en la organización de un movimiento de oposición capaz de enfrentarse al régimen revolucionario que fue gestando Fidel Castro, no ocurrió de manera súbita, sino que tomó un tiempo madurarla. No se puede olvidar que el testimonio legado por el P. Llorente, S. J. acerca de su encuentro con Fidel Castro en la Sierra Maestra, habla de dudas que acompañaron al jesuita en su regreso a La Habana. Inclusive, su declaración jurada contiene un pasaje en el que el comandante Humberto Sorí Marín, oficial del grupo guerrillero que acompañaba a Castro en su campamento serrano, le advierte de la presencia entre las tropas rebeldes de Carlos Rafael Rodríguez, dirigente histórico del PSP[163]. De ahí su interés por enviar a Manuel Artime a la Sierra Maestra[164]. Por otro lado, si se asume que al primero de enero de 1959 el director de la ACU, a pesar de las posibles dudas que acarreaba, abrazó con entusiasmo la coyuntura que se abría en el país, también se puede afirmar que pronto tendría evidencias de que el panorama político cubano ponía en peligro su aspiración de hacer una Cuba católica.

Además de las señales que se hicieron públicas durante los primeros meses de 1959 y que fueron anunciando el giro radical que se le daba a la vida cubana, la ACU y el P. Llorente, S. J. tuvieron la oportunidad de conocer de primera mano que algo se torcía en el país. La primera ocasión que dio motivo para que en

---

[162] José M. González Llorente, ed., *Mártir de Guajaibón*, 23.

[163] P. Amando Llorente, S. J., «Declaración Jurada».

[164] Al crearse el gobierno de transición después del derrocamiento de Batista, Humberto Sorí Marín fue designado ministro de Agricultura mientras que a Artime se le dio la responsabilidad de administrar la zona agraria O-22 correspondiente a la región de Manzanillo en la provincia de Oriente.

la Agrupación se detectara la posibilidad real de peligro fue cuando se paralizó el programa gestado por el P. Cipriano Cavero, S. J. para alfabetizar a soldados del Ejército Rebelde en el campamento militar de Managua. Las clases en las que participaron miembros de la ACU y que habían comenzado el 5 de febrero, terminaron abruptamente el 5 de abril «debido a órdenes superiores»[165]. Aunque no se ofreció una respuesta precisa para explicar el fin del proyecto, la razón se pudo deducir cuando varios de los agrupados involucrados en el programa fueron a la comandancia del Ejército Rebelde en el Campamento de Columbia y al entrar en la Sala de Cultura «fueron testigos de la creación de una inmensa biblioteca para las fuerzas armadas, la cual consistía principalmente de libros marxistas-leninistas»[166].

La otra instancia en que la ACU pudo conocer de primera mano los cambios que estaban ocurriendo en el proyecto político cubano fue con el programa de los Comandos Rurales. La idea inicial fue iniciativa del ministro de Agricultura, comandante Humberto Sorí Marín, autor de la primera ley de reforma agraria que adoptó el M-26-7 durante el período insurreccional contra la dictadura de Batista. Junto a él colaboraron dos agrupados, Manuel Artime y Rogelio González Corzo, este último era entonces funcionario del Ministerio de Agricultura. El propósito del programa era fomentar el desarrollo integral de los campesinos cubanos. El objetivo se lograría mediante clases de alfabetización y cultura, nociones sobre cooperativismo, instrucción religiosa, clínicas para mejorar la salud de los individuos, planes de higiene, construcción de viviendas y todo aquello que fuese útil para adelantar la calidad de vida de los cubanos que participaran en el proyecto[167]. La iniciati-

[165] Citado por Juan Clark en *Cuba: Mito y Realdad. Testimonios de un Pueblo,* Miami, Florida, Saeta Ediciones, 1990, 321. El testimonio recogido por Clark es de Luis Maderal, miembro de la ACU y director asistente de la escuela de alfabetización. También entrevista a Antonio García Crews quien comenzó dirigiendo el programa y de Emilio Cueto que impartió clases en Managua (correspondencia electrónica, 23 de agosto de 2020).

[166] Clark, *Ibid.*

[167] Clark, *Ibid.* La información de Clark se basa en el testimonio de David Cabarrocas, uno de los agrupados que participó en el programa.

va se concibió como un programa piloto para ensayar la reforma agraria que estaba por aprobarse[168]. El proyecto se puso en marcha en una parte de la Sierra Maestra cerca de la región de Manzanillo, en la provincia de Oriente. Aquella era una zona rural en la que el Ministerio de Agricultura desplazó a Manuel Artime como uno de los responsables de fomentar su desarrollo. Los voluntarios que asumieron el trabajo, cerca de sesenta, provenían de la ACU. La mayor parte de ellos eran estudiantes universitarios, aunque también fueron acompañados por algunos profesionales. Fueron agrupados por pareja y se dispersaron por diferentes puntos de la región. Además de ofrecer toda la ayuda técnica que necesitaran los campesinos para llevar a cabo la labor agrícola, y de impartir clases en los campos apuntados, los comandos también asumieron la responsabilidad de crear Asociaciones de Campesinos y práctica cooperativista. Contaron, además, con un programa radial, *Trinchera Campesina*, que se transmitió desde Manzanillo diariamente y por cuarenta y cinco minutos.

Se debe señalar que la labor que llevaron a cabo estos agrupados en la Sierra Maestra mostró un alto grado de compenetración con los fines que hasta ese momento se había dado el gobierno de la república. Un ejemplo de ese acoplamiento lo ofreció uno de los «comandos» cuando habló sobre las condiciones precarias en las que vivían los campesinos de la zona y lo que se estaba haciendo para revertir esa situación. Sus palabras están recogidas en uno de los reportajes que sobre los Comandos Rurales publicó la revista *Bohemia*: «Pero es bueno que el pueblo de Cuba conozca todo esto y el alcance que en su momento tendrá la Reforma Agraria y los beneficios que dará»[169]. El mismo espíritu se encuentra en las palabras que Manuel Artime expresó al cerrar un acto en el que algunos campesinos celebraron elecciones para constituir la directiva de una asociación que los habría de representar. De acuerdo con lo que publicó *Bohemia*, el teniente del Ejército Rebelde y miembro

---

[168] Rubén Castillo Ramos, «La Reforma Agraria. Cruzada Redentora en la Sierra Maestra», *Bohemia*, La Habana, 26 de abril de 1959 (38) y 3 de mayo de 1959 (40).

[169] *Ibid*, 3 de mayo de 1959, 123.

de la ACU invitó a los presentes a «cumplir con nuestro deber» para que la revolución no fracasara[170].

No obstante, subyacente a esa compenetración con las metas de cambio que se estaban llevando a cabo en Cuba, tal parece que el programa de los Comandos Rurales, según se pudo definir desde la ACU, acarreaba otro propósito, evitar posibles avances de los comunistas entre los campesinos de la Sierra Maestra. Arboleya, por ejemplo, comenta en su libro que «el proyecto tenía el ingrediente político de crear asociaciones campesinas independientes de los *agrupamientos unitarios* que venían creando la revolución y a las cuales Artime acusaba de comunistas»[171]. Para corroborar la afirmación de este autor, no hay más que consultar el número de la revista que la ACU publicaba, *Esto Vir*, dedicado a los Comandos Rurales[172]. En dicha publicación aparecen cartas de varios agrupados que estaban trabajando como Comandos Rurales en la Sierra Maestra y que se refieren, precisamente, a la preocupación sobre el «comunismo» que podía existir dentro de la membresía de la ACU. En una de ellas, dirigida al P. Amando Llorente, S. J., se informa que «Hemos estado realizando labor de adoctrinamiento individual en lo que a doctrina social cristiana se refiere, y sembrando por doquier ideas anticomunistas y la manera de combatir el comunismo, cosa que los campesinos...no lo quieran y comprendan lo malo del comunismo; dudo que el comunismo pueda arraigar por aquí pues el campesino ama mucho a su tierra y a su familia, y además, si la Santísima Virgen nos ayuda y podemos fundar, o por lo menos dejar sembrada la idea de la cooperativa, me luce muy difícil que el comunismo pueda lanzar tentáculos aquí»[173]. Por otra parte, se observa que el discurso anticomunista que proyectaron los Comandos Rurales se complementó y ratificó a través de prácticas concretas como fue-

[170] *Ibid*, 26 de abril de 1959, 38-39.

[171] Arboleya, *La contrarrevolución cubana*, 69. Énfasis del autor.

[172] Agrupación Católica Universitaria, *Esto Vir. Hoja Íntima de la ACU*, La Habana, S. F., Año XXVIII, No. 3.

[173] *Ibid*, 5 (Este número se publicó después de firmada la Ley de Reforma Agraria).

ron las elecciones que se llevaron a cabo cuando se organizaron las Asociaciones Campesinas. En ese sentido, es ilustrativa otra carta de otro agrupado que expresa el entusiasmo de los campesinos cuando trabajan en la creación de ese tipo de organización. «Los vimos trabajar con ardor en las asociaciones que formamos», expresó este Comando; «Los vimos trabajar con ahínco en las elecciones para elegir las directivas de esas asociaciones. Los vimos emocionarse con lo democrático del proceso electoral»[174]. De las palabras de Artime a los campesinos, y que citó el periodista de *Bohemia* para su reportaje, se intuye que el dirigente de los Comandos quiere sembrar la noción de autogestión entre la población que se organiza en Asociaciones Campesinas. En aquel momento les recuerda que fueron ellos quienes hicieron posible el triunfo de la revolución y que, por lo tanto, «Esta revolución es de ustedes»[175]. El propio autor del artículo se ocupó de ahondar en este aspecto del programa cuando alude a una ceremonia religiosa organizada por los propios campesinos con el objetivo de lograr la ayuda Divina para hacer que llueva. Según expone en su reportaje, los Comandos «se encargan de meter bien hondo en la conciencia de esta pobre gente» la idea contenida en el refrán «ayúdate que yo te ayudaré»[176].

Al examinar esta jornada de la ACU con los Comandos Rurales, y al incorporar en el análisis el asunto del «anticomunismo» como uno de los aspectos que integran esta iniciativa, se hace necesario evocar la conexión entre el P. Amando Llorente, S. J., el comandante ahora ministro de Agricultura Humberto Sorí Marín y el agrupado Manuel Artime, ahora teniente del Ejército Rebelde y cabeza de los Comandos Rurales. Según lo expuesto en la declaración jurada del P. Llorente, S. J., fue Sorí Marín quien le dio evidencia de la presencia de comunistas en las fuerzas guerrilleras del M-26-7, además de transmitirle una serie de preocupaciones sobre el proyecto que dirigía Fidel Castro. Con esas dudas es que el director de la ACU habla con Manuel Artime

[174] *Ibid.*

[175] Castillo Ramos, «La Reforma Agraria», 26 de abril de 1959, 38-39.

[176] *Ibid*, 3 de mayo de 1959, 42-43.

y lo anima a que se uniera a Castro en la Sierra Maestra para que intentara influenciar la revolución «desde adentro»[177]. Según narra el P. Llorente, S. J. en el documento que suscribió en el año 2007, «Artime...llevaba la idea de adoctrinar a los campesinos de la Sierra Maestra la diferencia entre cooperativa y comuna, que es lo comunista (sic)»[178]. Llama la atención de que el periodista de la revista *Bohemia* se ocupa de señalar en su artículo que la actividad que llevaban a cabo los Comandos Rurales en la Sierra Maestra era una tarea de escasa divulgación. Según él cuenta en el relato publicado en la revista, su misión en la región era recoger información sobre las tiendas del pueblo pero que cuando comenzó a indagar sobre la materia de su trabajo, un campesino de la zona le preguntó si él sabía de lo que se estaba haciendo en la finca La Sierra en la cercanía del central Estrada Palma. «No es que sea un secreto», le dijo el campesino, «Yo trabajo allí...y nos han dicho que lo que se hace, se hace y no hay que decirlo»[179]. El encuentro con el campesino fue suficiente para que el periodista se encaminara hacia la región mencionada y, otra vez, se topó con el misterio. Al llegar se encontró con quien resultó ser el delegado de Sorí Marín en la zona, el capitán Héctor Goricelaya. El oficial le preguntó acerca de lo que pretendía hacer en aquel lugar, a lo que el periodista le dio razón a la vez que preguntó que si aquello era «secreto». La respuesta de Goricelaya fue que «Lo que se está haciendo, como no está completo, no se puede decir»[180]. Por supuesto, le dieron permiso al periodista para que llevase a cabo su trabajo y el misterio se desvaneció al ser publicado en la revista de mayor circulación en Cuba. Sin embargo, queda pendiente otro asunto que puede provocar curiosidad. En ningún momento se mencionó en los dos artículos que se publicaron que el programa de los Comandos Rurales, además de involucrar al Ministerio de Agricultura también estaba vinculado, de manera prominente, a la Agrupación Católica Universitaria.

---

[177] P. Amando Llorente, S. J., «Declaración Jurada».

[178] *Ibid.*

[179] Castillo Ramos, «La Reforma Agraria», 26 de abril de 1959, 40.

[180] *Ibid.*

No obstante, si lo que se buscaba era discreción para tener tiempo para que el programa «piloto» funcionara a plenitud, es decir, que además de proveer de asistencia técnica y cultural entre la población campesina de la Sierra Maestra, cuna de resistencia, se pudiera arraigar el mensaje ideológico que promovieron los Comandos, tal cosa no se logró. El 15 de junio de 1959, el delegado del Buró Agrario de Manzanillo, Rodrigo Rivas Vega, escribió, según expone Jesús Arboleya en su texto, un «detallado informe» sobre las actividades de los Comandos y Manuel Artime. De acuerdo con esta cita, el informe los consideró como «contrarrevolucionarios y divisionistas»[181].

El trabajo de los Comandos Rurales fue cancelado por orden de Raúl Castro en otoño de 1959. Según Juan Clark, la razón para explicar el fin del programa fue «que los 'comandos' tenían un trasfondo católico y que estaban abogando por verdaderas cooperativas y presentando contrastes entre el comunismo y la democracia»[182]. La cancelación tuvo lugar durante el período en el que aparecían las señales de que el consenso alcanzado para gobernar a Cuba después del derrocamiento de la dictadura de Batista se desintegraba. Para los miembros de la ACU, las condiciones para hacer de la sociedad cubana una católica, a la vez que democrática, también comenzaban a desvanecerse. Había que dar una respuesta para evitar que el país fuese conducido por derroteros hostiles a los planes concebidos desde que el P. Felipe Rey de Castro, S. J. se diera a la tarea de crear una organización de seglares comprometidos con el bienestar político, económico y espiritual del pueblo cubano. Esa respuesta sería promover la gestación de una oposición organizada.

La posibilidad de que al interior de los Comandos Rurales se estuviese gestando un conato de conspiración para detener un factible giro radical a la vida política cubana es lo que sospecharon dos miembros de la ACU que formaron parte del programa de capacitación a los campesinos de la Sierra Maestra. Eduardo Muñiz, por ejemplo, cuenta que en un momento dado él fue con-

[181] Arboleya, *La contrarrevolución cubana*, 69-70.
[182] Clark, *Cuba. Mito y Realidad*, 321.

tactado por Roberto «Ancla» de Varona, un comando muy cercano a Artime. Según el testimonio de Muñiz, «el 'Ancla' les anunció que se le repartiría un rifle a cada uno de los participantes del grupo». La reacción de Muñiz fue cuestionar a de Varona preguntándole que para qué necesitaban un arma en la Sierra Maestra. Muñiz relata que en ese momento pensó que aquel anuncio era porque se estaba conspirando para iniciar un alzamiento armado en la zona[183]. José «Pepe» Ramy también recuerda un episodio que entrañó una sospecha similar a la de Muñiz. En esta ocasión la aprensión surge de una discusión que Ramy tuvo con Artime en casa de «Pepito» Corona en Manzanillo. Según recuerda Ramy, el acabó imputándole al dirigente de los Comandos que lo que él, Artime, quería era «sustituir a Fidel y fusilar en nombre de Cristo Rey»[184].

En su libro sobre la invasión por Bahía de Cochinos, Haynes Johnson menciona que Artime ha ido a Oriente después de participar en una reunión de los coordinadores regionales del INRA en la que Fidel Castro, Ernesto Guevara y Antonio Núñez Jiménez han discutido los planes para desarrollar una reforma agraria más radical de la que se había aprobado el 17 de mayo de 1959. Este encuentro sirvió para que Artime pudiera romper públicamente con Fidel Castro a quien acusa de querer llevar a Cuba hacia el comunismo[185]. Según Johnson, al regresar Artime a la provincia de Oriente comienza a preparar, «junto a un grupo de estudiantes universitarios», a los campesinos de la zona para emprender la lucha contra Castro y el comunismo[186]. Si fuese cierto que Artime emprendió esta faena, es muy posible que la referencia a los «jóvenes universitarios», sea a los Comandos Rurales; el problema, sin embargo, es que para el período en el que Johnson sitúa el regreso de Artime a Manzanillo, finales de octubre de 1959, ya se había can-

[183] Eduardo Muñiz, Entrevista.

[184] José A. Ramy, Entrevista.

[185] El rompimiento se da mediante una carta pública fechada el 7 de noviembre de 1959. Fue publicada en el periódico *Avance* y se reproduce íntegramente en el manuscrito de Judith Artime, *The Golden Boy*, Apéndice IV.

[186] Haynes Johnson, *The Bay of Pigs. The Leaders' Story of the Brigade*, Toronto, Canadá, George McLeod Limited, 1964, 24.

celado el programa de los Comandos Rurales. De todas maneras, se puede especular que los hechos aludidos por el autor de *The Bay of Pigs* en relación al uso de los Comandos para gestar en Oriente un movimiento de resistencia contra Fidel Castro, hayan ocurrido, pero en una fecha anterior a la escogida por Johnson. Al menos es lo que se puede desprender de la evidencia testimonial de Muñiz y Ramy, del fuerte contenido anticomunista que tuvo el programa de los Comandos y las sospechas que sobre el rumbo de Cuba propiciaron el origen del proyecto. Además, hay que considerar lo expresado por Salvador Subirá en su historia sobre el Movimiento de Recuperación Revolucionaria (MRR), en el que afirma que entre los objetivos perseguidos por los Comandos Rurales estaba el de «crear una base política que pudiera servir de apoyo para un posible alzamiento futuro que se determinará por un rumbo comunizante del régimen»[187]. De todas maneras, es difícil determinar con certeza la posibilidad de que en el programa de los Comandos Rurales se contemplara la posibilidad de convertirse en un foco de oposición a la dirección política de Fidel Castro; lo que no implica que aquella experiencia no sirviera para crear conciencia del derrotero que se le quería dar a Cuba y de reforzar la determinación de enfrentarse a esa contingencia.

La publicación de la carta de Artime denunciando el carácter comunista que se le quería dar al proceso de cambio en Cuba, implicó, al menos en un grupo importante de miembros de la ACU, la voluntad de enfrentarse al régimen mediante la creación de una oposición organizada. Los primeros pasos se tomaron al principio de noviembre[188] durante una reunión a la que asistieron varios miembros de un grupo conocido como La Legión de Acción Revolucionaria (LAR), entre ellos Manuel Artime, y dos personas vinculadas con algunos comandantes de Ejército Rebelde que estaban disgustados con la dirección que se le daba al país

[187] Salvador Subirá, *Historia del Movimiento de Recuperación Revolucionaria. 1959-1963*, Miami, Florida, Alexandria Library Publishing House, 2015, 32.

[188] Hay dos fechas que hablan de una reunión inicial, la que se ofrece en la cronología publicada en *Politics of Illusion* que indica que el encuentro se dio el 2 de noviembre de 1959 (175) y la propuesta por Salvador Subirá en su *Historia del MRR* (34-35) que la sitúa en el día 6 de ese mismo mes.

en aquellos momentos. Este grupo estaba dirigido por el comandante Ricardo Lorié quien había tenido que salir de Cuba. En esa reunión se acordó crear una «organización nacional»[189]. A raíz de esta decisión es que Rogelio González Corzo, miembro del LAR, de la ACU y colaborador de Artime en el Ministerio de Agricultura, le pide al doctor Lino B. Fernández, también de la ACU, que almacenara el armamento que pertenecía al LAR y que iniciara la organización de una red de seguridad interna y de inteligencia[190]. El 12 de diciembre de 1959 volvieron a reunirse, esta vez en el restaurante Rancho Luna, las dos partes interesadas en crear el instrumento de lucha acordado en la reunión anterior. La resolución principal que se tomó ese día fue la de identificar a la organización que se estaba creando como Movimiento de Recuperación Revolucionaria (MRR)[191]. La dirección del MRR quedó constituida poco después, en el mes de enero de 1960 y se designó a Ángel Ros Escala, procedente del grupo de los comandantes, como secretario general en Cuba. Manuel Artime ya había salido del país y asumió, en ese momento, la responsabilidad de promover el entrenamiento militar de aquellos miembros de la organización que se encontrara fuera del territorio nacional[192]. Meses después, en julio de 1960, se suscitaría una crisis dentro del MRR que resultaría en la separación del grupo de los comandantes y que colocaría a Artime como jefe supremo de la organización. En Cuba, por su parte, Rogelio González Corzo, quien ha asumido el nombre de guerra «Francisco», ha quedado como el coordinador Nacional del MRR. Mientras tanto, en el Ejecutivo nombrado en enero, aparecen los nombres de Luis Fernández Rocha y Alberto Muller Quintana como responsables de las cuestiones estudiantiles de la organización[193]. Muller afirma que él militó en el MRR pero que no formó parte de la dirección estudiantil del movimien-

[189] Salvador Subirá, 34-35.

[190] Blight & Kornbluh, *Politics of Illusion*, 175.

[191] Subirá, *Ibid.*, 35.

[192] *Ibid.*, 36.

[193] *Ibid.*, 36 y 37. La escisión del Movimiento la narra Subirá en 46-46. En la cronología de *Politics of Illusion* también aparece el nombre de Alberto Muller asociado a la dirección de la sección estudiantil.

to mientras que Fernández Rocha sí reconoce que dirigió la sección estudiantil del MRR que, en un momento dado, se conoció como el Directorio Estudiantil del MRR[194]. Isidro «Chilo» Borja, quien formará parte de la jefatura del Directorio Revolucionario Estudiantil (DRE) cuando este movimiento quede organizado, le comentó a Máximo Sorondo que cuando él llegó a La Habana [desde México] durante el primer trimestre de 1960, «ya gran parte del estudiantado en el área de influencia de la ACU se había incorporado al MRR...de reciente creación, constituyendo su nutrida Sección Estudiantil»[195]. Es decir, que se debe asumir que el MRR constituyó una de las fuentes de las que se nutrió el Directorio Revolucionario Estudiantil (DRE)[196].

Sin embargo, antes de que se organizara el DRE se dio la posibilidad de que algunos de los sectores que llegaron a fundar distintos movimientos políticos para enfrentarse al régimen de Fidel Castro, y que lo hicieron tomando en consideración las tradiciones católica de anticomunismo y de justicia social, tuvieron la oportunidad de agruparse para crear un frente común para lograr los objetivos que perseguían. Tal contingencia apareció en el mes de diciembre de 1959 cuando un grupo de líderes católicos pertenecientes a diferentes ramos de la actividad económica de Cuba, se reunieron con el propósito de discutir la fundación de un Partido Demócrata Cristiano. Alberto Muller, quien asistió al evento, recuerda que en la reunión se encontró con José de Jesús «Cuco» Plana y Reinol González, militantes ambos de la JOC, del M-26-7 y miembros de la Mesa Ejecutiva de la CTC[197]. Entre los

---

[194] Correspondencia electrónica entre Alberto Muller y Juan Manuel Salvat, 12 de noviembre de 2005; entrevista con Luis Fernández Rocha.

[195] Máximo Sorondo, «Clandestinidad», *Diario Las Américas*, Miami, Florida, 28 de julio de 1961,12-A.

[196] En el libro de Cecilia la Villa Fernández Travieso, *Clandestinos*, Miami, Alexandria Library Publishing House, 2021, 45-46, se recogen tres breves testimonios sobre la Sección Estudiantil del MRR, los de José Antonio G. Lanuza, Roberto Quintairos y Luis Fernández Rocha. El texto de la Villa contiene los testimonios que ella recogió en varias entrevistas que le hiciera a treinta militantes del DRE.

[197] Alberto Muller, entrevista, Miami, 16 de marzo de 1999. Véase también el testimonio de Alberto Muller en la Villa, *ibid*, 39-40 y 41.

asistentes también se encontraron José Ignacio Rasco, antiguo condiscípulo de Fidel Castro en el Colegio de Belén y afiliado a la ACU, así como Valentín Arenas y Manuel Suárez Carreño. De acuerdo con Muller, Reinol González y él favorecieron la creación de un Partido con base nacional y público mientras que Rasco, quien se opuso a la idea, apoyo la iniciativa de fundar un movimiento beligerante y con presencia en el exilio que ya comenzaba a tomar forma en la Florida. Laureano Batista Falla apunta hacia la figura de Ángel Fernández Varela como una figura clave en el empeño de que no se fundara el partido[198] Después de este primer encuentro no hubo más reuniones y la idea de un partido demócrata cristiano en Cuba se descartó. En 1955 la revista *La Quincena* había editorializado sobre la eventualidad de que se creara una fuerza política que reuniera a las diversas corrientes que dentro del catolicismo cubano pujaban por ejercer influencia en la vida política del país. Sin embargo, advertía que «para que advenga un Partido de inspiración cristiana hay que ejercer dejación de criterios personales en cosas de menor cuantía»[199]. Al no poder lograr un gran acuerdo en la reunión de diciembre del 1959, las fuerzas de militancia cristiana se dispersaron y se disipó la posibilidad de enfrentar al régimen desde un organismo político fuerte y capaz, inclusive, de haber obtenido reconocimiento internacional. Fue quizá la última oportunidad de rescatar la política como forma de enfrentarse a lo que, a todas luces, se encaminaba a ser un régimen autoritario con alarmantes vasos comunicantes hacia el mundo comunista, Rasco, junto a otros católicos y cristianos como Melchor Gastón y Carlos Gastón, Manuel Suárez Carreño y Amalio Fiallo, Laureano Batista Falla y Rubén Darío Rumbaut, fundaron el Movimiento Demócrata Cristiano (MDC); mientras que, por ejemplo, Plana y González, junto a Andrés Valdespino y Antonio Fernández Nuevo, militantes de

---

[198] Laureano Batista Falla, boceto para tesis doctoral, «MDC», Laureano Batista Collection, Cuban Heritage Collection (CHC), University of Miami, Coral Gables.

[199] «Hacia la integración de fuerzas», *La Quincena*, 30 de septiembre de 1955, 33.

Acción Católica, se unieron al Ingeniero Manuel Ray para organizar el Movimiento Revolucionario del Pueblo (MRP). Alberto Muller, por su parte, puso todo su empeño en crear una organización que representara al estudiantado cubano, y esa sería el Directorio Revolucionario Estudiantil (DRE).

Juan Manuel Salvat y Luis Fernández Rocha

Alberto Muller

Capítulo 3

La resistencia estudiantil

La participación de los estudiantes cubanos en las luchas políticas del país antillano constituye una tradición que se remonta a, por lo menos, 1927 cuando un grupo de jóvenes universitarios se agrupó en una organización para enfrentar las aspiraciones del presidente Gerardo Machado para perpetuarse en el poder. El Directorio Estudiantil Universitario, que es como se conoció a este movimiento que estuvo afincado en la Universidad de La Habana, mantuvo su oposición a Machado hasta 1929 cuando varios de sus principales integrantes, entre los que se encontraban Eduardo Chibás y Aureliano Sánchez Arango, fueron expulsados del primer centro de altos estudios de Cuba. Poco después, en 1930, se fundó un nuevo Directorio Estudiantil Universitario, también con estudiantes universitarios, pero con la intención de actuar como una organización de lucha armada y con el objetivo de contribuir al fin de la dictadura machadista. Entre sus dirigentes estuvieron Carlos Prío Socarrás, quien llegaría a ser presidente de la república, Manuel Antonio de Varona y Juan Antonio Rubio Padilla, uno de los fundadores de la Agrupación Católica Universitaria (ACU). En 1931, el DEU se dividió y de esa escisión salió otra organización estudiantil, el Ala Izquierda Estudiantil (AIE) en la que militó el futuro ministro de Relaciones Exteriores del gobierno de Fidel Castro, Raúl Roa. Por su parte el DEU del 30 jugó un papel importante en la política cubana al propiciar, en 1933, el ascenso de un gobierno revolucionario poco después de la caída de Machado[200]. A partir de aquella coyun-

[200] Documentos importantes para el conocimiento de la participación estudiantil en la vida política cubana durante estos acontecimientos se pueden encontrar en Olga Cabrera y Carmen Almodóvar, compiladoras, *Las luchas estudiantiles universitarias. 1923-1934*, La Habana, Editorial de Ciencias Sociales, 1975.

tura histórica, el movimiento estudiantil cubano se constituyó como uno de los sectores que más peso tuvo en la política cubana.

La tradición de resistencia estudiantil en los momentos de crisis política en Cuba se reforzó durante los años cincuenta del siglo XX cuando se entronizó en el poder el régimen dictatorial presidido por Fulgencio Batista en 1952. En septiembre de 1955 se fundó el Directorio Revolucionario que más adelante se conocería como el Directorio Revolucionario13 de Marzo al exaltar la fecha en que esta organización intentó terminar con el régimen de Batista mediante el asalto al Palacio Presidencial. La acción tuvo lugar el 13 de marzo de 1957 y en una de las operaciones que fueron parte del plan, perdió la vida José Antonio Echeverría, su máximo dirigente y presidente de la Federación Estudiantil Universitaria (FEU). Más tarde, en 1958, el DR organizó un grupo guerrillero en la Sierra del Escambray y contribuyó con su participación a ponerle fin a la dictadura de Batista[201].

Una de las características de todas estas organizaciones es la de privilegiar la especificidad del carácter estudiantil del grupo, así como de la autonomía con la que pretenden actuar en el campo de la política. No se cierran a aceptar adhesiones de personas o sectores sociales que no estén directamente vinculados a la vida estudiantil, particularmente la universitaria. Tampoco, como en un momento dado hicieran el DR presidido por José Antonio Echeverría y el M-26-7 de Fidel Castro, se niegan a colaborar con otros grupos que buscaban metas similares a las que ellos perseguían. Es el afán de preservar lo que asumen es el carácter único y particular del estudiante; una suerte de crisol íntegro que quiere escudarse de la contaminación que para ellos procede de la política. Al crearse el DEU en 1930, estos estudiantes lanzaron un manifiesto al país en el que afirmaron: «Somos —conviene aclararlo desde ahora y para siempre— una fuerza pura. No nos determinamos por influencias extrañas. No nos tiñe ningún matiz parti-

---

[201] Una síntesis adecuada sobre la historia del DR-13 de Marzo se encuentra en Ramón L. Bonachea y Marta San Martín, *The Cuban Insurrection. 1952-1959*, New Brunswick, New Jersey, Transaction Books, 1974.

dista. Nos pronunciamos por imperativos urgentes de la propia conciencia»[202]. En ese sentido, demuestran tener una fuerte tendencia a practicar la anti-política, una actitud que en ciertas circunstancias pudiera ser contraria a la conquista de las metas que buscan alcanzar. La historia del Directorio Revolucionario Estudiantil, organización fundada por estudiantes universitarios cubanos en 1960 con el propósito de propiciar un cambio de régimen en Cuba, se ubica, también, dentro de esta tradición.

Al inicio de 1959 operaban en Cuba cinco centros universitarios, dos de ellos privados, la Universidad Católica de Santo Tomás de Villanueva y la Universidad de la Salle; mientras que en el sistema público eran tres las instituciones de altos estudios: la Universidad Central «Marta Abreu» de Las Villas, La Universidad de Oriente y, la más antigua de todas y la de mayor importancia para el país, la Universidad de La Habana. Es dentro de este último centro docente, y al calor de las luchas estudiantiles, en donde comienza a gestarse lo que será uno de los principales núcleos del futuro Directorio Revolucionario Estudiantil (DRE).

La fuga de Batista sorprendió a la Universidad de La Habana cerrada. Las últimas clases de la institución fueron ofrecidas en noviembre de 1956. A partir de ese mes, el gobierno de Batista determinó la clausura del primer centro de docencia universitaria de Cuba. La universidad no abrió sus puertas hasta mayo de 1959. Al poco tiempo, la institución tuvo que enfrentarse a una de sus primeras polémicas de la nueva etapa. El asunto lo suscitó la necesidad de llenar la vacante que había en la presidencia del órgano que representaba a los estudiantes de la institución, la Federación Estudiantil Universitaria. El nombramiento, efectuado por acuerdo del Consejo Universitario, recayó en José Puente Blanco quien en ese momento presidía a los estudiantes de la Facultad de Derecho y era miembro del DR 13 de Marzo. No obstante, una vez comenzado el nuevo curso académico, fue necesario convocar a elecciones para renovar los cargos directivos de la FEU. Los comicios se celebrarían en octubre de ese año.

[202] Citado por Cabrera y Almodóvar en *Las luchas estudiantiles*, 30.

Según el relato que hace Joaquín Pérez de aquellas circunstancias, varios estudiantes que eran miembros de la ACU, algunos de los cuales habían participado en el programa de los Comandos Rurales, se reunieron con el propósito de preparar «un plan de penetración» en la FEU y en los gobiernos estudiantiles de otras universidades[203]. «La estrategia de la toma de la Universidad nos salió como algo lógico», afirma Pérez, era «un paso de avance como grupo» a la vez que destaca que «El plan era simple: participar en las elecciones para la dirigencia estudiantil y mantener una actitud anticomunista dentro del estudiantado». De la misma manera, Joaquín Pérez es enfático cuando aclara que «la ACU no era más que el lugar de conversar esto y planear la acción, pero NO ERA un movimiento de la ACU, éramos gente de la ACU que pensábamos independientemente». Sobre este particular, y exponiendo la importancia que tuvo la coyuntura a la que Joaquín Pérez alude, Luis Fernández Rocha señaló que estos estudiantes constituían «un grupo con inquietudes pero sin experiencia política y que habíamos creado un sentido de grupo que estoy seguro, de no haber sido por Fidel, hubiéramos terminado creando un partido político»[204]. Mientras tanto, la ejecución del «plan» al que alude Joaquín Pérez tuvo que llevarse a cabo dentro de un proceso electoral de gran complejidad.

Las elecciones para constituir a la FEU y a los cargos en las asociaciones de estudiantes de cada facultad del centro docente estuvieron precedidas por un clima caracterizado por la pugna entre dos facciones que, a su vez, había tenido varios enfrentamientos durante el período insurreccional contra Batista y en varias ocasiones después de la caída del dictador. Esa confrontación se había manifestado cuando se tuvo que designar a un nuevo presidente de la FEU a principios de 1959 pues a Puente Blanco, del DR, se le enfrentó Elvira Díaz Vallina quien procedía del M-26-7. Para las elecciones de octubre se presentaron dos candidaturas, una presidida por el comandante Rolando Cubela del 13 de

[203] Joaquín Pérez, correspondencia electrónica con el autor, 6 de diciembre de 2019.

[204] Luis Fernández Rocha, entrevista.

Marzo y otra por Pedro Luis Boitel vinculado con el 26 de Julio. El proceso electoral se enturbió aún más cuando figuras importantes del gobierno y el Estado intervinieron a favor de uno de los candidatos. El apoyo de Raúl y Fidel Castro recayó sobre el comandante Cubela y ambos ejercieron una gran presión sobre Boitel para que renunciara. El aval que se ofrecía a la candidatura de Cubela desde los altos mandos del círculo de Fidel Castro recogía el tema de la «unidad» que poco a poco imponía desde el discurso oficial[205]. La intervención creo un clima de incertidumbre en el proceso electoral universitario y Boitel decidió abandonar su aspiración. Es dentro de ese contexto que el comandante del DR 13 de Marzo se alza con la victoria.

Entre los miembros de la ACU que fueron electos a diferentes cargos en aquellos comicios estudiantiles estuvieron Luis Boza Domínguez como presidente de la Asociación de Estudiantes de Ciencias, Juan Manuel Salvat, vicesecretario de Ciencias Sociales, Luis Fernández Rocha en Medicina, Alberto Muller en Derecho y Joaquín Pérez en Agronomía. Años más tarde, Juan Manuel Salvat señalaría que él apoyó a Rolando Cubela porque pensaba que «Boitel podría tener nexos con los comunistas»[206]. Además de estas posiciones dentro del gobierno estudiantil de la Universidad de La Habana, a la que habría que añadirle la de Roberto Borbolla al frente de la Asociación de Estudiantes de la Universidad de Villanueva, la iniciativa para ejercer influencia en el ámbito universitario de Cuba aludido por Joaquín Pérez se reforzó con algunas publicaciones periódicas de la órbita universitaria que estuvieron en manos de este grupo de estudiantes. Er-

[205] Un resumen detallado de las elecciones para constituir la FEU se puede encontrar en, Directorio Revolucionario Estudiantil, *Nuestro Sentir y Nuestro Pensar...Nuestras Armas para la Lucha*, Camagüey, Cuba, diciembre de 1960, 9-11 y Luis Boza Domínguez, *La Situación de las Universidades en Cuba*, SE, SF, 14-20. También se puede consultar a la Villa, *Clandestinos*, 17-20.

[206] Juan Manuel Salvat, entrevista, Miami, 17 de marzo de 1999. Pedro Luis Boitel se convirtió en opositor del régimen de Fidel Castro, fue detenido y condenado a años de Cárcel. Murió en prisión como consecuencia de una huelga de hambre. Alberto Muller también apoyó a Rolando Cubela, sobre todo por la afinidad que él sentía hacia el DR 13 de Marzo.

nesto Fernández Travieso, junto a la colaboración de Salvat, dirigió el periódico *Manicato*, órgano de Ciencias Sociales y de *Aldabonazo* que se publicó cuando Fernández Travieso fue apartado del primero por las discrepancias políticas que se van a suscitar. Mientras tanto, Alberto Muller, con la colaboración de Teresita Valdés Hurtado, María Elena Diez y Salvat transmitían sus opiniones y noticias mediante *Trinchera*. Estas publicaciones le permitirían al grupo divulgar sus ideas al público[207]

Al reflexionar sobre aquellos días en la Universidad de La Habana, Muller explica que el objetivo de *Trinchera* era ofrecer una visión cristiana de los acontecimientos. Para imprimir el periódico contaban con una pequeña imprenta y con el papel que les donaban las empresas de información y noticias, *Prensa Libre* y *Diario de la Marina*. Los números eran montados por el propio grupo. El periódico se vendía entre los estudiantes y llegaron a tener tiradas de entre mil y tres mil ejemplares. En términos generales apoyaban a la revolución, pero a la misma vez, alertaban contra el peligro representado por el comunismo en la universidad. Así mismo, Muller se refiere a las polémicas que sostuvieron con la sección del PSP en el centro docente. Para él, la invasión de tropas soviéticas a Hungría en 1956 fue un evento que ejerció un fuerte impacto en la forma en la que ellos pensaban. Según Muller, la resistencia de los húngaros a los soviéticos fue para ellos un acto heroico[208]. Juan Manuel Salvat concurre con semejante valoración y aclara que los dos planteamientos principales que hace el grupo que se va aglutinando alrededor de *Trinchera son:* el problema representado por el comunismo y el fomento de la democracia[209]. En realidad, fue por seguir esa línea de pensamiento que estos estudiantes se vieron muy pronto involucrados en la primera gran controversia con el sector comunista de la universidad. El enfrentamiento se suscitó al proponerse que la FEU se vinculara a la Unión Internacional de Estudiantes (UIE), una

[207] Sobre los periódicos estudiantiles véanse los testimonios de Alberto Muller y Ernesto Fernández Travieso que aparecen en la Villa, *Clandestinos*, 21-22.
[208] Alberto Muller, entrevista.
[209] Juan Manuel Salvat, entrevista.

organización mundial que agrupaba a federaciones estudiantiles ideológicamente cercanas a la Unión Soviética. La dirigencia de la FEU aceptó en principio la proposición y provocó que, desde *Trinchera*, y con un artículo firmado por Juan Manuel Salvat, se impugnara el acuerdo. El argumento del comentario publicado en el periódico estudiantil fue que José Antonio Echeverría, antiguo presidente del organismo universitario y mártir de la lucha contra Batista, se había pronunciado en contra de la UIE. Los comunistas promovieron, sin éxito, un voto de censura contra el periódico que dirigía Muller[210].

El gran éxito periodístico de *Trinchera* fue, sin embargo, la entrevista que obtuvo la publicación al divulgar una entrevista con el agente de la KGB soviética, Aleksandr Alekseev. Enterados de que el supuesto corresponsal de la agencia de noticias TASS se encontraba en Cuba, y alojado en el Hotel Sevilla de La Habana, Alberto Muller, junto a Jorge Garrido y otro compañero que hizo las veces de fotógrafo, se presentaron en la hospedería con el objetivo entrevistar al soviético. La cobertura que utilizaron para llamar la atención de Alekseev fue la de hacerse pasar por estudiantes universitarios militantes de la Juventud del PSP. Para vencer la resistencia que en un comienzo presentó el soviético, Muller le dijo que aunque ellos eran militantes del PSP, también estaban disgustados con la trayectoria de la institución y sus antiguos vínculos con Batista[211]. Al parecer, Alekseev fue convencido por la insistencia de los estudiantes y bajo al vestíbulo del hotel y conversó con ellos. Uno de los temas que abordaron en la entrevista fue, por supuesto, el de la opinión que el agente de la KGB tenía sobre «la Revolución Cuba». La respuesta de Alekseev fue muy elocuente pues les dijo que «La Revolución Cubana o sea el Fidelismo (sic) es una etapa todavía con señales de capitalismo que irá evolucionando hasta implantarse como consecuencia lógica el sistema comunista»[212]. Más adelante, la

[210] DRE, *Nuestro Sentir y Nuestro Pensar*, 12.

[211] Alberto Muller, entrevista.

[212] Parte de la entrevista a Alekseev se reproduce en *Trinchera*, Miami, Florida, 22 de julio de 1962, 3.

entrevista llevó a Alekseev a declarar que «El sistema comunista no puede implantarse de golpe, necesita de una etapa de transición tal como pasó incluso en Rusia. Aquí en Cuba la Revolución está sirviendo de magnífico instrumento para esta etapa de tránsito necesario de la economía capitalista a la economía comunista». El soviético también exaltó a la figura de Stalin, aunque reconoció que «tenía algunas debilidades» y afirmó que en Rusia no había otro partido que el comunista porque «no tiene razón de ser, ya que existe una unidad de pensamiento y de ideales»[213]. Para terminar, Alekseev les dijo a Muller y sus compañeros, que no se preocuparan, que el comunismo habría de triunfar en América Latina y el mundo. Se tomaron fotos y el soviético les regaló un distintivo con la hoz y el martillo.

De acuerdo con Muller, el número de *Trinchera* publicado en noviembre de 1959 con la entrevista a Alekseev, «volaba en la universidad». La polémica con los comunistas se avivó a la vez que la credibilidad del periódico fue puesta en entredicho cuando el «periodista» de TASS desmintió a *Trinchera* alegando que la entrevista era falsa. Sin embargo, no tardó mucho tiempo para que fuese Alekseev el que quedase impugnado ya que en el siguiente de *Trinchera* se publicaron las fotos del encuentro y de los distintivos que Alekseev le había dado a Muller y a sus compañeros. Las fotos no habían salido en el número anterior porque aumentaba el costo de la publicación.

Si *Trinchera* contribuyó a aglutinar estudiantes alrededor del grupo que trabajaba en el periódico, el evento que marcó la cohesión del grupo fue la protesta que los estudiantes escenificaron el 5 de febrero de 1960 en el Parque Central de La Habana. La ocasión fue la presencia en Cuba del viceprimer ministro de la Unión Soviética Anastas Mikoyan[214].

El 5 de febrero de 1960 fue viernes. El centro de la ciudad de La Habana era testigo de una gran actividad. Además de sus moradores, visitantes y personas vinculadas con la vigorosa activi-

[213] *Ibid.*

[214] En relación a los preparativos de la protesta en el Parque Central de La Habana véase a la Villa, *Clandestinos*, 23-27.

dad comercial y económica que le caracterizaba, de los autos y autobuses que transitaban por sus calles, el día se presentaba más animado que de costumbre. Para ese día en la mañana, el Parque Central de la capital cubana tendría la visita de los altos jerarcas del gobierno que querían acompañar al viceprimer ministro de la Unión Soviética, Anastas Mikoyan cuando éste depositara una ofrenda floral en el pedestal de la estatua de José Martí que presidía el tan venerado espacio de la ciudad. El arreglo floral que traía el funcionario soviético consistía en una representación del Mundo con una hoz y un martillo sobrepuesta en lo que era el hemisferio occidental. El acto, que tuvo lugar minutos después de las once de la mañana, transcurrió sin novedad alguna. Al terminar, el séquito se trasladó al Palacio de Bellas Artes, a unas cuatro cuadras de distancia del centro habanero, para que Mikoyán dejase inaugurada la Exposición Soviética de Ciencia, Técnica y Cultura. Poco después, sin embargo, el bullicio natural de un día entre semana en aquel entorno quedó alterado. A eso del mediodía el Parque Central de La Habana recibió a cerca de un centenar de estudiantes que protagonizaron una protesta por la presencia de Mikoyan en Cuba.

El núcleo que organizó el acto estudiantil estaba constituido en su totalidad por jóvenes universitarios miembros de la ACU. Salvador Subirá acotó que el acto del Parque Central fue organizado por la Sección Estudiantil del MRR[215]. No obstante, Juan Manuel Salvat refuta esa aseveración y sostiene que la responsabilidad no recayó sobre una organización en particular[216]. De todas maneras, no se puede ignorar que en el grupo organizador estaba Luis Fernández Rocha quien dirigía a los estudiantes del MRR y que varios de los organizadores militaban en el movimiento aludido por Subirá. La noticia acerca de la próxima visita de Anastas Mikoyan a la isla les llegó a través del agrupado y director del diario *Información*, Ángel Fernández Varela[217]. An-

[215] Salvador Subirá, *Historia del Movimiento de Recuperación Revolucionaria*, 38.
[216] Juan Manuel Salvat, correo electrónico, 10 de febrero de 2020.
[217] *Ibid.*

tonio García Crews recuerda que se supo la noticia a finales de enero de 1960, y que se convocó a todos los agrupados que estaban involucrados en la política universitaria a una reunión para discutir una posible acción ante la presencia en Cuba del dirigente soviético[218] Por su parte, Alberto Muller, quien formó parte del grupo organizador de la protesta, ofrece dos razones para explicar el origen del acto en el Parque Central. Por una parte, era el rechazo que como católicos sentían hacia el comunismo, y por otro lado, el vínculo de Mikoyan con los sucesos de Hungría en 1956[219]. De igual manera se expresó Juan Manuel Salvat quien afirmó que «Mikoyan representa a la URSS»[220].

De acuerdo al relato que García Crews hace de aquella jornada, a la reunión preparatoria, además de Muller, Salvat, Fernández Rocha y él, acudieron Luis Boza, Joaquín Pérez, Ernesto Fernández Travieso y Luis Maderal. Igualmente afirma que «después de mucha discusión acordamos una acción en el Parque Central»[221]. La convocatoria para la manifestación no fue pública pero la noticia se difundió ampliamente entre muchos universitarios. José A. Ramy, por ejemplo, cuenta que él se enteró en la Universidad de La Habana y que se comunicó con García Crews en la ACU[222]. Al Parque Central acudieron estudiantes de la Universidad Católica de Villanueva, de la Universidad de la Salle, algunos miembros de la JOC y un grupo de mujeres universitarias de los distintos planteles de La Habana. No todos los que partieron a la manifestación pudieron llegar. García Crews narra que él se dirigía en su auto hacia el centro de La Habana cuando fue detenido por la policía y llevado preso a la Tercera Estación de Policía. Junto a él quedaron detenidos Ramy, Guillermo Otón, Enrique Casuso y Javier Souto. La policía los apresó cuando tiraban al viento algunas proclamas alusivas a la protesta que se quería llevar a cabo en el Parque Central. Tal parece que un policía que

[218] Antonio García Crews, entrevista.
[219] Alberto Muller, entrevista.
[220] Juan Manuel Salvat, entrevista.
[221] García Crews, entrevista.
[222] José A. Ramy, entrevista.

se encontraba cerca de la avenida Prado recogió uno de los volantes y detuvo el carro. Al abrir el maletero, recuerda García Crews, vio las pancartas que llevaban y decidió detenerlos[223].

La corona de flores que portaron los estudiantes consistía en una bandera cubana. La llevó Alberto Muller. Al bajar del taxi que lo condujo al Parque Central, Muller se fue reuniendo con el resto de los estudiantes, casi un centenar, que pudieron llegar al sitio de la protesta. Intentaron llegar a la estatua de José Martí pero fueron interceptados por la policía, por agentes de la seguridad vestidos de civil y por varios soldados que se encontraban en el lugar dando cobertura a la visita de Mikoyan. Los funcionarios forcejearon con los estudiantes y comenzaron a disparar sus armas de fuego. La prensa que difundió la noticia sobre el suceso reportó el incidente aludiendo a una gran balacera[224].

Además del acoso de la policía y otros cuerpos de seguridad, los estudiantes congregados en el Parque Central fueron hostigados por parte del público que se encontraba por los alrededores. Lilliam Guerra cita en su libro *Visions of Power in Cuba* el relato que le ofreció Alfredo Melero, un antiguo militante del M-26-7 quien tuvo la intención de unirse a la protesta pero que no pudo llegar a las cercanías de la estatua de Martí debido al tumulto que ya se había formado. De acuerdo a este testigo, él tuvo que salir corriendo mientras le gritaban «¡vende patria! e ¡hijo de puta!» y cuando trató de refugiarse en un negocio cercano el dueño salió a la calle gritando para que viniese la policía y lo detuviera[225]. Cuando varios de los estudiantes fueron detenidos y llevados a la Tercera Estación de Policía, una turba los siguió y se plantaron a las afueras del recinto para gritarles «¡paredón!». Según el reportaje publicado en *Prensa Libre* el 9 de febrero, las agresiones de las que fueron víctimas los estudiantes vinieron de «personas aje-

[223] García Crews, entrevista y correo electrónico, 27 de febrero de 2020.

[224] Véase los reportajes en *Prensa Libre*, 6 de febrero de 1960, 31; *Diario de la Marina*, 6 de febrero de 1960, 1 y la sección *En Cuba*, *Bohemia*, 14 de febrero de 1960, Suplemento, 9.

[225] Lilliam Guerra, *Visions of Power in Cuba*, locs. 2719-2735.

nas a los cuerpos armados»[226]. Diecinueve de los manifestantes quedaron detenidos por varias horas en la Tercera Estación de Policía mientras que Juan Manuel Salvat y Alberto Muller fueron llevados, también por algunas horas, a los cuarteles de la Seguridad del Estado, el G-2, en Miramar[227].

En la prensa escrita, particularmente aquella que era partidaria del camino radical favorecido por quienes estaban dirigiendo el Estado cubano, fue muy crítica del acto llevado a cabo en el Parque Central por aquellos estudiantes universitarios. De igual forma, el sector de la prensa que ya se había ido colocando en el espacio de la oposición, era el caso del *Diario de la Marina* y *Prensa Libre*, mostraron su apoyo a los estudiantes. Un caso singular fue el de la revista *Bohemia* que solo comentó, y de manera crítica, el acto en el Parque Central en su sección *En Cuba*. La revista, que fue un fuerte y positivo apoyo al movimiento opositor contra Batista, ahora publicaba un contenido que en nada solía favorecer el rumbo radical que se le estaba dando a Cuba. No obstante, se abstuvo de elogiar a los estudiantes que protestaron contra la presencia de Mikoyan en Cuba y los comentarios que publicó fueron críticos con la manifestación. Caracterizó el acto frente a la estatua de José Martí como «una tempestad en un vaso de agua»[228]. Citó al diario *Combate*, órgano del DR 13 de Marzo, acusando al P. Amando Llorente, S. J. y a José Ignacio Rasco del Movimiento Demócrata Cristiano, como los instigadores de la protesta y aludió al periodista José Pardo Llada quien en un programa radial señaló que Alberto Muller había publicado una carta en el periódico *Avance* solidarizándose con Manuel Artime, caracterizado como «desertor» del Ejército Rebelde[229]. A la misma vez, el redactor de *En Cuba,* probablemente Enrique de la Osa, acusó a los estudiantes de llevar a cabo un acto que iba dirigido «contra Fidel Castro» y que era «deliberadamente concebido y ejecutado para consumo externo», dando como prueba la presen-

[226] *Prensa Libre*, La Habana, 9 de febrero de 1960, 1.
[227] Juan Manuel Salvat, correo electrónico, 10 de febrero de 1960.
[228] *Bohemia*, 14 de febrero de 1960, 65.
[229] *Ibid*, En Cuba, suplemento, 10.

cia de periodistas de medios de prensa norteamericanos que estaban «previamente avisados»[230].

Cuando Alberto Muller analiza desde el presente la protesta estudiantil del 5 de febrero de 1960 en el Parque Central de La Habana, afirma que «la actividad se da ya dentro de la oposición»[231]. Pero un análisis más cuidadoso de aquel acontecimiento pudiera revelar una realidad más compleja que la propuesta por Muller hoy en día. Habría que fijarse, en primer lugar, en las consignas que acompañaron a los estudiantes que fueron a ofrecerle un homenaje a Martí en aquella ocasión. Los letreros que ellos llevaron al Parque Central condenaban a Anastas Mikoyan y su presencia en Cuba, pero también vitoreaban a la Revolución y a Fidel Castro. «Ni Guatemala ni Hungría», decía una de las consignas que quería manifestar el repudio a las intervenciones de Estados Unidos y la Unión Soviética en el país centroamericano y en Hungría respectivamente[232]. Otra pancarta afirmaba que «Fidel Salvó a Cuba y Mikoyan la quiere hundir» mientras que se desplegó una que proclamó «¡Revolución, Sí. Comunismo, No!»[233]. El reportero de *Prensa Libre* que logró entrevistar a algunos de los estudiantes que estaban detenidos en la Tercera Estación de Policía escribió que «Los estudiantes terminaron diciendo que ellos están con la revolución y el primer ministro del Gobierno, doctor Fidel Castro Ruz, pero decididamente en contra del comunismo»[234]. Poco después, cuando la prensa inclinada a favorecer la línea oficial que calificaba los hechos como «contrarrevolucionarios», los estudiantes declararon que se estaba tergiversando la protesta ya que ellos lo que querían era depositar su ofrenda símbolo de «un país pequeño, pero que quiere hacer una revolución suya, muy grande, y distintas (sic), muy propia y distinta, cubana como las palmas, con una justicia para todos alta

---

[230] *Ibid*, suplemento, 9. Enrique de la Osa solía ser el redactor de la sección *En Cuba* y se convirtió en el director de la revista una vez que esta fue expropiada por el gobierno.

[231] Alberto Muller, entrevista.

[232] *Prensa Libre*, 6 de febrero de 1960, 31.

[233] *Ibid.*

[234] *Ibid*, 11.

como las palmas»[235]. En un espíritu semejante se manifestó Juan Manuel Salvat en una carta publicada en parte de la prensa cubana[236]. Irónicamente el periódico *Revolución,* al publicar fotografías de la protesta contra Mikoyan, lo hizo modificando las fotos de tal manera que no se podía leer la parte en que se favorecía el proceso de cambio que se estaba dando en Cuba[237]. De igual manera, la sección En Cuba destacó los mensajes anticomunistas y contrarios a Mikoyan sin aludir al contenido a favor de «la Revolución»[238]. Y es que los estudiantes, al manifestarse en el Parque Central de La Habana aquel 5 de febrero de 1960 y como sugiere Lilliam Guerra, se apropiaron del lenguaje de la Revolución. Lo importante, sin embargo, no es que esa apropiación se hiciera como táctica, sino que era una clara manifestación del espacio político que ocupaban esos estudiantes al momento de escenificar su protesta.

Es posible admitir, como lo propuso Alberto Muller, que en el Parque Central de La Habana acudieran estudiantes que ya estaban colocados en la oposición; pero, a la misma vez se puede argumentar que, en términos generales, la manifestación también reveló la dualidad de sentimientos que dominaba el pensamiento político de la protesta. Por un lado, estaba el anhelo de transformar a Cuba y dejar atrás un país que, desde su independencia, no acababa de satisfacer a amplios sectores de la sociedad cubana. Para muchos de los estudiantes que protestaron contra la presencia de Mikoyan en Cuba, la realidad social y económica del país en el que vivían no era un asunto meramente académico o teórico. Muchos de ellos pudieron palpar el camino que quedaba por andar cuando pasaron por la experiencia de los Comandos Rura-

[235] *Ibid*, 9 de febrero de 1960, 8.

[236] *Ibid*, 8 de febrero de 1960, 8 y *Diario de la Marina*, 9 de febrero de1960, B-3.

[237] Véase a Lilliam Guerra, loc. 2758. Años más tarde, el director del periódico *Revolución*, Carlos Franqui, publicaría un libro muy crítico de Fidel Castro, *Retrato de familia con Fidel* (Barcelona, Seix Barral, 1981), en el que aparece la reproducción de una foto de Fidel Castro en la que también aparece Carlos Franqui pero que, al ser publicada más tarde en *Granma*, la imagen de Franqui ha sido borrada.

[238] *Bohemia*, 14 de febrero de 1960, suplemento, 9.

les en la Sierra Maestra. Pero estaba, así mismo, el repudio hacia todo lo que para ellos significaba el comunismo, tanto en el plano ideológico por el materialismo como en el político por ser antítesis de la democracia. No obstante, la dualidad que caracterizó en aquel instante el acto de protesta en el Parque Central, se desvaneció de forma acelerada. Dice Juan Manuel Salvat que al ser interrogado en el G-2 acerca de la protesta en el Parque Central, él se defendió exponiendo lo que era su posición acerca de la revolución y el comunismo, tal y como se había expresado públicamente en la manifestación a los pies de la estatua de José Martí y que la respuesta que le dieron fue que «el anticomunismo rompe la unidad de la Revolución», una réplica que dejaba fuera del proyecto oficial a quienes se consideraban adversarios del comunismo[239]. De todas maneras, si lo acontecido en aquel 5 de febrero de 1959 en el Parque Central de La Habana colocó al grupo de estudiantes que organizó la protesta en la tesitura de tener que escoger entre el apoyo al cambio revolucionario que se imponía en el país y una visión de la vida conformada por la tradición cristiana y la democracia liberal, lo que tendrían que confrontar en los próximos días, particularmente en la Universidad de La Habana, sería definitivo para decidir el curso que había que tomar.

La reacción inicial de la FEU fue la de desacreditar a quienes acudieron al Parque Central para protestar de Mikoyan. La Federación de Estudiantes de la Universidad de Oriente concurrió en la censura[240]. Las asociaciones de estudiantes de las universidades de Villanueva y La Salle, respectivamente, hicieron declaraciones públicas aclarando que los estudiantes que protestaron el 5 de febrero ante la estatua de Martí lo hicieron en representación propia y que ninguna de las dos asociaciones estuvo involucrada en el acto. La Asociación de Estudiantes de Villanueva sí estimó que la acción contra Mikoyan no fue un acto de carácter contrarrevolucionario[241].

[239] Juan Manuel Salvat, entrevista.

[240] *Diario de la Marina*, 6 de febrero de 1960, B-3.

[241] *Prensa Libre*, 6 de febrero de 1960, 11 y *Diario de la Marina*, 6 de febrero de 1960

Refiriéndose a la declaración de la FEU, *Bohemia* publicó que en ella se caracterizó a los estudiantes que acudieron a protestar en el Parque Central como «debutantes en actos de calle» que se ponen «al servicio de la contrarrevolución»[242]. Los incriminaron por no haber estado junto a José Antonio Echeverría en la lucha contra Batista ni de haber alzado la voz cuando los cuatro dirigentes de la FEU que estaban escondidos en Humbolt 7 fueron asesinados por la policía del régimen depuesto, olvidándose de que la mayoría de los que protestaron el 5 de febrero eran estudiantes escolares cuando ocurrían esos hechos. Mientras tanto, el repudio no quedó en palabras. En una sesión extraordinaria de la FEU celebrada el propio día 5 se tomó la resolución de expulsar de sus cargos a los vicesecretarios de las Asociaciones Estudiantiles de Ciencias Sociales y Agronomía, Juan Manuel Salvat y Joaquín Pérez Rodríguez respectivamente[243]. Además, se llegó a un acuerdo para celebrar una Asamblea en la Plaza Cadena de la universidad con el cuerpo estudiantil. La Asamblea se convocó para el lunes 8 que tuvo que ser aplazada hasta el martes 9. Al anunciar la posposición de la asamblea, el presidente de la FEU, Rolando Cubela, advirtió, en clara referencia a la protesta del Parque Central, que no se permitirían «luchas estériles en la Universidad...luchas de tipo ideológico que afecte el normal desenvolvimiento de la Universidad»[244].

A ese mismo asunto se refirió el comandante Rolando Cubela en el discurso que pronunció en la reunión estudiantil cuando aludió al acto del día 5 y lo calificó como «irresponsable». De acuerdo a sus palabras, la protesta contra Mikoyan provocó «un verdadero escándalo internacional que perjudicó a la Revolución y el pueblo»[245]. Cubela igualmente se sumó a la idea difundida por algunos medios de que detrás del acto de protesta «hay una mano oculta de los que tratan en las sombras de darle un zarpazo a la Revolución» y acusó a «aquellos que se escudan en la bande-

---

[242] *En Cuba, Bohemia*, 14 de febrero de 1960, suplemento, 10.
[243] *Prensa Libre*, 6 de febrero de 1960, 11.
[244] *Ibid*, 9 de febrero de 1960, 10.
[245] *Ibid,* 10 de febrero de 1960, 7.

ra del anticomunismo» de combinarse «con elementos contrarrevolucionarios y los monopolios extranjeros»[246].

Las palabras de Cubela provocaron que desde la muchedumbre estudiantil salieran gritos exigiendo «¡paredón!» para los que fueron al Parque Central, pero, según reportó la prensa, también se dio un «sonoro abucheo» demostrándose que quienes acudieron a la protesta del 5 de febrero contaron con amplio apoyo entre los asistentes a la asamblea[247]. Fue quizá por esa división tan abiertamente manifestada en la asamblea, o tal vez por estar todavía vivo el recuerdo de la intensa contienda electoral entre Boitel y Cubela, que el presidente de la FEU asumió un tono menos hostil y más contemporizador. En el discurso pronunciado en la Plaza Cadenas de la universidad, Cubela proclamó la necesidad de respetar «la buena fe de algunos estudiantes movidos por creencias ideológicas» pero advirtió que, por el bien de la universidad, había que evitar que volvieran a surgir «pugnas ideológicas». Según declaró Cubela, y con un mensaje cuyo tono no parecía estar en sintonía con el discurso que se imponía desde el poder político, en la universidad «no se le pregunta a nadie cuando ingresa que partido o ideología sigue, porque aquí», afirmó, «se viene a estudiar y a vivir la confraternidad». Eso sí, retomó la línea del poder cuando proclamó que «Universidad y gobierno son una misma cosa» aunque afirmó, sin pudor alguno, que la FEU no estaba ni con el capitalismo ni, con el comunismo, y sí con el humanismo[248].

Esa fue, precisamente la consigna que recogió *Trinchera* para dar cuenta de la asamblea celebrada en la Plaza Cadenas el 9 de febrero. Con un despliegue a toda página, y destacando la postura asumida por el presidente de la FEU en relación con las tres ideologías aludidas, Muller y sus colaboradores en el periódico trataron de asumir la iniciativa en la Universidad de La Habana. Sin embargo, los acontecimientos en el país van a transcurrir de manera vertiginosa y el núcleo de estudiantes vinculados con el

[246] *Ibid.*
[247] *Ibid.*
[248] *Ibid.*

acto en el Parque Central pasarán, definitivamente, al campo de la oposición.

La visita del viceprimer ministro de la Unión Soviética sirvió para que se concertara un convenio comercial entre el país representado por Mikoyan y el Estado cubano. Al firmarse el 13 de febrero, Fidel Castro ratificó su interés de acercarse a la URSS. De acuerdo con los autores de *One Hell of a Gamble*, la lógica que seguía el dirigente cubano para establecer relaciones con los soviéticos era la de romper el estrecho lazo que unía a Cuba con Estados Unidos y que para Fidel Castro amenazaba a la soberanía cubana[249]. La misma orientación se cumplió cuando pocos días después, el 3 de marzo, se firmara otro acuerdo comercial, esta vez entre Cuba y la República Democrática Alemana. Sin embargo, el acontecimiento clave que marcó un hito en el camino del proceso político del país fue la explosión en el puerto de La Habana del buque de carga *La Coubre*[250]. El hecho tuvo lugar el viernes 4 de marzo a las 3:10 pm, seguido de una segunda explosión media hora más tarde. El buque, de bandera francesa, transportaba un cargamento de setenta y seis toneladas de material bélico destinado al ejército cubano. El siniestro ocurrió mientras se desembarcaba la carga. Al ocurrir la primera explosión, el muelle se colmó de personal que llegó al lugar para auxiliar a las víctimas. El segundo estallido fue todavía más letal que el primero ya que afectó a las numerosas personas que se habían acercado al barco para cooperar en el socorro a los afectados. Los fallecidos fueron más de cien y los heridos alrededor de doscientos. Al día siguiente, y durante el entierro de muchas de las víctimas en el Cementerio de Colón, en La Habana, Fidel Castro acusó al gobierno de Estados Unidos de haber perpetrado un sabotaje al buque francés y lo comparó con la famosa explosión en el acorazado Maine en 1898. Años después, en marzo de 2001, y mientras se celebraba en la Cuba una conferencia conmemorando el cua-

[249] Naftali & Fursenko, *One Hell of a Gamble*, 37.

[250] Un extenso reportaje de la explosión en *La Coubre* apareció, bajo el titular «El Trágico Viernes 4», en la revista *Bohemia*, 13 de marzo de 1960, comenzando en la página 59.

dragésimo aniversario de la invasión de la Brigada 2506 por la Bahía de Cochinos, Fidel Castro afirmó que en aquella época tenía «la total convicción» de que el autor de la explosión fue la Agencia Central de Inteligencia de Estados Unidos[251]. Sin embargo, en esa misma reunión, Robert Reynolds, quien había ocupado el cargo de subjefe del Grupo de Trabajo sobre Cuba en la CIA, aseguró que la Agencia «no había planificado, ni auspiciado, ni apoyado aquel trágico accidente»[252]. De todas maneras, y aunque Fidel Castro aceptó la honestidad de la declaración de Reynolds, el dirigente cubano nunca dejó de creer que la responsabilidad de la explosión le correspondía al adversario del norte[253].

Un día después del entierro de las víctimas de *La Coubre*, es decir, el 6 de marzo, Fidel Castro se reunió con Aleksandr Alekseev. La ocasión fue un almuerzo organizado por Antonio Núñez Jiménez en su apartamento y al cual también asistió el ministro de las Fuerzas Armadas, Raúl Castro. En esa ocasión, Castro confirmó su convicción de que la autoría del atentado residía en Washington y que el incidente marcaba el inicio de una campaña para acabar con la Revolución[254]. A la misma vez, y siguiendo la lógica de lo que ya no era una intuición o sospecha sino una certeza, le solicitó a Alekseev que la URSS le concediera asistencia militar[255]. Era la primera vez que un funcionario cubano hacía una petición de ayuda militar directa a las autoridades soviéticas, una señal clara ratificando su decisión de propiciar un acercamiento estrecho con la URSS, un alejamiento de la órbita de Estados Unidos y un probable rumbo hacia el socialismo. De

---

[251] Hernando Calvo Ospina, Resumen Latinoamericano, Argentina-Cuba, 3 de marzo de 2020, *El enigma La Coubre*, en https://www.youtube.com/watch?v=My11cGMrJgA

[252] LeoGrande & Kornbluh, *Back Channel to Cuba*, 33. Sobre este particular no hay evidencia histórica que se pueda consultar que demuestre la participación del gobierno de Estados Unidos en el incidente de *La Coubre*. Sobre este particular véase a Aleksandr Fursenko y Timothy Naftali, *Khrushchev's Cold War*, 301.

[253] *Ibid.*

[254] Naftali & Fursenko, *One Hell of a Gamble*, 41-42.

[255] *Ibid*, 42.

igual forma, le aseguró a su interlocutor que erradicaría la oposición del panorama político cubano.[256]. La respuesta la recibiría seis días más tarde cuando Alekseev le transmitió a Fidel Castro el mensaje que le han enviado desde la URSS y en el que le comunicaron la buena disposición del Kremlin para suscribir una alianza con Cuba. Eso sí, le sugerían que, por el momento, procurara el armamento con los checos y, además, le informaron que la dirigencia de Moscú estaba convencida de que Estados Unidos no iba a intervenir en Cuba. Mientras tanto, le extendían una invitación para que visitara a la Unión Soviética, algo que Castro apreció[257].

La deriva autoritaria de Castro siguió manifestándose por esos meses cuando se fueron expropiando los principales medios de prensa del país. Comenzando en enero de 1960 con el periódico *Avance* y terminando en julio de ese año con las revistas *Bohemia, Carteles y Vanidades*. De igual manera quedaron en manos del Estado las emisoras de radio y televisión[258]. Al mismo tiempo, las relaciones con la Unión Soviética se fueron estrechando y antes de que los dos países reestablecieran relaciones diplomáticas el 8 de mayo de 1960, el momento culminante del acercamiento se manifestó con la llegada a Cuba el 18 de abril del primer carguero soviético que traía a Cuba un cargamento de petróleo. Al darse la orden para que las refinerías de petróleo extranjeras que operaban en Cuba refinaran el crudo soviético se desencadenó una crisis que terminó con la expropiación de las referidas plantas y de otros negocios de propiedad norteamericana. Desde el punto de vista político, el proceso de transformación que vivían los cubanos durante esa primera mitad de 1960 se puede situar en el discurso pronunciado por Fidel Castro el 1 de mayo y en el que hizo la pregunta retórica de «¿Elecciones, para

[256] *Ibid.*

[257] *Ibid*, 44 y 45. La suposición soviética de que Estados Unidos no intervendría en Cuba podía ser consecuencia de la búsqueda de un *detente* entre USA y la URSS.

[258] Un relato sobre estos acontecimientos se puede encontrar en Humberto Medrano, «Cómo se suprimió la libertad de prensa» en *Cuba 1961. Suplemento de Cuadernos*, París, 1961, 8-17.

qué?». En ese momento se pudo asumir que se instauraba en Cuba un régimen político muy lejano de la democracia representativa liberal que se contempló como posible y deseable el 1 de enero de 1959.

Por su parte, y después de los incidentes relacionados a la protesta contra Anastas Mikoyan en el Parque Central, Alberto Muller hizo un viaje exploratorio por la isla y llegó a la conclusión de que no existía un movimiento estudiantil organizado en toda la república. Era una coyuntura histórica en el que el sector opuesto al régimen comenzaba a fortalecerse. En el mes de marzo se han iniciado las primeras operaciones de grupos guerrilleros en la Sierra del Escambray, en la provincia central de Las Villas y el MRR cuenta, gracias a la gestión organizativa de Carlos Rodríguez Santana, de una presencia estructurada en la provincia de Oriente. Mientras tanto, el MDC publicó sendos manifiestos, en uno demandó elecciones libres lo antes posible y en otro pidió al gobierno que definiera su actitud en relación con el comunismo. José Ignacio Rasco, líder de los democristianos fue atacado duramente por Fidel Castro y optó por buscar asilo en una embajada latinoamericana. Poco después viajaría a Estados Unidos para continuar, junto a otros dirigentes de la oposición que ya se encontraban en el exilio, la labor de oposición. De acuerdo con el testimonio de Alberto Muller, es a partir de esa realidad que se comienza a pensar en la posibilidad de «rehacer» el Directorio, refiriéndose a la principal organización de estudiantes en la lucha contra Batista[259]. Por supuesto, el núcleo que colaborará en la gestión de organizar un nuevo Directorio, estará compuesto por muchos de los estudiantes que participaron en la protesta del Parque Central y que seguían colaborando en las contiendas que tenían lugar en sus respectivos centros de estudio y muy particularmente en la Universidad de La Habana.

La tensión en el primer centro docente del país siguió aumentando después de pasados los acontecimientos relacionados con el 5 de febrero. Los asuntos que se discutían en la sociedad incidían en la vida universitaria. De igual manera, era motivo de

[259] Alberto Muller, entrevista.

preocupación algunas acciones del gobierno que parecía afectar la autonomía de la universidad. El 17 de febrero, por ejemplo, el Consejo de Ministros creó una comisión para colaborar y orientar a la Subcomisión de la Comisión de Reforma Universitaria que se encontraba trabajando en un proyecto de Ley Docente. La aprobación de la medida fue seguida por pronunciamientos públicos de importantes dirigentes del gobierno y de la prensa afín con las directrices que emanaban del poder revolucionario para ejercer influencia sobre el gobierno de la universidad[260]. Algunos de esas declaraciones identificaban al «Pueblo», «Gobierno» y «Universidad» con la Cuba «revolucionaria» y reclamaron que el centro docente respondiera a unas necesidades del país que ellos mismos se encargaron de definir[261]. El ambiente, por lo tanto, resultó ser propicio para que la tensión se manifestara mediante protestas y confrontaciones públicas. El 3 de marzo fue un día en el que tuvo lugar un incidente que reflejó la intranquilidad que se vivía en la universidad. Un grupo de estudiantes organizó un mitin en la Plaza Cadenas para defender el concepto de la autonomía universitaria así como para denunciar lo que allí se caracterizó como la «infiltración totalitaria comunista en la Universidad». Diez días después, varios estudiantes originaron una gran fogata en el propio recinto universitario para quemar propaganda comunista[262]. Los ánimos no se apaciguaron cuando se inició una recogida de firmas en el centro docente para apoyar al comentarista político, Luis Conte Agüero, quien, desde un programa televisivo transmitido por la CMQ, denunciaba «el creciente auge del comunismo en Cuba»[263]. La actividad generó un altercado violento en el que el presidente de la Escuela de Ingeniería, José Rebellón, agredió a Alberto Muller. El dirigente de la FEU acusó a Muller de ser el responsable de la recogida de firmas. Poco después, la controversia se trasladó a los alrededores de los estudios de la estación de televisión en la que Conte Agüero hacía sus comentarios, la CMQ,

[260] Boza Domínguez, *La Situación de las Universidades*, 23.
[261] *Ibid*, 23-24.
[262] *Ibid*, 24.
[263] Directorio Revolucionario Estudiantil, *Nuestro Sentir y Nuestro Pensar*, 13.

y que quedaba a poca distancia de la Universidad de La Habana[264]. El comentarista político fue impedido de dar a conocer en su programa una carta abierta que le había escrito a Fidel Castro y con la cual quería alertar a su audiencia de la creciente presencia de miembros del PSP en las instituciones del gobierno y del Estado y del peligro que tal asunto representaba para el país.[265].

Ante la creciente agitación que los acontecimientos generaron en la Universidad de La Habana, las medidas dirigidas a neutralizar a aquellos estudiantes involucrados en los actos de protesta incrementaron. El 26 de marzo, el comandante Cubela, presidente de la FEU, declaró que no se permitiría utilizar la escalinata que servía de entrada a la universidad, para promover manifestaciones en contra del gobierno[266]. La tradición de que los estudiantes bajaran por la escalinata para protestar en contra de políticas consideradas como abusivas, era un símbolo muy poderoso para que se permitiera su uso en contra de un gobierno que se proclamaba revolucionario. Al mismo tiempo, desde la propia FEU se propuso activar los Tribunales Disciplinarios que habían sido aprobados el 5 de febrero y que serían utilizados para impedir nuevas confrontaciones en el recinto universitario[267]. Y el mismo día en el que se hacían estos pronunciamientos, la Asociación de Alumnos de la Escuela de Derecho determinó acusar a varios estudiantes, entre ellos Alberto Muller y Juan Manuel Salvat, de haber provocado los recientes incidentes en la Plaza Cadenas. Así mismo, Muller y Salvat fueron separados de sus cargos en la Asociación[268].

Es en esas circunstancias que aparece una organización estudiantil «para luchar por el imperio absoluto de los principios de

---

[264] De acuerdo a Lilliam Guerra en *Visions of Power*, loc. 3071, cerca de dos mil estudiantes participaron en el acto de apoyo a Luis Conte Agüero.

[265] Ibid, 13-15 y Boza Domínguez, *La Situación en las Universidades*, 26. La carta se publicó en *Prensa Libre*, 27 de marzo de 1960, 6.

[266] *Prensa Libre*, 27 de marzo de 1960, 15.

[267] *Ibid.*

[268] *Ibid.*

justicia, libertad y democracia»[269]. El Frente Estudiantil Universitario Democrático (FEUD) se dirigió a la opinión pública en general y a los «compañeros universitarios» en particular, para condenar, en primer lugar, el ataque que se perpetró contra aquellos estudiantes que acudieron a la CMQ para apoyar al comentarista Luis Conte Agüero. La carta pública critica, también, a la FEU por no condenar los atropellos a los que fueron sometidos los estudiantes que mostraron su solidaridad con el periodista. Acusa a los dirigentes universitarios de acudir a medidas represivas para silenciar a quienes defienden «las consignas democráticas de José Antonio Echeverría», con lo cual se quiere manifestar la profunda contradicción en la que estarían cayendo quienes antes fueron compañeros del mártir universitario. El señalamiento es todavía más lacerante y subversivo cuando apunta que José Antonio Echeverría «no admitió componendas de ningún tipo y por lo cual fue objeto de incansables ataques por parte de los elementos comunistas del patio». Con respecto a la determinación punitiva tomada por la Asociación de Estudiantes de Derecho en contra de varios universitarios que habían acudido a la manifestación frente a CMQ, el FEUD demandó la celebración de un referéndum entre los estudiantes de la facultad para que se determinase si se refrendaba el veredicto[270]. Se debe apuntar, sin embargo, que la importancia del FEUD, que seguirá participando en la lucha universitaria de aquellos días, reside en que su existencia allana el camino para una posible creación de un movimiento estudiantil autónomo capaz de oponerse al poder revolucionario. Es un resorte que asegura una mayor cohesión en el grupo de estudiantes que se ha ido nucleando a partir de experiencias y creencias comunes como son la militancia católica, el anticomunismo que se deriva de ella, el afán por la justicia social y la adhesión a fórmulas democráticas de poder.

Mientras tanto, en la Universidad de La Habana, el Ejecutivo de la FEU quiso enfrentar el reto representado por el sector estu-

---

[269] «Condena el FEUD el ataque de la 'porra' comunista» en *Diario de la Marina*, 27 de marzo de 1960, 2-A.
[270] *Ibid.*

diantil ya claramente opositor acudiendo a los Tribunales Disciplinarios contemplados en la reforma universitaria. El problema de poner en marcha el mecanismo correctivo residía en que la ley que les hubiese facultado su operación todavía no se había aprobado por el gobierno. El impasse que resultó de esta circunstancia provocó un álgido debate por la autonomía universitaria. Por supuesto que a la polémica por la autonomía se le unieron los otros tópicos que provocaban conflicto en el recinto universitario. *Trinchera*, el periódico que dirigía Muller y en el que colaboraba Salvat, así como *Aldabonazo* que conducía Ernesto Fernández Travieso, todos ellos involucrados en el FEUD, salieron a la palestra defendiendo el principio de autonomía universitaria. Hay que precisar que dicha tesis se diluía con la proclamación de que Universidad, Pueblo y Revolución era la misma cosa. Precisamente, es muy posible que una de las razones por las que la nueva Ley Universitaria estuviese estancada era porque la garantizaba[271]. El debate por la autonomía y los otros asuntos que se discutían tomó un giro violento cuando el 7 de abril una turba dentro del recinto universitario quemó varios ejemplares de *Trinchera* generando una pelea entre grupos opuestos de estudiantes.

Hubo instantes en que el clima caldeado se llevó al aula académica. Un ejemplo de esta situación ocurrió con el dirigente del PSP y profesor universitario Carlos Rafael Rodríguez quien asumió la cátedra de Economía Política en la Facultad de Ciencias Sociales. Su clase fue víctima de un boicot por parte de los estudiantes que se oponían a su presencia en la universidad. A él le recordaron su antigua colaboración con el gobierno presidido por Batista entre 1940 y 1944. Para proteger a este profesor, sus defensores hacían guardia en la puerta del salón para evitar manifestaciones en su contra. Algo parecido, pero de sentido contrario fue lo que le ocurrió al profesor de Derecho Aureliano Sánchez Arango quien había hecho unas declaraciones en Caracas, Venezuela, a favor de la celebración de elecciones en Cuba. En este caso la FEU emitió una declaración condenando al catedrático. A raíz de esa censura se efectuó una protesta en su clase con lo que

[271] Boza Domínguez, *La Situación de las Universidades*, 28-29.

el profesor y muchos estudiantes tuvieron que abandonar el aula. Al salir tuvieron que enfrentarse a un tumulto que generó más violencia. Sánchez Arango fue defendido por *Trinchera* y el FEUD además de la sección universitaria de la Triple A, organización a la que pertenecía el profesor.

De mayor gravedad fue una explosión ocurrida en las proximidades del local de la FEU. En la noche del 5 al 6 de mayo explotó un artefacto que contenía algunas balas y estopa encendida. La FEU denunció el incidente y acusó a los «contrarrevolucionarios» de ser los autores del atentado. A la misma vez citó a una Asamblea General para el día 7, que era un sábado y que antecedía al Día de las Madres que se celebraría el domingo y en el que muchos estudiantes universitarios se desplazarían hacia el interior de la isla en donde se encontraban sus respectivos hogares. El día 6 por la mañana, mientras entraban al recinto universitario con el propósito de asistir a sus clases, Ernesto Fernández Travieso y Jorge Garrido fueron golpeados. De acuerdo con las declaraciones que emitieron a la prensa, ellos fueron «interceptados por elementos no universitarios y por la 'porra comunista' que en estos días actúa en el Alma Mater y obligados por estos a abandonar por la fuerza el recinto universitario»[272]. Mientras tanto, un «líder universitario» no identificado declaró que no se permitiría que Alberto Muller, Juan Manuel Salvat y Ernesto Fernández Travieso entrasen a la universidad, con lo cual reveló el clima de hostilidad que precedió a la celebración de la Asamblea del día 7[273]. El FEUD, la Triple A y *Trinchera* hicieron, por su parte, un llamado a la FEU para que «se celebre una verdadera Asamblea General Universitaria, donde se exija el carnet universitario para participar y se den garantías y oportunidades para hacer uso de la palabra a los estudiantes acusados calumniosamente». Así mismo denunciaron que la FEU citó a individuos ajenos al recinto universitario para que asistieran a la Asamblea y participaran en ella. En el mismo documento, afirmaron que no existían pruebas para

[272] «Piden al Consejo los Ampare, Grupo de Universitarios», *Diario de la Marina*, 7 de mayo de 1960, 1-A.
[273] *Ibid.*

vincular a los universitarios acusados del atentado contra el local de la FEU y que ellos se declaraban inocentes de los hechos[274].

Aunque Muller, Salvat y Fernández Travieso intentaron infructuosamente comunicarse con el presidente de la FEU la noche anterior a la celebración de la Asamblea, tomaron la decisión de asistir al cónclave y en donde fueron recibidos con gritos de «¡paredón, paredón!» Cubela, por su parte, se dirigió ante todos los asistentes a la Asamblea, entre los que se encontraban estudiantes de la Universidad, pero también muchas personas que no eran parte del estudiantado. Tal y como se fue anticipando por las declaraciones oficiales que se emitieron desde la FEU en las horas previas a la celebración de la Asamblea, Cubela acusó a quienes llamó «este grupito de señoritos» de ser provocadores y de ser los autores del ataque perpetrado contra el local de la FEU. Propuso, además, con un lenguaje de auténtico contenido autoritario, una fórmula binaria para categorizar al estudiantado: los «revolucionarios» y los «contrarrevolucionarios». Afirmó que no era necesario presentar pruebas para condenarlos de los hechos por los que eran acusados y que quienes decidirían la suerte de estos estudiantes sería «la masa estudiantil misma»[275]. Por último, el presidente de la FEU sugirió que los estudiantes acusados tenían que ser juzgados por los «tribunales revolucionarios» y terminó su alocución afirmando que «no vamos a permitir que sigan viniendo a la Universidad a perturbar la Revolución»[276]. Al finalizar la asamblea, Joaquín Pérez y Bernabé Peña, vinculados al núcleo de estudiantes que se identificaban como adversario del comunismo, fueron golpeados por algunos individuos que salían del recinto. Pérez Rodríguez y Peña fueron rescatados por un compañero de la Facultad de Veterinaria y miembro de la FEU, Alejandro González. Por su parte, Muller, Salvat y Fernández Travieso se dirigieron al cercano local de la ACU donde recibieron noticias de que los estaban buscando para detenerlos. La decisión de los tres dirigentes estudiantiles fue la de salir de los lu-

[274] Citado por Boza Domínguez, *La Situación de las Universidades*, 33.
[275] *Ibid, 34-35.*
[276] *Ibid*, 35.

gares en donde solían residir y buscar refugio en sitios de mayor seguridad.[277]

Por su parte, Juan Manuel Salvat, como secretario general del FEUD, respondió al comandante Rolando Cubela, en un documento público dirigido al Consejo Universitario, al estudiantado universitario y a la opinión pública. En su exposición Salvat rechazó que su grupo estuviese involucrado en la acción de la que se les acusó, puntualizando que por sus «principios morales y cristianos se oponían radicalmente al terrorismo por criminal e inhumano». Insistió, también, en que se celebrase un referéndum para que fuesen los estudiantes los que decidieran si ellos debían ser expulsados de la Universidad. Y concluyó con un alegato que recordaba la posición política reflejada en las consignas que llevaron al Parque Central el 5 de febrero: rechazó la caracterización de «contrarrevolucionarios» con que se les había identificado en la pasada Asamblea alegando que «estamos a favor de nuestra Revolución cubana que defiende los principios de libertad, justicia, honradez y respeto a la dignidad de la persona humana». Afirmó, además, que «estamos contra el pasado vergonzoso, contra las injerencias yanquis, contra el Senado Norteamericano, contra los comunistas batisteros y traidores, contra los que olvidan los principios para traicionarlos y venderlos»[278].

Los sucesos acaecidos en los primeros meses de 1960 en la vida de la universidad, desde la protesta contra Mikoyan hasta la Asamblea General del 7 de mayo, fueron decisivos. Para los estudiantes que fueron protagonistas en aquellos acontecimientos quedó claro que no tenían cabida en el proyecto que desde el poder impulsaban Fidel Castro y sus seguidores. Fue necesario, entonces, definir un camino que los llevara a conseguir lo que ellos pensaban que era el mejor destino para Cuba, es decir, un país con un régimen republicano democrático sustentado en valores cristianos. La respuesta que ofrece Juan Manuel Salvat, que fue la que tomó el conjunto de estudiantes que fundan el Directorio Re-

[277] Correo electrónico de Juan Manuel Salvat a Javier Figueroa, Miami, 5 de octubre de 2021.

[278] *Prensa Libre*, 12 de mayo de 1960, 7.

volucionario Estudiantil, es muy clara: «ante el cierre político el único camino posible es el de la insurrección»[279]. Años después, y en el mismo evento en el que Enrique Baloyra aludió a las motivaciones religiosas que formaron parte de las razones por la que muchos hombres y mujeres en Cuba decidieron enfrentarse a la deriva de la Revolución hacia el comunismo, otro académico, Jorge I. Domínguez hizo una observación que se dirigía a un aspecto medular de la oposición que se organizó para enfrentar al régimen de Castro y que es pertinente a lo declarado por Salvat: la evidencia sugería que el movimiento de resistencia «tenía una concepción sumamente militarizada de su tarea»[280]. Es decir, que para Domínguez era claro que la oposición descartó como medio para lograr sus fines a la política en su sentido más profundo, el de un espacio de confrontación, pero en el que no se excluye la negociación. En aquel momento la observación del académico fue asumida por Lino B. Fernández quien había sido el Coordinador Militar del MRR en Cuba hasta que fue detenido en febrero de 1961. De acuerdo con Fernández, la resistencia cubana no podía encontrar «una solución política al problema» porque «el gobierno cubano no reconocía a la oposición»[281]. Y es cierto; como explicó Rafael Rojas «El opositor, en un régimen [como el cubano], carece de derechos en el presente y de identidad en el pasado porque es asumido no como un adversario del Estado, sino como enemigo de una nación». Dicho más claramente, al opositor se le ha despojado de su «legitimidad política»[282]. Era, precisamente, lo que estaba implicado en el discurso del comandante Rolando Cubela en la Asamblea General del 7 de mayo de 1960 en que se excluía radicalmente de la Universidad de La Habana a los estudiantes opositores que él llamó «contrarrevolucionarios». Hay que tomar en consideración, además, que en aquel momento están ocurriendo hechos que pudieron condicionar la respuesta

[279] Juan Manuel Salvat, entrevista.

[280] Blight & Kornbluh, *Politics of Illusion*, 11.

[281] *Ibid*, 13.

282 Rafael Rojas, *Introducción, Dossier: La primera oposición cubana (1959-1965)*, *Encuentro de la Cultura Cubana*, 126.

que dan estos estudiantes al acto de exclusión del que eran víctimas. Los medios de comunicación independientes estaban desapareciendo, hay un aumento en la represión contra los opositores y el Estado no reconoce instrumentos aceptables para canalizar las posturas disidentes a través de cierta normalidad política.

Es cierto que una respuesta que descartara la no violencia como arma preferida a la hora de ejercer influencia en la política hubiese sido posible. Sin embargo, era un camino complicado. Hay que tomar en consideración que la no violencia tenía muy poco arraigo en Cuba. Desde las guerras por la independencia del país hasta el enfrentamiento a la dictadura de Batista, los cubanos solían privilegiar el método violento como forma de conseguir objetivos políticos. No en balde, el combate armado era enaltecido en el Himno Nacional. Los héroes de la patria solían ser guerreros muertos en las batallas. Aun así, no se puede relegar al olvido de que había sido un cubano de militancia cristiana quien, en un momento de crisis nacional como el suscitado por el golpe de Estado perpetrado por Fulgencio Batista en 1952, propuso la no violencia como forma de enfrentar la ilegitimidad del régimen. En un artículo publicado en el semanario *Bohemia* y con fecha de 13 de abril de 1952, Rubén Darío Rumbaut alertó a sus conciudadanos a escoger el camino que siguió Mahatma Ghandi en su intento por liberar a la India del Imperio Británico[283]. «No predico una actitud de cobardía o de omisión», afirmó Rumbaut en el texto, «sino de valentía y de acción...lo que Cuba necesita en este momento es gente que esté dispuesta, no a matar, pero si a morir por ella. Lo cual es doblemente heroico y doblemente efectivo. Nada de armas y nada de silencio; nada de sangre y nada de claudicación». Rumbaut no consiguió su objetivo pero su llamado, nada coyuntural, no dejó de ser una invitación elocuente a buscar soluciones no tradicionales a los momentos críticos de Cuba. En última instancia, a la hora de analizar los acontecimientos a los que se enfrentaron, los estudiantes opositores del régimen dirigido por Fidel Castro, asumieron que, si querían salir airosos de la contienda a la que se enfrentaban,

[283] Rubén Darío Rumbaut, «Esta es la hora de la generación del Cincuentenario», La Habana, *Bohemia*, 13 de abril de 1952, 35.

no tenían otro camino que el enunciado por Salvat, es decir, la «insurrección». El problema es que, con la opción que estaban escogiendo, seleccionaron una alternativa en donde el enemigo contaba con una gran superioridad. En palabras de Fernando Mires, era una estrategia militar sin ejército en donde la lucha se hacía contra el lado fuerte del régimen[284]. Al encontrarse en semejante tesitura, el opositor sentirá una fuerte inclinación a buscar la asistencia de lo que el mismo Mires llama «fuerzas externas». Eso es, precisamente, lo que ocurrió al gestarse el Directorio Revolucionario Estudiantil que, además, no asumió un dato esencial a la hora de sopesar el estado en que se encontraba la correlación de fuerzas, no ya militares sino políticas, entre ellos y el régimen. Como argumentó la historiadora Lilliam Guerra en su texto *Visions of Power in Cuba*, el apoyo popular hacia la visión propuesta por Fidel Castro para Cuba era amplio y sólido a partir de la segunda mitad de 1960[285], una circunstancia que incrementó la desventaja con la que la oposición cubana se enfrentaba a su adversario. Desde esta perspectiva, la opción por la lucha armada que escogían estos estudiantes, más que racional parecía salida del corazón.

Una vez que quedó imposibilitada la entrada a la Universidad de La Habana, la vida para Alberto Muller, Juan Manuel Salvat y Ernesto Fernández Travieso se tornó peligrosa. Según Muller, «después de la expulsión [de la universidad], la Seguridad del Estado estableció un seguimiento permanente sobre nosotros tres...Mi casa fue registrada rincón por rincón. Nos sentíamos los tres acosados por el régimen»[286]; e insiste: «La lucha en la Universidad y el Parque Central había sido una época de alta intensidad. Necesitábamos una pausa para retomar decisiones»[287]. La

[284] Fernando Mires, «Capriles, o el regreso de la política» en el blog *Polis*, 6 de septiembre de 2020, https://polisfmires.blogspot.com/2020/09/fernando-mires-capriles-o-el-regreso-de.html.

[285] Lilliam Guerra, *Visions of Power in Cuba*. Véase, particularmente, el capítulo 3.

[286] Correo electrónico de Alberto Muller a Javier Figueroa, Miami, 18 de septiembre de 2020.

[287] Correo electrónico de Alberto Muller a Javier Figueroa, Miami, 20 de septiembre de 2020.

inseguridad con que tuvieron que vivir los llevó a buscar algún sitio resguardado en donde pudieran esconderse. Los tres estudiantes pasaron por diferentes escondites, entre ellos el Convento de San Francisco en la ciudad de La Habana. Dio la casualidad que los frailes los colocaron en la misma habitación en que años atrás albergó a José Antonio Echeverría, eventualidad que les ayudó a afrontar la contingencia que enfrentaron por aquellos días. Según lo informado por Oscar Echevarría (AMPALM-1), un primo de Salvat que está en contacto con la estación de la CIA en La Habana, el MRR había asegurado que sacaría de Cuba a los tres universitarios. Sin embargo, dijo Echevarría, la operación fracasó por lo que fue necesario buscar otro tipo de protección. De acuerdo con esta comunicación que se originó en La Habana, el jefe de la CIA en Cuba vislumbró que tanto Muller como Salvat y Fernández Travieso llegarían eventualmente a Miami y asumía que los tres eran militantes en el MRR[288]. De igual forma, en otro documento de la CIA sobre Salvat se da a entender que, en junio de 1960, la estación en La Habana veía a Salvat en una posición muy favorable para poder ejercer influencia sobre el estudiantado católico de Cuba[289]. De aquel refugio los tres pasaron a la casa de Alberto Alejo, un empresario cubano con quien Fernández Travieso tenía amistad. Según el testimonio que ofrecen Muller y Salvat, la casa de Alejo tenía la ventaja de que la propiedad estaba dividida en dos viviendas unidas por una puerta, y esa segunda residencia estaba ocupada por la embajada de Perú en La Habana. En caso de una emergencia, los tres podían pasar a la parte ocupada por el embajador y quedar amparado por la inmunidad diplomática[290]. La salida de Cuba será en el mes de agosto y lo harían gracias a las gestiones del embajador brasileño Vasco Leithao Da Cunha. Según se desprende del recuerdo que

[288] Cable, «Well known anti-commie student leaders», desde estación Habana a Director, 14 de junio de 1960, RN 104-10271-10071, CIA, en MFF.

[289] Biographic Data, «Salvat Roque», junio de 1960, RN 104-10180-10363, CIA, en MFF.

[290] Correo electrónico de Alberto Muller a Javier Figueroa, 18 de septiembre de 2020 y correo electrónico de Juan Manuel Salvat a Javier Figueroa, Miami, 19 de septiembre de 2020.

tiene Alberto Muller de ese período, los días que pasaron en la residencia de Alejo sirvieron para ir madurando «el proyecto de la creación del DRE en Miami», algo que, según el mismo relata, era una idea consensuada con varios de los estudiantes que habían estado participando juntos en la lucha universitaria[291].

Es muy probable que el proyecto de una organización estudiantil autónoma, que fuese capaz de asumir la representación de una parte del sector estudiantil opuesto al régimen de Castro, estuviese germinando en el grupo de universitarios que se fueron nucleando durante los últimos meses de 1959 y los primeros de 1960 y en la que Muller, Salvat y Fernández Travieso fueron protagonistas principales. Sobre ese momento Salvat recuerda que a él nunca le gustó «la afiliación al MRR, yo tenía algo con Artime que no...»[292]. En esa misma ocasión Bernabé Peña, otro estudiante que entonces militaba en la sección estudiantil del MRR pero que después se incorporó al DRE, señaló, en sintonía con lo que recordó Salvat, que «los dos que yo respetaba en el MRR eran Lino [Fernández] y Rogelio [González Corzo], pero Manolo [Artime]...»[293]. De todas maneras, y aunque aún tendrían que pasar varias semanas para que pudieran salir de Cuba, ocasión que tuvo lugar el 18 de agosto de 1960, se hace necesario indagar sobre un asunto clave que se desprende de lo expuesto por Muller: ¿por qué había que salir al exterior para fundar esa organización? ¿No consideraron pasar directamente a la lucha clandestina? Al optar por salir de Cuba con la idea de fundar «el proyecto de la creación del DRE», ¿no era un acto que llevaba implícito el reconocimiento de que hay un poder político fuera del territorio nacional? Es verdad que el Partido Revolucionario Cubano fue fundado en la ciudad de Tampa en 1892, pero la idea de su organizador, José Martí, era crear un instrumento que le permitiera a la comunidad cubana en el exterior, particularmente en Estados Unidos,

[291] Alberto Muller, correos electrónicos del 18 de septiembre de 1960 y del 20 de septiembre de 1960.
[292] José María de Lasa, Juan Manuel Salvat y Bernabé Peña, entrevista, Miami, febrero de 2017.
[293] *Ibid.*

trabajar para sostener el esfuerzo bélico que habría de llevar la independencia a Cuba. ¿Era ese el modelo que en aquel momento de 1960 contemplaban Muller, Salvat, Fernández Travieso y todos aquellos estudiantes que junto a ellos pensaban en una organización estudiantil de oposición?. La respuesta de Salvat parece transitar por esa solución, «fuimos a buscar ayuda en Miami donde se podía resolver. Fuimos con la idea de regresar»[294].

Cuando Muller, Salvat y Fernández Travieso llegaron a Miami, el panorama internacional con respecto a los acontecimientos que tenían lugar en Cuba había cambiado radicalmente. El 5 de noviembre de 1959 el presidente de Estados Unidos, Dwight Eisenhower, aprobó un documento previamente sancionado por el Departamento de Estado en el que se delineaba una nueva política hacia Cuba. El objetivo principal que perseguiría el gobierno de Estados Unidos a partir de esta fecha sería «el desarrollo de una situación por la cual, y no más tarde del final de 1960, el gobierno que entonces esté en control de Cuba deberá, tanto en su política nacional como en la internacional, coincidir con los objetivos básicos de política de Estados Unidos hacia los países de América Latina»[295]. La interpretación que le dio el secretario Asistente de Estado para Asuntos Inter-Americanos, Richard Rubottom fue que «el programa autorizó el apoyo de Estados Unidos a elementos en Cuba que se oponían al gobierno de Castro mientras que se procuraba que la caída de Castro fuese el resultado de sus propios errores»[296]. Es decir, a finales de 1959 el gobierno de Estados Unidos ha tomado la decisión de intentar detener orientación radical que el régimen cubano le daba a la vida cubana y confiaba que, de no ocurrir esa transformación, se procurase, entonces, un cambio de régimen. Muy significativa es la inclusión del elemento cubano opositor como parte del dispositivo que se está adoptando y que revela, además, el deseo de que la operación no se exponga al público como una acción de factura norteamericana. En ese momento, sin embargo, la opinión del embajador Bonsal era que en Cuba

[294] Juan Manuel Salvat en conversación telefónica, 18 de septiembre de 2020.
[295] Citado por LeoGrande & Kornbluh en *Back Channel to Cuba*, 28.
[296] *Ibid*, 28-29.

no existía una oposición significativa al gobierno de Fidel Castro[297], lo cual puede explicar que la CIA, apoyándose en la directiva de Eisenhower, comenzara en ese mismo mes la tarea de reclutar cubanos opuestos al régimen de Castro. El propósito sería el de ir creando una organización que reuniera a algunos de los distintos grupos que comenzaban a conspirar en contra del gobierno cubano y que sirvieran para presionar al régimen cubano. Al menos, es lo que se desprende de la información que ofrece la Fundación Mary Ferrell cuando aclara el nombre cifrado «AMCRACKLE-1», utilizado por la CIA para disimular el nombre de su contacto en La Habana Joseph James O'Mailia[298].

La primera estructura que aparecerá cumpliendo con las características que buscaba la CIA se conoció con el nombre de «AMPALM» y reuniría, fundamentalmente, a personal proveniente del MRR y del MDC. Un informe redactado por «AMCRACKLE» a mediados de enero de 1960 señaló que la organización era muy similar a una CIA en miniatura. Su cabeza estaría constituida por un directorio de cinco personas que se reunía dos veces por semanas. De acuerdo con este informe, las personas que constituyeron la dirección de AMPALM eran Oscar Echevarría responsabilizado con las secciones de propaganda y estudiantil, Laureano Batista Falla y José Ignacio Rasco, quienes se ocuparían de la división de acción política, Roberto Ortiz Crabb, encargado del sector correspondiente a resistencia, inteligencia y comunicación, Ángel Fernández Varela al frente de la sección paramilitar y Melchor Gastón administraba las finanzas[299].

Mientras tanto, el 11 de diciembre, J. C. King, director en la CIA de la División del Hemisferio Occidental (WH), redactó un memorándum al Director Asociado para Planes en la Agencia, Richard Bissell, y al Director de la CIA Allen Dulles argumentando que la única manera de acabar con Castro era mediante una «acción violenta», una sugerencia que, de asumirse, implicaría

[297] LeoGrande & Kornbluh, *Back Channel to Cuba*, 29.
[298] Mary Ferrell Foundation, «AMCRACKLE-1», https://www.maryferrell.org/php/cryptdb.php?id=AMCRACKLE-1
[299] *Ibid.*

una preferencia en la política hacia Cuba por el cambio de régimen como objetivo principal[300]. El embajador Bonsal, sin embargo, hizo un nuevo esfuerzo por intentar una nueva iniciativa diplomática que pudiese limar las asperezas entre Cuba y Estados Unidos. A tales efectos se comunicó con Christian Herter, el secretario de Estado y con el presidente Eisenhower. El 26 de enero de 1960 el primer mandatario norteamericano hizo un pronunciamiento público que recogía la sugerencia de Bonsal a la vez que se instruyó al Encargado de Negocios de Estados Unidos en La Habana para que se acercara a los embajadores de Brasil y Argentina a los efectos de que promoviesen un acercamiento entre los países en contienda. No obstante, la visita de Mikoyan a Cuba en el mes de febrero tiene que haber reforzado lo propuesto por King a sus superiores en la CIA y que este fuera, precisamente, el camino que habría de tomar la política de Estados Unidos hacia Cuba. Recordando esa coyuntura, Wayne Smith, funcionario de la embajada de Estados Unidos en La Habana, afirmó «que nuestra conclusión fue que el primer ministro Castro había tomado la decisión de que Cuba habría de convertirse en un aliado cercano de la Unión Soviética»[301]. Poco después, la explosión de *La Coubre* le puso fin a la iniciativa diplomática promovida por Bonsal.

Por su parte, la CIA dio pasos encaminados a organizar un «Grupo de Trabajo» [Task Force] «Branch 4 of the Western Hemisphere Division» con el propósito de procurar el derrocamiento de Fidel Castro. Es muy probable que el origen de este grupo de trabajo se encuentre en la orden que el Director de la CIA, Allen Dulles, le diera a Richard Bissell a comienzos de 1960, específicamente el 8 de enero. Como consecuencia de la misma, Jake Esterline, funcionario de la CIA involucrado como Bissell en la operación que la Agencia había lanzado en 1954 para derrocar al presidente Jacobo Arbenz de Guatemala, se puso al frente del

---

[300] National Security Archives, *Bay of Pigs. 40 Years Later. An International Conference. Havana, Cuba, March 22-24, 2001*, «Chronology».

[301] Citado por LeoGrande & Kornbluh, *Back Channel to Cuba*, 33.

Grupo de Trabajo[302]. Al poco tiempo, el 29 de febrero, Esterline viajó a La Habana y se entrevistó con Oscar Echevarría y Ángel Fernández Varela quienes le ofrecieron detalles sobre varios aspectos relacionados a la estructura y operación del grupo vinculado a «AMPALM». Entre la información que se compartió con Esterline por Echevarría y Fernández Varela se encuentran datos concernientes a la organización del MRR y elementos del programa que ellos han concebido para sustituir al régimen de Castro en la eventualidad de que éste pueda ser reemplazado. Entre los puntos del programa resaltaron la creación de una coalición de movimientos opositores dentro de Cuba con la esperanza de que, si se gestara una coalición o gobierno en el exilio, éste pudiera contar con el apoyo de los grupos de resistencia que operaban en Cuba.[303]. De igual manera, otro de los tópicos considerados en la reunión fue el comienzo de preparativos militares fuera de Cuba junto al entrenamiento de cuadros, el intento de fusionar a todas las fuerzas de oposición ante la eventualidad de una posible intervención militar, un aspecto que para ellos parecía que era la única solución. Echevarría, por su parte, advirtió que no se llevara a cabo desde el exterior un precoz y descabellado esfuerzo militar ya que era muy probable que fracasara y que acabara ayudando a un fortalecimiento de Castro en vez de todo lo contrario. Tanto Echevarría como Fernández Varela favorecieron la intervención de una fuerza internacional, posiblemente de la Organización de Estados Americanos[304]. Por su parte, la estación de La Habana se comprometió a enviar a Washington una lista con los candidatos que pudieran trabajar en propaganda radial, proveer una lista de candidatos para entrenamiento militar, solicitarle a Manuel Artime, quien estaba en México, que se trasladase a la ciudad de Nueva York para encontrarse con Echevarría y Fernández Varela alrededor del 31 de marzo, advertir a la CIA del

[302] Tim Weiner, *Legacy of Ashes*, 156

[303] Comunicación entre Wilmer R. Aretz, Jefe de Estación Havana y Jacob Esterline, Jefe WH, «Operational/KUCAGE AMPAlM Organization», 4 de marzo de 1960, MFF.

[304] *Ibid.*

próximo viaje que emprenderán Echevarría, Fernández Varela y José I. Rasco para reuniones en el exterior y enviar a la oficina central de la CIA información sobre el MRR preparada por Fernández Varela[305].

A su regreso de Cuba, Esterline asistió a la primera reunión sostenida por el Grupo de Trabajo Branch 4. El encuentro tuvo lugar en Washington y el agente hizo un resumen informativo de la situación en Cuba. En la misma reunión, el coronel J. C. King adelantó la noticia sobre la entrega que se haría de un documento conteniendo puntos de política especial para Cuba al conjunto de funcionarios del gobierno de Estados Unidos, el NSC 5412 («Special Group»), responsabilizados con examinar y aprobar las operaciones encubiertas. Entre las conclusiones presentadas por King hay que resaltar su convicción de que, al menos que Fidel Castro, Raúl Castro y Ernesto Guevara pudieran ser eliminados todos a la vez, lo que él dudaba, la única forma de derribar al régimen cubano era mediante el uso de la fuerza. Calculó que el apoyo a Castro rondaba entre el sesenta y setenta por ciento de la población cubana y afirmó que la oposición no contaba con un líder genuino a la vez que se encontraba dividida. Era su creencia que algunos de los grupos de la resistencia cubana podían fusionarse y que de ellos, que calculó que eran unos tres, podían salir

---

305 *Ibid.* Ángel Fernández Varela, «AMPALM 4», declaró a la revista *Contrapunto*, Miami, octubre-noviembre, 1993, que él había «trabajado *con* y *para* la Agencia Central de Inteligencia (CIA). *Con* la Agencia desde finales de 1959 hasta poco antes de la invasión de Bahía de Cochinos, y *para* la Agencia desde un poco después de la invasión hasta cerca de 1968» [no explica la distinción que hace entre las preposiciones *con* y *para*]. Estas declaraciones fueron reproducidas por su hijo Álvaro F. Fernández en «Looking Ahead through» en *Progreso Weekly*, 14 de mayo de 2008. En un video [Tamiment Library, 1966] afirmó: «Yo trabajé con la Compañía» (CIA) y explicó que fue en noviembre o diciembre de 1959 cuando hizo el contacto a través de un amigo que ya estaba vinculado con la CIA. A principios de 1960 viajó a Estados Unidos convocado por la CIA. También cuenta que durante gran parte de 1960 y principios de 1961 solía cenar en la Casa Potín, en el Vedado, y que allí sostuvo numerosos encuentros casuales con Fidel Castro quien acudía con frecuencia al restaurante. Fernández Varela fue profesor de Fidel Castro cuando el dirigente cubano fue alumno en el Colegio de Belén. http://digitaltamiment.nyu.edu/s/bravo/item/6787.

los candidatos potenciales para recibir entrenamiento militar. De igual manera, King dio a entender, que estos planes, muy detallados en el documento, eran del conocimiento del director de la CIA y de que los había aprobado[306].

Con toda probabilidad, el documento al que se refirió J. C. King en su reunión con el Grupo de Trabajo Branch 4, es el que sirvió de base para el programa que aprobó el presidente Eisenhower el 17 de marzo. El día 15 se había reunido el «Special Group», el 16 se le entregó el documento al presidente y al día siguiente Eisenhower le estampó su firma. El documento se conoció como «A Program of Covert Action Against the Castro Regime» [Un Programa de Acción Encubierta en Contra del Régimen de Castro][307]. El Plan fue dividido en cuatro partes: se crearía una oposición cubana responsable y unificada que se ubicaría ***fuera*** de Cuba; se desarrollarían medios de comunicación masiva como parte de una poderosa ofensiva propagandística para el pueblo cubano; se crearía y desarrollaría una organización encubierta dentro de Cuba para trabajos de inteligencia y acción que respondería a las órdenes y direcciones de la oposición en el exilio; y se desarrollaría, ***fuera*** de Cuba, una fuerza paramilitar para llevar a cabo futuras acciones guerrilleras[308]. Llama la atención que el documento haga énfasis en localizar a la autoridad de la fuerza opositora cubana fuera de Cuba y es que el plan está concebido para que el impulso que logre el derrocamiento de Castro salga del exterior. Los detalles que ofrece el plan cuando expone algunos elementos del aspecto paramilitar de la iniciativa revelan la importancia que se le da a ese requerimiento. La propuesta explica que se reclutará una fuerza paramilitar adecuada fuera de Cuba a la vez que se desarrollará una infraestructura de

---

306 Memorandum for the Record, First Meeting of Branch 4 Task Force, Washington, 9 de marzo de 1960, en National Security Archives, «Bay of Pigs Forty Years Later. An International Conference», http://nsarchive2.gwu.edu/bayof pigs/ press2.html.

307 Memorandum No 1 From the Cuba Study Group to President Kennedy, Washington, 13 de junio de 1961 en *FRUS*, X, Cuba, January 1961-September 1962

308 *Ibid*, énfasis del autor.

apoyo logístico para las operaciones que se llevaran a cabo en la isla. También especifica que se alistarán cuadros de dirigentes para ser entrenados como instructores militares los cuales estarán encargados de entrenar fuera de Cuba y de Estados Unidos cuadros paramilitares que serán infiltrados en el territorio cubano con el objetivo de entrenar y guiar a las fuerzas de la resistencia interna. Un dato adicional que ofrece el documento con relación a este asunto es que bajo el control de la CIA opera una fuerza aérea de capacidad limitada para infiltración, extracción y suministro[309]. Las semejanzas que el Plan aprobado por Eisenhower el 17 de marzo de 1960 con lo que ha ido discutiéndose sobre Cuba dentro de la CIA son notables e indican el cambio definitivo en la política de Estados Unidos hacia el país vecino. Ya no se consideraría la posibilidad de un trabajo que pueda transformar la orientación política del régimen, de ahora en adelante se buscaría su desaparición.

A una conclusión parecida llegó el grupo de cubanos con los que la CIA había establecido contacto y con quienes se reunía con el propósito de ir concretando los mecanismos delineados en las directrices aprobadas por Eisenhower el 17 de marzo. El 4 de abril se redactó un memorándum resumiendo, precisamente, algunas de esas reuniones[310]. Los encuentros tuvieron lugar entre el 27 y 30 de marzo y a los mismos asistieron Oscar Echevarría, Ángel Fernández Varela y José Ignacio Rasco, además de dos personas más cuyos nombres aparecen tachados en el documento. Por parte de la CIA acudió Robert Reynolds quien trabajaba en el departamento «Western Hemisphere» de la Agencia y quien después sería el jefe de la base que la CIA llegó a operar desde Miami. De acuerdo a la transcripción se afirma que los cubanos estuvieron de acuerdo en señalar que ya no era posible cualquier posibilidad de alcanzar un acuerdo pacífico en el problema que

[309] *Ibid.*

[310] Robert Reynolds, Memorandum for the Record, «Transcript of Recorded Summary of AMPALM Meetings», 4 de abril de 1960, RN 104-10192-10183 en JFK Assassination Records-2018, Additional Documents Release [de ahora en adelante JFK AR 2018].

Cuba confrontaba. Ellos estaban convencidos de que Castro había cruzado un punto sin regreso y añadieron que el asunto cubano no se limitaba a la isla, sino que tenía un alcance internacional, un argumento con el que se quería reforzar la idea de que era indispensable la participación de Estados Unidos para solucionar el problema cubano.

Los cubanos que acudieron a estas reuniones estuvieron también de acuerdo en el punto que hablaba de la unificación de la oposición. Para conseguir semejante objetivo, se propuso, y estuvieron conformes, con la celebración de nuevas reuniones junto a otros cubanos que tuvieran opiniones semejantes a las que allí se discutían. Este nuevo encuentro tendría lugar en la ciudad floridana de Jacksonville en los días 3 y 4 de abril y se acordó acudir al espíritu del Pacto de Caracas de 1958 dentro de cualquier pronunciamiento que produzca la «Junta» que pueda surgir de la reunión, un señalamiento que apuntó al futuro régimen constitucional que sería instaurado en Cuba con la eventual desaparición del régimen castrista y al compromiso de celebrar elecciones democráticas cuando ocurriese ese el evento.

Al igual que en el documento que comprendió la nueva política de Estados Unidos hacia Cuba, en esta ocasión también se discutió la importancia que tenía la propaganda para poder llevar a cabo el derrocamiento del gobierno cubano, inclusive se llegó a precisar algunos nombres de cubanos que eran especialistas en la materia y que podían ser utilizados en tales menesteres. De igual manera se abordó la cuestión militar y se acordó proceder al reclutamiento de personal cualificado para poder llevar a cabo el entrenamiento de los cubanos seleccionados para actuar en este campo. Se mencionó que Manuel Artime estaría al frente del grupo y que se llevaría a cabo una reunión en la ciudad de Nueva York para atender el desarrollo de un aspecto que era considerado crucial para el éxito del programa[311]. El 12 de abril, Ángel Fernández Varela le pasó a su contacto de la CIA en La Habana una lista con el nombre de individuos que eran candidatos para recibir los primeros entrenamientos militares fuera de Cuba, entre ellos,

[311] *Ibid.*

muchos provenían de la ACU y eran militantes del MRR[312]. A partir de ese momento comenzó a desarrollarse la maquinaria cubana que se acoplaría perfectamente al plan diseñado en Estados Unidos por la CIA y que fuese sancionado por el presidente Eisenhower. El 13 de mayo se reunió en la ciudad de Nueva York el Comité Organizador de lo que sería el Frente Revolucionario Democrático, organización que reuniría a varios de los principales grupos que operaban en forma clandestina dentro de Cuba, entre ellos el MRR y el MDC. En esa reunión participaron Manuel Artime y Ricardo Lorié por el MRR, José Ignacio Rasco por el MDC, Manuel Antonio de Varona que presidía al grupo «Rescate», Justo Carrillo del Movimiento «Montecristi», Andrés Vargas Gómez y Pedro Martínez Fraga. El anuncio formal de la existencia del FRD, que entonces incluiría a Aureliano Sánchez Arango, se hizo en México el 22 de junio. Años más tarde, al hacer el recuento de aquella jornada, José Ignacio Rasco recordaba que las reuniones que tuvieron lugar en Cuba y que precedieron la fundación del FRD en el exterior, tuvieron como propósito «crear una junta revolucionaria para pactar un acuerdo de ayuda a nuestra causa, en un 'Pacto de Caballeros' con el gobierno norteamericano, representado por la CIA...Algo así como lo que había hecho [Charles] De Gaulle con los aliados en la lucha contra los nazis»[313]. El modelo aludido por Rasco apunta a una alianza entre

[312] Cable, de Havana a Director, 12 de abril de 1960, RN 104-10192-10178, JFK AR 2018. En una carta de Manuel Artime al agente de la CIA David Sánchez Morales escrita el 29 de abril de 1960, el dirigente del MRR urge a los «amigos» de la CIA que están en Cuba el hacer contacto con Rogelio González Corzo a quien caracteriza como «mi hombre de confianza en Cuba». El contacto se puede hacer mediante Ángel Fernández Varela aunque recomienda que después sea de manera directa. En la carta Artime le dice a Morales que «la organización del MRR en Cuba es vital». «Given to Morales By Bernie On/A 29 April 1960», RN 104-10162-10452, MFF.

[313] José Ignacio Rasco, «El Frente Revolucionario Democrático y Playa Girón», *Diario Las Américas*, 18 de abril de 2007, Archivo de José Ignacio Rasco, «FRD». Véase la ponencia de José I. Rasco, «Relaciones con los Estados Unidos en esta lucha» presentada ante el Congreso del MDC en febrero de 1961, en Laureano Batista Collection, Box 8, Folder 142, Congress, First,

iguales, algo que no se consiguió al crearse el FRD pues tanto en el diseño del plan que posibilitó su existencia como después en la práctica, la organización sombrilla creada en 1960 para agrupar a un sector de la oposición cubana quedó subordinada a la autoridad de Estados Unidos.

Así mismo, y como se dispuso en la directriz sancionada por el gobierno de Estados Unidos, el 17 de mayo comenzó a transmitir Radio Swan, una estación de radio con programación hacia Cuba ubicada en una isla caribeña bajo la soberanía de Honduras y que fue manejada por la CIA bajo la cobertura de una compañía con el nombre de Gibraltar Steamship Company. Por otro lado, el gobierno de Guatemala le dio permiso a la CIA para que comenzara los trabajos de construcción en Rethalhuleu de una base de entrenamientos para cubanos. El 19 del mismo mes se inició en la isla de Useppa, en la costa oeste del estado de la Florida, el entrenamiento de los primeros comandos cubanos destinados a convertirse en el contingente paramilitar que operaría dentro de Cuba[314]. Estos comandos pasarían a Guatemala una vez que se hubiese completado la construcción del campamento en ese país. Mientras tanto, el 31 de mayo, las organizaciones insurreccionales que trabajan clandestinamente en la isla y que se han afiliado al FRD designaron a Rogelio González Corzo, «Francisco», como coordinador militar del FRD dentro de Cuba. Poco después, el 6 de julio, lo nombran Coordinador Nacional del FRD. Para Luis Fernández Rocha, quien será uno de los Secretarios Generales del DRE, «Francisco» sería el «vínculo» del FRD con las organizaciones insurreccionales que operarían en la isla[315].

February 1961, CHC. En esta ponencia Rasco habla de «asociación con dignidad».

[314] Salvador Subirá, *Historia*, 41. Un núcleo principal de los individuos que serían reclutados para entrenarse fuera de Cuba salió de la ACU. Su llegada a Estados Unidos, su traslado a la isla de Useppa en la Florida y posteriormente, el periplo que algunos hicieron por Panamá y Guatemala antes de volver a Cuba se narra en Ramón E. Machado, *Cuba. My (Twice) Betrayed Generation: Memoirs From Those Who Fought for Freedom*, Kindle edition, 2014, capítulos 4, 5 y 6.

[315] Luis Fernández Rocha, entrevista.

Entretanto, las relaciones diplomáticas entre Cuba y Estados Unidos continuaron deteriorándose. El 1 de junio se firmó el acuerdo que estipuló la adquisición de petróleo soviético por parte del Estado cubano. Cinco días después, las refinerías del crudo que operaban en Cuba y que eran propiedad de compañías extranjeras, anunciaron, después de consultar con la cancillería norteamericana, que no estaban dispuestas a refinar el petróleo soviético. El 29 de ese mes, el gobierno cubano anunció la expropiación, sin compensación para sus propietarios, de dichas refinerías y, como consecuencia, Washington comunicó la decisión de no comprar unas setecientas mil toneladas de azúcar cubana que aún le quedaban por adquirir en virtud de la cuota correspondiente a Cuba. La imposición de sanciones económicas a la república de Cuba era un tópico que se había estado discutiendo en Estados Unidos por un tiempo. La crisis de las refinerías, ocurrida después de la adopción de una política destinada a derrocar al gobierno cubano, fue la ocasión para comenzar la aplicación de las discutidas sanciones[316].

El daño que estaban sufriendo las relaciones entre los dos países se hizo todavía más grave cuando el 9 de julio Nikita Khrushchev anunció públicamente que la Unión Soviética tenía la intención de defender a Cuba con su arsenal nuclear si el país caribeño era atacado por Estados Unidos. Las razones que llevaron al gobernante soviético a anunciar su determinación fueron varias y complejas. Como trasfondo importante de esa decisión estaba el hecho de que la iniciativa para mejorar las relaciones entre la potencia comunista y Estados Unidos había fracasado como resultado del incidente relacionado al derribo de un avión espía, U-2, norteamericano en el espacio aéreo de la URSS. El derribo tuvo lugar el 1 de mayo de 1960.[317]. De igual manera, para poder aquilatar con mayor precisión la determinación que tomó Khrushchev de defender a Cuba se deben tomar en consideración otras consideraciones, tales como el fracaso del gobernante comunista por resolver los serios problemas económicos que afectaban a su país, la creciente rivalidad con China por el lidera-

[316] Véase a LeoGrande & Kornbluh, *Back Channel to Cuba*, 35-36.
[317] Tim Weiner, *Legacy of Ashes*, 158-160.

to en el campo comunista y en los países que se descolonizaban, la convicción que tenía acerca de la influencia positiva que emana del poder nuclear para acelerar la revolución a nivel global y el deseo del líder del Kremlin por asumir un plano de igualdad en las relaciones con Estados Unidos[318]. De acuerdo a Naftali y Fursenko, el anuncio de Nikita Khrushchev fue de «un placer» para el liderato cubano, de tal manera que Fidel Castro autorizó al ministro de las Fuerzas Armadas, su hermano Raúl, a que llevara a cabo una visita a la URSS y Aleksandr Alekseev le informó a sus superiores en Moscú acerca de la gratitud que sentía Fidel Castro hacia el gobernante soviético ya que le había dado más de lo que él había solicitado[319]. En el mes de septiembre comenzaron a llegar a Cuba cargamentos de armas procedentes del bloque soviético a la vez que técnicos de la URSS y de Checoeslovaquia instruyen a las tropas cubanas e instalan el equipo militar y los armamentos que están llegando a la isla[320].

Al comentar los acontecimientos relacionados al anuncio que hiciera Nikita Khrushchev el 9 de julio de 1960, los autores de *One Hell of a Gamble* hacen una observación que reflejaba muy bien lo que estaba sucediendo en la isla durante aquel período de tiempo, «Cuba», dicen, «se movía hacia el campo socialista»[321]. No solo es justo semejante comentario por el hecho de que la declaración del líder del Kremlin y la respuesta de Castro anunciaban una mayor cercanía de Cuba a la órbita de los países comunistas, sino porque también en Cuba se tomaron medidas que revelaban la entronización del socialismo en la vida cubana. El 6 de agosto de 1960, el gobierno cubano anunció la expropiación de las principales empresas norteamericanas afincadas en Cuba, entre ellas treinta y cinco centrales azucareros. Por su parte, el gobierno de Estados Unidos también daba señales de su determina-

[318] Vladislav M. Zubok, *Un imperio fallido. La Unión Soviética durante la Guerra Fría*, 221-222.

[319] Fursenko & Naftali, *One Hell of a Gamble*, 53 y 55

[320] Donald Kagan, *On the Origins of War and the Preservation of Peace*, New York, Random House, 1995, 454.

[321] Fursenko & Naftali, *One Hell of a Gamble*, 55

ción para detener y erradicar el desplazamiento cubano hacia el comunismo. El 18 de agosto, el presidente Eisenhower aprobó un presupuesto de trece millones de dólares para financiar las operaciones en contra del régimen cubano, en particular el entrenamiento de unos quinientos cubanos que se moverían hacia Guatemala. Permitió, además, el uso de personal y equipo militar de Estados Unidos con la especificación de que ningún personal militar norteamericano podía ser utilizado en combate y autorizó las operaciones siempre y cuando el Estado Mayor Conjunto, el Departamento de la Defensa, el Departamento de Estado y la CIA estuviesen convencidos de que se tendría una buena oportunidad de éxito[322]. Según lo relata Tom Weiner, en la reunión en que se dio la aprobación presidencial para este programa estuvieron presente Allen Dulles y Richard Bissell quien intentó, en dos ocasiones, sugerir la creación de una fuerza militar de Estados Unidos para acompañar y dirigir a los cubanos en el combate. Afirma Weiner que Dulles le impidió expresarse sobre el particular para «evadir el debate y el desacuerdo»[323]. Al aprobar este conjunto de medidas, el presidente Eisenhower ratificó su política expresada en el «Programa de Acción Encubierta en Contra del Régimen de Castro», y otorgó los fondos para que gran parte del engranaje que fue levantándose en esos meses pudiera llevar a cabo los objetivos de derrocar al régimen de Castro y erradicar de Cuba la posibilidad, cada vez más real, del comunismo.

Dentro del contexto perfilado por todos estos acontecimientos, y en el mismo día en que Washington convalidó su política hacia Cuba, los tres estudiantes universitarios expulsados de la Universidad de La Habana, Alberto Muller, Juan Manuel Salvat y Ernesto Fernández Travieso, llegaron a Miami. El asunto que tenían por delante era explorar la vía por la que tendrían que continuar en su enfrentamiento con Castro. ¿Se acoplaban a la maquinaria que se había estado fraguando para derrocar a Castro y su régimen o seguían por un camino independiente que les permitiese conseguir ese mismo objetivo?

---

[322] Blight & Kornbluh, *Politics of Illusion*, 161 y Weiner, *Legacy of Ashes*, 161.
[323] Weiner, *ibid*, 161-162.

Capítulo 4

Se funda el Directorio Revolucionario Estudiantil (DRE)

La tarea más apremiante con la que se van a enfrentar Alberto Muller, Juan Manuel Salvat y Ernesto Fernández Travieso al llegar a Miami es la de crear un instrumento de lucha que fuese capaz de aglutinar a la mayor parte de los estudiantes cubanos que están ubicados en el campo de la oposición al régimen de Fidel Castro. La faena no era fácil de alcanzar. Mientras ellos se encuentran en Estados Unidos, en Cuba han aparecido secciones estudiantiles identificadas con algunos de los grupos que ya estaban trabajando en el proyecto de derrotar la deriva hacia el socialismo que persigue el régimen. Así, por ejemplo, ya existe el Directorio Estudiantil del MRR con el que Muller, Salvat y Fernández Travieso tienen cierta afinidad, pero del cual quieren desprenderse. Isidro Borja, le dirá a Máximo Sorondo, que Muller, Salvat y Fernández Travieso, a quienes identifica como parte de la sección estudiantil del MRR, se quieren independizar y crear una «organización propia, que recree el Directorio de Hechevería (sic), con el tema de 'José Antonio, con tus ideas en marcha'»[324]. Al mismo tiempo, existen también los sectores estudiantiles del MDC, de la Triple A que dirige Aureliano Sánchez Arango y del Autenticismo Revolucionario. De hecho, el 25 de julio de 1960, estos grupos se han dirigido al FRD para ofrecerles su apoyo a la organización sombrilla que recién se ha creado en el exilio y lo hacen bajo el nombre de lo que llaman «la Unión Nacional Estudiantil del Frente Revolucionario Democrático». La expresión de solidaridad con el FRD está contenida en una carta que dirigen a uno de los miembros de Frente, Justo Carrillo y está

---

[324] Máximo Sorondo, «Episodios de la Epopeya Cubana de Hoy» en *Diario Las Américas*, Miami, 4 de agosto de 1991, 5-B

firmada, entre otros por Julie Hernández del MDC y Luis Fernández Rocha de DE del MRR[325]. Otros estudiantes, como José A. Ramy, muy próximo a sus compañeros de la ACU, prefieren incorporarse al recién creado Movimiento Revolucionario del Pueblo (MRP), un grupo fundado por militantes católicos provenientes, en su mayoría, de Acción Católica y de la JOC, y un sector dirigido por el Ingeniero Manolo Ray que tienen sus raíces políticas en el M-26-7[326]. Es decir, el movimiento estudiantil opuesto a Castro se encuentra disperso al comenzar la segunda mitad de 1960.

Una idea que tenían Muller, Salvat y Fernández Travieso cuando salen de Cuba es que ellos querían volver a la isla para incorporarse a la lucha clandestina. En ese sentido se opondrán a unirse a los campamentos de entrenamientos que el gobierno de Estados Unidos, a través de la CIA y con la colaboración del FRD, ha organizado en Guatemala. Por tal razón tendrán serias controversias con algunos de sus aliados en Miami, específicamente con aquellos que favorecen tal opción y que ejercerán presión sobre ellos para que se incorporen a la estrategia diseñada en Washington y favorecida por el FRD. De todas maneras, han venido a buscar ayuda para tratar de concretar sus objetivos y para eso tendrán dos referentes principales a los que pueden acercarse, José Ignacio Rasco y Manuel Artime, ambos procedentes de la ACU, como ellos tres, pero ya integrados plenamente en la estructura del Frente. Por otro lado, los tres estudiantes son muy cercanos, inclusive mediante lazos familiares como es el caso de Salvat con Oscar Echevarría[327], con otros dos agrupados que trabajan directamente con la CIA, el aludido Echevarría y Fernández Varela. Estas conexiones, y sobre todo Artime, Echevarría y Fernández Varela, serán claves para que Muller, Salvat y Fernán-

[325] Justo Carrillo Collection, Documents «FRD», Box 1, CHC.

[326] Sobre los orígenes del MRP se puede consultar a Reinol González, *Y Fidel Creó Punto X*, 95-96, Javier Pazos, «The Revolution» en Javier Pazos, ed., *Cambridge Opinion Cuba*, Londres, 1963, 25-27.

[327] Así fue reconocido en un cable de la CIA del 14 de junio de 1960, de Havana a Director, «According ( )Well Known-Anti-Commie Student Leaders», RN 104-10271-10071, MFF.

dez Travieso naveguen por las difíciles y peligrosas aguas políticas del exilio cubano en Miami, entre las que se encontraban el alejamiento que ha tenido lugar entre los dos «AMPALM», Echevarría y Fernández Varela, y sobre todo este último, y Manuel Artime[328].

Un primer paso en el camino para lograr los planes que han concebido en Cuba y que esperan hacer realidad al llegar a Miami lo dará Muller cuando es incorporado a una delegación del FRD que viajó a Costa Rica para asistir a la Sexta y Séptima Reunión de Consulta de Ministros de Relaciones Exteriores de la OEA. Los conclaves se efectuaron en San José del 16 al 21 de agosto y del 22 al 29 de agosto respectivamente. De la Séptima Reunión saldrá una condena a las intervenciones de Cuba en varios países del hemisferio occidental y a la cual el gobierno cubano responderá con la Primera Declaración de La Habana. Para Muller, sin embargo, fue de notable importancia el trabajo realizado en el país centroamericano pues logró que la FEU costarricense emitiera un pronunciamiento crítico de la revolución cubana. Fue la primera vez que un organismo estudiantil latinoameri-

[328] Cuando el jefe de la CIA en La Habana, Wimer Aretz, informó a Washington al principio de 1960 sobre la estructura y operaciones del conglomerado oposicionista «AMPALM», incluyó una declaración de Fernández Varela afirmando que él y Echevarría ejercían una influencia notable sobre el MRR a través de sus contactos (Chief of Station, Havana a Chief, WHD, La Habana, 4 de marzo de 1960, CIA, RN 104-10271-10039, MFF). Sin embargo, cuando Artime se comunica con la CIA mediante un mensaje que le entrega al agente David Morales en 29 de abril de 1960 para que se haga contacto con Rogelio González Corzo en La Habana, ya se incluye un indicio de que las relaciones entre el dirigente del MRR y Fernández Varela se ha deteriorado. Artime afirmó que a González Corzo se podía llegar a través de Fernández Varela pero que, una vez que se estableciera el contacto, se mantuviera siempre con quien caracteriza como su «hombre de confianza» y que él no quiere que nadie, ni siquiera Fernández Varela, sepa después de cualquier mensaje que González Corzo le dirigiera a él (CIA, «Given to Morales by Bernie on/a 29 April 1960», RN 104-10162-10452, MFF). Más adelante, el 6 de mayo de 1960, en un cable enviado por la CIA en Miami al Director de la Agencia se dice que «Artime no confía en él [Fernández Varela] y no se siente obligado a aceptar órdenes o consejos de AMPALM-4» (Miami a Director, «Cable Re MRR/AMPALM-4 Relationship», 6 de mayo de 1960, CIA, RN 104-10192-10155, MFF).

cano se manifestara públicamente. Para Muller, este resultado fue un aval que fortaleció la posición política al regresar a Miami. En la ciudad floridana se reunirán con el FRD y con Artime. En ambos casos se les invitó a unirse a los cubanos que se entrenaban en Guatemala y en ambos casos rehusaron el ofrecimiento. El objetivo de ellos era el trabajo dentro de Cuba y no querían desviarse de esa meta. Para eso es que querían organizar un movimiento estudiantil. De aquel encuentro con Artime, Muller recuerda que fue particularmente «fuerte». «Nos parecía más auténtico», afirma Muller, «una organización nacional clandestina e independiente»[329]. Es dentro de ese contexto de conversaciones inconclusas cuando deciden comenzar a recoger dinero con el propósito de comprar un barco con el que pudieran trasladarse a Cuba.

Al mismo tiempo en el que Muller, Salvat y Fernández Travieso estuvieron enfrascados en las conversaciones con el Frente y Artime, los tres estudiantes sostendrán varios encuentros con dos funcionarios de la Agencia Central de Inteligencia de Estados Unidos. De acuerdo con Salvat, fue por Artime que lograron el contacto. Uno de los agentes con los que se reunieron fue Ross Lester Crozier quien se presentó con el nombre de «Roger Fox». «Roger» será, por un tiempo, el eventual contacto entre los estudiantes y la CIA, al menos hasta el año 1962. El otro funcionario fue William M. Kent, también conocido como «Oliver H. Corbuston» o «Douglas Gupton»[330]. De acuerdo a Crozier, el conoció a Salvat a través de Alberto Muller[331] Años más tarde, el militante del DRE y miembro de su Ejecutiva, Isidro «Chilo» Borja, le contará a Máximo Sorondo que en aquel momento «'Roger' no

[329] Alberto Muller, entrevista y Juan Manuel Salvat, entrevista.

[330] Dispatch: Operational/AMSPELL [Directorio Revolucionario Estudiantil] Progress Report-July 1962, de Chief of Station JMWAVE a Chief, Task Force W, 14 de agosto de 1962, CIA, RN 104-10171-10334, MFF. Sobre Ross L. Crozier véase la entrevista que le hacen los investigadores del House Select Committee on Assassinations Gaeton Fonzi y Al. Gonzales, el 13 y 14 de enero de 1978.

[331] CIA, «Personal Record Questionaire Part II-Operational Information», November 1, 1961, (firmado bajo el pseudónimo «Harold Noemayr»), JFK Assassination Records, NARA, RN 104-10181-10023.

entiende nada de lo que está pasando, pero promete ayuda logística y materiales para la acción»[332]. Es posible que el comentario de Borja no fuese del todo exacto en cuanto a la forma en que el funcionario de la CIA percibía lo que estaba sucediendo y lo que en realidad ofreció cuando se reúne con los tres estudiantes recién llegados de Cuba, pero si es una acotación que revela las posibles diferencias de criterios que existieron y existirán entre las dos partes que negociaban. Por otro lado, la documentación de la Agencia que está disponible revela que la CIA había mostrado interés por las actividades desplegadas por el grupo que en Cuba se agrupó junto a ellos[333]. De todas maneras, gracias a esos encuentros, Muller, Salvat y Fernández Travieso llegaron a un acuerdo de colaboración con la CIA y se determinó que los tres se trasladaran a una ciudad de Estados Unidos para precisar algunos asuntos antes de que regresaran a Cuba como era la intención de ellos tres[334]. En ese viaje la Agencia les entregó identificaciones falsas y les dieron un equipo de radio y las claves necesarias para poder mantenerse comunicados con la CIA en el exterior. De acuerdo a Salvat, también se establecieron puntos dentro de Cuba en donde se podría recibir material bélico y la Agencia se comprometió a facilitarles la infiltración en la isla[335]. De ahora en adelante, la CIA les asignaría un nombre cifrado a cada uno de ellos con el propósito de identificarlos sin tener que revelar sus nombres verdaderos, a Muller le correspondió AMHINT-1, a Salvat AMHINT-2 y a Fernández Travieso AMHINT-13; más adelante, al Directorio Revolucionario Estudiantil (DRE) se le asignaría el nombre cifrado AMSPELL[336]

[332] Máximo Sorondo, «Episodios de la Epopeya Cubana de Hoy» en *Diario Las Américas*, Miami, 4 de agosto de 1991, 5-B.

[333] Juan Manuel Salvat, entrevista y Cable, Havana a Director, 14 de junio de 1960, RN 104-10271-10071, MFF.

[334] Salvat piensa que esa ciudad fue Baltimore mientras que Muller cree que fue Pittsburgh. Juan Manuel Salvat, entrevista y Alberto Muller, entrevista.

[335] Juan Manuel Salvat, entrevista.

[336] Cryptograms, CIA, MFF. En general el nombre cifrado AMHINT corresponde a miembros del DRE vinculados a actividades paramilitares y de infiltración en Cuba. Los números se suele asignar de acuerdo al orden en el que se

Al comentar sobre un momento tan importante para la historia de la organización que habrían de fundar en poco tiempo, Salvat afirma que el acuerdo que ellos concertaron con la CIA «no es una cosa oficial...nosotros estaríamos dentro de Cuba y ellos nos enviarían armamentos...Jamás nos sentimos 'agentes'...nunca estuvimos subordinados»[337]. Al mismo tiempo, Salvat caracterizó al DRE como «*una organización de guerra, una organización insurreccional* que lucha por derrocar la dictadura comunista instaurada en nuestro país»[338]. Algo similar ocurrió cuando se anunció públicamente el compromiso de la organización con la expulsión «de nuestra Patria a los que han puesto la revolución...al servicio de los regímenes totalitarios extranjeros». De acuerdo con la declaración que se hizo en aquel momento, el DRE afirmó que sus miembros han acordado «*iniciar la lucha armada urgentemente*»[339].

Por su parte, la CIA asumió la relación desde una perspectiva muy diferente a la expresada por el dirigente universitario y por el movimiento. Según la CIA, el DRE era una organización «concebida y creada» por la Agencia...y «la reacción al apoyo directo, dirección y control de la CIA fue inmediata y, obviamente, de mutua conveniencia. De una organización pequeña y sin dinero, que aceptaba con renuencia los recursos exiguos que le ofrecía el Coordinador del FRD, AMHAWK-1 (Antonio de Va-

---

infiltran en Cuba, así, por ejemplo, Muller es el número 1, Salvat el 2, Miguel García Armengol el 3, Antonio García Crews el 4 y así sucesivamente. De ahí que a Fernández Travieso le tocara el 13 por haberse infiltrado en Cuba en marzo de 1961. Luis Fernández Rocha que entonces estaba en Cuba pero que saldrá de la isla después de la fracasada invasión de Bahía de Cochinos, se le asignó el número 53 ya que volvió a Cuba en 1962.

337 *Ibid.*

338 Juan Manuel Salvat, «Organización de la Propaganda del Directorio. Informe de la Secretaría de Propaganda», S.F., documentación de Cecilia la Villa, carpeta «Miami». El informe está escrito antes de que Salvat se infiltrase en Cuba en diciembre de 1960 y en un papel con membrete de DRE del FRD. Énfasis del autor.

339 «Directorio Revolucionario Estudiantil del Frente Revolucionario Democrático. Primer Pleno en el Exilio», *Diario Las Américas*, 8 de octubre de 1960, 7. Énfasis del autor.

rona), se les dio la oportunidad de desarrollarse y de mostrarse como uno de los cinco componentes del FRD...*Sus actividades se concibieron, originalmente, como parte del campo de la guerra psicológica.* No obstante, el entusiasmo revolucionario los llevó, naturalmente, a presionar para obtener apoyo en el movimiento clandestino de Cuba cubriendo un amplio espectro de actividades, desde el paramilitar a la acción política»[340]. Por su parte, Ross L. Crozier, «Roger», alardeará de que fue él quien creó el Directorio[341]

Al identificar el carácter contradictorio de estos dos relatos que hablan sobre la naturaleza y origen del DRE, se hace posible encontrar una de las claves necesarias para poder entender la historia del Directorio, es decir, la relación tensa que habrá de existir entre el DRE y la CIA durante todo el tiempo en el que duró esa relación. Mientras que una de las partes asume que la organización estudiantil es autónoma y creada para la lucha armada, la otra afirma que el DRE es un movimiento subordinado a su autoridad y cuya función principal está en el campo de la propaganda, una contradicción que será también uno de los flancos débiles del DRE.

A medida que se fueron resolviendo los asuntos preliminares relacionados al FRD y la CIA, el siguiente paso que dieron Muller, Salvat y Fernández Travieso está vinculado a la eventual organización del movimiento que querían fundar. Es cierto que la idea de crear un movimiento estudiantil autónomo afincado en la tradición histórica cubana se empezó a concebir antes de que los tres estudiantes salieran de Cuba hacia Miami; pero así mismo es posible pensar, que la idea quedó reforzada por la cercanía que tuvieron Muller, Salvat y Fernández Travieso con Fernández Varela y Echevarría. Al fin y al cabo, la fundación del DRE como organización independiente tenía el potencial de alejar a este grupo de estudiantes de la órbita de Artime y el MRR. En ese sentido, puede ser esclarecedor el contenido de una carta que le escri-

---

[340] Dispatch: Operational/AMSPELL Progress Report-July 1962, 14 de agosto de 1962, CIA, RN 104-10171-10334. MFF. Énfasis del autor.

[341] Ross L. Crozier a Gaeton Fonzi y Al Gonzales.

biera Juan Manuel Salvat a Manuel Artime el 20 de noviembre de 1960 cuando ya se había fundado el DRE del FRD. Según el documento, Salvat y Artime se han reunido en Miami en vísperas de que Salvat emprendiera un viaje clandestino a Cuba para infiltrarse en la isla. Aparentemente el dirigente del MRR se había molestado con Salvat porque no le había contado las decisiones que estaba tomando relativas a sus planes. «Tú un poco bravo conmigo», le dice Salvat a Artime, «por no haber yo contado contigo en estas decisiones...Bravo por creer que no es mi deber el que hoy escojo». Es entonces cuando Salvat le transmite a Artime el asunto relacionado a la fundación del DRE: «Tú sabes», le dice, «que el Directorio fue idea mía desde el principio, pues creía que nosotros los agrupados deberíamos dividirnos un poco en movimientos...para ser más efectivos en la lucha y poder organizar mejor los campos de batalla y los futuros campos políticos»[342] Aunque la carta de Salvat a Artime no implica un rompimiento total con el compañero agrupado, sí es clara al expresar el deseo de que el DRE tenga vida propia a la vez que insinúa la posibilidad de que se esté llevando a cabo un desplazamiento de la nueva organización y de sus líderes hacia los límites exteriores de la órbita alrededor del MRR, un movimiento que tendrá repercusiones dentro de Cuba.

Mientras tanto se llevó a cabo una reunión en Miami con el propósito de darle forma concreta al movimiento estudiantil que se quería organizar. A la convocatoria concurrieron, además de Muller, Salvat y Fernández Travieso, varios estudiantes cubanos que se encontraban fuera de Cuba y que militaban en algunas de las organizaciones políticas con presencia en la ciudad. La reunión se celebró el 5 de octubre de 1960, y en ella se tomó la resolución de fundar el Directorio Revolucionario Estudiantil del Frente Revolucionario Democrático, una organización unitaria que agruparía a las secciones estudiantiles de los distintos movimientos afiliados al FRD. Una vez creado el DRE del FRD los estudiantes cubanos contarían, como era la tradición, con un ins-

[342] Carta de Juan Manuel Salvat a Manuel Artime, Miami, 20 de noviembre de 1960, DRE, AJFC.

trumento de lucha autónomo que debía asumir la representación de todo el estudiantado dispuesto a enfrentarse a Castro y su revolución. Como parte de los acuerdos a los que se llegó en la asamblea se escogió el ejecutivo que encabezaría la organización. Alberto Muller fue designado secretario general, mientras que Salvat y Fernández Travieso quedaron al frente de la propaganda y de los asuntos militares respectivamente. Teresita Valdés Hurtado, que se había vinculado al grupo de los que protestaron en el Parque Central y la Universidad de La Habana, asumió la responsabilidad de los Asuntos Femeninos. Otros que ocuparon cargos fueron Alejandro Portes como secretario de Actas y Correspondencia, Jorge Más en la Secretaría de Organización, Abel de Varona en Relaciones Públicas, Oscar Cerallo como Secretario de Inteligencia y Comunicaciones, Carlos de Varona en Asuntos Pre-Universitarios y Tulio Díaz en Finanzas. Los últimos cinco eran estudiantes que provenían de organizaciones afiliadas al FRD y que no formaban parte del núcleo al que pertenecían Muller, Salvat y Fernández Travieso. Un nombramiento adicional que se hizo en la reunión fue el de Antonio García Crews, «Alejandro», como coordinador del clandestinaje en Cuba. A José Antonio Echevarría se le nombró, simbólicamente, Presidente de Honor, y de esa manera se quiso establecer el vínculo de la nueva organización con la tradición estudiantil cubana y con la lucha contra Batista[343].

El Primer Pleno del DRE del FRD también consideró el tema de la lucha armada que debería llevar a cabo la nueva organización. A esos efectos redactaron una comunicación dirigida al «Estado Mayor del Frente» para que «se concrete el plan de acción urgente militar que se debe realizar». En ese sentido demandó participación inmediata en los planes del FRD, que se le suministraran «los armamentos» que procedan de modo urgente, y que se les proveyese entrenamiento[344].

---

[343] «Constitución del Directorio Revolucionario Estudiantil del Frente Revolucionario Democrático» Primer Pleno en el Exilio, S.F. Archivo del autor, DRE, AJFC

[344] «Al Estado Mayor del Frente», Miami, 5 de octubre de 1960, DRE AJFC

Al nombrarse a Antonio García Crews como coordinador del Directorio en el clandestinaje, se puntualizó que «este se pondrá en contacto con los compañeros que en este momento luchan para derrocar la dictadura comunista instaurada en nuestra Patria y desarrollará perfectamente la organización final del Directorio en el clandestinaje. Se encargará además de desarrollar las otras labores que le asignen (sic) el ejecutivo en el exilio»[345], una declaración que insinuó la preeminencia jerárquica de la organización que se creaba en Miami sobre cualquier movimiento estudiantil que existiera en la isla y que crearía fricciones cuando García Crews llega a Cuba.

García Crews había salido de la isla después de los eventos relacionados a la protesta del Parque Central. Su intención al llegar a Estados Unidos era estudiar economía en la Universidad de Chicago. En lo que comenzaba el nuevo semestre académico, García Crews se instaló en la residencia de un amigo de su padre en Dubuque, Iowa y allí fue donde recibió una llamada de Alberto Muller en la que le informó de su llegada a Miami y de los planes que existían para organizar el Directorio. De acuerdo con García Crews, él se puso de acuerdo con Muller para tener una reunión en la que pudieran hablar con más detenimiento y precisión sobre lo que estaban conversando y para poder puntualizar el papel que jugaría García Crews en la organización. La reunión se llevó a cabo en la ciudad de Nueva York en el mes de septiembre de 1960 y García Crews estuvo de acuerdo con la propuesta de regresar a Cuba para organizar el Directorio en la isla. Él había salido a Estados Unidos con visa de estudiante y podía regresar de forma regular a La Habana. Antes de volver a Cuba con la encomienda de coordinar el movimiento en el clandestinaje, García Crews pasó alrededor de dos semanas viviendo en un motel de Miami. Allí recibió varias visitas de Ángel Félix Yergo, alias «Zenea», quien fue el encargado de instruirle en las artes de la lucha clandestina. Yergo era amigo de Ángel Fernández Varela y se convirtió en uno de los principales asesores del grupo de Mu-

[345] DRE del FRD, Designación del Coordinador, Miami, 5 de febrero de 1960, DRE, AJFC

ller durante la etapa en la que estuvieron en Miami [346]. El 7 de octubre, unas horas antes de embarcarse hacia Cuba, García Crews le escribió una carta a los amigos que le habían alojado en Dubuque. En esa carta les dice que regresa a La Habana y les menciona la constitución del Directorio. «En Cuba», dice García Crews, «los estudiantes, siempre, históricamente, han sido la punta de lanza de la lucha en contra de las dictaduras y en este momento no quedarán atrás. Por primera vez, la mayoría de los dirigentes son católicos y tengo grandes esperanzas hacia el futuro de mi país»[347]. La carta de García Crews era una evidencia adicional de la voluntad que tenía este grupo de estudiantes de organizar un movimiento estudiantil autónomo.

---

[346] Isidro Borja hace referencia a la «asesoría» que le daba Yergo a Muller, Salvat y Fernández Travieso durante el tiempo en el que están en Miami durante 1960, en la entrevista que tiene con Máximo Sorondo. En ese mismo artículo se alude que «Zenea» había «aparecido misteriosamente muerto años después», («Episodios de la Epopeya Cubana de Hoy», *Diario Las Américas*, 4 de agosto de 1991, 5-B). El nombre de Yergo salió a relucir en las reuniones que tiene el grupo AMPALM entre el 27 y 30 de marzo de 1960. De acuerdo al sumario de la transcripción que se hizo de las reuniones, Yergo, junto Juan Pallí, Miguel Suárez Fernández y Antonio Alonso Ávila forma parte del grupo reclutado para trabajar en el área de propaganda en la que Ángel Fernández Varela tendrá una posición directiva («Memorandum for the Record», 4 de abril de 1960, RN 104-10192-10183, JFK Assassinations Records). El nombre de Yergo también aparece en varios documentos originados por la CIA; en uno del 10 de octubre de 1963, se transcribe una conversación telefónica entre Manuel Artime y un funcionario de la CIA identificado como Raúl Hernández en el que el primero afirma que Yergo había sido «un gangster en Cuba durante el período presidencial de Prío [1948-1952]» (Memorandum for the Record, «Telephone Conversation Between AMBIDDY-1 and Raúl Hernández 4 October 1963», RN 104-10241-10009, MFF) y también es identificado en varios documentos como «informante» del FBI. Sobre este particular véase, por ejemplo, comunicación entre James j. O'Connor y Director, FBI, 5 de marzo de 1965 (RN 124-10225-10205, MFF). Juan Manuel Salvat afirma que Ángel Fernández Varela fue quien les presentó a Yergo pues trabajaba con él en las oficinas de Radio Swan en Miami Beach. Confirma, además, que Yergo había sido miembro de la Unión Insurreccional Revolucionaria (UIR), uno de los grupos gangsteriles que operaron en Cuba en los años cuarenta y principio de los cincuenta del siglo XX. Correo electrónico, Juan Manuel Salvat, 5 de diciembre de 2019.

[347] Copia de la carta fue provista por Antonio García Crews al autor.

Antes de salir hacia Cuba, García Crews recibió la visita de Manuel Artime quien le confía la idea de llevar a cabo una «misión» en la isla. La encomienda que le propone el dirigente del MRR es que se preparara para ocupar la estación de radio CMQ y la Universidad de La Habana, algo que el propio García Crews encontró extraño pero que, a la misma vez, le dejó «sin dormir toda la noche». Ni Muller ni Salvat sabían tampoco de esos planes[348], un ángulo que indica que en ese momento la naturaleza de las relaciones que existían entre algunas de las facciones políticas que estaban relacionadas a la ACU seguía siendo confusa, al menos ese parecía ser el criterio del dirigente del MRR.

El regreso de García Crews a La Habana fue en un vuelo regular que salió de Miami y llegó al aeropuerto «José Martí» en Rancho Boyeros. Para entrar utilizó el mismo pasaporte con el que había salido de Cuba unos meses antes. En La Habana se hospedó en casa de un primo, Eddie Crews, que también sería militante del DRE. La comunicación con el exterior se haría a través de Jorge, «el Pico», Marbán, quien fue compañero de García Crews en la Sierra Maestra durante el tiempo en que ambos participaron en el programa de los Comandos Rurales. García Crews llevó a Cuba un libro que le serviría para descifrar los mensajes cifrados que le llegaban mediante transmisiones de Radio Swan.

Al llegar a Cuba, García Crews contaba con el modelo de organización sombrilla que caracterizaba al FRD. La idea era promover la recién creada organización del DRE del FRD en Cuba para que agrupara a todos los movimientos estudiantiles que funcionaban en la isla como oposición al régimen. A tales efectos se reunió con Luis Fernández Rocha, «Luciano», quien era el máximo dirigente del Directorio Estudiantil del MRR. La reunión con Fernández Rocha era un paso lógico para García Crews, no solo porque el MRR era en ese momento el movimiento más importante de los que operaban dentro de la isla, sino también por las afinidades que existían entre varios de los dirigentes y militantes del DRE del FRD y la respectiva contraparte en la sección estudiantil del MRR. Entre ellos existía la fraternidad que prove-

[348] Antonio García Crews, entrevista.

nía de ser casi todos miembros de la ACU, además de que muchos de ellos habían participado juntos en actividades políticas como la protesta en el Parque Central y los esfuerzos por salvar la autonomía de la Universidad y por impedir la penetración de marxistas en el campus universitario. Además, García Crews y Fernández Rocha habían viajado juntos a Chile en noviembre de 1959 para asistir a actividades estudiantiles en el país suramericano. El encuentro, sin embargo, no resultó lo que García Crews y el DRE del FRD en Miami habían esperado. Sobre este particular, Alberto Muller responsabilizó a la dirigencia del MRR en el exterior con la dificultad de poder desarrollar un entendimiento por las dos partes que dialogaban en La Habana. A tales efectos Muller le declaró a Cecilia la Villa que se había intentado transmitir a Cuba los planes relativos a la fundación de una organización estudiantil independiente pero que, cuando García Crews llegó a La Habana les informó que allí no habían recibido nada. «Ahí», según Muller, «nos dimos cuenta que el MRR nos había cerrado pues veía al DRE como un peligro»[349].

Fernández Rocha mostró una gran resistencia a la propuesta que venía del exterior[350]. Bernabé Peña, que entonces formaba parte de la sección estudiantil del MRR también expresó su oposición al planteamiento que traía García Crews. A esos efectos, Peña recuerda que «yo fui de los que cuando recibimos la noticia de que Tony García iba para allá [Cuba],...me opuse diciendo 'como van a venir esa gente...y ahora, de momento, van a querer quedarse con la organización'»[351]. Según el testimonio de Fernández Rocha, «Toda la organización que había en Cuba, y que era considerable, resintió profundamente aquello»[352]. Por otro lado, es pertinente advertir que Fernández Rocha, en aquel momento, tenía serias dudas acerca de la viabilidad de seguir for-

349 Testimonio de Alberto Muller en la Villa, *Clandestinos*, 50.
350 Luis Fernández Rocha, entrevista.
351 Bernabé Peña, entrevista con Cecilia la Villa, Miami, S. F., provista al autor por Bernabé Peña.
352 Luis Fernández Rocha y Juan Manuel Salvat, entrevista de Cecilia La Villa, Miami, 23 de mayo de 2012. Facilitada al autor por Juan Manuel Salvat.

mando parte del MRR. El origen de ese convencimiento estuvo relacionado con una entrevista que él sostuvo con Manuel Artime en Miami «en algún momento de principios del 60»[353]. En esa ocasión, Fernández Rocha había viajado a Miami junto a José Fernández Planas y al regresar a Cuba concluyó que «con motivo de aquella entrevista para mí fue muy claro que la sección estudiantil del MRR no iba a ningún lado, y que nosotros debiéramos fundar una asociación, un grupo que resultó ser el Directorio»[354]. No obstante, y a pesar de ese convencimiento manifestado por Fernández Rocha, lo que fue evidente es que, al momento de reunirse con García Crews, quienes militaban en la sección estudiantil del MRR no estaban dispuestos a aceptar órdenes del exterior.

El fracaso que tuvo la gestión de García Crews sugiere que dentro de Cuba, al menos en la sección estudiantil del MRR, existía una gran oposición a acatar órdenes que procediesen del exterior, sobre todo después de que ya ese movimiento estaba activo en la lucha clandestina. En septiembre, por ejemplo, el propio Fernández Rocha junto a Emiliano Juncosa, habían volado el busto de Julio Antonio Mella que se encontraba en un pequeño parque al frente de las escalinatas de la Universidad de La Habana[355]. A la misma vez su grupo estuvo involucrado en varios actos de sabotaje efectuados durante ese mes en varios puntos de La Habana[356]. No obstante, una carta manuscrita que se envía a Miami el 4 de noviembre y que va dirigida a «Marta», «Zoila» y «Lola»[357], sugiere que algún grado de conexión existía todavía

[353] Luis Fernández Rocha y Juan Manuel Salvat, entrevista con Cecilia la Villa
[354] *Ibid.*
[355] Luis Fernández Rocha, entrevista. En el libro de Cecilia la Villa, *Clandestinos*, 66, Manuel Villanueva afirma que él y José «Cheo» Guerra volaron el busto de Mella que estaba situado en la Plaza Cadenas de la Universidad de La Habana. Es posible que estos dos eventos sean distintos ya que el busto de Mella al que se refirió Fernández Rocha estaba ubicado en un parque frente a la escalinata de dicho centro docente.
[356] DRE, «Cronología del DRE», «Septiembre de 1960» S.F., S.N., documentación de Cecilia la Villa, carpeta «Miami».
[357] No se han podido identificar las personas a las que se dirigió esta carta que por otra parte es de difícil lectura por ser manuscrita. La carta tampoco está

entre el grupo que dirigía Fernández Rocha y el núcleo representado por García Crews. Aunque la carta no está firmada, es posible deducir con un alto grado de certeza que el designado Coordinador del DRE del FRD está al tanto del mensaje que se envía a sus compañeros en Miami pues en la misma se cita a «Alejandro» junto al autor de la misiva caracterizando el contenido de la carta como «ULTRACONFIDENCIAL»[358]. En el punto primero que están considerando ya se insinúa el vínculo entre las dos partes pues después de resaltar que «La formación de un Directorio en Cuba que abarque todas las organizaciones estudiantiles no es posible debido a que el Frente en Cuba lo rechazó», se aclara que «no obstante de hecho la única fuerza estudiantil organizada en toda la isla, entiéndase bien, de Oriente a Occidente es la *nuestra*; tenemos hombres de sobra *completamente independiente de la parte nacional del MRR*», una insinuación evidente de que el autor de la carta se está refiriendo al Directorio Estudiantil del MRR aunque opera de forma autónoma de esa organización. La exposición sobre este particular termina explicando que «solo la carencia absoluta de material y dinero nos ha impedido realizar una labor más a tono con las circunstancias...*En resumen no sabemos qué actitud puede ser la más conveniente para solucionar el asunto del Directorio. Esperamos noticias*»[359].

Otro aspecto importante que se trata en la carta es el que tiene que ver con el suministro de material para poder conducir la actividad bélica de la organización clandestina. Después de aclarar que no tienen fe en la ayuda que puedan brindar «los amigos», que era una forma casual de referirse al gobierno de Estados Unidos, el que escribe el mensaje le indica a los compañeros en el exterior que son ellos los indicados para hacer «todo lo posible por mandarnos equipos (plástico [se refiere a los explosivos C-3 y C-4] o dinamita y armas», es decir, que la responsabilidad que

firmada. Carta a Marta, Zoila y Lola, La Habana, 4 de noviembre de 1960, DRE, AJFC.

[358] Antonio García Crews no recuerda haber visto la carta. Antonio García Crews, entrevista.

[359] *Ibid*, énfasis del autor.

el grupo en Cuba le está asignando quienes están en Estados Unidos no es la de mando sino la de auxiliares encargados de suplir el material de guerra. Aquella era una posición muy coherente con la que asumieron Fernández Rocha y Bernabé Peña cuando se reunieron con García Crews y muy diferente a las instrucciones que había recibido «Alejandro». Aunque en ningún momento se insinúa la exclusión de uno o de otro sino todo lo contrario pues está sobreentendida la búsqueda de la cooperación, en la carta si se expresa un tipo de relación muy diferente a la que se propuso en Miami. En ese sentido, es muy significativo que, después de reconocer el interés que tienen los que están afuera por incorporarse a la lucha dentro de Cuba, se les sugiere que no se precipiten ya que «creemos que la labor que Uds. puedan realizar aquí sería muy poca en comparación con los [¿numerosos?] riesgos que tendrían que correr»[360]. En este punto la carta difiere de lo que García Crews pensaba en aquel momento ya que él recuerda haberse comunicado con Muller, Salvat y Fernández Travieso para informales que, si querían conseguir los objetivos unitarios que se proyectaron con la fundación del DRE del FRD, no tenían más remedio que trasladarse a Cuba[361].

Después de la primera reunión que sostuvo con Fernández Rocha, García Crews se entrevistó con «Francisco», el Coordinador Nacional del MRR, a quien él conocía de la ACU y de los Comandos Rurales. En la reunión «Francisco» le sugirió a García Crews que trabajase con Fernández Rocha, una propuesta que el recién llegado de Miami no rechazó pues tan pronto tuvo la oportunidad comenzó a colaborar en algunos trabajos del clandestinaje junto al dirigente de la sección estudiantil del MRR. Una de esas acciones en las que participó fue en el asalto a Radio «Éxitos», una estación de radio que se utilizó para transmitir una grabación en la que «Luciano» arengó a los estudiantes cubanos para que se incorporaran a la lucha contra el régimen de Castro[362].

---

360 *Ibid.*

361 Antonio García Crews, entrevista.

362 Luis Fernández Rocha, entrevista y Antonio García Crews, entrevista.

Al mismo tiempo, García Crews llevó a cabo un vasto recorrido por las distintas provincias de Cuba con el propósito de entrar en contacto con otros estudiantes que podrían unirse a la organización que él representaba. Sin embargo, a finales de noviembre tomó una decisión que lo desviaba de los planes iniciales que se le habían encomendado. En esos días decidió participar en una tanda de Ejercicios Espirituales que dirigió el director de la ACU, el P. Amando Llorente, S. J. Según el testimonio de García Crews, el P. Llorente, S. J., aprovechó la ocasión para transmitirle a García Crews un mensaje que le enviaba González Corzo. El recado, según lo recuerda García Crews, era que «Francisco» le pedía que se uniera a un alzamiento del MRR en la Sierra del Escambray en la parte central de la isla de Cuba[363]. García Crews aceptó la encomienda después de reunirse con Octavio «Chino» Guzmán, un ex combatiente del M-26-7 que se había unido al MRR y que conocía perfectamente la zona del Escambray. Según cuenta García Crews, él conoció al «Chino» Guzmán en la casa de Cesar Baró, otro militante del movimiento que dirigía Artime. En esa reunión, Guzmán le informó que él le había entregado un mapa de la región montañosa en el centro de la isla a un agente de la CIA que operaba desde la Embajada de Estados Unidos en La Habana. El propósito del mapa era señalar el lugar específico en donde se dejaría caer material de guerra en un «dropping» que tendría lugar el 30 de noviembre[364]. Sin embargo, García Crews quiso antes discutir el asunto con Luis Fernández Rocha y Alberto Muller quien al fin había logrado infiltrarse en Cuba el 21 de noviembre después de un conato de desembarco que tuvo que ser abortado por culpa de un mal tiempo[365]. En ese encuentro, el «Coordinador» del DRE del FRD compartió su plan con los dos dirigentes estudiantiles y les comunicó que su esperanza era abrir

[363] Antonio García Crews, entrevista.

[364] *Ibid.*

[365] Correo electrónico de Alberto Muller, 9 de octubre de 1960. De acuerdo con Muller, el primer intento de entrar en Cuba el día 15 de noviembre. La infiltración se pudo llevar a cabo días después por el mismo reparto Náutico en la playa de Marianao. Véase el relato de Muller sobre su viaje a Cuba en la Villa, *Clandestinos*, 57-58.

una emisora de radio en el Escambray a nombre del Directorio. Muller se opuso a la idea pero Fernández Rocha lo respaldó. Por su parte, García Crews estaba convencido de su proyecto y decidió seguir con los planes del alzamiento. Antes de salir hacia el Escambray, el hasta entonces Coordinador del DRE le entregó a Muller la lista de los contactos que él había logrado establecer en su recorrido por la isla. A los pocos días de aquella reunión, García Crews partió junto a Octavio «Chino» Guzmán hacia la ciudad de Cienfuegos, que era la antesala de la zona montañosa del Escambray. Estando en Cienfuegos se enteró que uno de los enlaces que supuestamente los llevaría a la zona de guerra en las montañas era informante del gobierno. Ante semejante noticia tuvieron que abortar el plan y decidieron dirigirse a la ciudad de Santa Clara. En el camino se dieron cuenta de que los seguían y tomaron rumbo a La Habana, aunque no pudieron llegar a la capital cubana pues fueron detenidos en el camino. Poco después, García Crews fue juzgado y condenado a cumplir treinta años de cárcel[366].

La experiencia de Antonio García Crews es un indicio que señala lo lejano que estaba para el DRE llegar al horizonte vislumbrado al gestarse la organización en Miami, es decir, alcanzar el estado de plena autonomía como un movimiento insurreccional de estudiantes. A eso aspiraban, pero todavía quedan muchos vasos comunicantes, demasiados lazos fraternales atando al DRE del FRD con el MRR. Es la opinión de Isidro Borja cuando afirmó que «el DRE se mantiene dentro de un cuadro de coordinación» con el MRR, particularmente en Cuba con «Francisco» como coordinador general del FRD[367]. A la misma vez, cuando Muller llega a Cuba hay un aspecto positivo a favor del proyecto del DRE, se ha logrado crear una estructura organizativa, una plataforma desde la cual poder impulsar el movimiento hacia la meta vislumbrada. Aún quedaba camino por andar, pero la ruta no estaba agotada.

Mientras tanto, el concepto que ha cristalizado en Miami al organizarse un movimiento estudiantil como apéndice del Frente, empieza a desintegrarse al poco tiempo de su alumbramiento

---

366 *Ibid.*

367 Máximo Sorondo, «Episodios de la Epopeya Cubana de Hoy».

cuando aparece la primera de un conjunto de grietas en la relación entre el DRE y el FRD. Ese momento inicial se relacionó con los planes que aprueba el ejecutivo del DRE del FRD para enviar algunas delegaciones de visita a varios países de América Latina. La reunión en la que se acordó el plan tuvo lugar el 15 de octubre, apenas una semana después de que se anunciara públicamente la organización del DRE. El propósito de esos viajes era el dar a conocer el nuevo movimiento entre los estudiantes de la región[368]. El proyecto, sin embargo, tuvo que modificarse debido a objeciones provenientes del Coordinador del Frente, Manuel A. de Varona[369]. A esa falta de acuerdo le siguió la intervención del FRD en una convocatoria para promover una huelga estudiantil en Cuba con motivo de cumplirse el primer mes del fusilamiento del presidente de la FEU en la Universidad Central de Las Villas, Porfirio Ramírez. La huelga se llevaría a cabo el 14 de noviembre de 1960. La convocatoria y llamamiento a la unidad de todos los estudiantes cubanos estaba firmada por Alberto Muller como secretario general del DRE del FRD, «Alejandro» en su función del clandestinaje y Juan Manuel Salvat como secretario de Propaganda de la organización[370]. Con el objetivo de darle apoyo al movimiento huelguista, la CIA hizo planes para infiltrar en Cuba

[368] DRE del FRD, Doc. 11, Sec. de Actas, Miami, 15 de diciembre de 1969 (sic), DRE, AJFC.

[369] Cable, de JMMASH (CIA-Miami) a Director, «Re: Change in Itinerary due AMHAWK [Manuel A. Varona] Dissaproval Plans», Miami, 24 de octubre de 1960, CIA, AJFC. En un documento de la CIA originado en la base que la Agencia tenía en Miami, JMWAVE, y fechado el 16 de abril de 1963, se hace un sumario histórico de la organización «Unidad Revolucionaria» y se afirma que, a finales de 1960, el Coordinador de esa organización, Rafael Díaz Hanscom, se reunió en Miami con Manuel A. Varona. Díaz Hascon había salido de Cuba con el propósito de lograr ayuda para su organización en Cuba. Segú el documento, Varona le comunicó al Coordinador de UR que «el Frente (FRD) no favorecía la creación de una organización clandestina unificada». De ser cierta la afirmación del documento, se pudiera especular que cuando Varona entorpecía los planes del DRE del FRD lo hiciera desde esa misma perspectiva. Despacho, Jefe de Estación, JMWAVE a Jefe, Personal de Asuntos Especiales, «Unidad Revolucionaria», Miami, 16 de abril de 1963, CIA, MFM.

[370] Directorio Revolucionario Estudiantil-FRD, «A todos los estudiantes», 13 de noviembre de 1960, DRE, AJFC.

al primer grupo de propaganda [Prop Team] del DRE[371]. Ese pudo haber sido el primer intento fallido de llevar a Alberto Muller de regreso a la isla y que fracasó por causa del estado del tiempo. De todas maneras, la huelga, estuvo muy lejos de ser un éxito. En un despacho de la CIA firmado por «Harold R. Noemayr» [Ross Crozier] se resume un informe enviado desde Cuba por AMPAD 1[372] y en el cual se ofrecen detalles relacionados con las actividades del DRE en la isla. En ese mensaje se afirma que en la Universidad de Villanueva no se notó una baja sustancial en la asistencia al recinto y que solo en los colegios privados de Belén y St. George se calculó que la mitad de sus respectivos cuerpos de estudiantiles tomaron clase ese día. El informe incluye, además, una evaluación de la huelga que hicieron algunos presidentes de las asociaciones de estudiantes que asistieron a una reunión en el colegio de La Salle y llegaron a la conclusión que «sus preparativos para la huelga fueron embrollados y frustrados por órdenes contradictorias provenientes de las oficinas centrales del FRD en Miami». Así mismo, puntualizaron que «Radio Swan no apoyó la huelga»[373].

El próximo punto de fricción entre el DRE y el FRD surgió a raíz de un anuncio firmado por el Directorio Revolucionario Estudiantil y aparecido en la edición del 24 de noviembre en el periódico miamense *Diario Las Américas*. Con esa nota se estaba convocando a un acto público el 26 de noviembre para conmemorar el fusilamiento de los ocho estudiantes de medicina acaecido en Cuba el 27 de noviembre de 1871. El problema es que el ejecutivo del DRE no era quien había convocado el acto, ni sabían de la convocatoria. Poco después supieron que la actividad estaba organizada por un Comité de Estudiantes del FRD, un grupo que trataba de asumir la representación estudiantil que ya se le reco-

[371] Cable, de Havana a Director, «Handbill Being Circulated by MRP Directs Students», La Habana, 7 de noviembre de 1960, CIA, RN 104-10179-10402, MFF.

[372] Informante de la CIA de nombre desconocido.

[373] Despacho de Jefe de Base a Jefe WHD, «Activities of Directorio Revolucionario Estudiantil», Miami, 7 de diciembre de 1960, CIA, RN 104-10171-10027, MFF.

nocía al DRE. Así mismo, los dirigentes del Directorio se enteraron de que detrás del Comité estaban algunos miembros del FRD que querían aprovechar la ocasión para buscar apoyo político entre los cubanos que asistieran al evento. La reacción del ejecutivo del DRE fue convocar a una conferencia de prensa con el propósito de movilizar a sus seguidores para que acudieran al acto. La concurrencia se calculó entre mil y tres mil personas y ante ella, la dirigencia del DRE puso una cinta grabada con un mensaje de Alberto Muller «desde Cuba» y aunque, efectivamente, Muller ya estaba en la isla, la grabación había sido hecha antes de que el estudiante se infiltrara en territorio cubano. El acto fue un éxito para el DRE pero no dejó de ser un momento de tensión entre el Directorio y el FRD[374].

A los pocos días de celebrado el acto en conmemoración del 27 de Noviembre, el regreso de Muller a Cuba se convirtió en un motivo adicional de desacuerdo entre el DRE y el FRD. En este caso fue la protesta presentada por Carlos de Varona, entonces secretario de Asuntos Pre-Universitarios de la organización, e hijo de Manuel A. de Varona, el coordinador del FRD, porque no se había informado de esa infiltración a varios de los miembros del Ejecutivo. Salvat, que llegaría clandestinamente a Cuba varios días después, se excusó con Varona y reconoció el error. Sin embargo, en esa misma reunión se acordó nombrar una «comisión del exilio» para hacerse cargo de los asuntos del DRE fuera de Cuba porque se había determinado que el ejecutivo se estaría organizando en la isla. Ya Carlos de Varona no aparece entre los nombramientos del ejecutivo y es Manuel Rodríguez quien aparece como el nuevo responsable de la Pre-Universitaria[375]. Cuatro días más tarde vuelve a manifestarse un asunto similar pues el Ejecutivo del DRE celebra su sexta reunión y en ella se discute, como planteamiento de Salvat, Alejandro Portes y Ernesto Fernández Travieso, «la necesidad de eliminar las secciones estudiantiles de los distintos movi-

[374] *Ibid.* Los detalles del evento están incluidos en el informe suscrito por «Harold R. Noemayr».

[375] DRE del FRD, Doc. 14, Sec. de Actas, Miami, 2 de diciembre de 1960, DRE, AJFC.

mientos al existir el DRE»[376]. La cuestión se analizó como consecuencia de la reciente creación de una sección estudiantil del Movimiento Rescate Democrático y Revolucionario. El argumento que utilizaron Cerallo, M. Rodríguez y Varona para justificar la acción llevada a cabo por Rescate hizo énfasis en «la necesidad de orientar a los estudiantes en cuanto a los problemas nacionales ya no estudiantiles formándoles una ideología para lo cual sería necesario (sic) la militancia de los mismos en determinados movimientos»[377]. Salta a la luz la diferencia en concepción que representan ambos argumentos. Mientras que Salvat, Fernández Travieso y Portes expresaron un concepto de movimiento estudiantil integral y autónomo, los otros tres miembros del Ejecutivo asumen al DRE como el modelo del Frente, es decir, una organización sombrilla que reúne a las distintas secciones estudiantiles agrupadas en los diferentes movimientos que forman parte del FRD pero que conservan sus respectivas identidades. El asunto queda insinuado en la comunicación que envía Alejandro Portes a Antonio Terrada en Puerto Rico y en la que le anuncia su nombramiento como delegado del Directorio en la isla. En su carta, el Secretario de Actas y Correspondencia le dice a Terrada que se debe poner en contacto con la delegación del FRD en Puerto Rico pero le advierte que debe tomar en cuenta que «el Directorio se considera completamente autónomo del FRD»[378].

Las diferencias del DRE con el Frente se ampliarán en Cuba hasta el punto de que el ejecutivo de la organización en la isla amenaza con separarse del FRD[379]. El 23 de febrero Muller le escribe a Ernesto Fernández Travieso y le dice que «debe prestar mucha atención [a] la separación con el Frente», advirtiéndole que el FRD «está muy pero muy choteado en Cuba...El DRE no necesita del Frente y le da prestigio al mismo y a la vez pierde

[376] DRE del FRD, Doc. 15, Sec. de Actas, Coral Gables, 6 de diciembre de 1960, DRE, AJFC.
[377] *Ibid.*
[378] Carta de Alejandro Portes a Antonio Terrada, Miami, 30 de enero de 1961, documentación de Cecilia la Villa, carpeta «USA».
[379] Carta de Alberto Muller y Luis Fernández Rocha a Manuel A. de Varona, La Habana, 20 de febrero de 1961, DRE, AJFC.

prestigio por culpa del Frente»[380]. El mismo sentimiento se refleja en un informe probablemente redactado por Juan Manuel Salvat, en el que expresa un gran malestar por la propaganda que le han enviado desde Miami y que caracteriza como «tremenda basura, pues eran sellitos que no decían DRE y hablaban del Frente». Quien escribe el documento incluye una aseveración dura que manifiesta el distanciamiento entre el Directorio y el FRD: «Yo no hago propaganda del Frente sino del Directorio»[381].

El examen de la documentación citada insinúa que el alejamiento entre el DRE y el FRD se fue dando por desavenencias que surgieron entre ambas organizaciones; sin embargo, la de la documentación generada por la CIA se desprende que el fenómeno fue el resultado de una decisión que aparentemente se tomó cuando Muller, Salvat y Fernández Travieso llegaron a Miami y acordaron con la Agencia el sostener un tipo de relación. Al describir lo que la CIA creyó que era el origen del DRE se afirmó que el Directorio «fue concebido y aprobado por la oficina central [Headquarters] [de la Agencia] como un recurso [asset] unilateral de WAVE [la base de la CIA en Miami], *apoyando, pero sin ser miembro, de AMIRON [FRD]*»[382]. Lo significativo de estos modos diferentes de concebir al DRE es que, en un futuro no muy lejano, el modelo frentista que apareció en la organización que se organizó en Miami con el nombre de Directorio Revolucionario Estudiantil del Frente Revolucionario Democrático irá desapareciendo y en el camino ocurrirá el desprendimiento de los estudiantes que militaban en las organizaciones del Frente que

---

380 Carta de AM a EFT, La Habana, 23 de febrero de 1961, documentación de Cecilia la Villa, carpeta «Miami». Una opinión parecida sobre el FRD la ofreció Manolo Ray, en ese momento era el máximo dirigente del MRP, a un funcionario de la CIA con quien se entrevistó a principios del mes de enero de 1961. Memorandum of Conversation, «Meeting with Dr. Manuel 'Manolo' Ray», 9 de enero de 1961, CIA, RN 104-10193-10008, JFK Assassination Records.

381 «Informe de actividades del DRE», La Habana, 3 de marzo de 1961, DRE, AJFC.

382 Despacho de Jefe de Estación, JMWAVE a Jefe, Grupo de Trabajo, W, «Operational/AMSPELL Progress Report-July 1962», Anexo A, Miami, 14 de agosto de 1962, CIA, RN 104-10171-10334, MFF. Énfasis del autor.

quieren mantener su propia identidad. Mientras tanto, el DRE se convertirá en un movimiento de estudiantes con una identidad propia, un programa particular y una ideología inherente a los estudiantes que escogieron militar en esa organización, una transformación que quedará consolidada dentro de Cuba.

Después de la entrada clandestina en Cuba de Alberto Muller, los próximos miembros del DRE que logran infiltrase en la isla fueron Juan Manuel Salvat y Miguel García Armengol «Chenier». El ingreso al territorio cubano tuvo lugar el 5 de diciembre de 1960. Salvat recuerda que la entrada clandestina tuvo lugar por el Náutico de Marianao y que antes de desembarcar tiraron al agua un cargamento de armas que trajeron desde Miami[383]. De acuerdo con Isidro Borja las cajas fueron rescatadas un par de días después por José Enrique Dausá, un militante del MRR. Borja recuerda que «los rescatadores salieron del bar del Casino Español, club social que se encontraba cerca de donde estaba hundido el cargamento», y «a un centenar de metros, a plena luz del día, trabajaron durante horas para recobrar cinco de las cajas. A la caída de la tarde una lancha un poco mayor, tripulada por Bebo Acosta y otros, recogió el material rescatado y, por la rampa del náutico, remolcada, penetró en la Seguridad del Directorio»[384].

Una vez que Salvat se incorpora a la actividad clandestina del grupo de estudiantes que operaban dentro de Cuba, se citó a una asamblea secreta en la Universidad de Villanueva. En ese momento Muller, que había llevado a cabo un viaje extenso por varias provincias cubanas, tenía una idea más precisa de las fuerzas con las que se podían contar para tener una organización de alcance nacional. La reunión fue a mediados del mes de diciembre y el propósito de esta fue reunir grupos de estudiantes afines para organizar el Directorio Revolucionario Estudiantil dentro de Cuba. Para conciliar previas desavenencias con el Directorio Estudiantil del MRR, y en justo reconocimiento de la labor realizada por Luis Fernández Rocha en la dirección del grupo, los estu-

---

[383] Juan Manuel Salvat y Bernabé Peña, entrevistas. El testimonio de García Armengol sobre el desembarco se encuentra en la Villa, *Clandestinos*, 70-71.

[384] Máximo Sorondo, «Episodios de la Epopeya Cubana de Hoy».

diantes reunidos en Villanueva resolvieron crear dos secretarías generales y nombrar a Fernández Rocha y Muller como encargados de esa responsabilidad. Más tarde, Fernández Rocha, reflexionando sobre esa decisión opinará que la misma «fue un error»[385]. A Cecilia La Villa le transmitió lo que él sintió en aquella circunstancia: «Ahí hubo un resquemor tremendo y yo personalmente opté por [La Villa no entiende la palabra y supone que Fernández Rocha le dice 'dar un paso atrás']. Aquí está la organización, yo sigo haciendo lo que yo creo que sé hacer, la organización, eso era lo mío, y que Alberto sea Secretario General»[386]. A la misma vez, se designó un Ejecutivo Nacional que además de los dos secretarios generales contaría con la participación de Miguel García Armengol al frente de Acción y Sabotaje, José María de Lasa encargado de Organización, Eduardo Muñiz como responsable de Planificación y Relaciones Internacionales, General Fatjó como Secretario de Finanzas, Roberto Borbolla en la Secretaría de Asuntos Pre-Universitarios, Martín Morúa en Seguridad y Juan Manuel Salvat dirigiendo Propaganda[387]. Poco después, cuando Isidro Borjas se incorpore al clandestinaje, será designado secretario de Abastecimientos[388].

---

[385] Luis Fernández Rocha, entrevista.

[386] Luis Fernández Rocha y Juan Manuel Salvat, entrevista. En esa misma entrevista Salvat se dirige a Fernández Rocha y le dice: «Es verdad lo que tú dijiste, tú nunca has tenido ambiciones, y es verdad que tú diste casi un paso atrás para que las cosas siguieran sin dejar de trabajar, de luchar, dentro del DRE».

[387] Directorio Revolucionario Estudiantil, *Ideario*, Cuba, 1961.

[388] Isidro «Chilo» Borja, que tenía la ciudadanía mexicana, llegó a La Habana en enero de 1961 en un vuelo procedente de México. Al entrar en Cuba lo hizo con una maleta de doble fondo que contenía más de cien mil pesos cubanos, «recién impresos con una tinta tan mala que se decoloraban al primer contacto con la mano». El dinero lo recibió de Ross Crozier «Roger». Según le contó a Máximo Sorondo, «el Directorio había previsto todo lo relacionado a mi llegada al aeropuerto, mi traslado al Hotel Presidente y la consiguiente pérdida de mis rastros dentro del mundo de la seguridad clandestina. Todo funcionó con la perfección de un reloj suizo», Máximo Sorondo, «Episodios de la Epopeya Cubana de Hoy».

En la misma reunión se integraron al DRE varias organizaciones estudiantiles que formaban parte de la oposición al régimen de Castro. Además del Directorio Estudiantil del MRR, se unieron al DRE el Frente Revolucionario «José Antonio Echeverría», Salvar a Cuba, Movimiento Estudiantil Demócrata, Movimiento de Estudiantes Pre-Universitarios «José Martí» y la Asociación de Estudiantes de la Universidad de Villanueva, entre otros. Exceptuando el DE del MRR, todas las otras organizaciones eran pequeñas y tenían una vigencia limitada en el territorio nacional. No obstante, a partir de la reunión de Villanueva, el DRE pudo contar con coordinadores en todas las provincias, aunque de acuerdo con Alberto Muller, quien recorrió la isla en tarea organizativa, las provincias más débiles desde el punto de vista de la organización fueron las de Matanzas y Pinar del Río[389]. A la vitalidad que adquirió el DRE a finales de 1960 aludió Reinol González en 1979 al ser entrevistado por la CIA después de su salida de Cuba. Quien en su momento fuera la máxima autoridad del MRP en la isla se refirió a una serie de encuentros que tuvieron lugar en Cuba con el propósito de unificar la oposición a Castro. Según relató González, tanto el MRR como el DRE se opusieron a la idea. De acuerdo con el testimonio que le adelanta González a la CIA, ellos eran los movimientos con mayor militancia y argumentaron que contaban con suficientes recursos «para hacer el trabajo por ellos mismos»[390].

En la asamblea reunida en la Universidad Católica de Villanueva, además de organizar administrativamente al Directorio Revolucionario Estudiantil, el Ejecutivo Nacional del DRE firmó el Ideario de la organización. En ese documento, el DRE reclama la representación del estudiantado cubano y justifica las razones que han llevado a sus componentes a crear un movimiento insu-

---

[389] Alberto Muller, entrevista. Véase el testimonio de Muller en la Villa, *Clandestinos*, 61. El testimonio de Rafael Ángel Quevedo es particularmente valioso para el caso de la provincia de Camagüey, en la Villa, *ibid*, 40.

[390] Carl Jenkins, «Debriefing Repot: 17-24 May 1979 Subject: Reinol González (War Name: Antonio)», CIA, RN 104-10217-10336, MFF. En su libro *Y Fidel Creo el Punto X*, 99, Reinol González ofrece una versión algo distinta de estas reuniones.

rreccional. Se concibe la historia entre Batista y el desarrollo de la hegemonía castrista como una continuidad marcada por la presencia en Cuba de regímenes políticos de carácter autoritarios, con los agravantes de la entronización en el país de la ideología marxista y del «imperialismo soviético» que amenazan las «tradiciones eminentemente espiritualistas y cristianas del país». Denuncia la implantación en Cuba del «estatismo económico» y del colectivismo, así como el sometimiento de la sociedad a la «uniformidad» y al «incondicionalismo». Rechaza la conversión de la universidad en «centros de propaganda» e «instrumentos del sistema» y proclama la necesidad de promover «una transformación radical y libre de las estructuras políticas-económicas sociales»[391].

En su «Declaración de Principios», el Ideario del Directorio corresponsabiliza a la familia y al Estado con el área de la educación, que ve como un derecho de toda la sociedad y motor del desarrollo político, económico y social. En lo que se refiere al sector universitario defiende la autonomía de la institución, así como la libertad de cátedra y la obligación del Estado a proveer «la subvención adecuada» para que pueda cumplir con su misión a plenitud. Asume la universidad como un ente social capaz de intervenir en la vida del país con el propósito de evaluar y transformar la realidad.[392].

En el acápite sobre la «Posición Nacional» del DRE, el documento que expresa la posición ideológica de la organización y le da cohesión a sus militantes, afirma que busca un «Nuevo Orden Social» fundamentado en la persona humana. Reconoce el derecho al trabajo, a la seguridad y a la asistencia social. De igual forma, proclama el derecho a la propiedad privada pero no como un bien absoluto sino como uno que tiene una función social. Reconoce la importancia de la familia como institución imprescindible de la sociedad y sostiene «el derecho del hombre al desarrollo de su vida espiritual e intelectual». De esa manera defiende la libertad religiosa y «la libre emisión del pensamiento» y rechaza

[391] DRE, *Ideario*, 1-3.

[392] *Ibid*, 4-11.

el discrimen por razón de sexo, raza, clase social y creencia religiosa. En política se proclama «esencialmente demócrata» y aboga «por una democracia efectiva y dinámica, capaz de realizar con libertad la tarea enorme del desarrollo de Cuba». Así se pone al lado de la libertad de prensa y «la restauración del régimen de partidos». Pide la convocatoria de una Asamblea Constituyente para dotar al país de una nueva carta constitucional[393].

Al abordar el tema de «Cultura», el *Ideario* ubica a Cuba dentro de la tradición occidental pero, a la misma vez hace un enlace con América Latina para proclamarse parte de la región «donde están depositadas las esperanzas del mundo». Además, como lo ha hecho al tratar otros temas, el documento vuelve a poner énfasis en la dimensión social de la materia. El DRE, dice el *Ideario*, favorece «una cultura humana que permita a los hombres comprenderse a sí mismos, a su tiempo y al mundo, y sentir como consecuencia, su compromiso para con la sociedad»[394].

El *Ideario*, por otra parte, no soslaya el importante tema de la «Economía». Cree que la tarea más importante que tienen los cubanos en este asunto es el de superar el «subdesarrollo», un término que vincula directamente al documento con la perspectiva que tiene sobre la cuestión la Comisión Económica para América Latina (CEPAL). En ese sentido el DRE promueve como partes importantes de su programa una reforma agraria, una reforma de la empresa «que haga posible la creciente participación de los trabajadores en las utilidades, la gestión y la propiedad de la misma» y una «firme» política de industrialización. Piensa, además, en la necesidad de hacer realidad un mercado común latinoamericano en donde los países de la región encuentren un incentivo para el fomento industrial y agrícola.[395].

La «Declaración de Principios» del Ideario del DRE termina con una exposición sobre la visión que tiene la organización sobre el tema «Internacional». En ese sentido, defiende el derecho a la autodeterminación, al libre desarrollo y a «recibir durante su

[393] *Ibid*, 11-14.
[394] *Ibid*, 14-15.
[395] *Ibid*, 15-17.

desarrollo una ayuda efectiva, sin menoscabo de su soberanía nacional». En el documento se rechaza el colonialismo y el imperialismo «en todas sus formas: políticas, sociales, culturales y económicas» Igualmente se condena «el comunismo internacional» «como maquinaria para el establecimiento y perpetuación de regímenes totalitarios impopulares, dependientes del imperialismo soviético». Hace un vigoroso llamado a la unidad latinoamericana para trabajar a favor del desarrollo y de la democracia[396].

Con este Ideario, el DRE expone una ideología que se coloca dentro de unas coordenadas que comprenden tanto a posiciones vinculadas al pensamiento social cristiano como a influencias que provienen del liberalismo occidental. A la misma vez, manifiesta un fuerte deseo por ubicarse en América Latina mientras que está haciendo alusiones relacionadas con el conflicto de la Guerra Fría. Es, de todas maneras, el documento que reúne a una parte del estudiantado cubano que se ha colocado en el campo de la oposición hacia el régimen que dirige Fidel Castro. En ese sentido, será un componente importante para darle claridad a una identidad política que por fin logra consolidarse dentro del panorama político cubano en la transición del año 1960 al 1961. Lo que queda por delante es lograr el objetivo que se han propuesto, es decir, detener la deriva de Cuba hacia el socialismo y restituir el camino democrático que como el propio Ideario del DRE proclamó, se perdió el 10 de marzo de 1952.

Al examinar los miembros que compusieron el Ejecutivo Nacional del DRE al momento de firmar el Ideario de la organización, se hace evidente que la mayor parte del núcleo que lo constituye proviene de la Agrupación Católica Universitaria. Solo Miguel García Armengol, «Chenier», no es parte de esa institución de laicos católicos. La situación era distinta con los cuadros dirigentes en las provincias ya que la ACU contaba con una limitada presencia fuera de La Habana. De todas maneras, la diferencia no representó, en aquel momento, un punto de fricción para la militancia del DRE. Además, todos suscribieron un ideario que aun cuando parte de sus principios pueden ser de inspiración cris-

[396] *Ibid*, 17-21.

tiana, no era un manifiesto que amenazara con la creación de un Estado confesional en Cuba. Si se debe tener en cuenta que algunos de sus miembros interpretaban la coyuntura en la que estaban situados como una oportunidad de poder promover un país cristiano a la misma vez que se erradicaba el comunismo de Cuba. Fue el caso, por ejemplo, de Juan Manuel Salvat quien manifestó ese tipo de celo religioso en la carta que le escribe a Artime el 20 de noviembre de 1960 y describe al DRE como el «Directorio de Cristo, que es nuestro, pues todos nosotros somos lo mismo: Fieles servidores de Dios, medios para llevar a Cristo a nuestra Patria»[397]. Es singular observar que cuando Jesús Arboleya examina el origen del DRE y reconoce que la organización está dirigida, en su mayoría, por estudiantes afiliados a la ACU, le adjudica a esta filiación una dimensión trascendencialista que probablemente es exagerada. Para el autor de *La contrarrevolución cubana*, el Directorio, junto al MRR y el MDC, forma parte de lo que él designa de forma arbitraria como la «trilogía de organizaciones de la derecha católica» e inclusive insinúa que, en un momento inicial el comportamiento de esta «indica la existencia de una estancia rectora» que pudo ser la jerarquía de la Iglesia o el clero[398]. Sin que se pueda negar la influencia que tuvieron el catolicismo, tal y como se practicaba en Cuba en los años cincuenta, y la ACU en los estudiantes que se dieron a la tarea de fundar el DRE, la evidencia histórica indica que el peso de esa influencia se nota, sobre todo, en el anticomunismo que profesaron, en el sentido de justicia social que fue parte del programa político que abrazaron y, quizá lo más importante, en el sentido de grupo que detentaron muchos de sus miembros, y que unido a la experiencia previa en la lucha universitaria, fue un componente fundamental para sostener la vida de la organización a través de toda su historia. No es casualidad que, a lo largo de los primeros meses de 1961, varios de los que compusieron la dirección ejecutiva del DRE del FRD en Miami, se apartaron de la organización y regresaron a las uni-

[397] Carta de Juan Manuel Salvat a Manuel Artime, Miami, 20 de noviembre de 1960, DRE, AJFC.

[398] Jesús Arboleya, *La contrarrevolución cubana*, 73 y 74.

dades políticas en las cuales habían militado con anterioridad. El DRE, sobre todo a partir de la reunión en Villanueva, adquirió una identidad con las que esos estudiantes no tenían afinidad. Se quedaron, sobre todo, aquellos que giraban alrededor de la órbita compuesta por quienes organizaron y participaron en la manifestación del Parque Central. Ese será el eje sobre el que girará la organización.

Con la Secretaría General bifurcada entre Luis Fernández Rocha y Alberto Muller, la división de tareas no se hizo complicada. Muller llegó a Cuba con un plan que lo situaba en la Sierra Maestra organizando la guerrilla serrana del DRE. Su experiencia previa en los Comandos Rurales le había familiarizado con parte de la zona en la que Fidel Castro operó con su ejército guerrillero en la lucha por derrocar a Fulgencio Batista. Muller contaba con la amistad de muchos de los campesinos afincados en la región y con los que había congeniado a principios de 1959. No fue una casualidad que una de sus primeras labores ya organizado el Directorio en Cuba fue la de enviar al «Pico» Marbán a la Sierra Maestra para hacer contacto con sus posibles aliados en un futuro alzamiento. Por su parte, Luis Fernández Rocha haría énfasis en el trabajo con el clandestinaje urbano. Ya llevaba meses, desde su etapa al frente del Directorio del MRR, que hacía esa labor y mantenía contactos con diferentes grupos ubicados tanto en La Habana como en las provincias.

En el documento «Algunos de los Hechos del DRE en la Lucha Clandestina»[399] aparece un breve resumen de las acciones del DRE en la lucha clandestina resaltando, sobre todo, algunos actos de sabotaje con explosivos y actividades de propaganda como la de transmisiones de programas de radio utilizando el audio de los canales cubanos de televisión. Lo que no queda reflejado en la exposición es cuál era la estrategia adoptada por la organización como medio para obtener los objetivos perseguidos por el DRE. Y es que el Directorio, en los inicios de su enfrentamiento insu-

[399] DRE, «Algunos de los Hechos en la Lucha Clandestina», S.F., AJFC. El documento parece confeccionado en Miami y solo abarca hechos sucedidos hasta marzo de 1961.

rreccional con el régimen, careció de una estrategia clara que le permitiera organizar los pasos necesarios para conseguir su meta. Los testimonios de Alberto Muller y Juan Manuel Salvat esclarecen el asunto. Según Alberto Muller «había que hacer una confrontación mediante la lucha armada...era una idea muy genérica. Había que confrontar, luchar y derrocar». De todas maneras reconoció que «era una cosa muy indefinida» y que «ciertas cosas» se fueron delineando «por el camino....Había que luchar y punto»[400]. La opinión de Juan Manuel Salvat es la misma que su compañero, «hay un plan, un poco hecho en el camino»[401].

A pesar de la falta de claridad en la estrategia de la organización, el DRE pudo desplegar una gran actividad política dentro de Cuba durante las primeras semanas de 1961. Un campo en donde se vio muy activo el Directorio fue en el de la organización. En ese sentido se logaron hacer enlaces con sectores del proletariado que permitieron la creación de un Buró Obrero del DRE. De igual manera se organizaron una sección campesina y un Movimiento de Resistencia Cívica que agruparía a grupos de profesionales que apoyaron el trabajo clandestino del DRE. Uno de los resultados positivos de toda esta actividad fue el desarrollo de una fuente de financiamiento. Según Alberto Muller, «hubo meses que recogimos veinte y treinta mil pesos de bonos»[402]. Resistencia Cívica también fue eficaz en involucrar a la población en la venta de bonos o en campañas de sabotaje que, como la destrucción de botellas, provocaban la escasez de algún producto determinado.

En esas mismas semanas el DRE mostró un gran dinamismo en el terreno de la propaganda. Además de imprimir y distribuir miles de ejemplares de *Trinchera*, el periódico de la organización, también se sacaron ediciones de *Trinchera Guajira*, dirigida a los campesinos como también se difundieron hojas enfocadas hacia los grupos especializados de trabajadores que componían el Buró Obrero. Sin embargo, el mayor éxito del Directorio en el

[400] Alberto Muller, entrevista.
[401] Juan Manuel Salvat, entrevista.
[402] Alberto Muller, entrevista.

campo de la propaganda clandestina fue el de las emisiones de radio colándose en las bandas sonoras de los programas de televisión. La idea de aprovechar el audio de la televisión para difundir mensajes del DRE fue de Mario «el Polaco» Arber. Con un aparato de fabricación casera, se tenía que transmitir desde alguna azotea de un edificio o casa evitando que el tiempo de la transmisión no excediese el minuto. La brevedad era necesaria para que las fuerzas de seguridad no los descubrieran mediante una «triangulación». El aparato transmisor se colocaba en una ventana y lo manejaba Arber. Mientras tanto, dos miembros del DRE que solían ser Miguel Lasa y Eddie Crews se encargaban de sujetar la antena que se unía a la planta por un cordón. Inicialmente transmitieron utilizando las ondas del Canal 2 de TV y después las del 3 y del 5 respectivamente. En una ocasión en que se transmitía uno de los mensajes, comenzó a llover con el resultado que la antena se mojó y provocó un pase a tierra. El problema fue que tanto Lasa como Crews eran gagos y se les hacía muy difícil pronunciar de manera corrida una palabra que tuviera la sílaba CO de manera que cuando les pasó la corriente ambos comenzaron a exclamar «¡co-co-co-ño!»[403]. De mayor gravedad fue el incidente en el que Miguel Lasa se tuvo que enfrentar a dos milicianos que estaban deteniendo y registrando los autos en la carretera por la que él transitaba transportando la planta de radio. Lasa no se detuvo y comenzó a disparar con una pistola que tenía junto a él. Uno de los milicianos cayó al piso víctima de los disparos, pero el otro logró descargar su metralleta sobre el auto de Lasa y le impactó en una de sus piernas. A pesar de la herida, el militante del DRE logró escapar y al llegar a un semáforo cerca de la Quinta avenida de Miramar se dio cuenta de que al lado suyo estaba un amigo de la familia. Al avisarle de lo que estaba sucediendo, los dos autos condujeron hasta llegar a una rotonda frente del Habana Yacht Club. Lasa dejó su auto estacionado en la rotonda y el amigo lo condujo a una casa de seguridad donde un médico lo atendió y le salvó la vida. Más tarde, Tomás Fernández Travieso y Virgilio Campanería, acompañados de Luis Fernández Ro-

[403] José María de Lasa, entrevista, Key Biscayne, Florida, enero 2017.

cha y Julio Hernández Rojo recogieron el carro de Lasa y lo escondieron en la casa de los padres de éste. Para disimular los orificios provocados por las balas, le entraron a batazo para que pareciera que el auto había chocado. Gracias a todos estos esfuerzos, la planta de radio se salvó y el DRE continuó transmitiendo sus mensajes por televisión[404].

Como acto de propaganda también se debe considerar una carta firmada por Alberto Muller como secretario general del DRE, con fecha del 24 de enero de 1961 y dirigida al recién electo presidente de Estados Unidos John F. Kennedy. De acuerdo con Eduardo Muñiz, la carta fue escrita por un grupo compuesto por él, Luis Maderal y los hermanos Luis y Guillermo Boza. Salió de Cuba utilizando la valija diplomática de la embajada de España. Justo en ese momento, Muñiz pudo embarcar hacia Estados Unidos y se reunió en Miami con Teresita Valdés Hurtado. Ellos dos, junto a Lourdes Casal, quien vivía en Nueva York, viajaron a Washington para entregar la carta. Muñiz recuerda que los recogieron en el aeropuerto de Washington y de allí los llevaron a la Casa Blanca en donde los recibió el ayudante de Kennedy, Richard Goodwin. El presidente estaba de viaje y no pudo atenderlos. Según Muñiz, Goodwin fue muy amable y los atendió con seriedad. Al finalizar la gestión, se les proveyó de una limosina para que visitaran la ciudad[405]. En la carta el DRE se presenta como una organización que representa a una generación de estudiantes que comprende muchos de los problemas estructurales que sufría Cuba durante sus años republicanos y que se quisieron enmendar con el movimiento político que llegó al poder en enero de 1959. Esa misma generación apoyó con entusiasmo el camino reformista que se había anunciado por los principales dirigentes que fueron responsabilizados con la administración del Estado al desaparecer la dictadura de Fulgencio Batista. Desafortunada-

[404] Testimonio de Tomás Fernández Travieso en la Villa, *Clandestinos,* 94 y José María de Lasa, Juan Manuel Salvat y Bernabé Peña, entrevistas.

[405] Eduardo Muñiz, entrevista. Para Muñiz, esta gestión constituyó el origen de la Sección Internacional del DRE, la cual el dirigió por mucho tiempo, ya que se dieron cuenta de la necesidad de fomentar relaciones con el exterior y con los organismos estudiantiles en América Latina.

mente, tuvieron que ser testigos de cómo esa obra se desvió por un rumbo autoritario obligándoles a ellos a optar, una vez más, por el enfrentamiento contra quienes dirigían al país. La razón para escribirle al presidente Kennedy, es la de solicitar la «cooperación» de Estados Unidos en la búsqueda de una solución al problema de Cuba. El DRE hace este reclamo ya que sitúa el caso cubano dentro del cuadro geopolítico del hemisferio occidental del que Estados Unidos es parte. El documento afirma que «la situación de Cuba puede ser muy pronto la situación de América Latina, que los destinos del mundo están en juego» y que por esa razón «la posición de los Estados Unidos los pone en la obligación de cooperar en esa solución». Eso sí, los estudiantes no se olvidan de «reafirmar el compromiso que han adquirido con su país y afirman que están dispuestos a pelear «solo si es necesario»[406].

La dimensión propagandística de este documento queda revelada en una carta probablemente escrita por Alberto Muller el 23 de febrero de 1961 y que dirigió a Ernesto Fernández Travieso, Elio Más y Nelson Amaro. El documento, que está incompleto, tiene un párrafo en que alude a la carta a Kennedy. Quien la escribe expresa su esperanza de que la carta «tenga el impacto que soñamos aquí. Para e[...] Muñiz debe estar claro en darle mucha propaganda. Si sufre impacto en la opinión pública Latinoamericana *no tendrá más remedio Kennedy que contestarla y esto nos pondrá por las nubes*»[407]. Es decir, que además de solicitar la cooperación de Estados Unidos y de reflejar la perspectiva política del DRE hacia el problema cubano, la carta a John F. Kennedy busca crear resonancia en la opinión pública a favor del Directorio. No hay constancia de que el presidente de Estados Unidos contestara la carta y, por lo tanto, de haber sido así, el DRE no consiguió todo el efecto propagandístico que buscó cuando la escribió.

[406] Carta de Alberto Muller a John F. Kennedy, La Habana, 24 de enero de 1961, DRE, documentación de Cecilia la Villa, carpeta «Miami».

[407] Carta mecanografiada que tiene una nota manuscrita en el margen que dice: «Carta AM [¿Alberto Muller?] a EFT [¿Ernesto Fernández Travieso?], E[lio] Más y Nelson] Amaro», [¿La Habana?], 23 de febrero de 1961, DRE, documentación de Cecilia la Villa, carpeta «Miami». Énfasis del autor.

Tal parece que dentro del Directorio hay cierta preocupación por el reconocimiento ya sea de la organización o de las personas que conforman el movimiento. En la misma carta que se le dirige a EFT hay un acápite dedicado a alertar acerca de la importancia que tiene la notoriedad en la lucha política en la que está enfrascado el DRE. «Es muy importante», dice el que la suscribe, «y parece que Uds. aún no se han dado cuenta de ello, *hacer figuras*, a nosotros nos gustaría oír todos los días mencionar los nombres de gente clandestina [«Aníbal», «Jorge», «Julián», etc]...Ya tenemos hecho un grupo de figuras, pero es importante hacer cada día más...Después del triunfo daremos «la lista de los nombres verdaderos y la gente los conocerá»[408]. Es de suponer que la vinculación de cada uno de esos nombres con el DRE tendría como resultado el acrecentamiento de la fama del Directorio, un asunto que suele ser muy apreciado en la política. Es posible, así mismo, que con la adquisición de la fama se consiguiera algún otro tipo de beneficio como pudiera haber sido la ayuda en recursos para sostener la lucha contra el régimen castrista. Algo por el estilo es lo que se alude en un informe, el número once, que desde La Habana redacta Juan Manuel Salvat y el cual dirige a Ernesto Fernández Travieso. Con una fecha similar a la carta anterior, el secretario de Propaganda del DRE le anuncia a Fernández Travieso la salida de Cuba de Eddie Crews, uno de los responsables por el trabajo de los mensajes por los canales de audio de la televisión cubana. Salvat insinúa que Crews lleva noticias sobre un plan para hacer propaganda del DRE a través de la estación cubana «Radio Progreso», por onda corta y por frecuencia modulada. Por esa razón le pide a Fernández Travieso que se lo presente a «Roger», el agente de la CIA que está en contacto con el Directorio en Miami de manera que el funcionario de la Agencia se «*impresione con el trabajo del DRE*»[409].

Dentro de esa coyuntura de las primeras semanas de 1961 el DRE también convocó a una huelga estudiantil en Cuba. La fecha

[408] *Ibid.*

[409] Carta de Juan Manuel Salvat a Ernesto Fernández Travieso, «Informe # 11», La Habana, 23 de febrero de 1961, DRE, AJFC.

designada fue el 5 de febrero y se llamó al paro con la consigna «Estudiante cubano, han caído nuestros hermanos; caigan los libros hasta que caiga el tirano». La huelga fue exitosa en el sector privado de la educación que era de amplio alcance en la República. Para contrarrestar la huelga del DRE el gobierno organizó una manifestación en la que participaron Raúl Castro y el presidente Osvaldo Dorticós. El acto fue acompañado por varias bombas que miembros del DRE hicieron explotar alrededor del sitio en el cual se llevó a cabo el acto gubernamental[410].

Entre las acciones llevadas a cabo por el aparato clandestino del Directorio destaca la voladura de varias torres de electricidad que alimentaban a la ciudad de La Habana. La operación fue posible después de obtener los planos de las líneas de transmisión para la capital cubana. Fue una acción compleja en la que intervinieron alrededor de cuarenta individuos que se dispersaron por varios puntos de la ciudad. El material utilizado para la operación fue el explosivo plástico conocido como C-4. Según le relatara Aldo Messulam a Cecilia la Villa, «La luz se fue en La Habana, no por mucho tiempo, pues al parecer había circuitos paralelos y la pudieron restablecer en la mayoría del centro de La Habana, aunque en otros lugares demoró varias horas»[411]. Aunque el objetivo principal que se persiguió con este tipo de actividad era, en palabras de Messulam, el de «mantener a la gente interesada en el proceso de tumbar a Fidel Castro»[412], también se podía hacer daño a la economía cubana. De acuerdo a Mariano Loret de Mola, otro de los miembros del DRE que participó en la voladura de las torres, en su caso, dañó unas torres que suplían electricidad al barrio habanero del Cotorro «donde estaban una cantidad de fábricas»[413].

[410] DRE, «Algunos de los Hechos del DRE en la Lucha Clandestina».

[411] Testimonio de Aldo Messulam en la Villa, *Clandestinos*, 111.

[412] *Ibid.*

[413] Testimonio de Mariano Loret de Mola en *ibid*, 113. Además de Aldo Messulam y Mariano Loret de Mola, la acción del DRE para interrumpir el flujo de electricidad a La Habana es narrada por Miguel García Armengol y Johnny Koch en *ibid,* 109 y 112-113 respectivamente. Véase, también a Ramón E. Machado, *Cuba. My (Twice) Betrayed Generation*, locs 2094-2192.

En términos generales, la actuación del DRE como parte del movimiento oposicionista cubano, antes de la invasión del 17 de abril de 1961, estará desprovista de toda la efectividad a la que podían aspirar sus miembros. Es el resultado de un conjunto de razones que van limitando sus opciones. Entre ellas, y sin descartar la posibilidad de otras variables, se destacan: la carestía de una estrategia personal y clara que le hubiese permitido al DRE seguir su propio camino en la lucha contra el régimen de Castro; el deseo de querer gozar de su espacio particular como organización autónoma; el sostener, por tanto, unas relaciones ambiguas con el MRR y el FRD y, finalmente, por la competencia entre objetivos que emanó del acuerdo de colaboración entre el DRE y la CIA. Esa falta de eficacia se hará evidente entre los meses de febrero y abril de 1961.

Como consecuencia de haber escogido la lucha armada como método preferido para lograr el desplazamiento de Fidel Castro y su régimen del poder, por carecer de unos acuerdos y funciones claras con el MRR, con el FRD y con la CIA, y por no tener recursos propios para poder desarrollar a plenitud la actividad subversiva que ha escogido, el Directorio se ve obligado a depender de la ayuda que le puedan proveer aquellas entidades que cuenten con los medios necesarios para cumplir con los objetivos propuestos. Pero, más allá del problema de los suministros, que es un asunto crítico, el Directorio, que carece de lineamientos estratégicos propios, toma la decisión de acoplarse al binomio MRR-FRD en lo que a estrategia se refiere. Tanto Alberto Muller como Luis Fernández Rocha, los dos secretarios generales de la organización, concurren en señalar que la coordinación de planes es con «Francisco», la figura en la que se unen el MRR y el Frente[414]. Según lo recuerda Alberto Muller, «la estrategia se montó desde sus inicios en un apoyo logístico, que iba a venir de los americanos, así se planteó desde el origen. *El DRE opera fundamentado en esa premisa*», un supuesto que incluye como elemento esen-

[414] Alberto Muller, entrevista y Luis Fernández Rocha, entrevista.

cial que el material bélico será canalizado a través del FRD[415]. Es decir, que en ese momento están actuando dentro de los parámetros diseñados por el gobierno de Estados Unidos y que estaban comprendidos en el Programa de Acción Encubierta Contra el Régimen de Castro aprobado por el presidente Eisenhower el 17 de marzo de 1960 y para el cual se aprobó un financiamiento de Trece millones de dólares el 18 de agosto del mismo año. Con ese concepto estratégico en mente, «Francisco» diseña un plan minucioso de operaciones con el propósito de promover el derrocamiento del régimen castrista. La parte inicial del plan contempló la ocupación de la provincia de Pinar del Río para que sirviese como plataforma desde la cual liberar al resto del país. En este plan, fechado el 25 de octubre de 1960, y complementado con la Orden de Combate No 1 de dos días después, se distribuían responsabilidades específicas a las «unidades, grupos y elementos del FRD»[416]. Como colofón a este plan general, el 28 de octubre «Francisco» hizo un viaje clandestino a Miami para aclarar con precisión que todo el esfuerzo dependía de un suministro constante del material bélico y de una comunicación confiable[417] Así mismo, en un documento posterior, también firmado por Rogelio González Corzo «Francisco» y con fecha del 7 de enero de 1961,

---

[415] Alberto Muller, entrevista. Énfasis del autor. Cuando Manolo Ray se entrevista con un funcionario de la CIA el 9 de enero de 1961 y le dice que el MRP, la organización que él dirige, no necesita dinero, que lo que necesita es armamento, el agente de la CIA le responde que «el mecanismo que tendrá que ser usado es el del FRD para la entrega de ese material (ya que al presente no existe otro mecanismo para ese propósito)». El funcionario le aclara que Ray no «está obligado con el Frente». El problema es que Ray resentía el control que tenía el Frente sobre el mecanismo para entregar los suministros al clandestinaje [CIA, Memorandum of Conversation, «Meeting with Dr. Manuel 'Manolo' Ray», 9 de enero de 1961, CIA RN 104-10193-10008, JFK Assassination Records]. Dentro del FRD el responsable de suministro era Ramón o Augusto Ruisánchez (AMDIP-3), quien era cuñado de Manuel A. de Varona. Ver a Jesús Arboleya, *La contrarrevolución cubana*, 84.

[416] Frente Revolucionario Democrático, «Plan de Operaciones No. 1», La Habana, 25 de octubre de 1960 y Frente Revolucionario Democrático, «Orden de Combate No. 1», La Habana, 27de octubre de 1960, en Blight & Kornbluh, *Politics of Illusion*, 190-193 y 194-196.

[417] Blight & Kornbluh, *Ibid*, 180.

se hizo referencia a que el plan militar descansaba en la participación de las diferentes organizaciones que componían el FRD y a que las secciones militares de cada una de estos movimientos pasarían a integrar el Ejército de Liberación del FRD. De la misma manera, quedó claro que el material bélico se distribuiría entre todas las organizaciones que eran parte del FRD[418]. El esquema diseñado por «Francisco» cumplía con los requisitos básicos previstos en el Programa de Acción aprobado por Eisenhower. Una organización unitaria de la oposición, residente en el exterior de Cuba, el FRD, era la encargada de canalizar el esfuerzo subversivo apoyada por el gobierno de Estados Unidos, encarnado en la CIA, y una fuerza interna tenía la responsabilidad específica de la liberación. Para que el plan funcionara tenía que existir, por tanto, un perfecto acoplamiento entre los tres componentes.

Ahora bien, es hacia finales del mes de febrero cuando la dirigencia del DRE se tiene que enfrentar a un par de acontecimientos que le obligaba a tomar decisiones acerca de la pertinencia que tenía el camino escogido por la organización para lograr un cambio de régimen en Cuba. Uno tiene que ver con una conversación que sostienen Alberto Muller y Juan Manuel Salvat con Ángel Fernández Varela y el otro está relacionado con un proyecto que le presenta Rogelio González Corzo a Alberto Muller.

Muller y Salvat fueron citados por Fernández Varela a reunirse con él en casa de Georgina Menocal, una hija del Mayor General Mario García Menocal ex presidente de la República. Fernández Varela, un hombre cercano a la CIA y para quien Muller y Salvat consideran como un mentor, les transmitió un mensaje alarmante. Según lo recuerda Muller, Fernández Varela les dice que abandonen la clandestinidad y que salgan de Cuba. Dice Muller que Fernández Varela les dijo que «ustedes están locos, los van a matar».[419]. Es más, en su testimonio aparecido en *Clandestinos*, Muller reconoció que Fernández Varela le había adver-

---

[418] Rogelio González Corzo «Francisco», «Explanatory Report of Information Transmitted to You in the Last Days About Rafael and the Unidad Revolucionaria», 7 de enero de 1961, en Blight & Kornbluh, *Ibid*, 197.
[419] Alberto Muller, entrevista.

tido que «los cánones de la CIA habían cambiado» y que ya no tenía el respaldo de la Agencia «ni de nadie»[420]. De acuerdo con Muller, Fernández Varela añadió que si les hacía la advertencia era porque «los quiero como a unos hijos y tengo que avisarles que se vayan»[421]. Sin embargo, a pesar de la gravedad del consejo que les daba Fernández Varela, ni Muller ni Salvat aceptaron la recomendación. Según Muller, él «no compra la tesis de Ángel. Es probable que cuando Ángel me planteó aquello me entró por un oído y me salió por otro. Era una dinámica muy difícil, no había tiempo de confirmación. Me preocupo. Yo lo interpreté como el padre cuidando a sus hijos»[422].

Terminada la reunión con Fernández Varela, de la que el otro Secretario General del DRE, Luis Fernández Rocha, no tuvo noticias, Alberto Muller se reunió con «Francisco» ya que el dirigente del FRD y del MRR lo había convocado para coordinar acciones[423]. Según lo recuerda Muller, en la conversación con González Corzo se asume que todo lo que dijo Fernández Varela está relacionado con el cambio de planes de Estados Unidos. Ya no sería apoyo a la resistencia sino que estarían favoreciendo una invasión. En ese momento la impresión que tiene el secretario general del DRE es que «supongo que los americanos abandonarán la resistencia y deciden jugar la carta de la invasión. Más que el mensaje de Ángel, lo de 'Francisco' me preocupó más»[424]. Y, sin embargo, a pesar de esa preocupación, el Directorio acogería la propuesta de González Corzo.

---

[420] la Villa, *Clandestinos*, 123.

[421] *Ibid.*

[422] *Ibid.* El recuerdo de Salvat sobre esta reunión es muy vago. «Me hago idea, pero quizás por influencia de Alberto, que nos explicó que había cambio de planes y el clandestinaje no contaba. Es posible que sea así pues vagamente lo recuerdo. Alberto me dice que [Ángel Fernández Varela] nos dijo que abandonáramos Cuba y la lucha, pero realmente NO recuerdo», en correo electrónico, 15 de mayo de 2020.

[423] Sobre el desconocimiento de Fernández Rocha acerca de la reunión entre Muller y Salvat con Fernández Varela, Fernández Rocha, entrevista.

[424] Alberto Muller, entrevista.

La metamorfosis en el proyecto norteamericano está insinuada en el planteamiento que le hace «Francisco» a Muller. La idea era tomar la ciudad de La Habana. En la acción participarían los grupos armados afiliados al FRD y el DRE tendría la responsabilidad de ocupar la Universidad de La Habana, hacerse del control de Radio Progreso y de tomar el Palacio Presidencial. El resto de las fuerzas tenían como metas las estaciones de policía, el Campamento Militar de Columbia, la Fortaleza de la Cabaña y los principales accesos a la capital[425]. El plan era distinto al diseñado por González Corzo a fines de 1960, inclusive se veía que los presupuestos estratégicos sobre los que funcionaba el proyecto habían cambiado. Contrario al plan anterior, el que se le presentó al dirigente del DRE no tenía como eje fundamental la acción interna. De acuerdo con el biógrafo de «Francisco», Salvador Larrúa-Guedes, este proyecto se concibió como apoyo a una invasión que llegaría a Cuba en un futuro cercano[426]. Salvat confirma las palabras de Larrúa-Guedes cuando se refiere a la propuesta de González Corzo. «Se concibe la idea de tomar La Habana», dice, «no había fecha porque dependía de la llegada de la invasión. Era un plan bastante loco. No había armas. Había una idea...Se hace el planteamiento al exterior. Hay que tener suficiente armamento dentro de Cuba»[427]. Haciendo eco de la expresión de Salvat, Luis Fernández Rocha caracterizó la «toma de La Habana» como un plan suicida al carecer del armamento necesario para llevarlo a cabo[428]. No obstante, y a pesar de estar advertidos de la marginalidad en la que se colocaba al clandestinaje dentro de la estrategia

---

[425] Alberto Muller en Salvador Larrúa-Guedes, *Francisco. Itinerario de vida de un mártir cubano*, Miami, Florida, Alexandria Library Publishing House, 2016, 314-315.

[426] *Ibid,* 314.

[427] Juan Manuel Salvat, entrevista.

[428] Testimonio de Luis Fernández Rocha en la Villa, *Clandestinos*, 117. La carencia de armas es un asunto que confirman Aldo Messulán y Mariano Loret de Mola, ambos vinculados a la Sección de Acción y Sabotaje del DRE, en los testimonios que los dos le brindan a la Villa. Véanse las páginas 120 y 124 de *Clandestinos* en donde aparecen las respectivas declaraciones. Loret de Mola concurrió con Fernández Rocha en caracterizar como «suicida» la ejecución del plan si no se contaba con el armamento necesario.

que seguiría el gobierno de Estados Unidos para derrocar a Castro, la reacción de la dirigencia del DRE fue la de unirse al proyecto de González Corzo. Parece evidente que quienes conducían el trabajo del Directorio en la clandestinidad cubana seguían operando bajo la premisa de que, como reconoció Muller, el apoyo logístico vendría «de los americanos».

Poco días después de las aludidas reuniones, una con Fernández Varela y la otra con González Corzo, cuatro de los principales miembros de la dirigencia del Directorio, Alberto Muller, Luis Fernández Rocha, Miguel García Armengol y José María de Lasa, comienzan a visitar las diferentes provincias de Cuba con el propósito de organizar el Ejército Clandestino, una fuerza militar compuesta por miembros del DRE para contribuir al «Plan General para la isla» que no es otro que el presentado por «Francisco» a Alberto Muller[429].

Por supuesto, al abrazar el plan de «la toma de La Habana», la necesidad que tuvo el DRE por abastecerse de armamento, equipo de comunicación y material bélico para su trabajo en el clandestinaje se hizo imperioso. De ahí la insistencia con la que en sus comunicaciones con el exterior, estén reclamando, constantemente, el envío de los suministros.

Para llevar el abastecimiento a Cuba se contó con dos rutas principales, una aérea con base en Guatemala y otra naval cuyo asiento se situó en la Florida. Para las comunicaciones y otros aspectos técnicos, los encargados de operar los equipos adecuados se entrenarían en Guatemala y llegarían a Cuba por distintas vías. Dos radiotelegrafistas se incorporaron al DRE, Enrique Casuso y Armando Acevedo[430]. También se irían integrando miembros de la

[429] DRE, «Algunos de los Hechos del DRE en la Lucha Clandestina».

[430] La participación de Armando Acevedo como radio-telegrafista del DRE se puede encontrar en la narración que él hace en Ramón E. Machado, *Cuba, My (Twice) Betrayed Generation*, locs. 2331-2676. Acevedo salió de Cuba en abril de 1960 y se dirigió hacia Estados Unidos con una visa de estudiante. Sin embargo, la razón verdadera era para entrenarse como parte del contingente que se adiestraría en Guatemala con el propósito de regresar a Cuba e incorporarse a la lucha clandestina en contra del régimen de Castro. Acevedo volvió a su país en un vuelo regular a La Habana en febrero de 1961.

organización que residían en Miami y que vendrían a Cuba por vías clandestinas y reforzarían, en diferentes capacidades, la labor clandestina de la organización. Gran parte de este personal se entrenó en los cayos de la Florida y en un motel, «La Moderne» de la Calle 8 miamense en donde aprendían, con un instructor de la CIA, el manejo de armas, el uso de explosivos y técnicas de inteligencia. De todas maneras, el DRE tendrá que confrontar serios problemas con el abastecimiento que entorpecerán su trabajo en la clandestinidad lo que no le impidió a la organización llevar a cabo varias acciones de sabotaje que como la voladura de ocho torres de electricidad crearon un apagón parcial en la ciudad de La Habana[431].

Uno de los últimos viajes para infiltrar personal del Directorio fue el que llevó al coordinador de la organización en el exterior, Ernesto Fernández Travieso. A él le acompañaron José Antonio González Lanuza y Julio Hernández[432]. También llevaron armamento y dinero. La entrada se produjo el 30 de marzo y se hizo por lo que llamaban el «Punto Enrique» que estuvo situado cerca de Celimar en La Habana del Este. Bernabé Peña recuerda esa infiltración. «Estábamos en la misa en la iglesia de San Antonio, era un Jueves Santo. Ese día el team de recepción era el 'Tripa' [Carlos Artecona], Chilo [Isidro Borja] y todo ese grupo que se había ido a Varadero porque era Semana Santa. [Armando] Acevedo me dice voy al Punto Enrique...Yo era del team [de abastecimiento], y lo teníamos todo organizado, los camiones los teníamos para llevarnos las armas y cuando Armando me llama, yo hablo con José María [de Lasa] y Luis [Fernández Rocha], se lo digo a ellos, pero los dos me dicen, nosotros vamos. Vamos a buscar a Julito [Hernández Rojo] y Acevedo el del telégrafo que dicen que llegaban tres hombres y dos toneladas de armas»[433]. Según sigue narrando Peña, el grupo se dirigió hacia el «Punto

[431] *Ibid.*

[432] Julio Hernández era un estudiante vinculado a la democracia cristiana cubana que había pasado a ser parte del Ejecutivo del DRE organizado en Miami pero que continuó su trabajo en Cuba junto al MDC.

[433] Bernabé Peña y José María de Lasa, entrevista. El testimonio de Armando Acevedo en Machado, *Cuba. My (Twice) Betrayed Generation*, loc. 2582, corrobora la versión ofrecida por Peña y de Lasa.

Enrique» en dos autos. Al salir del túnel por debajo de la bahía de La Habana y tomar la Vía Monumental hacia el este, se tropezaron con un registro. Peña, que llevaba una pistola, tuvo que lanzarla a la carretera y dio la casualidad de que el arma tropezó con una de las gomas traseras del auto en el que viajaba. Pudieron continuar el camino sin mayores incidentes hasta que llegaron al lugar en el que desembarcarían los infiltrados.

«Luego seguimos», continúa el relato de Peña, «y llegamos...Había un señor con su familia...y nos dice que ellos se pasan la noche ahí porque van a pescar. Teníamos que arrestarlos. En eso llega Luis y les dice 'yo soy Luciano', secretario general del Directorio y aquí van a entrar armas. La mujer se puso a gritar, pero el tipo nos ayudó, aunque posiblemente él fue el que después [delató las armas que escondimos]». Una vez que se divisó el bote que traía a los tres compañeros, se dio una situación sumamente confusa. De acuerdo a Bernabé Peña, las señas para identificarse habían cambiado y los del bote «nos gritaban que nos iban a matar porque no creían que nosotros éramos legítimos y entonces José María grita 'las jimaguas Navarrete'», refiriéndose a unas hermanas gemelas que él conocía y que también eran amistades de González Lanuza que estaba en el barco[434]. «José Antonio se dio cuenta que era verdad. José María empieza ir a la embarcación con una balsa de goma que halaba el bote y luego se devolvía para que la llenaran de nuevo. El bote era de Kikío Llansó, y José María, al tercer viaje me dice que el capitán dice que nos apuremos que tiene tres fragatas [vigilando el mar]...Yo le dije, dile al capitán que se tranquilice que nosotros tenemos medio millón de milicianos atrás de nosotros».

Después de descargar las armas, «porque fueron varias horas», dice Peña que le regalaron dinero a la familia. También escondieron gran parte del armamento que había llegado porque, al estar ausente el equipo de recepción, carecían de los camiones para poder transportarla. El regreso lo hicieron en los dos carros

[434] El recuerdo de Lanuza es que desde la embarcación trataron de contactar a quienes ellos suponían que iba a ser el equipo de recepción pero que no estaban en la costa sino en Varadero. José Antonio G. Lanuza, entrevista.

en que también llevaron las armas que pudieron transportar y sesenta mil pesos cubanos que eran para el alzamiento planificado por Alberto Muller. Ese dinero, como las armas, las enviaba la CIA. El dinero era falso y se desteñía con mucha facilidad. «A los días», continúa Peña, «le digo a Isabelita Muñiz y Marivi...que fueran a dar vueltas a ver como estaba la situación [en el lugar en donde habían escondido las armas]. En cuanto entraron allí, las cogieron presas, pero estaban cogiendo a todo el mundo, y las soltaron a los dos días pero habían peinado aquello...»[435]. Por su parte, Lanuza se separó del grupo después de pasar una noche en casa de Julio Hernández Rojo e inició el trabajo en la clandestinidad comenzando con una reunión en la Universidad de La Salle situada en el Centro Cívico de La Habana donde se planificó una posible futura ocupación del Ministerio de Comunicaciones[436].

El 23 de febrero de 1961, Juan Manuel Salvat le escribe una larga carta a Ernesto Fernández Travieso quien en ese momento todavía se encontraba en Miami. En esa comunicación el secretario de Propaganda del DRE le transmite a su compañero de luchas la imagen de un DRE sumamente fortalecido y bien organizado. «Puedes estar muy contento con el DRE», le dice Salvat a

---

[435] Bernabé Peña en entrevista con Cecilia la Villa. Fabián Escalante afirma que en la playa de Celimar «se ocuparon 40 bultos con nitro almidón, un poderoso explosivo; petacas incendiarias, mecha detonante, explosivo plástico y armas de varios tipos». Fabián Escalante Font, *Cuba: la guerra secreta de la CIA. Agresiones de Estados Unidos contra Cuba 1959-1962*, La Habana, Editorial Capitán San Luis, 1993, 101. Aunque Escalante coloca la incautación de este cargamento en el contexto de la infiltración del ex-comandante Humberto Sorí Marín ocurrida en ese punto el 13 de marzo de 1960, es muy probable que la carga en referencia sea la que trajeron los miembros del DRE que entraron clandestinamente por Celimar el 30 de marzo. José Antonio G. Lanuza, uno de los tres infiltrados ese día, corrobora que la cantidad señalada por Escalante corresponde a la que ellos trajeron. Así mismo cree que el contenido coincide con el material que solía utilizar el Directorio en la lucha clandestina (conversación telefónica, 24 de octubre de 2020). Ernesto Fernández Travieso mantiene que, efectivamente, el material bélico que ellos transportaron fue el que después se le atribuyó a Sorí Marín. Véase su testimonio en la Villa, *Clandestinos*, 64.

[436] José Antonio G. Lanuza, entrevista.

Fernández Travieso, «por lo pronto tenemos el movimiento más nombrado y con más simpatías de Cuba. Y si podemos intensificar la propaganda nos vamos muy lejos del MRP[437]. Y si constituimos Resistencia Cívica le ganamos a todos en material de gente»[438]. Sin embargo, algo le falta al DRE para «ser la organización más fuerte de Cuba», advierte Salvat. Esos elementos serían «el alzamiento y el material de acción»[439]. De ahí que Salvat insistiese con Fernández Travieso para que el coordinador del DRE en Miami haga renovados esfuerzos con «los amigos», es decir, la CIA, para que envíen los suministros necesarios para aumentar el nivel de acción en la isla. Según expresa Salvat, «todo está paralizado por culpa de esto» e insinúa que hay planes importantes para conmemorar con varias operaciones el aniversario del ataque al Palacio Presidencial del 13 de marzo de 1957 pero que por la falta de material «estamos con los brazos cruzados»[440]. Por supuesto, dadas las imprecisas relaciones que sostiene el DRE con el FRD, es decir, la entidad que debe encargarse de los suministros, Salvat le sugiere a Fernández Travieso que lleve a cabo las gestiones mencionadas acudiendo a «Oscarito» en referencia a su primo y hombre cercano a la CIA, Oscar Echevarría.

Dos días después de escribir la carta a Fernández Travieso, Salvat vuelve a insistir en el asunto mediante un nuevo informe a su compañero en Miami. En este documento, «Informe # 12»,

---

[437] En una carta que probablemente escribe Salvat y que va dirigida a «Querido primo», que seguramente es Oscar Echevarría, se comenta que la ventaja que tiene el MRP en el área de propaganda se debe a que utilizan una «Multilí», es decir, una máquina de imprimir «multilit». Carta a «Querido primo», La Habana, 13 de marzo de 1961, DRE, AJFC.

[438] Carta de Juan Manuel Salvat a Ernesto Fernández Travieso, «Informe # 11», La Habana, 23 de febrero de 1961, DRE, AJFC. Mucha de la correspondencia entre el DRE en Cuba y la delegación en Miami se hizo utilizando el viaje regular de un «ferry» que viajaba de La Habana a Florida. Dicha embarcación estaba operada por la familia Dussaq con quien el DRE tenía contactos. También se utilizó la mediación de la Embajada de España en La Habana. Precisamente, Salvat hace alusión en esta carta al contacto que se ha tenido con el funcionario diplomático español Jaime Caldevilla.

[439] *Ibid.*

[440] *Ibid.*

pide «que lleguen las piezas pedidas», en clara alusión a los suministros que han solicitado. «Tenemos que hacer sonar 100 bombas por noche», le advierte Salvat a Fernández Travieso y le añade que «debes conseguir dinero con rapidez. Pues las provincias solas están necesitando unos 5,000 pesos mensuales y solo tenemos alrededor de 20,000 en total mensual»[441]. Es tanta la urgencia que tiene el DRE de obtener lo que solicita que Salvat le dice a Fernández Travieso: «Moviliza media humanidad allá y pídele a los amigos ayuda más fuerte cada día. Ellos tienen que comprender que el trabajo aumenta por día y con el trabajo las necesidades del Directorio»[442].

El mismo sentido de urgencia está contenido en la carta que probablemente escribió Salvat el 13 de marzo y que dirige a su «querido primo», refiriéndose, quizá, a Oscar Echevarría. Después de describir la dureza de la vida en el clandestinaje, y enseguida de referirse a los diferentes éxitos que ha tenido el DRE en su trabajo clandestino de sabotajes, sobre todo a torres de electricidad, la carta cuenta como se están organizando los dos frentes en los que el Directorio espera actuar en un futuro muy cercano. El primero al que se hace referencia es el alzamiento que tendrá lugar en la Sierra Maestra y que será dirigido por Alberto Muller. Con relación a esta operación, se explica que, como preámbulo a la misma, «el peso de la acción» del DRE va a trasladarse a la provincia de Oriente. A renglón seguido, el autor de la carta pasa a ofrecer datos sobre el «Ejército Clandestino» que operará en las ciudades. Según explica, éste «está ya casi completamente organizado» con la integración de los múltiples «pelotones» que se han formado en los «colegios, institutos y universidades»[443]. Es entonces que se abarca el tema de las necesidades y de la urgencia en resolver este problema.

La primera oración que encabezó el párrafo de la carta que trata el tema del abastecimiento es cortante: «Pero nos falta una

441 Carta de Juan Manuel Salvat a Ernesto Fernández Travieso, «Informe # 12», La Habana, 25 de febrero de 1960, DRE, AJFC.

442 *Ibid.*

443 Carta a «Querido primo», La Habana, 13 de marzo de 1961, DRE, AJFC.

cosa», afirmó el autor para inmediatamente plantear cual es la necesidad. «Nos falta material para poder actuar»[444]. Acto seguido, y con el propósito de mostrar la seriedad del asunto que está poniendo a consideración del «primo», estableció una comparación con el MRR. De acuerdo con la carta, el MRR cuenta con catorce toneladas de armas y el DRE no tiene «casi nada» y aclaró que se le había enviado «varios puntos a los amigos pero no llegan los armamentos». Un temor que tiene el autor de la carta es que la falta de armamento pueda causar «una crisis entre los hombres desesperados por actuar» y otro aspecto que le asusta es que «embarquen a Corneta [Alberto Muller] en la Sierra». De ahí que solicitó el envío urgente, «antes de que se le ponga la cosa dura» a los alzados, de gran cantidad de armas y veveres (sic). El párrafo termina recordándole a «primo» que «los amigos tienen varios informes de nuestra capacidad militar y saben que podemos hacer miles de cosas con material para la clandestinidad y para el alzamiento»[445].

La solicitud del autor de la carta no solo va dirigida al destinatario sino que también incluye a Fernández Varela como otro mediador con la CIA para se les envíe los suministros a la organización e incluye unas líneas de mucho significado pues con ellas transmite un estado de ánimo que puede ser el que caracterizaba a la dirigencia del DRE en ese momento: «también», dice el autor, «sería muy conveniente que influyeran [con la CIA] para que nos contaran sobre los planes militares, pues deberíamos saber sobre qué puntos basar la actividad del DRE». La impresión que se transmite con semejante petición es que están desorientados, una cualidad que se confirma cuando se afirma que «en estos momentos no sabemos qué hacer. Damos palos y más palos, realizamos distintas acciones, pero sin ninguna orientación fija desde un punto de vista estrictamente militar»[446].

Todavía más dramático es el contenido de una carta que firma Juan Manuel Salvat y que dirige a Ernesto Fernández Travie-

[444] *Ibid.*
[445] *Ibid.*
[446] *Ibid.*

so. El documento tiene fecha de 30 de marzo, el mismo día en el que el destinatario llegó a Cuba por vía clandestina y, por lo tanto, no lo pudo leer. La carta comienza con una nota triste ya que el hermano menor de Fernández Travieso había sido detenido junto a otros dos miembros del DRE que después serían ejecutados, Virgilio Campanería y Alberto Tapia Ruano. De todas maneras, Salvat tiene que tocar el otro aspecto que agobia a la organización que es el de la falta de material. El secretario de Propaganda del Directorio le advierte al destinatario que no han llegado «los cargamentos del DRE»[447]. Salvat asume que una razón para explicar el fenómeno es que Fernández Travieso no ha insistido con los «amigos» sobre el asunto. También responsabiliza a Oscar Echevarría y Ángel Fernández Varela por haberlos dejado «abandonados» ignorando la advertencia que este último les había hecho a él y a Muller en casa de Georgina Menocal. «Yo pensé», dice Salvat, «[que] ellos moverían todos sus contactos para que el DRE tuviera todo el material necesario»[448]. Según Salvat, el DRE le ha dado a la CIA los diferentes puntos por donde se puede hacer entrega de los suministros y «nueve veces nos han dejado embarcados». Cuenta, además, cómo les han enviado unos «walkie talkies» para la comunicación que son de «juguete» y afirma que «todo esto es grave. Lo más grave que está sucediendo»[449]. Además, sigue relatando, el inconveniente de la falta de abastecimiento le ha creado problemas a la organización y pone como ejemplo lo que sucedió con la Coordinación del DRE en Sancti Spiritus que «renunció...por no tener material y se quería pasar al MRP». Teme, por supuesto, que algo por el estilo pueda suceder «en casi toda la organización». Pero el temor mayor que expresa Salvat es con lo que le pueda pasar a Alberto Muller y sus compañeros en el alzamiento. La preocupación es tan grande que Salvat se atreve a expresar una amenaza seria si su temor se convirtiese en realidad. «Y si pasa como en el Escambray que los dejaron morir», exclama Salvat, «si a nues-

[447] Carta de Juan Manuel Salvat a Ernesto Fernández Travieso, La Habana, 30 de marzo de 1961, DRE, AJFC.
[448] *Ibid.*
[449] *Ibid.*

tros hombres y a Corneta [Alberto Muller] los embarcan en la loma y no les mandan el material, te juro Ernesto que yo voy a Miami, pero voy a fajarme a tiros con todos los americanos, culpables máximos de la muerte de muchos en el Escambray, otros Frentes (sic) y la clandestinidad»[450].

Otro mensaje de urgencia parecido a los que enviaban desde Cuba fue el que dio personalmente a dos funcionarios de la CIA, el miembro del DRE residente en Nueva Jersey, Raúl González Simón. El 13 de abril González Simón viajó a Washington, D. C., para contactar con la CIA y hacerles la advertencia de lo que estaba sucediendo en Cuba. El encuentro que logró fue con los funcionarios Coleman y McCrea de la oficina de la CIA en Washington. González Simón fue identificado como uno de los cuatro representantes del Directorio en Estados Unidos. En la entrevista, alude a «la evidente falta del prometido apoyo de Estados Unidos al clandestinaje del Directorio» y afirma que Alberto Muller está en Santiago de Cuba para organizar un alzamiento en Oriente. Según informan los dos funcionarios que lo entrevistaron, González Simón le dijo que Muller estaba esperando el apoyo prometido y que la falta de ese respaldo ha provocado «desilusión y abatimiento» en la organización y teme la destrucción del movimiento si no llega la ayuda. Los funcionarios se comprometieron a transmitir las preocupaciones de González Simón a las «autoridades correspondientes de la Agencia»[451].

El 30 de marzo de 1961, a diecisiete días de que llegara a Cuba la invasión de la Brigada de Asalto 2506, el Directorio Revolucionario Estudiantil es una organización política bien estruc-

---

[450] *Ibid.* Esta carta debe haber llegado a manos de la CIA pues en el borrador de un documento originado por el House Select Committee se hace referencia a esta carta mediante una nota escrita a mano en el margen. HSCA, «Directorio [sic] Revolucionario Estudiantil (DRE)», CIA Segragated Collection, RN 180-10142-10246, MFF. Lester Ross Crozier, «Roger», también aludió a la carta de Salvat en CIA, «Personal Record Questionaire Part II –Operational Information», 1 de noviembre de 1961, JFK Assassination Records, RN 104-19181-10023.

[451] Carta de F. J. Sheridan a Jefe División Contacto, Washington, D. C., 15 de abril de 1961, CIA, RN 104-10171-10320, MFF.

turada, con personalidad propia, que sostiene una lucha insurreccional que tiene como objetivo principal el propiciar un cambio de régimen en Cuba. Es un movimiento que ha logrado, como casi ninguna otra organización cubana similar, mantener a la totalidad de su dirigencia en suelo cubano. Tiene cuadros organizados por todas las provincias cubanas y está preparando un alzamiento de guerrillas en la Sierra Maestra. Sin embargo, y las cartas de Juan Manuel Salvat son un ejemplo, siente una gran frustración porque, siendo un movimiento insurreccional no cuenta con suficiente equipo para poder emplear a fondo su potencial militar y se encuentra desorientado al no tener un conocimiento útil acerca de cómo proceder en la lucha. Pocos años después, en febrero de 1963, Mario Pita, miembro de la Sección Internacional del Directorio en Miami, daba una respuesta para explicar la condición que caracterizaba al DRE en aquel momento crucial de 1961. «Nuestra lucha en Cuba antes del 17 de abril», escribía Mario Pita, «se encaminó al golpe que vendría de afuera y esto disminuyó la actividad del clandestinaje y fue un golpe terrible para el mismo cuando la invasión resultó en fracaso total». Para Pita, el error fue colocar la posibilidad del éxito «en la participación de manos extrañas»[452]. El problema fue que el gobierno de Estados Unidos, las «manos extrañas» a las que se refiere Mario Pita, había cambiado sus planes. El clandestinaje había pasado a ser una pieza secundaria dentro de ese tablero de ajedrez y el DRE, como parte de la lucha clandestina, también quedó marginado. La advertencia que les hizo Ángel Fernández Varela a Alberto Muller y Juan Manuel Salvat en febrero de 1961 se convirtió en realidad.

---

[452] Mario Pita, «Nuestra lucha señala el camino», *Trinchera*, Miami, 10 de febrero de 1963, 6.

Capítulo 5

1961, hacia los días de abril

Poco tiempo después de la aprobación por el presidente Eisenhower del presupuesto inicial para financiar la operación para cambiar el régimen de Fidel Castro, La Agencia Central de Inteligencia (CIA) comenzó a enviar los suministros hacia la región del Escambray. El primer vuelo de abastecimiento para los alzados en la zona montañosa del centro de Cuba tuvo lugar el 28 de septiembre de 1960. De acuerdo con Tom Weiner, aquel intento fue un fiasco[453]. La carga, consistente en ametralladoras, rifles y pistolas para cien guerrilleros, cayó a siete millas de lo que era su destino y fue capturada por las tropas del gobierno cubano[454]. Pero ese no el único «fiasco». El mismo autor asegura que de las treinta misiones organizadas por la CIA para abastecer al Escambray, solo tres fueron exitosas[455]. Algo parecido ocurría con el abastecimiento marítimo. En la entrevista que Cecilia La Villa le hace a Bernabé Peña, se comenta que el responsable de acción en el DRE, Miguelón García Armengol, se refirió en una ocasión al problema que muchas veces confrontaron con el material que se les enviaba del exterior. De acuerdo a este testimonio «cuando llegaban armas, no llegaban las balas que necesitaban esas armas», a lo que Bernabé Peña añadió: «Y llegaban los explosivos, pero no llegaban los detonadores»[456]. En esa misma conversación, La Villa narró cómo se solía solucionar el problema y era cuando se reunían miembros de distintas organizaciones y comparaban el material que cada una tenía de manera que pudieran complementar las necesidades de cada una. Bernabé Peña lo re-

---

[453] Tom Weiner, *Legacy of Ashes*, 164.

[454] *Ibid.*

[455] *Ibid.*

[456] Entrevista de Cecilia la Villa a Bernabé Peña y José María de Lasa.

sume diciendo: «A ver quién tiene las balas para este rifle que tengo yo»[457]. De todas maneras, el problema no terminaba allí. Peña añadió que algunas veces se encontraban armas «por casualidad» y es que según lo que él le narra a La Villa, «hubo muchos viajes de Miami a Cuba en esa época y las [armas las] tiraban al mar y decían que las habían entregado»[458]. El mismo narra que en una ocasión fueron avisados por el P. Felipe Arroyo, S. J., del Colegio de Belén, que un antiguo alumno de ese plantel encontró un cargamento de armas mientras buceaba en la playa de Guanabo. Por supuesto, dice Peña, un equipo del DRE las estuvo sacando durante varias noches[459].

A la misma vez que la CIA se enfrentó a estos continuos fracasos, el grupo que dentro de la Agencia tenía la máxima responsabilidad de poner en práctica la política adoptada por Eisenhower comenzó a desilusionarse con la posibilidad de obtener los objetivos que perseguía la política de Estados Unidos en Cuba mediante el apoyo a la resistencia interna. Weiner cita a Jake Esterline diciendo que para principios de octubre, «la CIA cayó en la cuenta de que sabía casi nada acerca de las fuerzas anticastristas dentro de Cuba». Es más, el autor alude a Esterline declarando «que ellos no tenían confianza en que [la resistencia] no estuviese penetrada [por la Seguridad del Estado] y así mismo comenta que el jefe del Grupo de Trabajo WH-4 tenía la certeza de que a Castro no se le podía derrocar con una «subversión sutil»[460]. Las dudas tuvieron que acrecentarse al recibir la noticia de que, el 12 de octubre, los principales jefes de las guerrillas en el Escambray, entre ellos Porfirio Ramírez, Sinesio Walsh, Plinio Prieto, José Palomino y Ángel Rodríguez del Sol, eran detenidos y fusilados por tropas del régimen. Pero, lo significativo de esta situación es que están llegando a estas conclusiones cuando Rogelio González Corzo «Francisco», el Coordinador Nacional del FRD en Cuba, se encontraba en Estados Unidos con la misión de

[457] *Ibid.*
[458] *Ibid.*
[459] *Ibid.*
[460] Weiner, *Legacy of Ashes*, 164.

propiciar una mejor coordinación entre el apoyo exterior y el trabajo del clandestinaje dentro de la isla, una gestión para la que no logró éxito alguno[461].

Pero si la convicción de obtener rédito con el plan inicial aprobado por el Presidente Eisenhower comenzó a esfumarse con las dudas que albergaron los funcionarios de la CIA a fines de septiembre y principios de octubre, la determinación de acabar con Castro y su régimen se acrecentó durante ese mismo período de tiempo. Las noticias que sobre Cuba llegaban a Washington indicaron que la distancia que separaba a Estados Unidos de la isla fue aumentando considerablemente. El 28 de septiembre el gobierno cubano anunció la organización de los Comités de Defensa de la Revolución (CDR), una institución de vigilancia que contribuía a aumentar el control del Estado hacia la población. Poco después, con la Ley 890 promulgada el 13 de octubre, comenzó la desaparición de la propiedad privada de los principales bienes de producción, al expropiarse y pasar a manos del Estado todas las grandes y medianas empresas de nacionales y extranjeros. A la misma vez, el gobierno cubano fue incrementando la adquisición de armamento en el bloque de países alineados a la Unión Soviética[462]. Unos días antes, el 27 de septiembre, el secretario Asistente para Asuntos del Hemisferio Occidental del Departamento de Estado, Thomas C. Mann, le advertía al embajador Bonsal que las relaciones entre Cuba y Estados Unidos no mejorarían hasta que el gobierno cubano no cortara sus lazos con el «bloque chino-soviético» y dejara de exportar la revolución hacia América Latina[463]. Las acciones que tomó Castro en aquella coyuntura indicaron lo lejos que él estaba de tomar el camino señalado por el funcionario norteamericano pues en vez de acercarse a Estados Unidos, mostró la firme disposición a estrechar sus relaciones con el mundo de los países comunistas. El 20 de

---

[461] Blight & Kornbluh, *Politics of Illusion*, 179.

[462] «Memorandum No 1 From the Cuba Study Group to President Kennedy», Washington, 13 de junio de 1961, *FRUS*, 1961-1963, X, Cuba, January 1961-September 1962

[463] LeoGrande &Kornbluh, *Back Channel to Cuba*, 37.

septiembre, en una visita a la sede de las Naciones Unidas en Nueva York, Castro generó un gran despliegue propagandístico al encontrarse y abrazarse con el Premier soviético Nikita Khrushchev y después, como secuela del encuentro, al seguir viaje hacia la Unión Soviética. Ante esas circunstancias, el gobierno de Estados Unidos decidió retirar para consulta al embajador Bonsal. El diplomático, que se afanó en buscar una solución diplomática al alejamiento de su país del cubano, nunca volvió a La Habana y es que en el Departamento de Estado, y en reacción al creciente malestar que les provocaba el giro del gobernante cubano, se fue imponiendo la línea dura hacia Cuba[464]. Algo semejante ocurrió en la CIA. En el órgano de inteligencia tuvieron que confrontar la urgencia impuesta por los acontecimientos, al mismo tiempo que asumían como fracaso la operación de abastecimiento a la resistencia cubana y aumentaban las dudas sobre la capacidad que tenía la oposición interna para derrocar a Castro[465]. Poco a poco fue surgiendo la idea de diseñar y adoptar un nuevo plan para terminar con el régimen cubano.

Es dentro de la CIA donde se inicia el proceso de transformar el concepto original de entrenar fuerzas especiales que se infiltrarían en Cuba para preparar y dirigir a la resistencia interna y promover una sublevación que tendría como fin el derrocamiento de Castro. El motor detrás del cambio sería Richard Bissell, director de Planes en la Agencia, la división encargada de las operaciones encubiertas. Bissell, quien estuvo involucrado en la operación de la CIA que propició el derrocamiento del presidente guatemalteco Jacobo Arbenz, sustituyó la idea original por la de una invasión anfibia que fuese capaz de provocar una conmoción dentro de Cuba, una reacción en cadena idónea para generar una sublevación general y suficiente para propiciar la deserción en los cuerpos militares de Cuba[466]. Es evidente que el proyecto seguía

[464] *Ibid*, 38.

[465] «Memorandum No. 1», *FRUS*, 1961-1963, X, Cuba, January 1961-September 1962.

[466] Weiner, *Legacy of Ashes*, 164-165 y Peter Kornbluh, ed., *Bay of Pigs Declassified. The Secret CIA Report on the Invasion of Cuba*, New York, The New Press, 1998, 7.

las líneas generales concebidas y ejecutadas en el caso de Guatemala en 1954. Una vez más, el énfasis está dirigido a fomentar una dinámica interna que no requiere, para su éxito, y como lo había advertido Eisenhower, de la intervención directa de fuerzas militares de Estados Unidos.

El nuevo concepto ya tiene un esbozo para el 4 de noviembre, el día en que el senador demócrata John F. Kennedy resultó electo presidente de Estados Unidos. Ese día la CIA transmitió mediante un cable al superior de la Agencia en el campamento de Guatemala en donde se entrenaban los cubanos nuevas directrices[467]. En el cable se dieron órdenes para que se redujera el entrenamiento en guerra de guerrillas a un máximo de sesenta hombres y que el resto del personal fuese adiestrado del modo convencional como fuerza de asalto anfibia y aerotransportada. La responsabilidad del entrenamiento recaería en personal de la 38 U.S. Army Special Forces a cuyo frente se pondría el coronel David Crowe quien llegó a la base guatemalteca el 13 de enero de 1961. En aquel momento cerca de quinientos cubanos se encontraban en Retalhuleu[468]. Es muy probable que un informe del 15 de noviembre, y suscrito por Jake Esterline evaluando el caso cubano, reforzara el concepto de diseñar un nuevo plan. La comunicación estaba dirigida a Richard Bissell y en el documento Esterline argumentó que al régimen cubano no se le podía vencer mediante una rebelión interna. Pero, igualmente concluyó que una invasión para asegurarse una cabeza de playa y una pista de aterrizaje, tampoco era alcanzable; una conclusión que apuntaba, precisamente, al esquema que la CIA estaba contemplando. De acuerdo a lo expresado por Esterline, la única forma en la que esta opción tenía posibilidades de éxito era si la operación fuese un proyecto conjunto de la CIA y el Departamento de la Defensa[469]. Es decir, que el funcionario de la CIA al frente del proyecto

---

[467] «Memorandum No. 1», *FRUS*, 1961-1963, X, Cuba, January 1961-September 1962.

[468] *Ibid.*

[469] Weiner, *Legacy of Ashes*, 165. Al mencionar el concepto de la invasión, este autor coloca el número de la tropa invasora entre los mil quinientos y tres mil hombres.

cubano le dice a Bissell con este informe que a Castro solo se le podía sacar del poder si se daba una intervención directa de tropas de Estados Unidos, algo que Eisenhower había vetado. No obstante, aún no se sabía cuál podía ser la posición que asumiría el nuevo presidente, John F. Kennedy, sobre este particular. Precisamente, unos días más tarde, el 29 de noviembre, el director de la CIA, Allen Dulles, acompañado por Bissell, se reunieron en Palm Beach con el nuevo mandatario y le dieron una idea general acerca de las diferentes operaciones en las que estaba involucrada la CIA aunque dejaron fuera la advertencia que Esterline le hizo a Bissell con su informe[470].

Poco tiempo después, el 8 de diciembre, funcionarios de la CIA le ofrecieron un informe de los nuevos planes al Grupo Especial (Special Group) que dentro del entramado burocrático de seguridad nacional de Estados Unidos era la entidad responsable de aprobar las operaciones encubiertas. El proyecto ha recibido el visto bueno de Eisenhower cuando fue informado del mismo por Allen Dulles en un encuentro que ambos sostuvieron el 29 de noviembre[471]. Es más, el presidente se expresó a favor de que se acelerase la iniciativa y es que, en una reunión con su gabinete, el secretario de Estado en funciones, Douglas Dillon, se manifestó preocupado porque la operación en Guatemala ya no era un secreto y se estaba comentando en la órbita de las Naciones Unidas[472]. Además, para el momento en el que se informa del nuevo plan, la operación para derrocar a Castro contaba, desde el 6 de diciembre, con el beneplácito del presidente electo. Ese día Kennedy se había reunido con Eisenhower[473]. Mientras tanto, el coronel Jack Hawkins, USMC, quien estaba a cargo de la sección paramilitar del Proyecto Cuba, asumió la responsabilidad de informar del nuevo concepto al SG. De acuerdo con lo propuesto por Hawkins en aquella reunión, el plan que se estaba adoptando

---

[470] *Ibid*, 165-166. «Memorandum No. 1», *FRUS*, 1961-1963, X, Cuba, January 1961-September 1962.

[471] «Memorandum No. 1»,

[472] *Ibid* y Blight & Kornbluh, *Politics of Illusion*, 162.

[473] *Ibid.*

incluía un desembarco anfibio en algún lugar de la costa cubana. El contingente estaría compuesto por entre seiscientos a setecientos cincuenta hombres. La tropa de asalto contaría con un armamento de «extraordinaria capacidad de fuego» y el desembarco estaría precedido por un ataque aéreo que, saliendo de Nicaragua, se lanzaría sobre objetivos militares. Las operaciones aéreas continuarían después del desembarque. El objetivo de la operación sería adquirir el control de un espacio limitado del territorio cubano y mantener en él una presencia visible que fuese capaz de atraer a elementos disidentes hacia el área liberada. Una vez lograda esta meta, la presunción era que se generara un levantamiento general en contra del régimen[474]. En esa misma reunión con el Special Group, el coronel del Ejército Frank Egan, entonces destacado con la CIA y encargado del entrenamiento de los cubanos en la base de Guatemala, dio un resumen sobre las cualidades de la tropa que allí se adiestraba. Era su opinión que los individuos que la componían estaban muy motivados, eran inteligentes y con un sentido positivo de liderazgo. Además, Eagan consideró que aquellos cubanos no tendrían dificultad alguna en infligir un gran número de bajas en las tropas enemigas aun cuando se tuvieran que enfrentar a un contingente mayor que el de ellos[475]. De todas maneras, en el nuevo plan, tal y como lo formuló Hawkins al SG, hay dos asuntos que se destacan: descartó lo apuntado por Esterline con relación a una intervención militar directa por parte de Estados Unidos e implicó que el peso que hasta entonces se le había dado a la resistencia interna en Cuba como agente primario en el derrocamiento de Castro había disminuido.

A partir de ese momento, el Grupo de Trabajo encargado en la CIA del proyecto cubano, continuó elaborando el plan que se había presentado al SG y al que bautizó con el nombre de Operación Trinidad en referencia al sitio escogido en el sur de Cuba para el desembarco de la tropa que se entrenaba en Guatemala. El 28 de enero se le presentó el plan al recién estrenado presidente, John F. Kennedy y a varios de los principales funcionarios de su

---

[474] «Memorandum No. 1».

[475] *Ibid.*

administración, entre ellos el vicepresidente Lyndon Johnson, secretario de Defensa Robert McNamara, el secretario de Estado Dean Rusk, el director de la CIA Allen Dulles y el Jefe del Mando Militar Conjunto General del Ejército Lyman Lemnitzer. También asistió el Asesor de Seguridad Nacional McGeorge Bundy. Kennedy heredó el asunto cubano de manos de Eisenhower, pero él también mostró una inclinación favorable para involucrarse en la materia y llevarla hasta sus últimas consecuencias. Como ha señalado el historiador Thomas G. Paterson, «sin estar aparentemente consciente de que el presidente Dwight D. Eisenhower había iniciado un programa clandestino de la CIA para entrenar a exiliados cubanos para una invasión de la isla, el candidato Kennedy demandó claramente un proyecto de esa naturaleza»[476]. De ahí que el presidente resolviera apoyar el trabajo que hacía la CIA en cuanto a propaganda y sabotajes se refería, ordenando, a la vez, que estos se intensificaran. Solicitó, además, que el proyecto de la CIA en relación con desembarco de tropas compuestas por cubanos de la oposición fuese revisado por el Departamento de Defensa y que éste informara a la Agencia sobre los resultados de la evaluación. Así mismo, impartió directrices para que el Departamento de Estado preparase una propuesta concreta con el propósito de aislar al régimen cubano y que se involucrara a los países de América Latina, así como a la Organización de Estados Americanos (OEA) en el plan de aislamiento[477].

Siguiendo las órdenes del presidente Kennedy, el Mando Conjunto de las Fuerzas Armadas de Estados Unidos emprendió la evaluación de la Operación Trinidad e incluyó una visita a los campos de entrenamiento en Guatemala. Fueron varios los informes que se rindieron y, aunque se encontraron varias deficiencias, por lo general, el alto mando militar ofreció una estimación positiva sobre la operación, inclusive, argumentó que, aun cuan-

[476] Thomas G. Paterson, «Fixation with Cuba: The Bay of Pigs, Missile Crisis, and Covert War Against Castro», en Thomas G. Paterson, ed., *Kennedy's Quest for Victory. American Foreign Policy, 1961-1963*, New York, Oxford University Press, 1989, 126.
[477] «Memorandum No. 1».

do no se pudieran alcanzar inmediatamente todos los objetivos que se perseguían con el plan, el juicio de los militares era que la operación podía contribuir a la destitución de Castro[478]. Una advertencia que se le hizo al Mando Conjunto por aquellos militares que viajaron a Guatemala y Nicaragua fue, que las probabilidades de propiciar un ataque sorpresa estaban disminuyendo debido a la visibilidad que iba adquiriendo la actividad de los cubanos en la región. La advertencia era importante ya que, como apuntaron estos militares, si no se lograba el factor sorpresa, el ataque a Cuba fracasaría. Añadieron, además, que un avión de la Fuerza Aérea Revolucionaria, armado con una ametralladora calibre 50, era capaz de hundir, si no toda, gran parte de la fuerza invasora.[479]. A pesar de esta observación, el informe que el Mando Conjunto le envió al secretario de Defensa el 10 de marzo de 1961 ofreció una visión positiva sobre la operación en general y adelantó la opinión de que la fuerza invasora podía obtener un éxito inicial. Sin embargo, al hablar del objetivo final de la operación, el Mando Conjunto comentó que éste dependía de la capacidad que tuviera la invasión de convertirse en un catalítico para promover la acción de los elementos anti-castristas a lo largo de Cuba[480].

Mientras que el Mando Militar Conjunto de Estados Unidos estudiaba y evaluaba el plan concebido por la CIA, dentro del Poder Ejecutivo de la nueva administración presidida por John F. Kennedy, se observa una actividad parecida. Ya el presidente había recibido un memorándum de su asesor Arthur Schlesinger expresándoles dudas sobre toda la operación[481] y, al mismo tiempo, también tuvo noticias sobre la llegada a Cuba de armamentos procedente del bloque soviético, particularmente procedentes de Checoeslovaquia. De igual manera, se le comunicó la impresión de que las fuerzas de la resistencia no eran lo suficientemente fuertes como para por derrocar a Castro por sus propios medios.

[478] *Ibid.*

[479] *Ibid.*

[480] *Ibid.*

[481] Véase una copia del memorándum en Blight & Kornbluh, *Politics of Illusion*, 218-219.

La información provenía de un informe que con fecha del 17 de febrero le ofreció el General Lemnitzer en una reunión en la que también estaban presentes miembros de la CIA y del Departamento de Estado. Por otro lado, el Jefe del Mando Conjunto le dejó saber al presidente que era necesario aumentar el tamaño del contingente cubano que se preparaba para combatir en Cuba aunque le admitió que semejante esfuerzo «creaba problemas con alto grado de dificultad». La conclusión de Lemnitzer fue que, básicamente, era necesario expandir los planes[482]. Kennedy, por su parte, presionó para que se concibieran planes alternativos a una invasión como la que se estaba presentando. Su recomendación dirigía a los planificadores de la operación estudiar la posibilidad de efectuar numerosas infiltraciones en el territorio cubano. Por de pronto, se decidió que se pospusiera el evento para el mes de abril en vez de llevarlo a cabo el 5 de marzo como se había pensado[483].

El 18 de febrero McGeorge Bundy redactó un memorándum para el presidente resumiéndole las dos principales opiniones sobre los planes de la CIA que sobresalían dentro de su gobierno. De acuerdo a este documento, el Departamento de Defensa y la CIA se mostraban muy optimistas respecto al proyecto. Bundy advertía que, de acuerdo a esta posición, lo peor que podía pasar era que los invasores se fuesen a las montañas y que lo mejor era que se detonase una guerra civil en la que entonces Estados Unidos podían, abiertamente, apoyar a las fuerzas de la oposición anticastrista. Por otro lado, el Departamento de Estado sostenía una visión menos optimista ya que su opinión apuntó hacia las consecuencias políticas que podían derivarse de la operación y, sobre todo, a las graves repercusiones que tendría en las Naciones Unidas y en América Latina. Al mismo tiempo Bundy le recomendó a Kennedy que acudiera primero a un embargo comercial de manera que la resistencia interna tuviera tiempo para fortale-

[482] Blight & Kornbluh, *Politics of Illusion*, 163.
[483] *Ibid*, 165.

cerse y entonces si se pudiera enviar la invasión del contingente cubano[484].

La reacción de la CIA hacia la propuesta de Bundy no se hizo esperar pues el día 19 de febrero Richard Bissell envió un documento en el que defiende la invasión como la mejor alternativa para terminar con Castro. Su conclusión al asunto que se debatía era que la invasión era la última oportunidad que tenía Estados Unidos si se quería salir del régimen castrista sin tener que acudir a una intervención militar directa por parte de Estados Unidos o a un bloqueo total. Bissell también utilizó como presión hacia el nuevo presidente el argumento de qué hacer con el grupo de cubanos que se estaban entrenando en Guatemala si la operación era abortada. Para el funcionario de la CIA, si eso sucedía estos individuos se enojarían, se desilusionarían y asumirían actitudes agresivas[485]. La decisión final sobre la manera más adecuada de orientar el proyecto concebido por la CIA para derrocar a Castro tardaría unos días más en concretarse, pero, en lo que no había duda en ese momento era en el compromiso de la administración Kennedy de resolver el problema cubano auspiciando un cambio de régimen en la isla. De ahí que el Departamento de Estado, por ejemplo, rechazara una iniciativa de mediación diplomática con Cuba propuesta por el gobierno de Argentina el 3 de marzo. En la nota de la Cancillería norteamericana se afirmó que los asuntos sobre el comunismo en el hemisferio no se negociaban[486].

Lo que también seguía siendo evidente era el convencimiento que tenía la CIA sobre la capacidad de la resistencia cubana interna a operar con eficacia dentro de Cuba. De que la Agencia no tenía suficiente confianza en el clandestinaje como agente primario del cambio en Cuba, quedó ilustrado en la atención que la CIA le dio a dos encuentros que sostuvo en aquella coyuntura con dos miembros de la resistencia cubana. Al menos, es lo que se desprende en las versiones que sobre esas reuniones ofrecen

[484] *Ibid*, 164.

[485] *Ibid*, 165

[486] E. W. Kenworthy, «U. S. Will Reject Cuba Mediation», *New York Times*, 7 de marzo de 1961, 13.

fuentes ajenas a la CIA. El primero fue con Manuel «Monty» Guillot y el segundo con el excomandante Humberto Sorí Marín. Ambos salieron de Cuba clandestinamente con el propósito de coordinar esfuerzos con la CIA. Guillot militaba en el MRR y era el responsable de la sección de Inteligencia del Movimiento y asumió la misma función dentro del FRD. Había entrado clandestinamente en Cuba junto a Juan Manuel Salvat en diciembre de 1960. A su llegada a la isla trabajó para organizar su tarea a lo largo de todo el territorio nacional. Una vez logrado el objetivo, decidió regresar a la Florida para acordar con la CIA el futuro trabajo de la red de inteligencia. Sin embargo, para su sorpresa, la Agencia no tuvo a bien creer que Guillot había obtenido el resultado que le estaba mostrando el cubano. De acuerdo con Salvador Subirá, para la CIA era imposible aceptar que esa labor se hubiese podido llevar a cabo en tan corto tiempo[487].

Por su parte, Sorí Marín llegó a Key West el 1 de marzo, que, por casualidad era el mismo día en el que Guillot regresaba a Cuba. El excomandante y antiguo ministro de Agricultura, viajó a Estados Unidos en calidad de Coordinador Militar de Unidad Revolucionaria, una coalición de pequeños grupos de oposición que se habían unido con el propósito de enfrentarse al régimen de Castro. Al frente de UR se encontraba Rafael Díaz Hanscom, un antiguo militante del MRR[488]. Según la CIA, Unidad Revolucionaria era un movimiento de oposición efectivo que había crecido considerablemente para mediados de marzo de 1961. La Agencia, inclusive, le había hechos varios envíos de armamentos en febrero y en marzo de aquel año. En otro informe, el que remite la entrevista (debriefing) que un agente de la CIA le hizo a Sorí Marín al llegar a Estados Unidos, se afirma que el antiguo comandante tenía como encomienda solicitar armas para poder iniciar un levantamiento en Cuba[489]. En el mismo informe se incluyen datos

[487] Salvador Subirá, *Historia del Movimiento de Recuperación Revolucionaria*, 56.

[488] CIA, «Unidad Revolucionaria (UR)», Doc. Id number 1994.04.25.13:51:29: 440005, MFF.

[489] Cable de JMWAVE a Bell, «Debriefing of Humberto Sorí Marín», 7 de marzo de 1961, CIA, RN 104-10226-10274, MFF.

sobre la capacidad de UR —se habla de veinte mil militantes en la isla—, se menciona que donde la organización es más fuerte es en la provincia de Oriente y se hace una relación del material que necesitan para iniciar operaciones. Entre las armas que se mencionan son rifles, ametralladoras, morteros y bazucas. Ahora bien, este informe no dice absolutamente nada de otro asunto que, por la evidencia presentada en otras fuentes, pudo haber sido la razón principal para motivar el viaje de Sorí Marín a Estados Unidos.

En el documento en que la CIA resume la historia de Unidad Revolucionaria, se menciona a un ejecutivo de la compañía Pepsi Cola en Cuba, Robert Geddes, que siendo miembro de UR, le dio, alegadamente, su palabra a varios contactos de la organización advirtiéndoles que la invasión que se preparaba en el exterior no tendría lugar hasta que UR hubiese completado su trabajos de preparación[490]. El informe no da cuenta de donde Geddes, que era ciudadano británico, pudo haber sacado la información. Es posible que su fuente haya sido Sorí Marín. En efecto, según narra Joan Mellen en su libro *The Great Game in Cuba. How the CIA Sabotaged Its Own Plot to Unseat Fidel Castro*, cuando Sorí Marín llegó a la Florida y se entrevistó con un agente de la CIA, le advirtió al funcionario de la Agencia que el clandestinaje no estaba listo para iniciar una rebelión si la invasión que se estaba preparando llegaba a Cuba en el futuro inmediato[491]. De acuerdo con esta misma fuente, Sorí, quien quiere coordinar la invasión con un levantamiento general dentro de Cuba le solicita a la CIA que, además del abastecimiento de armas que ha pedido, posponga la fecha y lugar del desembarco. Según Mellen, el Coordinador Militar de UR le entregó a la CIA un plan detallado del alzamiento, plan que ella reproduce en su libro y que tiene fecha de 4 de marzo de 1961[492]. Conforme al relato de Mellen, «la CIA dejó

[490] CIA, «Unidad Revolucionaria (UR)».

[491] Joan Mellen, *The Great Game in Cuba. How the CIA Sabotaged Its Own Plot to Unseat Castro*, Delaware, Skyhorse, 2016, 144. Véase, también Blight & Kornbluh, *Politics of Illusion*, 183.

[492] *Ibid, 144-146.* Mellen obtuvo la copia del plan que ella reproduce en su libro de Alberto Fernández, miembro de UR y dueño del barco *Tejana* que se

que Sorí creyera que la invasión sería pospuesta» y, por eso, cuando Sorí salió hacia Cuba el 12 de marzo, estaba convencido que la CIA había adoptado el Plan de UR[493].

Los relatos que cuentan los encuentros sostenidos por Manuel Guillot y Humberto Sorí Marín con la CIA en las semanas que precedieron a la invasión del 17 de abril, adquieren verosimilitud cuando son analizados junto a otras expresiones de miembros de la resistencia cubana que insinuaron la falta de atención por parte de la CIA a sus necesidades. No solo fueron las cartas del DRE quejándose de la falta de suministros, sino que también se puede agregar, entre otros, sendos viajes clandestinos que hace Rogelio González Corzo «Francisco» para lograr una mejor coordinación con el exterior y el poco éxito que tuvo en sus gestiones[494].

A la misma vez que los altos mandos militares de Estados Unidos evaluaron el Plan Trinidad y de que la CIA mantenía la convicción de que la invasión era el principal instrumento para lograr el cambio de régimen en Cuba, dentro de la administración Kennedy se llevó a cabo un debate sobre la viabilidad del concepto. El problema principal que se discutió durante ese período de tiempo fue si el Plan Trinidad cumplía con el requisito básico sobre el cual se erigió desde que comenzó su diseño durante el gobierno de Eisenhower, es decir, si su ejecución no violaría la norma del encubrimiento. Si el plan se llevaba a cabo tal y como estaba planificado, ¿se haría posible descubrir la presencia de Estados Unidos detrás del mismo? Esa discusión determinaría las decisiones que tomaría la administración Kennedy antes de darle el visto bueno a la puesta en marcha del Plan. De igual manera, definiría el papel que jugaría la resistencia interna.

---

utilizó para múltiples operaciones relacionadas con actividades de la oposición cubana. Es muy probable que Fernández fuese también una de las fuentes principales de Mellen en todo lo relacionado al viaje de Humberto Sorí Marín a la Florida durante el mes de marzo de 1960. La extracción de Sorí de Cuba y su eventual infiltración la hizo Fernández con su bote.

[493] *Ibid*, 149.

[494] Blight & Kornbluh, *Politics of Illusion*, 180.

Las principales objeciones al Plan Trinidad se originaron en el Departamento de Estado el cual repitió los argumentos que se habían expresado a través del memorándum de McGeorge Bundy del 18 de febrero, es decir, el problema de las repercusiones negativas que podían surgir en América Latina y en las Naciones Unidas[495]. En el recuento que se hace en el *Memorandum No. 1* sobre los acontecimientos que tuvieron lugar antes del 17 de abril de 1961 se afirma que el Departamento de Estado señaló, particularmente, como preocupación el llevar a cabo operaciones aéreas al menos que los aviones que se utilicen tuviesen bases en Cuba[496]. Al mismo tiempo, este informe señala que, condicionando la respuesta que se debía dar al problema cubano estuvo la urgencia surgida a partir de la necesidad de sacar de Guatemala a la brigada que se entrenaba en ese país. Así mismo, dice el redactor del informe que, si la brigada se disolviera, la acción podía interpretarse como el abandono de una causa que se veía tanto justa como necesaria. De ahí que el presidente decidiera requerirle a la CIA que le presentara varias alternativas que pudieran sustituir el Plan Trinidad[497].

El 11 de marzo la CIA le presentó varias alternativas al presidente y al Consejo de Seguridad Nacional. La propuesta, «Operaciones Propuestas en Contra de Cuba», fue redactada por Richard Bissell y termina recomendando una operación consistente en un doble desembarco, uno de distracción en un área remota y sin la presencia de una fuerza aérea seguido, cuarenta y ocho horas después por otro con la fuerza principal invadiendo en un lugar diferente y acompañado de una cobertura aérea[498]. En este plan, se incluye el eventual desembarco de un gobierno provisional cubano una vez que la brigada de asalto controlase un pedazo del territorio y hubiese evidencia de generalizada manifestación

---

[495] «Memorandum No. 1», *FRUS*, 1961-1963, X, Cuba, January 1961-September 1962.

[496] *Ibid.*

[497] *Ibid.*

[498] CIA, «Proposed Operation against Cuba», Washington, 11 de marzo de 1961, *FRUS*, 1961-1963, X, Cuba, January 1961-September 1962.

de oposición al régimen por parte de la población cubana. En ese caso, concluye la propuesta, se podría reconocer la legitimidad del gobierno provisional a la vez que se le podía extender apoyo logístico por parte del gobierno de Estados Unidos[499]. Al presentar el informe, Bissell no se olvidó de incluir una serie de datos concernientes a las condiciones internas de Cuba como mecanismo para ejercer presión sobre la administración de Kennedy.

Después de una amplia discusión, y tomando en consideración la persistente preocupación del presidente acerca del asunto del encubrimiento de la operación, algo que para él no estaba asegurada por la propuesta, se le solicitó a la CIA una nueva revisión. La propuesta nueva estuvo lista el 15 de marzo y pasó a ser evaluada por el Mando Militar Conjunto[500]. La recomendación de los militares fue a favor de la alternativa preferida por la CIA, aunque observó que la propuesta que más posibilidades de éxito tenía para conseguir los objetivos que se querían lograr era el «plan paramilitar básico», es decir, el Plan Trinidad[501]. Por otra parte, el *Memorandum No. 1* contiene una observación que, de ser cierta, no deja de provocar cierta inquietud en quienes analizan el proceso que se utilizó para la toma de decisión relacionada a la operación para cambiar el régimen cubano. De acuerdo al redactor de este documento, «la preferencia por el Plan Trinidad [expresada por el Mando Militar Conjunto] parece que fue pasado por alto en la subsiguiente consideración del plan por algunos altos funcionarios civiles, incluyendo el Secretario de Defensa, a quien le dirigieron sus puntos de vista»[502]. Al ignorar el comentario del Mando Militar Conjunto toda la atención se puso en lo que entonces sería la Operación Zapata.

---

[499] *Ibid.*

[500] CIA, «Revised Cuban Operation», Washington, 15 de marzo de 1961, *FRUS*, 1961-1963, X, Cuba, January 1961-September 1962.

[501] «Memorandum from the Joint Chief of Staff to Secretary of Defense McNamara», Washington, 15 de marzo de 1961, *FRUS*, 1961-1963, X, Cuba, January 1961-September 1962.

[502] «Memorandum No. 1», *FRUS*, 1961-1963, X, Cuba, January 1961-September 1962.

Ese mismo día, McGeorge Bundy le escribió un memorándum al presidente anunciándole que la CIA le presentaría las revisiones que se le habían hecho al plan. Bundy añadió que la CIA ha hecho un trabajo encomiable al diseñar una operación lo más silenciosa posible y poco espectacular. Le advierte, eso sí, que aún está pendiente el aspecto aéreo de la invasión pero que esto se podía resolver si se presentaba como una rebelión dentro de la Fuerza Aérea Revolucionaria y si este ataque se llevaba a cabo un poco antes del desembarco[503].

Tal y como lo anunció Bundy, al presidente Kennedy le dieron a conocer las revisiones del plan el 15 de marzo y volvió a solicitar nuevas modificaciones ya que objetó ciertos aspectos del mismo. El presidente mencionó la preferencia por que se diera un levantamiento general; se mostró inconforme con la hora planeada para el desembarco, el amanecer y se preocupó por que no se contemplara la posibilidad de extraer de la playa a los expedicionarios en caso de que fallase la operación. Al día siguiente la CIA regresó a la Casa Blanca con nuevas sugerencias que incluía, un desembarco nocturno por la península de Zapata que permitiría la retirada de los buques de transporte al amanecer. Bissell, que fue quien presentó el informe, consideró que este plan era más ventajoso que el Plan Trinidad. Kennedy aceptó las sugerencias y dio permiso para que se continuara con el mismo reservándose el derecho a cancelarlo veinte y cuatro horas ante de que se iniciara la operación[504].

Tal parece que la decisión de mover el sitio del desembarco de Trinidad a Bahía de Cochinos tuvo que ver con el tipo aeronave que se quiso utilizar en la operación. De acuerdo con periodista Don Bohning, el avión preferido por el Grupo de Trabajo sobre Cuba, el que dirigía Esterline, fue, desde un principio, el B-25 porque era un avión más «flexible y confiable» que el B-26, el

[503] McGeorge Bundy, «Memo From the President's Special Assistant for National Security Affairs (Bundy) to President Kennedy», Washington, 15 de marzo de 1961, *FRUS*, 1961-1963, X, Cuba, January 1961-September 1962.

[504] Editorial Note 65, *FRUS*, 1961-1963, X, Cuba, January 1961-September 1962.

favorecido por Bissell y el coronel Stan Berli. Este último era el oficial que estaba al frente de la sección aérea del proyecto cubano[505]. La razón que ofreció Bissell para preferir el B-26 fue que era una aeronave idónea para participar en una operación encubierta y es el tipo de bombardero que formaba parte de la FAR. Además, tenía la ventaja de que era más fácil de adquirir en el mercado abierto de aviones[506]. El único problema del B-26, a diferencia del B-25, era que necesitaba una pista que fuese cien o doscientos pies más larga que la de Trinidad y la que existía en la región de Zapata cumplía con tales especificaciones. De ahí, entonces, que se escogiera Bahía de Cochinos para el desembarco, una zona pantanosa que, por otro lado, estaba lejos de las lomas del Escambray. Al seleccionar Zapata como el sitio para el desembarco de la fuerza cubana entrenándose en Guatemala se eliminó toda posibilidad de que los expedicionarios, en caso de que la expedición corriera peligro de ser derrotada en la playa, pudiera unirse a las guerrillas que luchaban en el Escambray.

Por otra parte, la cuestión de acompañar la invasión con una operación aérea fue un punto de fricción entre los principales funcionarios, incluyendo al presidente Kennedy, involucrados en la toma de decisiones relativas a la iniciativa para derrocar a Castro en Cuba. Ya el Coronel Jack Hawkins había advertido acerca de la importancia que tenía la incorporación de un cuerpo de aviación en el plan que proponía el desembarco en Cuba de una fuerza anfibia. Era un instrumento necesario para neutralizar la fuerza aérea cubana. De no hacerlo, advirtió, se estaría «cortejando el desastre»[507]. A esta parte de la operación se oponía el Departamento de Estado ya que, en su opinión, era un elemento muy difícil de encubrir como un asunto interno de Cuba[508]. El propio Kennedy le preguntó a Bissell el 29 de marzo si era necesario

[505] Don Bohning, *The Castro Obsession. U. S. Covert Operations Against Cuba, 1959-1965*, Washington, D. C., Potomac Books, Inc., 2005, 28.
[506] *Ibid.*
[507] «Memorandum No. 1», *FRUS*, 1961-1963, X, Cuba, January 1961-September 1962.
[508] *Ibid.*

efectuar algún ataque aéreo, a lo que el funcionario de la CIA le respondió que su grupo trabajaría para que se hiciese el menor ruido posible asegurando, a la vez, la mayor efectividad. Así mismo, Bissell le aseguró al presidente que los cubanos en la isla se unirían al desembarco mediante una rebelión[509]. En ese sentido Bissell abordó dos temas fundamentales que guiaron a Kennedy durante todo el período en el que el presidente estuvo involucrado con la preparación de la invasión a Cuba. Según afirmó Arthur Schlesinger, Kennedy quería hacer algo con relación al problema cubano, pero, lo menos posible, que se pudiera encubrir y siempre que tuviera alguna oportunidad de tener éxito[510]. Igualmente, y siempre de acuerdo con la afirmación de Schlesinger, Kennedy le atribuyó una gran importancia a la posibilidad de un levantamiento dentro de Cuba. «El siempre contempló esto», relató Schlesinger, «como parte del todo», incluyendo, entre otras cosas, deserciones de la milicia[511]. Es más, y abundando en este último punto, según el asesor de Kennedy, el presidente le afirmó al periodista del *New York Times*, James Reston, que «la prueba siempre fue si el pueblo cubano respaldaría una acción en contra de Castro porque, de no ser así, no le podríamos imponer un nuevo régimen»[512].

Los últimos detalles de la operación se le presentaron al presidente Kennedy en una reunión que se llevó a cabo el 12 de abril. Ya en ese momento se había decidido que el comienzo del desembarco tuviese lugar el 17 de ese mes. Junto al presidente estuvieron para oír el informe que daría Richard Bissell, el secretario de Estado, el Mando Militar Conjunto y otros funcionarios del Consejo de Seguridad Nacional. Entre los pormenores que allí se discutieron estuvieron todas las operaciones que precedían al desembarco, entre ellas ataques aéreos limitados encubiertos como un acto de rebelión de pilotos desafectos al régimen y el desembarco de distracción en alguna parte de la costa oriental de la

[509] Blight & Kornbluh, *Politics of Illusion*, 165-166.
[510] *Ibid*, 64.
[511] *Ibid.*
[512] *Ibid, 67.*

isla de Cuba. También se mencionaron otras acciones que se efectuarían después de la invasión de las tropas provenientes de los campamentos de Guatemala. Dos puntos que, sin embargo, deben destacarse son aquellos que se refirieron a lo que se tenía previsto que ocurriera dentro de Cuba durante toda la operación. Uno se relaciona a las deserciones que iban a ocurrir y otra a los movimientos de resistencia.

Sobre el primer punto, el documento presentado por Bissell menciona que se han hecho todo tipo de esfuerzos por inducir la participación de militares y políticos importantes en la operación contra Castro y especifica que el contacto con alrededor de treinta y una personas de estos estamentos se ha hecho a través de grupos de cubanos anticastristas. En cuanto a lo que la resistencia interna se refiere, el informe habla de que se cuenta con una fuerza de unos siete mil «insurgentes» que están distribuidos en diferentes partes de Cuba; tres mil en La Habana, dos mil en Oriente y cerca de setecientos en Las Villas. Todos, afirma el documento, bajo cierto control de agentes con quienes se tiene comunicación activa. Sin embargo, el informe que ofreció Bissell ese día fue claro en especificar que esta fuerza «insurgente» estaba *mal armada* pero que se esperaba entregarle los suministros necesarios para que ellos pudieran actuar dentro de Cuba *después del desembarco* y si en ese momento se hubiese logrado la inefectividad de la FAR. En ese sentido, el documento aclaró que el avituallamiento aéreo estaba *suspendido* debido a que todos los aviones disponibles para ese tipo de operación estaban atados al movimiento de tropas[513].

Unos días antes, el 9 de abril, un domingo, dos de los más importantes funcionarios de la CIA responsables de toda la iniciativa cubana, Jack Hawkins y Jake Esterline, se reunieron con Richard Bissell con el propósito de convencerlo para que suspendiera la invasión de cubanos que saldría de Guatemala y Nicara-

[513] *FRUS*, 1961-1963, X, Cuba, January 1961-September 1962. «Paper Prepared in the Central Intelligence Agency», Washington, 12 de abril de 1961, Énfasis del autor.

gua hacia Cuba[514]. La razón principal por la que estos dos funcionarios quisieron que se pospusiera el desembarco de los expedicionarios cubanos fue que el sitio elegido para la operación, Bahía de Cochinos era parte de una región pantanosa que imponía serios límites a las posibilidades de éxito de la invasión[515]. De acuerdo con el relato de Bohning, tanto Hawkins como Esterline llegaron a la conclusión de que, aun cuando la aviación de Castro fuese totalmente destruida llegaría el momento en que la superioridad de las fuerzas militares del régimen acabaría con los expedicionarios que estarían acorralados en la costa e impedidos de avanzar hacia el interior de Cuba. Es cierto que la operación contemplada desde que había empezado a ser modificada a finales de octubre de 1960, bajo la presidencia de Eisenhower, tenía como objetivo primordial la promoción de una rebelión general dentro de Cuba en la que tendrían que participar dos componentes esenciales para que tuviera éxito, el alzamiento de la resistencia interna y la deserción de tropas y oficiales del ejército y la milicia. Los miembros de la Brigada de Asalto 2506 no invadirían Cuba con el propósito de liberarla en el sentido que sí tuvieron las tropas aliadas que desembarcaron en Normandía durante la Segunda Guerra Mundial. El efecto de la Brigada era catalítico, es decir, el dispositivo que dispararía una rebelión interna. Pero para lograr ese objetivo tendría que hacerse de un territorio durante un suficiente período de tiempo que permitiera el acoplamiento con los otros componentes del plan, la resistencia y las deserciones. Y fue en este aspecto del plan que Hawkins y Esterline se fijaron para disuadir a Bissell sobre la necesidad de cancelar el desembarco por Bahía de Cochinos.

---

[514] La información sobre esta importante reunión se encuentra en el libro de Don Bohning, *The Castro Obsession*, 31-41. La información recogida por Bohning descansa en los testimonios de Hawkins y Esterline y, aunque no hay prueba documental que corrobore lo que estos dos funcionarios de la CIA le dijeron a Bissell el domingo 9 de abril de 1961, Bohning encontró pruebas indirectas que le revistieron de credibilidad lo que Hawkins y Esterline le dijeron a él.

[515] Bohning, *The Castro Obsession*, 32.

Según el testimonio que Hawkins y Esterline le ofrecieron a Bohning, la posición de Bissell ante los argumentos de sus dos subalternos fue que ya era muy tarde para suspender la operación pero que él se comprometía a llevarle al presidente la preocupación que ellos habían expresado acerca de cuan inadecuada era la fuerza aérea de la Brigada para destruir los aviones de las FAR en un solo ataque. Les pidió, además, que no renunciaran, como habían amenazado, a continuar en los puestos que ambos ocupaban dentro de toda la iniciativa[516].

De ser cierto el contenido del relato que hace Bohning a partir de los testimonios de Hawkins y Esterline, entonces también es verdad que Richard Bissell no informó sobre el mismo cuando se reunió con el presidente y otros funcionarios vinculados a la seguridad nacional de Estados Unidos el 12 de abril. Tampoco lo hizo cuando el día 10 de ese mes le ofreció un sumario de la operación al secretario de Justicia Robert F. Kennedy y le aseguró, además, que la iniciativa tenía dos de tres oportunidades de salir airosa cuando desembarcara y que, si no tenía el éxito que se esperaba, los expedicionarios podían buscar refugio en las montañas[517]. Lo que sí abordó Bissell con el presidente fue el asunto sobre la fuerza aérea, pero lo hizo en sentido contrario a lo que le habrían aconsejado Hawkins y Esterline. Cuando el 14 de abril Kennedy llamó a Bissell para autorizar el inicio del ataque aéreo, el presidente le preguntó al funcionario de la CIA que cuantos aviones participarían en la operación. Bissell le respondió que dieciséis, a lo que Kennedy le comentó que él no quería que fueran tanto, que lo rebajara a un mínimo. Bissell, que estuvo de acuerdo con el presidente, lo limitó a seis aunque fueron ocho los que finalmente participaron[518].

La operación, que comenzaría el 15 de abril de 1961 con los bombardeos a sitios militares estratégicos de la FAR en Cuba, no podía tener muchas posibilidades de éxito. El plan original, de refuerzo a la resistencia interna, se había abandonado desde octu-

---

[516] *Ibid*, 34.

[517] Blight & Kornbluh, *Politics of Illusion*, 166.

[518] *Ibid*, 167.

bre de 1960. En su lugar se concibió otra operación que, para triunfar, necesitaba de tres componentes principales, a saber, una resistencia armada capaz de sublevarse en las ciudades y las montañas de Cuba, la deserción de elementos militares afines al régimen y el desembarco de una tropa que serviría como dispositivo para iniciar una gran rebelión contra el régimen.

Hay que tomar en consideración que el cambio táctico en el plan original concebido por el gobierno de Estados Unidos para derrocar a Castro se debió a la gradual desconfianza que tuvo la CIA en la capacidad de la resistencia interna para poder cambiar el régimen político de Cuba. Si en la CIA se llegó a esa conclusión fue porque les falló el intento de darle estabilidad y constancia a la entrega de suministros. Sin abastecimiento, la resistencia no podía fortalecerse y como la Agencia no se empeñó en corregir el problema se decantó por la invasión como la clave del éxito en el plan. Por otro lado, la oposición interna sufrió un golpe severo cuando varios de sus principales dirigentes, entre ellos Rogelio González Corzo «Francisco» y Humberto Sorí Marín, fueron detenidos por la Seguridad del Estado el 18 de marzo de 1961. A partir de ese suceso, tan cercano al comienzo de la invasión, una parte importante de la resistencia interna, a la que se pretendía abastecer una vez que se consolidara la invasión, quedó descabezada y como consecuencia, la posibilidad de lograr una movilización coordinada cuando se iniciara el desembarco de la Brigada, disminuyó considerablemente.

No obstante, en el plan que Bissell le presenta a Kennedy el 12 de abril la resistencia interna sigue siendo parte de la operación aun cuando se admite que no estaba equipada adecuadamente y cuando Bissell tenía que estar enterado de la detención de González Corzo, de Sorí Marín y de varios dirigentes de la resistencia interna. En ese sentido pudo quedar comprometido otro de los componentes del plan que terminaría con el régimen de Castro pues, se supone que algunos de ellos eran los enlaces con miembros de los cuerpos armados del Estado Cubano que llevarían a cabo las esperadas deserciones. A todo esto, se suma el contenido de las presuntas advertencias de Hawkins y Esterline sobre los aspectos negativos de un desembarco por Bahía de Cochinos y que aparentemente Bissell descartó. Ante este conjunto de variables, el posible éxito de la operación se convertía en una posibilidad remota. De todas maneras, Bissell siguió impulsando el proyecto ya que, al fin y al cabo, él tenía que estar convencido que el desembarco de la Brigada, tal y como estaba previsto, desencadenaría el desplome del régimen.

Antes de iniciar las operaciones del bombardeo y desembarco de las tropas de la Brigada, había que obtener el visto bueno final del presidente. Kennedy tomó la decisión final el día 14 de abril, un día después de que Bissell le mostrará un cable que el coronel Hawkins había enviado desde Nicaragua, a donde el militar había regresado después del encuentro con Esterline y su superior en la CIA. El cable fue en respuesta a uno que le enviara Esterline pidiéndole una última evaluación de la Brigada. A la misma vez, en el cable que le llegó a Hawkins se ratificaba la decisión de Kennedy de no permitir, bajo ninguna circunstancia, el uso directo de las Fuerzas Armadas de Estados Unidos en la operación[519]. La solicitud de Esterline, a su vez, respondió a una orden que le hiciera Bissell[520]. La evaluación de Hawkins fue sumamente positiva y en la misma, el militar afirmó, entre otras cosas, que «sus observaciones de los últimos días han aumentado mi confianza en la habilidad de estas fuerzas para, no solo conseguir las misiones de combate iniciales, si no también, el objetivo ulterior de derrocar a Castro»[521]. Así mismo, reportó que los oficiales de la Brigada «no esperan la ayuda de las Fuerzas Armadas de Estados Unidos. Lo único que ellos piden es la entrega continua de suministros»[522]. De acuerdo con Peter Wyden, el cable de

---

[519] Tanto el cable de Jake Esterline como del Coronel Jack Hawkins están contenidos en un memorándum que el Jefe de la División del Hemisferio Occidental (WHD) de la CIA le envió al General Maxwell D. Taylor el 26 de abril de 1961 y que se reproduce en Blight & Kornbluh, *Politics of Ilussion*, 224-225.

[520] Bohning, *The Castro Obsession*, 38.

[521] En Blight & Kornbluh, *Politics of Ilussion*, 224.

[522] *Ibid*, 225. Ante la aparente contradicción entre lo que supuestamente le dijo Hawkins a Bissell el 9 de abril de 1961 y el contenido del cable enviado desde Nicaragua cuatro días después, Hawkins apunta que la evaluación que aparece en el cable es acerca de «la moral y disposición para la batalla de las fuerzas

Hawkins impresionó favorablemente al presidente de Estados Unidos y le llevó a dar el visto bueno final a toda la operación. Este mismo autor cita al hermano del presidente, Robert F. Kennedy, diciendo que el cable del militar, «más que ningún otro factor, persuadió al presidente a seguir adelante»[523]. Justo Carrillo, uno de los miembros del Consejo Revolucionario Cubano que se reunió con Kennedy el 19 de abril para reclamar la intervención militar de Estados Unidos en apoyo a los miembros de la Brigada 2506, aseguró que el presidente norteamericano les mostró el cable de Hawkins para explicarles que, aun cuando él tuvo dudas sobre las posibilidades de éxito de la Operación Zapata, el contenido del mensaje le hizo cambiar de idea y dio el visto bueno para seguir adelante[524]

La decisión que tomó el presidente John F. Kennedy el 14 de abril de 1961 ratificó un plan concebido por la Agencia Central de Inteligencia para sacar del poder al régimen que en Cuba encabezaba Fidel Castro. En ese plan la resistencia interna estaba llamada a jugar un papel importante pero dependiente. Ya no tenía la preeminencia que se le había reconocido cuando se elaboró el primer proyecto para detener y erradicar de Cuba la deriva hacia el socialismo predicada por Fidel Castro. Desprovista de armas y sin coordinación que le pudiera movilizar a tiempo y con eficacia, lo único que podía hacer era esperar. Era una situación sumamente frágil en la que quedó colocada.

¿Fue consciente la dirigencia del Directorio Revolucionario Estudiantil de los cambios que se llevaban a cabo en Washington con respecto a la forma de erradicar el socialismo en Cuba? La evidencia histórica apunta a que sí, a que fueron percibiendo la transformación aludida y que se adaptaron a ella. A la vez que en Estados Unidos se transformó la estrategia para eliminar a Castro

cubanas», no sobre si la operación debía seguir adelante. En Bohning, *The Castro Obsession*, 39.

[523] Peter Wyden, *Bay of Pigs. The Untold Story*, New York, Simon and Schuster, 1979, 169.

[524] Memorándum, Justo Carrillo Collection, caja 4, «Bay of Pigs», CHC, University of Miami, Coral Gables.

del poder, en Cuba aparecen indicios insinuando que la gente del DRE fue ajustando la estrategia de la organización a las señales que venían del exterior, no todas claras ni explícitas, pero entendidas en la dirección que le fue dando Washington. La advertencia que había expresado Ángel Fernández Varela al reunirse en febrero de 1961 con Alberto Muller y Juan Manuel Salvat, aunque extrema porque implicó el total abandono de la lucha clandestina, tuvo que haber dejado claro, al menos, que el papel de la resistencia interna en el plan para derrotar al régimen estaba cambiando. La transformación del proyecto quedó corroborada en el encuentro que tuvo Muller con Rogelio González Corzo y en la que el Coordinador Nacional del FRD alude al cambio de planes y cuando después le propone el proyecto de la toma de La Habana. La propia documentación del DRE y el recuerdo de Salvat sobre la vinculación del plan de ocupar la capital de Cuba con la llegada de la invasión indican que la organización se acoplaba al proyecto general que la CIA quería poner en práctica.

En un memorándum sin fecha en el que se exponen la «Historia y Objetivos del Directorio Revolucionario Estudiantil», hay una sección, «Planes del DRE», en la que se expresa de una manera clara que el Directorio estaba en sintonía con la nueva visión adoptada en Estados Unidos para lograr la victoria final en Cuba. Según este documento, el DRE desarrolló sus planes asumiendo como premisa fundamental que «el gobierno de Estados Unidos ayudaría efectivamente a las organizaciones que luchaban contra la tiranía dentro de Cuba y que existían campamentos militares que producirían el *Día D* una invasión bien preparada, entrenada y suficiente para producir el derrocamiento...de la tiranía Castro-Comunista»[525]. El propio documento provee una lista de los medios que vislumbra la organización para conseguir el objetivo y, entre ellos, incluyen el abrir frentes guerrilleros en las zonas montañosas de la isla y la «creación, organización y entrenamiento de un Ejército Clandestino que esté preparado para el Día D alzarse en las ciudades y cooperar con los Ejércitos (sic) de Inva-

[525] DRE, *Memorándum*, S.F., AJFC. Énfasis del autor.

sión y Alzamiento»[526]. Es decir, según expone este documento, el DRE ha concebido la organización de su Ejército Clandestino y los alzamientos que quiere llevar a cabo *en función* de la llegada de la Brigada 2506, que es lo que precisamente expone la CIA en sus planes al describir el papel que jugará la resistencia interna. Más aún, en el mismo documento del DRE, hay otra sección dedicada al Ejército Clandestino que no deja mucho espacio para dudar que la estrategia del Directorio se integra a la diseñada por la CIA. De acuerdo con el documento, «el plan del DRE era coordinar el DIA D, las fuerzas de la Invasión, con los Ejércitos alzados y las fuerzas de la Clandestinidad, contando que era imprescindible que la guerra comenzara en las ciudades al producirse el alzamiento de los Ejércitos Clandestinos, pues una vez movilizadas las tropas del aparato militar Castro-Comunista sería imposible moverse en las ciudades». Afirma, así mismo, que «solo en la Provincia de La Habana, el DRE contaba con más de 1,800 hombres en su Ejército Clandestino, organizados militarmente» y que tenía «contactos con el Ejército, la Marina y las Milicias». Asegura, también que «se había llegado a dividir las zonas que ocuparía el DIA D cada movimiento Clandestino» y termina describiendo la coordinación con otros movimientos insurgentes como el MRR y el MRP[527].

Hay otros documentos que igualmente insinúan el paulatino acoplamiento del DRE a los planes que se fueron diseñando por la CIA durante esos días. En memorándum que tampoco lleva fecha, se afirma, por ejemplo, que durante el mes de marzo «se organiza en las provincias después de un viaje de Alberto Muller, Luciano [Luis Fernández Rocha], Chenier [Miguel García Armengol] y Pedrito [José María de Lasa], el Ejército Clandestino de las provincias y se dan los últimos toques para los alzamientos que realizará el DRE en ese mes y en el siguiente *de acuerdo a los Planes Generales* para la Isla»[528]. *Y* en ese mismo documento se aclara el contenido de «los Planes Generales» cuando se vuel-

---

[526] *Ibid.*
[527] *Ibid.*
[528] DRE, *Memorándum*, S. F., AJFC. Énfasis del autor.

ve aludir al Ejército Clandestino y se establece una vinculación directa entre el entrenamiento de sus miembros y «los planes de lucha a *la llegada de la Invasión* (sic)»[529].

El problema, sin embargo, al que se tuvo que enfrentar el DRE cuando fue acomodando su estrategia a las señales provenientes de Washington fue el de la carencia del material bélico que le permitiera asumir semejante transformación sin tener que correr riesgos innecesarios. En el caso del Directorio el asunto se agravó por las formas tan diferentes que tuvieron de entender la CIA y el DRE la relación que les unía. Si es cierto que el DRE parece ir amoldándose al proyecto que la CIA acabará proponiéndole al presidente Kennedy y asumirá que, por lo tanto, tendrá un acceso confiable al suministro de armas, también es verdad que la CIA no ha vislumbrado el desarrollo que el Directorio ha alcanzado como organización insurreccional. Al menos, esa será la explicación que ofrecerá la Agencia para dar cuenta de su forma de proceder respecto a la organización estudiantil. El problema es que la CIA ha concebido al DRE como una organización especializada en lo que la Agencia llama «agi-prop», es decir, agitación y propaganda, y si le asigna algún cometido en el campo de la acción militar, este se reduce a actos de sabotaje como fue la demolición de torres eléctricas. De acuerdo con su documentación, la CIA nunca percibe al Directorio como un movimiento paramilitar, a pesar de admitir que el Directorio la presionó para que la reconociera como una organización con esas funciones. De ahí que la Agencia pueda argumentar más adelante que era poco realista para el DRE alcanzar el apoyo operacional que le requirió a la CIA y que se le hizo complicado cumplir con las expectativas del Directorio[530]. Desde la perspectiva de la CIA, el Directorio va más allá de lo que quedó estipulado en el compromiso que vinculó a la Agencia con el DRE. Por lo que

[529] *Ibid.* Énfasis del autor. Véase también, DRE, «*Algunos de los Hechos del DRE en le Lucha Clandestina*», S. F., DRE, AJFC; DRE, *Memorandum*, La Habana, 3 de marzo de 1961, DRE, AJFC;

[530] Despacho de Jefe de Estación JMWAVE a Jefe, Grupo de Trabajo W, «Operational/AMSPELL Progress Report-July 1962. Attachment A», Miami, 14 de agosto de 1962, CIA, RN 104-10171-10334, MFF.

expresa cierta incredulidad ante la expectativa del Directorio con respecto al suministro de material bélico. Además, el DRE como parte de la resistencia interna no podría recibir el abastecimiento de armas hasta que la expedición anfibia que saldría de Nicaragua no llegara a Cuba y asumiera control de un pedazo del territorio cubano. Así lo estipuló el plan presentado por la CIA al presidente Kennedy el 12 de abril; un conocimiento que no se tenía en Cuba aunque hay indicios de que Rogelio González Corzo, «Francisco», lo pudo saber o lo intuyó. Al menos es lo que se puede concluir del testimonio de Luis Fernández Rocha que relata la reunión última que tuvo en un apartamento del Vedado con el Coordinador Nacional del FRD antes de que éste fuese detenido el 18 de marzo de 1961. De acuerdo con Fernández Rocha, en ese encuentro, que describe como «tenso», González Corzo le informó que la CIA no estaba enviando armas pero que él tenía plena confianza en los planes de Estados Unidos[531]. Según lo relatado por el secretario general del Directorio a Cecilia La Villa, «Yo le dije a Francisco que todo eso iba a fracasar tremendamente. 'Nosotros no tenemos el menor chance'. Me contestó que yo estaba equivocado y que la ayuda iba a venir. 'Mira', continué, 'no nos estamos jugando la vida por gusto'. Después de esa entrevista yo estaba convencido que ya habíamos perdido, pero, por otro lado, yo no podía abandonar el barco. Bueno, pues aquí lo que hay es que [hay] que echar para adelante y estamos en manos de Dios»[532].

Como se desprende de la documentación del DRE, la dirigencia del Directorio, plenamente adherida a la composición de lugar que fue gestando desde que se vinculó a la CIA en septiembre y octubre de 1960, y cumpliendo con los «planes» que se fue trazando, inició los preparativos para abrir varios frentes guerrilleros a lo largo de la isla. De los tres que concibió solo llegó a materializar uno, el de la Sierra Maestra, pues los otros dos, uno

[531] Luis Fernández Rocha, entrevista. Conversación entre José Antonio G. Lanuza y Luis Fernández Rocha y relatada al autor, Coral Gables,12 de noviembre de 2020.

[532] Luis Fernández Rocha y Juan Manuel Salvat, entrevista.

en Pinar del Río en coordinación con el MRR, y otro en la Sierra de Yaguajay en Las Villas, no llegaron a operar. El primero debido a la detención de González Corzo y el segundo porque estaba planificado para finales del mes de abril de 1961[533]. Por otro lado, estos preparativos se llevaron a cabo a pesar de un fuerte golpe que sufrió la organización cuando fue detenido el jefe de suministros en La Habana, Virgilio Campanería. En esa operación se ocupó una importante cantidad de explosivos y municiones, así como algunas armas[534]. A la misma vez, a Virgilio se le ocupó una libreta en la que estaban escritos los nombres y direcciones de muchos de los miembros del DRE que se encontraban en la clandestinidad. No obstante, por estar cifrada la información, la Seguridad cubana fue incapaz de utilizar la información[535]. Según el testimonio de Mariano Loret de Mola, el Directorio preparó una operación para rescatar a Campanería y a Alberto Tapia Ruano, también de la Sección de Suministros que había sido detenido junto al primero. Sin embargo, el intento no pudo llevarse a cabo debido a un cambio de planes a la hora en que los dos militantes del DRE eran trasladados a una nueva prisión[536]

El frente guerrillero en la Sierra Maestra fue encabezado por Alberto Muller y sería apoyado por un grupo de militantes del

[533] DRE, documento sin fecha, pero posterior a abril de 1961, sin título pero que resume la historia del DRE e incluye secciones exponiendo «Objetivos», «Organización», «Planes», «Cumplimiento de planes», e «Interpretación del 17 de abril», DRE, AJFC.

[534] Blight & Kornbluh, *Politics of Illusion*, 184. Bernabé Peña, quien trabajaba en la Sección de Abastecimiento, era amigo de Virgilio Campanería. Ambos habían estudiado juntos en la Havana Military Academy. «...dos o tres días antes de que cayera preso comimos juntos y terminamos un poco disgustados», recuerda Peña. «[Virgilio] me habló de la casa en donde lo cogen preso y yo quería ir pero Virgilio se negó 'porque era una casa muy segura' y no queríamos que la quemáramos. Como sabemos, hubo un chivatazo...Yo me acuerdo cuando...caen presos, y empieza a rumorearse, yo pasé por 5ta y 14 (G-2) y veo el carro de Virgilio parqueado enfrente, un Plymouth gris, y le dije al Gordo [Salvat]: 'los cogieron porque ahí estaba el carro en el parqueo». Bernabé Peña, entrevista con Cecilia la Villa.

[535] Testimonio de Lilia «Yiyi» Espinosa en la Villa, *Clandestinos*, 95.

[536] la Villa, *Clandestinos*, 77.

DRE que se encontraban en Santiago de Cuba y en otros lugares de la provincia de Oriente. Entre ellos estaba Isidro Borja que era el responsable de suministros. También estuvo Carlos García Soler quien se había infiltrado unas semanas antes y en preparación del alzamiento entrenaba a varios miembros del DRE en acción, sabotaje y labores de inteligencia[537]. Así mismo pasaron por Oriente y contribuyeron a la preparación del alzamiento, José González Silva, el «Pico» Marbán, Johnny Koch, Néstor Campanería y Juanín Pereira. La idea que se puso en práctica con la apertura del frente guerrillero incluyó la incorporación de unos ochenta estudiantes que se unirían gradualmente a una fuerza campesina compuesta por unos cuatrocientos hombres de la región. Los estudiantes se hacían pasar por maestros voluntarios y escalaban las lomas de la Sierra Maestra en pequeños grupos y sin portar armas[538]. Muchos de los campesinos que pensaban unirse a la tropa del DRE eran conocidos por varios de los futuros alzados que habían estado en contacto con ellos durante la experiencia de los Comandos Rurales a principios de 1959[539]. La tropa del DRE estaría acompañada por dos sacerdotes, el P. José Luis Rojo y el P. Reynerio Lebroc así como dos hermanas, las camagüeyanas Eladia y Mercedes Aguilera. La comida que se consumiría en los primeros momentos después de abrirse el frente se fue almacenando en una cueva. Se organizarían dos campamentos, uno en Lirios de Nagua y otro cerca de La Plata. Al frente del primero estarían Carlos Cacicedo y René de Armas. Juan Ferrer sería el responsable del segundo[540]. Las comunicaciones con el exterior se harían mediante un telegrafista entrenado por la CIA, Enrique Casuso. El guía fue Patrocinio Castillo, el mismo campesino que asistiera a Celia Sánchez al unirse ella a las guerrillas del M-26-7. Entre los objetivos perseguidos por el núcleo guerrillero del DRE se encontraban las tomas de las ciudades de Manzanillo y Bayamo y, eventualmente, la de la capital de la provincia oriental, Santiago de Cuba.

---

[537] Carlos García Soler, entrevista telefónica, 29 y 30 de agosto de 2019.

[538] Testimonio de Roberto Borbolla en la Villa, *Clandestinos*, 127.

[539] *Ibid.*

[540] Alberto Muller, en borrador de sus Memorias (por publicarse).

A la hora de alzarse, el armamento con el que contaba el DRE era un rifle M-1, dos fusiles y varias pistolas; todo lo demás se esperaba que fuese suministrado desde el exterior por la CIA[541]. Miguel García Armengol se encargó llevar desde La Habana y en carro algunas armas para el grupo, aunque reconoció que «eran muy pocas para el alzamiento»[542] Jesús Arboleya especula en su libro que éste alzamiento del DRE fue coordinado con Artime y que probablemente «estaba relacionado con los planes diversionistas en Oriente»[543]. Muller niega tales conjeturas, pero sí afirma que «todo era un plan poco detallado» y en el que, en el fondo, «había un idealismo exagerado»[544]. Lo que no había era el equipo necesario para cumplir con las metas de una insurrección armada. Como el Directorio asumió que la CIA enviaría las armas, el telegrafista del grupo, Casuso, se ocupó de enviar varios mensajes advirtiendo que el alzamiento se había llevado a cabo y que les deberían lanzar el material[545]. De igual manera, les informó las coordenadas del lugar en la que se encontraban localizados para facilitar la entrega. De acuerdo con el testimonio de Muller, él

---

[541] Alberto Muller, entrevista.

[542] Testimonio de Miguel García Armengol en la Villa, *Clandestinos*, 128.

[543] Arboleya, *La contrarrevolución cubana*, 97. Sobre «los planes diversionistas de Oriente» a los que se refiere Arboleya se trata de la fuerza expedicionaria que dirigía el Comandante Higinio «Nino» Díaz y que desembarcaría en algún lugar de la provincia oriental de Cuba antes de la invasión por Bahía de Cochinos. El desembarco nunca se llevó a cabo. De acuerdo con el *Memorandum No 1*, «el desembarco fracasó probablemente por el débil liderato del oficial cubano responsable del mismo». En el mismo documento se afirma que el fracaso de este desembarco fue significativo ya que al no cumplir con su objetivo debilitó las posibilidades de éxito del desembarco principal. «Memorandum No. 1», *FRUS*, 1961-1963, X, Cuba, January 1961-September 1962.

[544] Correo electrónico de Alberto Muller, Miami, 17 de mayo de 2020 y Alberto Muller, entrevista.

[545] De acuerdo con el testimonio de Armando Acevedo, él estaba destinado a incorporarse a la fuerza guerrillera que organizaría el DRE en la Sierra Maestra. Sin embargo, con la llegada de Enrique Casuso a Cuba, el plan cambió debido a que Casuso, por tener más entrenamiento militar que él, fue destinado como el radio-operador del grupo conducido por Albero Muller. Testimonio de Armando Acevedo en Machado, *Cuba. My (Twice Betrayed Generation*, loc. 2608.

estuvo dispuesto a bajar de la montaña y salir en un bote a buscar las armas en alta mar, pero recibió un mensaje desaconsejando el intento ya que la llegada de la Brigada era «inminente»[546]. Según recuerda Muller, hubo dos vuelos que pasaron por la zona; el primero no los detectó y el segundo, que también fue infructuoso, fue un pase muy bajo que, para el dirigente estudiantil, alertó a la tropa del régimen[547]. Según las notas de Ricardo Rubiales, uno de los estudiantes alzados, ese vuelo fue el jueves 20 de abril[548]. Por su parte, Roberto Borbolla ofreció un relato más detallado. De acuerdo con este miembro del DRE y participante del alzamiento, el primer vuelo utilizó una ruta que le llevó por encima del Central Estrada Palma en donde se encontraba acuartelada la tropa del Cuerpo Táctico de Oriente y el cual quedó alertado, posiblemente por el paso del avión[549]. Según Borbolla, en ese momento ellos tomaron la decisión de desmovilizarse por un tiempo ante la posibilidad de que se acercaran contingentes de militares. No obstante, se les dijo que habría un próximo intento por descargar las armas y decidieron esperar. Sin embargo, de acuerdo con el relato de Borbolla, el avión con el cargamento se desvió y no hizo la entrega porque «le tiraron con un cuatro-bocas desde los campamentos del gobierno»[550].

Aunque Alberto Muller le aseguró a Cecilia la Villa que «no hubo ni un solo delator en la subida y bajada», que «la delación fue el avión», Miguel García Armengol le relató a la misma fuente que cuando él llevó las armas a la Sierra entró en contacto con un guajiro, el cual «empezó a ser del gobierno y denuncia todas las actividades del movimiento»[551]. Además, Roberto Borbolla

546 Alberto Muller, en borrador de sus Memorias (por publicarse).

547 Alberto Muller, entrevista.

548 Ricardo Rubiales, «Sierra Maestra, alzamiento, apuntes», S. F. Documento provisto al autor por Ricardo Rubiales. Muller afirma que fue el 19 de abril cuando tuvo lugar ese vuelo. Alberto Muller, en borrador de sus Memorias (por publicarse).

549 Borbolla en la Villa, *Clandestinos*, 134.

550 *Ibid*, 136.

551 *Ibid*, las declaraciones de Muller en 124 y las de García Armengol en la 128. Pudiera ser que estos dos testimonios se refieran a hechos distintos; mientras que

señaló que el contingente militar que los perseguía obtuvo información adicional sobre el segundo campamento de los alzados del Directorio cuando, al ocupar el primer campamento se encontraron con el diario que escribía el padre José Luis Rojo y en el cual había información sobre el otro campamento del DRE[552]

La Agencia Central de Inteligencia (CIA) abordó más adelante el problema del abastecimiento al frente guerrillero del DRE. Según la explicación que ofrece la CIA se puede inferir que la Agencia tenía previsto el alzamiento del Directorio ya que ella misma ha entrenado a dos telegrafistas para la organización estudiantil, uno de ellos, Enrique Casuso (WAGHAM), estaba destinado a las montañas de la Sierra Maestra en la provincia de Oriente[553]. Pero, a la misma vez, argumenta que para lo que se estaba preparando JMWAVE, es decir, la base de la CIA en Miami, era para llevar a cabo una operación de propaganda, «Operation Olympus», consistente en montar una planta de radio en la Sierra Maestra[554]. Para ese propósito disponía de un equipo compuesto por dos personas, «AMHINT-15» y «AMOT-96», que serían enviados en paracaídas para operar la planta de transmisión radial. Ese lanzamiento se efectuaría después de que se lograra el primer suministro de armas a los guerrilleros[555]. Por supuesto, como el vuelo de abastecimiento falló no se pudo continuar con el resto de la operación. Por otro lado, reconociendo las constantes peticiones para el suministro de armamento que recibía de los alzados del DRE, la CIA explica que debido a la necesidad de aviones que tenía la operación Zapata, la disponibilidad

Muller se refiere a la detección final, el testimonio de García Armengol pudiera estar aludiendo a una alerta inicial sobre la presencia de un alzamiento en las cercanías de Bayamo. Lo significativo de ambos testimonios, junto al de Roberto Borbolla, es que los todos indican que las tropas enemigas tuvieron noticias de la presencia de los militantes del DRE en la Sierra Maestra.

[552] El testimonio de Borbolla está en *ibid*, 136.

[553] Despacho de Jefe de Estación JMWAVE a Jefe, Grupo de Trabajo W, «Operational/AMSPELL Progress Report-July 1962. Attachment A», Miami, 14 de agosto de 1962, CIA, RN 104-10171-10334, MFF.

[554] *Ibid.*

[555] *Ibid.*

de aeronaves para acciones de abastecimiento eran muy limitadas y que, por esa razón, solo pudieron efectuar un vuelo sobre la Sierra Maestra, el cual, además, fue infructuoso[556]. En el mismo documento se constata que Muller envió varios mensajes «amargos» encabezados con la fórmula sarcástica de «Queridos Aliados»[557]. En sus «Memorias», Muller argumenta que como la CIA nunca respondió de manera negativa a la solicitud de envíos que hicieron desde la Sierra Maestra, ellos mantuvieron la «ilusión» de que las armas llegarían[558].

Seguros de que han sido detectados por las tropas gubernamentales, los alzados del DRE comenzaron a dispersarse. Ricardo Rubiales habla en sus notas de «una salida precipitada de la cueva» el 21 de abril e inmediatamente, anota el nombre de varios de sus compañeros que son detenidos en los días subsiguientes, entre ellos a Alberto Muller a quien sorprendieron en las cercanías del Central Estrada Palma[559]. Otros, como Sixto Rubiales, hermano mayor de Ricardo, y René de Armas, fueron sometidos a un juicio sumario poco después de su captura y condenados a morir fusilados. Ellos, como otros que tuvieron que pasar por la misma

---

[556] *Ibid.* La cuestión sobre el número limitado de aviones disponibles para operaciones que no estuvieran directamente relacionadas a la Operación Zapata está aludida en el *Memorandum No. 1,* «Memorandum No. 1», *FRUS*, 1961-1963, X, Cuba, January 1961-September 1962.

[557] Sobre este particular, el despacho de la CIA hace el siguiente comentario: «aunque los dirigentes del exilio comprendieron que el compromiso del ataque [Operación Zapata] anuló todas las otras consideraciones, el clandestinaje no aceptó esta explicación y la CIA fue el blanco de una crítica amarga». Despacho de Jefe de Estación JMWAVE a Jefe, Grupo de Trabajo W, «Operational/AMSPELL Progress Report-July 1962. Attachment A», Miami, 14 de agosto de 1962, CIA, RN 104-10171-10334, MFF. Curiosamente, en un documento firmado por Lester Crozier, el agente de la CIA que fue uno de los contactos de la Agencia con el DRE, hay una referencia al alzamiento dirigido por Alberto Muller y comenta que «la CIA no pudo apoyar este esfuerzo mediante la entrega por aire del material», abriendo así el asunto a diferentes interpretaciones. CIA, «Personal Record Questionaire Part II-Operational Information», November 1, 1961, (firmado bajo el pseudónimo de «Harold Noemayr», JFK Assassination Records, RN 104-10181-10023.

[558] Alberto Muller, en borrador de sus Memorias (por publicarse).

[559] Ricardo Rubiales, «Sierra Maestra, alzamiento, apuntes».

experiencia, sobrevivieron ya que el fusilamiento fue con balas de salva. Rubiales recuerda que «no era más que una tortura mental para que confesáramos»[560]. En la desmovilización murió un campesino que acompañaba al DRE, Marcelino Magañas[561]. Su muerte fue el resultado de disparos provenientes de los perseguidores. Todos los detenidos fueron llevados a Santiago de Cuba donde estuvieron presos en distintas dependencias de la Seguridad del Estado. Eventualmente pasaron a la cárcel de Puerto Boniato donde esperaron para ser juzgados.

Las fuerzas urbanas del DRE también sufrirán un descalabro en el mes de abril. Marzo fue el momento de mayor actividad dentro del clandestinaje, aunque el mes terminó con un saldo negativo debido a importantes detenciones, como la de González Corzo y Sorí Marín y la de Campanería y Tapia Ruano. Inclusive, hubo el ánimo de concebir un nuevo proyecto, el «Plan 9 de Abril» que implicaba una gran movilización de la resistencia pues, entre otros objetivos consideró un nuevo alzamiento en Pinar del Río, la ocupación de gran parte de la capital, cortar el fluido eléctrico a toda la isla y un atentado a Fidel Castro[562]. Pero en abril, a pesar del impresionante sabotaje a la tienda por departamentos El Encanto, acción del MRP, la actividad del clandestinaje tendió a disminuir en el DRE al poner el énfasis de la acción en «la organización del Ejército Clandestino, las fuerzas de guerrillas, etc. con vista a la proximidad de la Invasión (sic)»[563].

---

[560] Sixto Rubiales, «Informe sobre el alzamiento de la Sierra Maestra», S. F., DRE, AJFC. Otra víctima del fusilamiento con balas de salva fue Alberto Muller. Véase su testimonio en la Villa, *Clandestinos*, 141. Ricardo Rubiales recuerda que, días más tarde, cuando el grupo se encontraba detenido en Santiago de Cuba, sus padres, que vivián en Camagüey, fueron contactados por la Seguridad del Estado para que se trasladaran a la capital oriental con el propósito de recoger «los cadáveres» de sus dos hijos. Ricardo Rubiales, entrevista.

[561] Sobre este particular, véase el testimonio de Roberto Borbolla en la Villa, *Clandestinos*, 137.

[562] «Plan 9 de Abril», *Trinchera*, 17 de junio de 1962, 4.

[563] DRE, Cronología que incluye «Acciones para-militares del DRE desde el exterior y después de abril de 1961» (1965 en el original), En documentación de Cecilia La Villa, carpeta «Miami».

La Operación Zapata comenzó el 15 de abril de 1961. Ese día, los aviones bombarderos B-26 de la aviación de la Brigada 2506, con insignias de la FAR para encubrir la participación de Estados Unidos en toda la operación, llevaron a cabo varios ataques a bases aéreas de Cuba con el propósito de inmovilizar la aviación de guerra cubana[564]. Al día siguiente, durante el entierro de algunas de las víctimas del bombardeo, Fidel Castro declaró el carácter socialista de la revolución que él dirigía y ese mismo día se inicia la Campaña de Alfabetización que pretendía erradicar el analfabetismo en Cuba. El desembarco de la Brigada 2506 por distintos puntos de Bahía de Cochinos comenzó en la madrugada del lunes 17 de abril. Tres días después todo estaba acabado. El 20 de abril se anunció la derrota definitiva de los invasores.

Aquellos fueron días duros para la oposición y, por supuesto, para el Directorio Revolucionario Estudiantil. Juan Manuel Salvat recuerda que el bombardeo del día 15 fue una sorpresa ante la cual fue muy difícil reaccionar[565]. Por su parte, Luis Fernández Rocha afirma que él supo de la invasión escuchando la radio[566]. El radio-operador del DRE, Armando Acevedo, aseguró que a él también le sorprendió el bombardeo a pesar de que ese día se había comunicado con sus contactos de la CIA en Estados Unidos[567] Sin embargo, el régimen reaccionó con rapidez. Después del ataque aéreo movilizó sus fuerzas de seguridad e inició la captura general e indiscriminada de hombres y mujeres que fuesen sospechosos de pertenecer a la oposición. Enrique Baloyra, que era parte del aparato de inteligencia del DRE, calculó que cerca de cien mil personas fueron detenidos en esos

564 Véase «Memorandum No. 1», *FRUS*, 1961-1963, X, Cuba, January 1961-September 1962, para una evaluación de la operación.

565 Juan Manuel Salvat, entrevista.

566 Luis Fernández Rocha, entrevista.

567 Testimonio de Armando Acevedo en Machado, *Cuba. My (Twice Betrayed Generation*, loc. 2608. En su testimonio de Acevedo en el libro de Machado, el radio-telegrafista del DRE también afirmó que no tuvo noticias previas de la invasión por Bahía de Cochinos hasta horas después en que la misma se había iniciado. Ver loc. 2608.

días, cincuenta mil de ellos solo en La Habana[568]. Es verdad que muchos de ellos no estaban directamente vinculados a la resistencia, pero fue suficiente para paralizarla. Salvat, por ejemplo, fue uno de los detenidos. Cuando cae preso lo llevan a los cuarteles de la Seguridad (G-2) en el reparto Miramar y, estando allí, se encontró con Rafael Quintero, quien había sustituido a Rogelio González Corzo como Coordinador del MRR y del FRD, y a Manolín Guillot, el jefe de Inteligencia del MRR. Al cabo de varios días, y después que Salvat fuera trasladado a la fortaleza de La Cabaña, todos quedaron en libertad sin haber sido identificados[569]. El dirigente estudiantil pudo refugiarse en la Nunciatura Apostólica y más adelante viajó a Guantánamo y con la ayuda de un antiguo dirigente del M-26-7 de esa ciudad oriental, pudo cruzar a la Base Naval de Estados Unidos y escapar a Miami.

Otro dirigente del DRE que salió por la Base Naval fue José Antonio G. Lanuza. A él los bombardeos lo sorprende en la ciudad de Santa Clara. Lanuza trabajaba entonces en Organización y, antes del 15 de abril, había emprendido un viaje con José María de Lasa, también del DRE y jefe de Organización, que los llevó a Camagüey. De allí pasaron a la provincia de Las Villas donde se separaron. González Lanuza se encontraba alojado en un hotel de Santa Clara cuando recibió la noticia del bombardeo. Al día siguiente, y después de comunicarse con otro militante del Directorio, con Fernando García Chacón, tomó un tren para regresar a La Habana. Cuando el tren para en la estación del pueblo matancero de Colón, siente que le tocan en el cristal de la ventanilla y se da cuenta que es otro compañero del DRE, Jorge «el Gallego» Garrido, que venía huyendo de Santiago de Cuba y viajaba en el mismo tren pero en otro vagón. Desde ese punto hasta La Habana, viajaron juntos. El tren llegó a su destino alrededor de las 12:15 am, casi al mismo tiempo en que los miembros de la Brigada 2506 comenzaban el desembarco por Bahía de Cochinos.

[568] Blight & Kornbluh, *Politics of Illusion*, 20.

[569] Juan Manuel Salvat, entrevista. Véase su testimonio en la Villa, *Clandestinos*, 166-167.

La madre de Garrido, que esperaba a su hijo en la estación, convenció a Lanuza para que se quedara con ellos esa noche. José Antonio accedió y al entrar a la casa en el reparto Kholy se encontró a Luis Fernández Rocha quien también estaba escondido en la casa de Garrido. Cuando fueron despertados a la mañana siguiente por el padre de «el Gallego» la noticia con la que se toparon fue que se había iniciado el desembarco de los brigadistas. El padre de Garrido lo había escuchado por la radio. Fernández Rocha decidió salir del escondite para ir a buscar a Armando Acevedo, el otro telegrafista del Directorio. Había necesidad de saber qué era lo que estaba sucediendo y, a la vez, tratar de averiguar si se podía hacer algo en la resistencia. Lanuza lo acompañó pero no llegó al lugar en donde se encontraba Acevedo. El dio un periplo que le llevó primero a casa de un matrimonio amigo en Miramar y de allí se dirigió, en guagua, a los cines Rodi y Trianón en el Vedado en donde vio todas las películas que ponían ese día. El problema es que no sabía qué hacer y dónde esconderse. Lanuza recuerda que él andaba por La Habana con una camiseta en la cual colocó un broche de la Unión de Jóvenes Comunistas que tenía el perfil de Lenin y la hoz y el martillo. Por fin llamó a una tía que vivía en la calle Línea del Vedado y logró refugiarse con su familiar. Al cabo de unos días, pudo hacer contacto con un religioso de La Salle en la escuela situada en Palatino, en la ciudad de La Habana. Este religioso, que junto a su congregación saldría de Cuba expulsado por el gobierno, lo pondría en comunicación con Manuel «Manolito» Martínez en Guantánamo.

Para llegar a la ciudad oriental viajó en auto con un tío que trabajaba en una estación de radio en La Habana. Al llegar a Placetas, en la provincia de Las Villas, fueron detenidos en un puesto de vigilancia de la carretera. El tío llevaba consigo una carta de la estación en donde laboraba y en la que le daban instrucciones de viajar a Santiago para inspeccionar varias emisoras de radio que operaban en Oriente. De esa manera pudieron llegar a la capital de Oriente. Desde Santiago pudo establecer contacto con Martínez y después de varios días y de múltiples peripecias logró brincar la cerca que delimitaba la base estadounidense del territorio cubano[570].

José María de Lasa, por su parte, cuenta que él y Fernando García Chacón se refugiaron en un apartamento de un tío de García Chacón que quedaba en la Quinta Avenida de Miramar. Recuerda que se quedaron varios días en ese lugar y un día, la hermana de Fernando, Teresita, que era quien les llevaba algunos alimentos, se dio cuenta de que el edificio estaba siendo rodeado por la policía y agentes del G-2. Los llamó por teléfono y les alertó de lo que estaba sucediendo. Ante semejante noticia ambos decidieron abandonar el escondite y, cuando están bajando por las escaleras, se cruzaron con varios agentes que venían a buscarlos pero que no los conocían. Los miembros de la seguridad les preguntaron que si alguien vivía en el apartamento que estaba más arriba y ellos le contestaron afirmativamente. Lograron salir a la calle y alcanzaron una guagua de la ruta 32 que pasaba por allí y desaparecieron. Eventualmente llegaron a una casa del reparto Kholy y con un radio de onda corta se enteraron del fracaso de la invasión. Al poco tiempo pasaron a un apartamento de un funcionario de la embajada de España, Jaime Caldevilla, que les dio refugio. El destino ulterior fue el asilo en la embajada de Venezuela. De Lasa recuerda que fueron citados a un establecimiento de sándwiches en el Vedado, en la calle 23 y 8. Tenían una cita con un auto de la sede diplomática que se les acercó. Ambos se montaron y acabaron en una casa en el Country Club en donde había más de cien personas asiladas. Allí permanecieron hasta que recibieron el salvoconducto que les permitió salir del país el 9 de septiembre[571].

Mientras tanto, Bernabé Peña narra que se pasó varios días montando guagua para evadir los registros en las casas en las que se podía esconder. Cuenta que en un momento dado pensaron

---

[570] José Antonio G. Lanuza, entrevista, Miami, 19 de noviembre de 2020. Véase su testimonio en la Villa, *Clandestinos*, 158-159. Un caso parecido fue el de Ernesto Fernández Travieso quien también logró llegar a la Base Naval de Guantánamo. Véase su testimonio en la Villa, *Clandestinos*, 159-160 y 167-171.

[571] José María de Lasa, entrevista.

tomar el Colegio de Belén que quedaba en una parte alta del municipio de Marianao y cerca del Campamento de Columbia de la aviación militar del régimen. Tuvieron que abandonar la idea por la falta de armamento. La evocación de Peña sobre aquellos momentos es elocuente y pudiera caracterizar al estado de ánimo que probablemente predominó entre muchos de los miembros de la resistencia cubana. Recuerda Bernabé: «Alberto [Muller] estaba preso, había caído mucha gente, muchos fusilados. Fueron unos días muy fuertes, muy tristes, sentirse que uno abandonaba a los caídos, tanto muertos como presos»[572]. Bernabé Peña logró asilo en la embajada de Uruguay[573].

Antes de iniciar la Operación Zapata, la CIA obtuvo un análisis sumamente optimista sobre la situación en Cuba[574]. Entre los hallazgos que hace la Agencia en este documento sobresale la afirmación acerca del crecimiento de la oposición al régimen de Castro. De acuerdo con lo que recoge la CIA en la evaluación, las filas de la resistencia aumentarán en la medida en que los cubanos busquen los medios para unirse al «lado ganador». Así mismo, destaca la observación que hace de la cantidad de armas que hay en manos «privadas» en Cuba. Según el documento, «es muy fácil obtener un arma en La Habana. Las armas, usualmente rifles, son suministrados a las organizaciones clandestinas. No todo el mundo», continúa diciendo el informe, «desea tener una gran cantidad de armas por la dificultad de ocultarlas con éxito». También cree que «el ejército cubano ha sido exitosamente penetrado por los grupos de oposición y no van a luchar si es que hay una confrontación». En ese mismo renglón apunta que «la moral

[572] Bernabé Peña, entrevista con Cecilia la Villa.

[573] Para información adicional sobre las gestiones que hicieron otros miembros del DRE para no ser detenidos por la Seguridad del Estado cubana véanse los testimonios que Miguel García Armengol (153-155), Mariano Loret de Mola (155-156), Johnny Koch (156-158), Roberto Quintairos (160-162), Pedro Ynterián (162-165), Manuel Alzugaray (165) y Luis Fernández Rocha (165-166) le ofrecieron a la Villa, *Clandestinos*.

[574] Information Report, «Signs of Discontent among Cuban Populace; Activities of the Government to Strengthen the Regime», 31 de marzo de 1961, CIA, National Security Archives, *Bay of Pigs, Forty Years Later*.

de las milicias está decayendo» y concluye que «la gran masa del pueblo cubano cree que la hora de la decisión se acerca y que la supervivencia del régimen de Castro está en entredicho»[575].

Un panorama muy distinto al presentado en el documento de la CIA es el que describe el embajador de la URSS en Cuba al reportar una entrevista que ha tenido el 14 de abril con el comandante Ernesto Guevara[576]. El diplomático le ha preguntado al entonces ministro de Industrias de Cuba sobre las recientes declaraciones del presidente John F. Kennedy acerca de Cuba. Guevara reconoció que la situación es tensa, aunque él estima que la amenaza de una invasión por fuerzas de la oposición ha disminuido. Aunque en esa evaluación Guevara se hubiese equivocado, las razones para pensar el porqué de su estimación son las que se presentan en contraposición de lo expresado en el documento de la CIA. Según reporta Kudryavtsev, la opinión de Guevara era que una operación que hiciese uso de paracaidistas, aun cuando contase con miles de efectivos, estaba destinada a fracasar. La causa de ese revés sería en «la presencia de grandes contingentes de una bien armada milicia y del ejército revolucionario». Además, para Guevara, era muy poco probable que las fuerzas externas de la oposición tomaran el riesgo de invadir «sabiendo que no tenía sentido contar con un extenso levantamiento interno en Cuba»[577]. También indicó que algunos dirigentes de la oposición sabían que era «arriesgado y sin sentido seguir adelante sin el apoyo militar directo de Estados Unidos» tal y como lo había declarado el presidente Kennedy.

Aunque Guevara reconoció ante el embajador soviético que la resistencia dentro del país había infligido importantes golpes contra la economía cubana, y citó el reciente sabotaje a la tienda El Encanto, él creía que el gobierno respondería con el aumento

[575] *Ibid.*

[576] Tomado del Diario de S. M. Kudryavtsev, «Record of Conversation with Minister of Industry of the Republic of Cuba, Ernesto Guevara, 14 de abril de 1961», Secret, Copia no. 2, 26 de abril de 1961, en National Security Archives, *Bay of Pigs, Forty Years Later*

[577] *Ibid.*

en la represión y el fusilamiento de los elementos subversivos que se capturasen. Su evaluación de la situación política del país era positiva ya que, en su estimación, «la presión de la contrarrevolución interna lo único que hace unir y crear conciencia revolucionaria en el pueblo»[578]. En sus comentarios a Kudryavtsev, Guevara también aludió las dificultades económicas que sufría la población cubana, pero inclusive en este renglón, se mostró optimista ya que él era de la opinión que la inmensa mayoría de la población «entendía que ésta no era por culpa del gobierno si no que era la consecuencia de la lucha del imperialismo americano contra la Cuba revolucionaria»[579]. El 18 de abril, un día después del desembarco en Playa Girón de los miembros de la Brigada 2506, un comentario emitido por el asesor de seguridad nacional del presidente Kennedy, McGeorge Bundy, parecía reconocer la evaluación que sobre las fuerzas militares del gobierno cubano ofreció Guevara ante el embajador soviético. Según apuntó Arthur Schlesinger en su diario, ese día Bundy concluyó que «Castro está mucho mejor organizado y es más formidable de lo que nosotros suponíamos»[580]. Era un poco tarde. Las tropas de la Brigada estaban a punto de ser derrotadas. No se había dado la tan esperada insurrección dentro de Cuba. La resistencia comenzaba a dispersarse; unos caían presos, otros buscaban refugio en las embajadas y escondites y otros, como le pronosticó Ernesto Guevara a Kudryavtsev, eran víctimas de la represión del gobierno y eran ejecutados ante un pelotón de fusilamiento. El cuadro vislumbrado por Esterline y Hawkins, que compartieron con Richard Bissel y que el alto funcionario de la CIA no comunicó al presidente Kennedy, se estaba cumpliendo. Como resultado de la victoria en Girón, y como fue previsto por Guevara, el régimen de Castro se consolidó. Un miembro de la resistencia del DRE, Bernabé Peña, alude al final de una etapa cuando pasa juicio sobre los sucesos de abril. De acuerdo con su perspectiva «la invasión fue la liquidación del clandestinaje». Yo creo, sigue diciendo, «que si el clandestinaje hubiera seguido, no

[578] *Ibid.*

[579] *Ibid.*

[580] Arthur Schlesinger, *Journals*, 99.

quiero decir que a lo mejor hubiéramos tomado o tumbado el gobierno, pero que se hubiera avanzado mucho más, no tengo dudas. La invasión le da la razón a ellos para ir de casa en casa y destruir todo, todo lo que había en ese momento que era bastante»[581].

La historiadora Lillian Guerra resume aquella coyuntura explicando que «...para todos los cubanos, la victoria sin precedentes sobre una fuerza respaldada por Estados Unidos en Playa Girón hizo de Cuba un ejemplo único para el mundo. Mientras que mucho se ha escrito acerca de Playa Girón y la Campaña de Alfabetización, el reconocer que estos eventos ocurrieron *simultáneamente* y que uno impactó al otro revela el porqué la religión cultural del *fidelismo* se consolidó en tan firme terreno. En el contexto de una crisis nacional, el súbito giro de Fidel hacia el socialismo y una alianza con los soviéticos pareció una acotación insignificante para muchos cubanos que asumieron con asombro sus propias hazañas»[582]. Es cierto que una parte, quizá mayoritaria del pueblo cubano asumió la postura que Guerra señala ante los acontecimientos de abril. Pero también es verdad que otra parte, la que tuvo esperanza de poder impedir el giro hacia el socialismo que Fidel Castro encabezaba, aunque maltrecha y confundida, replegó sus fuerzas y se empeñó, desde otro escenario, tratar de conseguir el objetivo que le había llevado a situarse en el campo de la oposición.

Elecciones de la FEU, 1959

[581] Bernabé Peña en entrevista con Cecilia la Villa.
[582] Lillian Guerra, *Visions of Power in Cuba*, loc. 3733.

Capítulo 6

Después de Girón: volver a empezar

Apenas dos semanas más tarde del fracaso de la invasión de la Brigada 2506 por Bahía de Cochinos, el 4 de mayo de 1961, la Delegación del DRE en el Exilio da por finalizado el *Informe del Directorio Revolucionario Estudiantil.* El *Informe* es un trabajo que recoge los principales planteamientos que hace la organización en los días inmediatamente posteriores a los sucesos de abril. Es, a la vez, el anuncio de una nueva etapa en la historia del Directorio. Uno de los aspectos significativos de este trabajo es que fue redactado en Miami y no en La Habana o en otro lugar del territorio nacional de Cuba. En ese sentido, se corrobora lo que para la organización era una realidad: el Directorio, como otros grupos de la resistencia cubana que habían tenido en la isla su principal eje de actividad política, tiene que cambiar esa perspectiva. De ahora en adelante tendrá que dirigir desde el exterior, desde el *exilio*, su esfuerzo por cambiar el régimen que dirige Fidel Castro. Sus cuadros del clandestinaje han quedado diezmados y, aunque todavía tendrán miembros de la resistencia trabajando dentro de Cuba, la dirección del movimiento estará ubicada en el exterior. Es decir, el DRE se ha transformado en una organización de exiliados.

Quienes redactan el *Informe* inician su trabajo reconociendo la precariedad en que ha quedado el movimiento clandestino del DRE[583]. Para ellos, esa condición es el resultado de «la persecución sin precedentes» a la que ha sido sometida por el régimen la

---

[583] Directorio Revolucionario Estudiantil, *Informe del Directorio Revolucionario Estudiantil*, Miami, 4 de mayo de 1961, DRE, AJFC. El documento está firmado por «Bruno Valdivia» (General Fatjó), por el Ejecutivo en Cuba; Manuel Hidalgo, Delegado en el Exilio; Frank Bernardino, Delegado de Asuntos Militares; Elio Más, Delegado de Propaganda; Eduardo Muñiz, Delegado de Relaciones Internacionales y Zoila Díaz, Delegada de Finanzas.

organización. Por supuesto, queda implícito en el documento el motivo por el que los aparatos represivos del gobierno cubano han podido llevar a cabo semejante tarea: la victoria que sus cuerpos militares lograron sobre los invasores de la Brigada 2506. Una victoria que, a su vez, fue posible por el abandono del que fueron víctimas al no ser asistidos por «sus aliados»[584], Estados Unidos. De esta manera queda establecido uno de los pilares de lo que será el relato histórico predominante no solo dentro de las filas del DRE sino también, en muchos miembros de la oposición y, sobre todo, del conjunto de los exiliados cubanos. Es una idea que vuelve a reiterarse en el *Informe* cuando se afirma que «los cuadros clandestinos y el pueblo en general se sienten traicionados, fracasados y abandonados por sus aliados»[585]. Y es que el *Informe* asume que «tantos los hombres de la resistencia y el clandestinaje, como el pueblo de Cuba, tenían sus esperanzas cifradas en una invasión apoyada por sus aliados los EE. UU. para poder dar el golpe final al gobierno comunista de Cuba». Para los autores del documento, el apoyo norteamericano era esencial porque «no existe clandestinaje alguno capaz de derrocar por sí solo al régimen de Fidel Castro»[586]. Por lo tanto, queda, igualmente, afirmado otro elemento esencial del imaginario configurado por el DRE para encaminar su lucha a favor de una Cuba democrática: sin la participación de Estados Unidos no se puede alcanzar la victoria a la que se aspira. Y es que, para el DRE, como para muchos otros sujetos involucrados en esta trama, el problema cubano es un asunto que va más allá de una guerra civil porque forma parte de un escenario más abarcador, el de la Guerra Fría. En el propio *Informe* se comprueba esta dimensión del conflicto cuando sus autores declaran que, dentro de las filas de la oposición, existe «la sensación de que Rusia a más distancia ha respaldado sin temores a sus hombres, y los EE.UU. a menos distancia y con más facilidades, los han abandonado en los momentos cruciales»[587].

[584] *Ibid.*
[585] *Ibid.*
[586] *Ibid.*
[587] *Ibid.*

La conclusión sobre la necesidad que tiene la oposición cubana del apoyo norteamericano se robustece cuando los autores del *Informe* sostienen que un resultado de la victoria del régimen en Bahía de Cochinos es su fortalecimiento y que tal consecuencia no es solo por virtud del armamento que utilizan sus cuerpos armados, «el país más fuerte y mejor armado de Latinoamérica», sino, también, en el orden político ya que, de acuerdo al documento, los dirigentes del régimen «se sienten convencidos que han derrotado no solo a los cubanos sino a los propios Estados Unidos»[588]. Como consecuencia de un panorama como el que describen, el documento propone que en Cuba se está dando un «proceso de comunización» el cual ha avanzado aceleradamente suponiendo «un peligrosísimo éxito en el impune avance del Comunismo Mundial (sic)»[589]. Por supuesto, al argumentar desde el ángulo propuesto, el *Informe* busca dramatizar lo que está sucediendo en Cuba con el propósito de hacer necesaria la alianza de los países de la región, sobre todo el de Estados Unidos. Para el DRE ha quedado claro que el esfuerzo de los opositores cubanos, por sí solo, es incapaz de promover un cambio de régimen en Cuba; pero también asumen que la participación latinoamericana sería insuficiente. Por eso insisten que como «únicas soluciones» se tienen dos posibilidades: una intervención armada de la OEA con apoyo de Estados Unidos y participación cubana o una «inmediata acción armada de los Estados Unidos, coordinada con las fuerzas cubanas»[590]. Es cierto que reconoce el protagonismo de la parte cubana, pero, también es evidente que dentro de la concepción sobre la mejor forma de promover un cambio en Cuba que emergió en esta nueva etapa, la parte principal se le asignó a la intervención de Estados Unidos en el conflicto. Tal es así que los autores del *Informe* no tuvieron reparos en afirmar que «resulta imposible el derrocamiento de Fidel Castro sin la acción rápida, abierta y decidida de los EE. UU.»[591].

---

[588] *Ibid.*
[589] *Ibid.*
[590] *Ibid.*
[591] *Ibid.*

Una vez que se alcanzó la conclusión apuntada, el DRE se declaró dispuesto a participar en cualquiera de las dos iniciativas imaginadas en el *Informe*. A esos efectos, la organización diseñó planes a corto y largo plazo. En la primera categoría incluyó la «evacuación urgente y rescate de ejecutivos y miembros del DRE para la total reorganización de los cuadros»[592]; lo que, a su vez implicó la formulación de un plan para rescatar a Alberto Muller de la prisión y sacar de Cuba, de manera «urgente», a Luis Fernández Rocha, Isidro Borjas, Miguel García Armengol y a otros miembros del ejecutivo y personal que puedan estar en peligro y «previa aceptación de los mismos»[593]. Mientras que, en la segunda categoría consideró el reclutamiento y entrenamiento de personal dispuesto «para llevar a cabo las rápidas operaciones comandos que se planean»[594].

El *Informe del Directorio Revolucionario Estudiantil* también tuvo en consideración las materias de propaganda y finanzas. En cuanto al primer tema se plantearon dos objetivos: uno fue el levantar la moral del pueblo cubano y el otro se relacionó con la búsqueda de apoyo en la opinión pública latinoamericana, así como la contribución a detener el «avance del comunismo en América»[595]. Para obtener las referidas metas se pensó en la utilización de propaganda impresa y radial más una iniciativa que contempló la necesidad de llevar a cabo viajes de contacto por los países de América Latina y, eventualmente, para establecer delegaciones permanentes del DRE en la región[596].

Un aspecto sobresaliente incluido dentro del *Informe*, particularmente en lo referente a la dimensión militar del mismo es la destacada participación que le reconocen a los «aliados», es decir, a la Agencia Central de Inteligencia (CIA) aún cuando se reclamó la implicación de la organización particularmente la de su

[592] *Ibid.*

[593] *Ibid.* Miguel García Armengol sería detenido el 9 de mayo de 1961. García Armengol, en el testimonio aparecido en *Clandestinos*, relata los detalles de su detención. Ver, la Villa, *Clandestinos*, 172-174.

[594] *Ibid.*

[595] *Ibid.*

[596] *Ibid.*

Coordinador Militar. A ellos le correspondería, entre otras cosas, investigar al personal reclutado, coordinar con el DRE los planes y operaciones militares que se llevarán a cabo en el futuro, responsabilizarse con toda la labor logística requerida para poner en práctica los planes de la organización, asesorar y supervisar los asuntos referentes a la labor de entrenamiento, así como la labor de inteligencia. El asunto de las finanzas se contempló en función de los gastos en los que incurriría el DRE en la ejecución de sus planes.

Al concluir el *Informe,* sus autores vuelven a insistir en la coordinación con los «aliados» aunque subrayan que esta vez el DRE cuente «con mayores responsabilidades, autoridad y medios de ejecución en los planes generales que con los que contaba anteriormente»[597]. Por supuesto, no deja de asombrar el alto nivel de participación que le conceden a la CIA en los planes del DRE, y es que la Agencia fue la institución que estuvo directamente involucrada en los planes para derrocar a Castro durante la etapa que concluyó con la invasión de la Brigada 2506 y cuyos resultados fueron fuertemente criticados en el propio *Informe*. Lo que parece una aparente contradicción, sin embargo, se pudiera explicar aludiendo a la forma en que estos dirigentes del DRE analizaron la coyuntura que se estaba viviendo con relación al problema cubano. Para ellos, la única manera de poder enfrentarse con éxito al régimen de Castro era mediante la necesaria participación de Estados Unidos. Es decir, el único aliado posible al que se podía acudir, dentro del contexto de Guerra Fría en la que encuadraron el conflicto cubano, era el mismo que «abandonó» a la resistencia urbana y a las guerrillas serranas y a los invasores de la Brigada. Juan Manuel Salvat reiteraría la idea años después al ser entrevistado: «Si se mantienen relaciones con la CIA es porque no había alternativas si te querías mantener dentro del proceso de lucha. Sin apoyo americano no se podía seguir en la lucha»[598]. ¿Podría ser distinto en la etapa que se avecinaba? Quizá, como antes, esa

[597] *Ibid.*

[598] Juan Manuel Salvat, entrevista.

fuera la expectativa de quienes tenían la responsabilidad de dirigir al DRE.

El 21 de abril de 1961 ya se sabía que la iniciativa de provocar un cambio de régimen en Cuba a través de una invasión que a su vez generaría una rebelión interna en la isla había fracasado. La Brigada de Asalto 2506 fue derrotada a los dos días de desembarcar por Bahía de Cochinos y el levantamiento que habría de provocar no llegó a materializarse. Ese día, el presidente de Estados Unidos, John F. Kennedy asumió la responsabilidad del fracaso. Sin embargo, y como observó el historiador Donald Kagan, en la misma alocución del presidente se podía inferir un tono amenazador que anunciaba la próxima puesta en práctica de una política agresiva hacia el régimen que dirigía Fidel Castro en Cuba[599]. Algo parecido se desprendió al día siguiente de la dura crítica emitida en una reunión del Consejo de Seguridad Nacional por el hermano de Kennedy, el fiscal general Robert F. Kennedy. En esa ocasión, Robert Kennedy amonestó duramente el asesoramiento que se le había ofrecido a su hermano antes de la invasión del 17 de abril[600] a la vez que fustigó a quienes proponían ir despacio y tomar las cosas con calma[601]. Lejos de modificar los objetivos de la política de Estados Unidos hacia Cuba, la reciente derrota ratificó el deseo del presidente Kennedy de deshacerse de Castro y su régimen.

Fue esa, precisamente, la resolución que tomó el Consejo de Seguridad Nacional al reunirse el 5 de mayo. En el primer punto de sus acuerdos se convino en declarar que el propósito de la política de Estados Unidos hacia Cuba era el procurar la caída de Castro[602]. Eso sí, se aclaró que en la búsqueda de ese objetivo no se comprometería, por el momento, una intervención militar en

---

[599] Kagan, *On the Origins of War*, 465.

[600] National Security Archives, *Kennedy and Cuba: Operation Mongoose*, https://nsarchive.gwu.edu/briefing-book/cuba/2019-10-03/kennedy-cuba-operation-mongoose

[601] «Notes on the 478 Meeting of the National Security Council. Notes on Cuban Crisis», Washington, 22 de abril de 1961, *FRUS, 1961-1963, Vol. X.*

[602] «Record of Actions at the 483 Meeting of the National Security Council», Washington, 5 de mayo de 1961, *FRUS, 1961-1963, Vol. X.*

Cuba por parte de Estados Unidos, aunque no se podía cerrar la puerta en el futuro a semejante alternativa[603]. Así mismo, se urgía la recopilación de información fidedigna sobre las capacidades militares del régimen cubano, sobre todo si su alcance mejoraba gracias a la ayuda proveniente del bloque comunista[604]. De igual manera, se encomendó que la CIA hiciera un estudio detallado sobre las posibles debilidades y vulnerabilidades de «los elementos que ejercían el control de Cuba, en alusión a un posible trabajo político que se pudiera hacer dentro de las élites de poder en la isla»[605]. El Consejo de Seguridad Nacional no se olvidó de la importancia que asumía la región latinoamericana en el cometido que perseguía la política de Estados Unidos con respecto a Cuba y por eso se especificó, entre otras cosas, fortalecer el programa de asistencia al desarrollo comprendido en la Alianza para el Progreso, un quehacer diplomático ingente y una amplia labor de propaganda[606]. En esa misma reunión también se adoptó la política migratoria que se seguiría con los cubanos que emigraran a Estados Unidos. Entre otras cosas se resolvió darles el status de *refugiados*, se les alentaría relocalizarse fuera del área de Miami y se les daría asistencia para poder sobrevivir durante sus primeras semanas en Estados Unidos[607].

La ratificación del derrocamiento del régimen cubano como objetivo de la política exterior de Estados Unidos hacia Cuba, garantizó la continuidad de la CIA como uno de los principales instrumentos para conseguir el propósito deseado.

Siguiendo las directrices que emanaron de la Casa Blanca, la CIA preparó una propuesta de programa para acciones encubiertas que estuvo lista el 19 de mayo de 1961[608]. En una de sus premisas, la Agencia reconoció que el régimen de Castro salió forta-

[603] *Ibid.*
[604] *Ibid.*
[605] *Ibid.*
[606] *Ibid.*
[607] *Ibid.*
[608] CIA, «Paper Prepared in the Central Intelligence Agency. Program of Covert Operations Aimed at Weakening the Castro Regime», Washington, 19 de mayo de 1961, *FRUS, 1961-1963, Vol. X.*

lecido por los acontecimientos relacionados a la invasión del 17 de abril. Por esa razón, la CIA aceptaba que, en ese momento, se hacía difícil promover un cambio en Cuba como el que pretendía Estados Unidos. Para la CIA, el fin del gobierno de Fidel Castro solo se podía conseguir si se diera una intervención directa de las fuerzas militares norteamericanas. De ahí que el programa que había diseñado solo buscaba explotar las debilidades del régimen cubano como una contribución a su eventual desintegración. La CIA, en ese sentido, reconoció, y lo expuso de manera explícita, que el plan no contemplaba que Estados Unidos interviniese militarmente en Cuba a no ser que fuese atacado o que hubiese una agresión en algún país del hemisferio occidental[609].

La propuesta de la CIA también especificó que para la ejecución del plan se contaba, en primer lugar, con el Consejo Revolucionario Cubano que presidía José Miró Cardona, aunque no descartó la utilización de grupos cubanos independientes que tuvieran alguna vinculación con la Agencia. Entre los objetivos a corto plazo que contempló la propuesta, se incluyeron labores de inteligencia, acciones de sabotaje a objetivos estratégicos específicos, apoyo a grupos de guerrilleros que estuviesen operando en Cuba, el fomento de deserciones de funcionarios del régimen y de militares de sus fuerzas armadas y la propaganda que pudiese deteriorar la imagen de Castro[610].

Un aspecto destacado en el plan que propone la CIA es el interés de la Agencia por mantener el control de las operaciones que se fueran a ejecutar dentro del aludido programa. Es ese elemento estructural en el comportamiento de la CIA con respecto a las operaciones encubiertas, al menos en lo referente a Cuba, el que será objeto de crítica por parte del asesor especial del presidente Kennedy, Arthur Schlesinger. En un memorándum que redacta para Richard Goodwin y que tiene fecha del 9 de julio, Schlesinger propone, contrario a lo planteado por la CIA, que el gobierno de Estados Unidos apoye a aquellos grupos de cubanos que estuviesen en sintonía con lo que él asume que es el senti-

---

[609] *Ibid.*

[610] *Ibid.*

miento mayoritario del pueblo cubano, es decir, el rescate de la Revolución[611]. En ese momento el arquetipo en el que está pensando Schlesinger es el representado por Manolo Ray y la premisa sobre la que se erige su propuesta es que, para derrocar a Castro, no solo era necesaria la fuerza, sino que también era esencial el trabajo político. Según lo propuesto por Schlesinger en su memorándum a Goodwin, si se acudía a esta fórmula se podía lograr un cambio en Cuba desde adentro pues se estaría estimulando una rebelión popular[612].

No obstante, la adopción de un programa específico para promover lo que había sido definido como el objetivo principal de la política de Estados Unidos hacia Cuba tardaría unos cuatro meses más desde el momento en que Schlesinger escribiera su memorándum. No es hasta agosto cuando en la base de operaciones de la CIA en Miami, JMWAVE, se conoce los lineamientos generales de la política norteamericana hacia el Estado cubano[613]. Pero es dentro de ese mismo mes, el 18 de agosto, que tiene lugar un acontecimiento que pudo ejercer una notable influencia en el rumbo que tomaría el proceso que se llevaba a cabo en Washington para adoptar las directrices concretas que estarían encargadas de ejecutar lo que antes se había decidido en la reunión del Consejo de Seguridad Nacional. La ocasión fue la Quinta Sesión Plenaria del Consejo Interamericano Económico y Social de la OEA que se reunió en Punta del Este, Uruguay y en la que se aprobó el programa de la Alianza para el Progreso. Como Cuba seguía siendo miembro de la OEA, el cónclave acogió a una delegación del país caribeño la cual incluyó a su ministro de Industria, el comandante Ernesto Guevara. El argentino-cubano aprovechó la oportunidad para propiciar un encuentro con el asesor del presidente Kennedy, Richard Goodwin quien, a su vez, era parte de la

---

611 Arthur Schlesinger, «Memorandum from the President's Special Assistant (Schlesinger) to the President's Assistant Special Counsel (Goodwin)», Washington, 9 de julio de 1961, *FRUS, 1961-1963, Vol. X.*

612 *Ibid.*

613 Despacho de Jefe de Estación JMWAVE a Jefe, Grupo de Trabajo W, «Operational/AMSPELL Progress Report-July 1962. Attachment A», Miami, 14 de agosto de 1962, CIA, RN 104-10171-10334, MFF.

representación de Estados Unidos. El mensaje que Guevara le transmitió a su interlocutor fue sobre la conveniencia de que hubiera un entendimiento entre los dos países adversarios[614]. Eso sí, Guevara le advirtió a Goodwin que Cuba no estaba dispuesta a discutir «ninguna fórmula que significara el tener que abandonar el tipo de sociedad a la que ellos estaban dedicados»[615]. Al regresar a Washington, Goodwin le transmitió a Kennedy su impresión de que la iniciativa de Guevara era un reflejo de la preocupación cubana por al mal estado de su economía y por la impaciencia que sentían hacia la política de Moscú[616]. La recomendación de Goodwin al presidente fue en dirección contraria a la propuesta de Guevara pues lo que propuso fue que se aumentara la presión, sobre todo la económica, sobre el país vecino[617].

Las sugerencias que hizo Richard Goodwin al presidente de Estados Unidos fueron recogidas por el Grupo de Trabajo sobre Cuba que se reunió en Washington el 31 de agosto. En ese encuentro, al que acudió el propio Goodwin y al que también asistió una representación del Departamento de Estado y, por supuesto, de la CIA, se tomaron varios acuerdos. El primero tuvo que ver con la posibilidad de crear una Fuerza de Seguridad Caribeña que fuese capaz de enfrentar cualquier posible agresión que proviniese de Cuba. Así mismo se acordó en dirigir las operaciones encubiertas hacia la destrucción de importantes objetivos económicos. Sobre este acápite se recomendó que las actividades paramilitares fuesen encargadas a «grupos revolucionarios cubanos que tuviesen el potencial de establecer una política de oposición efectiva contra Castro dentro de Cuba». Se convino, igualmente, en promover el estrangulamiento económico de Cuba e intensificar la campaña de guerra sicológica. Un objetivo de esta última reco-

[614] LeoGrande & Kornbluh, *Back Channel to Cuba*, 44-47.

[615] Citado en *Ibid*, 45.

[616] *Ibid, 46-47 y* Fursenko & Naftali, *One Hell of a Gamble*, 143

[617] LeoGrande & Kornbluh, *Back Channel to Cuba*, 46-47 y Fursenko & Naftali, *One Hell of a Gamble*, 143. Véase, también, Richard Goodwin, «Memorandum From the President's Assistant Special Counsel (Goodwin) to President Kennedy», Washington, 22 de agosto de 1961, *FRUS, 1961-1963, Vol. X.*

mendación era la opinión pública latinoamericana y se sugirió la utilización de canales de comunicación propios de la región para evitar que se percibiera como un esfuerzo de Estados Unidos. Finalmente, el Grupo de Trabajo propuso que se llevase a cabo una labor política para fomentar la división dentro del poder revolucionario que gobernaba en Cuba. Todos estos puntos fueron aprobados por el presidente[618].

El interés de la Casa Blanca por estar al tanto de la situación cubana y del desarrollo de su política de cambio para Cuba se vuelve a manifestar en la solicitud que le hace a la CIA el 5 de octubre para que le entregue un informe sobre el status del programa que se había aprobado. El documento, «Cuban Covert Program Report», está dividido en cinco áreas, a saber, «Inteligencia y Contrainteligencia», «Acción Política», «Propaganda» y «Paramilitar». Sobre el primero se afirma que cada vez es más peligrosa la labor en estos campos debido a los controles internos que ha logrado poner en práctica el régimen. No obstante, afirma el informe, la CIA mantiene contacto con unos veintiséis agentes y espera aumentar el personal mediante el envío de algunos individuos que están bajo entrenamiento al momento de redactar el documento. Algo parecido es lo que transmite acerca del campo de la Acción Política ya que la Agencia está trabajando con unos siete grupos de cubanos en el exilio que tienen personal que puede ser infiltrado dentro de Cuba. Es en el área de la Propaganda en donde parece que la CIA ha obtenido un adelanto mayor. En lo que se refiere a este campo, el informe habla de visitas continuas que hacen a América Latina grupos de maestros, estudiantes, trabajadores juristas y mujeres. También alude al apoyo que se le está ofreciendo a la publicación y distribución de panfletos y a las transmisiones de propaganda anticastrista que se hacen desde Radio Swan, sesenta estaciones de radio en América Latina y tres en la Florida. De igual forma menciona que se está preparando un barco para transmitir programas de radio hacia Cuba. Así

[618] Richard Goodwin, «Memorandum from the President's Assistant Special Counsel (Goodwin) to President Kennedy», Washington, 1 de septiembre de 1961, *FRUS, 1961-1963, Vol. X.*

mismo, el informe destacó el envío de estudiantes cubanos a varias universidades latinoamericanas con el propósito de llevar a cabo labores de agitación y propaganda. Por último, en el acápite sobre el tema «Paramilitar», la Agencia dejó saber el trabajo de entrenamiento que se llevaba a cabo con comandos que llevarían a cabo labores de sabotaje en Cuba. Eso sí, la CIA expuso en su informe que cualquier operación mayor de sabotaje sería previamente sometida al Grupo Especial [SG] para su aprobación[619].

Sin embargo, la determinación de la administración Kennedy por llevar a efecto su aspiración de provocar el fin del régimen de Castro se hace todavía más manifiesta en el memorándum que le redacta Richard Goodwin al presidente el 1 de noviembre de 1961. En ese documento queda claro, en primer lugar, que el propio Kennedy ha estado preocupado por el problema cubano cuando se alude a conversaciones previas que él ha sostenido sobre el tema con su hermano Robert, el fiscal general de Estados Unidos. Goodwin le recuerda al presidente que él ha discutido con su hermano fórmulas para hacer más eficiente la labor de oposición a Castro. De acuerdo al memorándum, en las discusiones que se tenían sobre el caso cubano en los más altos niveles del gobierno norteamericano existía la convicción de que las operaciones que se estaban llevando a cabo en contra de Castro hasta ese momento eran parte de un esfuerzo «desorganizado» y «descoordinado»[620]. La recomendación de Goodwin es la de una operación centralizada que debería estar dirigida por el Fiscal General Kennedy. En sus recomendaciones, el asesor del presidente excluye a la CIA de ser el ente director del programa que se estaba sugiriendo, una observación que indicaba la desconfianza que se tenía de la Agencia después del fiasco de Bahía de Cochinos[621]. Por supuesto, el asesor del presidente está consciente de que las responsabilidades del fiscal general no permitirían que

[619] CIA, «Cuban Covert Program Report», 13 de octubre de 1961, National Security Archive, Mongoose Operations.

[620] Richard Goodwin, «Memorandum for the President», Washington, 1 de noviembre de 1961, *FRUS, 1961-1963, Vol. X.*

[621] Fursenko & Naftali, *One Hell of a Gamble*, 143-144.

Robert Kennedy le dedicase al programa todo el tiempo que se requería. Además, Goodwin ofreció una razón adicional para no darle al Fiscal General la responsabilidad directa de gestionar el día a día de la operación. De acuerdo con el asesor del presidente Kennedy era necesario proteger al hermano del presidente de las consecuencias que se pudieran derivar de un posible fracaso del proyecto. De ahí que Goodwin sugiriese el nombramiento de un ayudante que se pudiera ocupar de dirigir el plan[622]. El mismo Robert Kennedy se encargaría de sugerirle a su hermano el nombre de la persona que a su juicio podía encargarse de esa posición, el Brigadier General Edward Lansdale, un militar experimentado en la modalidad de la contrainsurgencia[623]. El presidente Kennedy aceptará las recomendaciones de Goodwin y de su hermano y emitió, el 30 de noviembre de 1961, la directriz que guiaría el esfuerzo para «ayudar a Cuba a derrocar el régimen comunista»[624]. Así comenzó lo que se llamó Operación Mangosta [Mongoose Operation].

Años más tarde, Ted Shackley, el funcionario de la CIA que se hizo cargo de la base JMWAVE que tenía la Agencia en la ciudad de Miami, opinó que el origen de la Operación Mangosta era la *vendetta* personal que tenían los hermanos Kennedy, John y Robert, por la humillación que sentían ante el fracaso de la invasión por Bahía de Cochinos[625]. En su evaluación sobre el asunto Shackley también le resta peso al contexto de la Guerra Fría en las decisiones que tomó la administración Kennedy en referencia con la Operación Mangosta. En ese sentido no se puede olvidar dos eventos importantes que tuvieron lugar durante el año 1961 que, de alguna manera tuvieron que incidir en el posicionamiento que asumió el gobierno de Estados Unidos respecto a lo que sucedía en Cuba. Uno fue el fracaso de la reunión que sostuvieron

622 Richard Goodwin, «Memorandum for the President», Washington, 1 de noviembre de 1961, *FRUS, 1961-1963, Vol. X.*

623 Fursenko & Naftali, *One Hell of a Gamble*, 144.

624 «Memorandum from President Kennedy», Washington, 30 de noviembre de 1961, *FRUS, 1961-1963, Vol. X.*

625 Ted Shackley con Richard A. Finney, *Spaymaster. My Life in the CIA*, Washington, D. C., Potomac Books, Inc., 2006, 50.

el presidente Kennedy y el Premier Khrushchev en Viena durante los días 3 y 4 de junio y el otro la pruebas nucleares que llevó a cabo la Unión Soviética en septiembre de ese año. Ambos sucesos parecían darles alguna ventaja a los soviéticos en su rivalidad con Estados Unidos y aunque en la historia no hay causas simples no se puede olvidar que el enfrentamiento de aquellos años entre Cuba y Estados Unidos no se puede desvincular de la Guerra Fría.

El 20 de junio de 1961, la base de la CIA en Miami, JMWAVE, supo que el dirigente del DRE, Juan Manuel Salvat, se encontraba en Santiago de Cuba[626]. Al poco tiempo, y con la ayuda de Manolito Martínez, logró llegar a la Base de Guantánamo y de allí viajó a Miami[627]. Una vez en la Florida, Salvat se ocupó de reorganizar el DRE y, entre las tareas que tuvo que abordar estuvo la de reanudar las relaciones entre la organización y la CIA. Según el testimonio de Salvat, los primeros momentos fueron de «confrontación» con los «contactos» pero, al fin y al cabo, «no eran ellos [los contactos] quienes hacían la política» de Estados Unidos. De todas maneras, al reunirse con «Roger», Salvat no se pudo resistir y le dijo al funcionario de la CIA que debido al «desastre» que habían provocado en Cuba las probabilidades de que el DRE rompiera con la Agencia eran muy altas pero que él quería esperar a que llegaran a Miami algunos de los dirigentes que aún estaban en la isla[628]. Desde su punto de vista, y en aquel momento, para Salvat, el DRE tenía dos labores que llevar a cabo; una era volver a Cuba y apoyar al clandestinaje y la otra consistía en hacer propaganda en América Latina. El segundo de los trabajos, que según Salvat les interesaba a los «americanos», tenía la ventaja de poder sostener económicamente a los compañeros que venían de Cuba a la vez que se ejercía presión en la opinión pública latinoamericana y a los gobiernos de la región

[626] Cable, Bell a WAVE, 20 de junio de 1961, «HQS for ODOATH [U.S. Navy] Info Dated 19 June That Manuel Guillot is in Naval Base OITMO», CIA, RN 104-10181-10024, MFF.
[627] Juan Manuel Salvat, entrevista.
[628] *Ibid.*

para que abogaran a favor de los compañeros que estaban detenidos en Cuba y que corrían el peligro de que fuesen sentenciados a morir por fusilamiento[629]. Al final, se llegó a un acuerdo con la CIA, sobre todo para trabajos en el área de propaganda[630].

De hecho, unos días antes de que Salvat llegara a Miami, la base de la CIA en Miami se comunicó con las oficinas centrales de la Agencia para proponer un plan en que se estarían enviando militantes del DRE a países en América Latina[631]. De acuerdo con JMWAVE, el momento era propicio para el envío por corto tiempo de estas delegaciones ya que se estimaba que en América Latina estaba creciendo el antagonismo contra Castro. Además, el cable continuó explicando que de Cuba llegaban militantes del DRE que podían ser utilizados en este tipo de misión. Según la CIA, estos estudiantes podían actuar como representantes legítimos de la lucha cubana a favor del progreso y como miembros de la resistencia a la tiranía comunista[632]. Los miembros del DRE que fuesen involucrados en estas misiones se ocuparían de hacer contacto con los medios de comunicación de los países en los que estuvieran trabajando, planificarían y organizarían actividades anticomunistas según les indicara la base de la CIA en el país de residencia, y tratarían de contrarrestar la influencia que pudiese ejercer en la población el puesto diplomático cubano en ese país[633]. JMWAVE asumió que contaban para este programa con un total de treinta estudiantes, que el presupuesto saldría de la partida de la propia base, y que sería por un total de $36,000.00 para los seis meses que duraría el proyecto, de julio a diciembre de 1961. Por último, JMWAVE sugirió que se consultasen a las bases de la CIA en los países latinoamericanos para conocer el

[629] *Ibid.*

[630] *Ibid.*

[631] Cable, JMWAVE a Bell, 18 de junio de 1961, «Propose Establish CA DRE of DRE Student Representatives for Short Term Assigments to Latin American Countries Where Fight Against Castro and Communism Vita», CIA, RN 104-10171-10292, MFF.

[632] *Ibid.*

[633] *Ibid.*

interés de estas en el programa que se estaba sugiriendo[634]. Y, efectivamente, el 20 de junio la CIA cablegrafió a sus misiones en América Latina para informar de la propuesta de JMWAVE y recoger las opiniones que ellas podían tener sobre el sugerido proyecto. Los cables fueron firmados por el jefe de operaciones de la CIA Richard Helms y por J. C. King, funcionario a cargo del Departamento del Hemisferio Occidental[635].

Una vez que se ha establecido en Miami, Salvat, en ese momento el dirigente del Directorio con mayor jerarquía, tuvo la oportunidad de hacer una composición de lugar acerca de la situación del DRE y de lo que pasaba en general en relación al problema cubano. La ocasión fue una larga y detallada carta que escribió a los miembros del Directorio en la isla[636]. El documento, además, tenía el potencial de convertirse en un plan de acción para la nueva etapa que enfrentó la organización.

En uno de los primeros párrafos se da a conocer la perspectiva que tiene el DRE sobre el ambiente político cubano de Miami. Siguiendo la línea tradicional de la organización, es decir, la de defender su autonomía con respecto al resto de los grupos políticos, Salvat informó sobre la deseabilidad de separarse del FRD, una coalición que a su juicio «está desprestigiada y dominada totalmente por Tony Varona»[637]. Así mismo, Salvat caracteriza el problema político en Miami como «grave» ya que, para el dirigente del Directorio, existía una gran cantidad de organizaciones, «ambiciones y aspiraciones». Su opinión es que «el DRE debe sustraerse a esa lucha política, pues no es nuestra misión». Para Salvat, «nuestro prestigio es enorme y no podemos mancharlo

---

634 *Ibid.*

635 Cable, Director (CIA) a BOGO, BUEN, CARA, GUAT, GAYA, LAPA, LIM, 22 de junio de 1961, «Current Status of DRE», CIA, RN 104-10171-10026, MFF.

636 Juan Manuel Salvat, a «Mis queridos hermanos en Xto. y del DRE», 1961 [escrito a mano], DRE, documentación Cecilia la Villa, carpeta «Miami». Esta carta es de 1961 y está escrita antes de que Luis Fernández Rocha llegara a Miami pues hace alusión a su estancia como exilado en la embajada de Venezuela en La Habana.

637 *Ibid.*

con pactos con organizaciones sin prestigio y manchadas»[638]. La única oportunidad para que el DRE se involucre en un esfuerzo unitario, según Salvat, era en uno de tipo «militar» y «dentro de Cuba», aunque, a la misma vez, cree que en ese momento ese tipo de acuerdo «no es viable pues no hay planes militares concretos»[639].

Es evidente que para Salvat el aspecto militar es un asunto fundamental para su organización. Sobre este particular vuelve a referirse cuando al hablar de la independencia del DRE, lo hace en función de los planes militares que pueda tener la organización. De acuerdo con Salvat, esa condición, la de la autonomía, sería indispensable para lograr «un fuerte apoyo a nuestros planes militares»[640]. De igual manera ocurre en su análisis sobre la política que sigue el gobierno de Estados Unidos en «su lucha contra el comunismo». Según Salvat, la estrategia estadounidense ha sido la de «crear un anillo Atómico (sic) alrededor de Rusia». La función del cerco sería la de inmovilizar a la URSS; sin embargo, continúa proponiendo Salvat, los soviéticos respondieron a los norteamericanos mediante el desarrollo de un armamento atómico que promovió un equilibrio de fuerzas capaz de hacer «imposible o muy difícil la posibilidad de la guerra». No obstante, la Unión Soviética acudió a «guerras locales» que le permitieron «aumentar su territorio fuera del anillo y cercaron y ahogaron a los EE. UU.»[641]. Ante semejante panorama, y convencido de que el problema cubano no se resolverá ni por «la lucha interna, ni el hambre, ni la falta de libertad», Salvat afirmó que era necesario contar con «un aparato fuerte y proporcional al comunista» para derrocar a Castro. Por supuesto, para Salvat ese instrumento militar «debe ser norteamericano»[642]. Eso sí, reclamando la participación cubana en esa estrategia.

[638] *Ibid.*
[639] *Ibid.*
[640] *Ibid.*
[641] *Ibid.*
[642] *Ibid.*

Para Salvat, el esfuerzo cubano en el proyecto por un cambio de régimen en Cuba tendría que ser en todos los frentes, tanto en el clandestino con acciones «de propaganda y sabotajes» y «como Ejércitos (sic) de ayuda en la lucha y de ocupación»[643]. Dentro de la concepción estratégica que Salvat expone a sus compañeros del DRE se incluye el entrenamiento de hombres en campamentos «para luego infiltrarlos en Cuba» y «que nos manden todas las armas que se necesitan y nos den acceso a los planes generales para evitar el embarque del 17 de abril»[644].

En su carta Salvat se muestra optimista y afirma que ese estado de ánimo es consecuencia de la decisión del presidente Kennedy de convertir al General Maxwell Taylor en su asesor militar. Para Salvat, este movimiento del presidente de Estados Unidos significó «darle fuera (sic) a los elementos de coexistencia pacífica», un asunto de gran preocupación para el dirigente estudiantil. De todas maneras, Salvat no quiere dejar ningún cabo suelto en lo referente a la necesidad de la participación militar de Estados Unidos en el esfuerzo por derrocar a Castro y por eso, al referirse al área de propaganda, especifica que un objetivo principal debe ser el de crear un estado de opinión que fuerce a los norteamericanos hacia la acción[645]. En ese mismo sentido coloca el papel que puede hacer el DRE en el corto plazo. Para Salvat, el plan inmediato del Directorio en el campo de la acción militar es el de hacer operaciones de «morder y huir» o, lo que sería lo mismo, «meter un batacazo y huir luego a Miami»[646]. Para él, acciones de esta naturaleza, que según él podrían ser el bombardear un barco ruso o un objetivo internacional, le demostrarían «a los aliados que en Cuba aún se lucha» y los *obligaría* «a hacer algo rápido»[647].

Además de hacer estos planteamientos, los cuales serán fundamentalcs para el devenir de la organización y para los que pide

---

[643] *Ibid.*

[644] *Ibid.*

[645] *Ibid.*

[646] *Ibid.*

[647] *Ibid.* Énfasis del autor.

comentarios y opiniones a la dirigencia que permanece en Cuba, incluyendo a asilados como Luis Fernández Rocha y presos como Alberto Muller, Salvat se ocupa de informar sobre las tareas en las que está involucrado el DRE en el exilio. Entre los aspectos que aborda en su carta, Salvat alude a un programa de radio que se transmite hacia Cuba desde un barco cercano a la isla pero que solo se puede escuchar en La Habana; se refiere al próximo comienzo de un proyecto para crear delegaciones en América Latina y un plan de finanzas dirigido a conseguir ayuda de «millonarios cubanos y norteamericanos para tratar de no depender en esto de los aliados»[648]. De igual forma, se ocupó de informar de un viaje que daría José Antonio G. Lanuza por universidades de Estados Unidos para crear opinión y conseguir ayuda financiera. En su carta Salvat también dedica un espacio de la misma para pedir informes sobre el estado del DRE en Cuba. En este acápite, alude a la posibilidad de una acción que rescatase a Alberto Muller de la prisión. Sobre el particular, Salvat cuenta que estaban en contacto con Otto Skorzeny, el militar alemán responsable del haber rescatado a Benito Mussolini de la prisión[649]. Por último, Salvat anuncia su intención de regresar a Cuba lo más pronto posible y les pide a sus compañeros que «esperen con paciencia el momento de volver a encender a Cuba, que será el momento próximo al derrocamiento de la tiranía»[650].

Con estas ideas en mente comenzó la reorganización del DRE en el exilio. En esa tarea colaboraron los miembros de la organización que fueron saliendo de Cuba y que se incorporaron al núcleo de Miami. Entre los trabajos que abordaron durante los primeros meses del destierro estuvieron la elaboración de planes para las áreas de trabajo en que se enfocaría la organización durante la nueva realidad que le tocó enfrentar. El primero de todos fue para la sección de propaganda. Dada la nueva situación, el

648 *Ibid.*

649 *Ibid.* En los archivos del DRE hay varios documentos que aluden a la posibilidad de llevar a cabo la operación de rescate de Alberto Muller. La misma no se ejecutó.

650 *Ibid.*

mensaje que quería llevar el Directorio a la opinión pública se tuvo que compartimentar. Una parte se dirigió hacia Cuba y uno de los fines que apuntó el plan con relación a la audiencia cubana residente en la isla fue el de «levantar la moral y el espíritu de lucha de nuestros combatientes y del pueblo en general»[651]. En este apartado se incluyó, igualmente, la promoción de una «guerra sicológica» para «desmoralizar» al adversario, así como la promoción de la ideología y orientación del DRE. La difusión del mensaje del Directorio hacia Cuba se haría mediante programas radiales, lanzamiento de impresos desde aviones, y la introducción de la propaganda por vías clandestinas de manera que la misma pudiese ser repartida por los militantes de la organización[652].

Otra audiencia a la que se quiso llevar la opinión del Directorio es la que estaba en América Latina. En ese sentido se le daría autonomía a las delegaciones que tuviera la organización en los países de la región para que adaptasen la orientación propagandística del DRE al medio cultural en donde se encontrasen[653]. El Directorio también contempló la necesidad de hacer propaganda para el público norteamericano, después de todo, si se quería ejercer presión sobre el gobierno de Estados Unidos para que asumiera una actitud beligerante con respecto al régimen cubano, esta sería una audiencia vital en los planes del DRE. Para este objetivo en particular se propusieron el empleo de varios medios para lograr el propósito que se buscaba, entre ellos el acceso a los medios de comunicación como prensa escrita, televisión y radio. También se aconsejó la divulgación del mensaje del Directorio mediante conferencias en universidades y asociaciones de diferentes tipos, así como la participación en debates y entrevistas. Finalmente se aconsejó la posibilidad de elaborar propaganda escrita en inglés. En ese sentido, el DRE tendrá un éxito extraordinario con la eventual circulación de un boletín de noticias que se

---

[651] DRE, «Plan de Propaganda del Directorio Revolucionario Estudiantil», Miami, 15 de julio de 1961, DRE, documentación Cecilia la Villa, carpeta «Miami».

[652] *Ibid.*

[653] *Ibid.*

llamó *The Cuban Report*. La propaganda del Directorio sería, igualmente, dirigida a la comunidad cubana exiliada, y no solo en Estados Unidos sino también en otras regiones del mundo en la que estuviera residiendo. Para este público será muy eficaz la publicación de un periódico, *Trinchera*, que pasará por diferentes etapas. El primer número de esta publicación correspondió al mes de junio de 1961. Así mismo, se concibió como apropiado el desarrollo de un programa de radio enfocado en orientar a la opinión pública del exilio[654].

Otro plan que apareció en esta etapa fue el Plan Latinoamericano[655]. El documento fue preparado por la Secretaría de Relaciones Internacionales del Directorio, uno de los departamentos que más importancia adquirió en la nueva etapa de la organización. Precisamente, en el mes de junio el DRE había enviado dos equipos de militantes de la organización a visitar distintos países de América Latina. Uno de esos equipos, el compuesto por Raúl González Simón, Zoila Díaz y Marta Elena Rodríguez, viajó a Brasil donde se puso en contacto con centros de estudiantes y ofreciendo conferencias y comparecencias en medios de prensa. El otro, en el que participaron Rogelio Helú, Jorge Dorticós y Joaquín Pérez, hizo un recorrido por Venezuela, Brasil, Uruguay, Argentina y Chile[656]. Sin embargo, en el inicio del «Plan» se hizo un comentario crítico de ese tipo de actividad ya que se observó que con viajes tan cortos, los resultados, aunque positivos, solían ser efímeros. Así mismo, se formuló una opinión negativa del tipo

---

[654] *Ibid.*

[655] Secretaría de Relaciones Internacionales, DRE, «Plan Latinoamericano», Miami, 20 de julio de 1961, DRE, documentación Cecilia la Villa, carpeta «Internacional». A partir de esta matriz se elaboraron otras versiones posteriores. Ver, por ejemplo, «Lineamientos del Plan Latinoamericano dentro de las directrices del Plan General del Directorio Revolucionario Estudiantil», Miami, 29 de mayo de 1962, DRE, documentación Cecilia la Villa, carpeta «Internacional».

[656] «Intensifica el DRE la labor en Latinoamérica», *Trinchera en el Exilio*, Año 1, No. 1, Miami, 26 de junio de 1961, 3. En ese mismo número véase «Impresiones de tres estudiantes en el Brasil de Janios Quadros, I», 2e, en el No. 2, Miami, 23 de julio de 1961,«Impresiones de tres estudiantes en el Brasil de Janios Quadros, II», 3.

de propaganda que se distribuyó en las misiones que se habían llevado a cabo hasta ese momento ya que, según el documento, «no era de envergadura intelectual» y generalizaba demasiado[657]. La recomendación principal que propuso en este Plan fue la de establecer delegaciones permanentes en cada país de América Latina. De acuerdo con la propuesta que se hizo, las delegaciones estarían compuestas por «grupos de tres o más estudiantes capacitados, económicamente liberados, con instrucciones concretas de como comenzar la labor, contactos, etc., y, posteriormente, *con una dirección permanente por parte de la oficina central* de acuerdo con un plan general previamente trazado»[658]. Al momento de redactarse el Plan, sus autores aspiraron a que la dirección central de las operaciones en América Latina se pudiese ubicar en un país de la región, prefiriendo uno cercano al área del Caribe. En ese sentido se propuso a Colombia como país sede de esta oficina; sin embargo, tal deseo nunca se pudo cumplir y la dirección de las delegaciones se quedó en la Sección Internacional en Miami.

El Plan Latinoamericano contempló promover una colaboración estrecha entre cada una de las futuras delegaciones con individuos, particularmente estudiantes, y organizaciones igualmente estudiantiles, afines a los objetivos que el Directorio se proponía alcanzar en cada uno de aquellos países. Cada delegación se dividiría en secciones que tendrían trabajos específicos que llevar a cabo. La «Sección de Acción», por ejemplo, estaba llamada a organizar «grupos de choque anticomunista» así como ofrecer «instrucción general sobre técnicas de insurrección comunista y medios para evitarla»[659]. Rafael Orizondo, quien estaría al frente de la delegación del DRE en Ecuador recuerda que ellos fundaron la «Brigada Abdón Calderón» que actuaría como «grupo de choque» en aquel país[660]. Carlos García Soler, quien era el delegado del DRE en Uruguay, confirmó la existencia de estos grupos de

[657] «Plan Latinoamericano».

[658] *Ibid.* Énfasis del autor. El asunto relativo al control de las delegaciones será uno de los puntos que genere mayor fricción entre el DRE y la CIA.

[659] *Ibid.*

[660] Rafael Orizondo, entrevista, Miami, 27 de enero de 2020.

«acción». De acuerdo con su testimonio, al celebrarse en Punta del Este la reunión de ministros de relaciones Exteriores de países miembros de la OEA en enero de 1962, el Directorio organizó una «pasquinada» denunciando al régimen de Castro. La actividad ocasionó varias «broncas» con elementos favorables al gobierno cubano y para eso la delegación tenía organizado un grupo de «acción» que «enfrentaba a estos sujetos». Según García Soler, esta «fuerza de choque» también intervenía en la universidad cuando el DRE organizaba alguna actividad y era confrontado por partidarios de Castro[661].

Otra «Sección» sería la de Finanzas que tendría la responsabilidad primaria de recoger fondos para el DRE, actividad que también se vio como útil porque de esa manera se hacía sentir al donante que era parte del esfuerzo político que llevaba a cabo el Directorio. Las delegaciones también contarían con una «Sección de Inteligencia» la cual aportaría «datos del movimiento universitario, su penetración comunista, sus peligros y las posibilidades de lucha interna». Un caso interesante es el que relata Carlos García Soler, el delegado en Uruguay. Según su testimonio, un día tuvo que acudir al aeropuerto de Montevideo para recibir a una delegación del magisterio cubano en el exilio. Mientras esperaba a sus compatriotas, García Soler observó la llegada de un avión de la línea soviética Aeroflot y de la cual descargaron varias valijas diplomáticas. La carga fue depositada en una habitación del aeropuerto que no estaba custodiada y García Soler aprovechó la ocasión para sustraer una de las valijas que llevó a la policía secreta de Uruguay. Al abrir la valija se descubrió que en la misma había información revelando el nombre de personas que recibían dinero de la URSS, así como posibles planes de sabotajes y propaganda a favor de los comunistas. A García Soler le dieron cuarenta y ocho horas para salir del país pero pudo negociar con las autoridades y se quedó en Uruguay. De acuerdo con su testimonio, los datos de inteligencia se compartían con la oficina de la CIA en la Embajada de Estados Unidos, información

[661] Carlos García Soler, entrevista.

que muchas veces no le llegaba al DRE en Miami[662]. En otra ocasión, miembros de la delegación del DRE en La Paz, Bolivia consiguieron colocar un micrófono en la Embajada de Cuba en ese país, pero, según contó el delegado Luis González, las conversaciones que se pudieron escuchar eran únicamente de asuntos cotidianos[663].

Así mismo, las delegaciones del DRE en los países latinoamericanos contarían con una «Sección de Organización» cuya responsabilidad principal sería la de desarrollar las relaciones entre el Directorio y los grupos de simpatizantes y la de «Propaganda» que era la encargada de exponer el caso cubano y de explicar las implicaciones que este tenía en el país donde estuviera ubicada la delegación. Esta sección asumiría las labores de preparar y organizar charlas, conferencias, debates, horas de radio y todo lo que significaba la difusión del mensaje que el DRE quería llevar a la opinión pública[664]. El «Plan Latinoamericano» del Directorio abundó, también, en numerosos detalles de organización y concluyó con una propuesta para financiar su funcionamiento. Sobre este particular se trabajó bajo el supuesto de que el DRE enviaría unos treinta miembros de la organización a operar en diez delegaciones. Finalmente, este número habrá de variar según las circunstancias y su costo estará entre las partidas de más valor en el presupuesto del Directorio. La CIA se referirá a este programa del DRE con el nombre de AMBARB y su control será una constante fuente de fricción entre ambos[665]. De acuerdo con un documentado originado en la Sección Internacional del DRE que, aunque no tiene fecha por su contenido se pude ubicar entre mayo y junio de 1962, las primeras conversaciones con la CIA para financiar el trabajo del Directorio en América Latina fueron en agosto de 1961. Desde entonces, sugiere el documento, las rela-

[662] *Ibid.*

[663] Luis González, entrevista, Guaynabo, Puerto Rico, 30 de noviembre de 2019.

[664] «Plan Latinoamericano».

[665] «Cryptonym: AMBARB», MFF, https://www.maryferrell.org/php/cryptdb.php?id=AMBARB

ciones entre el DRE y la Agencia fueron tensas debido a la diversidad de criterios entre las dos partes[666]

La utilidad y eficacia del trabajo que podía hacer el DRE en América Latina se comprobó con dos actividades que tuvieron lugar en octubre y noviembre de 1961. La primera se refiere a la participación exitosa que tuvieron los delegados del Directorio que asistieron al IV Congreso Latinoamericano de Estudiantes (CLAE) que se celebró en Natal, Brasil entre el 8 y el 17 de octubre. El CLAE era una organización representativa de los estudiantes organizados de la América Latina que se reunía cada dos años e incluía entre sus miembros a la Federación Estudiantil Universitaria (FEU) de Cuba. La delegación que envió el DRE a Natal estuvo compuesta por el Secretario General del Directorio, Luis Fernández Rocha, quien ya había logrado llegar a Miami, Luis Boza Domínguez, Joaquín Pérez Rodríguez, José I. Rodríguez Lombillo, Antonio Abella y Eduardo Muñiz. El Congreso fue escenario de confrontación entre las federaciones que apoyaban la política que seguía la dirección gubernamental en Cuba y aquellas que la impugnaban. Las gestiones de los delegados del DRE obtuvieron un rotundo éxito al lograr un conjunto de resoluciones favorables a la causa que ellos defendían y que rechazaron la intromisión «nefasta» del «comunismo internacional» en el proceso político cubano[667]. Otros acuerdos tomados en la reunión fueron la condena a los fusilamientos en Cuba, el apoyo a la promoción de un régimen democrático en la isla caribeña y la demanda de excarcelar a los «más de 500 estudiantes universitarios que guardaban prisión en Cuba por supuestos delitos políticos, nombrando específicamente a Alberto Muller, Secretario General del Directorio, Pedro Luis Boitel, candidato a la presidencia de la FEU y Roberto Borbolla, presidente del cuerpo estudiantil de la Universidad Católica de Villanueva»[668]. El IV CLAE

---

[666] DRE, Sección Internacional, S. F., DRE, AJFC.

[667] «Principales acuerdos contra el régimen comunista impuesto al pueblo de Cuba», *Trinchera en el Exilio*, Año 1, No. 4, Miami, 19 de noviembre de 1961, 4-5. El número completo de la publicación está dedicado al IV CLAE.

[668] *Ibid.*

igualmente proclamó que el 27 de noviembre, fecha en la que los cubanos conmemoran el fusilamiento de los estudiantes de medicina en la época colonial, como día de la «Conmemoración Latinoamericana del Duelo Estudiantil»[669]. Dado el empuje que tuvo el mensaje que era respaldado por la delegación del DRE, las delegaciones que simpatizaban con la Revolución cubana, es decir, Puerto Rico, Nicaragua, Venezuela, Perú, Argentina, Uruguay y Brasil, optaron por retirarse del Congreso[670].

Otro éxito que tuvo el trabajo internacional del DRE en aquella coyuntura fue la campaña a favor de salvarle la vida a Alberto Muller. El secretario general del Directorio compareció para juicio ante un Tribunal Revolucionario en Santiago de Cuba el 21 de agosto de 1961. La causa llevaba el número 127. Unos días antes, el 10 de agosto, el Coordinador del DRE en la provincia de Matanzas, Albor Ruiz, quien había llegado clandestinamente de Cuba, alertó a la dirigencia del Directorio en el exterior sobre el próximo juicio a Muller y sus compañeros y afirmó que el abogado defensor supo que se pediría la pena de muerte para Muller[671]. Enseguida que supieron la noticia en Miami, la militancia del DRE se movilizó mediante una campaña mediática, con gran énfasis en los países de América Latina, para impedir que los estudiantes enjuiciados fuesen condenados a muerte. La campaña fue intensa y logró los resultados que buscaba. De acuerdo con un «Informe» de la Secretaría Internacional del DRE, el noventa por ciento de los periódicos latinoamericanos se hizo eco del juicio a Muller y sus compañeros y mantuvo la noticia en primera plana durante el tiempo que duró el proceso. De igual manera, el «Informe» da constancia de las gestiones hechas a favor de la vida del dirigente estudiantil por los mandatarios de catorce gobiernos de países latinoamericanos y por numerosas personalidades, civiles y religiosas,

[669] *Ibid.*, 6. Véase, también a Pedro Ynterián García, «Informe de Secretaría de Relaciones Internacionales», Miami, 24 de octubre de 1961, DRE, documentación Cecilia la Villa, carpeta «Internacional».

[670] Pedro Interián García, *Ibid.*

[671] JMWAVE a Director, Miami, 10 de agosto de 1961, cable, «AMHINT courier Albor Ruiz Salazar Informs DRE Miami», CIA, RN 104-10181-10333, MFF.

de la región[672]. Muller, junto al resto de los alzados del DRE que habían sido detenidos, fueron sentenciados a condenas que fluctuaron entre los veinte y los tres años de prisión[673].

A principios de noviembre de 1961 el Directorio había organizado delegaciones en trece países de América Latina y en varios de ellos se pudieron conmemorar, ese mismo mes, las efemérides del 27 de Noviembre tal y como se había acordado en la IV CLAE[674]. Para JMWAVE, la base de la CIA en Miami, la labor que hacía el DRE en el área internacional fue algo que mereció su elogio. Según escribió Ted Shackley en julio de 1962, el Proyecto AMBARB estaba dando muy buenos resultados por la inteligencia que producía y por la contribución que hacía para moldear la opinión pública de América Latina a favor de los objetivos que perseguía el gobierno de Estados Unidos en la región, además de servir como «válvula de escape» para ocupar el tiempo de los miembros del DRE que habían podido salir de Cuba[675]

Un programa parecido al esbozado en el «Plan Latinoamericano» es el que propuso José Antonio G. Lanuza para fundar de-

[672] «Informe Relaciones Internacionales», S. F., DRE, documentación de Cecilia la Villa, carpeta «Internacional». Otra campaña exitosa que se hizo para salvar la vida de un dirigente del DRE fue la que se llevó a cabo a principios de 1962 a favor de Miguel García Armengol.

[673] Véase el apéndice «Juicio de Alberto Muller y demás miembros del alzamiento. Causa 129 de 1921» en donde uno de los acusados, Ricardo Rubiales, narra las incidencias del juicio. Véase, También, el folleto «Alberto Muller. Líder del estudiantado cubano» publicado por el DRE en Miami y que incluye parte de la comparecencia de Muller ante el Tribunal. S. F. Tres de los enjuiciados, Ricardo Rubiales Ros, Armando Frías y Oscar Rodríguez Sánchez, por ser menores de edad fueron trasladados al Reclusorio de Menores en Torrens, La Habana. Los tres se fugaron del penal con la ayuda del padre de Rubiales. Este logró asilo político en la embajada de Brasil mientras que Frías busco refugio en la de Argentina. Rodríguez Sánchez salió clandestinamente de Cuba con la colaboración de la organización clandestina del DRE. Armando Frías a Ricardo Rubiales, correo electrónico, 28 de diciembre de 2020, AJFC.

[674] «El 27 de Noviembre de 1961», *Trinchera en el Exilio*, Año 1, No 5, Miami, 24 de diciembre de 1961, 1.

[675] De Chief of Station JMWAVE a Chief, Task Force W, Miami, 20 de julio de 1962, «June Progress Report AMSPELL», CIA , RN 104-10171-10009. MFF.

legaciones en Estados Unidos[676]. El fundamento sobre el que se erigió este proyecto fue la necesidad de «contrarrestar» la propaganda favorable «a Fidel Castro y su revolución» de manera que exponga «la importancia del caso Cuba en la seguridad futura de nuestro Hemisferio y para la hegemonía de Norteamérica en el Continente»[677]. El medio idóneo en donde se fundarán las delegaciones y subdelegaciones es el estudiantil, aunque también se considera la posibilidad de establecer las mismas en lugares que no estuvieran relacionados con el mundo de la educación. En ese sentido se propuso que cada delegación estuviese presidida por un estudiante, requisito que no era indispensable para las subdelegaciones. Eso sí, se especificó que las últimas dependían de las primeras. La labor por realizar por estos organismos en cuanto a propaganda y finanzas se refería era muy similar a la descrita en el «Plan Latinoamericano». De todas maneras, y como se hacía evidente por el medio en el que se quería trabajar, se mencionó la posibilidad de distribuir propaganda en inglés. En este caso se habló de la eventualidad de publicar un boletín en inglés[678]. En el caso de este programa, era muy importante la recaudación de fondos para el funcionamiento de las delegaciones y subdelegaciones pues no se preveía la aportación de la CIA para el proyecto. La dirección y coordinación de las delegaciones y subdelegaciones que se fundaran en Estados Unidos serían responsabilidad de la Secretaría de Relaciones Interiores del DRE que al poco tiempo pasaría a llamarse Secretaría de Asuntos Americanos.

El proceso de reorganización del DRE en Miami incluyó, igualmente, la creación de una Sección de Inteligencia. La propuesta fue hecha por el miembro del Directorio Alberto González. El 28 de agosto de 1961 González redactó un memorándum

[676] José Antonio G. Lanuza, «Al Ejecutivo del Directorio Revolucionario Estudiantil. Plan de Constitución de Delegaciones y Subdelegaciones del DRE en los Estados Unidos», Miami, 20 de julio de 1961, DRE, documentación Cecilia la Villa, carpeta «U.S.A.».

[677] *Ibid.*

[678] *Ibid.*

haciendo el debido planteamiento[679]. Según lo expuesto en el memorándum, era necesario crear la sección de Inteligencia para poder darle un basamento sólido a los planes militares y de propaganda que la organización quería poner en funcionamiento. De acuerdo con González, en ese momento el DRE, tanto en Cuba como en el exterior, carecía de información fidedigna sobre muchos aspectos que tenían lugar en Cuba y cuyo conocimiento eran un requisito para asegurar el éxito de la organización[680]. Pocos días después, el 6 de septiembre, un nuevo memorándum de Alberto González anunció la creación de la Sección de Inteligencia del DRE y delineó los proyectos que estaba desarrollando[681].

De igual forma, el Directorio contempló la posibilidad de desarrollar en Miami una sección orientada hacia el estudiantado cubano preuniversitario. En Cuba había existido e, inclusive, algunos de sus miembros como su dirigente Roberto Borbolla, habían participado en el frustrado alzamiento que encabezó Alberto Muller en la Sierra Maestra. Precisamente, uno de aquellos «alzados», Ricardo Rubiales, se haría cargo de la Sección en Miami. Según los planes del DRE, la «Pre» tendría como labor fundamental el proselitismo, captando nuevos miembros para la organización. El Directorio tendría un departamento de Formación el cual se encargaría de colaborar con la Preuniversitaria en fomentar el desarrollo intelectual, sobre todo político, de los miembros de la Sección. Para ello prepararían, entre otras actividades, cursillos de diversas materias que se ofrecerían a los preuniversitarios durante reuniones semanales que tendrían lugar los viernes por la noche. Una labor importante que rendirían los miembros de la «Pre» sería la recaudación de fondos para la organización sobre todo mediante la venta de bonos. Los preuniversitarios tendrían también trabajo en el área de propaganda. De ellos dependería la

---

679 Albero González, «Memorándum. Creación de la Sección de Inteligencia del Directorio Revolucionario Estudiantil», Miami, 28 de agosto de 1961, DRE, documentación Cecilia la Villa, carpeta «Miami».

680 *Ibid.*

681 Alberto González, «Memorándum. Planes Inmediatos de la Sección de Inteligencia del DRE», Miami, 6 de septiembre de 1961, DRE, documentación Cecilia la Villa, carpeta «Miami».

distribución del periódico *Trinchera* que se repartiría los domingos en las afueras de las iglesias católicas de Miami a la que acudían feligreses cubanos a oír misa. Igualmente imprimirían y distribuirían *Trinchera Preuniversitaria* entre estudiantes cubanos que asistían a clase en las escuelas de la ciudad[682]

Uno de los últimos temas en ser desarrollado como un plan concreto en esta etapa de reorganización del DRE fue el relacionado con la acción militar. En 11 de julio de 1961 se redactó lo que se tituló «Informe Tentativo Militar» que es, más que nada el esbozo de una propuesta que la dirigencia del Directorio le hace a sus «aliados», es decir, a la Agencia Central de Inteligencia; al menos es el sentido que se deriva de la redacción del documento[683]. En la primera parte del «Informe» se hace una presentación esquemática de la organización y se alude al prestigio que adquirió la misma durante la etapa de lucha clandestina previo al 17 de abril de 1961. En esa presentación se quiere constituir la lucha interna como elemento «preponderante en el derrocamiento de la tiranía», es decir, se le da importancia al medio en el que los redactores del documento creen que la presencia del DRE es más eficaz[684]. Una vez establecido el fundamento sobre el que se erige la participación del Directorio en el conflicto cubano, el «Informe» pasa a ofrecer un «plan preliminar y tentativo para desarrollar dicha lucha»[685]. Como preámbulo a la propuesta que se está haciendo, el documento reconoce que el «golpe definitivo» para derrocar a Castro se dará mediante una «acción exterior», asunto en cuyos planes el Directorio afirma que se abstiene de opinar. Eso sí, el «Informe» revela que el DRE está consciente de que hubo errores en la planificación del 17 de abril, es decir, en la invasión por Bahía de Cochinos, y que, por lo tanto, era necesario coordinar cualquier acción externa «con la lucha interna del clan-

[682] DRE, «Área de Miami. Plan», Miami, S. F., DRE, documentación Cecilia la Villa, carpeta «Miami».
[683] Isidro Borja y Juan Manuel Salvat, «Informe Tentativo Militar», Miami, 11 de julio de 1961, DRE, documentación Cecilia la Villa, carpeta «Miami».
[684] *Ibid.*
[685] *Ibid.*

destinaje». En su propuesta, por lo tanto, el Directorio adelantó la importancia de abastecer de manera eficiente a la resistencia interna y que en la coordinación del esfuerzo deben participar los cubanos, aunque puedan estar asesorados por los «aliados». En cuanto al tipo de acciones que recomienda están las de tipo «comando», es decir, la que serían constituidas por «grupos de hombres que saliendo de playas extranjeras arriben a Cuba con misiones determinadas». También se incluye en el «Informe» acciones internas que llevarían a cabo los miembros de la resistencia.

Para el DRE, estas acciones, tanto las de tipo «comando» como las internas, se ejecutarían durante un período de tiempo corto previo al «golpe definitivo». Por último, la propuesta concluye solicitando el entrenamiento para siete telegrafistas, para un grupo de ocho personas que se infiltrarán en Cuba y para «tres grupos comandos de cinco personas cada uno». También anuncian que se hará un informe más detallado en el futuro inmediato[686]. Los asuntos militares del DRE serían responsabilidad de la Secretaría Militar que operaría bajo un reglamento que organiza y define sus funciones[687]. De todas maneras, aun cuando este plan militar manifestó la buena disposición que tenía el DRE para continuar su empeño por promover un cambio de régimen en Cuba, en esos mismos días, el 25 de julio, se redactó otro documento que ofreció una señal clara sobre la limitación que condicionaba la disposición del Directorio para asumir la iniciativa en el frente militar. En un informe firmado por Salvat se afirmó que el DRE «esperaba la confirmación de los aliados para comenzar todos los planes en la clandestinidad»[688]. Es decir, en esos momentos la organización se ha colocado, probablemente por su falta de recursos, dentro de un marco de relaciones con la CIA, que le hacen depender de la política de Estados Unidos para ejecutar sus planes sobre todo el que se refiere a la acción militar.

---

686 *Ibid.*

687 Luis Gutiérrez, «Secretaría Militar del DRE», Miami, 28 de diciembre de 1961, DRE, documentación Cecilia la Villa, carpeta «Miami».

688 Juan Manuel Salvat, a Elio Más, «Informe. Labor externa realizada por el DRE desde el 15 de junio hasta la fecha», Miami, 25 de julio de 1961, DRE, documentación Cecilia la Villa, carpeta «Miami».

La paulatina elaboración de estos planes, inclusive, la puesta en práctica de algunos de ellos, eran un reflejo del grado de consolidación que el DRE había obtenido en el exterior después del 17 de abril y de que muchos de sus dirigentes habían logrado escapar de Cuba. Sin lugar a duda, los acuerdos a los que fueron llegando con la CIA contribuyeron a reforzar la cohesión interna de la organización. La ayuda económica que le ofreció la agencia norteamericana fue un elemento importante en dicho proceso. De hecho, el DRE fue una de las pocas organizaciones cubanas que obtuvo ayuda de Estados Unidos después del 17 de abril[689]. Eso, sin embargo, no fue óbice para que de vez en cuando, surgiera alguna crisis dentro de la organización. Es el caso que se refleja en una carta que Pedro Ynterián les dirigió a Luis Fernández Rocha y Juan Manuel Salvat comentando, en tono de crítica, la alta representación que tenían miembros de la Agrupación Católica Universitaria en la dirigencia del DRE[690]. De acuerdo con Ynterián, el fenómeno perjudicaba al Directorio al hacer mucho más difícil la integración de estudiantes colocados en otras vertientes ideológicas. «Estimo», dice Ynterián, «que con las ansias de colocar hombres de absoluta confianza en los puestos claves del DRE, se está cayendo en el peligroso error de sectarizar el movi-

[689] DRE, «Información Recogida», Miami, S. F. (probablemente anterior al 13 de marzo de 1962), DRE, AJFC. Este documento del DRE es un resumen de las opiniones que expresaron varias personalidades del exilio cubano a las cuales la dirigencia del Directorio usualmente consultaba cuando tenían un asunto particular que resolver. En este caso estaban consultando si el DRE debía dejar de ser miembro del Consejo Revolucionario Cubano. La opinión citada es del «Dr. Herrera». Es posible especular de que bajo este nombre estuviese Ángel Fernández Varela. En *El Exilio en Invierno. Miguel Figueroa y Miranda, Diario del Destierro*, 143, se menciona que algunas de las personalidades consultadas en esa ocasión fueron José I. Lasaga, Juan Antonio Rubio Padilla y Ángel Fernández Varela. Todos, menos Fernández Varela, aparecen en el documento «Información Recogida» y no aparece el «Dr. Herrera». De todas maneras, esa persona era muy cercana a la CIA pues en el documento se dice que, el Dr. Herrera, había llegado de México y se encontró con «una llamada de Richard Helms», el Director de Planes de la CIA.

[690] Pedro Ynterián García a Luis Fernández Rocha y Juan Manuel Salvat, Miami, 28 de septiembre de 1961, DRE, AJFC.

miento y destruir, a su vez, la Unidad Estudiantil (sic)»[691]. No obstante, situaciones como la descrita no interrumpieron la marcha del Directorio hacia su consolidación como uno de los principales grupos opositores del régimen cubano en el exilio.

De todas maneras, y a pesar del desarrollo manifestado por los planes elaborados por el DRE en Miami en los meses que siguieron al descalabro de Bahía de Cochinos, la prioridad del Directorio seguía siendo el fortalecimiento de los cuadros clandestinos que operaban dentro de Cuba. Aun cuando la dirigencia de la organización le daba cada vez más importancia a la participación norteamericana en la solución del problema cubano, el componente interno del DRE, es decir, la resistencia dentro de la isla, siguió teniendo un peso importante dentro de la estrategia concebida por el Directorio para promover un cambio de régimen en Cuba. «Quizás la única esperanza seria», escribiría muchos años después Juan Manuel Salvat refiriéndose a esa etapa, «era organizar una fuerza clandestina poderosa que pusiera en jaque a la dictadura»[692]. Por esa razón se quiso reforzar y consolidar el movimiento clandestino y algunos pasos se dieron para conseguir el objetivo.

En Cuba el Directorio se fue recomponiendo poco a poco después del mes de abril de abril de 1961. Al frente de la Dirección Nacional quedó Juan Pereira Varela, «Miguel Ángel». Julio Hernández Rojo, «César» fue responsable de abastecimiento y Lázaro Fariñas se encargó de acción. Otros militantes con diferentes responsabilidades dentro de la organización fueron Laureano Pequeño, Hans Hengler y José González Silva[693]. También se pudo reconstruir las direcciones provinciales excepto la de Pinar del Río. No obstante, y de acuerdo con el informe rendido por Albor Ruiz al llegar a Estados Unidos, se requería la reanudación de la ayuda externa para poder poner en movimiento el trabajo

[691] *Ibid.*

[692] Juan Manuel Salvat, «Juanín en mi memoria» en Cecilia la Villa de Fernández Travieso, ed., *Juanín ¡Presente! Juan Pereira Varela su vida en testimonios*, Miami, Ediciones Universal, 2011, 107.

[693] La información está esparcida en varios de los testimonios que forman parte de *Juanín ¡Presente!* Véanse también los testimonios que sobre este tema aparecen en la Villa, *Clandestinos*, 174-185.

clandestino[694]. Sin embargo, el objetivo final de la Dirección Nacional era preparar las condiciones para que se pudiera radicar en Cuba la dirigencia de la organización que se encontraba en Miami, de ahí que «Miguel Ángel» advirtió a sus compañeros de la Dirección Nacional «que todos los cargos y nombramientos, empezando por el de él, eran de carácter provisional»[695].

En Miami se iniciaron los preparativos para un traslado de los principales líderes del DRE hacia Cuba. En uno de los planes militares elaborados durante esa coyuntura se expresó la necesidad de «enviar a nuestra patria en el plazo más breve posible a tres compañeros»[696]. Los miembros del Directorio mencionados en el documento son Juan Manuel Salvat, Jorge Giraud como telegrafista y Carlos Hernández como instructor militar. En ese mismo «Plan» se incluye el nombre de otros catorce militantes de la organización y se identifican como «Grupo del DRE Para Entrenar»[697]. Es de suponerse que si no fue con este grupo, la CIA se responsabilizó con el entrenamiento de un grupo similar de miembros del Directorio. En el «Progress Report» que elabora la base de JMWAVE sobre el DRE y que corresponde al mes de julio de 1962, se informa que hacia septiembre de 1961 trece militantes del DRE participaron durante seis semanas en un entrenamiento de la CIA en Key Largo, Florida. De acuerdo con el informe, el objetivo perseguido en ese entrenamiento era el obte-

[694] Cable de JMWAVE a Director, Miami, 10 de agosto de 1961, en Chief of Base JMWAVE, «Report on Debriefing of Cuban Refugees», 17 de agosto de 1961, CIA, RN 104-10171-10024, MFF. El cable del 10 de agosto de 1961 recoge la entrevista que un funcionario de la CIA en Key West sostuvo con Albor Ruiz y Salazar, «Raúl», Coordinador del DRE en la provincia de Matanzas. Ruiz llegó clandestinamente a Estados Unidos con la encomienda de entregarle a Salvat, a nombre de la Dirección Nacional del DRE, un informe sobre la situación de la organización en Cuba. Albor Ruiz y Salazar, «A quien pueda interesar. Informe sobre la situación actual de Cuba», S. F., DRE, AJFC.

[695] Véanse los testimonios de J. A. Albertini, «Juanín Pereira en la memoria» y de Roberto Quintairos, «Sus relaciones y mis recuerdos», ambos en *Juanín ¡Presente!*, 19 y 97 respectivamente. La cita es del testimonio de Albertini, 21.

[696] «Plan Militar DRE», S. F., DRE, documentación Cecilia la Villa, carpeta «Miami».

[697] *Ibid.*

ner destrezas en la lucha clandestina[698]. Hay que advertir que para llegar a ese tipo de colaboración entre el DRE y la CIA tuvieron que transcurrir varios meses en el que fue difícil alcanzar un acuerdo entre las dos partes. Según la Agencia, el Directorio no se quería comprometer con las operaciones militares dirigidas por la CIA ya que las percibían como contraproducentes a los objetivos de la organización[699]. Partiendo de semejante premisa la CIA decidió imponer un «período de enfriamiento» para que el Directorio se diera cuenta de que había otros grupos colaborando con la Agencia en esos trabajos[700]. Lo cierto es que el DRE esperó a la llegada de los dirigentes que salían de Cuba para tomar una decisión final sobre el asunto.

Mientras tanto, en Cuba, se fueron tomando las provisiones para el día en que comenzaran a llegar los miembros del Ejecutivo que residían en Miami. Uno de los primeros pasos fue la salida clandestina hacia la Florida del responsable de abastecimiento Julio Hernández Rojo. El propósito de su viaje era comenzar a coordinar la entrada de los futuros infiltrados y del suministro de material para la lucha clandestina que esperaban en Cuba con ansiedad. En el ínterin, se buscaron varios puntos de entrada en la costa norte de Cuba. Manuel Alzugaray se refiere a la zona de Sagua como uno de los lugares por donde se podía penetrar clandestinamente en el territorio cubano[701]. Por su parte Roberto Quintairos alude a un punto entre Varadero y Camarioca en la

---

[698] Véase el «Attachment A» del AMSPELL Progress Report, 20 de julio de 1962. En un informe que la CIA le rinde al «Special Group» y que está fechado el 13 de octubre de 1961, se hace alusión a este tipo de entrenamiento paramilitar que la Agencia ofrecía a grupos cubanos del exilio. Véase «Cuban Covert Program», 13 de octubre de 1961, CIA en John F. Kennedy Library: JFKP: National Security File, Meetings and Memoranda, Box 319, Folder, «Special Group (CI) 4/6/62-6/7/62» publicado por National Security Archive, «Kennedy and Cuba: Operation Mongoose». Uno de los miembros del DRE que participó en ese entrenamiento fue Ernesto Fernández Travieso. Ver su testimonio en *Juanín ¡Presente!*, 43.

[699] Véase el «Attachment A» del AMSPELL Progress Report, 20 de julio de 1962.

[700] *Ibid.*

[701] Manuel A. Alzugaray, «Mes de abril del año 1961» en *Juanín ¡Presente!*, 30.

provincia de Matanzas[702]. Los dos, sin embargo, concurren en señalar que ambos lugares fueron descartados por «los contactos» o entidades «superiores». El lugar escogido fue el pequeño puerto de Santa Lucía cerca de las minas de Matahambre en Pinar del Río. Según el propio Quintairos, fue Ángel Hernández Rojo «El Baby», quien lo localizó[703]. Cuando la base de la CIA en Miami, JMWAVE, pidió autorización para llevar a cabo la operación de infiltración, se refirió a Cayo Jutías que forma parte de la zona de Santa Lucía[704]. En la misma comunicación se informó que los infiltrados serían Rafael Quintero y Manuel Guillot del MRR y Juan Manuel Salvat, Julio Hernández Rojo y John Koch Gene del Directorio. Por el testimonio que ofrece Ernesto Fernández Travieso, se infiere que en el plan original se consideró la posibilidad de desembarcar más gente, pero la idea se descartó al recibirse de Cuba una contraorden indicando que era «imposible mantener un grupo de infiltrados dada la agresividad del régimen comunista contra todas las fuerzas de oposición en el clandestinaje»[705]. Una de las víctimas de tal «agresividad» fue el MRP, uno de los movimientos de la resistencia que estaba mejor organizado. Al MRP sufrió un golpe mortal dentro de aquella coyuntura cuando gran parte de su dirigencia, incluyendo a su secretario general Reinol González, fue detenida por las fuerzas de seguridad del Estado[706]. El propio González explica en su libro *Y Fidel Creo el Punto X* que en los meses siguientes a la invasión por Bahía de Cochinos, «el gobierno se entregó de cuerpo y alma a la tarea de perfeccionar el aparato represivo»[707]. Él mismo, y atendiendo a esa realidad, le propuso a la Dirección Nacional del MRP que «renunciara

---

[702] Roberto Quintairos, «Sus relaciones y mis recuerdos», en *ibid*, 98.
[703] *Ibid.*
[704] Cable de JMWAVE a Director, «Request Authority Mount Operation Pepe», Miami, 15 de diciembre de 1961, CIA, RN 104-10074-10390, MFF.
[705] Ernesto Fernández Travieso, «A los 50 años de su muerte», *Juanín ¡Presente!*, 43.
[706] La detención de Reinol González tuvo lugar el 17 de octubre de 1961 y compareció ante la televisión cubana el 6 de noviembre de ese mismo año. Véase Reinol González, *Y Fidel Creo el Punto X*, 37 y 131-138.
[707] *Ibid*, 103.

a la lucha interna, por entender que no existían condiciones objetivas para continuarla con alguna esperanza de éxito»[708]. En ese sentido, la «contraorden» a la que se refirió Fernández Travieso estaba bien encaminada. No obstante, la operación para recibir el grupo que llegaría por Santa Lucía seguía siendo compleja ya que incluyó la extracción de varios miembros de la resistencia, entre ellos, Luis Comellas, Carmelo González, Manolo Alzugaray y Emilio Martínez Venegas, así como la entrega por la CIA de unas mil libras de material bélico para el uso de la resistencia[709].

La dirección del DRE en Cuba supo que la Operación «Pepe» estaba en camino por un telegrama que desde Miami envió Julio Hernández Rojo el 13 de diciembre de 1961. A raíz del aviso, la dirigencia del Directorio se reunió en la casa de Berta Santa Cruz de Kindelán. El propósito de la reunión era el de organizar la recepción de quienes se habrían de infiltrar en Cuba. Según relata Berta Santa Cruz, se suponía que Ricardo Menéndez, «El Chino», se haría cargo de la operación[710]. Cecilia La Villa, quien era parte del grupo discutiendo los pormenores del asunto, afirmó que «no teníamos seguridad de la operación, no se había podido chequear el punto donde saldrían unos y entrarían el Gordo [Salvat] y Julio [Hernández Rojo], no había detalles»[711]. Ante semejante panorama, Juanín Pereira determinó que él, como Coordinador de la organización, asumiría la responsabilidad de dirigir la operación. Dice Santa Cruz que trataron de convencerlo «para que no fuera a Pinar del Río pues él no sabía ni cómo manejar una pistola»[712]. No obstante, y a pesar de que sus compañeros habían asumido de haberlo convencido, el 16 de diciembre a las 6:30 am, Juanín Pereira se presentó en casa de Berta Santa Cruz y le pidió una pistola. Según Santa Cruz, ella le entregó una Brow-

[708] *Ibid,* 115-116. Véase en Albor Ruiz y Salazar, «A quien pueda interesar». El panorama que pinta el hasta entonces coordinador del DRE en la provincia de Matanzas, es desolador para la lucha clandestina debido a las medidas tomadas por el gobierno cubano para enfrentarse a la oposición.

[709] Cable de JMWAVE a Director, 15 de diciembre de 1961.

[710] Berta Santa Cruz de Kindelán, «Su mamá adoptiva» en *Juanín ¡Presente!*, 52.

[711] Cecilia la Villa, «En el sueño...» en *Juanín ¡Presente!*, 61.

[712] Berta Santa Cruz de Kindelán, *Juanín ¡Presente!* 52.

ning 38 y con ella se dirigió hacia el punto de recepción en el occidente cubano[713].

De acuerdo a Emilio Martínez Venegas, uno de los miembros del MRR que esperaba ser extraído de Cuba en al barco que traía a Salvat y sus compañeros, él salió hacia la zona de Santa Lucía el 16 de diciembre. Lo acompañaron Luis González Marsilio y Ángel Hernández Rojo.[714]. En la narración que hace Martínez Venegas sobre la operación aparecen varias personas participando de la misma, entre ellos, además de los mencionados, Walter Garrido Argüelles, que junto a Hernández Rojo estaban a cargo de la seguridad del grupo; un campesino, José Joaquín Rivadulla Valdés que sería el guía; y dos tripulantes del camión que los llevó hasta el punto de recepción, un tal Rolando y Félix Valdés. El camión pertenecía a una empresa estatal de Viviendas Campesinas en la que Hernández Rojo era Jefe de Transporte. También se alude en el relato a Carmelo González del Castillo quien partiría hacia Estados Unidos cuando llegara la embarcación. Según Martínez Venegas, en un momento dado, ya en el lugar en donde esperaban el arribo de los infiltrados, Ángel Hernández Rojo se separó del grupo para reconocer la zona. Los que quedaron, y por sugerencia de Juanín Pereira, se turnaron en los alrededores de un manglar para hacer guardia. Tenían una pistola y una carabina M1. Los últimos que mantuvieron la vigilancia fueron Juanín y Carmelo González. Dice Martínez Venegas que a las dos o tres de la madrugada escucharon ruidos en la maleza seguidos por «un nutrido tiroteo». Era un componente de milicianos acompañados por militares que presuntamente pertenecían a los cuerpos de la Seguridad del Estado. El resultado fue la detención del grupo, excepto de Ángel Hernández Rojo que logró escapar para después solicitar asilo en la embajada de Argentina, y la trágica muerte de Juanín Pereira Varela[715]. Por supuesto, el desembarco del grupo que venía de Miami no se pudo llevar a cabo. Juan Manuel Salvat recuerda que «al llegar sufrimos la

[713] *Ibid.*

[714] Emilio Martínez Venegas, «¿Quién fue para mí?» en *Juanín ¡Presente!*, 75.

[715] *Ibid*, 74-77.

frustración de no ver las luces que señalaban la entrada»[716]. La Operación «Pepe» quedó abortada.

Al reflexionar sobre aquellos sucesos Cecilia la Villa alegó que la Seguridad del Estado tenía conocimientos de que la operación se llevaría a cabo. Según su testimonio, un oficial de la Seguridad que trabajaba con su hermana Raquel le comentó que «esa operación estaba entregada desde el principio»[717]. La explicación que ofreció Ángel Hernández Rojo es que unas granadas que tenían para defenderse en caso de que el grupo fuera sorprendido, no funcionaron[718]. Martínez Venegas también alude a las granadas y dice que «estaban en aparente mal estado»[719], y Lázaro Fariñas, al llegar a Estados Unidos en marzo de 1962 y al ser entrevistado por un funcionario de la CIA, apuntó a las granadas defectuosas como la causa principal del fracaso de aquella operación[720]. Cualquiera que fuese la causa, el hecho que resalta de los sucesos relacionados con el intento de infiltración de Juan Manuel Salvat es que los planes del DRE para fortalecer su organización interna sufrieron un golpe que sería muy difícil de superar. De todas maneras, la dirigencia del Directorio que se encontraba en el exilio no descartará cumplir con ese objetivo clave y que para ellos, además, tenía tanto significado. El poder operar desde la isla era un elemento fundamental en la estrategia que se habían trazado en el empeño por promover un cambio en Cuba. Terminaba trágicamente el 1961. Lo volverán a intentar en 1962.

---

[716] Juan Manuel Salvat, «Juanín en mi memoria» en *Juanín ¡Presente!,* 107.

[717] Cecilia la Villa, «En el sueño...» en *Juanín ¡Presente!,* 62.

[718] *Ibid.*

[719] Emilio Martínez Venegas, «¿Quién fue para mí?» en *Juanín ¡Presente!*, 75.

[720] Chief of Station, JMWAVE a Chief, Task Force W, Cable, «Operational/GYROSE/KUCAGE/AMHINT. Debreifing of DRE Chief of Action & Sabotage», Miami, 4 de junio de 1962, CIA, RN 104-10171-10038, MFF.

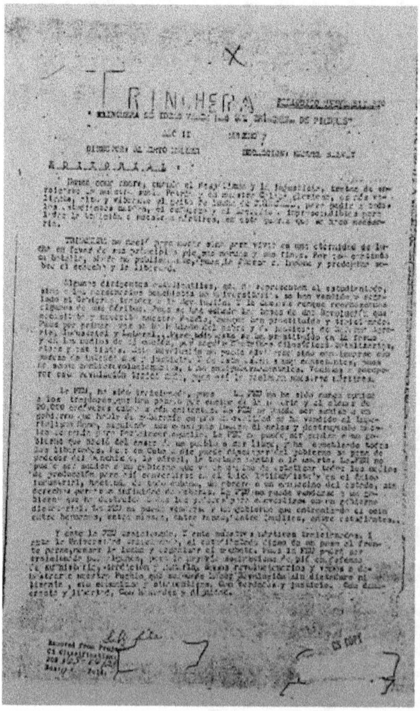

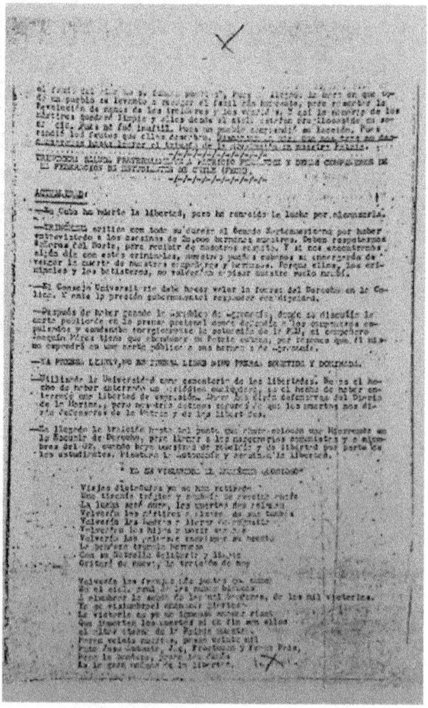

Ejemplares del periódico *Trinchera* en el exilio y en el clandestinaje. Este último tomado de la documentación de la CIA.

Capítulo 7

«Coexistencia pacífica NO: ¡GUERRA SÍ!»

A pesar del duro golpe que para el Directorio Revolucionario Estudiantil representaron la muerte de su coordinador nacional, Juanín Pereira Varela, «Miguel Ángel», y el fracaso para infiltrar a varios de sus dirigentes en Cuba, entre ellos a Juan Manuel Salvat, el editorial del último número de *Trinchera en el Exilio* reflejó un tono más optimista para el nuevo año que se avecinaba. En aquella nota el DRE afirmó que el 1961 era «el año del despertar en la América Latina. Y si este hubiera sido el único acontecimiento, habría sido ya bastante»[721]. La razón para expresar tal estado de ánimo con respecto al futuro de Cuba era la convocatoria a la próxima celebración en Punta del Este, Uruguay, de la Octava Reunión de Consulta de Cancilleres de los países miembros de la OEA. El cónclave fue convocado para comenzar el 22 de enero de 1962 y en él se considerarían «las amenazas a la paz y a la independencia política de los Estados Americanos que puedan surgir de la intervención de potencias extra continentales encaminadas a quebrantar la solidaridad americana»[722]. La referencia era a la Unión Soviética y a Cuba, particularmente, ya que el régimen de La Habana se había declarado «socialista» y su máximo líder, Fidel Castro, afirmó en la televisión cubana su adhesión al «marxismo-leninismo». El Directorio declaró que la Conferencia sería una de «importancia decisiva para el futuro de nuestra patria»[723].

---

[721] DRE, «Editorial», *Trinchera en el Exilio*, Miami, 24 de diciembre de 1961, 2.

[722] Organización de Estados Americanos, Acta Final, Octava Reunión de Consulta de Ministros de Relaciones Exteriores, Punta del Este, Uruguay, 22 a 31 de enero de 1962.

[723] DRE, Sección Internacional, «Circular Especial No. 2. Plan para la Conferencia de Cancilleres. Importante», Miami, 10 de diciembre de 1961, DRE, documentación Cecilia la Villa, carpeta «Internacional».

La relevancia del encuentro entre los cancilleres de los países americanos llevó al Directorio a preparar planes que contribuyeran a promover lo que el DRE entendía que eran los mejores intereses de Cuba. En ese momento ya la organización contaba con una red de delegaciones en América Latina y estas tendrían que jugar un papel clave en la movilización de la opinión pública de los países en las que ellas funcionaban, así como en la persuasión de los gobiernos que enviarían representantes a Punta del Este. Con ese fin el DRE propuso un plan de acción a sus delegaciones por el continente americano[724]. Había que conseguir el voto a favor de una resolución que penalizara al gobierno cubano y para eso sugirió una «acción fundamental sobre las masas estudiantiles y sobre las masas del pueblo en general». De igual forma, el Directorio recomendó la «preparación de los grupos de lucha y movilización...a fin de contrarrestar la acción comunista»[725]. En la circular que la Sección Internacional anunció el plan para la Conferencia de los Ministros de Relaciones Exteriores, se incluyó una nota advirtiendo a los delegados que el DRE estaría enviando los fondos necesarios para financiar las actividades relacionadas a la iniciativa[726].

El esfuerzo que haría el DRE para propiciar un voto favorable a la causa de los cubanos opuestos al gobierno de Fidel Castro quedó fortalecido con las visitas que varios miembros del Directorio, agrupados en delegaciones itinerantes, harían por varios de los países de América Latina. En uno de los grupos estuvieron Juan Manuel Salvat, Fernando García Chacón, José María de Lasa, Ernesto Fernández Travieso y Mario Pita. Esta delegación viajó a Bolivia, Perú, Chile y Argentina; mientras que la otra, que estuvo compuesta por Eduardo Muñiz, se responsabilizó con la visita a Honduras, Costa Rica, Panamá y Brasil. Ambos grupos se reunieron en Montevideo[727].

---

[724] *Ibid.*

[725] *Ibid.*

[726] *Ibid.*

[727] DRE, Sección Internacional, informe sobre la labor de la sección (en inglés), S. F. (probablemente antes de julio de 1962), DRE, AJFC. Véase, DRE, *Trinchera en el Exilio*, Miami, 11 de febrero de 1962.

A la misma vez que el DRE movilizó su aparato de propaganda para promover su causa en Punta del Este, el secretario general de la organización, Luis Fernández Rocha le escribió una carta al Secretario de Estado de Estados Unidos, Dean Rusk, con el propósito de urgir al diplomático norteamericano a que asumiera en la Conferencia la postura «de luchar firme y decididamente contra la penetración comunista en el Continente Americano»[728]. El reclamo de Fernández Rocha tenía como origen la convicción de que una insistencia por parte de Estados Unidos de lograr «una América unida, aunque superficialmente» ponía en peligro «la lideratura (sic) de los Estados Unidos» y que, de esa manera, se «debilita notablemente el respaldo que necesitamos los hombres libres de América»[729].

El resultado de la Conferencia no pudo ser mejor para los objetivos perseguidos por el DRE así como para la mayoría de los cubanos que en ese momento se oponían al régimen de Fidel Castro. Catorce países votaron a favor de una resolución excluyendo a Cuba del sistema interamericano; solo uno, México, votó en contra y cinco se abstuvieron. Mientras que el gobierno cubano respondió a la disposición de la OEA con la «Segunda Declaración de La Habana», la comunidad cubana exiliada en Miami acogió con júbilo lo acontecido en Punta del Este. José Miró Cardona, presidente del Consejo Revolucionario Cubano y figura prominente durante la Conferencia de Cancilleres, fue recibido en la ciudad floridana por una multitud al grito de «¡guerra! ¡guerra!»[730]. Por su parte, el periodista Sergio Carbó interpretó la jornada de Punta del Este como «la primera derrota sólida, indiscutible y decisiva recibida por el Comunismo Internacional en los últimos años» a la vez que advirtió que el resultado de la Octava Conferencia era un freno a la subversión cubana en América La-

---

[728] Luis Fernández Rocha a Dean Rusk, Miami, 16 de enero de 1962, DRE, documentación Cecilia la Villa, carpeta «Miami».

[729] *Ibid.*

[730] Julio Salabarría, «Noticias al oído», Miami, *Diario Las Américas*, 6 de febrero de 1962, 12.

tina ya que, de ésta ocurrir, se le respondería con la intervención militar[731].

A raíz de la celebración de la Conferencia en Punta del Este, el DRE publicó un manifiesto «A la Opinión Pública» comentando el resultado de la reunión de los ministros de Exteriores. Después de hacer una extensa exposición de los principios básicos sostenidos por el Directorio, el documento argumentó que, debido a la represión interna que ejercía el régimen sobre sus opositores, en combinación con la alianza que existía entre Cuba y el bloque de países en la órbita del comunismo, «la lucha interna, sin acción militar masiva, mantenida a un elevadísimo costo de preciosas vidas, representaría un hermoso y patriótico holocausto que en definitiva sería ineficaz para el fin de la liberación de Cuba»[732]. En otras palabras, el DRE propuso que la lucha interna no podía alcanzar, por si sola, el objetivo perseguido por los cubanos de la oposición, que para llegar a esa meta hacía falta un elemento adicional. De acuerdo al Directorio, la Conferencia de Punta del Este «ha abierto nuevas perspectivas que sin embargo son insuficientes para la liberación definitiva de Cuba». En ese sentido, el DRE planteó «que la única posibilidad de triunfo está representada por la acción militar combinada con las fuerzas clandestinas de Cuba»[733]. A tales efectos, el Manifiesto argumentó que «las democracias deben asistir a los cubanos en el mismo grado que los rojos de todo el planeta concurren en apoyo de su satélite», advirtiendo, sin embargo, que esa ayuda debe ser solidaria y nunca menoscabar el «derecho inalienable de nuestro pueblo a la soberanía e independencia»[734]. En otras palabras, la fórmula que se propuso en el manifiesto del DRE fue la de una acción conjunta que combinase el factor de la lucha interna con el de una coalición interamericana que interviniera desde el exterior. Algo pare-

[731] Sergio Carbó, «Punta del Este. Víspera de libertad para Cuba», Caracas, *Bohemia Libre Internacional*, 25 de febrero de 1962, 19.

[732] Luis Fernández Rocha, «El Directorio Revolucionario Estudiantil A la Opinión Pública», Miami, S. F., DRE, AJFC.

[733] *Ibid.*

[734] *Ibid.*

cido a lo que muchos esperaron antes del 17 de abril de 1961. Era implícito que las medidas tomadas en Punta del Este, aunque positivas desde la perspectiva de la oposición cubana, eran insuficientes.

La insatisfacción que exteriorizó el Directorio tuvo que ver, sobre todo, con el temor a que los países que apoyaron la expulsión de Cuba de la OEA, incluyendo, en primer lugar, a Estados Unidos, pudiesen pensar que esa sanción fuese capaz, por si sola, de promover un cambio en Cuba o que era la medida idónea para complacer los objetivos perseguidos por este conjunto de Estados. La indicación está contenida en la advertencia que hace el Manifiesto cuando afirma que «tampoco podemos admitir la tesis del aislamiento de la Cuba comunista mediante un cordón sanitario que la constriña y la mantenga como ejemplo de los resultados desastrosos de la implantación del comunismo en nuestra América»[735]. Es decir, el DRE rechazó la posibilidad de que se convirtiese a Cuba en una suerte de «vitrina» que le mostrara al mundo, y particularmente a las sociedades de América Latina, lo que podía significar el comunismo. El DRE había vislumbrado que en la Conferencia de Ministros de Exteriores se firmarían «sanciones leves» pero que éstas serían capaces de propiciar «un clima de intervención»[736]. Por eso, en aquel momento, la decisión del Directorio fue la de llamar la atención sobre un posible camino equivocado a la vez que decidió insistir en que la guerra era la única alternativa posible para solucionar el problema cubano.

De acuerdo con el Directorio, existían razones válidas para dudar sobre el grado de compromiso que sus «aliados» podían tener hacia la promoción radical de un cambio de régimen en Cuba. La experiencia que se había tenido en el clandestinaje antes de la invasión del 17 de abril, más los acontecimientos relacionados con ese evento, fueron el basamento sobre el que se erigió el recelo expresado a raíz de Punta del Este. Sin embargo, la política adoptada por la administración Kennedy con respecto al régi-

[735] *Ibid.*

[736] DRE, Asuntos Americanos, «Carta Informativa # 5», Miami, 17 de enero de 1961, DRE, documentación Cecilia la Villa, carpeta «U.S.A.».

men encabezado por Fidel Castro, indicaba que el gobierno de Estados Unidos no había renunciado, por el momento, a la meta de erradicar a Castro del panorama cubano. Los objetivos estratégicos de la administración Kennedy con respecto a Cuba en los comienzos de 1962 eran, principalmente, dos: que Cuba dejara de orbitar alrededor de la URSS y que desistiera de auspiciar la subversión en América Latina[737]. Los medios para alcanzar la meta podían variar, pero, en la coyuntura de Punta del Este, el que se contempló como el único posible era el de eliminar al régimen.

Pocos días antes de que comenzara el cónclave panamericano en Uruguay, el General Lansdale, al frente de la Operación Mangosta, envió un memorándum al Brigadier General del Ejército de Estados Unidos W. H. Craig, en el que habló de la iniciativa de su gobierno para «remover de Cuba al régimen comunista»[738]. Es cierto que en la comunicación el General Lansdale adelantó que el medio preferido para lograr el objetivo delineado era una insurrección dentro de Cuba y no una intervención por parte de las Fuerzas Armadas de Estados Unidos como vislumbraba el DRE, pero, además de que el fin buscado coincidía con el del Directorio, en el memorándum no se descartaba esa otra posibilidad[739]. Es más, cuando el propio Lansdale presentó su propuesta, «The Cuba Project», hizo una analogía entre lo que se proponía para Cuba y lo que había pasado en la historia de Estados Unidos. Como explicó el responsable de Operación Mangosta, el origen de Estados Unidos residió en una insurrección interna que tuvo éxito al combinarse con un apoyo político, económico y militar positivo de naciones que simpatizaban con la causa de los colonos insurrectos, un esquema que reproducir en el caso cubano[740].

---

[737] LeoGrande & Kornbluh, *Back Channel to Cuba*, 54.

[738] Edward G. Lansdale, «Memorandum for Brigadier General W. H. Craig, USA, Chief, Subsidiary Activities Division, J-5», Washington, D. C., 17 de enero de 1962, National Archives, JFK Assassination Records, Reference Copy from House Select Committee on Assassinations, RG-233, en Operation Mongoose, National Secutity Archive.

[739] *Ibid.*

[740] General Edward G. Lansdale, «Memorandum. The Cuba Project», Washington, 20 de febrero de 1962, GRFL: Rockefeller Commission, Parallel File,

Al día siguiente de la presentación de «The Cuba Project», Robert F. Kennedy se reunió con los asistentes de Lansdale y con el vicedirector de la CIA Marshall Carter. La razón para el encuentro no fue otra que transmitirles a los funcionarios la prioridad que le asignaba el Presidente Kennedy al asunto cubano. De acuerdo con John Prados, en aquel momento, Cuba era «la prioridad principal de Estados Unidos»[741].

Otro indicio que señala el interés de la administración Kennedy por poner en práctica un plan de acción que concluyera con la remoción de Fidel Castro del poder fue la creación dentro de la CIA del Grupo de Trabajo «W» así como la selección de William K. Harvey como su director. Harvey era un veterano de acciones encubiertas que había trabajado en Berlín durante los comienzos de la Guerra Fría[742]. La base que tenía la Agencia en Miami, JMWAVE, trabajaría estrechamente con el grupo de Harvey, quien a su vez impulsó a su amigo y colaborador desde los tiempos en Alemania, Ted Shackley, para que la dirigiera[743]. La prioridad operacional inmediata tanto de la CIA como de Lansdale para el caso cubano fue la adquisición de una inteligencia sólida que garantizara lo más posible el éxito de cualquier trabajo encubierto que se abordase en el futuro cercano[744]. En ese sentido, la preferencia de la CIA no necesariamente coincidía con las aspiraciones de los Kennedy quienes confiaban en resultados rápidos[745].

Pero, el DRE no tenía noticias de lo que se determinaba en Washington y es posible que la insistencia de la CIA en darle primacía al campo de la inteligencia contribuyera a generar inquietud y dudas en aquellos que, como el DRE, apostaron por la

Box 5, Folder, «Assassination Materials, Misc.» (3) en Operation Mongoose, National Secutity Archive.

[741] John Prados, *Safe for Democracy. The Secret Wars of the CIA*, Chicago, Ivan R. Dee, 2006, 301.

[742] Bayard Stockton, *Flawed Patriot. The Rise and Fall of CIA Legend Bill Harvey*, Dulles, Virginia, Potomac Books , Inc., 2006.

[743] Shackley, *Spymaster*, 50-51.

[744] Stockton, *Flawed Patriot*, 134.

[745] Shackley, 54.

vía rápida de la acción militar. Sobre este particular, hay una observación que hace el jefe de la base JMWAVE acerca del comportamiento del DRE que contiene una clave importante para entender algunas de las razones que llevan a la dirigencia del Directorio por la ruta de la desconfianza. Según escribe este funcionario en el «Progress Report» del mes de julio de 1962, la relación entre la CIA y el DRE fue beneficiosa para el Directorio mientras que los objetivos concebidos por Estados Unidos eran del corto plazo. Una vez que estos cambiaron después del desastre de Girón y se convirtieron en metas de largo plazo, el DRE no pudo adoptarse a la nueva situación y de ahí emergió el recelo[746] Además, es que también las noticias que venían de la Conferencia de Cancilleres fueron un dispositivo favorable a fomentar desasosiego entre los cubanos que residían en Miami, la sede del DRE. Un ejemplo del ángulo desfavorable acerca de lo sucedido en Punta del Este fue el análisis que el periodista Carlos Castañeda publicó en la revista *Bohemia Libre*. En un artículo titulado «Análisis del Cónclave. Y después de Punta del Este ¿qué?», Castañeda argumentó que si la expulsión de Cuba del seno de la OEA era interpretada como «un éxito sin precedentes en sus anales», refiriéndose a la OEA, era porque la acción armada, prevista en los convenios de la organización, se hizo «papel mojado»[747]. Para el periodista, la responsabilidad de tal resultado debía recaer en el gobierno de Estados Unidos que no se comportó como «potencia de primera clase» debido a sus complejos de culpa[748]. De acuerdo con Castañeda, Estados Unidos «logró en Punta del Este lo que buscaba: la sanción moral para el fidelato», régimen que, según el articulista, «con auspicios soviéticos, no caerá como una fruta podrida tan solo por el aislamiento sin una masiva acción militar»[749].

[746] Despacho, de Chief of Station, JMWAVE a Chief, Task Force W, «Operational/AMSPEL Progress Report-July 1962», Miami, 14 de agosto de 1962, CIA, RN 104-10171-10334, MFF.

[747] Carlos M. Castañeda, «Análisis del Cónclave. Y después de Punta del Este ¿qué?». *Bohemia Libre*, Caracas, 11 de febrero de 1962, 47.

[748] *Ibid.*

[749] *Ibid.*

Una representación de la posición de Estados Unidos en Punta del Este parecida a la que propuso Carlos Castañeda en su artículo es la que se desprende del relato que hizo uno de los delegados del DRE que asistió a la Conferencia y que recogió Miguel Figueroa y Miranda en un diario redactado en aquellos días. Según la anotación que hace Figueroa, Fernando García Chacón, de la delegación del Directorio, había sostenido una conversación con un miembro de la representación colombiana en Punta del Este y en ese intercambio el delegado de Colombia, de apellido Samper, habló de algunos detalles que precedieron a la votación de la resolución que quedó adoptada en la Conferencia. El resumen de los pormenores aludidos en la conversación fue que la delegación de Estados Unidos, afanándose por conseguir el mayor número de votos para censurar a Cuba, intentó diluir la propuesta colombiana que contenía la expulsión de Cuba de la OEA[750]. En ese sentido, las noticias sobre Punta del Este, también abrieron el camino para que se pudiera hacer un análisis pesimista acerca de cómo Estados Unidos, y quizá varios países de América Latina, querían conducir los asuntos cubanos.

Otra fuente de preocupación para los cubanos exiliados que apostaban por la acción militar como la única opción para deshacerse del régimen castrista y que para aquellas semanas iniciales de 1962 se convirtió en noticia fue el asunto de la «relocalización» de cubanos fuera del área de Miami. Fue en diciembre de 1960 cuando el gobierno presidido por Dwight Eisenhower aprobó un programa de asistencia para los cubanos que salían de Cuba y tomaban residencia en el área de Miami. Al autorizar la medida se tomó en consideración la situación económica que entonces predominaba en el sur de la Florida y que se caracterizó por la contracción de la economía y el desempleo[751]. Uno de los beneficios que se les ofrecía a los cubanos que se acogían al programa era el de ayudarlos a conseguir empleo pero bajo la condi-

[750] Javier Figueroa, *El Exilio en Invierno*, 90.

[751] Ricardo Núñez-Portuondo, *Cuban Refugee Program. The Early Years*, Coral Gables, Florida, S. E., 1994, 21-22.

ción de que éste tenía que estar en otro estado de la Unión[752]. La «relocalización», como le llamaron los cubanos al programa, fue un elemento de tensión entre la comunidad cubana residente en el área de Miami y el gobierno de Estados Unidos. Entre otras cosas, «relocalizarse» tenía, para muchos cubanos, la connotación de que era un acto por el cual se alejaban de la «Patria» o del centro neurálgico en donde se tramaba el «regreso» o «liberación» de Cuba. En ese sentido, todo impulso por relocalizar a los cubanos que vivían en Miami podía ser interpretado como un mecanismo para desmovilizar políticamente al «Exilio»[753]. En un artículo aparecido en el periódico *Miami News*, el periodista Bill Baggs fue elocuente al describir la perspectiva de muchos cubanos al aproximarse al problema de la relocalización. «El cubano», dijo Baggs en su comentario, «parece pensar que un viaje a Omaha implica que va a vivir en Omaha para siempre. Y que Castro va a presidir Cuba también para siempre»[754]. El DRE, por ejemplo, expresó una visión parecida a la descrita por Baggs cuando afirma en uno de los documentos de la época que el «Exilio existe para liberar a Cuba y no para estabilizar una vida de refugiados»[755]. De ahí que la noticia que publicó el *Diario Las Américas* el 3 de febrero de 1962 anunciando que la Comisión de lo Jurídi-

[752] Ricardo Núñez-Portuondo, Arthur Young & Company CPA, *A Report to the Social Rehabilitation Service. U. S. Department of Health and Rehabilitation Service. Cuban Residents in Florida. Tax Contributions and Public Programs Costs*, Miami, Florida, agosto, 1976; y Sylvia Castellanos, «The Cuban Refugee Problem in Perspective, 1959-1980», Background # 124, 18 de julio de 1980, The Heritage Foundation (www.heritage.org/Research/LatinAmerica/bg124.cfm).

[753] Un ejemplo de esta manera de ver el programa lo ofrece el Presidente del Consejo Revolucionario Cubano, José Miró Cardona, con sus declaraciones ante una Sub-Comisión del Senado de Estados Unidos que examinaba el asunto de los refugiados cubanos. Véase José A. del Cueto, «Apoyo moral y material de todos los pueblos que creen en Dios, en la Patria y la Familia», *El Avance Criollo*, Miami, 5 de enero de 1962, 11.

[754] Ver Marshall Wise Collection, Caja 1, F. «Clippings-Brinkley» en CHC.

[755] DRE, «Puntos concretos a abordar en el Manifiesto Público», Miami, S. F., [probablemente de febrero de 1962], DRE, documentación Cecilia la Villa, carpeta «Miami».

co del Senado de Estados Unidos recomendando «un acelerado programa de traslados para los refugiados [cubanos]» fuese parte de ese conjunto de cuestiones alarmantes que llevaron a una organización militante como el DRE a desarrollar dudas sobre la política del gobierno norteamericano hacia Cuba. A los pocos días otra noticia contribuyó a reforzar la impresión negativa que prevalecía entre los cubanos del exilio sobre la relocalización. En esta ocasión se confirmó que ochenta y cinco cubanos serían trasladados a la ciudad de Cleveland, Ohio[756]. De acuerdo con un análisis que apareció en *The Washington Post*, este grupo de refugiados constituyó el primer caso de relocalización grupal auspiciado por el Cuban Refugee Center de Miami, «El Refugio», y ya se tenían planificados otros viajes similares con destino a otras ciudades de Estados Unidos[757].

A las noticias sobre la Conferencia de Cancilleres que resaltaron el ángulo de la postergación de una posible intervención militar en Cuba y a las que aludieron a la relocalización de los cubanos, hay que añadir, como elemento perturbador en la comunidad cubana de Miami, unas declaraciones vertidas por don José Figueres el ex presidente de Costa Rica. Figueres, que pasó por Miami el 24 de febrero de 1962, afirmó que no le encontraba «solución al problema comunista cubano...Ni en 250 años se recupera ese pedazo de isla americana en el Caribe»[758]. Una vez más, Miguel Figueroa recogió para su diario las impresiones que eran predominantes en el ambiente cubano de Miami. «Hay un desconcierto general», dice en la entrada para el 27 de febrero, «todos temiendo a los americanos a quienes creen muy capaces de aceptar la coexistencia pacífica, algunos muy pesimistas con las declaraciones de Figueres y el envío de 80 cubanos a Cleveland»[759]. En ese orden de cosas, las noticias que en aquellos días llegaron de Washington comentando un reciente viaje del presidente del Consejo Revolu-

[756] *The Miami News*, 1 de marzo de 1962, 4A.

[757] Don Bonafede, «Islander Who Stayed to Dinner Worries Miami», *The Washington Post*, 29 de abril de 1962, E3.

[758] Véase *Patria*, Miami, 27 de febrero de 1962, 4.

[759] Javier Figueroa, *El Exilio en Invierno*, 113.

cionario Cubano, José Miró Cardona, a la capital americana, no contribuyeron a disipar las dudas que preocupaban a muchos dentro de la oposición cubana residente en Miami.

Miró Cardona, quien viajó a Washington acompañado de Manuel Antonio de Varona, tenía la esperanza de que se le aclarase cual era la realidad de la política que el gobierno de Estados Unidos perseguía con relación a Cuba. Los dos dirigentes del exilio cubano obtuvieron sendas entrevistas, una con Robert Hurwich, funcionario del Departamento de Estado responsabilizado con los asuntos cubanos, y otra con el mismo diplomático junto a Arturo Morales Carrión, Subsecretario Auxiliar Adjunto para Asuntos Interamericanos del propio Departamento. De acuerdo con un memorándum que recoge esta última conversación, los cubanos amenazaron con renunciar a sus posiciones dentro del CRC si el gobierno de Estados Unidos no les ofrecía garantía de que estaba dispuesto a asumir la intervención militar como único método para promover un cambio de régimen en Cuba[760]. La respuesta que recoge el memorándum, sin ofrecer detalles concretos, no era otra cosa que el reflejo de la recién aprobada Operación Mangosta la cual no contemplaba la intervención militar como el recurso primario para derrocar a Castro[761]. El análisis que sobre la visita de Miró y Varona a Washington que apareció en la sección «En Washington» de la revista *Bohemia Libre* y no fue favorable para levantar los ánimos de la opinión pública cubana de Miami pues afirmó que los resultados obtenidos por los dirigentes del Consejo, una organización que como el DRE impulsaba la solución bélica, solo manifestaron un «creciente enfriamiento» entre Washington y el CRC[762].

El panorama, sin embargo, se complicaba aún más con las noticias concernientes a la visita oficial a Washington del presidente de Brasil, Joao Goulart. El mandatario latinoamericano lle-

---

[760] «Memorandum of Conversation», Washington, 27 de febrero de 1962, *FRUS*, X, 1961-1963.

[761] *Ibid.*

[762] «En Washington», *Bohemia Libre Internacional*, Caracas, 18 de marzo de 1962, 37.

gó a la capital de Estados Unidos el 3 de abril de 1962 y su ministro de Exteriores, Francisco San Tiago Dantas, se reunió con el Secretario de Estado Dean Rusk al día siguiente. En esa reunión, en la que también estuvo presente el embajador de Estados Unidos en Brasil, Lincoln Gordon, el jefe de la cancillería brasileña planteó la posibilidad de llevar a cabo una iniciativa diplomática con el gobierno cubano para promover un acercamiento entre Cuba y Estados Unidos[763]. Dantas hace el ofrecimiento en medio de la confrontación que se estaba dando en Cuba entre Fidel Castro y miembros del antiguo PSP. Para el brasileño, la controversia era una señal del probable distanciamiento entre Fidel Castro y Moscú, de hecho, Dantas afirmó que el dirigente soviético, Nikita Khrushchev, «despreciaba a Castro». Su premisa era que se estaba dando la oportunidad de aprovechar la grieta para alejar al revolucionario cubano de la órbita comunista y que, de esa forma, «sería más fácil crear las condiciones para fomentar una nueva forma de revolución democrática», algo parecido al modelo yugoeslavo[764]. Esa fue la ocasión para que Rusk indicara que, con respecto a Estados Unidos, existían dos condiciones que no eran negociables, que Cuba mantuviese vínculos con Moscú y que se mantuviera fomentando la subversión en el hemisferio. Que si se rompían relaciones con la URSS y que si dejaba de inmiscuirse en los asuntos de los países americanos, entonces se podía pensar en que se creaba una situación nueva[765]. La iniciativa se le presentó a Fidel Castro por medio del embajador de Brasil en La Habana y aunque el dirigente cubano agradeció la gestión y prometió ofrecer algunas sugerencias con respecto a la misma, estas nunca se concretaron[766].

Aunque la iniciativa presentada por Dantas a Rusk se mantuvo en carácter reservado, las sospechas de que el gobierno de

[763] J. W. Wilson, «Memorandum of Conversation», Washington, 4 de abril de 1962, *FRUS*, 1961-1963, XII.

[764] *Ibid.*

[765] *Ibid.*

[766] Lincoln Gordon, telegrama, «Telegram From the Embassy in Brazil to the Department of State», Río de Janeiro, 3 de mayo de 1962, *FRUS*, 1961-1963, XII.

Brasil estaba involucrado en una iniciativa para acercar a Cuba y Estados Unidos pasó al ámbito público con el discurso que el presidente Goulart pronunció ente el Congreso de Estados Unidos. De acuerdo con lo publicado en *Diario Las Américas*, el mandatario carioca se expresó a favor del principio de la no-intervención en lo que se refería al caso cubano al mismo tiempo que se pronunciaba en contra del concepto rígido de la «Guerra Fría» cuando propuso uno alternativo y menos confrontacional, el de la «competencia pacífica». En su comparecencia, Goulart argumentó que «la democracia representativa es la mejor forma de gobierno para la preservación de la la libertad individual». Para el *Diario Las Américas*, el único periódico en español con tirada diaria en Miami, el mensaje que ofreció el presidente brasileño a los legisladores de Estados Unidos fue muy claro y lo expuso en el titular que abría la noticia: «Presidente Goulart confía en la coexistencia pacífica»[767].

El estado de alarma que estas noticias provocó entre la comunidad cubana exiliada en Miami se acrecentó con la resolución que se le dió en abril al caso de los miembros de la Brigada 2506 que fueron hechos prisioneros en Cuba. El 29 de marzo se inició en Cuba el juicio contra los brigadistas y el tribunal que consideró el caso encontró culpable a todos los acusados y dictó sentencia el 7 de abril. La pena impuesta incluyó el pago de una «indemnización» que, de no satisfacerse, implicaría hasta un máximo de treinta años de «trabajo físico obligatorio»[768]. Como trasfondo a la peculiar sentencia se encuentra un previo intento por liberar a los prisioneros que se concretó, a sugerencia de Fidel Castro, en un posible intercambio de los miembros de la brigada por maquinaria agrícola. En un principio, el presidente Kennedy, asumiendo la responsabilidad por el destino de aquellos prisioneros, acogió el canje como una solución razonable al problema y dio algunos pasos con el propósito de que se obtuviera la liberación de los brigadistas. A tales efectos se creó una comisión en-

[767] *Diario Las Américas*, 5 de abril de 1962, 1.

[768] Brigada de Asalto 2506, *La Sentencia. Brigada de Asalto 2506*, edición facsimilar, S. F.

cargada de tramitar los detalles del intercambio. Sin embargo, aquellas negociaciones quedaron frustradas cuando las partes comprometidas con la transacción no llegaron a ningún acuerdo. Lo único que quedó en pie de ese primer esfuerzo fue la creación de un comité de padres y familiares de los prisioneros que inmediatamente continuó haciendo gestiones conducentes a una futura liberación de los brigadistas[769]. Precisamente, el Comité de Familiares Cubanos para la Liberación de los Prisioneros de Guerra, que es como se llamó el grupo, fue el encargado de iniciar la negociación con el gobierno cubano una vez que se dictó la sentencia de los brigadistas. Más tarde, en el mes de junio, la responsabilidad fue asumida por el abogado norteamericano James B. Donovan quien estuvo previamente a cargo de tramitar el intercambio del espía soviético preso en Estados Unidos, Rudolph Abel, por el piloto estadounidense, Francis Gary Powers, quien, al mando de un avión U2 de la CIA había sido hecho prisionero en la URSS después de que su aeronave fuese derribada en territorio soviético.

La noticia del posible canje de los prisioneros de la Brigada 2506 sembró la inquietud entre los miembros del DRE. La cuestión sería debatida durante dos reuniones seguidas del Ejecutivo de la organización, el 9 y el 10 de abril respectivamente. Tanta importancia le dieron a la cuestión que los temas que estaban asignados para discutirse en esos días quedaron postergados para una ulterior reunión. El problema fue que, desde la perspectiva de la dirigencia del Directorio, el canje se asociaba con la «grave» posibilidad de un futuro entendimiento con el régimen de Castro, es decir, con el tema de la coexistencia o el aislamiento de Cuba[770]. Aunque ya en la primera de las dos reuniones se aprobó que se hiciera una declaración pública para exponer «la gravedad del asunto», se decidió recopilar diversas opiniones que facilitarán la toma de decisión que tenían por delante. Efectivamente, José Antonio Rubio Padilla, Ángel Fernández Varela, los perio-

[769] LeoGrande & Kornbluh, en *Back Channel to Cuba*, 47-53, ofrecen una síntesis adecuada sobre los pormenores de toda la negociación.

[770] DRE, Acta # 3, Miami, 9 de abril de 1962 y Acta # 4, 10 de abril de 1962, DRE, AJFC.

distas Carlos Todd y Hal Hendrix y un agente del FBI de apellido Tarabochia fueron consultados sobre el particular. De acuerdo con el documento que recoge el resultado del asesoramiento, «La mayor parte de ellos coinciden con que demos a la publicidad una declaración alertando a la opinión pública del peligro del canje y el alargamiento (sic) de la solución del problema cubano»[771]. La declaración fue redactada por Fernando García Chacón, Elio Más y José Antonio G. Lanuza[772].

La declaración del DRE sobre el posible canje de prisioneros se hizo pública el 12 de abril. El documento encuadra la negociación dentro de un proceso de purga que se estaba dando en el panorama político del régimen cubano. Se trata de los ataques que en esos días Fidel Castro enfocó sobre el dirigente del PSP y secretario de la Organizaciones Revolucionarias Integradas (ORI), Anibal Escalante[773]. Según la opinión del DRE, Algunos analistas interpretaron la pugna como la señal de que Fidel Castro se alejaba de Moscú, lo que, para el Directorio constituía un análisis equivocado que pretendía reforzar la tesis de una posible coexistencia con el régimen cubano. Al colocar el canje de prisioneros dentro de esta coyuntura, el DRE asumió la negociación para liberar a los brigadistas como parte de un proceso de coexistencia con el régimen cubano, algo que para el Directorio era inaceptable. «La dignidad de la nación», afirmaba la declaración, «no puede ser objeto de negociación»[774]. Además, según se expresa en la declaración «A la Opinión Pública», el Directorio, que, por otra parte, se solidarizó con «los dolores y angustias de la Comi-

[771] DRE, Acta # 4.

[772] De acuerdo al testimonio de José Antonio G. Lanuza, el documento fue redactado en las oficinas que tenía Radio Swan en Miami y el autor principal de la declaración fue Francisco Chao Hermida. José Antonio G. Lanuza, entrevista.

[773] La Organizaciones Revolucionarias Integradas es el instrumento político que se creó en Cuba después de los sucesos del 17 de abril de 1961 y que se formó de la disolución del Movimiento 26 de Julio, el Directorio Revolucionario 13 de Marzo y el Partido Socialista Popular. Los ataques de Castro a Escalante comenzaron a hacerse públicos a partir del 17 de marzo de 1962.

[774] DRE, «A la Opinión Pública», Miami, 15 de abril de 1962, DRE, AJFC.

sión de Familiares por nuestros hermanos presos», reiteró su rechazo al canje aduciendo que «todo este ir y venir con los mandatarios marxistas-leninistas constituye una violación clara de la moral combatiente del exilio»[775]. El Directorio estaba convencido que unas negociaciones como las que se proponían le negaba a la oposición la posibilidad de exigirle a cualquier potencia que se abstuviera de pactar la coexistencia con el régimen cubano a la vez que ocultaba, al tratarlo «de igual a igual», su naturaleza «intrínsecamente perversa». Afirmando que «al Comunismo solo se le extirpa a cañonazos», el DRE terminó su declaración asumiendo un juicio que, por binario, resultó inflexible y rotundo: solo quedaban dos alternativas, la «coexistencia pacífica» o «la libertad definitiva de la Patria»[776]. Como era de esperarse, la reacción negativa al mensaje del DRE vino por el flanco de los familiares de los prisioneros que serían liberados una vez que se concretara la negociación. José Antonio G. Lanuza, quien por su dominio del inglés fue el portavoz principal del Directorio ante los medios de prensa norteamericanos, todavía recuerda el malestar que causó la declaración y como tuvo que sufrir el rechazo por parte de varias amistades cercanas que no aceptaron la posición asumida por el DRE[777]. Años después, al responder un artículo de Nicolás Pérez Diez Argüelles aparecido en *El Nuevo Herald* de Miami[778], Juan Manuel Salvat volvió a defender la postura asumida por el Directorio a la vez que reconocía lo lacerante que había sido el tener que adoptar aquella posición. «Hoy leí tu artículo con dolor», afirmó Salvat. «Porque quizas tengas razón cuando lo miras con ojos del 2010, pero en aquella época del canje de prisioneros de Girón, considerábamos que estábamos en guerra y que no se debían hacer pactos con el régimen. Pero aquella postura la tomamos con dolor pues los presos siempre significaron mucho para nosotros. Y en la Brigada había muchos grandes y buenos

[775] *Ibid.*

[776] *Ibid.*

[777] José Antonio G. Lanuza, entrevista.

[778] Nicolás Pérez Diez Argüelles, «La Libertad de los presos políticos», *El Nuevo Herald*, Miami, 2 de junio de 2010, 12-A.

amigos entrañables. Más fácil hubiese sido callar. Pues soportamos entonces muchas críticas de gente muy cerca. Pero había que ser consecuentes con lo que pensábamos entonces»[779].

Mientras tanto, el mensaje del DRE a la opinión pública sobre el posible canje de prisioneros dejó constancia, una vez más, del estado de preocupación que existía dentro del Directorio con relación al futuro de Cuba y a como se podía resolver el problema que planteaba la presencia en la isla del régimen dirigido por Fidel Castro. Además, como para muchos en la opinión pública compuesta por los cubanos de la oposición el canje de los brigadistas estaba vinculado a la iniciativa brasilera de relajar la tensión entre Cuba y Estados Unidos, el temor a una política de «coexistencia pacífica» se convirtió en un tema central del Exilio en general y del Directorio en particular. El 17 de junio el DRE publicó *Trinchera*. Lo peculiar de aquel número es que fue el primero que salía en formato de tabloide y con distribución masiva[780] y en el que se desplegó un gran titular que resumía la tesis principal del DRE: «Coexistencia pacífica NO, ¡GUERRA SÍ!»[781].

Las dudas que expresó la dirigencia del DRE, primero en el manifiesto dirigido a la opinión pública a raíz de las resoluciones tomadas en la Conferencia de Ministros de Exteriores celebrada en Punta del Este y, después, en la declaración oponiéndose al canje de los brigadistas presos en Cuba, sirvieron para que el Directorio comenzara a definir una estrategia concreta en relación al problema cubano. No obstante, las incertidumbres que para ellos ensombrecían el panorama de Cuba, el DRE partía de unas certezas. Una de esas «verdades» era que el movimiento de resistencia

---

[779] Juan Manuel Salvat a Nicolás Pérez Diez Argüelles, correo electrónico, Miami, 2 de junio de 2010.

[780] A partir de este número, *Trinchera* sería repartido gratis al público cubano que asistía a los servicios religiosos dominicales en la ciudad de Miami, se colocaba en comercios frecuentados por cubanos y se repartía en las escuelas de Miami a los estudiantes cubanos. Se enviaba, además, a las distintas delegaciones que representaban al Directorio en Estados Unidos. Más adelante, se imprimiría un resumen en un papel muy fino que podía enviarse a Cuba por correo.

[781] DRE, *Trinchera*, 17 de junio de 1962, 1.

que el Directorio tenía en Cuba no contaba «con posibilidades de mantenerse efectivamente en la lucha» y que, por lo tanto, «no sería un factor importante en el derrocamiento de Fidel Castro»[782]. Con esta premisa esbozada, Salvat pudo elaborar un segundo punto que sería fundamental para que el DRE lograra elaborar una estrategia clara. Según Salvat, «solo una fuerza mayor o proporcionalmente tan fuerte como la de Castro podría producir su derrocamiento». De ahí que, una vez asumida esta proposición como axioma, el trabajo del Directorio en esta coyuntura quedó orientado hacia el logro de una meta fundamental, «Forzar las condiciones generales del problema cubano para que se produzcan las fuerzas necesarias que lleven a la liberación de Cuba. *Especialmente forzar la posición de Estados Unidos*»[783]; una postura que, por otro lado, era potencialmente peligrosa para la organización pues era capaz de generar un serio enfrentamiento con el gobierno de Estados Unidos, sobre todo si las políticas perseguidas por el DRE fuesen nocivas para las favorecidas por los norteamericanos. La asimetría en la relación de poder entre ambos contendientes era evidente y más, si se asume que gran parte del financiamiento para las operaciones del DRE se originaban en la CIA[784]. De ahí que, para poder financiar la Sección Militar del

[782] Juan Manuel Salvat, «Estudio de aspectos para desarrollar la LINEA del DRE», Miami, 7 de febrero de 1962, DRE, documentación Cecilia la Villa, carpeta «Miami».

[783] DRE, «Plan del Directorio Revolucionario Estudiantil», Miami, S. F. [el documento tiene escrito a mano «2/62» y en un párrafo del mismo se refiere a que unas delegaciones estén completamente organizadas «a más tardar para el 10 de Febrero (sic) próximo»], DRE, documentación Cecilia la Villa, carpeta «Miami». Énfasis del autor.

[784] Tómese, por ejemplo, las asignaciones correspondientes a los meses de mayo, junio y julio de 1962. En el mes de mayo, el DRE recibió $43,549.89 desglosado en tres partidas: gastos operacionales de la oficina, incluyendo nómina para el personal que allí trabajaba, $11,100.00; gastos para sufragar las delegaciones en América Latina, $24,409.01 y para asuntos relacionados a operaciones encubiertas, $8,040.88 (Despacho, de Chief of Station, JMWAVE a Chief, Task Force W, «May Progres Report-AMSPELL», Miami, 23 de junio de 1962, CIA, RN 104-10171-10036, MFF). La correspondiente al mes de junio el total fue de $46,845.00 del que $23,300.00 fueron para gastos operacionales y $29,545.50 para la Sección Internacional. Hay una diferencia de

Directorio, el Plan de Finanzas de la organización puso en práctica un descuento de lo que se pagaba a cada uno de los miembros del DRE con asignación de sueldo, incluyendo a los delegados en América Latina[785].

Si el DRE quería presionar al gobierno de Estados Unidos como era su intención, se le hacía necesario actuar desde una plataforma de fuerza y prestigio que le permitiera ser considerado por su interlocutor como un agente válido. La labor que ya había hecho en Cuba en los meses precedentes al 17 de abril ya era un aval para que la CIA la reconociese como una de las organizaciones cubanas de oposición con las que quería colaborar. Un comentario vertido por el Jefe de la base JMWAVE en el «Progress Report» de julio de 1962 da testimonio del prestigio que se le reconoce al DRE por parte de la CIA en aquellos momentos. El Directorio «por virtud de sus raíces históricas en Cuba y la subsiguiente conducta en las actividades que ha llevado a cabo en Estados Unidos, tiene el prestigio y estatura de ser una genuina organización de estudiantes cubanos»[786]. En ese sentido se reconocía la simpatía que la sociedad cubana en general le otorgaba a la participación estudiantil en la vida pública del país, muy particularmente en aquellas instancias en que el estudiantado se enfrentó a regímenes corruptos y autoritarios. Pero, la tarea que tenía el Directorio por delante requería de algo más, sobre todo, si su ob-

---

$6,000.00 que pertenece al financiamiento de una delegación que viajó a Quebec, Canadá, a una reunión estudiantil (Despacho, de Chief Station, JMWAVE a Chief, Task Force W, «June Progress Report-AMSPELL», Miami, 20 de julio de 1962, CIA, RN 104-10171-10009, MFF). Por último, la de julio ascendió a $59,591.00 que se desglosó en $25,000.00 para gastos de operaciones de Miami y $34,591.00 para las delegaciones en América Latina (Despacho, de Chief of Station, JMWAVE a Chief, Task Force W, «Operational/ AMSPELL Progress Report-July 1962», Miami, 14 de agosto de 1962, CIA, RN 104-10171-10334, MFF). La mayor parte del presupuesto siempre fue para la Sección Internacional y muy pocas veces se asignó alguna cantidad para operaciones encubiertas.

785 General Fatjó, «Memorandum a Buró Ejecutivo del Directorio Revolucionario Estudiantil de Responsable de Finanzas del DRE. Asunto: Funciones y necesidades de la Secretaría de Finanzas», Miami, 16 de febrero de 1962, DRE, AJFC.

786 JMWAVE, Miami, «Operational/AMSPELL Progress Report-July 1962».

jetivo era alejar al gobierno de Estados Unidos de una posible ruta hacia la coexistencia con el régimen cubano a la vez que se le inducía a promover activamente la causa de la oposición. Y, en efecto, el derrotero que tomó el DRE durante los primeros meses de 1962 respondió a la lógica de sus planes.

Un paso en esa dirección se lo daría la decisión que tomó la organización cuando optó por apartarse del Consejo Revolucionario Cubano que presidía José Miró Cardona, una determinación que le podía conferir autonomía y reconocimiento por parte de la comunidad cubana exiliada. Bernabé Peña recuerda que hubo «una reunión muy larga con todo el Ejecutivo para decidir si nos íbamos del Consejo»[787]. De acuerdo con las noticias que Miguel Figueroa y Miranda recogió en su diario, la decisión a favor del rompimiento fue casi unánime, solo Elio Más se expresó en contra de la separación[788].

El Directorio se había incorporado al CRC el 10 de octubre de 1961 y la razón para tomar aquella determinación fue asumir que Estados Unidos ponían como condición la unidad de los cubanos para poderle prestar ayuda a los cubanos y que esa unidad «fuese respaldando al Dr. Miró»[789]. Al terminar el mes de febrero de 1962, y después del viaje de Miró Cardona y Manuel Antonio de Varona a Washington, la conclusión a la que llegó la dirigencia del Directorio, fue que «A los Estados Unidos no les interesa la unidad» y que si fueran a resolver el problema de Cuba no contarían con el Consejo[790]. A esa determinación le añadieron algunos juicios que sobre Miró y el CRC emitieron quienes decidieron la retirada del DRE del Consejo, siendo, quizá, la principal que «El Consejo en sí podrá considerarse en la figura del Dr. Miró Cardona quien no tiene ni nuestra ideología, ni aún idelogía, y que no tiene consistencia alguna de principios»[791]. Se asumió, así

[787] Bernabé Peña y Juan Manuel Salvat, entrevista.

[788] Javier Figueroa, *El Exilio en Invierno*155.

[789] DRE, «DRE: Problemas del Consejo», Miami, 4 de marzo de 1962, DRE, documentación Cecilia la Villa, carpeta «Miami».

[790] *Ibid.*

[791] *Ibid.*

mismo, que la presencia del DRE dentro del Consejo aportaba muy poco, si algo, en las decisiones del organismo aglutinador de varias organizaciones políticas cubanas, así como de algunas personalidades de la oposición. De acuerdo con el Directorio, las decisiones que se tomaban en el CRC eran las «personales del Dr. Miró»[792]. Más aún, dentro del razonamiento que llevó a la dirigencia del DRE a salirse del Consejo se estipuló que el CRC «no ha sabido hacer respetar nuestra dignidad y nuestra soberanía y solo ha servido de organismo títere y ciego del gobierno americano»[793]. Para tomar la decisión, se consideró, además, los beneficios que podría obtener el Directorio si se retiraba del CRC y, entre ellos, sobresalió el que los refería al valor de ser un organismo político independiente, atributo que siempre se vinculó con la tradición histórica de los estudiantes cubanos, es decir, con la autonomía. En ese sentido se asumió que con el rompimiento del DRE con el CRC se percibiría al Directorio como «el único movimiento fuerte sin ambiciones ni elemento politiquero» que «Manteniendo una serie de principios hoy, mañana podrá aglutinar al pueblo que estará contra todos aquellos que no hicieron nada, y los que hicieron burlaron esos principios fundamentales»[794].

La toma de decisión no se hizo sin antes llevar a cabo una ronda de consulta con varios individuos a los que la dirigencia del DRE les prestaba atención. José María de Lasa se entrevistó con José Ignacio Lasaga y también, junto a Fernando García Chacón, con Juan Antonio Rubio Padilla. En un viaje a Washington, D. C., Luis Fernández Rocha, en compañía de García Chacón, conversaron con el funcionario del Departamento de Estado Robert A. Hurwitch y el diplomático William Bowler quien había estado destacado en La Habana. Se consideró, igualmente, la información ofrecida por Fatti García Armengol quien era amigo cercano de Miró y Varona, así como la opinión del contacto con la CIA, Ross Crozier, «Roger» y la de un tal «Dr. Herrera» que también pudiera ser un funcionario de la CIA. No se olvidó tener

[792] *Ibid.*
[793] *Ibid.*
[794] *Ibid.*

en cuenta la reunión que Juan Manuel Salvat sostuvo con José Miró Cardona el 8 de marzo en la que el primero le comunicara al presidente del Consejo el asunto que se estaba discutiendo en el DRE[795]. Meses más tarde, Miró reaccionó a la decisión del Directorio en una nota que le escribió al coronel Wendell G. Johnson, «Juanito», su enlace con el gobierno de Estados Unidos. «Estimamos», comenta Miró, «Que los directores del grupo [DRE] son jóvenes morales, idealistas, pero inmaduros que pretenden dirigir la lucha revolucionaria. Algunas personas de mayor edad los dirigen. Son en estos momentos factores negativos...y con sus actividades tienden a debilitar el Consejo»[796].

Hay que tomar en consideración que la ruptura del Directorio con el CRC se tomó en unos días en que el Consejo y Miró estaban atravesando una profunda crisis y que se veían atacados por diferentes flancos, entre ellos una huelga de hambre protagonizada por una facción del MDC que dirigía Laureano Batista Falla y que quería promover una imagen belicista que contrastara, ante el público, con la falta de planes concretos del CRC[797]. En ese sentido, y desde la perspectiva del presidente del CRC, la acción que tomó el DRE era un golpe más a la autoridad de una organización que reclamaba representar a los cubanos de la oposición y que, además, contaba entonces con un importante apoyo del gobierno de Estados Unidos. La carta que le dirigió el DRE a Miró Cardona anunciando la decisión de separarse del Consejo, reforzó la idea de que el CRC era un organismo inoperante ya que se le veía como incapaz de cumplir con el único objetivo válido para el Exilio, es decir, llevar guerra a Cuba. Así, el el argumento que se esgrime para explicar la razón del rompimiento es que el CRC «ha devenido en una organización...sin actividades bélicas» y que solo «mantiene tareas y menesteres políticos»[798]. Al día siguiente,

---

[795] DRE, «Información Recogida», S. F., Miami, DRE, AJFC.

[796] José Miró Cardona a «Juanito», Miami, 14 de diciembre de 1962, CHC, JMCC, Box 14(A), F. «Copias de memorándums a Juanito».

[797] Sobre esta crisis del Consejo Revolucionario Cubano véase a Javier Figueroa, *El Exilio en Invierno*.

[798] Luis Fernández Rocha y José María de Lasa a José Miró Cardona, Miami, 12 de marzo de 1962, DRE, AJFC.

el DRE tuvo la oportunidad de ampliar aún más la explicación sobre su postura pues, con el propósito de excusarse de no poder asistir a una reunión solicitada por Miró Cardona, le escribieron otra carta al presidente del Consejo. El ángulo novedoso expuesto en la nueva comunicación fue la imputación que le hacen al Consejo de no haber cumplido con la encomienda de convencer a «nuestros aliados naturales» para que actuasen con celeridad en el problema de Cuba[799]. Años más tarde, Juan Manuel Salvat valoraría aquella decisión como justa. De acuerdo con su juicio «pensábamos que nosotros como estudiantes no deberíamos estar en un grupo político sino mantener cierta autonomía. Esta idea estaba muy metida, que era la tradición estudiantil, nos considerábamos herederos de José Antonio [Echevarría] y la Generación del Treinta»[800]. Curiosamente, al comentar el paso tomado por el DRE en relación al su membresía en el CRC, así como la toma de posición que hizo la organización en relación al canje de los prisioneros de la Brigada 2506, Ross Crozier, el enlace de la CIA con el Directorio, reconoció que ambos hecho habían contribuido a «levantar la moral de la organización clandestina que [el DRE] tenía dentro de Cuba»[801]. En ese sentido, se reconoció que el prestigio del Directorio como organización beligerante de la oposición cubana quedó reforzado al desprenderse del Consejo y al oponerse al canje de prisioneros.

Un asunto al que el DRE tuvo que prestarle atención en su empeño por tener una plataforma de prestigio y fortaleza política fue el de la ideología. En 1960 se había aprobado un *Ideario* con

---

[799] Luis Fernández Rocha y José María de Lasa a José Miró Cardona, Miami, 13 de marzo de 1962, DRE, AJFC. Véase, también, Luis Fernández Rocha a Delegado, Miami, 23 de marzo de 1962, DRE, documentación Cecilia la Villa, carpeta «Miami». En esta carta, el secretario general del DRE le explica a los delegados del Directorio en América Latina las razones que llevaron a la separación del CRC. La decisión del DRE de retirarse del CRC apareció en el *Diario Las Américas* en su edición con fecha de 15 de marzo de 1962, «Se retira el DRE del Consejo», 9; y fue comentada por Julio Salabarría, «Sabelotodo» en *Diario Las Américas*, 17 de marzo de 1962, 12.

[800] Bernabé Peña y Juan Manuel Salvat, entrevista.

[801] Despacho de «Harold R. Noemayr» [Ross Crozier], «April Progress Report», Miami, abril de 1962, CIA, RN 104-10171-10037, MFF.

las ideas principales defendidas por la organización. Sin embargo, la coherencia ideológica del Directorio pareció agrietarse a principios de 1962. De acuerdo con lo anotado el 6 de abril de ese año por Miguel Figueroa y Miranda en su diario, el comentario emitido por un miembro del DRE daba constancia de esa situación. Según lo que le cuenta Fernando García Chacón, «en el seno del Directotrio hay grandes discusiones entre derechistas e izquierdistas, que las derechas estaban teniendo gran preponderancia, pero que la llegada de Luis Boza le ha dado nuevas fuerzas a los izquierdistas, y que muchos que estaban dudosos se inclinan ahora hacia ella»[802]. El tema parece estar sugerido en el acuerdo tomado por el Ejecutivo del DRE durante su reunión del 10 de abril y que determinó «Investigar todos y cada uno de los problemas que confronta el DRE en sus miembros y en su organización en el Exilio (sic)»[803]. No es que fuese el único problema que confrontaba el DRE en ese momento, pero pudo haber sido uno de ellos. La sospecha parece confirmarse cuando Juan Manuel Salvat, respondiendo quizá a esa tensión ideológica, le solicitase a General Fatjó a que «cooperara en la revisión del Ideario» del DRE. A tal fin responde el memorándum que el secretario de Finanzas dirigiera a Salvat el 15 de abril y en el que incluye amplias modificaciones al *Ideario* del DRE[804].

La situación se expuso de una forma diáfana al presentarse el Plan de Formación del DRE. El documento está fechado en 16 de julio de 1962[805]. En su exposición de motivos que explican la propuesta incluida en el Plan, se afirma que «Nuestra organización, aunque es la más unida en el exilio, carece de cohesión y hasta cierto punto de alma. La gran mayoría de sus miembros lucen que están unidos entre si por hilos y no muy fuertes. Se ha llegado al punto de que cada cual mecaniza la labor diaria asig-

[802] Javier Figueroa, *El Exilio en Invierno*, 190.

[803] DRE, «Acta No 4, 5ta Reunión», Miami, 10 de abril de 1962, DRE, AJFC.

[804] General Fatjó Miyares a Juan Manuel Salvat, «Revisión del Ideario del DRE», Miami, 15 de abril de 1962, DRE, AJFC.

[805] DRE, (Plan de Formación), Miami, 16 de julio de 1962, DRE, documentación Cecilia la Villa, carpeta «Miami».

nada...pero el desconocimiento de una ideología y el no trabajar en tanto en cuanto esa ideología sea puesta en marcha, es la gran causa de que el DRE comience a dar la impresión de cuerpo fuerte, pero sin alma»[806].

El *Ideario* como tal no fue modificado en un nuevo documento, pero si hubo un trabajo ideológico que motivó algunas transformaciones en los principios que guiaban al Directorio. Esa labor se hizo patente en una serie de artículos que fueron publicados a lo largo de nueve números consecutivos del periódico *Trinchera.* Los principios aparecieron entre el 22 de julio de 1962 y el 17 de marzo de 1963 y ellos contienen las bases ideológicas de la organización y que deberían contribuir a la cohesión del grupo.

La primera de todas, «Somos Cristianos», fue la fundamental ya que es la que establece el principio ordenador de todas los demás[807]. Las expresiones ideológicas que hace el Directorio a lo largo de estos artículos revelan una corriente de pensamiento entroncada con los postulados que sobre la sociedad ha estado emitiendo el catolicismo ortodoxo desde el surgimiento del Estado liberal en el siglo XVIII y que comenzaran a modificarse a partir de la celebración del Concilio Vaticano I[808]. El DRE postulará la primacía del orden espiritual sobre el material, este último representado en las teorías del liberalismo y del marxismo. En el artículo «La Conciencia Nacional Cubana» responsabilizó a las «teorías liberales» con lo que llamó «los males endémicos» del pasado republicano de Cuba y señaló que los mismos abrieron el camino para el ascenso de Fidel Castro y el comunismo[809]. De ahí que, en su próximo artículo, «Hacia una Reforma Moral» propuso revertir la jerarquía de los valores en la Cuba futura colocando al orden espiritual por encima del material[810]. Así, mientras que

---

806 *Ibid.*

807 DRE, «Somos Cristianos», *Trinchera*, Miami, 22 de julio de 1922, 2.

808 Sobre este particular se puede consultar a Emile Perreau-Saussine, *Catholicism and Democracy*.

809 DRE, «La Conciencia Nacional Cubana», *Trinchera*, Miami, 3 de marzo de 1963, 2.

810 DRE, «Hacia una Reforma Moral», *Trinchera*, Miami, 17 de marzo de 1963, 2.

el DRE declara que no es un movimiento «confesional», sí deja claro que su quehacer político se dirige, principalmente, a promover la «virtud» cristiana como fundamento de la vida cívica[811].

De igual forma se manifiesta «Demócrata» y auque asume la democracia como un sistema que ordena la vida política mediante el mecanismo electoral, quiere darle a la democracia un sentido más amplio. En ese sentido postula el axioma que, por tratarse de un sistema basado «en los principios que se derivan de la existencia de Dios y de la base espiritual del hombre», tiene la responsabilidad de promover un equilibrio entre los derechos individuales y la promoción del bien común[812]. En esa idea de democracia que propone el DRE, se incluye la plena participación del individuo pero, al discutirse dentro del concepto «Estado», le da una fundamentación distinta a la que ofrece el liberalismo clásico. Según postuló el Directorio, el Estado tiene su origen en Dios y «al igual que todos los poderes terrenos...recibe su autoridad de Dios». Eso sí, el DRE rechaza la cualidad «absoluta» que pudo tener el Estado de origen Divino en el siglo XVIII pues el verdadero recipiente de la autoridad, o de la «soberanía», es el ser humano quien ejerce ese atributo al escoger a sus gobernantes. De esta manera queda descartada la teoría del «pacto social» de los liberales pero se mantiene la armonía con un sistema democrático moderno[813].

De acuerdo con el DRE, el poder del Estado es limitado y uno de los órdenes en donde no puede intervenir es en el religioso y el «Poder espiritual», con lo que, de alguna manera, le da cierto margen para reconocer la separación de la Iglesia y el Estado[814]. Por supuesto, dentro de esta definición, el individuo o «Pueblo», resultan ser los agentes encargados de garantizar que el Estado no se extralimite en el ejercicio de sus poderes y, para reforzar la posición de los individuos en el cumplimiento de tal responsabilidad, el Directorio postula la defensa de la propiedad privada. En ese senti-

---

[811] DRE, «Propugnamos un cambio en Cuba», *Trinchera*, Miami, 19 de agosto de 1962, 2.

[812] DRE, «Somos Demócratas», *Trinchera*, Miami, 5 de agosto de 1962, 2.

[813] DRE, «El Estado», *Trinchera*, Miami, 23 de septiembre de 1962, 2.

[814] *Ibid*, 8.

do declara que esta es «condición necesaria para la independencia, la libertad, y la responsabilidad de la persona humana»[815].

La cuestión de la propiedad fue discutida en sendos artículos que aparecieron en *Trinchera* el 14 de octubre de 1962 y el 24 de enero de 1963 respectivamente; uno sobre la «Reforma Agraria» y otro examinó «La Reforma de la Empresa». En ambos casos se defendió la propiedad privada, pero se hizo énfasis en la dimensión social de la propiedad así como en la participación del sector laboral en los beneficios de la empresa. El DRE defendió la conversión del campesino en propietario de la tierra y propuso el desarrollo del cooperativismo en los casos de minifundios[816]. En cuestión del salario, la propuesta defendió la consideración del núcleo familiar como elemento indispensable para establecer la remuneración del obrero asalariado. Es decir, en todos estos puntos, el DRE siguió las orientaciones básicas que ofrecía la Iglesia católica en su doctrina social. Si se compara el *Ideario* adoptado por el Directorio en diciembre de 1960 con el cuerpo de principios adoptados en los artículos publicados en *Trinchera* entre 1962 y 1963 se pueden encontrar algunas modificaciones importantes en la ideología de la organización. Lo más significativo, sin embargo, es que con esta revisón la centralidad del fundamento cristiano se hizo más evidente y dotó de mayor coherencia a los pricipios que regían en la organización.

Para atraerse el favor de la opinión pública el DRE contó con un sólido aparato de propaganda. Su periódico *Trinchera* estuvo dirigido, en primer lugar, hacia la comunidad cubana exiliada, sobre todo la de Miami. La esencia de su contenido y línea editorial fueron definidas en la «estructura del Plan de Propaganda» en donde se habla de «Atacar fuertemente a los indefinidos y neutralistas, así como a los coexistentes tildándolos de aprovechados y explotadores. Y de insensibles a las víctimas del terror totalitario». De la misma manera se propuso «Demostrar que los regímenes comunistas apoyados por el terror solo pueden ser derro-

[815] *Ibid.*

[816] DRE, «Reforma Agraria», *Trinchera*, Miami, 14 de octubre de 1962, 2 y «La Reforma de la Empresa», *Trinchera*, Miami, 24 de enero de 1963, 2.

tados por la violencia». Se puso énfasis, además, en «Inducir a la necesidad de una intervención de los Estados Unidos en el problema cubano [y] Denunciar constantemente los esfuerzos de la coexistencia...y la falsa máscara del nacionalismo Titoista que pueda adoptar el régimen cubano»[817]. Su primer número en formato tabloide salió a la calle el 17 de junio de 1962 y su mensaje fue el de denunciar el peligro de una política de «coexistencia pacífica» en las relaciones con Cuba a la vez que exhortó a respaldar la «guerra» como la única solución posible al caso cubano. El segundo, aparecido un mes después, el 22 de julio, se encabezó con un gran titular, «Exilio ¡Despierta!», que buscó promover la idea de que la comunidad exiliada, de que los cubanos, tenían la capacidad de ser agentes en el derrocamiento de Castro. El DRE quiso que se erradicara la desesperanza que se estaba apoderando del destierro a la vez que dejó caer una crítica velada hacia aquellos sectores que proclamaban que había que esperar por la iniciativa de Estados Unidos para solucionar el problema cubano[818]. De los próximos cinco números publicados entre el 5 de agosto y el 14 de octubre, cuatro dedicaron sus respectivas portadas a denunciar la presencia en suelo cubano de tropas y armamentos soviéticos, incluyendo cohetes de alcance intercontinental. Era una manera muy astuta de contrarrestar cualquier iniciativa a favor de un acuerdo con el gobierno cubano a la vez que se promovía la acción militar en contra del régimen de Fidel Castro[819].

Mientras tanto, y con el propósito de ejercer influencia en la opinión pública de Estados Unidos, elemento esencial para contribuir al éxito del Plan General del DRE, la Sección de Asuntos Americanos del Directorio inició la publicación de un boletín de noticias sobre Cuba, *The Cuban Report*. La idea le surgió al responsable de la Sección, José Antonio G. Lanuza, en una conver-

---

[817] DRE, «Estructura del Plan de Propaganda», Miami, 2 de julio de 1962 (a mano), DRE, documentación Cecilia la Villa, carpeta «Miami».

[818] DRE, *Trinchera*, Miami, 22 de julio de 1962, 1.

[819] DRE, *Trinchera*, Miami, 5 de agosto de 1962, 9 de septiembre de 1962, 23 de septiembre de 1962 y 14 de octubre de 1962. El número publicado el 19 de agosto de 1962 se dedicó a discutir la participación de una delegación del DRE en el VIII Festival Mundial de la Juventud celebrado en Helsinki, Finlandia.

sación que sostuvo con el periodista cubano-americano Carlos Todd[820]. Lanuza ya había alertado al Ejecutivo de la organización acerca de la conveniencia de aprovechar las elecciones que se celebrarían en noviembre de 1962 para elegir a los legisladores federales de Estados Unidos. Desde su perspectiva, aquella era una coyuntura favorable para dar a conocer el mensaje del DRE. El argumento de González Lanuza fue que, como el Partido Demócrata tenía el control de las dos cámaras que constituyen el Congreso de Estados Unidos, lo más conveniente era hacer énfasis sobre los miembros del Partido Republicano que aspiraban a diferentes escaños ya que ellos eran los que necesitaban argumentos para mejorar la posición que tenían en el cuerpo legislativo norteamericano[821]. Para obtener los mejores resultados en la iniciativa, y, tomando en consideración los recursos limitados con los que contaba el DRE para poder trabajar a la opinión pública norteamericana, la decisión que se tomó fue dirigirse «no al pueblo norteamericano en su conjunto, sino a una serie de Organizaciones (sic) y personalidades que tienen un nombre y una fama y que gracias a ellos pueden influenciar en el ánimo de sus simpatizadores (sic)»[822]. El contenido principal que tendría la publicación, además de presentar noticias generales sobre Cuba y de denunciar la peligrosidad de una «coexistencia pacífica» con el régimen, se concentró en promover una imagen del régimen cubano como agresor y enemigo de Estados Unidos.

El primer número de *The Cuban Report* apareció el 27 de julio de 1962. Consistía en varias hojas mimeografiadas que se enviaba por correo, sobre todo, a medios de prensa en Estados Unidos y a los miembros del Congreso. Se publicó semanalmente

[820] Conversación telefónica con José Antonio G. Lanuza, Miami, 5 de febrero de 2021.

[821] Sección de Asuntos Americanos a Secretaría General, «Memorandum: Presupuesto para las campañas de propaganda dentro de los Estados Unidos», Miami, 12 de marzo de 1962, DRE, documentación Cecilia la Villa, carpeta «Asuntos Americanos».

[822] José Antonio González Lanuza y Reinaldo Ramos, «Plan General de Acción del Área de Estados Unidos», Miami, 23 de mayo de 1962, DRE, documentación Cecilia la Villa, carpeta «Asuntos Americanos».

hasta el 28 de septiembre cuando, debido a dificultades financieras, dejó de salir por una semana reanudándose su tirada semanal el 12 de octubre[823]. El éxito de la publicación, y desde la perspectiva de los objetivos que perseguía el DRE, se hizo patente con la Crisis de Octubre cuando Estados Unidos descubrió la presencia en suelo cubano de misiles soviéticos con capacidad de transportar explosivos nucleares. Así como el movimiento de tropas y armamentos soviéticos en Cuba fueron denunciadas por las publicaciones del DRE, particularmente *Trinchera*, la Sección de Asuntos Americanos, a través de *The Cuban Report*, se hizo cargo de la campaña dirigida al público de Estados Unidos. Notables fueron los boletines con fecha de 28 de septiembre de 1962 y de 12 de octubre del mismo año. Ambos contenían información muy detallada de las instalaciones en donde se suponían que estaban las tropas y el armamento y, muy particularmente, algunas de las bases para el lanzamiento de los misiles. En la publicación del 28 de septiembre, por ejemplo, se notificó la presencia de doce bases especificando cómo algunos de los cohetes podían alcanzar ciudades como Nueva Orleans o Miami y sitios estratégicos como el Canal de Panamá o Cabo Cañaveral en la Florida[824]. Mucha de la información publicada en ambos números de *The Cuban Report* había sido traída de Cuba por el secretario general del DRE, Luis Fernández Rocha quien estuvo infiltrado en la isla desde mayo hasta septiembre de aquel año. También se recogieron informes procedentes del clandestinaje del DRE inclusive uno que señaló, acertadamente, a los alrededores de Sagua la Grande como un

[823] La nota sobre la «dificultad financiera» apareció como aclaración en el número del 12 de octubre. Volvió a imprimirse la semana siguiente con fecha de 19 de octubre y de ahí en adelante su publicación fue algo errática. El DRE no recibía financiamiento de la CIA para publicar *The Cuban Report*. Sobre este particular véase Despacho, de Chief of Station, JMWAVE a Chief, Task Force W, «The Cuban Report», Miami, 5 de octubre de 1962, CIA, «DRE [(Crypt)] Operations», 21 de septiembre de 1962, NARA ID, 1994.05.06.09: 39: 23: 590005, MFF. En ese mismo documento se afirma que JMWAVE no tiene control sobre esta publicación ni acceso a la información que se publica.

[824] DRE, *The Cuban Report*, Miami, 28 de septiembre de 1962 y 12 de octubre de 1962.

sitio en donde se emplazaban algunos misiles traídos de la Unión Soviética.

La información ofrecida en *The Cuban Report* logró llamar la atención de algunas publicaciones de Estados Unidos, así como en determinados miembros del Congreso de Estados Unidos. En el caso de la prensa es notorio el artículo aparecido en la revista *Life* con fecha de 5 de octubre y firmado por Clare Buthe Luce[825]. En su comentario la periodista denunció la presencia en Cuba de equipo militar de la URSS incluyendo cohetes. El artículo fue acompañado de fotos muchas de las cuales le fueron provistas por el DRE, algunas de las cuales habían sido previamente publicadas en *Trinchera*. Las fotos llegaron a Luce a través de su amigo, el productor de televisión Justin McCarthy quien, a su vez, las había recibido del delegado del DRE en Nueva York, Miguel Lasa. En agradecimiento por la contribución, Clare Boothe Luce invitó a Luis Fernández Rocha y a José Antonio G. Lanuza a visitarla en su apartamento neoyorquino en donde les entregó el cheque que *Life* le había pagado por escribir el artículo[826].

Con relación al impacto entre los legisladores, la referencia más significativa es, quizá, la del Senador por el estado de Nueva York, Kenneth Keating, uno de los legisladores republicanos que más denuncias levantó acerca de la presencia de los cohetes soviéticos en Cuba. Roger Hilsman, quien fuera director del Buró de Investigación e Inteligencia del Departamento de Estado durante la Crisis de Octubre, discutió en un libro, *To Move A Na-*

[825] Clare Boothe Luce, «Cuba-and the unforced truth. Our Global Double Bind», *Life*, Nueva York, 5 de octubre de 1962, 53-56.

[826] Conversación telefónica con José Antonio G. Lanuza. Varias de las fotos habían aparecido en la revista cubana *Verde Olivo* y reproducidas en *Trinchera*. Véanse los números fechados el 9 de septiembre de 1962, 21 de septiembre de 1962 y 14 de octubre de 1962. En una de las fotos se describía el cargamento que se desembarca de un barco como «equipo militar no identificado». Ese equipo eran cilindros de papel para el uso de la prensa cubana. Clare Boothe Luce alegó, años más tarde, que ella había contribuido a financiar la compra de un bote del DRE. De acuerdo con Lanuza, que él recuerde, aquella fue la única contribución que la periodista y diplomática norteamericana hiciera al DRE. Según esta fuente, el cheque que se les entregó en aquella ocasión fue de alrededor de $660.00 a $760.00.

tion, los señalamientos que sobre este particular hizo el Senador Keating, particularmente su participación en el Senado el 10 de octubre de 1962[827]. Ese día, Keating mencionó que en Cuba había seis bases para cohetes de alcance intermedio y recalcó, específicamente, que algunos podían alcanzar el Canal de Panamá[828]. De acuerdo con Hilsman, una explicación posible para que el senador tuviese esa información es que se dejara llevar por la propaganda de un grupo político del exilio cubano «cuyo interés era empujar a Estados Unidos hacia una invasión»[829]. Meses más tarde, en una reunión que el director de la CIA, John A. McCone, sostuviese con el Presidente Kennedy en Palm Beach, Florida, se le preguntó sobre las posibles fuentes que tuviera Keating para dar a conocer la denuncia sobre aquellas bases. La respuesta de McCone fue que él estaba convencido que la información de Keating se originó en alguna fuente de «refugiados cubanos»[830]. El Senador nunca quiso revelar sus fuentes, aunque siempre sostuvo que eran fidedignas[831]. Una de esas posibles fuentes pudo haber sido la periodista Clare Boothe Luce quien en una conversación telefónica que ella sostuvo con el Director de la CIA, William Colby, alegó que ella le suministraba esa información al Senador Keating[832]. Al mes siguiente, Luce hizo la misma afirmación en un artículo aparecido en el periódico *Washington Star*

[827] Roger Hilsman, *To Move A Nation. The Politics of Foreign Policy in the Administration of John F. Kennedy*, Garden City, New York, Doubleday & Company, Inc., 1967, 177.

[828] Véase el discurso en: https://digitalarchive.wilsoncenter.org/document/134657.

[829] Hilsman, *To Move a Nation, 179.*

[830] John A McCone, «Memorandum for the Record», Washington, D. C., 7 de enero de 1963, *FRUS,* 1961-1963, XI, Cuban Missile Crisis and Aftermath, Washington, January 7, 1963.

[831] Thomas G. Paterson, «The Historian as Detective. Senator Kenneth Keating, the Missile Crisis in Cuba, and His Mysterious Sources», *Diplomatic History*, Vol. 11, No. 1, Winter 1987, 67.

[832] CIA, «Telephone Conversation Between Mr. Colby and Mrs. Clare Boothe Luce at 12:40 on Saturday, 25 October 1975 (from steno notes of Barbara Pindar transcribed the same day)», CIA, NARA Id. 1993.08.11.11:24:4.15: 960060.

y firmado por la periodista Beatty Beale[833]. En ambas ocasiones, Luce alude como su fuente los informes que traen de Cuba el grupo de estudiantes con los que ella mantiene relaciones, es decir, los pertenecientes al DRE y algo semejante se encuentra en los apuntes tomados por otra periodista, Vera Glaser, durante otra entrevista con Luce. En este caso, la veracidad sobre Luce como fuente de Keating parece ratificada cuando en los apuntes de Glaser aparece una nota a mano calificando como cierta la declaración de Luce en el sentido de que ella le suplía esa información a Keating[834]. Por supuesto, el Senador Keating era recipiente de *The Cuban Report*, y la consecuencia que pudo tener en su ánimo la información que le pasaba Clare Boothe Luce es, que los hechos denunciados por el DRE con relación con la presencia de los cohetes soviéticos en Cuba constituían una verdad[835].

La labor realizada desde la Sección Internacional del DRE durante los primeros meses de 1962 contribuyó, igualmente, a elevar el prestigio del DRE como organización beligerante de la oposición cubana. Los informes que desde la base de la CIA en Miami, JMWAVE, se elevan a Washington reflejan, precisamente esa notoriedad. En el correspondiente al mes de abril se elogia el trabajo que las delegaciones del DRE están llevando a cabo en América Latina y se refiere a acciones concretas como, por ejemplo, la sustracción de la valija diplomática perteneciente a la embajada soviética en Uruguay[836]. La impresión del funcionario de la CIA fue tan favorable que recomendó la ampliación y fortale-

---

[833] *Ibid,* incluido como anexo, Beatty Beale, «Clare Boothe Luce Weaves a Fascinating Tale», *Washington Star*, 16 de noviembre de 1975.

[834] HSCA, de Gaeton J. Fonzi a Robert Blakey, «Memorandum. Rough Notes by Syndicated Columnist Vera Glaser to Senator Richard Schweicker in October 1975. Interview with Clare Boothe Luce», 8 de diciembre de 1978, HSCA, RN 180-10099-10300.

[835] Véase a Michael Dobbs, *One Minute to Midnight. Kennedy, Khrushchev, and Castro on the Brink of Nuclear War*, New York, Alfred A. Knopf, 2008, 213; y Max Holland, «A Luce Connection. Senator Keating, William Pawley and the Cuban Missile Crisis», *Journal of Cold War Studies*, Fall 1999, Vol. 1, No. 3, 139-167.

[836] Despacho, de Harold R. Noemayr [Ross Crozier] a CIA, «April Progress Report», Miami, abril de 1962, CIA, RN 104-10171-10037, MFF.

cimiento del programa AMBARB correspondiente a la Sección Internacional del Directorio ya que le reconoce tener un gran potencial[837]. En el de mayo se informó que las delegaciones han aumentado sus operaciones en los campos de inteligencia y propaganda y en el de junio, al dar cuenta de que en ese momento el Directorio tiene treinta y seis miembros distribuidos entre las delegaciones de dieciséis países de la región, JMWAVE deja saber que se quieren enviar diecinueve más[838]. El informe de julio sigue la misma línea de elogio al destacar la «contribución sustancial» que tuvo la delegación del DRE en Honduras al trabajar a favor de los candidatos que en las elecciones universitarias derrotaron a los estudiantes que eran respaldados por los comunistas[839].

Otra iniciativa importante que abordó la Sección Internacional del DRE durante este período de tiempo fue el envío de una delegación a África en preparación del Congreso Internacional de Estudiantes que se celebraría en Quebec, Canadá, a partir del 27 de junio. La delegación, compuesta por José Rodríguez Lombillo, Lourdes Casal y Raúl González Simó, recorrió ocho países del continente africano, Senegal, Ghana, Kenia, Egipto, Marruecos, Nigeria, Argelia y Túnez. JMWAVE evaluó el viaje como positivo ya que, las delegaciones de tres de esos países, Ghana, Nigeria y Kenia votaron a favor de las propuestas que hizo el DRE en el CIE de Quebec[840]. El respaldo que recibió la delegación del Directorio que asistió a Quebec fue importante pues, como relató uno de los miembros del DRE que participó en la actividad, Rafael Tremols, impidió que prosperara una iniciativa para expulsar

[837] *Ibid.*

[838] Despacho, de Chief of Station, JMWAVE a Chief, Task Force W, «May Progress Report-AMSPELL», Miami, 23 de junio de 1962, CIA, RN 104-10171-10036, MFF y Despacho, de Chief of Station, JMWAVE a Chief, Task Force W, «June Progress Report-AMSPELL», Miami, 20 de julio de 1962, CIA, RN 104-10171-10009, MFF.

[839] Despacho, Chief of Station, JMWAVE a Chief, Task Force W, «Operational/AMSPELL Progress Report-July 1962», Miami, 14 de agosto de 1962, CIA, RN 104-10171-10334, MFF.

[840] Despacho, de Chief of Station, JMWAVE a Chief, Task Force W, «May Progress Report-AMSPELL».

de la reunión a la delegación del Directorio por estar distribuyendo propaganda anticastrista[841].

Por otro lado, la actividad internacional en la que el DRE tuvo una notable participación durante aquellos primeros meses de 1962 fue en Helsinki, Finlandia, cuando allí se celebró el VIII Festival Mundial de la Juventud y de los Estudiantes. El Festival era una actividad auspiciada por la Federación Mundial de la Juventud Democrática y la Unión Internacional de Estudiantes, ambas organizaciones alineadas con las orientaciones provenientes de la Unión Soviética y dedicadas a promover las causas favorecidas por Moscú. El Octavo, convocado para llevarse a cabo entre el 28 de julio y el 6 de agosto, se celebró en Helsinki, la capital de Finlandia, un país neutral durante la Guerra Fría pero que, por su cercanía geográfica a la URSS y unas relaciones históricas conflictivas con su vecino que incluyeron la cesión de territorio, tenía que practicar una política exterior muy delicada y deferente hacia los intereses soviéticos. Por esa razón, Finlandia fue un país al que Estados Unidos le tenía que prestar atención e hizo todo lo posible por montarle un desafío a los organizadores del evento, así como a su rival, la Unión Soviética[842]. Es por eso, y sabiendo que Cuba enviaría una delegación al festival, surgió la iniciativa para que el DRE enviara una delegación. Los preparativos comenzaron a finales de mayo o principios de junio de 1962. Parte del material informativo que se le entregó al DRE fue preparado por el Departamento de Estado de Estados Unidos a través de la United States Information Agency (USIA). Sin embargo, la de-

---

[841] CIA, «The International Student Conference (I. S. C.)» [tramita un documento «Cuba/International-Communism/Political. The International Student Conference (I. S. C.)» con fecha de 9 de agosto de 1962], 27 de agosto de 1962, CIA, RN 104-10171-10045, MFF.

[842] Un excelente artículo abordando el VIII Festival Mundial de la Juventud como escenario de la Guerra Fría es el de Joni Kerkola & Simo Mikkonen, «Backlash of the Free World: the U. S. presence at the World Youth Festival in Helsinki, 1962, *Scandinavian Journal of History*, Vol 36, No. 2, mayo 2011, 230-255. Una reciente serie televisiva de origen finlandés, *Shadow Lines (Nyrkki)*, aborda el enfrentamiento entre Estados Unidos y la Unión Soviética en Finlandia durante un proceso electoral celebrado en 1956 y la devolución de la base soviética de Porkkala que estaba en territorio finlandés.

pendencia del gobierno norteamericano que dominó las actividades para contrarrestar la influencia soviética en la actividad fue la CIA y, por lo tanto, se le advirtió al DRE que la delegación no llevara ese material a Helsinki ni que admitiese que la Agencia se los había proporcionado[843].

La delegación del Directorio se constituyó con Juan Manuel Salvat, Enrique Baloyra, Ana Díaz Silveira, Carlos Hernández y Johnny Koch. Al hacer el recuento de las actividades, *Trinchera* presentó el evento como una confrontación de cinco estudiantes contra la delegación procedente de Cuba que constó de más de cuatrocientos participantes incluyendo a Joel Iglesias, Raúl Alarcón y Rolando Cubela[844]. Con su nota al exilio cubano, el Directorio aprovechó su participación en las actividades del Festival para hacer énfasis en su mensaje de que no había que mendigar «un escuálido apoyo del coloso del norte» para ganar una guerra y afirmó que «Nuestra lucha tiene magnitudes de epopeya, y re-

[843] Kerkola & Mikkonen, «Backlash», 243 y Despacho, Chief, Task Force W a Chief of Station, JMWAVE, «Transmittall of Material of Helsinki Youth Festival», Washington, D. C., 19 de julio de 1962, CIA, RN 104-10171-10029, JFK Assassination Records y Despacho, Chief, Task Force W a Chief of Station, JMWAVE, «Operational/GYROSE/KUMOLF Material for Helsinki Youth Conference», Washington, D. C., 27 de junio de 1962, CIA, RN 104-10171-10035, JFK Assassination Records.

[844] Fue durante la actividad en Helsinki, el 1 de agosto, que la CIA hizo el primer contacto con Rolando Cubela. El dirigente del Directorio 13 de Marzo fue abordado por Carlos Tepedino González, un exilado cubano amigo de Cubela. El que fuera presidente de la FEU será parte de un eventual complot para asesinar a Fidel Castro. La CIA lo identificará como AMLASH. Cable, a Director, «AMWHIP/1 First Contacted AMLASH/1 Morning 1 Aug», 1 de agosto de 1962, CIA, RN 104-10215-10075. Años más tarde, y mientras cumplía en la Fortaleza de La Cabaña la sentencia que le fue impuesta por un Tribunal Revolucionario, Rolando Cubela le escribió una carta a Juan Manuel Salvat para saludarlo «y a la vez renovar los viejos vínculos de nuestra etapa universitaria». Después de aludir a varios tópicos de interés común, el expresidente de la FEU termina con estas palabras: «Bueno Salvat, me despido de ti, no como en Helsinki, en que yo evité el encuentro pues no era oportuno el momento, sino con el afecto y amistad de los tiempos de antaño en que queríamos transformar nuestra querida universidad con métodos viables». Rolando Cubela a Juan Manuel Salvat, La Cabaña, La Habana, agosto. La carta pertenece al archivo de Juan Manuel Salvat.

quiere de nosotros un despliegue formidable de empuje, valor y coraje»[845]. El DRE hizo sentir su presencia en Helsinki desde el inicio del Festival pues, al tener lugar el desfile de las delegaciones y, al pasar la de Cuba delante del sitio en el que los miembros del Directorio se habían colocado, se desplegó una pancarta que, en varios idiomas leía: «Libertad para los 15,000 jóvenes presos en Cuba». Inmediatamente fueron atacados por algunos miembros de la delegación cubana y se interrumpió el desfile. Los delegados del DRE fueron detenidos por la policía finlandesa, pero recuperaron la libertad al poco tiempo[846]. Al evaluar la actuación de los estudiantes exiliados, JMWAVE consideró que valió la pena el costo que significó el viaje a Finlandia pues el Directorio había logrado «desacreditar a la delegación comunista de Cuba y a los auspiciadores del Festival»[847].

El trabajo realizado por el DRE en los campos de la propaganda, tanto la dirigida hacia la comunidad cubana exiliada como hacia la opinión pública de Estados Unidos o América Latina, la labor que se desarrolló dentro del Directorio en el terreno ideológico y que también se compartió con quienes estuvieron expuestos a sus mensajes, y la acción política como grupo con imagen de independencia y beligerancia, fueron elementos que, indiscutiblemente, contribuyeron a fortalecer al Directorio como uno de los esfuerzos políticos más importante del espectro oposicionista cubano. Eran pasos positivos para colocarse en lo que sus dirigentes esperaban que fuese una posición favorable para «forzar las condiciones» que promovieran una eventual movilización internacional, encabezada por Estados Unidos, para la eventual «liberación» de Cuba. No obstante, ese trabajo no había terminado pues el propio DRE consideró que la iniciativa más importante

[845] DRE, «Editorial», *Trinchera*, Miami, 19 de agosto de 1962, 2.

[846] La reyerta protagonizada entre los militantes del DRE y los delegados de Cuba no fue la única ocasión en el que hubo enfrentamientos violentos durante los días en los que duró el Festival. Kerkola y Mikkonen hablan de ocasiones en las que se dieron confrontaciones violentas en la que participaron entre dos mil y tres mil personas. Kerkkola & Mikkonen, «Backlash», 244.

[847] Despacho, de Chief of Station, JMWAVE a Chief, Task Force W, «Operational/AMSPELL Progress Report-July 1962».

estaba tanto en el fortalecimiento del Directorio dentro de Cuba como en la acción militar. Eran asignaturas pendientes, pero con las cuales, también estaba cumpliendo.

Embarcaciones del DRE

El Virgilio en Bahamas. Al frente Juan Marcelo Fiol y Carlitos Duquesne

El Juanín

Miembros de la Sección Militar del DRE, entre ellos: Jorge Valdés, Kiko Torres, Miguel Lasa, Manolito Contreras, Juan Marcelo Fiol, Luis Camps y Bernabé Peña

Ataque al Rosita de Hornedo

New York Post
WEEKEND FINAL EDITION
NEW YORK, SUNDAY, AUGUST 26, 1962

SHIPS SHELL HAVANA, CASTRO SAYS

Rebels: We Hit Red Hotel
Page 2

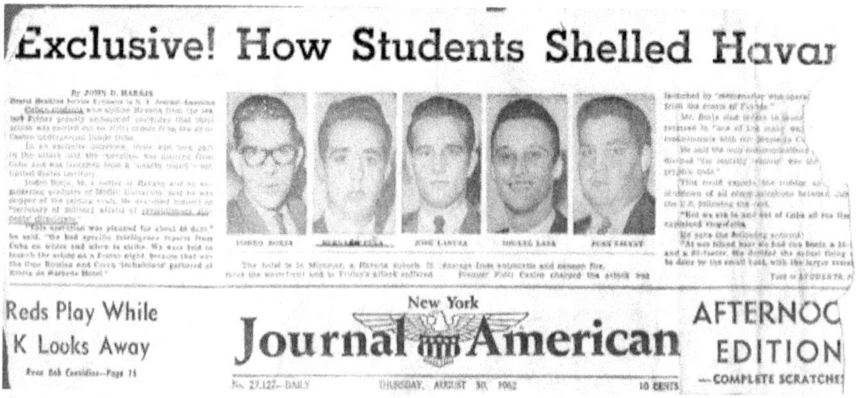
Exclusive! How Students Shelled Havar

Reds Play While K Looks Away

New York Journal American

AFTERNOC EDITION
— COMPLETE SCRATCHE

THURSDAY, AUGUST 30, 1962
10 CENTS

La Prensa y el ataque al Rosita de Hornedo

Capítulo 8

Un 1962 combativo

Un aspecto de notable importancia en el camino hacia el fortalecimiento del DRE como organización política de oposición en el panorama cubano era el poder contar con un movimiento fuerte y activo dentro de Cuba. La muerte de Juanín Pereira, en diciembre de 1961, fue un duro golpe para el Directorio ya que no solo moría un ser humano excepcional, sino que también, al perder a su Coordinador Nacional, significó la necesidad de emprender una nueva reorganización de los cuadros clandestinos que tenía el Directorio dentro de Cuba. Ricardo Menéndez sustituyó a Juanín por un breve período de tiempo hasta que fue sustituido por Laureano Pequeño en esa posición. El problema, sin embargo, que confrontó la organización desde principios de 1962 es que muchos de sus principales dirigentes fueron detenidos por la Seguridad del Estado. En el mes de enero son apresados Ricardo Menéndez y Hans Hengler, quien ocupaba la Coordinación de Acción en La Habana. Dos meses después, Lázaro Fariñas, quien era el Coordinador Nacional de Acción y Sabotaje se ve obligado a solicitar asilo en la embajada de México en La Habana y sale del país el 21 de marzo. El 12 de mayo, en otro golpe a la organización clandestina del DRE, Antonio Sowers es arrestado en una operación de la Seguridad del Estado.

Una de las razones para explicar los continuos infortunios sufridos por la dirigencia clandestina del DRE es el alto grado de dependencia que en aquellas circunstancias tenían para cumplir con sus tareas los cuadros del Directorio en Cuba respecto al MRR[848]. El movimiento que había fundado Manuel Artime esta-

[848] Despacho, de Chief of Station, JMWAVE a Chief, Task Force W, «May Progress Report –AMSPELL» Miami, 23 de junio de 1962, CIA, RN 104-10171-10036, MFF. y Despacho, de Chief of Station JMWAVE a Chief, Task

ba penetrado por la Seguridad del Estado. De acuerdo con Salvador Subirá, «En mayo de 1962, el movimiento tuvo otra gran crisis, y esta vez de grandes proporciones. Todo el trabajo de infiltración realizado por la inteligencia comunista a lo largo de los años rindió su fruto...en solo tres días de ese mes, cayeron presos todos los miembros de la Dirección Nacional que operaba en el clandestinaje»[849]. Inclusive, su Coordinador Militar, Manuel Guillot Castellanos, quien había regresado clandestinamente a la isla para tratar de mejorar la seguridad del MRR y de lograr algún acuerdo de unidad con otros movimientos insurreccionales que operaban dentro de Cuba, fue detenido el 29 de mayo[850].

Ante la necesidad de mejorar la operación del DRE dentro de Cuba y consolidar los cuadros internos del Directorio, la dirigencia del Directorio tomó la decisión de infiltrar en la isla a su secretario general, Luis Fernández Rocha[851]. La determinación se tomó en el mes de abril de 1962 pues en esos días le solicitaron asistencia a la CIA para poder llevar a cabo el viaje clandestino de Fernández Rocha[852]. Aunque la CIA había suspendido en enero ese tipo de operación, accedió a la petición del DRE e intentó cumplir con el compromiso en tres ocasiones distintas, todas fallidas debido a «decisiones operacionales de JMWAVE»[853]. Antes las dificultades de llevar a cabo la infiltración por medio de la CIA, el propio Fernández Rocha resolvió que se utilizaran los recursos del Directorio para hacer el viaje. El apremio del secretario general del Directorio era su gran preocupación con la situación interna de la organización[854]. Para hacer la travesía se utilizó

Force W, «June Progress Report –AMSPELL», Miami, 20 de julio de 1962, CIA, RN 104-10171-10009, MFF.

[849] Subirá, *Historia del Movimiento de Recuperación Revolucionaria*, 80.

[850] *Ibid.* Guillot fue fusilado el 30 de agosto de 1962.

[851] Luis Fernández Rocha, entrevista.

[852] Despacho, de Chief of Station, JMWAVE a Chief, Task Force W, «Attachment A, Operational/AMSPELL Progress Report -July 1962».

[853] Despacho, de Chief of Station, JMWAVE a Chief, Task Force W, «May Progress Report –AMSPELL».

[854] Los detalles del viaje para infiltrar a Luis Fernández Rocha aparecen en un Despacho de JMWAVE con fecha de 28 de mayo de 1962 y fueron dados por

el «Juanín», una embarcación de treinta pies de eslora de marca Bertran que el DRE había adquirido hacía poco tiempo y que operaba desde una marina situada en Cayo Maratón al sur de la península de la Florida. El viaje comenzó el 20 de mayo a las 2:30 pm y llegó a un punto situado a unas veinte millas de la costa norte de Cuba alrededor de las 10:30 pm. Una vez situados en esa dirección, el capitán bajó la velocidad de la embarcación y se acercó a unas 200 yardas del punto en donde se llevaría a cabo el desembarco. El sitio escogido fue la playa de Varadero, en las proximidades del reparto Kawama. Era un día de fiesta y desde el «Juanín» se podía observar a varias personas bailando en el Parque Infantil «INIT». Era una noche con la luna llena. Junto a Fernández Rocha se infiltraría Julio Hernández Rojo que tenía la responsabilidad de organizar la sección de abastecimiento del DRE la cual tendría la responsabilidad de recibir el material que se llevaría a la isla en un futuro cercano, así como a instructores paramilitares, operadores de radio y agentes de inteligencia que se infiltrarían en fechas cercanas.

Para desembarcar a Fernández Rocha y Hernández Rojo se utilizó un «dinghy» de doce pies con un pequeño motor y estuvieron acompañados por dos personas, un guía identificado por la CIA como AMBOUY-2 y Bernabé Peña quien tenía la responsabilidad de proteger a los infiltrados en caso de que fueran descubiertos en la playa[855]. La llegada a la playa ocurrió sin novedad alguna. Tan pronto se hizo el desembarco, el dinghy comenzó a navegar hacia el «Juanín» que se había acercado a unas 75 yardas de la costa. Desde el «dinghy» pudieron observar cómo Fernández Rocha y Hernández Rojo se adentraron por unos pinos cerca-

---

Mario Núñez, capitán de la embarcación que se utilizó para hacer la travesía entre la Florida y la costa cubana. Despacho, de Chief of Station, JMWAVE a Chief, Trask Force W, «Operation/GYROSE/KUKAGE/AMHINT. Report of Independent DRE Infiltration Operation», Miami, 28 de mayo de 1962, CIA, RN 1-101/1-10042, JFK Assassination Records.

[855] No se ha podido identificar el nombre en clave AMBOUY-2. Bernabé Peña se acuerda de su nombre de pila, Julián, pero no está seguro acerca del apellido, aunque apunta a que pudiera ser Gómez. Comunicación electrónica con Bernabé Peña, 17 de febrero de 2021.

nos a la costa y que estaban muy cerca de la casa de seguridad en la que se esconderían. Sin embargo, en ese momento el «dinghy» fue descubierto por una patrulla que comenzó a gritarles para que se detuvieran. Tanto Peña como su acompañante dispararon sus armas contra la patrulla y vieron cómo se tiraban en la arena y devolvían el fuego con armas automáticas que no alcanzaron el blanco. Una vez que los tripulantes del «dinghy» llegaron al «Juanín» fueron recogidos e inmediatamente arrancaron hacia la base en la Florida a donde llegaron sin confrontar ningún problema adicional. Lo único que les preocupaba era la suerte de los compañeros que habían dejado en la playa. Al día siguiente llegó a Miami un cable desde La Habana comunicando que los dos infiltrados se encontraban perfectamente. Lo que no se supo hasta cuatro días después del desembarco fue la razón por la que los que patrullaban en la playa dispararon contra el «dinghy» del «Juanín».

La fuente que ofreció la información fue la misma persona que recibió a Fernández Rocha y Hernández Rojo en su casa en Varadero tan pronto pasaron los pinos de la playa y quien salió de Cuba junto a su familia hacia Miami el 24 de mayo y quien, como solía ser lo usual, fue interrogado por funcionarios de la CIA[856]. La documentación de la CIA que aborda este caso identifica a esta persona como alcalde de un pueblo en la provincia de Matanzas entre 1954 y 1958; por su parte, Nicolás Pérez Diez Argüelles, en una entrevista que le hizo Enrique Ros, afirma que fue alcalde de Manguito[857]. Según esta fuente le relató a los entrevistadores de la CIA, como él salía de Cuba en unos días, y como era lo que indicaba el requisito establecido por el gobierno cubano para quienes dejaban el territorio nacional, tuvo que presentarse en el cuartel de milicias de Varadero para entregar las llaves de su casa. Allí escuchó a varios milicianos conversar sobre la reciente escaramuza que siguió al desembarco de los dos

---

[856] Despacho, Chief of Station, JMWAVE a Chief, Task Force W, «Operational/GYROSE KUGAGE/AMHINT/(ininteligible). Debriefing of AMHINT Safehouse Owner», Miami, 30 de mayo de 1962, CIA, RN 104-10171-10012, MFF.

[857] Enrique Ros, *El Clandestinaje y la Lucha Armada contra Castro*, Miami, Florida, Ediciones Universal, 2006, 292.

infiltrados del DRE y según comentaban los milicianos, ellos dispararon al «dinghy» creyendo que eran personas que querían salir clandestinamente de Cuba. En ese sentido, las noticias parecían indicar que la operación de infiltración no había sido detectada.

Al día siguiente de la llegada a Varadero, los dos recién llegados dirigentes del DRE salieron hacia La Habana. De acuerdo con una carta que Luis Fernández Rocha le escribió a Juan Manuel Salvat, y que fue interceptada por la CIA al sustraerla de la valija diplomática en que viajaba, lo primero que confrontó fue la situación en la que se encontraba la organización clandestina del Directorio[858]. Fue su impresión que las «células estaban bien organizadas y dispersas en todas las provincias excepto en Pinar del Río y Oriente». Sin embargo, también encontró que todavía resonaba una crisis reciente entre la dirigencia del movimiento debido a lo que llamó, «falta de autoridad absoluta». Se trataba de un conflicto originado por el arresto de Roberto Quintairos, «Carlos», y que involucró al «Frente de Acción» y al «Frente Civil». El problema fue resuelto gracias a la mediación de Manuel Guillot. Ante semejante panorama, Fernández Rocha ratificó los cargos de la dirigencia nombrando como coordinador nacional a «Aníbal»[859], a Lester García, «Miguel», como coordinador civil y a Laureano Pequeño, «Lino», como coordinador militar. Otros nombramientos que se hicieron en ese momento fueron los de Raúl Cay al frente de Inteligencia, Nicolás Pérez, «José Alfredo», como coordinador de Abastecimiento y a Jorge Medina Bringuier, «Mongo» como segundo en abastecimiento. La apreciación que el secretario general del DRE le comunicó a Salvat fue que en menos de un mes las células del Directorio estarían plenamente preparadas para la ejecución de los planes de la organización.

Sin embargo, Fernández Rocha también recogió un ambiente de peligro para los miembros de la oposición que operaban en la clandestinidad cubana. Cuando él le escribe a Salvat no se olvida

[858] Luis Fernández Rocha a Juan Manuel Salvat, La Habana, 31 de mayo de 1962 en Despacho, de Chief of Station, JMWAVE a Chief, Task Force W, «Operational/AMSPEL Progress Report -July 1962».

[859] Probablemente Dámaso Oliva.

de comentarle la noticia del arresto de Guillot y de las consecuencias que esa detención ha tenido en algunas iniciativas que requerían la reunión de algunos cuadros conspirativos. También le dice que el MRR estaba «totalmente infiltrado». Lo que era evidente en esa coyuntura es que Fernández Rocha no sospechaba que también el DRE estaba penetrado por un agente de la Seguridad del Estado, Jorge Medina Bringuier y que esa infiltración sería fatal para la organización que él trataba de fortalecer. Como una cuestión de hecho, en esos días han sido detenidos Roberto Quintairos y Antonio Sowers y, a la misma vez que Guillot, Laureano Pequeño y Bertha Santa Cruz de Kindelán[860].

Cuando Fernández Rocha le escribe a Salvat el 31 de mayo, incluye una nota en la que deja a entender de que él estaba a punto de regresar a Miami. Hasta le da los detalles de cómo se llevará a cabo su extracción de Cuba. Es muy posible que una carta redactada por Albor Ruiz, «Raúl», desde Miami, y dirigida a Julio Hernández Rojo, «César» en Cuba aborde las instrucciones enviadas por Fernández Rocha a Salvat[861]. En su comunicación, Ruiz explicó como intentaron en el DRE organizar tres operaciones distintas para extraer al secretario general del Directorio del territorio cubano y las diferentes razones por las que todas ellas se malograron. No obstante, un asunto fundamental se atendió al final de la carta. En uno de sus últimos párrafos, «Raúl» le informó a «César» que el G-2 lo había identificado y que le estaba dando «cuerda» para detenerlo posteriormente. En esas circunstancias, Ruiz le aconsejó a su compañero del DRE que tuviese cuidado y que, al menor movimiento sospechoso buscara asilo en una embajada. Un consejo similar le dio Bernabé Peña a Luis Fernández Rocha en sendas cartas que le enviara por vía diplo-

[860] Ros, *El Clandestinaje*, 295 y 296.

[861] Carta de (Albor Ruiz) «Raúl» a (Julio Hernández Rojo) «César», Miami, 21 de junio de 1962 en Despacho, de Chief of Station, JMWAVE a Chief, Task Force W, «Operational/AMSPEL Progress Report -July 1962». Esta carta también fue extraída por la CIA de una valija diplomática.

mática y de las que la CIA también se apropió[862]. En la primera de las cartas, Peña indica que Salvat se había enterado por un comentario que le compartiera Oscar Echevarría, quien, a su vez, lo supo por un mensaje que le transmitieron de JMWAVE.

Más o menos al mismo tiempo en el que Albor Ruiz hacía esta advertencia, la CIA discutió la necesidad de sacar a Fernández Rocha de Cuba[863]. El asunto tuvo como referencia la detención de Guillot y de tres de miembros de la dirigencia del DRE en Cuba y la argumentación para llevar a cabo la propuesta operación giró alrededor del posible daño que ocasionaría una posible detención de Fernández Rocha. Para la CIA, la primera de las razones que había que tomar en consideración era el daño que ese arresto le podría hacer a la Agencia ya que Fernández Rocha tenía un conocimiento amplio de los procedimientos utilizados por JMWAVE además de que el secretario general del DRE estaba familiarizado con, al menos, dos agentes de la CIA en Miami. En la discusión también se reparó en el hecho de que Fernández Rocha tenía todo tipo de información acerca del DRE y que su detención en Cuba podría ser utilizada por las autoridades cubanas para montar un juicio público por televisión.[864]. Así mismo, y en este punto Seymour R. Bolten, quien escribe el informe, coincidió con un comentario hecho por Albor Ruiz en su carta a Hernández Rojo. Bolten reconoció al DRE como una de las organizaciones más efectivas en las operaciones en contra del régimen cubano; una admisión que concluyó en una predicción: si Fernández Rocha era capturado, eso significaría el fin del DRE como un recurso de gran valor en Cuba[865].

Alguien que sí detectó la presencia en Cuba del dirigente del DRE fue Rolando Cubela. De acuerdo con el relato que hace Fernández Rocha de aquel encuentro, el mismo fue fortuito y en él

---

[862] Bernabé Peña a Luis Fernández Rocha, Miami, S.F. y ( ) julio de 1962, en Despacho, de Chief of Station, JMWAVE a Chief, Task Force W, «Operational/AMSPEL Progress Report -July 1962»

[863] Memorandum de Seymour R. Bolten, Chief TFW/PA-PROP a Chief, Task Force W, «Exfiltration of AMHINT/53», 20 de junio de 1962, CIA, RN 104-10171-10010, MFF.

[864] *Ibid.*

[865] *Ibid.*

Cubela le preguntó que qué era lo que él hacía en Cuba; a lo que Fernández Rocha le respondió «que él [Cubela] sabía a lo que él [Fernández Rocha] se dedicaba»[866]. Lo que se hizo evidente por las señales que salían de Cuba era que, mientras más tiempo durara la estancia clandestina de Fernández Rocha en la isla, más peligro corría de ser detenido por las fuerzas cubanas de seguridad. En agosto, el Informe de Progreso que JMWAVE sometió a sus superiores en Washington acerca de las actividades del DRE durante el mes de julio aludió a cinco intentos que había hecho el Directorio para sacar a su Secretario General de Cuba, y que todos habían fracasado[867]. El 20 de agosto, la oficina del DRE en Miami recibió un nuevo mensaje de Fernández Rocha anunciando su próxima salida de Cuba[868], evento que no llegó a concretarse hasta que, por fin, el 21 de septiembre, el secretario general del DRE pudo salir en una embarcación de pescadores junto a Ángel Lozano quien la CIA identificó como el coordinador nacional para Asuntos Agrícolas del Directorio y «organizador para la guerra de guerrillas y grupos de resistencia»[869].

La llegada de Fernández Rocha a Miami fue motivo de alivio y alegría para la militancia del DRE. Mario Pita, de la Sección de Asuntos Internacionales anunció a los delegados del Directorio

[866] Luis Fernández Rocha, entrevista. Según un documento de la CIA en la que recoge el testimonio de Jorge Medina Bringuier, «Mongo», Cubela le indicó a la Seguridad del Estado el encuentro que había tenido con Fernández Rocha. Es dentro de esa coyuntura que Rolando Cubela, estando en Helsinki, entró en contacto con un emisario de la CIA. La CIA le entregó a Juan Manuel Salvat, a través de «Vicente», un extracto de la entrevista que le hicieron a Medina Bringuier. DRE, AJFC.

[867] Despacho, de Chief of Station, JMWAVE a Chief, Task Force W, «Operational/AMSPEL Progress Report -July 1962». Los intentos fallidos para extraer a Fernández Rocha del territorio cubano son narrados por Machado, *Cuba. My (Twice) Betrayed Generation*, locs. 1843-1900.

[868] Despacho, de Chief of Station, JMWAVE a Chief, Task Force W, «Operational/GYROSE/KUWOLF. AMSPELL Progress Report for August 1962», Miami, 14 de septiembre de 1962, CIA, RN 104-10171-10041, MFF.

[869] Despacho, de Chief of Station, JMWAVE a Chief, Task Force W, «Operational/GYROSE/KUWOLF. AMSPELL Progress Report for September 1962», Miami, 9 de octubre de 1962, CIARN 104-10170-10051, MFF.

en América Latina la presencia en Miami del secretario general de la organización. A tales efectos escribió un comunicado dando el detalle de que Fernández Rocha y sus compañeros de travesía, pasaron varias horas perdidos en las aguas del golfo de México antes de ser avistados por un barco mercante que los acercó a la Florida. Pita también transmitió a sus compañeros del DRE un mensaje esperanzador que trajo desde Cuba el máximo dirigente del DRE, que «el Directorio se encuentra perfectamente organizado en toda la isla»[870]. Esa misma línea informativa fue la que siguió el informe que Fernández Rocha publicó en *Trinchera*[871]. El énfasis del mensaje que ofreció el dirigente estudiantil en su informe fue el de describir la situación interna de Cuba. A la vez que constató su impresión de que las fuerzas internas de la oposición estaban «preparadas» para asumir «la lucha definitiva», no dejó de señalar las condiciones difíciles que teñían de peligro a la resistencia política dentro de Cuba. El factor principal para determinar el alto nivel de peligrosidad en el que se movía el clandestinaje era la capacidad represiva del régimen. No obstante, Fernández Rocha trató de emitir un mensaje de optimismo con su informe mientras reiteraba lo que era la posición de la organización que él dirigía: la resistencia interna sola no puede cumplir con la tarea de derrocar a Castro, necesita de la participación de «todo el continente». Eso sí, para él, como para el DRE, los cubanos no deben estar subordinados a «decisiones y acciones extrañas» aunque si deben de asumir el papel de vanguardia en esa lucha[872].

De un contenido distinto fue el *dossier* que publicó *The Cuban Report* del 28 de septiembre y que según la publicación había sido compilado en Cuba por la Sección de Inteligencia del DRE y que, de acuerdo con JMWAVE era una versión de lo que Fernán-

[870] Mario Pita, «Memorandum de Secretaría de Relaciones Internacionales a Delegaciones. Asunto: llegada desde Cuba de nuestro secretario general Luis Fernández Rocha», Miami, 24 de septiembre de 1962, DRE, AJFC.
[871] Luis Fernández Rocha, «Informe de Nuestro Secretario General», *Trinchera*, Miami, 14 de octubre de 1962, 1 y 8.
[872] *Ibid.*

dez Rocha le había informado a la CIA a su llegada de Cuba[873]. En ese número de la publicación hay un informe detallado de instalaciones militares en Cuba y de la presencia de tropas soviéticas en la isla. Incluye, además, la relación de doce bases para cohetes que estaban en construcción en el territorio cubano. En el caso de unas instalaciones que sitúa en el valle del Yumurí, en la provincia de Matanzas, el informe hace una advertencia significativa: la descripción del equipo examinado le fuerza a creer que los mismos constituyen un conjunto de misiles de alcance intermedio (IRBM) «de un gran poder destructivo»[874]. En ese sentido, y con ese número del *The Cuban Report*, el DRE intensificó su campaña de denuncia acerca de la existencia de efectivos militares soviéticos dentro de Cuba, una tarea que ahora quedó avalada por el testimonio de su secretario general[875].

Por otro lado, y con respecto a la estancia clandestina de Luis Fernández Rocha en Cuba, si se considera que solo el Directorio, de todas las organizaciones cubanas que tenían presencia en el exterior de Cuba, fue la única que infiltró a su máximo dirigente en la isla, se puede ver como este grupo de estudiantes llegó a ocupar un espacio cimero en la opinión pública de la comunidad exiliada. Una acción como la que había logrado el DRE era un paso adicional en su camino hacia la consolidación como uno de los grupos de más prestigio entre aquellos que luchaban para promover un cambio en Cuba.

Sin embargo, la actividad que más prestigio le dio al DRE dentro de aquella coyuntura, y que tuvo como uno de sus objetivos la denuncia de la presencia militar soviética en Cuba, fue el

[873] DRE, *The Cuban Report*, Miami, 28 de septiembre de 1962, AJFC y Despacho, de Chief of Station, JMWAVE a Chief, Task Force W, «( ) Production. Military Intelligence on Cuba», Miami, 8 de octubre de 1962, en «DRE [[CRYPT]] Operations», [Fechas Incluidas: septiembre de 1962-diciembre de 1962], 21 de septiembre de 1962, Document id number 1994.05.06.09:39:23:590005, MFF.

[874] DRE, *The Cuban Report*, 28 de septiembre de 1962, AJFC.

[875] Véase el resumen de la información preliminar obtenida por la CIA en su interrogatorio a Luis Fernández Rocha al llegar a la Florida. «Notes on Debriefing», 9 de octubre de 1962, en DRE [[CRYPT]] Operations.

ataque marítimo que se hizo por militantes del Directorio y desde una embarcación propia al Hotel Rosita de Hornedo en el litoral habanero el 24 de agosto de 1962.

Para el DRE, como movimiento beligerante dentro del campo de la oposición cubana y convencido de que la única forma en que se podía derrotar al régimen encabezado por Fidel Castro era mediante la lucha armada, la actividad bélica era un elemento indispensable en su enfrentamiento con el castrismo, es un asunto que asumió desde el principio de su existencia y que reiteró a lo largo de toda su historia. No obstante, en la dirigencia del Directorio había la conciencia de que para poder cumplir con tal imperativo era necesario contar con una fuente de financiamiento. Hay que tomar en consideración, que por muy amplia que fuese la aportación que solía hacer la CIA para que el DRE pudiera mantenerse en el frente de lucha, muy poco, o casi nada, estaba asignado a la actividad militar. Para la CIA, el Directorio era una organización dedicada a la propaganda y a la adquisición de inteligencia; y hacia esos fines se destinaba casi toda su aportación monetaria[876]. En un memorándum firmado el 16 de febrero de 1962 por el secretario de Finanzas del DRE, General Fatjó, se afirmó que «la primera necesidad del DRE en estos momentos será la compra del yate, *para cuyo fin no se deberán escatimar*

[876] Además de que esta afirmación se puede comprobar en los diferentes «AMSPELL Progress Report» que mensualmente JMWAVE sometía al centro de la CIA en Washington y en los que incluía de manera desglosada las asignaciones para el financiamiento del DRE, también hay múltiples documentos del Directorio que corroboran el dato. Véase, por ejemplo, el «Memorandum» que dirigen los Responsables de Finanzas del DRE a Junta de Administración, y que está fechado el 16 de abril de 1962 en el que se afirma que «El Plan Económico General del DRE es aquel que nos ayuda a sufragar los gastos no previstos y no aprobados por los aliados...o que son llamados gastos secretos o propiamente bélicos de la organización». General Fatjó Miyares y Ana Díaz Silveira, Memorandum a Junta de Administración del DRE, «Reorganización, funcionamiento y planes de la Sección de Finanzas», Miami, 16 de abril de 1962, DRE, AJFC.

esfuerzos»[877]. Con ese fin en mente, y consciente de que la CIA no hará aportación alguna para la aludida adquisición, Fatjó describe los medios por los cuales la organización podrá obtener los fondos necesarios para la compra de la embarcación, entre ellos, y, en primer lugar, el descuento que se hará en la nómina de todos los militantes del DRE que tengan asignado un sueldo[878]. De la aportación general que daba la CIA mensualmente, Fatjó tratará de sacar todo lo que fuese posible para pasarlo a la partida de los gastos no financiados por la Agencia. En ese sentido afirmó que se está «llevando estricta cuenta de lo 'rapiñado' y su empleo...Con la nueva modalidad de presentar la mayor cantidad de gastos por anticipado, a principios de mes, y recibir la cantidad que se acordase, solo nos queda con respecto al dinero de los aliados la buena administración para fines del Plan»[879].

Así mismo, General Fatjó menciona la venta de calcomanías, bonos y sellos como otros instrumentos generadores de ingresos y cuya función principal será «la compra del yate y los gastos de la secretaría militar que no tienen presupuesto de los 'aliados'»[880]. También se tratará de levantar fondos acudiendo a donantes particulares, así como lo que puedan aportar las delegaciones del DRE en América Latina como en Estados Unidos[881]. Es cierto que, una vez adquirida la embarcación —el «Juanín»—, la CIA reembolsó algunos de los gastos en los que el DRE incurrió para

---

[877] General Fatjó Miyares a Buró Ejecutivo del Directorio Revolucionario Estudiantil, «Funciones y necesidades de la Secretaría de Finanzas», Miami, 16 de febrero de 1962, DRE, AJFC. Énfasis del autor.

[878] *Ibid.* La cantidad que se recaudó mediante esa partida en el mes de abril de 1962 fue de $2,800.00.

[879] General Fatjó Miyares a Juan Manuel Salvat, «Esquema y Breve Desarrollo del Plan de Finanzas para el Exilio, que se propone a la Comisión de Planificación y Comisión de Planificación de Ejecución del Mismo», Miami, 21 de mayo de 1962, DRE, AJFC.

[880] Fatjó Miyares, «Funciones y Necesidades».

[881] Una de las delegaciones que más solía aportar era la de Puerto Rico que solo en el mes de abril de 1962 envió $1,700.00. *Ibid.*

habilitar la misma[882]. La razón que justificaba el desembolso es que la nave también se utilizó para operaciones de infiltración que, si estaban aprobadas por JMWAVE, como fue el caso de la asociada a Luis Fernández Rocha o para que se transmitieran programas de radio cerca de las costas cubanas[883]. En un memorándum sin fecha firmado por General Fatjó se alude a esta situación aunque en tono de queja ya que alega que la CIA no ha hecho el reembolso correspondiente a la compra e instalación «de todos los aparatos del 'Juanín'»[884]. Fue en el mes de mayo cuando la Agencia aprobó, oficialmente, que JMWAVE le ofreciera apoyo al «Juanín» incluyendo el entrenamiento de la tripulación[885] Es el mismo asunto al que alude el secretario de Finanzas cuando le escribe una carta a Carlos Artecona, miembro del DRE radicado en Puerto Rico. En su comunicación, Fatjó explica los gastos en los que ha incurrido la organización para preparar al «Juanín», incluyendo $1,500.00 para los «hierros que se han comprado para equiparlo de demás (sic), sus bullets y otras cositas»[886]. Así mismo le explica que los gastos mensuales mínimos para mantener la embarcación incluyen $175.00 por el alquiler del muelle en el que se encuentra el «Juanín» y $200.00 correspondientes a la gasolina y otros asuntos de mantenimiento[887]. La base de operacio-

[882] Despacho, de Chief of Station, JMWAVE a Chief, Task Force W, «May Progress Report –AMSPELL», Miami, 23 de junio de 1962, CIA, RN 104-10171-10036, MFF. J.

[883] Juan Manuel Salvat, entrevista.

[884] General Fatjó Miyares, «Problemas de Finanzas con 'los aliados'», Miami, S. F., DRE, AJFC. La cantidad reclamada era de $3,080.00. El «Juanín» fue comprado entre los meses de marzo y abril de 1962. En el memorándum con fecha de 16 de abril de 1962 se precisan los «gastos fijos» de la embarcación. De acuerdo a Bernabé Peña, el barco de treinta y un pies de eslora y dos motores Chrysler de doscientos setenta y cinco caballos de fuerza, fue adquirido por el padre de Johnny Koch que era ciudadano de Estados Unidos. Mensaje electrónico de Bernabé Peña, 2 de marzo de 2021.

[885] Despacho, de Chief of Station, JMWAVE a Chief, Task Force W, «May Progress Report –AMSPELL».

[886] General Fatjó («Bruno») a Carlos Artecona, Miami, 21 de abril de 1961 [debe decir 1962], DRE, AJFC.

[887] *Ibid.* En la carta Fatjó menciona que la delegación de Puerto Rico contribuyó al fondo general del DRE en el mes de marzo con $1,800.00.

nes del «Juanín» se encontraba en Cayo Maratón, en la Florida, y de acuerdo con el «April Progress Report» producido por JMWAVE, del equipo que adquirió el Directorio para su embarcación, la CIA solo aportó fondos para la compra de su radar[888]. El DRE adquirió el barco con sus propios fondos y con un préstamo bancario del First National Bank of Miami y cuya mensualidad ascendía a $1,050.00 mensuales[889]. Al reportar la compra del «Juanín» a la oficina central de la CIA, «Roger» hizo una observación muy aguda acerca del significado que podía tener para las relaciones entre la CIA y el DRE. Según advirtió Crozier a sus superiores en la CIA, si no se aprobaba el apoyo de JMWAVE a las operaciones del DRE con el «Juanín», había que esperar que el Directorio hiciera todo tipo de esfuerzos para operar de manera independiente[890]. Eso, precisamente, fue lo que sucedió en el ataque que el Directorio dirigió contra el Hotel Rosita de Hornedo el 24 de agosto de 1962.

La acción del DRE contra el Hotel Rosita de Hornedo, aunque novedosa por la forma en que se llevó a cabo y los medios utilizados, no se ejecutó en el vacío. Un conjunto de hechos y situaciones precedieron y le dieron sentido al ataque. En primer lugar, se debe tomar en consideración el compromiso del Directorio con la lucha armada. Habían sido numerosísimas las ocasiones en las que la organización se había expresado sobre este particular que, según la propia y reiterada declaración del DRE, era la única fórmula disponible para derrocar al régimen de Castro.

Dentro de las filas del propio Directorio hubo expresiones invitando a la dirigencia a que asumiera una posición más activa sobre este particular. Un ejemplo de esa presión interna es el informe que Julio Hernández Rojo le dirigió a Luis Fernández Rocha el 17 de abril de 1962. En su comunicación, Hernández Rojo le recordó al secretario general del DRE que la organización había aprobado en diciembre de 1961 la meta de «tomar decisiones

---

[888] Ver a Harold R. Noemayr [Ross Crozier «Roger»], «April Progress Report», Miami, abril de 1962, CIA, RN 104-10171-10037, MFF.

[889] Fatjó Miyares, «Problemas de Finanzas».

[890] Noemayr [Ross Crozier «Roger»], «April Progress Report».

definitivas sobre las directrices que habrá de seguir la sección militar del DRE» después de celebrada la Conferencia de Cancilleres que se reunió en Punta del Este. Que habían pasado dos meses y medio desde que finalizara aquel evento y que en el Directorio «aún no se han establecido las medidas claras y precisas sobre la función de esta sección *primordial*». Hernández Rojo llamó la atención de Fernández Rocha sobre la naturaleza de la organización en la que ambos militaban, el DRE era un movimiento «revolucionario» y no «propagandístico», que su misión era «llevar la guerra a Cuba»[891].

Era la opinión de Hernández Rojo, que la paralización del Directorio en el campo de la acción militar en Cuba se debía, sobre todo, a los intereses de los «aliados» y que, por lo tanto, solo se estaba trabajando en tareas «afines a las impuestas» por ellos. De ahí que su sugerencia es que se acudiera a «estos señores» para poner en práctica lo más rápido posible la meta que el DRE se había impuesto, advirtiendo que, «si estos señores...no tienen prisa ni el interés necesario para la rápida liberación de nuestros hermanos, si estos señores continúan observando el terrible martirio de nuestra querida Patria, como si estuvieran viendo una película de estreno, *debemos nosotros llenarnos de dignidad, coraje y decisión, pensar un poquito más por si solos, pero no dejarlo para más tarde o para un mañana que no llega nunca*»[892]. Para terminar con su informe, Hernández Rojo le propuso al Secretario General del DRE que, estando el «Juanín» listo para navegar, el Directorio podía llevar adelante varias tareas para «cumplir con la cita» y, entre ellas, el rescate en el Golfo de cubanos que abandonan la isla en pequeñas embarcaciones y, sobre todo, «*realizar algún acto en la misma Cuba que pudiera mover la opinión pública americana* a favor de nuestra Revolución (la social cristiana) y *desviar la atención de esa aura gigantesca que se nos avecina más y más: la coexistencia*»[893].

[891] Julio Hernández Rojo a Secretario General, «Informe No. I», Miami, 17 de abril de 1962, DRE, AJFC. Énfasis del autor.

[892] *Ibid.* Énfasis del autor.

[893] *Ibid.* Énfasis del autor.

Así mismo, estaba el interés del Directorio por promover el activismo dentro de la comunidad cubana exiliada. No se puede olvidar que, dentro del exilio cubano, particularmente el que residía en Miami, el ánimo patriótico se interfería por la necesidad material de alcanzar un sustento estable y de que muchos dentro de esa comunidad fueron considerando la «relocalización» como la mejor alternativa para solucionar el problema. No se puede soslayar el hecho de que también el DRE quería «forzar» las condiciones que fuesen propicias para llevar a Estados Unidos y a los países de América Latina a adoptar hacia el gobierno cubano la política agresiva que según el Directorio era necesaria para erradicar al régimen de Castro. De igual manera se incorpora a la coyuntura que precede y le da sentido al ataque del 24 de agosto, la campaña ingente que llevaba el DRE para denunciar la presencia en territorio cubano de contingentes militares provenientes de la Unión Soviética y de los países del mundo socialista, así como la instalación de bases y equipo bélico «ofensivo» que ponía en peligro la paz en el Hemisferio Occidental.

El 24 de agosto de 1962 era viernes. A eso de las dos de la tarde de ese día, dos embarcaciones, una PT bautizada como «Susan Ann» y el «Juanín» salieron de su base en los cayos de la Florida con dirección a La Habana, Cuba. El plan era llevar a cabo un ataque desde el mar contra el antiguo hotel Rosita de Hornedo, ahora ICAP (Instituto Cubano de Amistad con los Pueblos) situado en el barrio de Miramar. De acuerdo con informes que había recibido el DRE, la hospedería era sede de muchos de los «técnicos» soviéticos y checoeslovacos que asesoraban al gobierno cubano en distintos asuntos, entre ellos el militar. La noticia había llegado al Directorio vía de dos militantes anticastristas muy cercanos a la organización: José Basulto y Carlos Hernández. La operación se planificó durante unos cuarenta días y el propósito de la misma, en palabras de Juan Manuel Salvat, sería «denunciar la presencia militar soviética en Cuba, decir 'seguimos luchando' y lograr influencia en los medios de propaganda»[894]. Mientras se planificaba la ejecución del ataque, Salvat conversó con Ángel

[894] Juan Manuel Salvat, entrevista.

Fernández Varela a quien la operación «le pareció una locura», según recuerda Salvat[895]. No obstante, la observación de Fernández Varela no desvió la decisión del DRE de seguir con sus planes y cumplir con la operación.

En el ataque participarían un total de veintitrés personas que se distribuirían entre las dos embarcaciones, ocho de ellas en el «Juanín» y el resto en la «Susan Ann» que estaba afiliada al Movimiento Montecristi. El «Juanín» sería el atacante mientras que la PT serviría de escolta y de distracción en el caso de que las embarcaciones fueran descubiertas en aguas territoriales de Cuba.

Las dos naves navegaron hacia Cuba llegando, a eso de las 10:30 pm a un punto que estaba a unas dos millas de la playa de Guanabo. En ese momento se separaron dirigiéndose el «Juanín» hacia el oeste. Mientras tanto la «Susan Ann» también navegó en esa dirección, pero más alejada de la costa ya que, por su tamaño, podía ser detectada por el radar que estaba colocada en la entrada de la bahía de La Habana. El «Juanín», por ser más pequeño, podía escapar de la señal del radar y, por lo tanto, se arriesgó a navegar cerca de la costa. Antes de llegar al lugar donde se encontraba el hotel Rosita de Hornedo, el «Juanín» tuvo un percance que hizo peligrar toda la operación. Un tanque auxiliar de gasolina comenzó a filtrar su contenido por la popa de la embarcación, precisamente donde estaba ubicado el cañón de veinte milímetros que sería el arma principal en el ataque al objetivo. El temor que tuvieron los tripulantes fue que cuando se hicieran los disparos hacia el hotel saltara una chispa que pudiera incendiar la nave. Sin embargo, la rotura pudo ser reparada por el capitán del «Juanín», Isidro Borja, quien era ingeniero. El cañón, de fabricación alemana, había costado $300.00.

Después de pasar la desembocadura del río Almendares y de burlar las baterías instaladas en la «Puntilla», el «Juanín» se acercó a unos doscientos pies del edificio que albergaba al Rosita de Hornedo. Más o menos a las 11:30 pm comenzaron los disparos hacia el hotel apuntando hacia el lugar en el que se suponía que

[895] Correo electrónico de Juan Manuel Salvat a Javier Figueroa, Miami, 5 de octubre de 2021.

estuviese el comedor ya que se esperaba que allí estuviesen concentrado la mayor parte del personal «técnico» que residía en la hospedería. Según el testimonio que entonces ofreció el artillero al frente del cañón, José Basulto, se hicieron algo más de veinte disparos con su arma mientras que el resto de la tripulación, armada con varios rifles, también descargaron todas las municiones que llevaron para la operación. La acción tomó de tres a cinco minutos[896]. A la misma vez que se disparaba contra el objetivo costero, Juan Manuel Salvat, desde el «Juanín» y utilizando la planta portátil de radio con la que el DRE transmitía hacia Cuba, leyó un manifiesto denunciando la presencia de tropas soviéticas en la isla. El único problema con la transmisión fue que, a Salvat, con la confusión y ansiedad del momento, se le olvidó activar la planta de radio. De todas maneras, en la declaración titulada «Desde el Suelo Sangrante de Cuba a los Pueblos Libres del Mundo», rechazó la posibilidad de una «coexistencia pacífica» con el régimen y ratificó la voluntad de los miembros del Directorio de continuar su lucha hasta lograr un cambio en Cuba[897]. Una vez que se cumplió con la misión, el «Juanín» puso proa hacia la Florida. La PT, que tenía radar, pudo detectar a dos embarcaciones cubanas que comenzaron a perseguir a la nave atacante. Gracias a varias maniobras de distracción y a la velocidad del «Juanín» se pudo evadir la misma. Las naves llegaron a sus bases en la Florida en horas de la madrugada.

Mientras tanto, José Antonio G. Lanuza se encontraba en la ciudad de Nueva York. Su estancia en la metrópolis del Norte estaba vinculada al ataque que llevó a cabo el DRE. Lanuza fue enviado a Nueva York con la misión de divulgar la acción que haría el Directorio la noche del 24. Su conocimiento del ataque era solo general y no sabía los detalles de esta. A él le habían en-

[896] Las declaraciones de José Basulto aparecieron en *La Estrella de Panamá*, «José Basulto, el artillero que disparó contra Miramar, relata el momento cumbre de su acción», Ciudad de Panamá, 27 de agosto de 1962, 1. La mayor parte de la información utilizada para reconstruir la acción del DRE se encuentra en *The Cuban Report*, Miami, 31 de agosto de 1962.

[897] DRE, «Desde el Suelo Sangrante de Cuba a los Pueblos Libres del Mundo», Miami, 25 de agosto de 1962, DRE, AJFC.

tregado en Miami dos sobres que contenían posibles alternativas de lo que podía pasar. El recibiría una llamada de José María de Lasa diciéndole en cuál de los dos sobres estaba la información correcta. Sin embargo, esa noche, a las 11:30 pm, y en compañía de Miguel Lasa, delegado del DRE en Nueva York, y del publicista Justin McCarthy, participó en un programa de radio que producía en vivo el periodista Barry Farber desde el famoso restaurante «Mamá Leone». El programa, que se transmitía por la cadena Mutual Radio, tenía una amplia difusión y Lanuza, aprovechando una pregunta de Farber en la que le inquiría sobre qué hacían los cubanos para deshacerse del régimen castrista, hizo una declaración que dejó atónito a los participantes del programa. Según recuerda el secretario de Asuntos Americanos del Directorio, él declaró que en ese momento miembros del DRE estaban atacando los cuarteles generales de los militares rusos en La Habana, a la vez que advirtió que toda la información sobre la operación aparecería publicada en los periódicos al día siguiente[898].

Mientras tanto, en la sede del Directorio situada en una vieja casona de la avenida Coral Way de Miami, un grupo pequeño de sus miembros se mantuvo en guardia durante la noche del 24 y la madrugada del 25. Esperaban noticias de los compañeros que navegaban hacia Cuba. Mario Pita, de la Sección Internacional, relató que estuvieron en contacto con las embarcaciones hasta las 10:30 pm[899]. No fue hasta ocho horas después que supieron del éxito de la operación.

La llamada de José María de Lasa, que fue de los miembros del DRE que permaneció esperando noticias en la sede del Directorio, no le llegó a Lanuza hasta las 9:00 am del día 25. El responsable de la Sección Americana de la organización se comunicó inmediatamente con el publicista McCarthy y le corroboró la información que él le había dado a Farber en el «Mamá Leone». A la misma vez, le pidió a su interlocutor que le concertara citas

---

[898] José Antonio G. Lanuza, entrevista.

[899] Memorandum de Secretaría de Relaciones Internacionales a Delegaciones, «Resumen y orientación de los últimos acontecimientos», Miami, 25 de agosto de 1962, DRE, AJFC.

con los medios de prensa neoyorquinos para hablar sobre la acción del DRE contra el Rosita de Hornedo. La iniciativa propagandística fue un éxito. El mismo 25 de agosto los cables de prensa daban a conocer las declaraciones de Fidel Castro condenando el ataque y acusando a Estados Unidos del suceso[900]. Simultáneamente, también difundieron la conferencia de prensa que los miembros del DRE participantes en la acción ofrecieron en la oficina que tenía el Directorio e Miami. En Nueva York, y respaldado ya por la presencia de Juan Manuel Salvat, Bernabé Peña e Isidro Borja quienes se trasladaron a la ciudad y como testigos del ataque, Lanuza y Miguel Lasa concedieron entrevistas para los principales diarios de la urbe. Anteriormente, Lanuza, que comenzó a visitar algunas de las principales cadenas de televisión con sede en Nueva York, fue entrevistado por Walter Cronkite en la cadena CBS y por otros periodistas que le atendieron en la NBC y ABC. Más tarde, Borja compareció ante el célebre programa de entrevistas Meet the Press de la cadena NBC[901]. La resonancia de la noticia y del mensaje que los miembros del DRE acompañaron en sus distintas comparecencias, alcanzó a los principales medios de información de Estados Unidos. El Directorio cobró, de repente, el nivel de celebridad que otras organizaciones cubanas del exilio no habían podido alcanzar.

Algo parecido sucedió en América Latina. La Sección Internacional del Directorio movilizó a las delegaciones del DRE en América Latina e instruyó a sus delegados a diseminar y destacar la noticia. El engranaje se había preparado con anticipación. A los comienzos de esa misma semana, Salvat había instruido a los responsables de la Sección para que ellos y las delegaciones estuvieran preparados «para comenzar el clímax del plan latinoamericano», aun cuando desconocían la naturaleza de la acción que se

---

[900] Véase «Havana Suburb Is Shelled in Sea Raid by Exile Group. Castro Blames U.S.», *The New York Times*, 26 de agosto de 1962, 1.

[901] Además de *The New York Times*, la noticia fue destacada en los diarios *New York Journal American*, *New York Herald Tribune*, *New York Post*, *Sunday Daily News* y *La Prensa*. Colección de recortes de prensa de Bernabé Peña.

llevaría a cabo próximamente[902]. Tan pronto se supo la noticia del ataque en la oficina del DRE, la maquinaria se puso en marcha. La instrucción que por medio de Mario Pita se envió el 25 de agosto a los representantes del DRE en los países latinoamericanos, insistió cn que se aprovechara el impacto del ataque a un objetivo en la costa habanera para que se desplegase una campaña que vinculara la acción sobre el Rosita de Hornedo con la presencia de tropas soviéticas en Cuba[903]. A la misma se les animó «a trabajar en la forma más intensiva posible yendo poco a poco en la escala de presión de la opinión pública y resaltando las declaraciones del DRE desde la clandestinidad en combinación con el asunto de las tropas rusas»[904]. El despliegue en la prensa latinoamericana fue igualmente amplio al que se llevó a cabo en Estados Unidos y ayudó a crear un estado de opinión igualmente favorable hacia la causa defendida por el Directorio.

Por supuesto, la prensa en Miami, incluyendo los dos diarios publicados en inglés, *The Miami Herald* y *The Miami News*, así como el *Diario Las Américas*, se hicieron eco y difundieron ampliamente la noticia del ataque al Rosita de Hornedo. Así mismo lo hizo la revista *Bohemia* y otros medios de la ciudad como el radio y la televisión. Al mismo tiempo, algunas personalidades de la vida política cubana en el exilio como José Ignacio Lasaga, delegado general del MRR, Laureano Batista Falla del MDC, José Miró Cardona, presidente del CRC, José Álvarez Díaz y tres representantes de Unidad Revolucionaria, Mario Seiglie, Fernando Fernández Cavada y el Dr. Rodríguez Espada, hicieron declaraciones apoyando la acción del Directorio[905]. El Movimiento Montecristi, así como el Alfa-66, entre otros, también extendieron sus felicitaciones al DRE y se solidarizaron con la acción.

---

[902] Memorandum de Secretaría de Relaciones Internacionales, 25 de agosto de 962.

[903] *Ibid.*

[904] *Ibid.* Con la declaración del DRE a la clandestinidad se está refiriendo a la proclama leída por Juan Manuel Salvat durante el ataque.

[905] Despacho, de Chief of Station, JMWAVE a Chief, Task Force W, «Operational, Transmittal of Documents and Press Coverage of Shelling of Havana», Miami, 27 de agosto de 1962, CIA, RN 104-10171-10328, MFF.

Pero fue, quizá, el semanario humorístico publicado en Miami, *Zig Zag Libre*, quien mejor resumió de manera resumida, lo que la embestida del Directorio en la costa cubana significó para el prestigio de la organización. En su sección «*2 Palabras en Serio*» *Zig Zag* afirmó: «El Directorio Revolucionario Estudiantil...ha recibido el aplauso, la sanción y el respeto de las grandes mayorías del exilio, asqueado ya de dirigencias mediatizadas que por incapacidad, por falta de autoridad, o vaya usted a saber por qué, esperan muellemente a que les digan cuando y qué es lo que pueden hacer»[906]. Por otro lado, el hecho de que el DRE estuviese constituido por estudiantes, figura que en la historia política cubana solía identificarse con valentía, pureza y patriotismo, era un incentivo adicional que, combinado con el ataque armado al Rosita de Hornedo, permitía que el DRE se colocase en una posición privilegiada dentro del abanico de movimientos de la oposición cubana que se enfrentaba al régimen de Castro. Más aún, como observó el National Security Archive en su presentación del proyecto *Kennedy and Cuba: Operation Mongoose*», la acción del 24 de agosto operó como incentivo para que otros grupos beligerantes del exilio cubano siguiesen el ejemplo del DRE e iniciaran operaciones semejantes a la llevado a cabo por el Directorio aquella noche de agosto[907]. Un barómetro para medir la popularidad que alcanzó el DRE durante aquella jornada puede ser la cantidad de dinero que llegó al Directorio mediante donaciones particulares. Aunque Juan Manuel Salvat no recuerda cifras exactas que puedan testificar sobre el asunto, quien en ese momento dirigió el comando del DRE sí presume que la cantidad allegada sobrepasó las que solían llegar al Directorio antes del 24 de agos-

[906] *Zig Zig Libre*, «2 Palabras en Serio», Miami, agosto de 1962. El comentario del *Zig Zag* en Colección de recortes de prensa de Bernabé Peña. Lamentablemente, no aparece ni la fecha exacta de la edición ni la página. Sin embargo, en el párrafo inicial del comentario se alude al ataque que ocurrió «la noche del viernes último», de donde se puede deducir que, siendo un semanario, la publicación corresponde a la semana siguiente del hecho aludido.
[907] National Security Archive, Washington, D. C., «*Kennedy and Cuba: Operation Mongoose*», https://nsarchive.gwu.edu/briefing-book/cuba/2019-10-03/kennedy-cuba-operation-mongoose.

to[908]. Con el Rosita de Hornedo el DRE quedó reconocido como una de las organizaciones cubanas de la oposición con mayor prestigio. Su posición como movimiento beligerante independiente parecía consolidada ante la opinión pública del exilio.

Por otra parte, la reacción oficial desde Cuba trastocaba la imagen que como movimiento autónomo defendía para sí el Directorio. Es muy posible que la declaración de Fidel Castro acusando al gobierno de Estados Unidos de ser el autor del ataque al Rosita de Hornedo partiera de su convencimiento de que esa era la realidad. En ese sentido es lógica la reacción que tuvo al ordenar inmediatamente la movilización de las milicias y de personal de artillería[909]. De la misma manera, y siguiendo la línea oficial cubana, es la reacción de la prensa soviética interpretando la acción del DRE como el preludio de una invasión de Estados Unidos a Cuba[910]. De ese mismo convencimiento es partícipe Jesús Arboleya cuando afirma, sin presentar evidencia, que las dos embarcaciones que llevaron a cabo el ataque eran de la CIA[911]; como también lo son los autores de *The Fish is Red*, quienes, sin aportar prueba alguna, sostuvieron que la acción del Directorio «había sido cuidadosamente planificada y aprobada por la base JM/WAVE»[912]. Y lo mismo sucede con Fabián Escalante quien en su libro *Cuba: la guerra secreta de la CIA* aseveró que las embarcaciones del DRE fueron guiadas por «una pareja de avio-

---

[908] Juan Manuel Salvat, correspondencia electrónica, Miami, 10 de marzo de 2021.

[909] Reportado a JMWAVE por Ángel Fernández Varela después de captar las órdenes que se transmitían desde la Habana por la banda radial de los 49 metros. Cable de JMWAVE a Director, «AMHINT-2 Reported at 1400 Hours 25 Aug That AMSPELL Mission», Miami, 25 de agosto de 1962, CIA, RN 104-10171-10329, MFF.

[910] Herbert S. Dinerstein, *The Making of a Missile Crisis. October 1962*, Baltimore, The Johns Hopkins University Press, 1978, 179-180.

[911] Arboleya, *La contrarrevolución cubana*, 127.

[912] Warren Hinckle & William Turner, *The Fish is Red. The Story of the Secret War Against Castro*, New York, Harper & Row, Publishers, 1981, 132. Estos autores también confunden al Directorio Revolucionario Estudiantil (DRE) con el Directorio Revolucionario 13 de Marzo.

nes de matrícula norteamericana» las que a su vez «les señalaron el blanco»[913]

La autonomía del DRE está avalada, precisamente, por la forma en que reaccionaron las autoridades norteamericanas ante una acción militar que para ellos fue una sorpresa total. Así, al menos, es lo que se desprende de la documentación de la CIA que está disponible para ser consultada. En uno de sus primeras comunicaciones a las oficinas centrales de la CIA después de enterarse del incidente, JMWAVE le informa al director de la Agencia los pormenores de la acción y relata el intercambio que ha tenido la base con el FBI. El interés del FBI en el asunto se originó en una llamada que el Buró recibió en Washington del fiscal general, Robert F. Kennedy quien quería discutir las posibles violaciones a la ley incurridas por el Directorio al atacar a Cuba. La respuesta de JMWAVE al requerimiento del FBI fue que, aun cuando solía haber intercambio de información entre el Directorio y la base de la CIA en Miami, ellos no controlaban a ese grupo ni habían tenido noticias adelantadas sobre los planes de la organización relativos a atacar La Habana[914]. En el cable también se indicó, que JMWAVE se había comunicado con Aduana para referirle que las dos embarcaciones involucradas en la acción del DRE, el «Juanín» y la «Susan Ann» debían de ser localizadas y retenidas, sugerencia que fue agradecida por los funcionarios de esa agencia[915].

La postura de JMWAVE con respecto al ataque armado del 25 de agosto fue ampliada en el «Progress Report» correspondiente al mes de agosto. Como preámbulo a la discusión sobre la acción sobre el Rosita de Hornedo, Ted Shackley, que es el autor del informe, ofreció un resumen acerca del estado en que se encontraban las relaciones entre el DRE y JMWAVE. El 6 de agos-

[913] Fabián Escalante Font, *Cuba: la guerra secreta de la CIA. Agresiones de Estados Unidos contra Cuba 1959-1962*, La Habana, Editorial Capitán San Luis, 1993, 223. Escalante tampoco aporta pruebas para sustentar su afirmación.

[914] Cable de JMWAVE a Director, «AMHINT-2 Reported at 1400 Hours 25 Aug That AMSPELL Mission».

[915] *Ibid.*

to, la base de la CIA en Miami recibió un memorándum firmado por Martín Morúa, el miembro del Directorio que quedó como responsable de la organización mientras que Luis Fernández Rocha se encontraba en Cuba y Juan Manuel Salvat estaba en Europa después de haber participado en los sucesos de Helsinki. En ese documento, Morúa ventiló algunos de los problemas que dificultaban una buena relación entre el Directorio y JMWAVE. Los dos asuntos principales tratados por Morúa fueron la falta de apoyo de JMWAVE al programa militar del DRE, y se refirió específicamente a la ausencia de cooperación en la preparación del «Juanín» y el interés de la CIA por controlar a las delegaciones del Directorio en América Latina. Para resolver los problemas aludidos, Morúa solicitó con urgencia un encuentro entre ambas partes[916]. La reunión se concretó al volver Salvat de Europa y a la misma asistieron en representación de JMWAVE David Morales (Stanley R. Zamka), Ross Crozier y un agente identificado como «Robert Q. Nelander». De acuerdo al relato que aparece en el «Progress Report» de agosto, el encuentro, celebrado el 17 de agosto, duró dos horas «y no se pudo considerar como exitoso»[917]. El punto de mayor fricción siguió siendo el deseo de la CIA de ejercer mayor control sobre las delegaciones. Salvat, además, rehusó discutir un asunto en el que la CIA ponía un gran empeño, en someter a los miembros del DRE a un interrogatorio con un detector de mentiras. Eso sí, el dirigente de la organización les dijo a sus interlocutores que eso era un asunto personal y que dejaba a la discreción de cada uno de los militantes la decisión de someterse a la prueba o de rechazarla. Sobre este punto, el informe comentó que lo más razonable era esperar y ver si el resto de la dirigencia acataba el procedimiento. Si tal cosa sucedía, la situación se convertiría en una presión sobre Salvat que lo

[916] Martín Morúa, «Memorandum», Miami, 6 de agosto de 1962, en Despacho, de Chief of Station, JMWAVE a Chief, Task Force W, «Operational/ AMSPELL Progress Report -July 1962».

[917] Despacho, Chief of Station, JMWAVE a Chief, Task Force W, «AMSPELL Progress Report For August 1962», Miami, 14 de septiembre de 1962, CIA, RN 104-10171-10041, MFF.

conduciría «avergonzado» a aceptar la prueba[918]. Un último punto incluido en este preámbulo fue la advertencia que Pedro Ynterián, de la Sección Internacional del Directorio, le hizo a JMWAVE. De acuerdo con esta referencia, Ynterián advirtió el 22 de agosto que el DRE intentaría transmitir por medio del radio una declaración en las cercanías de La Habana denunciando la ampliación militar del bloque soviético en Cuba. Según el aviso de Ynterián, la transmisión se haría entre el 24 y 26 de agosto y entre las 10:00 pm y las 11:00 pm hora local. Por su parte, en el «Progress Report» de agosto, el funcionario de la JMWAVE a cargo del DRE caracterizó la noticia como algo «extraña» y la misma fue descartada «como otro ejemplo de la ingenuidad e improvisación de los estudiantes»[919]. En resumen, el preámbulo que acompaña la discusión sobre el ataque del Directorio a La Habana reconocía la existencia de tensiones espinosas entre el DRE y JMWAVE.

Al escribir este informe, Ted Shackley alertó a sus superiores en la CIA que lo que a él le interesaba en ese momento era discutir la acción armada del DRE en el contexto de lo que el hecho significaba para el control de JMWAVE sobre el Directorio. Después de exponer lo que él suponía que fue la naturaleza del ataque, es decir, una operación de agitación y propaganda para alertar al mundo sobre la presencia militar soviética en Cuba y de catapultar al Directorio a una posición de liderato en el contexto de las actividades anticastristas y anticomunistas en Estados Unidos y América Latina, el jefe de JMWAVE mencionó la extraordinaria actividad propagandística que llevó a cabo el DRE. En ese sentido advirtió que el mensaje recibido por JMWAVE de parte de Washington para que advirtiera a la dirigencia de los estudiantes que procedieran con cautela y no alardearan del éxito que habían logrado, no se pudo poner en práctica ya que la maquinaria propagandística del DRE marchaba a toda velocidad. Shackley llegó incluso a elogiar la visión y organización que demostró tener el movimiento al tener preparada a las delegaciones

918 *Ibid.*
919 *Ibid.*

en América Latina con instrucciones para proceder en caso de que el gobierno de Estados Unidos actuase judicialmente contra los miembros del Directorio que participaron en el evento[920]. Dicho esto, el responsable de la CIA en Miami no dudó en señalar que «JMWAVE no puede ser muy objetivo acerca del celo revolucionario del DRE el cual, no solo empeora el diálogo de la Guerra Fría si no que igualmente coloca al Task Force [W] y a la CIA en una difícil e insostenible posición de control en lo que concierne a las acciones cubanas independientes»[921]. En ese contexto, Shackley advirtió a sus superiores que no sería una exageración afirmar que el DRE era capaz de hundir un buque soviético y colocar, así, a Estados Unidos al borde de una guerra. Como cuestión de hecho el jefe de JMWAVE reportó que Ángel Fernández Varela notificó a la base de la CIA en Miami que la acción del 24 de agosto era solo la primera de tres partes de un plan militar que contemplaba el ataque a un buque soviético en la bahía de La Habana que después se abandonó por un objetivo en la bahía de Caibarién. La conclusión de Shackley después de sopesar todos estos hechos fue que «la relación de control de JMWAVE/CIA con el DRE debía de ser sometida a una firme y profunda reevaluación»[922]. Entre las recomendaciones que hizo Shackley en su informe al tomar en consideración que *«el curso de acción independiente tomado por el DRE que se ha convertido en una carga para la CIA»* fue la de proponer la eliminación de los fondos que la CIA le otorgaba al DRE. El informe aclara que al momento de redactarse el mismo todavía no se había tomado una decisión al respecto[923].

Años más tarde, con la publicación de sus memorias, Ted Shackley se referirá a esta etapa compleja de la relación entre el DRE y JMWAVE y afirmó que los miembros del Directorio «eran volátiles como suelen ser los estudiantes y eran muy difíciles de controlar»; agregando que «de su propia iniciativa y sin

[920] *Ibid.*
[921] *Ibid.*
[922] *Ibid.*
[923] *Ibid.* Énfasis del autor.

decirnos nada a nosotros sobre lo que estaban tramando, llevaron una pequeña embarcación a la bahía de La Habana y regaron el malecón de tiros...Eso fue demasiado»[924]. Algo parecido le dijo a Don Bohning cuando el periodista del *The Miami Herald* preparaba su libro *The Castro Obsession.* Al referirse al DRE, Shackley lo caracteriza como «un grupo incontrolable»[925]. Ross Crozier, el agente de la CIA que sostuvo un estrecho contacto con la dirigencia del Directorio desde finales de 1960, concurrió con el cuadro general que su jefe en JMWAVE describió para el DRE en sus recuerdos cuando les declaró a unos investigadores del Comité Selecto sobre Asesinatos de Congreso de Estados Unidos que no solo no tuvo conocimiento previo del ataque al Rosita de Hornedo sino que recibió una fuerte reprimenda de sus superiores[926]. Meses más tarde, en noviembre, Ross Crozier fue sustituido como uno de los funcionarios de la CIA con responsabilidad directa sobre el DRE.

Una consecuencia del ataque del 24 de agosto que a corto plazo afectó la capacidad del DRE de emprender nuevas acciones navales fue la posibilidad de que los participantes de la acción pudiesen ser procesados por violar el Título 18 de los Códigos de Estados Unidos el cual prohibía el lanzar una expedición militar sobre otro país desde suelo estadounidense. En un principio, los miembros del DRE que participaron en la acción declararon que el punto de partida para la expedición militar se hizo desde un punto fuera de Estados Unidos. De todas maneras, y como se especuló en unos de los artículos que apareció en *The New York Times* cuando se reportó el ataque al Rosita de Hornedo, unas declaraciones del fiscal general de Estados Unidos, Robert F. Kennedy, a raíz de la invasión por Bahía de Cochinos en abril de

---

[924] Ted Shackley, *Spymaster*, 49.

[925] Don Bohning, *The Castro Obsession*, 120-121.

[926] Gaeton Fonzi y Al Gonzales, Select Committee on Assassinations, entrevista a Ross Crozier, Coral Gables, Florida, 13/14 dee enero de 1974, DRE, AJFC. Sobre Ross Crozier puede consultarse el artículo de Ed. Brackett, «JFK files: CIA spy in Cuba 'befriended' Castro, Che; played key role amid nuclear-war fears» en *U. S. A. Today*, 22 de noviembre de 2019, https://amp.usatoday.com/amp/2425360001.

1961, parecían descartar la posibilidad de una acusación contra los expedicionarios del DRE. En esa declaración, el hermano del presidente norteamericano explicó lo que prohibía la ley y de acuerdo a la manera en la que él definió la legislación aludida, el caso contra el Directorio parecía difícil de probar[927]. No obstante, lo que si sucedió fue, tal y como se sugirió desde JMWAVE, las dos embarcaciones que participaron en el evento fueron temporalmente incautadas.

El clima favorable que disfrutó el DRE a raíz del ataque al Rosita de Hornedo, unido a los hechos desplegados por la organización en los meses precedentes al 24 de agosto, fue aprovechado por Juan Manuel Salvat para viajar a Caracas el 7 de septiembre. El propósito de la visita fue el tratar de negociar con importantes figuras del gobierno y del Estado, entre ellos el presidente Rómulo Betancourt y oficiales de la armada venezolana la posibilidad de obtener una base de operaciones militares para el Directorio en la patria de Simón Bolívar. La evidencia sugiere que la gestión fue infructuosa por lo que el dirigente estudiantil siguió viaje hacia Panamá y Costa Rica[928]. La reconstrucción del viaje de Salvat fue hecha por JMWAVE a partir de unas cartas que se originaron en las oficinas centrales del DRE en Miami y que fueron interceptadas por AMBLEAK 1[929] para JMWAVE. La correspondencia se dirigía a miembros del Directorio en Cuba y en una de ellas Bernabé Peña le indica a Julio Hernández Rojo que las negociaciones para promover una base de operaciones en Venezuela, Panamá y Costa Rica están prácticamente completadas[930]. En las otras se les pide a la sección de Inteligencia en Cuba que envíen datos acerca de puertos cubanos que pudieran ser atacados desde

---

[927] Arthur J. Olsen, «U. S. Studies Raid of Cuban Exiles», *The New York Times*, 27 de agosto de 1962, 1.

[928] Despacho de Chief of Station, JMWAVE a Chief, Task Force W, AMSPELL Progress Report for September 1962, Miami, 9 de octubre de 1962, CIA, RN 104-10170-10051, MFF.

[929] Fernando Fernández Cavada según lo identifican en la Mary Ferrell Foundation- CRYPTONYM.

[930] Despacho de Chief of Station, JMWAVE a Chief, Task Force W, AMSPELL Progress Report for September 1962.

el mar, entre ellos los de Mariel, Cabañas, Bahía Honda, La Habana, Matanzas y Cárdenas[931]. La información requerida venía a complementar la amenaza que Salvat le había hecho en Caracas a la navegación que se dirigiese a Cuba desde el bloque de países aliados a la Unión Soviética. En lo que se llamó la «Declaración de Caracas», el dirigente del DRE advirtió a la URSS que si no habían oído los disparos que se hicieron en el litoral cubano contra el hotel que albergaba a destacamentos militares del mundo comunista, «Lo percibirán ahora, cuando vayan al fondo del mar los restos de sus barcos. Lo percibirán cuando tengan que presidir los funerales de sus soldados, irresponsablemente inmolados a la ambición y al imperialismo de los mandatarios soviéticos»[932].

Fortalecida la organización por su reciente trayectoria y consciente la dirigencia de la necesidad de mantener las mejores relaciones posibles con la CIA, aunque empeñados, a la vez, en defender su autonomía como grupo beligerante de la oposición cubana, Juan Manuel Salvat, al regreso de su viaje, solicitó una reunión con Ross Crozier «Roger». El propósito del encuentro sería para tratar de resolver el creciente desacuerdo que existía entre el Directorio y JMWAVE acerca del financiamiento y control sobre el programa AMBARB, es decir, el trabajo de los delegados del DRE en América Latina[933]. La reunión se efectuó en el restaurante Tip Top de la ciudad de Coral Gables y además de Salvat y Crozier también asistieron Isidro Borja y Bernabé Peña. En lo que se refiere al asunto en cuestión, la discusión no alcanzó la meta deseada por JMWAVE pues, en la práctica, prevaleció el *status quo*, es decir, la oficina central del Directorio en Miami canalizaría los pagos a los delegados que no tenían responsabilidades encubiertas mientras que las estaciones que tenía la CIA en los diferentes países latinoamericanos donde el DRE había envia-

[931] *Ibid.*

[932] Juan Manuel Salvat, «Declaraciones hechas en Caracas», *Trinchera*, 9 de septiembre de 1962, 8.

[933] Harold B. Noemayr [Ross Crozier], «Informe», Miami, 23 de septiembre de 1962 en Despacho de Chief of Station, JMWAVE a Chief, Task Force W, AMSPELL Progress Report for September 1962.

do miembros que trabajarían de manera encubierta serían las encargadas de todo lo relacionado con estos individuos[934]. Desde la perspectiva de JMWAVE, esa no podía ser la solución final; es decir, que se mantendría el contencioso entre las dos partes, aunque «Roger» tenía la esperanza de que con la llegada de Luis Fernández Rocha se podría conseguir un arreglo satisfactorio para uno y el otro.

El agente de la CIA aprovechó la oportunidad del encuentro para tratar de recoger la visión que estos tres dirigentes del DRE tenían sobre la situación cubana en general y sobre sus planes en particular. Se debe tomar en consideración que, para Crozier, Salvat, asesorado por Borja y Peña, había pautado la política del Directorio durante los cuatro meses en los que Fernández Rocha se encontraba en Cuba[935]. En realidad, lo que escuchó «Roger» no era muy distinto a lo que el DRE había dicho en sus principales órganos de expresión, *Trinchera* y *The Cuban Report*: la política represiva y de control puesta en práctica por el Estado cubano hacía muy difícil esperar una solución interna para el problema de Cuba; los soviéticos alcanzarían pronto una presencia permanente y amplia, sobre todo militar, dentro de Cuba; se podía esperar muy poco de la política del gobierno de Estados Unidos hacia Cuba, tal y como la estaba definiendo el presidente Kennedy guiado por sus asesores; y la impresión que obtuvo Salvat de su viaje a Europa, incluyendo el Vaticano, es que Estados Unidos no era un aliado confiable para defender a Occidente de la expansión comunista. En consecuencia, la política del DRE responde a semejante contexto. El Directorio tiene que asumir una política de «ahora o nunca» y sus tácticas responden a la necesidad de configurar una opinión pública que sea capaz de presionar al gobierno de Estados Unidos y su presidente para que actúen a favor de una solución definitiva en Cuba. También asumen que es necesario el trabajo en América Latina para que los países de la región apoyen esa acción[936].

934 *Ibid.*
935 *Ibid.*
936 *Ibid.*

Por último, Crozier anotó que sus interlocutores confiaban en que ni la CIA ni el gobierno de Estados Unidos asumieran que la política que seguía el DRE era contraria a sus intereses y deseaban que la relación que el Directorio sostenía con la CIA pudiera sobrevivir a los próximos meses «críticos». De acuerdo con «Roger», era la opinión de Salvat, Borja y Peña que las acciones del DRE, aunque *independientes* e *incontrolables*, pudieran contribuir a la formación de una política en Estados Unidos favorables a las aspiraciones de la oposición cubana, «a pesar de la consternación de Washington»[937].

La conversación entre Juan Manuel Salvat, Isidro Borja y Bernabé Peña con Ross Crozier, tal y como la presentó el agente de la CIA en su informe, aunque transpiraba cierto pesimismo hacia el problema cubano, no dejaba de manifestar la seguridad que estos dirigentes del Directorio tenían en la capacidad de la organización que militaban para continuar dando la batalla por Cuba y así logar una solución que removiera del poder al régimen castrista y restaurara la democracia en el país. Después de todo, el DRE había logrado superar la debacle que sobrevino al fracaso de Girón, su secretario general se había infiltrado en Cuba y llegaba a Miami después de reorganizar los cuadros de la organización clandestina. La Sección Internacional trabajaba a toda marcha; sus delegaciones hacían una gran labor de propaganda e inteligencia en América Latina y habían visitado varios países del continente africano. El Directorio daba a conocer su mensaje en diferentes encuentros internacionales de estudiantes y tuvo una participación exitosa en Helsinki a raíz del Festival Mundial de Juventudes que se celebró en la capital finlandesa. Su separación del Consejo Revolucionario Cubano, así como la oposición que presentó al canje de prisioneros de la Brigada 2506, permitió que la organización se destacara como movimiento independiente y de criterio propio dentro de la oposición cubana. Su campaña denunciando la presencia militar soviética en Cuba, en particular la publicada en *The Cuban Report*, comenzó a impactar los círculos de poder en el Congreso de Estados Unidos y la resonancia del ataque al Rosita de Hornedo en la

[937] *Ibid.* Énfasis del autor.

noche del 24 de agosto de 1962 hizo posible que el DRE fuese admirado y conocido, no solo por los miles de cubanos que ya constituían la comunidad exiliada sino, también, por un amplio sector de la opinión pública de Estados Unidos y de otras latitudes. Había porque sentirse seguros y optimistas sobre las posibilidades de alcanzar metas superiores en los «meses críticos» que se avecinaban. Sin embargo, ajenos estaban los dirigentes del Directorio al desarrollo casi inmediato de algunos sucesos que, tan pronto como en el mismo mes de septiembre y, sobre todo en octubre, trastocarían los planes del Directorio. El futuro inmediato estaría compuesto por «meses críticos», pero, nada propicios para la lucha del DRE.

Los cohetes de octubre

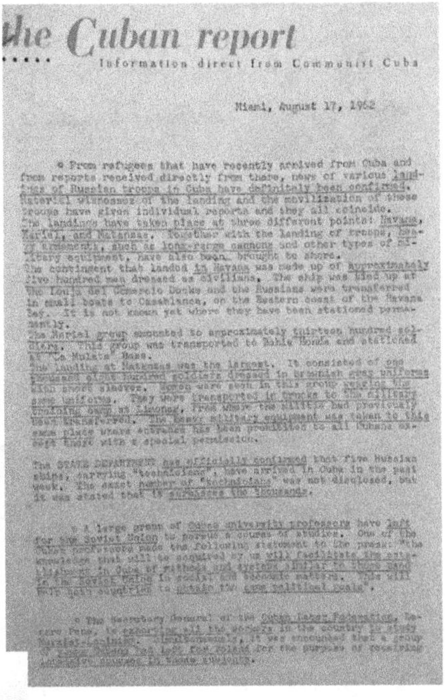

the Cuban report
Information direct from Communist Cuba

Miami, August 17, 1962

• From refugees that have recently arrived from Cuba and from reports received directly from there, news of various landings of Russian troops in Cuba have definitely been confirmed. Material witnesses of the landing and the movilization of these troops have given individual reports and they all coincide. The landings have taken place at three different points: Havana, Mariel, and Matanzas. Together with the landing of troops, heavy armaments, such as long-range cannons and other types of military equipment, have also been brought to shore. The contingent that landed in Havana was made up of approximately five hundred men dressed as civilians. The ship was tied up at the Lonja del Comercio Docks and the Russians were transferred in small boats to Casablanca, on the Eastern coast of the Havana Bay. It is not known yet where they have been stationed permanently. The Mariel group amounted to approximately thirteen hundred soldiers. This group was transported to Bahia Honda and stationed at "La Mulata" Base. The landing at Matanzas was the largest. It consisted of one thousand eight hundred soldiers dressed in brownish army uniforms with short sleeves. [illegible] were seen in this group wearing the same uniforms. They were transported in trucks to the military training camp at Limonar, from where the militia had previously been transferred. The heavy military equipment was taken to this same place where entrance has been prohibited to all Cubans except those with a special permission.

The STATE DEPARTMENT has officially confirmed that five Russian ships, carrying "technicians", have arrived in Cuba in the past week. The exact number of "technicians" was not disclosed, but it was stated that it surpasses the thousands.

• A large group of Cuban university professors have left for the Soviet Union to pursue a course of studies. One of the Cuban professors made the following statement to the press: "The knowledge that will be acquired by us will facilitate the establishment in Cuba of methods and systems similar to those used in the Soviet Union in social and economic matters. This will help both countries to obtain the same political goals".

• The Secretary General of the Cuban Labor Federation, Lazaro Peña, is exhorting all the workers in the country to study Marxist-Leninism. Simultaneously, it was announced that a group of [illegible] has left for Poland for the purpose of receiving intensive courses in these subjects.

La denuncia de los cohetes en *The Cuban Report* y la respuesta del DRE: el ataque al Rosita de Hornedo.

TRINCHERA EXTRA

TRINCHERAS DE IDEAS VALEN MAS QUE TRINCHERAS DE PIEDRAS

ORGANO OFICIAL DEL DIRECTORIO REVOLUCIONARIO ESTUDIANTIL

ASESINADO PRESIDENTE DE E.E.U.U.

Cablegrama enviado por el Directorio Revolucionario Estudiantil al Presidente Lyndon B. Johnson y al Secretario de Estado Dean Rusk:

EXPRESAMOS A VUESTRA EXCELENCIA NUESTRO MAS PROFUNDO PESAR POR EL SENTIDO DECESO DEL HONORABLE SEÑOR PRESIDENTE DE LA REPUBLICA JOHN F. KENNEDY. ROGAMOS A DIOS ILUMINE AL GOBIERNO NORTEAMERICANO EN ESTOS MOMENTOS TAN DIFICILES.

Directorio Revolucionario Estudiantil

LOS PRESUNTOS ASESINOS

VEA PAGINA 2

PRESUNTOS ASESINOS

ANTECEDENTES DEL CRIMINAL

RELATO DE LOS HECHOS OCURRIDOS EN NEW ORLEANS. CARTA DEL DELEGADO DEL DRE

DENUNCIA DEL D.R.E.

El asesinato de Kennedy:
el DRE acusa

Capítulo 9

La otra cara de 1962: la traición de «Mongo» y los días de octubre

El panorama cautelarmente positivo que se presentaba a los miembros del DRE en el momento en el que tuvo lugar la reunión entre Salvat, Borja y Peña con Ross Crozier comenzó a ensombrecerse muy pronto. El 23 y 24 de septiembre fueron detenidos la mayor parte de los miembros de la cúpula del Directorio en Cuba. En una operación de la Seguridad del Estado cubana cayeron presos Raúl Cay Gispert y su padre Raúl Cay Hernández, Juan Suárez Puig, Juan Valdés de Armas, Julio Hernández Rojo, Lester Rodríguez y Nicolás Pérez Diez Argüelles[938]. De acuerdo con la información obtenida por JMWAVE acerca de dichas detenciones, la información fue transmitida a Miami por Jorge Medina Bringuier, «Mongo», quien aparece identificado como coordinador nacional del DRE y responsable de Abastecimiento. Según se reportó en aquel momento, Hernández Rojo se encontraba perdido, aunque en una comunicación posterior se dio la noticia de su detención. En sus comunicaciones, Medina Bringuier dio detalles de las medidas de seguridad que se habían tomado para evitar futuras detenciones, así como la reorganización que se llevó a cabo en la Coordinación Nacional. De igual forma, «Mongo» solicitó a la organización en Miami que le enviaran un cargamento de armas pequeñas para la defensa, ropa y medicinas y recomendó que se iniciara una amplia campaña de propaganda

---

938 Despacho, de Chief of Station, JMWAVE a Chief, Task Force W, «AMSPELL Progress Report for September 1962», Miami, 9 de octubre de 1962; correo electrónico de Nicolás Pérez Diez Argüelles a Javier Figueroa, Miami, 24 de septiembre de 2008. Véase también *30 Años. Historia de la Seguridad Cubana. Las reglas del juego*. La Habana, Comisión de Historia de Seguridad de los Órganos, 1988.

para evitar que Hernández Rojo fuese fusilado[939]. Lo insólito de las comunicaciones de Medina Bringuier es que fue precisamente él, trabajando como agente de la Seguridad cubana infiltrado en el DRE, quien fue responsable de todas las detenciones.

Jorge Medina Bringuier, quien era sobrino del delegado del DRE en la ciudad de Nueva Orleans, comenzó a conspirar con el Directorio en 1961. Había nacido en La Habana en 1941. Estudió en los colegios Ruston hasta sexto grado y pasó parte del bachillerato en St. George. En aquella época simpatizaba con la causa en contra del régimen de Fulgencio Batista y por esa razón se enfrascó en una pelea física con su abuelo, Julio Salvador Bringuier, quien había sido designado juez en un tribunal cubano. Como consecuencia de esos hechos, sus padres lo enviaron a estudiar al Western High School en la capital de Estados Unidos. Regresó a Cuba en enero de 1959 y llegó a formar parte del cuerpo de milicias organizado en los primeros meses del proceso revolucionario cubano. Sin embargo, de acuerdo con el resumen biográfico que preparó la CIA en enero de 1964, Medina Bringuier comenzó a conspirar contra el régimen de Castro con la organización Triple A que dirigía Aureliano Sánchez Arango[940]. Un hecho importante en la vida de Medina Bringuier fue la salida de Cuba de su madre acompañada de todas sus hermanas excepto una, María del Carmen, quien permaneció en Cuba. El destino del viaje fue Estados Unidos y tuvo lugar en septiembre de 1961. En ese momento Medina Bringuier pasó a vivir con su hermana cuyo esposo, Dragolovich Stoyvanovich, era de origen yugoeslavo y militante comunista. Según apunta el *curriculum vitae* de Mongo, el cuñado «ejerció una gran influencia sobre él y fue responsable por el adoctrinamiento procastrista del sujeto»[941].

---

[939] Despacho, de Chief of Station, JMWAVE a Chief, Task Force W, «AMSPELL Progress Report for September 1962», Miami, 9 de octubre de 1962.

[940] Despacho de Chief of Station, JMWAVE a Chief, Special Affair Staff, «Curriculum Vitae -Jorge Julio Ramón Medina Bringuier», Miami, 13 de enero de 1964, CIA, RN 104-10072-10015, MFF.

[941] *Ibid.*

Según el testimonio ofrecido por Laureano Pequeño a Enrique Ros, él conoció a Medina Bringuier cuando Ricardo Menéndez, Coordinador del DRE en la provincia de Las Villas, se lo presentó[942]. Según la misma fuente, hubo un momento en diciembre de 1961 en que Mongo desapareció para volver a aparecer en enero del siguiente año. Pequeño especuló que fue durante ese período entre diciembre de 1961 y enero de 1962 cuando Medina Bringuier se transformó en agente de la Seguridad. El militante del DRE asumió que Mongo había sido detenido y que la Seguridad le forzó a trabajar para ellos[943]. Sin embargo, otro de los participantes en el movimiento clandestino, Juan Valdés de Armas, tuvo una opinión distinta. Valdés de Armas le relató a Ros que en un momento dado Medina Bringuier «dijo que no iba a seguir conspirando y que se iba a retirar del Directorio»[944]. Ese debe haber sido el mismo momento al que se refirió Pequeño quien contó que él vuelve a ver a Medina Bringuier el 9 de enero. Según este testimonio, Medina Bringuier venía en un carro con Ricardo Menéndez, quien, por otra parte, fue detenido al poco rato. En la conversación que sostuvo con Mongo, éste le dijo que «ya no quiere seguir trabajando en el Movimiento, que quiere continuar sus estudios; que no se siente bien»[945]. La situación parece aclarada en el *curriculum vitae* de Medina Bringuier. De acuerdo con este documento, la coyuntura de la «desaparición» de Mongo es la misma en la que Medina Bringuier está viviendo con su hermana y que su actitud en cuanto a querer seguir en el Directorio es consecuencia de la presión que sobre él ejerce Stoyvanovich. Es más, según el *curriculum*, el agente de la DSE René Allouis Morales, a quien Mongo ha conocido previamente a través de un buen amigo de sus años en el Colegio St. George, José Barral Ponce, logra convencerlo para que comience a traba-

[942] Enrique Ros, *El Clandestinaje*, 274.
[943] *Ibid.*
[944] *Ibid*, 277.
[945] *Ibid*, 274.

jar como agente de la DSE infiltrado en el DRE[946]. Cuando Medina Bringuier fue interrogado por la CIA al salir de Cuba él declaró que cuando se reintegró al DRE en enero de 1962 ya estaba «bajo las órdenes del Departamento de Seguridad del Estado (DSE)»[947].

Por su parte, Juan Valdés de Armas relató que durante ese tiempo uno de los miembros de la coordinación del Directorio en La Habana, Hans Hengler, comenzó a sospechar de Mongo. Con el propósito de confrontar a Medina Bringuier con la desconfianza de Hengler, Manuel Sabas, acompañado de Valdés de Armas, se entrevistó con Mongo y le contó el asunto de la sospecha y, de acuerdo con el testimonio de Valdés de Armas, le dijo: «si tú lo eres [informante de la Seguridad] tú sabes que te mato»[948]. Sin embargo, algo sucedió en la conversación que tanto Sabas como Medina Bringuier le transmitieron a Valdés de Armas «que el Mongo iba a seguir en el Directorio»[949]. Es por esa conversación que Valdés de Armas erróneamente concluyó que, todavía en ese momento, Medina Bringuier no trabajaba para la Seguridad del Estado. En cuanto a Hengler, Mongo le confirmó a la CIA «que como representaba un obstáculo, fue detenido»[950].

Enrique Ros, en su libro sobre el clandestinaje cubano, alega que Medina Bringuier «tuvo intensas crisis nerviosas» y vincula una de ellas a un «extraño» accidente de automóvil en la Vía Blanca que conecta a La Habana con la ciudad de Matanzas[951]. En esa ocasión, Mongo viajaba junto a Felipe Pérez, que en ese momento era el coordinador provincial del Directorio en Las Villas. Según el relato que Quintairos le hace a Ros, a Medina Brin-

---

[946] Despacho de Chief of Station, JMWAVE a Chief, Special Affair Staff, «Curriculum Vitae -Jorge Julio Ramón Medina Bringuier».

[947] «Entrevista con Jorge Medina Bringuier». Esta parte de la entrevista que se le hizo a Medina Bringuier cuando salió de Cuba le fue entregada a Juan Manuel Salvat por «Vicente» y un Coronel. DRE, AJFC.

[948] Enrique Ros, *El Clandestinaje,* 276.

[949] *Ibid.*

[950] «Entrevista con Jorge Medina Bringuier».

[951] Ros, *El Clandestinaje*, 275-276. El alegato de Ros se fundamentó en el testimonio que le ofreció Roberto Quintairos.

guier se le abrió la puerta del carro en una curva y el automóvil cayó por un barranco. Ninguno de los dos ocupantes del vehículo tuvo heridas de gravedad, pero «Mongo quedó todo arañado, raspados los muslos y gran parte del cuerpo...A raíz de esto le vino una crisis nerviosa que le sirvió para que muchos de los compañeros siguieran confiando en él»[952].

Otro accidente que favoreció la tarea de Medina Bringuier como informante de la Seguridad del Estado fue el que sufrió Manuel Sabas Nicolaides. Según le narró Juan Valdés de Armas a Enrique Ros, a «el Griego» que es como conocían a Sabas, se le ponchó una de las gomas del carro que iba conduciendo y al bajarse lo atropelló un auto y tuvo que ser trasladado a un hospital en donde permaneció por un mes[953]. De acuerdo con el testimonio de Medina Bringuier, «Aquello fue como una bendición para el DSE porque allí acudieron todos los miembros del DRE a visitarlo. Por tal motivo, DSE me pidió que me pasara todo el tiempo posible haciéndole compañía a Sabas en el hospital»[954]. Fausto Álvarez, militante del Directorio, le había advertido a sus compañeros que no se presentasen al hospital porque corrían el riesgo de ser identificados por la Seguridad cubana[955]. Al no hacerle caso al consejo de Álvarez, quienes acudieron a visitar a Sabas Ni-

[952] *Ibid,* 276. Un dato interesante sobre la alegada «crisis nerviosa» que sufrió Medina Bringuier es que, según una declaración de su tío a la policía de Nueva Orleans, el delegado del DRE en Nueva Orleans, Carlos Bringuier, afirmó que el padre de Mongo se había quedado en Cuba y que había «enloquecido». Sargeant Horace J. Austin and Patrolman Warren Roberts a Major Fresly J. Trosclair Jr., «Interview of four male subjects at First District Police Station, on Friday, August 9, 1963, after their arrest from Canal Street», Department of Police Interoffice Correspondence, Nueva Orleans, 12 de agosto de 1963. Entre los entrevistados, además de Carlos Bringuier, estaba Lee Harvey Oswald, el futuro asesino del presidente John F. Kennedy. La enfermedad mental del padre de Medina Bringuier queda corroborada en el *curriculum vitae* que la CIA preparó en 1964 alegando que fue el resultado de la salida de Cuba de su esposa en septiembre de 1961 y a la que él se oponía. Despacho de Chief of Station, JMWAVE a Chief, Special Affair Staff, «Curriculum Vitae -Jorge Julio Ramón Medina Bringuier»

[953] Ros, *El Clandestinaje, 276.*

[954] «Entrevista con Jorge Medina Bringuier».

[955] Testimonio de Fausto Álvarez al autor, Miami, 13 de abril de 2021.

colaides cometieron una grave falla que sería costosa para la organización. La oportunidad la aprovechó Mongo para conocer «a toda la Coordinación Nacional y a varios coordinadores provinciales...y miembros del DRE en general, muchos pasaron por allí»[956]. Pero no solo fue el conocimiento que obtuvo Medina Bringuier en aquella ocasión, sino que también la estancia de Sabas en el hospital le sirvió para ascender de rango en el Directorio pues fue él quien sustituyó al «Griego» en las responsabilidades que éste tenía en la jefatura de la organización[957]. Poco tiempo después, cuando Luis Fernández Rocha y Julio Hernández Rojo llegan a Cuba por Varadero, una de las primeras personas con las que hacen contacto fue con Medina Bringuier. Según relató el propio informante del DSE, fue en esa ocasión que se le nombró Coordinador Provincial de Abastecimientos para la provincia de La Habana, Más adelante, cuando Nicolás Pérez Díez Argüelles es designado Coordinador Nacional de Organización, el que lo sustituye al frente de la Sección de Abastecimientos es Medina Bringuier[958]. Es decir, cuando Luis Fernández Rocha y Julio Hernández Rojo llevan a cabo el trabajo de ir consolidando la organización clandestina del DRE en Cuba, Jorge Medina Bringuier, informante de la Seguridad del Estado, ya era parte de la coordinación nacional del Directorio. Es más, y según se desprende del testimonio del propio Medina Bringuier y del ofrecido por Fernández Rocha, Mongo acompañó en múltiples ocasiones al secretario general de la organización en muchas de las gestiones que hizo en Cuba para fortalecer al movimiento. Así, por ejemplo, pudo conocer de los planes que se forjaron para entregarle armas al guerrillero Pichi Catalá que operaba en Matanzas. La versión que ofreció Medina Bringuier sobre lo ocurrido en aquella ocasión fue muy escueta: «A estos señores [de la guerrilla] se le hizo una oferta de armas que el DRE ha recibido, a

---

[956] *Ibid.*

[957] Ros, *El Clandestinaje*, 277.

[958] Nicolás Pérez Diez Argüelles, «El 'affair' Santiago Álvarez», *ElHerald.Com*, Miami, 23 de noviembre de 2005, http://www.miami.com/mld/elnuevo/news/opinion/13236136.htm?temp...

cambio que apoyaran una acción militar del DRE. Dichos individuos aceptaron, pero no recibieron las armas, no recibieron nada»[959]. La versión que brindó José A. Albertini, Coordinador del DRE en la provincia de Las Villas, es muy diferente según se lo contó a Enrique Ros: «Sc decide en aquella reunión llevarle armas a Pichi Catalá, pero por la intensa movilización de milicianos que hay en esos momentos en el área en que se encuentra Pichi, se decide dejar la entrega de armas para más adelante. Es Mongo quien afirma, una y otra vez, que no es necesario demorar la entrega porque él puede hacerlo. Parte Mongo a ver a Pichi. Una semana después Catalá era emboscado y moría. El Mongo lo había entregado»[960]. En otra ocasión Medina Bringuier participó de una reunión en el reparto Alta Habana en donde, según la declaración del informante, se estaba preparando un alzamiento, en este caso por una organización conocida por sus siglas, el FAL. A ella, además de Mongo, acudieron otros miembros del Ejecutivo del DRE. El resultado fue que el levantamiento del FAL «fue abortado por el régimen y la casi totalidad de miembros de esta organización fueron detenidos»[961].

Al ser miembro de la Coordinación Nacional, Medina Bringuier estuvo al tanto de todos los planes para sacar a Luis Fernández Rocha de Cuba. Es su testimonio, por ejemplo, él confirma su participación en todos los intentos que se hicieron por propiciar la salida hacia Miami del secretario general del Directorio[962]. Lo significativo de esa participación es que la Seguridad del Estado no detuviera a Fernández Rocha antes de que lograra salir de Cuba, después de todo, tenían a su informante enterado de todos los detalles. Sin embargo, todo parece indicar, que el interés de la Seguridad cubana, que estaba enterada de todo por los informes que le proporcionaba Mongo, era permitir la salida

[959] «Entrevista a Jorge Medina Bringuier».
[960] Enrique Ros, *El Clandestinaje*, 278.
[961] «Entrevista a Jorge Medina Bringuier». En su testimonio, Medina Bringuier afirmó que la reunión se llevó a cabo entre el 29 o 30 de agosto y que a la misma asistió Laureano Pequeño. En ese momento Pequeño estaba detenido en la Seguridad del Estado y no pudo haber asistido a la reunión.
[962] *Ibid.*

de Fernández Rocha para conseguir lo que el régimen debe haber considerado como objetivos más importantes. Si se toma como cierto el testimonio de Medina Bringuier, el objetivo perseguido por la DSE era «dar a la Inteligencia Americana la impresión que el DRE en Cuba tenía un control absoluto de su organización para lograr que este servicio de Inteligencia diera al Directorio todas las facilidades para que este llevara al (sic) cabo sus planes de infiltrar los individuos y equipos en Cuba. Principalmente se contaba con la llegada de Salvat a Cuba»[963].

Pero el relato que hace Mongo sobre los planes de la Seguridad del Estado queda inconcluso en la porción del interrogatorio que le hace la CIA cuando él sale de Cuba y que se le entrega al Directorio en 1964. Lo completa Melchor Aedo Rodríguez, un personaje mencionado por Medina Bringuier en su declaración y a quien señala como agente del DSE también infiltrado en el DRE[964]. En el archivo del Directorio hay un documento en inglés titulado «Further Details About A Letter Received From the Embassy in Uruguay»[965]. Por la forma en que está redactado el documento se desprende que el mismo se originó en la oficina del DRE en Miami. En la misma se hace referencia a Juan Kindelán, esposo de la militante del Directorio Berta Santa Cruz y quien estaba asilado en la embajada de Uruguay en La Habana. De acuerdo con la referencia que ofreció Kindelán, Aedo también estaba asilado en la misma sede diplomática y estuvo en contacto con él. El documento, sin embargo, no deja claro, si la información que Aedo vació en una declaración dirigida «Al Mayor de la Base de Guantánamo», que es resumida en el documento aludido y que quedó adjunta a éste, llegó a manos del DRE por medio de Kindelán o de otra fuente. En ese sentido, el propósito de aludir a Kindelán solo sería para dar fe de su conocimiento de Aedo[966].

[963] *Ibid.*

[964] *Ibid.*

[965] «Further Details About a Letter Received From the Embassy of Uruguay», S. F., DRE, AJFC.

[966] En la documentación de la CIA está la declaración de Aedo al «Mayor de la Base Naval de Guantánamo» traducida al inglés. «Letter», 20 de diciembre de 1962, CIA, RN 104-10308-10203, MFF.

La declaración de Aedo tiene fecha de 20 de diciembre de 1962 y en ella se confirma el vínculo que tenía Medina Bringuier con el DSE. Se explica, además, que un oficial de la Seguridad cubana conocido como «Jorge» y que respondía a Raúl Castro, era el superior que dirigía a Mongo en su trabajo de penetración en el DRE. Según Aedo, el interés que tenía el gobierno cubano en el Directorio era utilizar a la organización como vehículo que sirviese para transportar espías cubanos hacia Estados Unidos y América Latina. El mecanismo para lograr el objetivo consistía en infiltrar esos agentes en el DRE y después, cuando se «quemaban» por la supuesta persecución del DSE se fugarían de Cuba en botes o se asilarían en una embajada o penetrarían a Estados Unidos por la Base Naval de Guantánamo. Uno de los que seguiría ese esquema sería Medina Bringuier el cual, una vez atrapada la mayor parte de la organización en Cuba y ya él como Coordinador Nacional, se «fugaría» a Estados Unidos para convencer a Salvat que se infiltrarse en Cuba. Si se lograba inducir al dirigente del DRE para que fuera a la isla de manera clandestina, el próximo paso sería detenerlo y destruir a toda la organización[967]. Mientras tanto, Mongo confiaba en que su amistad con Luis Fernández Rocha le permitiera entrar en contacto directo con el personal de la CIA que se ocupaba de Cuba[968].

El plan diseñado por la DSE y ejecutado por Jorge Medina Bringuier con la aparente complicidad de otro agente infiltrado en el DRE conocido como «Oquendo», no tuvo todo el éxito que se esperaba[969]. Es cierto que los cuadros clandestinos del Directorio quedaron descabezados al ejecutarse la detención de la mayor

[967] «Further Details» y «Al Mayor de la Base Naval de Guantánamo».

[968] Despacho, de Chief of Station, JMWAVE a Chief, Task Force W, «G-2 Penetration Action against AMSPELL Organization and 'Other Sources'», Miami, 22 de enero de 1963, IA, RN 104-10171-10003, MFF.

[969] Un documento de la CIA identifica a «Oquendo» como Ricardo Alfonso Villalva (sic) y dice que es jefe del puesto de milicias en La Lisa. CIA, «Cuba Desk File Cards», S. F. [la tarjeta referente a «Oquendo» tiene fecha de 19 de agosto de 1963], CIA, RN 104-10178-10246, MFF.

parte de su aparato ejecutivo[970]. Sin embargo, la parte del plan que requería la extracción de Medina Bringuier no se pudo llevar a cabo ya que la conexión de Mongo con el DSE se supo en diciembre de 1962. Todo parece indicar que fue Aedo quien reveló cual era el trabajo que Medina Bringuier hacía dentro del DRE. De acuerdo con lo expuesto en el Despacho de JMWAVE sobre la penetración del G-2 en el DRE, Aedo era amigo desde la infancia de Carmen Jiménez Gómez, la secretaria de Jaime Caldevilla, un funcionario de la Embajada de España en La Habana. Debido al temor de Aedo de que la Seguridad implicara a su amiga en su misión de espionaje, éste decidió contarle los pormenores de su trabajo. La secretaria, a su vez, informó a Caldevilla quien se reunió con Aedo y éste le dio la información relacionada a los planes de Medina Bringuier. Este encuentro tiene que haber tenido lugar antes del 10 de diciembre ya que el Despacho en cuestión alude a Caldevilla diciendo que Aedo le ha contado que varios miembros del DRE, entre ellos él, planeaban buscar asilo en la embajada de Uruguay y tal hecho ocurrió el 10 de diciembre. Poco tiempo después, el 4 de enero de 1963 Caldevilla se encontraba en Nueva York y allí se reunió con Manuel Baró Esteva [AMHINT 27] y le transmitió toda la información referente a Jorge Medina Bringuier[971]. Mientras tanto, Mongo ha actuado como Coordinador Nacional del Directorio con toda naturalidad. Durante el período de tiempo en el que no es descubierto como agente del DSE mantiene comunicación con Miami. En una carta que es interceptada por la CIA pero que es entregada al DRE el 4 de diciembre de 1962, se dirige a sus destinatarios, incluyendo a Luis Fernández Rocha, como «hermanos», alude a una llamada telefónica que les había hecho el 27 de noviembre, habla con entusiasmo de un supuesto alzamiento que han llevado a cabo miembros del DRE en la provincia de Las Villas, «la bandera del

[970] Después de que Jorge Medina Bringuier se convirtiera en Coordinador Nacional del DRE fueron apresados otros dirigentes provinciales como Manolito Villanueva, Felipe Valbuena y Alfredo Acevedo quien fue detenido en diciembre de 1962. Enrique Ros, *El Clandestinaje*, 269.

[971] Despacho, de Chief of Station, JMWAVE a Chief, Task Force W, «G-2 Penetration Action against AMSPELL Organization and 'Other Sources'».

DRE ondea ya en Territorio Libre de Cuba», llega a escribir, menciona la posible futura infiltración en territorio cubano de Ángel Lozano, pide dinero para fortalecer la organización y afirma, refiriéndose a lo que era su objetivo principal, que «el propósito nuestro es organizarnos para facilitar el trabajo de los que vengan»[972].

A pesar del fracaso de la operación para enviar a Mongo al exterior, la Seguridad del Estado cubana no abandonó su empeño de penetrar al DRE. En el mismo documento que recoge la información que ofreció Aedo sobre Medina Bringuier, se afirma que junto con Luis Fernández Rocha salió de Cuba, «con instrucciones específicas...un hombre muy bien entrenado que conocía muy bien su trabajo»[973]. La persona en referencia fue Ángel Lozano sobre quien muy pronto recayeron las sospechas de ser un agente de Cuba y que al poco tiempo desapareció[974]. Es curioso que en el interrogatorio que le hace la CIA a Medina Bringuier después de salir de Cuba, el ex agente del DSE hable sobre Lozano como un miembro irresponsable del DRE en la lucha clandestina[975]. También JMWAVE ofrece el nombre de dos supuestos miembros de la Seguridad cubana, Marcos Oquendo y Juan Miguel Jiménez, que habían salido de Cuba con la misión de infiltrarse en el Directorio[976].

Lo próximo que se supo de Jorge Medina Bringuier es que había desertado de Cuba y que se encontraba hablando con la CIA. Nicolás Pérez y Diez Argüelles alegó que Medina Bringuier

---

972 «Ramón» a «queridos hermanos», La Habana, 28 de noviembre de 1962 en Despacho, de Chief of Station, JMWAVE a Chief, Task Force W, «AMSPELL Underground Activities -November 1962», CIA, RN 104-10170-10006, JFK Assassination records. En el mismo Despacho se incluye un informe financiero firmado por «Cuca» y fechado en La Habana el 23 de noviembre de 1962, en el que dice: «Mongo ha firmado varios vales porque se está encargando de arreglar y recoger los carros».

973 «Further Details» y «Al Mayor de la Base Naval de Guantánamo».

974 Bernabé Peña, entrevista.

975 «Entrevista a Jorge Medina Bringuier».

976 Cable de JMWAVE a WH8, Miami, 11 de julio de 1964, CIA, RN 104-10170-10063, MFF.

«saltó el Muro de Berlín y se refugió en la embajada de Estados Unidos»[977]; y por un cable de la CIA fechado el 31 de julio de 1964 se puede inferir que Mongo ha salido de Cuba en algún momento antes de esa fecha. En ese documento se incluye la descripción física que hizo Medina Bringuier sobre el agente «Oquendo»[978]. Es en ese mismo año que «Vicente» le entrega a Salvat parte del interrogatorio que le ha hecho la Agencia al ex agente cubano.

La deserción de Jorge Medina Bringuier fue un proceso en el que intervino la CIA desde el momento en el que detectó la posibilidad de que Mongo tramaba esa posibilidad. Después de la delación que destruyó a los cuadros internos del DRE en Cuba, Medina Bringuier fue trasladado a Leipzig en la República Democrática de Alemania. Un cable originado en JMWAVE especuló que la estancia de Medina Bringuier en Alemania comunista podía ser el resultado de querer salvarle la vida de un posible intento de asesinato por parte de aquellos grupos que fueron penetrados por él o que, simplemente, estaba en una misión de entrenamiento[979]. En ese mismo cable se identifica a Mongo como un oficial del ejército cubano con rango de capitán y como el responsable de infiltrar y entregar a miembros de varias organizaciones de la oposición cubana entre ellas del DRE. JMWAVE había logrado localizar a varios parientes que Medina Bringuier tenía en Estados Unidos y les había interceptado la correspondencia. La lectura de esas cartas contenía alusiones veladas a una posible deserción[980]. En una de ellas, el antiguo delator le solicitó a su madre que le enviara un cable a Alemania diciendo que quería reunirse con él en Berlín Occidental el 15 de diciembre y que le enviara dinero a una cuenta bancaria que su novia, Houda Alamedin, tenía en el sector occidental de la antigua capital ale-

[977] Nicolás Pérez Diez Argüelles, «El 'affair' Santiago Álvarez».
[978] Cable de JMWAVE a WH8.
[979] Cable de JMWAVE a Director, «Idem A is Staffer Who Holds Rank of Captain Cuban Army», Miami, 5 de diciembre de 1963, CIA, RN 104-10076-10112, MFF.
[980] *Ibid.*

mana[981]. Para JMWAVE, que sabía que la madre de Medina Bringuier era insolvente y que vivía con cinco hijos, era una señal indicando que el propósito del cable no era otro que tener un instrumento de presión para que la embajada de Cuba en Berlín Oriental le diera permiso para pasar al lado occidental de la ciudad[982]. La conjetura elaborada en JMWAVE abrió las puertas para preparar una operación que tendría el objetivo de persuadir a Medina Bringuier para que aceptara trabajar como agente de la CIA o que desertara. Para lograr ese fin sugirieron que Balmes H. Hidalgo, un funcionario de la CIA destacado en JMWAVE con la responsabilidad de hurgar en la inteligencia cubana, fuese enviado a Berlín para ejecutar la operación[983]. Para JMWAVE era sumamente importante lograr la captación de Medina Bringuier pues le daba la oportunidad de obtener una información apreciable sobre el personal cubano de inteligencia y sus operaciones contra los opositores cubanos. De ahí que recomendara a Hidalgo como el responsable de la operación, pues no solo hablaba en español, sino que también conocía el perfil de Medina Bringuier por el tipo de trabajo que hacía en la base de la CIA en Miami[984].

Las instrucciones para el viaje de Hidalgo insistieron en que la máxima aspiración del trabajo que se haría en Berlín era el reclutamiento de Medina Bringuier para que actuara como doble agente[985]. En ese sentido se le advirtió a Hidalgo que no discutiese otro tipo de arreglo con el cubano hasta que éste no rechazara de manera definitiva la posibilidad de seguir trabajando para la DSE, pero como colaborador de la CIA. De lo contrario, se estipuló que a Medina Bringuier se le hiciera un pago de $1,000.00 si al desertar aceptaba cooperar con la CIA. En ese caso, también se le ofrecería $400.00 mensuales más gastos de mantenimiento por cada uno de los seis meses que duraría el interrogatorio que le

[981] *Ibid.*
[982] *Ibid.*
[983] *Ibid.*
[984] Cable de JMWAVE a Director, «Idem A Continuing to Exercise Maximum Security», Miami, 6 de diciembre de 1963, CIA, RN 104-10076-10121, MFF.
[985] Cable de JMWAVE a Director, «JMWAVE Cable re Tactics Used to Debriefing», Miami, 11 de diciembre de 1963, CIA, RN 104-10076-10303, MFF.

haría la Agencia. Al final, JMWAVE se encargaría de relocalizarlo en cualquier parte del «Mundo Libre» sin que se le garantizara que ese lugar fuera Estados Unidos. Se le daría, además, los documentos legales necesarios y el estatus legal en el país en el que se fuera a localizar. Por último se le ofrecería una bonificación cuya cantidad sería determinada por JMWAVE tomando en consideración la calidad de la información que Medina Bringuier hubiese de ofrecer[986]. El momento clave fue el 13 de diciembre cuando Jorge Medina Bringuier le envió un cable a su madre desde Berlín diciéndole «Estoy fuera. Me presentaré a la Misión Americana en Berlín»[987].

Al día siguiente, la base de la CIA en Berlín recibió un cable en el que se felicitaba a todos los que habían participado en la operación y se pasaban las preguntas para el desertor que eran urgentes que contestara. Entre ellas se solicitó que se determinara la razón por la que Medina Bringuier y su novia estaban en Alemania Oriental. Que si el motivo era el entrenamiento en inteligencia, que se obtuviera la identificación de otros cubanos vinculados al entrenamiento, si eran estudiantes o instructores y si cabía la posibilidad de que fueran reclutados o que quisieran desertar. Se le pediría que identificara a todos aquellos cubanos que eran sus conocidos en Alemania Oriental y que trabajasen en cuestiones de inteligencia. Que se determinara los lugares en los que se encontraban y, de nuevo, que si existía la posibilidad de que fuesen reclutados o si eran potenciales desertores. Lo mismo se pedía para aquellos que Medina Bringuier supiera que estaban en el área de Miami o en otras partes del «Mundo Libre». El interrogatorio debería indagar por aquellas personas y organizaciones en Cuba que han sido infiltradas por la inteligencia cubana o que estaban siendo vigiladas por el DSE. Otro asunto en el que JMWAVE tenía interés en conocer, era el alcance de la penetración del régimen cubano en Venezuela y el tipo de apoyo que se

---

[986] *Ibid.*

[987] Cable de JMWAVE a Director, «JMWAVE Cable re Cable Sent to Mother Stating «Am Out. Will Present Myself at American Mission (Berlin)», Miami, 13 de diciembre de 1963, CIA, RN 104-10076-10429, MFF.

le estaba dando a las FALN [Fuerzas Armadas de Liberación Nacional], un grupo subversivo que luchaba con las armas en contra del gobierno del presidente Rómulo Betancourt. De igual forma, desde JMWAVE se solicitó que buscaran información sobre los miembros del aparato de inteligencia cubano y, sobre todo, que Medina Bringuier identificara aquellos que eran susceptibles a ser captados por la CIA[988]. Los últimos cables referente a la operación trataron sobre el traslado del desertor a Estados Unidos para que Medina Bringuier pasara por un período de interrogación más intenso y en uno de esos cables, JMWAVE advirtió que se mantuviese en total secreto la deserción para «evitar la creación de una situación explosiva»[989].

Después de esas fechas, además del documento que contiene parte del interrogatorio al que Medina Bringuier fue sometido en Estados Unidos y que fuera entregado a Salvat en 1964, las pocas referencias que están disponibles para ser consultadas solo hablan de los eventos en los que Medina Bringuier participó en su etapa como agente del DSE. De su vida inmediata al finalizar los meses de interrogatorio, no hay constancia. Sin embargo, sí existen indicios de que quien fuera uno de los responsables, quizá el mayor, de haber entregado los cuadros clandestinos del DRE, pasase a vivir en España en algún momento después de salir de Cuba[990].

La primera pista es una nota que apareció en el *Boletín Oficial de la Provincia de Madrid* fechada el 8 de enero de 1980 en la que da cuenta de la sentencia dictada por el Juzgado de Distrito número 8 y en la que se condena a «Jorge Medina Bringuier» a pagar una indemnización a Josefina Valdehita Magro en la cantidad de 15,000 pesetas. También se le impuso una multa por 1,500 pesetas, «re-prensión (sic) privada y privación del permiso de

---

[988] Cable de JMWAVE a Director, «JMWAVE Cable Re Identification of Cubans», Miami, 14 de diciembre de 1963, CIA, RN 104-10077-10007, MFF.

[989] Cable de JMWAVE a Director, «JMWAVE Cable Re Defection Secret», Miami, 15 de diciembre de 1963, CIA, RN 104-10077-10055, MFF.

[990] En el citado artículo de Nicolás Pérez Diez Argüelles dice de «Mongo»: «hoy con cientos de presos y varios fusilados a sus espaldas y el hombre que le dio el puntillazo final a la clandestinidad anticastrista en Cuba, tras llevar a la cárcel a más de 500 personas...».

conducir por un mes». Se le obligó, además, a pagar las costas del juicio y se dictó la sentencia el 20 de noviembre de 1979[991].

Pero la más contundente es la que le vincula con un robo a una furgoneta que transportaba dinero. El delito ocurrió en Madrid el 28 de julio de 1989. El principal implicado fue Dionisio Rodríguez, «el Dioni», un empleado de la empresa de transporte CANDI, S. A. dedicada al movimiento de valores. El robo ascendió a 300 millones de pesetas y fue el responsable por la quiebra del negocio[992]. Rodríguez contó con varios cómplices para llevar a cabo el hurto. Uno de ellos fue Jesús Arrondo Marín, «Cocoliso», un histórico de la banda terrorista ETA quien después trabajó para los servicios de inteligencia del Estado español como infiltrado en su antigua organización[993]. Arrondo falleció en un accidente automovilístico tres meses después del robo de la furgoneta[994]. Otro, que fue señalado por el propio Dioni, fue Jorge Medina Bringuier conocido entonces como «Patagón»[995]. La parte del robo que le tocó a Medina Bringuier alcanzó los 50 millones de pesetas[996].

Rodríguez identificó a Medina Bringuier como argentino[997] y Jesús Duva, un periodista del diario español *El País*, dice lo mismo al escribir sobre el asunto[998]. Sin embargo, en un programa televisivo, «Ochéntame Otra Vez», transmitido por Televisión Española el 3 de mayo de 2019 y dedicado al robo del fur-

---

[991] *Boletín Oficial de la Provincia de Madrid*, Juzgados de Distrito, Juzgado Número 8, 8 de enero de 1980, 13.

[992] Dionisio Rodríguez, *Yo robé un furgón blindado*, Madrid, Mueve tu Lengua, 2019.

[993] Patxo Unzueta, «Repetidas 'infiltraciones' en la organización vasca», *El País*, 31 de agosto de 1978, https://elpais.com/diario/1978/09/01/espana/273448803_850215.html y Fernando Lázaro, «25 años como Topo en ETA», *El Mundo*, Madrid, 9 de abril de 2006.

[994] *ABC*, Madrid, 9 de noviembre de 1989, http://hemeroteca.abc.es.

[995] Dionisio Rodríguez, *Yo robé un furgón blindado*, 202.

[996] *Ibid,* 127.

[997] *Ibid,* 101.

[998] Jesús Duva, «El Dioni afirma que él fue el único autor del robo del furgón y alega pertenecer a una red parapolicial», *El País*, 18 de julio de 1991, https://elpais.com/diario/1991/07/18/madrid/679836261_850215.html.

gón, el periodista Javier Ángel Preciado comentó que Jorge Medina Bringuier era un «apátrida de origen *cubano* o argentino, *creo que cubano*»[999]. Este mismo periodista, quien había seguido el caso desde el principio y quien, además, había hecho una entrevista exclusiva a Rodríguez, también hizo otra afirmación que aproxima a este Jorge Medina Bringuier con el «Mongo» que delató a los cuadros clandestinos del DRE. Según Preciado, «Patagón», que era un tipo «listo y listillo», y quien para Preciado «fue el cerebro» del robo, había colaborado «con los servicios de inteligencia militar de España» y fue un agente infiltrado en otro grupo terrorista que intentó derrocar al gobierno español, el Grupo de Resistencia Antifascista Primero de Octubre, «GRAPO»[1000]. Por su parte Duva parece corroborar el perfil de Medina Bringuier presentado por Preciado al señalar que Medina Bringuier era *«conocido entre los servicios de espionaje militar* como Patagón»[1001].

Aunque no hay certeza para poder identificar con absoluta claridad que el Jorge Medina Bringuier «español» y el cubano sean la misma persona, las coincidencias entre el nombre y el *modus operandi* entre ambos son tan asombrosas que se hace difícil pensar que no lo sean. En cuanto a la referencia a su nacionalidad argentina, a pesar de la sospecha de Preciado de que es cubano, hay un dato adicional que puede asociar a Mongo con el país del cono sur. Cuando su tío Carlos Bringuier declara ante la policía de Nueva Orleans al ser detenido por tener una trifulca callejera con Lee Harvey Oswald en el momento en que éste repartía propaganda a favor del régimen de Castro, el entonces delegado del DRE en Nueva Orleans señala que la madre de su sobrino, María del Carmen, era natural de Buenos Aires, capital de Argentina[1002]. No obstante, el obituario publicado al fallecer Ma-

---

999 TVE, *Ochéntame Otra Vez*, S. 6, E. 5, 3 de mayo de 2019. Énfasis del autor.

1000 *Ibid.*

1001 Duva, «El Dioni afirma».

1002 Sargeant Horace J. Austin and Patrolman Warren Roberts a Major Fresly J. Trosclair Jr., «Interview of four male subjects at First District Police Station», on Friday, August 9, 1963, after their arrest from Canal Street. Por otra

ría del Carmen en el estado de Luisiana, indica que había nacido en Morón, provincia de Camagüey el 4 de septiembre de 1923[1003], haciendo imposible llegar a una conclusión definitiva sobre el asunto. Por otra parte, el Dioni alega que Jorge Medina Bringuier desapareció después de recibir la parte que le correspondía por contribuir al robo del furgón de la compañía CANDI de Madrid. Lo curioso es que el Medina Bringuier delator del Directorio, desertor de Cuba y colaborador con la CIA aparece, según su página en Facebook, viviendo en Madrid. Si éste Medina Bringuier es o no el Jorge Medina Bringuier que colaboró con el Dioni en el robo del furgón, no elimina una dolorosa realidad: el que se conoció como Mongo fue el responsable de causar no solo un daño humano de dimensiones incalculables, sino que su trabajo como agente del DSE «infirió un golpe mortal al DRE» que, en última instancia, significó el fin del Directorio como organización del clandestinaje cubano[1004].

Concurrente a la debacle interna de los cuadros clandestinos del DRE fueron los acontecimientos que en su conjunto se conocieron como la Crisis de Octubre o la Crisis de los Cohetes o la Crisis del Caribe. La conclusión de esta confrontación que puso al mundo al borde de una guerra nuclear traería consecuencias en que no serían muy positivas para la visión que del problema cubano tenía el Directorio así como para su estrategia de lucha.

La crisis que enfrentaría a Estados Unidos con la Unión Soviética tuvo su origen en la decisión que tomó la dirigencia de la URSS de hacer de Cuba un territorio militarmente estratégico en

---

parte, se debe señalar que en el *curriculum vitae* de Jorge Medina Bringuier que preparó la CIA se afirma que María del Carmen había nacido en La Habana, Cuba en 1923. Despacho de Chief of Station, JMWAVE a Chief, Special Affair Staff, «Curriculum Vitae -Jorge Julio Ramón Medina Bringuier».

[1003] Obituario de María del Carmen Vicenta Bringuier Expósito Medina en orbits.nola.com.

[1004] La cita es de Luis Fernández Rocha y aparece en un cable de JMWAVE con fecha de 14 de enero de 1964. Cable de JMWAVE a Director, «Using AMSPELL 26 Dec Coded Broadcast Over WMIE as Opening», Miami, 14 de enero de 1963, CIA, RN 104-10171-10268, MFF. Juan Manuel Salvat concurrió con la opinión expresada por Luis Fernández Rocha. Juan Manuel Salvat, entrevista.

la puja que sostenía con Estados Unidos por la hegemonía en el campo internacional. A los ojos del secretario general del Partido Comunista de la URSS (PCUS) y jefe de gobierno, Nikita Khrushchev, la colocación de cohetes con la capacidad de transportar explosivos nucleares en la isla caribeña, sería un movimiento que acarrearía múltiples ventajas para alcanzar los objetivos que él perseguía como político y los que muchos dentro del Estado soviético anhelaban para su país. Hay que tomar en consideración que para entonces el liderazgo de Khrushchev se encontraba en entredicho, entre otras razones, a causa de su mala gestión en el campo de la economía[1005]. Desde su punto de vista, si se alcanzaban los objetivos estratégicos que serían perseguidos con la conversión del territorio cubano en una base de cohetes de mediano e intermedio alcance capaces de golpear a Estados Unidos en lugares a los que la URSS no podía llegar hasta ese momento, el prestigio de Khrushchev como político aumentaría de forma notable. Además, en aquel momento era importante para el líder del Kremlin, el desafío que la República Popular China representaba para el liderazgo soviético en la órbita de países, partidos y movimientos comunistas. Aquella fue una coyuntura en la que Pekín criticaba y desafiaba al régimen soviético por lo que se suponía que era su falta de apoyo a las corrientes revolucionarias que tomaban fuerza en Asia, África y América Latina. En ese sentido, si el comunismo chino obtenía logros y reconocimientos en cualquier parte del mundo, se estaría poniendo en riesgo no solo el liderato de Khrushchev sino también el de la Unión Soviética. Para evitar todos esos contratiempos, Nikita Khrushchev se afanó en situar las relaciones de su país y Estados Unidos en un plano de igualdad; y, desde la perspectiva del premier soviético, este objetivo solo se alcanzaba si se lograba fortalecer el poder estratégico de su país, sobre todo en lo que a poderío nuclear se refería[1006].

[1005] Véase a K. S. Karol, *Guerrillas in Power. The Course of the Cuban Revolution*, New York, Hill & Wang, 1970, 264 y Vladislav M. Zubok, *Un imperio fallido*, 212

[1006] Zubok, 215.

De poder llegar al equiparamiento aludido, la URSS, de acuerdo con el pensamiento de Khrushchev, podría, en primer lugar, disminuir los gastos militares, un ángulo que, a su vez, le permitiría aumentar la inversión en el sector económico; pero también tenía el potencial de crear condiciones propicias para que la URSS adelantase su agenda internacional en lugares de alta tensión como Berlín y el sudeste asiático[1007]. De igual forma, en ese mismo acápite, se encontraba la posibilidad de firmar un tratado con Estados Unidos y otras potencias, para detener las pruebas nucleares[1008].

El problema para Khrushchev, sin embargo, era cómo lograr la paridad con Estados Unidos sin aumentar el gasto militar. La adquisición del armamento nuclear soviético resultó mucho más costosa de lo que se esperaba y Khrushchev se resistía a seguir aumentándolo[1009]. Desde esa perspectiva, la conversión de Cuba en una base de cohetes capaces de transportar dispositivos nucleares se le presentó al líder del Kremlin como una forma ideal de superar los escollos que tenían a la URSS como una potencia de segunda categoría. Desde Cuba, la cohetería soviética sería capaz de llegar a puntos del territorio norteamericano que en ese momento eran inalcanzables y, de esa manera, se triplicaba el número de lanzamisiles nucleares que apuntaban hacia Estados Unidos[1010]. Además, la colocación en Cuba de cohetes y de los destacamentos militares que eran necesarios para la operación y defensa de las futuras bases, tendrían el efecto de garantizar la seguridad del proceso revolucionario cubano que era un asunto de singular importancia tanto para Khrushchev como para la dirigencia del régimen cubano[1011]. En mayo de 1962 Estados Unidos llevó a cabo un ejercicio militar llamado «Whip Lash» que junto a otro que se tenía planificado para cuando este concluyese, fue-

[1007] Fursenko & Naftali, *Khrushchev's Cold War*, 441.
[1008] *Ibid.*
[1009] *Ibid,* 434.
[1010] *Ibid,* 440.
[1011] Zubok, *Un imperio fallido*, 229.

ron percibidos por cubanos y soviéticos como antesalas a una posible invasión norteamericana a Cuba[1012]

No se puede soslayar que para el tiempo en el que el Kremlin está decidiendo el envío de cohetes a Cuba, en la isla caribeña Castro ha emprendido una ofensiva en contra de viejos dirigentes del PSP, particularmente de Aníbal Escalante, aliados claves de Moscú a los que se les acusa de «sectarismo». El desacuerdo entre Castro y los comunistas criollos fue percibido en los círculos del poder soviético como una posible amenaza a los vínculos que hasta entonces unían a los cubanos revolucionarios con el centro mundial del movimiento comunista. Para el Kremlin Castro podía buscar una alianza con China o transformarse en una especie de Tito del Caribe. Con el movimiento contemplado por Khrushchev, la URSS podría convertirse en el mejor defensor de la revolución comunista mundial y solidificaría el vínculo con Cuba[1013].

De acuerdo con los autores de *Khrushchev's Cold War*, la competencia de la URSS con Estados Unidos en el campo internacional y el evidente desequilibrio de poder que se manifestaba en esas relaciones, el cual no era favorable a la Unión Soviética, tuvieron el efecto de fomentar la frustración del dirigente soviético[1014]. El último evento de esa confrontación, que se convirtió en el dispositivo que llevó a la decisión del premier soviético de colocar misiles en Cuba, fue la determinación del presidente norteamericano, John F. Kennedy, de aumentar en mayo de 1962 la presencia militar de Estados Unidos en el sudeste asiático, particularmente en Laos[1015]. Convencido de la necesidad de neutrali-

[1012] Chang, Laurence & Peter Kornbluh, eds., *The Cuban Missile Crisis, 1962. A National Security Archive Documents Reader*, New York, The New Press, 1998, 364

[1013] Fursenko & Natali, *One Hell of a Gamble*, 163-165.

[1014] Fursenko & Naftali, *Khrushchev's Cold War, 433.* Estos mismos autores hacen un excelente resumen acerca de la enorme desventaja que tenía la URSS respecto a Estados Unidos en materia de armas nucleares y de las capacidades tecnológicas que se refieren a este campo. Fursenko & Naftali, *One Hell of a Gamble154-156.*

[1015] Fursenko & Naftali, *Khrushchev's Cold War*, 433.

zar el poderío nuclear norteamericano, Khrushchev consultó a dos de sus asesores más cercanos, Andrei Gromyko y Anastas Mikoyan, acerca de su plan para convertir a Cuba en una base estratégica. El último se mostró contrario al proyecto argumentando que Estados Unidos nunca aceptaría la presencia de armas ofensivas en Cuba. Para Mikoyan, la URSS tenía que defender a la revolución de Castro, pero con el plan de Khrushchev se lograba lo contrario pues estaría provocando un ataque de Estados Unidos[1016]. No obstante, el dirigente soviético siguió adelante con su proyecto. Hay que tomar en consideración que para Khrushchev, Kennedy era un «peso pluma»[1017], una cualidad que se había manifestado durante la invasión del 17 de abril y en la cumbre que ambos dirigentes habían sostenido en Viena en junio de 1961[1018].

El próximo paso del secretario general del PCUS fue la convocatoria del Presidium soviético. La reunión tuvo un primer encuentro el 21 de mayo y en la misma se determinó no aprobar el plan de Khrushchev hasta que se consultara a Fidel Castro y que éste diera el visto bueno para que se emplazaran bases de cohetes en el territorio cubano. A tales efectos, Khrushchev aprovechó la próxima visita de una misión agrícola a Cuba para incluir en la delegación al Mariscal Sergei Biryusov, jefe de la Fuerza de Cohetes Estratégicos, y de Aleksandr Alekseev, quien pronto ocuparía la posición de embajador de la URSS en Cuba. Estos últimos dos serían los responsables de comunicarle a Castro el deseo de su país de enviar cohetes a Cuba.

La delegación soviética llegó a Cuba el 29 de mayo. El ofrecimiento que le hicieron Biryusov y Alekseev a Castro tomó por sorpresa al dirigente cubano. Hasta ese momento, las peticiones de ayuda militar que su gobierno le había hecho a la URSS no satisfacían los requerimientos solicitados por los cubanos y ahora

---

[1016] *Ibid*, 435.

[1017] Zubok, *Un imperio fallido*, 223 y Kagan, *On the Origins of War*, 546.

[1018] Sobre la percepción que Nikita Khrushchev se llevó de John F. Kennedy en la cumbre de Viena véase a Fursenko y Naftali, *Khrushchev's Cold War*, 364.

le ofrecían el emplazamiento de bases de cohetes estratégicos con dispositivos nucleares. Además, la Unión Soviética estaba dando un paso singular pues era la primera vez que estaría colocando ese tipo de armamento, que para Castro era más de lo que Cuba necesitaba para su defensa, fuera de su territorio[1019]. De todas maneras, Castro, que sí buscaba una alianza militar con los soviéticos como parte del sistema defensivo para Cuba[1020] prometió una pronta respuesta y, después de consultar con Raúl Castro, Ernesto Guevara, Oswaldo Dorticós y Blas Roca, le comunicó a sus interlocutores soviéticos que se aceptaba la propuesta de Khrushchev[1021]. Tan pronto llegaron los soviéticos a Moscú, el 8 de junio, el premier Khrushchev volvió a convocar al Presidium para que aprobara finalmente su plan. El Presidium estuvo de acuerdo con el proyecto y se puso en práctica la «Operación Anadyr» que sería la responsable de transformar al territorio cubano en un emplazamiento de armas nucleares dirigidas hacia Estados Unidos.

La maniobra que los soviéticos concibieron e intentaron llevar a cabo era de una complejidad extraordinaria ya que no solo se pretendía traspasar a Cuba unos cuarenta misiles con dispositivos nucleares, sino que implicó de igual forma, transportar y situar en suelo cubano todas las fuerzas, humanas y materiales, que se necesitaban para la operación y defensa del arsenal nuclear. En ese sentido, los historiadores Aleksandr Fursenko y Timothy Naftali han afirmado que el plan en su totalidad requería de cuatro regimientos motorizados, dos batallones de tanques T55, un ala de combate compuesta de aviones de tipo Mig-21, baterías antiaéreas y doce destacamentos de cohetes SA-2 de tierra a aire con ciento cuarenta y cuatro plataformas de lanzamiento. A esta fuerza se le añadiría, como armas ofensivas capaces de transportar bombas nucleares, cuarenta y dos aviones Il-28 y dos regimientos

[1019] Fursenko & Naftali, *ibid*, 438-439 y Laurence Chang & Peter Kornbluh, ed., *The Cuban Missile Crisis, 1962*, 364.
[1020] Michael Dobbs, *One Minute to Midnight. Kennedy, Khrushchev, and Castro On the Brink of Nuclear War*, New York, Alfred A. Knopf, 79.
[1021] Chang & Kornbluh, *The Cuban Missile Crisis*, 364.

de misiles tipo crucero compuestos por ochenta misiles con dispositivos nucleares. La fuerza humana total que según estos dos historiadores se necesitaba para toda la operación alcanzaba el número de cincuenta mil ochocientos setenta y cuatro personas, todas procedentes de la Unión Soviética ya que los soviéticos mantendrían el control del complejo militar. Se concibió, igualmente, desarrollar una base para submarinos en Cuba la cual, a su vez, requería la presencia de una flotilla que actuase como escolta de los submarinos[1022]. Y todo esto, Khrushchev pensaba, se podía hacer de manera secreta, sin que Estados Unidos se diera cuenta de lo que estaba pasando[1023].

Raúl Castro, que era entonces el ministro de Defensa cubano, viajó a Moscú el 2 de julio para firmar el acuerdo que le daría vigencia al emplazamiento de los misiles soviéticos en Cuba. Su estancia duró hasta el 17 de julio y, entre los aspectos que se clarificaron durante las negociaciones con sus aliados estuvo la determinación sobre quien ejercería el control sobre la operación de los cohetes. Serían los militares soviéticos quienes tendrían la absoluta responsabilidad de la operación[1024]. No había salido Raúl Castro de regreso a La Habana cuando, el 15 de julio, los primeros buques soviéticos comenzaron a navegar hacia Cuba con parte del equipo militar y el personal que fue asignado para la operación. Estos barcos llegaron a puertos del occidente cubano entre el 25 y 31 de julio[1025]. El análisis que hicieron en la CIA sobre las fotos aéreas que se tomaron de los buques que navegaban hacia Cuba indicaron que los barcos, probablemente, llevaban equipos militares para el régimen de Castro. No obstante, las pruebas no eran concluyentes en cuanto a la especificidad del contenido. Lo que sí se pudo determinar es que se trataba de una operación de envergadura por el número de barcos que viajaban

---

[1022] Fursenko & Naftali, *Khrushchev's Cold War*, 440.

[1023] *Ibid*, 435.

[1024] Chang & Kornbluh, *The Cuban Missile Crisis*, 364.

[1025] CIA, *Documents on the Cuban Missile Crisis 1962*, «Timetable of Soviet Military Build-Up in Cuba. July-October 1962», http://dracobooks.com/Cuban-Missile-Crisis-CIA-Documents.html.

hacia la isla caribeña. En un memorándum escrito por el director de la CIA, John McCone, el 20 de agosto de 1962, se afirmó que solo en el mes de julio habían llegado veintiún barcos de bandera soviética a puertos cubanos y que diez y siete estaban en camino[1026]. Más aún, los informes recogidos por la CIA a partir de julio le permitieron a McCone sugerirle al presidente Kennedy, en un memorándum fechado el 10 de agosto, que era posible que los soviéticos estuviesen enviando a Cuba misiles de mediano alcance (MRBM) y en el documento del 20 de agosto apuntó que la descarga del material transportado a Cuba se hizo bajo seguridad máxima y en puertos de los que fue excluida la población cubana. McCone también consideró que desde el primero de julio habían llegado a Cuba entre cuatro y seis mil soviéticos de los cuales una parte del contingente sería personal militar[1027].

Lo curioso es que el propio director de la CIA, como parte del conglomerado de instituciones de inteligencia del gobierno federal de Estados Unidos, había firmado el 1 de agosto el informe de inteligencia dedicado al problema cubano y en el que se afirmó que la URSS solo le estaría entregando a Cuba material militar para su defensa[1028]. No obstante, las noticias presentadas por McCone ameritaron la atención del presidente y a esos efectos, los movimientos militares que los soviéticos estaban llevando a cabo en Cuba comenzaron a ser monitoreados por el Poder Ejecutivo del gobierno de Estados Unidos. A tales efectos, el 23 de agosto, el presidente Kennedy convocó a una reunión del Consejo de Seguridad Nacional. En el encuentro, por supuesto, se ventilaron las sospechas de McCone y aunque los secretarios de Defensa y de Estado, Robert McNamara y Dean Rusk respectivamente, se mostraron escépticos al planteamiento del jefe de la CIA, el presidente determinó que había que desarrollar un plan de contin-

---

[1026] John McCone, «Memorandum on Cuba», 20 de agosto de 1962, en *ibid.*

[1027] *Ibid.*

[1028] Office of National Estimates, «National Intelligence Estimate No. 85–2–62, August 1», Washington, D. C., 1 de agosto de 1962, *FRUS, 1961–1963*, American Republics; Cuba 1961–1962; Cuban Missile Crisis and Aftermath, Volumes X/XI/XII, Microfiche Supplement.

gencia para el caso en el que los soviéticos estuvieran emplazando armamento nuclear en Cuba[1029]. Así mismo, Kennedy ordenó que los planes contemplados en la Operación Mangosta para derrocar a Castro fuesen acelerados[1030].

A finales del mes de agosto, los servicios de inteligencia de Estados Unidos encontraron una nueva pieza sobre el rompecabezas que se estaba armando en Cuba. El 29 de ese mes, un vuelo de reconocimiento hecho por el avión espía de la CIA, el U-2, descubrió algunas instalaciones de cohetes de tierra-a-aire, los llamados SAM[1031]. La presencia de esas armas, totalmente defensivas, sugerían, sin embargo, la alta posibilidad de que su presencia en suelo cubano, aunque vinculada a defender el territorio de Cuba de una posible invasión, también podía indicar que la misma tenía la función principal de proteger instalaciones militares de mayor envergadura. En esa categoría la sospecha recaía en las bases desde donde se colocarían armas ofensivas como los misiles de alcance medio e intermedio, es decir, aquellos que podrían llegar a Estados Unidos portando ojivas nucleares, al menos, ese fue el razonamiento de John McCone[1032]. Sin embargo, el director de la CIA estaba de viaje de luna de miel, y la responsabilidad de informar al presidente Kennedy recayó sobre el Sub-director de la Agencia, el general Marshall S. Carter[1033]. Carter informó al presidente el 1 de septiembre. Para Kennedy, la revelación que le trajo Carter no pudo haber llegado más a destiempo pues, por un lado, el mismo día 29 en que el U-2 que sobrevoló sobre parte de Cuba y descubrió las primeras instalaciones de proyectiles SAM, el presidente ofreció una conferencia de prensa en la que declaró que él no estaba por invadir a Cuba en ese momento porque una acción semejante podría tener consecuencias desastrosas para

[1029] Chang & Kornbluh, *The Cuban Missile Crisis*, 365-366.
[1030] *Ibid*, 366.
[1031] CIA, *Documents on the Cuban Missile Crisis 1962*, Ray S. Cline, Memorandum for Acting Director of Central Intelligence, «Recent Soviet Military Activities in Cuba», 3 September 1962.
[1032] Sergii Plokhy, *Nuclear Folly. A History of the Cuban Missile Crisis*, New York, W. W. Norton & Company, 2021,120.
[1033] *Ibid,* 99.

muchas personas[1034]. Dijo, además, que no tenía evidencia acerca de la permanencia de tropas soviéticas en Cuba y de que aún no tenía noticia sobre la posible instalación de los misiles de tipo defensivos encontrados por el U-2[1035]. Por otro lado, tenía la presión que ejercía el Partido Republicano, particularmente, el Senador Keating, denunciando que en Cuba los soviéticos estaban instalando cohetes. La necesidad de concentrarse y encontrar una salida al problema cubano se le hizo apremiante al mandatario norteamericano. En ese momento, y aunque todavía no había sido detectado en toda su magnitud por los servicios de inteligencia de Estados Unidos, el aumento en la llegada de armamentos y personal militar soviético a la isla era significativo. Ya no solo se cubría la región occidental de la isla con la actividad preparatoria para el emplazamiento de los misiles que estaban por llegar, sino que también alcanzaba al centro de la isla. Más grave aún, entre el 1 y el 5 de septiembre se inició la construcción en Guanajay, provincia de La Habana, de la base para cohetes de alcance intermedio (IRBM)[1036].

La ruta inmediata que seguiría el presidente de Estados Unidos fue la de la cautela. En primer lugar, no quería advertir a sus adversarios acerca del conocimiento que se estaba adquiriendo de sus maniobras en Cuba ni de la creciente preocupación que tales noticias significaban para los funcionarios norteamericanos responsables de darle una respuesta a lo que ya parecía ser una preocupación mayor. Estaba, además, el problema de la calidad de la inteligencia que se estaba recogiendo. Casi toda era evidencia circunstancial que no presentaba un caso seguro. Y, por último, existía una gran preocupación por lo que pudiera pasar en Berlín, una ciudad de gran significado político, en donde el sector occi-

[1034] Chang & Kornbluh, *The Cuban Missile Crisis*, 366.

[1035] *Ibid.*

[1036] CIA, *Documents on the Cuban Missile Crisis 1962*, «Timetable of Soviet Military Build-Up in Cuba. July-October 1962»

dental estaba rodeado por tropas pertenecientes al Pacto de Varsovia[1037].

El descubrimiento de los cohetes SAM en Cuba originó un conjunto de reuniones entre los principales responsables de la política exterior de Estados Unidos. En esos encuentros, algunos de los cuales contaron con la presencia del presidente Kennedy, se exploraron las principales alternativas que se les presentaba al país para responder a lo que algunos veían como el reto soviético. Lo que resaltó de las discusiones en aquel momento fue la falta de consenso por parte de los participantes[1038]. No obstante, el 4 de septiembre se hizo público por la Casa Blanca una declaración del presidente sobre el incremento de efectivos militares soviéticos en Cuba. De acuerdo con el parte de prensa, el presidente de Estados Unidos afirmó que el gobierno había detectado un aumento en el armamento que la URSS estaba enviando a Cuba incluyendo misiles antiaéreos de carácter defensivo[1039]. Según expuso la misma nota, no se tenía evidencia de una fuerza de combate soviética organizada ni de bases militares provistas por la URSS. Tampoco, siguió afirmando, se han encontrado armamentos de naturaleza ofensiva tales como cohetes de tierra-a-tierra. Eso sí, se hizo la advertencia que, de hallarse este tipo de armamento se estaría fomentando un asunto de máxima gravedad[1040]. En aquel momento la advertencia más explícita fue hacia el régimen cubano al cual se le previno de no tomar acción alguna en contra de algún país del hemisferio occidental[1041]. Al mismo tiempo, el presidente Kennedy se reunió con líderes del Congreso de Estados Unidos y les transmitió cierto sentido de urgencia con respecto a los asuntos de Cuba al mencionar la posibilidad de

[1037] Ver en Sergii Plokhy, *Nuclear Folly*, el capítulo 8, «Prisoner of Berlin», 99-109.

[1038] Fursenko & Naftali, *Khrushchev's Cold War*, 452.

[1039] «Editorial Note» (411) en *FRUS, 1961–1963, Volume X, Cuba, January 1961–September 1962.*

[1040] *Ibid.*

[1041] *Ibid.*

movilizar ciento cincuenta mil soldados de la reserva del ejército de Estados Unidos[1042].

La advertencia contenida en la nota de prensa emitida por Casa Blanca el 4 de septiembre, reiterada el 13 del mismo mes, tenía que haber hecho reflexionar a Khrushchev sobre el peligro implícito en el emplazamiento de cohetes con ojivas nucleares en Cuba. Sin embargo, como advierte el historiador Sergii Plokhy, el efecto fue el contrario. En vez de detener o suspender la Operación Anadyr, el premier soviético decidió acelerar los envíos para que cuando estos fuesen descubiertos, ya no se podría hacer nada[1043]. En lo que quedaba del mes de septiembre se construyeron bases para misiles de mediano alcance en San Cristóbal, provincia de Pinar del Río y Remedios y Sagua la Grande en la provincia central de Las Villas. A la misma vez se instalaron baterías de misiles de tipo SAM en varios sitios de la región oriental de la isla los cuales se unieron a los que antes se habían instalado en la región central. Además, todas estas instalaciones fueron acompañadas por la llegada de más personal militar[1044]. Los primeros misiles de mediano alcance fueron desembarcados por el puerto de Mariel el 15 de septiembre y, al menos ocho de ellos fueron llevados hasta la base que se construía en San Cristóbal[1045].

Mientras tanto, el gobierno de Estados Unidos tomó algunas medidas de contingencia por si se presentaba el caso de que, contrario a todas las expectativas, los soviéticos colocaban armas ofensivas en Cuba capaces de poner en peligro la seguridad del país. El 7 de septiembre, por ejemplo, el Comando Táctico Aéreo tomó la decisión de diseñar los planes para un ataque aéreo coordinado en contra del territorio cubano que tuviese lugar antes de que comenzase una invasión[1046]. El plan estaría listo el 27 de septiembre. Por su parte, el 20 de septiembre, el Senado norteameri-

---

[1042] Sergii Plokhy, *Nuclear Folly*, 109.

[1043] *Ibid*, 111.

[1044] CIA, *Documents on the Cuban Missile Crisis 1962*, «Timetable of Soviet Military Build-Up in Cuba. July-October 1962».

[1045] Chang & Kornbluh, *The Cuban Missile Crisis*, 368.

[1046] *Ibid*, 367.

cano aprobó una resolución aprobando el uso de la fuerza si esta fuese necesaria para contener cualquier agresión de Cuba en el hemisferio occidental[1047]. Hay que tomar en consideración que todas estas medidas se fueron adoptando en una coyuntura en la cual funcionarios soviéticos, entre ellos el embajador de la URSS en Washington, Anatoly Dobrynin, declararon que su país solo enviaba a Cuba armamento defensivo[1048]. Algo semejante, y aprobado por el propio Khrushchev, apareció en un comunicado de la agencia de noticias Tass el 11 de septiembre. La nota, con lenguaje agresivo, insistió en la naturaleza defensiva de la ayuda militar que la URSS enviaba a Cuba[1049].

El 28 de septiembre fue ocasión para un nuevo descubrimiento de armas que generaría un incremento en el nivel de alarma en Estados Unidos. Ese día, un avión de reconocimiento de la marina norteamericana fotografió el cargamento que sobre cubierta llevaba el buque soviético Kasimov y cuando las fotos fueron analizadas se concluyó que se trataban de varios aviones de bombardeo tipo IL-28[1050]. Lo que no se podía determinar en aquel momento era que, a esos aviones, capaces de volar hasta la Florida, se les habían asignado seis bombas nucleares[1051]. A la misma vez, a Washington fueron llegando informes de inteligencia que sugerían la posible presencia de misiles de mediano alcance (MRBM) en el occidente cubano[1052]. La determinación que tomó el presidente Kennedy fue la de comenzar la movilización del Comando Atlántico (CINCLANT). A tales efectos, el Secretario de Defensa McNamara dio una serie de órdenes que tenían como fin último, el llevar a cabo un bloqueo y una invasión a la isla de Cuba[1053]. Mientras tanto, Robert Kennedy, por mandato de su hermano, se reunió con el Special Group (A) que tenía la res-

[1047] *Ibid*, 368.
[1048] *Ibid*, 367.
[1049] *Ibid;* Fursenko & Naftali, *One Hell of a Gamble*, 213 y Sergii Plokhy, *Nuclear Folly*,117.
[1050] Chang & Kornbluh, *The Cuban Missile Crisis*, 369.
[1051] Fursenko & Naftali, *Khrushchev's Cold War*, 440.
[1052] Chang & Kornbluh, *The Cuban Missile Crisis*, 369.
[1053] Fursenko & Naftali, *One Hell of a Gamble*, 217.

ponsabilidad de ejecutar la Operación Mangosta y después de amonestarlo por la falta de avance en la gestión por desestabilizar a Castro y su régimen, le presionó para que se promoviese una intensa campaña de sabotajes en Cuba[1054].

A la misma vez que se tomaban todas estas decisiones, originadas en el temor de que en Cuba se estuviesen montando armas capaces de atacar a Estados Unidos, una decisión hecha a raíz de una reunión solicitada por el secretario de Estado Rusk y a la que asistió una representación de la CIA y otra de la Casa Blanca, obstaculizó la adquisición de información acerca de lo que sucedía en la isla caribeña. La decisión fue la de suspender los vuelos de los aviones U-2 por encima del territorio cubano. La determinación fue causada por el problema que según Rusk le habían causado un par de incidentes internacionales en los que estuvieron involucrados los U-2. Uno tuvo lugar el 30 de agosto y consistió en un vuelo del avión espía que fue detectado sobre el territorio de la URSS y por el cual los soviéticos elevaron una protesta al gobierno de Washington. El otro, ocurrido el 7 de septiembre, fue el derribo por China de otro U-2 que volaba dentro de su territorio. El secretario de Estado advirtió que estos incidentes dificultaban las negociaciones que llevaba a cabo sobre Berlín y le solicitó a la CIA que evitara que el avión volara sobre Cuba para prevenir el estallido de otro incidente. Se debe tomar en consideración que ya en ese momento estaban operando en la isla los misiles antiaéreos instalados por los soviéticos y que podían derribar a un U-2. Aunque a regañadientes, la CIA evitó enviar nuevas misiones de U-2 sobre el territorio cubano[1055].

Hacia finales de septiembre, la CIA estaba recibiendo numerosos informes procedentes de Cuba que hacían cada vez más creíble la transformación de Cuba en un enclave militar desde el que se podía atacar a Estados Unidos con armas nucleares; inclu-

---

[1054] *Ibid,* 217-218. Al discutir esta reunión, descrita como muy acalorada, los autores señalan que los señalamientos de Robert Kennedy fueron contestados por John McCone quien responsabilizó a la Casa Blanca por la vacilación en tomar determinaciones firmes como consecuencia de querer ocultar la mano de Estados Unidos en los planes contra Cuba.

[1055] Sergii Plokhy, *Nuclear Folly*, 121.

sive se supo que el 12 de septiembre fue localizado lo que podía ser un cohete de alcance medio que era transportado hacia su base[1056]. Fueron estas las circunstancias las que le permitieron al director de la CIA solicitarle al presidente Kennedy la reanudación de los vuelos U-2 sobre el territorio cubano. El presidente accedió a la petición de McCone y el 14 de octubre, temprano en la mañana, un U-2 rastreó y fotografió la parte más occidental de Cuba[1057]. Cuando los expertos de la CIA analizaron las fotos tomadas por el comandante Heyser descubrieron la pieza que dispararía la Crisis de Octubre. Una de las fotos revelaba la presencia en la región de San Cristóbal de cohetes de medio alcance (MRBM).

El presidente Kennedy se enteró de la noticia el martes 16 de octubre a las 8:45 de la mañana. Tan pronto supo del emplazamiento de armas ofensivas en Cuba tomó la decisión de convocar a una reunión urgente a sus principales asesores de seguridad nacional. A las 11:55 am quedó constituido el Executive Committee of the National Security Council, el «ExComm» como se le llamará comúnmente, que tendrá la responsabilidad de discutir las medidas que debían de tomarse para eliminar el peligro que la presencia de armas nucleares en Cuba representaba para Estados Unidos.

Horas antes de que Kennedy fuese enterado de lo que había descubierto en Cuba el U-2, el presidente de Estados Unidos recibió en la Casa Blanca a Ahmed Ben Bella, uno de los líderes del movimiento que luchó contra Francia por la independencia de Argel y quien ocupaba en ese momento la posición de presidente del Consejo de Ministro de su país. Siendo Kennedy senador defendió en un discurso la independencia de Argelia, un gesto que sirvió de apertura para desarrollar una comunicación amable con el líder argelino[1058]. Kennedy sabía, además, que inmediatamente

---

[1056] *Ibid*, 129.

[1057] El vuelo fue piloteado por el comandante Richard S. Heyser adscrito al Comando Estratégico Aéreo. Los U-2 eran aviones de la CIA, pero, para esta ocasión, y para la eventualidad de que el avión pudiese ser derribado sobre Cuba, se prefirió utilizar un piloto de la Fuerza Aérea que a uno de la CIA.

[1058] Fursenko & Naftali, *One Hell of a Gamble*, 221-222.

después de la visita a Washington Ben Bella viajaría a La Habana para entrevistarse con Fidel Castro. En ese sentido, y consciente de los peligrosos eventos que estaban teniendo lugar en la isla caribeña, el presidente de Estados Unidos aprovechó la coyuntura para enviarle un mensaje a Castro a través de Ben Bella. De acuerdo con lo que se ha conocido de aquella conversación, el argelino le comunicaría al cubano que Estados Unidos no tenía interés de invadir a Cuba, *al menos que los soviéticos convirtiesen el territorio cubano en una base ofensiva o si Castro optaba por utilizar a Cuba como un trampolín para expandir el comunismo por el hemisferio occidental*[1059]. En ese sentido, Kennedy resumía lo que eran los objetivos básicos de la política de su gobierno hacia el régimen cubano, es decir, alejar a Cuba de la URSS y neutralizar a Castro en América Latina. Más aún, a requerimientos de Ben Bella, Kennedy admitió que Estados Unidos estaba dispuesto a convivir con una revolución nacionalista, como la representada por el argelino, en Cuba[1060]. Es verdad que como trasfondo de la iniciativa que llevaría Ben Bella a Cuba, se encontraba un vasto ejercicio militar anfibio iniciado por Estados Unidos desde el 15 de octubre en el sureste de sus costas y el Caribe, y cuyo nombre codificado era PHIBRIGLEX-62, el cual incluía una invasión a la isla puertorriqueña de Vieques para derrocar a un dictador imaginario cuyo nombre era «Ortsac», es decir, «Castro» al revés[1061]. Es probable que con la gestión de Ben Bella junto a la amenaza representada por el ejercicio militar PHIBRIGLEX-62, Kennedy estuviese acudiendo a la estrategia del garrote y la zanahoria para convencer a Castro de la conveniencia de desistir en el tipo de relación que sostenía con la Unión Soviética y que convertía a Cuba en un polvorín que podía estallar en cualquier momento. Sin embargo, toda la maniobra quedó desvanecida al conocerse la presencia de armas ofensivas que podían atacar el territorio de Estados Unidos. El día 16 de

[1059] *Ibid*, 222. Énfasis del autor.

[1060] *Ibid.*

[1061] Editorial Note (17), *FRUS, 1961-1963, XI, Cuban Missile Crisis and Aftermath.*

octubre, al Kennedy enterarse de lo encontrado por el U-2, desapareció la zanahoria y sonaron tambores de guerra.

Al reunirse el ExComm a partir del 16 de octubre, las alternativas que se pusieron sobre la mesa no reflejaron unanimidad entre los participantes de las discusiones. Eso sí, todos estaban prácticamente inclinados a responder a la presencia de armas ofensivas en Cuba con algún tipo de acción bélica, desde una invasión a la isla hasta un bloqueo naval, pasando por un ataque aéreo que erradicara el armamento depositado por los soviéticos en la isla. Esas discusiones se dieron sin que en Estados Unidos se supiera que ya había ojivas nucleares en Cuba y que varias de las plataformas de lanzamiento de los cohetes de mediano alcance ya estaban listas para ser utilizadas[1062]. Sin embargo, a medida que se obtenían datos concretos de la naturaleza del arsenal que se estaba montando en Cuba, el sentido de urgencia por buscar una solución se fue imponiendo en las reuniones del ExComm así como entre el Alto Mando Militar y el propio presidente Kennedy. El día 17 de octubre se localizó el primer espacio en donde se equipaba un misil de alcance intermedio, es decir, el que podía llevar un explosivo nuclear hasta unas 2,200 millas náuticas de su base[1063]. Para el 20 de octubre ya se tenía una idea más amplia, aunque incompleta, del armamento que los soviéticos habían instalado en Cuba y se hizo el primer descubrimiento de un almacén en donde se podían depositar ojivas nucleares[1064]. Dentro de estas nuevas circunstancias un asunto quedaba claro: era urgente perfilar una respuesta.

La dificultad general que enfrentó el presidente Kennedy era cómo responder al reto que significó la presencia militar soviética en Cuba en un momento en el que la capacidad de los soviéticos para amenazar a Estados Unidos con armamento nuclear desde su flanco sur se hacía inminente. En las discusiones que se sostuvieron dentro de aquella coyuntura, tanto el presidente Kennedy como algunos de sus asesores, expresaron preferencia por un ataque

---

[1062] Sergii Plokhy, *Nuclear Folly*, 128.
[1063] Chang & Kornbluh, *The Cuban Missile Crisis*, 373.
[1064] *Ibid*, 376.

a las instalaciones soviéticas en Cuba. El 19 de octubre, un viernes, el presidente se reunió con el Mando Militar Conjunto (JCS) y fue en ese encuentro en donde pudo expresar la tesitura en la que se encontraba. La preocupación principal de Kennedy en ese momento fue que un ataque a Cuba, a los cohetes o a cualquier parte del territorio cubano, les abriría la puerta a los soviéticos para ocupar Berlín[1065]; y, si eso ocurría, a él no le quedaba otra alternativa que acudir a las armas nucleares, «que era una alternativa de mierda»[1066]. La posibilidad de una guerra nuclear inclinó la balanza hacia un bloqueo naval a la isla de Cuba que impidiera la entrada de más barcos transportando armamento relacionado al incremento militar que la URSS llevaba hacia Cuba. Era un acto de guerra, pero la esperanza de preferir esta alternativa residió en la posibilidad de que se ganara un tiempo que permitiera, a su vez, la reflexión por parte de los soviéticos y de los cubanos. Además, como le dijo Kennedy al senador Richard Russell, las fuerzas armadas de Estados Unidos necesitaban varios días para estar totalmente preparadas para llevar a cabo una invasión del territorio cubano. Se requería tiempo[1067]. Al reunirse nuevamente Kennedy con el ExComm el 20 de octubre, el presidente tenía en sus manos un informe de la CIA reportando el descubrimiento de ocho cohetes en estado operacional. El hallazgo, desde la perspectiva de Kennedy, que era una óptica condicionada por sus propias palabras al público asegurando que no se permitiría la presencia de ese tipo de armas en Cuba, aumentaba las posibilidades de un conflicto nuclear[1068]. Como señala el historiador Sergii Plokhy, es en ese punto en el que Kennedy descarta un ataque a Cuba como primera respuesta y se decide por la solución del bloqueo, eso sí, sin abandonar una incursión aérea en contra de

[1065] Dobbs, *One Minute to Midnight*, 216.

[1066] Sergii Plokhy, *Nuclear Folly*, 152. La expresión textual de Kennedy, según la cita Plokhy es «which is a hell of an alternative».

[1067] Fursenko and Naftali, *Khrushchev's Cold War*, 475.

[1068] Sergii Plokhy, *Nuclear Folly* 156. Sobre las declaraciones de John F. Kennedy acerca de no permitir el emplazamiento de armas ofensivas en Cuba y el peso que esa expresión del presidente tuvo a la hora de tomar una decisión, véase a Kagan, *On the Origins of War*, 512-513.

los misiles si fuese necesario[1069]. El bloqueo o cuarentena, como se le prefirió llamar en Estados Unidos a la acción de interceptar la navegación que iba hacia Cuba a la vez que se requería la inspección de los buques en tránsito hacia la isla, comenzaría el día 24 de octubre a las 10:00, hora del este de Estados Unidos.

El anuncio acerca de la próxima aparición del presidente de Estados Unidos en la televisión y radio norteamericanos con el propósito de llevar un mensaje de importancia a los ciudadanos del país sorprendió a los líderes del Kremlin en general y a Nikita Khrushchev en particular. La primera reacción que tuvieron fue que Estados Unidos había descubierto la presencia de los cohetes en Cuba y que se preparaban para atacar a la isla. En esa tesitura, la dirigencia de la URSS discutió la posibilidad de aprobar, si tal evento ocurría, el uso de las armas tácticas con ojivas nucleares que habían llegado a la isla[1070]. No obstante, varias voces, incluyendo las de Anastas Mikoyan y la de Aleksei Kosygin recomendaron descartar el uso de ese tipo de armas para evitar que el conflicto desencadenara una guerra nuclear[1071]. Sin embargo, el anuncio del bloqueo naval como respuesta inicial a lo que en Estados Unidos se consideró como una provocación soviética, fue recibido con alivio por los jerarcas de Moscú. La temida invasión que traería como consecuencia un conflicto mayor no se produjo y se asumió que el bloqueo era una suerte de ultimátum que podría resolverse mediante una negociación[1072]. Y efectivamente, la crisis se resolvería mediante un acuerdo que se alcanzaría con dificultad y pasando por momentos en los que parecía que las dos grandes superpotencias nucleares se enfrentarían con todo el arsenal bélico con el que ambas contaban.

Las medidas que tomaba el gobierno de Estados Unidos para tratar de disuadir a la dirigencia política de la URSS de que no se aceptaba en Cuba la presencia de armas que amenazaran al territorio norteamericano generaron un intercambio de mensajes entre

---

[1069] *Ibid.*

[1070] Sergii Plokhy, *Nuclear Folly*, 163.

[1071] Fursenko and Naftali, *Khrushchev's Cold War*, 472-473.

[1072] Sergii Plokhy, *Nuclear Folly*, 167-168.

los dos principales adversarios. Esta comunicación asumió una diversidad de formas entre las que se destacaron los encuentros personales, como fueron los que llevó a cabo Robert F. Kennedy con algunos funcionarios soviéticos que trabajaban en Washington, o mediante reuniones de diplomáticos en la sede de la Naciones Unidas en Nueva York, o a través de mensajes escritos como los que se enviaron John F. Kennedy y Nikita Khrushchev. Uno de esos mensajes fue el que tuvo lugar después del discurso de Kennedy del 22 de octubre fue la carta que el premier soviético le dirigió al presidente de Estados Unidos en reacción a la decisión del norteamericano de imponer un bloqueo naval a la navegación que se dirigía hacia Cuba. En la carta de Khrushchev, con fecha de 23 de octubre, se defendió la acción soviética de enviar nuevo armamento a Cuba bajo el argumento que éstas eran de naturaleza defensiva y se le pidió al presidente norteamericano que desplegara sabiduría desistiendo del curso escogido ya que podría tener consecuencias catastróficas para la paz mundial[1073]. En ese mismo día, entre otros eventos de gran importancia, se iniciaron los vuelos de reconocimiento a baja altura por aviones de Estados Unidos mientras que las fuerzas armadas del Pacto de Varsovia eran puestas en estado de alarma.

Al día siguiente, es decir, el 24 de octubre, el día en el que el bloqueo naval entró en vigor, al alto mando militar de Estados Unidos aprobó colocar al Comando Aéreo Estratégico (SAC) en Condición de Defensa 2 (DEFCON 2) o en alerta nuclear, algo que nunca había sucedido desde la creación del SAC[1074]. Con la orden emitida se pusieron en alerta más de novecientos aviones bombarderos, cerca de ciento treinta misiles y unos cuatrocientos aviones tanques con combustible para resuplir a toda la flota aérea que estuviera en el aire. Por supuesto, los aviones y los cohetes llevaban dispositivos nucleares destinados a la Unión Soviéti-

[1073] Chang & Kornbluh, *The Cuban Missile Crisis*, 379.

[1074] Dobbs, *One Minute to Midnight*, 94-95. Véase en National Security Archive «National Security Archive Posts Key Records On Strategic Nuclear Planning. Presidential Control, and New Weapons», Document 13, «Memo from Air Force Chief of Staff General Curtis LeMay to JCS Chairman Maxwell Taylor. Additional Decisions, 22 October 1962, Top Secret».

ca y estaban en disposición de atacar en solo quince minutos[1075]. En todo momento había setenta y dos bombarderos B-52 con bombas atómicas volando en la periferia de la Unión Soviética dispuestos a atacar al enemigo en caso de que Estados Unidos fuera agredido por su adversario[1076] La orden fue interceptada por la inteligencia militar de la URSS[1077]. Por su parte, Kennedy respondió el mensaje de Khrushchev con un telegrama en el que reiteró la disposición de su gobierno a mantener las medidas que se habían tomado para evitar la presencia de armas ofensivas en el territorio cubano[1078]. Para el historiador Sergii Plokhy, desde la perspectiva de Khrushchev, el mensaje de Kennedy solo significaba que Estados Unidos estaba preparado para llevar a cabo una acción militar y que, por lo tanto, la guerra nuclear era inminente[1079]. El conocimiento de la declaración del DEFCON 2 por Estados Unidos ratificó la percepción del premier soviético quien, temiendo el desarrollo de un proceso en espiral que desembocara en una conflagración nuclear, convocó una reunión del Presidium del PCUS[1080].

En el nuevo cónclave de los máximos dirigentes del Partido Comunista, el premier soviético recomendó asumir el camino de la negociación. Para convencer a sus pares, Khrushchev dulcificó su mensaje con el argumento de que uno de los objetivos perseguidos por la URSS al colocar los misiles en Cuba se había logrado, es decir, poner la atención del debate en Cuba[1081]. Desde su punto de vista, y alegando que la insistencia de Kennedy por el desmantelamiento de los cohetes reflejaba el miedo que tenían los norteamericanos, lo aconsejable para solucionar la crisis era el ofrecimiento de un canje: a cambio de retirar los misiles, el gobierno de Estados Unidos se comprometería a no invadir Cu-

[1075] Dobbs, *ibid*, 95.
[1076] Sergii Plokhy, *Nuclear* Folly, 223
[1077] *Ibid*, 193.
[1078] *Ibid*, 192.
[1079] *Ibid*.
[1080] *Ibid*, 194.
[1081] *Ibid*, 195.

ba[1082]. El Presídium estuvo de acuerdo con Khrushchev, se redactó la correspondiente carta y ésta llegó a manos de Kennedy el 26 de octubre a las 6:00 pm, hora del este de Estados Unidos, es decir, la una de la madrugada del 27 de octubre en Moscú.

El día 26 había comenzado en Washington con la noticia de que en Cuba se seguía la construcción de las bases para los cohetes soviéticos. El conocimiento del desarrollo en el emplazamiento de las armas ofensivas llevó al presidente de Estados Unidos a concluir que el bloqueo por sí solo era un instrumento insuficiente para detener a los soviéticos y que, por lo tanto, había que acudir a una invasión de la isla de Cuba para alcanzar dicho objetivo[1083]. Así se lo informó al ExComm cuando se reunió con él a las 10:00 am. De la misma manera, el presidente le dio instrucciones al Departamento de Estado para que organizara el futuro gobierno de la República de Cuba[1084]. Mientras tanto, en Cuba, Fidel Castro y otras autoridades de su gobierno también llegaron al convencimiento de que Cuba sería invadida por Estados Unidos entre las próximas veinticuatro a setenta y dos horas. Con esa certeza, el máximo dirigente cubano se dirigió a la embajada de la Unión Soviética en La Habana para comunicarle al embajador, Aleksandr Alekseev, su convicción a la vez que le dictó una carta urgente para Khrushchev en la que no solo le advertía acerca de la próxima invasión, sino que también urgió al premier soviético a tomar la iniciativa en caso de que Cuba fuese invadida. En ese caso, Castro advertía al premier soviético que fuese la URSS quien, de manera preventiva, utilizara sus armas atómicas en contra de Estados Unidos[1085]. Así mismo, Fidel

[1082] *Ibid* y Fursenko and Naftali, *Khrushchev's Cold War*

[1083] Chang & Kornbluh, *The Cuban Missile Crisis*, 385.

[1084] Dobbs, *One Minute to Midnight*, 313.

[1085] Sergii Plokhy, *Nuclear Folly*, 203-205. Nikita Khrushchev interpretó el texto de Castro como uno en el que se le urgía la utilización preventiva de armas nucleares contra Estados Unidos en el caso de que hubiese un ataque norteamericano a Cuba. Arthur Schlesinger, Jr., «Four Days with Fidel: A Havana Diary», *New York Review of Books*, 26 de marzo de 1962, https://www.nybooks.com/articles/1992/03/26/four-days-with-fidel-a-havana-diary/. La carta se reproduce

Castro ordenó al ejército cubano que disparara a los aviones de reconocimiento que sobrevolaban sobre el territorio cubano a baja altura[1086].

El 27 de octubre sería un día crítico para la resolución de la crisis. Algunos de los eventos ocurridos en ese día crearon condiciones que hacían posible el estallido de una guerra que, de producirse, acabaría siendo nuclear. El día comenzó en Washington con la llegada de un nuevo mensaje de Nikita Khrushchev. A las 9:00 a.m. se escuchó por Radio Moscú que el premier soviético proponía ahora el desmantelamiento de los emplazamientos en Cuba a cambio de que Estados Unidos retirara los misiles Júpiter que se habían instalado en Turquía. La versión escrita llegaría a la Casa Blanca un poco más tarde[1087]. El mensaje del dirigente soviético se originó en una reunión del Presídium que Khrushchev había convocado para el propio día 27. En esta ocasión se discutió un informe enviado desde Cuba por el General Issa Pliyev, quien era el comandante de la misión militar soviética en Cuba durante el emplazamiento de los cohetes en la isla. Después de describir la situación crítica que se vivía en Cuba debido al convencimiento de que se acercaba una invasión norteamericana a la isla, el militar señaló que, en caso de que las instalaciones soviéticas fuesen atacadas, sus tropas se verían en la necesidad de responder al fuego enemigo. En ese momento se le dirigió un mensaje autorizando la defensa, pero se le advirtió que no debía utilizar armamento nuclear[1088]. No obstante, Khrushchev, ante la realidad de que no había tenido lugar, como se esperaba, ningún ataque por parte de Estados Unidos interpretó la coyuntura como una propicia para adelantar la posibilidad de un acuerdo con Kennedy. En esta ocasión convenció a los miembros del Presídium que estaba reunido para propiciar un trato proponiendo el desmantelamiento de los cohetes en Cuba por la retirada de los

---

en «Fidel. Soldado de las ideas», http://www.fidelcastro.cu/es/correspondencia /de-fidel-castro-nikita-jruschov-26-de-octubre-de-1962

[1086] Chang & Kornbluh, *The Cuban Missile Crisis*, 387

[1087] *Ibid*, «Khrushchev Communiqué to Kennedy, October 27, 1962», 207.

[1088] Sergii Plokhy, *Nuclear Folly*, 204-205.

misiles Júpiter en Turquía. Y ese fue, precisamente, el mensaje que se escuchó a través de Radio Moscú cuando era la mañana en Washington.

Una vez que en Washington se recibió el nuevo mensaje de Khrushchev, en el que no mencionó la promesa de una no-intervención por parte de Estados Unidos en Cuba, se reunió el ExComm para discutir el asunto. Para el presidente Kennedy, la propuesta que llegaba de Moscú era la que más le complacía ya que siempre consideró que los misiles Júpiter en Turquía eran obsoletos. En caso de una guerra nuclear, serían los primeros en ser destruidos por la URSS. No obstante, la propuesta recibió una gran oposición por parte de todos los componentes del ExComm así como del Mando Conjunto de las Fuerzas Armadas. El problema es que durante el tiempo en el que se tenía la discusión sobre la viabilidad de aceptar el canje por los misiles Júpiter, todo un conjunto de acontecimientos que estaban teniendo lugar crearon la sensación de que se perdía el control de la situación y que una guerra entre las superpotencias se hacía inevitable.

A las 10:15 de la mañana, hora de Washington, se tuvo noticias sobre un avión U-2 que se encontraba perdido y que se creía, como se pudo ratificar al poco tiempo, que se encontraba volando sobre el territorio de la URSS próximo al estrecho de Bering[1089]. el piloto de la nave, Chuck Maultsby, salió en un vuelo de rutina desde una base en Alaska y con dirección al Polo Norte. En algún momento del vuelo se desorientó y en vez de regresar a su base tomó rumbo hacia la URSS. Maultsby supo de su error cuando comprobó que después de volar por ocho horas y tener un bajo nivel de combustible, no supo, como era rutinario, del contacto que le debería acompañar hasta el territorio de Estados Unidos. Además, en esos momentos detectó la voz de un controlador aéreo soviético que lo enviaba hacia un rumbo que le pareció equivocado. Lo que no pudo saber Maultsby es que estaba siendo perseguido por varios aviones Migs de la URSS. La altura por la que volaba el U-2 no podía ser alcanzada por los Migs soviéticos. Eventualmente, el U-2 pudo regresar a su base sin provocar inci-

[1089] Véase a Dobbs, *One Minute to Midnight*, capítulo 11, 254-275.

dente alguno. Eso sí, para Nikita Khrushchev, el vuelo de Maultsby sobre territorio soviético fue una provocación que pudo acabar en una desgracia y así se lo hizo saber a Kennedy[1090].

El siguiente incidente de aquel día 27 de octubre también involucró a un U-2. Esta vez el vuelo era sobre Cuba y terminó cuando el avión, piloteado por el mayor Rudolph Anderson, fue derribado por un cohete de tierra-a-aire disparado por una batería soviética en el este de la isla de Cuba. La noticia se supo en Washington cerca del mediodía y se asumió, contrario a lo que después se supo, que la orden para disparar al avión se había originado en Moscú[1091]. La noticia creó un estado de consternación dentro del ExComm donde la reacción general fue la de responder con un ataque masivo a Cuba. Pero el derribo del U-2 en la provincia de Oriente y la muerte de su piloto, no fueron las últimas noticias que crearían gran alarma entre quienes discutían como responder al desafío que presentaba la URSS. A media tarde se supo que uno de los aviones de reconocimiento que volaba sobre el espacio cubano a poca altura, había sido impactado por balas antiaéreas disparadas por baterías cubanas. Por suerte, el avión pudo regresar sin problemas a su base en la Florida. De todas maneras, el incidente contribuyó a tensar la cuerda entre Estados Unidos y la Unión Soviética, algo que también ocurrió cuando un submarino soviético con armamento nuclear fue descubierto en la superficie del Atlántico en la región conocida como el Mar de los Sargazos. En un momento de confusión producido por una bengala disparada por un piloto de la armada de Estados Unidos, el submarino soviético se preparó para disparar sus torpedos con explosivos nucleares. Sin embargo, un mensaje enviado por el capitán del buque estadounidense disipó la tensión y no se produjo otro de los incidentes con potencial de desencadenar un conflicto mayor[1092].

[1090] *Ibid,*325.

[1091] Chang & Kornbluh, *The Cuban Missile Crisis*, 388 y Sergii Plokhy, *Nuclear Folly*, 246.

[1092] Plokhy, *ibid*, 257-259.

A raíz de todos estos graves incidentes, la posición sostenida por el presidente Kennedy a favor de la propuesta contenida en la segunda carta de Nikita Khrushchev, es decir, la del canje que involucraba a los cohetes Júpiter emplazados en Turquía, se complicó ante la fuerte oposición presentada por los miembros del ExComm. Kennedy se ausentó de las deliberaciones alrededor de las 5:00 pm. Al retirarse, mantuvo su determinación de evitar la guerra mientras fuese posible[1093]. En consecuencia, y en conversación con su hermano Robert, surgió la idea de responder al ofrecimiento de Khrushchev proponiendo la primera fórmula delineada por el dirigente soviético, es decir, desmantelar los cohetes soviéticos emplazados en Cuba a cambio de la promesa de Estados Unidos de no invadir a la isla. La redacción final de la carta, que se discutió en el ExComm, fue que la remoción de los misiles se haría bajo la supervisión de la ONU; en ese momento se levantaría el bloqueo naval y entonces Estados Unidos daría las seguridades pertinentes de que no se invadiría a Cuba[1094]. La carta se la entregaría Robert Kennedy al embajador soviético, Anatoly Dobrynin, esa noche. Lo que en aquel momento supieron muy pocas personas del círculo alrededor del presidente de Estados Unidos fue que el fiscal general tenía otra encomienda de su hermano. Como Kennedy seguía convencido de la importancia que los Júpiter tenían para que el trato con Khrushchev tuviera éxito, le pidió a su hermano que ofreciera el desmantelamiento de estos misiles en Turquía como parte del trato. Eso sí, el presidente especificó que el ofrecimiento tenía que ser secreto y que la retirada de los misiles de Turquía se haría en cuatro o cinco meses después de terminada la crisis en Cuba[1095]. Y eso fue, precisamente, lo que Robert F. Kennedy hizo cuando esa noche se reunió con el embajador soviético.

En Moscú, Nikita Khrushchev recibía las noticias que reflejaban la posibilidad de un suceso imprevisto que a su vez tenía la

[1093] *Ibid*, 248.
[1094] Véase la carta del presidente John F. Kennedy a Nikita Khrushchev en Chang & Kornbluh, *The Cuban Missile Crisis*, 233-235.
[1095] Sergii Plokhy, *Nuclear Folly*, 248-251.

capacidad de desatar una consecuencia no deseada, como la posibilidad de iniciar una confrontación nuclear. De acuerdo con su asistente especial, Oleg Troyanovsky, dos de los acontecimientos que más inquietaron al premier soviético fueron el anuncio sobre el derribo del avión U-2 sobre Cuba y la carta enviada por Fidel Castro[1096]. Tal parecía que el control necesario para evitar una guerra estaba desapareciendo. Y en el caso de Castro, Khrushchev llegó a pensar que el líder cubano estaba perdiendo la cabeza y actuaba de manera irracional[1097]. Para Troyanovsky, estas fueron las circunstancias que aceleraron la convicción de Khrushchev de retirar los misiles emplazados en Cuba[1098].

Es dentro de estas circunstancias que llegó la carta de Kennedy ofreciendo la negociación a base de la futura promesa de no intervenir en Cuba. La reacción del líder soviético fue la de convocar una vez más al Presidium para presentarle la oferta del presidente de Estados Unidos. La disposición de sus colegas fue aceptar la propuesta. Sin embargo, en medio de la deliberación se recibió el mensaje de Dobrynin transmitiendo la conversación que había tenido con Robert Kennedy y en la que se puso sobre la mesa el asunto de los cohetes Júpiter de Turquía. Como el mensaje incluía la petición de secretividad a la vez que solicitaba que se diera una respuesta el domingo 28, el nerviosismo de los presentes aumentó de forma considerable[1099]. El problema fue que, al poco tiempo, llegó una noticia que hablaba sobre una nueva aparición de Kennedy en la televisión norteamericana. El mensaje estaba previsto para las 5:00 pm hora de Washington y se asumió que el propósito del nuevo mensaje era para anunciar una invasión a Cuba o el ataque a las instalaciones en donde estaban los misiles soviéticos[1100]. El Presídium, siguiendo la orientación de

[1096] Schlesinger, Jr., «Four Days with Fidel».

[1097] Sergii Plokhy, *Nuclear Folly*, 277 y Schlesinger, Jr, *ibid.*

[1098] Schlesinger, Jr, *ibid.*

[1099] Fursenko & Naftali citando a Oleg Troyanovsky en *One Hell of a Gamble*, 285.

[1100] Sergii Plokhy, *Nuclear Folly*, 283. De acuerdo con Plokhy (287), la supuesta transmisión de Kennedy ese domingo 28 de octubre, no estaba planificada y toda la confusión se originó en una información recogida por espías

Khrushchev, asumió que era urgente enviar a Kennedy la respuesta que se había aprobado antes de que llegara la comunicación de Dobrynin y el propio premier soviético dictó la nueva carta. La nota que Khrushchev le envió a Kennedy el 28 de octubre aceptó los términos contenidos en la última comunicación que el presidente de Estados Unidos le enviara al líder del Kremlin. Por supuesto, no hizo alusión a la cuestión relacionada con el desmantelamiento de los cohetes en Turquía, algo que se le estaría recordando en varias ocasiones futuras. Así mismo, el mensaje de Khrushchev volvió a justificar la ayuda que la Unión Soviética le había dado a Cuba acudiendo al argumento de las constantes amenazas a la seguridad de la república antillana. Curiosamente, y como parte de su argumentación, el dirigente soviético le dedicó un párrafo completo a «el bombardeo a La Habana desde un barco pirata», una clara alusión al ataque sobre el Rosita de Hornedo que llevó a cabo el DRE el 24 de agosto de 1962[1101]. Lo importante, sin embargo, es que este mensaje entrañaba el fin de la crisis.

La noticia se comenzó a difundir en Washington el 28 de octubre a las 9:00 a.m., a la misma vez que el secretario de Defensa Robert McNamara escuchaba en el Pentágono al General Curtis LeMay exigir que Cuba fuese atacada al día siguiente[1102]. El presidente Kennedy lo supo algo más tarde, a las once de la mañana cuando regresaba de escuchar la misa dominical. El ambiente en la Casa Blanca era de júbilo. Inmediatamente se reunió el Ex-Comm y una de las decisiones que se tomó en la reunión fue la suspensión de los vuelos de reconocimientos que estaban programados ese mismo día. Así mismo se tomaron acuerdos sobre el procedimiento para la inspección que se haría por la ONU e igualmente se decidió solicitar el retiro de Cuba de los aviones de bombardeo IL-28[1103]. El próximo paso fue informar a la Unión

soviéticos que mencionaba una retransmisión de la aparición del presidente el 22 de octubre.

[1101] Chang & Kornbluh, *The Cuban Missile Crisis*, «Premier Khrushchev's communiqué to President Kennedy, accepting an end to the Missile Crisis, October 28, 1962», 236-239.

[1102] Sergii Plokhy, *Nuclear Folly*, 290.

[1103] *Ibid*, 291.

Soviética de la ratificación de los puntos acordados y expuestos tanto en el mensaje de Kennedy a Khrushchev del 27 de octubre como la del premier soviético al presidente de Estados Unidos del 28 del mismo mes[1104]. En realidad, la crisis no tendría final hasta el 20 de noviembre de 1962. En parte porque los soviéticos fueron renuentes a incluir los IL-28 como parte del acuerdo pues consideraban estos aviones como armas defensivas. Al final cedieron y retiraron los bombarderos. Pero quizá, el obstáculo mayor vino de la parte cubana. Fidel Castro se enteró del acuerdo entre Kennedy y Khrushchev por la prensa cubana[1105]. La reacción del cubano fue de indignación. Según Carlos Franqui, Castro se refirió a Khrushchev como «pendejo, hijo de puta y cabrón»[1106]. De acuerdo con los historiadores Fursenko y Naftali, para Castro, el hecho de que Khrushchev no le consultara la retirada de los cohetes constituyó «una de las grandes traiciones a la Revolución Cubana»[1107]. De ahí que el dirigente cubano se negara a que se llevase a cabo la inspección del desmantelamiento en el territorio cubano. No creía en la promesa de Kennedy de no invadir a Cuba y por esa razón exigió que, para que el acuerdo fuese válido para su régimen había que cumplir con cinco condiciones que incluyeron el cese del embargo comercial de Estados Unidos hacia Cuba y la devolución de la base de Guantánamo[1108]. Khrushchev intentó solucionar la resistencia de Fidel Castro enviando a Anastas Mikoyan a Cuba. Sin embargo, y a pesar de sus buenos oficios, el soviético no pudo convencer a Castro y la verificación del desmantelamiento de los cohetes no se pudo hacer en el sitio en donde fueron instalados. La inspección se hizo en alta

[1104] Chang & Kornbluh, *The Cuban Missile Crisis*, «President Kennedy's Letter to Premier Khrushchev, confirming terms to settle the missile crisis, October 28, 1962», 240-242.

[1105] Carlos Franqui, *Retrato de familia con Fidel*, 404-405.

[1106] *Ibid*, 405.

[1107] Fursenko & Naftali, *Khrushchev' Cold War*, 490.

[1108] Raúl Antonio Capote, «Crisis de Octubre: los Cinco Puntos de la dignidad», La Habana, *Granma*, 23 de octubre de 2018, http://www.granma.cu/mundo/2018-10-23/crisis-de-octubre-los-cinco-puntos-de-la-dignidad-23-10-2018-19-10-19.

mar con la anuencia soviética[1109]. El terror a una guerra nuclear fue lo que puso de acuerdo a los dos adversarios principales, la Unión Soviética y Estados Unidos que en esta ocasión fueron personificados por sus principales dirigentes, Nikita Khrushchev y John F. Kennedy. Fue, precisamente, el premier soviético quien expuso de manera clara ese temor. El 30 de octubre le escribió una carta a Fidel Castro para intentar convencer al cubano de que formara parte del acuerdo. En el mensaje, Khrushchev aludió a la carta que Castro le había escrito el 27 de octubre y en la que sugería que la URSS no descartara el uso del armamento nuclear en una posible conflagración con Estados Unidos. En su carta Khrushchev explicó: «Hemos vivido a través de un momento muy grave; Estados Unidos hubiese sufrido pérdidas enormes, pero la Unión Soviética y el bloque socialista en su totalidad también hubiese sufrido grandemente. Sería todavía más difícil decir como hubiese terminado el pueblo cubano»[1110]. Era claro que nadie ganaría en una guerra con la que todos jugaron, que estuvo a punto de estallar y que, al final, fue el miedo a la guerra lo que terminó con el conflicto.

Luis Fernández Rocha y Bernabé Peña

[1109] Sergii Plokhy, *Nuclear Folly*, 332-333.
[1110] Citado por *ibid*, 308.

Dos frentes de combate:

Una protesta de la delegación del DRE en Brasil: el delegado Guillermo Asper, en traje oscuro

Armas para el combate

Capítulo 10

Nadando contracorriente: la CIA y el DRE

Los acontecimientos relacionados con la presencia de los cohetes soviéticos en el territorio cubano fueron seguidos con mucha atención en la sede central del DRE en Miami. No podía ser de otra manera. El Directorio había jugado un papel importante en la campaña de denuncia que precedió el descubrimiento de los misiles por parte de Estados Unidos. Desde el 24 de agosto, día en que tuvo lugar el ataque al Hotel Rosita de Hornedo en La Habana, la maquinaria de propaganda del DRE había funcionado con un enfoque fundamental: advertir a la opinión pública internacional, pero, sobre todo, a la de Estados Unidos, acerca de la presencia, cada vez mayor, de tropas y equipos militares enviados por la Unión Soviética a la isla caribeña. Muy significativa fue la publicación de *The Cuban Report*, el boletín en inglés que se enviaba a distintas personalidades y medios de prensa norteamericanos. De gran repercusión había sido la denuncia llevada por el DRE a los miembros del Congreso de Estados Unidos en donde el Senador Kenneth Keating agitaba a favor de una política de mano dura hacia Cuba.

Desde el Directorio se hacía un análisis favorable de la situación que la organización había contribuido a crear. En una circular que no tiene fecha pero que por su contenido se puede apreciar que se redactó en momentos cercanos al estallido de la Crisis, Eduardo Muñiz daba una idea de cómo se estaba percibiendo la coyuntura entre los miembros del DRE: «En los momentos actuales esta situación persiste favorablemente para nosotros, una gran mayoría de senadores y representantes, gobernadores, organizaciones cívicas, religiosas, políticas y personalidades se han pronunciado en el sentido de que se adopte una política mucho más enérgica con Castro y no son pocos los que han pedido una acción militar abierta para desalojar a las fuerzas comunistas de

Cuba. En este aspecto, pues, podemos considerar *que en ningún momento las condiciones en los E.E.U.U han sido más favorables para nuestra causa y que en estos momentos tenemos las mayores posibilidades de lograr nuestro objetivo»*[1111]. Eso sí, Muñiz era optimista, pero, en su comentario introdujo una nota de cautela. Para el secretario de Asuntos Internacionales del DRE la coyuntura era única en el sentido de que o se lograba derrotar al régimen de Fidel Castro «*o corremos el grave peligro de que se consolide para siempre*»[1112]. Y de acuerdo con Muñiz, todo el asunto descansaba en la decisión de una sola persona, el presidente de Estados Unidos, John F. Kennedy.

Desde la perspectiva del DRE, este análisis de Muñiz era importante pues en el mismo se expuso lo que tenía que ser la *praxis* de la organización de manera que la coyuntura resultara lo más favorable para los objetivos que perseguía el Directorio. La «Circular» que firmó Muñiz iba dirigida a los delegados del DRE en América Latina. Una de las razones para enviarles el mensaje era para ponerlos al día de las circunstancias que se estaban desarrollando alrededor del caso cubano; pero también para orientarles en cuanto al trabajo que se debía de hacer dentro de esas circunstancias. Desde el punto de vista expresado por el miembro ejecutivo del Directorio, alrededor de Kennedy orbitaban dos posiciones distintas. Una era la impulsada por el Departamento de Estado y algunos asesores del presidente la cual observaba a Cuba como un problema de política internacional. La otra, según Muñiz, provenía del Congreso y la opinión pública y descansaba en un análisis de Cuba como problema militar[1113]. Muñiz era de la opinión que la primera, que incluía consideraciones sobre «los sucesos de Berlín o Vietnam», alejaba la solución del problema cubano mientras que la segunda «era la única salida que nos queda»[1114]. En ese sentido, y haciendo lo que Muñiz llamó labor de

[1111] Eduardo Muñiz, «Circular», Miami, S.F., DRE, AJFC. Énfasis en el original.

[1112] *Ibid.* Énfasis en el original.

[1113] *Ibid.*

[1114] *Ibid.*

«fogoneros» que le echan «más leña al fuego», la labor de los delegados en particular y del DRE en general, sería trabajar para que la segunda opción fuese la que siguiese Estados Unidos en el asunto del rearme que se llevaba a cabo en Cuba[1115].

Cuando el presidente Kennedy dirigió su menaje al pueblo norteamericano el 22 de octubre, alertándolo sobre la presencia de cohetes soviéticos en Cuba y de la imposición de un bloqueo naval a todos los buques que se dirigieran a la isla, Muñiz volvió a escribirles, con carácter de urgencia, a los delegados del DRE. Una vez más les ofrecía su impresión del momento que se estaba viviendo en Estados Unidos y en el mundo. Según el responsable de la Sección Internacional, en su opinión «la situación ha llegado a su momento culminante» y «el desenlace final» podía llegar «de un momento a otro»[1116]. Para Muñiz la opción militar que había apuntado en su anterior circular parecía materializarse. Es lo que advertía tanto el anuncio del bloqueo naval como las movilizaciones de tropa y equipo miliar que se estaba observando tanto en la Florida como en otras partes de Estados Unidos[1117]. La lectura optimista de los acontecimientos que se hacía desde el DRE le llevó a dar instrucciones a los delegados en América Latina para que, entre otras cosas, estuviesen preparados, «a raíz de la caída de Fidel Castro si esta llega a producirse», para ocupar las embajadas de Cuba en los países que todavía tenían relaciones con la isla[1118]. Un miembro de la Sección Pre-Universitaria del DRE recuerda que el 26 de octubre, en la reunión semanal que solía tener la Pre los viernes, dirigentes del Directorio los reunieron y les dieron un informe muy optimista de los acontecimientos, hasta el punto en que se comentó algunas cosas que se podrían hacer tan pronto llegara el regreso a Cuba[1119].

[1115] *Ibid.*

[1116] Eduardo Muñiz, «Urgente, Urgente», Miami, 22 de octubre de 1962, DRE, AJFC.

[1117] *Ibid.*

[1118] *Ibid.*

[1119] Miembro de la Pre-Universitaria, anónimo, entrevista, 1 de febrero de 2021.

El estado de ánimo entre los miembros del DRE comenzó a cambiar con las noticias que llegaron a partir del 28 de octubre. Una vez más, Eduardo Muñiz, se encargó de transmitir las percepciones que sobre el curso de la Crisis se tenía en el Directorio. En una nueva circular escrita el 29 de octubre Muñiz afirmó que «la situación ha variado drásticamente en 24 horas»[1120]. La razón que llevó al Secretario de la Sección Internacional a semejante conclusión fue la publicación de la respuesta de Nikita Khrushchev a la oferta de Kennedy de prometer que Estados Unidos no invadiría a Cuba si los soviéticos desmantelaban los cohetes y armas ofensivas que ellos habían llevado a Cuba. Para Muñiz, esta circunstancia «ha disminuido considerablemente...la posibilidad de una acción contra Castro»[1121]. Sin embargo, el miembro del Ejecutivo del DRE apuntó en su circular, que, a pesar del asunto mencionado, la situación permanecía «confusa» ya que era posible que «el desmantelamiento [de los cohetes] choque con algunas dificultades por parte del gobierno de Fidel Castro»[1122].

El mismo tono de expectativa y confusión es el que permea la circular que Muñiz dirigió a los delegados del DRE el 2 de noviembre. Acontecimientos como la visita infructuosa a Cuba del Secretario General de Naciones Unidas, U Thant, quien no pudo convencer a Fidel Castro de admitir la inspección del desmantelamiento de los cohetes; la insistencia del mismo Castro en exigir el cumplimiento de sus Cinco Puntos como requisito indispensable para dar su visto bueno a la inspección; la prolongación del bloqueo naval y la persistencia en la movilización de tropas por parte del ejército de Estados Unidos, son algunos de los aspectos que comenta Muñiz y que le llevan a describir la situación como «confusa». Sin embargo, en uno de los párrafos concluyentes de la circular Muñiz parece inclinarse hacia la visión pesimista que

[1120] Eduardo Muñiz, «Circular», Miami, 21 de octubre de 1962 (sic), DRE, AJFC. La fecha de la circular está mal puesta. Por el contexto se sabe que la misma fue escrita el 28 de octubre de 1962.

[1121] *Ibid.*

[1122] *Ibid.*

tanto teme: «Las condiciones no nos favorecen mucho ya que de continuar el desmantelamiento de las bases soviéticas la tensión pueda disminuir notablemente, aunque aún existen condiciones impuestas por Kennedy que no han sido cumplidas»[1123].

Previendo lo peor, ese mismo 2 de noviembre, el DRE emitió una declaración pública que dejó claro cuál era la expectativa de la organización a la vez que rechazaba la posibilidad de un acuerdo. El punto álgido que le permitirá al Directorio exponer su postura beligerante fue la propuesta hecha por U Thant para que la inspección del desmantelamiento se hiciese en alta mar y que de esa forma se cumpliese con el requisito exigido por John F. Kennedy e impugnado por Fidel Castro[1124]. Como elemento para enfrentar la fórmula del secretario general de la ONU, el Directorio afirmó que en Cuba existían bases subterráneas, que no eran susceptibles a ser fotografiadas desde el aire, en donde se escondían los proyectiles que la URSS había dejado en Cuba[1125]. De todas maneras, con su denuncia el DRE quiso ser transparente en su rechazo a cualquier acuerdo que alejara, desde el punto de vista de la organización, la solución definitiva del problema cubano. En ese contexto afirmó que, aun cuando se lograra «el desmantelamiento de todas las bases ofensivas que existen en Cuba, y aunque fueran sacados del territorio cubano todos los bombarderos a reacción de largo alcance», el régimen de Castro seguiría siendo una amenaza para el hemisferio occidental pues no cejaría de alentar la subversión en el continente[1126]. De ahí que el documento concluyera afirmando que «si a pesar de todo los cubanos fuéramos abandonados a nuestra suerte aciaga», habría que levantar un bloqueo para impedir la lucha de los cubanos empeñados a derrotar a Fidel Castro y su régimen.[1127].

[1123] Eduardo Muñiz, «Circular», Miami, 2 de noviembre de 1962, DRE, AJFC.

[1124] [Denuncia del Directorio Revolucionario Estudiantil], Miami, 2 de noviembre de 1962, DRE, AJFC.

[1125] *Ibid.*

[1126] *Ibid.*

[1127] *Ibid.*

La intuición de que la Crisis de Octubre terminaba en un acuerdo que no era conveniente para los intereses políticos de la oposición cubana, con el tiempo se convirtió en una certeza para la militancia del Directorio. El 13 de diciembre de 1962 el DRE dirigió una carta pública al presidente John F. Kennedy. El punto de partida del mensaje era, precisamente, la preocupación de que la causa de la libertad de Cuba mediante la erradicación del régimen dirigido por Fidel Castro hubiese quedado comprometida en las negociaciones conducidas entre Estados Unidos y la URSS para terminar el conflicto generado por la presencia de misiles soviéticos en territorio cubano. Si como se temía, ese fuese el desenlace del acuerdo, desde la perspectiva del Directorio, un acto de esa naturaleza implicaría que Estados Unidos no estaría respaldando de manera efectiva el objetivo de eliminar «el régimen comunista de La Habana»[1128].

Un asunto que destaca en el documento enviado a Kennedy por el DRE es que, para los estudiantes que forman parte de la organización, el problema que se discutía con relación a Cuba sobrepasaba en importancia la presencia de las armas letales que los soviéticos habían colocado en suelo cubano. Para el Directorio el derrotar a Castro estaba justificado, ante todo, por el peligro de la doctrina que se profesaba en el régimen de Fidel Castro, quien, precisamente, se había proclamado «marxista-leninista». La imagen de una célula cancerosa que hace metástasis y amenaza mortalmente a un cuerpo sano es la que indudablemente está presente en el análisis que se hace desde el DRE con relación al castrismo. Esa es, afirma el Directorio en su carta a Kennedy, la «última causa del convulsivo estado de la política hemisférica y de la peligrosa exposición que sufrió el mundo a una confrontación nuclear»[1129]. En ese sentido, el asombro al posible acuerdo entre Kennedy y Khrushchev se ve desde el «dolor» y se hace incomprensible ante los ojos de una organización política que

[1128] Directorio Revolucionario Estudiantil, «Honorable John F. Kennedy. Presidente de los Estados Unidos de América. Washington, D. C.», Washington, 13 de diciembre de 1962, DRE, AJFC.
[1129] *Ibid.*

como el DRE está empeñada en «salvaguardar la democracia y la libertad del Continente»[1130]. Pero, en esta carta el DRE no solo expresó su estado de ánimo con respecto a cómo, desde la comunidad cubana exiliada se estaba interpretando el desenlace de la Crisis de Octubre. La propia base de la CIA en Miami, JMWAVE, se encargó de recoger lo que se pensaba que era un asunto generalizado en Miami. Un memorándum preparado para el ExComm y con fecha de 31 de octubre de 1962 incluyó el comentario que desde su base en Miami redactó la CIA. De acuerdo con el informe de JMWAVE, los exiliados cubanos sienten «una amarga decepción» porque no se había materializado la invasión que muchos esperaban, añadiendo que la moral dentro de la comunidad había alcanzado un bajón tan grande como el que sufrió después del fracaso de la invasión por Bahía de Cochinos en abril de 1961[1131]. Por su parte, y años más tarde, mientras hablaba sobre aquel momento histórico, Juan Manuel Salvat fue de la opinión que una consecuencia del acuerdo fue «desmantelar la lucha contra Castro»[1132]; es decir, que desde la perspectiva que se forjó en el Directorio, el fin de la Crisis de Octubre constituyó una suerte de punto de inflexión en el panorama que tenía ante sí la oposición cubana.

Aunque con una perspectiva distinta, la explicación que Nikita Khrushchev le ofreció a Fidel Castro para convencerlo de la necesidad de aceptar el acuerdo al que él llegó con el presidente de Estados Unidos, es decir, que Kennedy se había comprometido a no invadir Cuba, era, precisamente, lo que le preocupaba al exilio cubano en general y al DRE en particular[1133]. Es el mismo argumento que el premier soviético pronunció ante una delegación procedente de Checoeslovaquia que le visitó el 29 de octubre. En esa ocasión Khrushchev declaró que había salvado a Cuba y que, por lo tanto,

---

[1130] *Ibid.*

[1131] «Memorandum Prepared for the Executive Committee of the National Security Council» (465), Washington, D. C., 31 de octubre de 1961, *FRUS, 1961-1963, XI, Cuban Missile Crisis and Aftermath.*

[1132] Directorio Revolucionario Estudiantil, «Honorable John F. Kennedy».

[1133] Plokhy, *Nuclear Folly*, 286.

no necesitaba los cohetes en la isla porque la URSS podía destruir a Estados Unidos desde su propio territorio.[1134].

Es cierto que el acuerdo que le puso fin a la Crisis de Octubre evitó que Cuba fuese invadida por Estados Unidos y que Kennedy hizo el compromiso de no invadir a la isla en el futuro, pero no se puede olvidar que una de las justificaciones dadas por el líder del Kremlin para emplazar los cohetes en Cuba era defender a la isla de una invasión que supuestamente tendría lugar antes de que estallara la Crisis. Pero es que esa invasión no iba a ocurrir. En 1992 se reunió en La Habana un grupo de protagonistas de la Crisis de Octubre que quisieron dilucidar algunos de los eventos del conflicto que aún no quedaban claros. Uno de los participantes fue Robert McNamara, quien era el secretario de Defensa de Estados Unidos durante la administración del presidente Kennedy. De acuerdo con Arthur Schlesinger, Jr., la primera afirmación de McNamara en el cónclave habanero fue que él podía asegurar, «de forma inequívoca que [antes del emplazamiento de los misiles] nosotros no teníamos absolutamente la intención de invadir a Cuba»[1135]. Desde esa perspectiva, aun cuando fuera su intención primaria, es posible afirmar que Khrushchev salvó a Cuba de algo que no iba a suceder. Pero la alarma tanto del DRE como de la comunidad cubana exiliada no residía en el pasado sino en el futuro, en el compromiso que hizo John F. Kennedy de no invadir a Cuba si los soviéticos retiraban todas las armas ofensivas del territorio cubano. En este caso, la evidencia histórica apunta a que la obligación nunca se asumió por parte de la administración Kennedy como una declaración de carácter absoluto.

Los términos propuestos por el presidente Kennedy, y que fueron los aceptados por Khrushchev, fueron enunciados en el mensaje que el presidente de Estados Unidos le envió al premier

---

[1134] *Ibid*, 296.

[1135] Schlesinger, «Four Days with Fidel». Desde que el presidente Dwight Eisenhower tomara la decisión de eliminar el régimen de Fidel Castro, la invasión a Cuba por las Fuerzas Armadas de Estados Unidos no se incluyó como parte de los planes para cumplir ese objetivo. El único momento en el que el gobierno de Estados Unidos se preparó para invadir Cuba fue durante la Crisis de Octubre.

soviético el 27 de octubre. En esa comunicación, el compromiso a no invadir quedó condicionado, no solo por la remoción de todo el sistema de armas ofensivas que había en Cuba sino también por la supervisión de la Organización de las Naciones Unidas[1136]. Cuando esta condición no se pudo cumplir según lo estipulado por el rechazo de Fidel Castro a que la inspección se llevara a cabo en territorio cubano, la circunstancia fue aprovechada por la administración del presidente Kennedy para no renunciar al derecho de invadir a Cuba si así lo recomendase la seguridad de Estados Unidos.

Uno de los primeros funcionarios de la administración Kennedy en pronunciarse a favor del carácter intrascendente que adquiría el compromiso a no invadir Cuba fue el secretario de Estado Dean Rusk. En una reunión que tuvo el Consejo de Seguridad Nacional el 3 de noviembre de 1962, Rusk advirtió que se le estaba dando demasiada importancia a la garantía de no invadir. Según argumentó Rusk en esa ocasión, ni Cuba ni la URSS se habían ajustado al acuerdo y, por lo tanto, Estados Unidos no tenía ninguna obligación de cumplir con ese punto[1137]. Por su parte, John T. McNaughton, secretario Asistente para Asuntos de Seguridad Interna del Secretario de Defensa, examinó con gran detalle la garantía de no invadir Cuba que se había hecho para terminar el conflicto con la USSR. Según el análisis que hizo el funcionario, entre las estipulaciones implicadas en el documento del 27 de octubre se encontraba el comportamiento de Cuba en el hemisferio, incluyendo la cuestión relacionada a la subversión que el régimen de Castro podía fomentar entre sus vecinos. Es decir, que para McNaughton la cuestión no debía circunscribirse a la cuestión de las armas defensivas, sino que se debían considerar cuestiones más amplias concernientes a los intereses de seguridad de

[1136] Chang & Kornbluh, *The Cuban Missile Crisis, 1962*, 233-235.

[1137] «Memorandum for the Record. Executive Meeting of the National Security Council» (485), Washington, D. C., 3 de noviembre de 1962, *FRUS, 1961-1963, XI, Cuban Missile Crisis and Aftermath.*

Estados Unidos[1138]. Esa fue, precisamente, la posición que adoptó el gobierno de Estados Unidos cuando se discutió en el Consejo de Seguridad de la Naciones Unidas el caso de la Crisis. En las instrucciones que se le enviaron a los diplomáticos norteamericanos responsabilizados con proclamar la posición de su país, se incluyó el asunto de la conducta del estado cubano en los países del hemisferio occidental[1139]. Como argumentan los autores de *The Cuban Missile Crisis, 1962*, Khrushchev le pidió a Kennedy en numerosas ocasiones que estipulara de una forma clara y firme su compromiso de no invadir Cuba, tal y como lo había prometido en su carta del 27 de octubre. Sin embargo, el presidente de Estados Unidos evadió complacer la petición del premier soviético y el compromiso nunca se llegó a formalizar[1140]. El asunto quedó sin resolverse, pero el desacuerdo no impidió que los dos poderes en pugna se pusieran de acuerdo para solicitarle al Secretario General de la ONU que quitara el conflicto de la agenda del Consejo de Seguridad[1141].

Es cierto que en la perspectiva que se tuvo en el DRE sobre las consecuencias que para los objetivos de la organización tuvo la Crisis de Octubre, el desenlace, del que desconocían los detalles, daba un balance muy negativo. Pero, también es verdad que el análisis adverso que se hizo de aquel momento dramático solo vino a reforzar una impresión que había comenzado a forjarse con lo ocurrido al movimiento oposicionista desde los sucesos de abril de 1961. La desmovilización del clandestinaje, el fracaso de la invasión de la Brigada 2506 y el revés del alzamiento que dirigió Alberto Muller en la Sierra Maestra que tanto afectó a las filas del DRE, fueron eventos que sirvieron para cimentar la noción de que la oposición era abandonada por el gobierno de Esta-

[1138] «Memorandum from McNaughton to Nitze. The U.S. 'Anti-Invasion Guarantee in the Cuban Settlement'» (496), Washington, 5 de noviembre de 1962, *FRUS, 1961-1963, XI, Cuban Missile Crisis and Aftermath.*

[1139] «Telegram 1512 to USUN, December 6», Washington, D. C., 6 de diciembre de 1962, *FRUS, 1961-1963, XI, Cuban Missile Crisis and Aftermath.*

[1140] Chang & Kornbluh, *The Cuban Missile Crisis, 1962*, 246-247.

[1141] «Adlai Stevenson and Vasily Kuznetzov, letter to the United Nations, January 7, 1963» en Chang & Kornbluh, *The Cuban Missile Crisis, 1962*, 307.

dos Unidos. Ahora, además de las circunstancias vinculadas con los sucesos de octubre y la práctica desaparición de sus cuadros clandestinos a causa de la traición de Jorge Medina Bringuier, el Directorio se tuvo que enfrentar a dos problemas que le oscurecían su horizonte; uno fue el cada vez más grave desencuentro con la CIA y particularmente con JMWAVE, la base que la agencia tenía en Miami y el otro la sospecha que se tuvo de la gestiones del abogado Donovan quien, además de negociar la liberación de los prisioneros de la Brigada 2506 parecía que estuviese moviéndose para buscar un arreglo en las relaciones entre los gobiernos de Estados Unidos y Cuba.

Las diferencias entre el DRE y JMWAVE/CIA, que se remontaban al empeño de la Agencia por ejercer un mayor grado de control sobre las delegaciones del Directorio en América Latina, se acrecentaron a partir del ataque del DRE al Hotel Rosita de Hornedo. Aquella fue una acción que sorprendió a la CIA y que demostraba, precisamente, la falta de control que la Agencia podía ejercer sobre el DRE. Precisamente, cuando Ted Shackley, el jefe de la base en Miami discutió con sus superiores la acción comando del DRE del 24 de agosto, les advirtió que la planificación de las actividades del Directorio que estaba sancionadas por JMWAVE quedaron condicionadas a una negociación que se tendría con los estudiantes acerca del grado de autoridad que podría ejercer la CIA sobre la organización[1142].

La advertencia de Shackley llegó a la sede de la CIA en Washington pues William Harvey, entonces jefe del Task Force W, se dirigió al director adjunto de la Agencia, Richard Helms, porque en la Agencia se había discutido la posibilidad de que Helms acudiera a José María de Lasa para tratar de corregir la falta de control que se tenía sobre el DRE. Un tío de de Lasa del mismo nombre era amigo personal de Helms y en el pasado el propio funcionario de la CIA se expresó varias veces sobre esa alternativa. Sin embargo, Harvey no alentó el acercamiento a de Lasa en ese momento. El jefe del Task Force W opinó que la gestión tenía muy pocas probabilidades de éxito y se apoyó en lo que supuso

---

[1142] Chief of Station, JMWAVE a Chief, Task Force W, «AMSPELL Progress Report for August, 1962».

que era el estado de ánimo de la comunidad cubana exiliada ya que, era su criterio que, ésta estaba permeada por un alto grado de frustración que no podía ser modificado apelando a la razón. Harvey, además, sospechó que de Lasa, en esos momentos, no ejercía una posición de liderato en el DRE y le dijo a Helms que le avisaría si cambiaba la situación[1143].

Es muy posible que las circunstancias a las que se refirió Harvey sufrieran algún cambio pues en una comunicación entre Shackley y el director de la CIA se anuncia la posibilidad de que se inicien conversaciones con el DRE tan pronto como el 18 de octubre. Por supuesto, el tema del encuentro sería la clarificación de los términos bajo los cuales se apoyaría una futura cooperación que fuera mutuamente satisfactoria[1144]. Shackley asumió que si se resolvía el impasse que existía entre la CIA y el DRE, el prospecto a largo plazo de hacer del Directorio una organización que respondiera a las demandas de la CIA era muy bueno. De ahí que el jefe de JMWAVE sugiriera que era necesario que la CIA identificara las facciones que convivían dentro del DRE para poderlas manipular e identificó dos asuntos que definían el origen de estos grupos: razones de política y cuestiones de procedimientos financieros dentro de la organización. En este caso, específicamente, se refirió al presunto malestar que existía entre algunos miembros del Directorio por el descuento que se hacía a los estipendios mensuales que se les daba a quienes trabajaban en la organización[1145].

Tal parece que esta comunicación de Shackley fue precedida por algunas conversaciones preparatorias al encuentro que el jefe de JMWAVE anunciaba. De acuerdo a su comunicación se comentó que las opiniones expresadas por de Lasa eran más razonables que las de dos individuos cuyos nombres fueron borrados

---

1143 William K. Harvey a Richard Helms, «Memorandum for Deputy Director (Plans). Subject: José María Lasa Urrutibeascoa», Washington, D. C., 4 de septiembre de 1962, CIA, RN 104-10171-10318, MFF.

1144 Cable de JMWAVE a Director, Miami, 15 de octubre de 1962 en «DRE Operations», JFK, Doc. Id number 1994.05.06.09.:39:23:590005, MFF.

1145 *Ibid.*

del documento aunque se puede presumir que estos corresponden a los de Luis Fernández Rocha y de Juan Manuel Salvat[1146].

El encuentro anunciado por Shackley se efectuó el 24 de octubre, cuando la Crisis de Octubre estaba en pleno desarrollo. A la reunión asistió Luis Fernández Rocha, el secretario general del Directorio quien recién había regresado de Cuba. El interés por resolver los desacuerdos entre JMWAVE/CIA y el DRE se acentuó cuando del Directorio salieron a relucir dos asuntos en la prensa que según el jefe de JMWAVE, no se habían discutido previamente con ellos[1147]. Esos dos puntos, que irritaban a Shackley, eran unas declaraciones oficiales del DRE condenando unas declaraciones a favor de un mejoramiento en las relaciones entre Estados Unidos y Cuba hechas por el abogado James B. Donovan y unas supuestas declaraciones de Luis Fernández Rocha y José A. G. Lanuza hechas al periodista de *The Miami Herald* Al Burt y aparecidas en ese periódico el 22 de octubre[1148]. De acuerdo con la opinión de Burt, y recogida por Shackley en su informe a William Harvey, los dirigentes del Directorio habían hecho un duro ataque a la CIA por negarles ayuda militar.

El interés de Shackley, además, fue el de obtener del DRE evidencia de su disposición a cooperar con los lineamientos operacionales básicos con los que la CIA actuaba como un brazo profesional de Estados Unidos[1149]. El resultado, según lo relató el jefe de JMWAVE, no fue satisfactorio, y para explicarlo ofreció

[1146] El documento citado viene acompañado por otro que remite al resumen de la conversación que sostuvieron con José María de Lasa el 5 de octubre de 1962. Sin embargo, el documento con el resumen no se encuentra en la colección consultada y de Lasa no tiene recuerdos de esa conversación. José María de Lasa, entrevista.

[1147] Despacho de Chief of Station JMWAVE a Chief, Task Force W, «AMSPELL Progress Report for October 1962», Miami, 8 de noviembre de 1962, CIA, RN 104-10170-10028, MFF.

[1148] Al Burt, «Fidel-Hater 'Rover Boys' Want Action», *The Miami Herald*, Miami, 22 de octubre de 1962, 11-C. El autor le agradece a Michele Wilbanks, Public Services Coordinator, Special and Area Studies Collection, George A. Smathers Library de University of Florida su rápida gestión para obtener copia del artículo.

[1149] Despacho de Chief of Station JMWAVE, 8 de noviembre de 1962.

dos razones principales que expusieron de forma diáfana la manera tan distinta que tenían el DRE y la CIA en sus relaciones: la dirigencia del DRE es «fanática» en su posición de tener el derecho de dictar las condiciones de su relación con la CIA y muestra una total desconsideración hacia los recientes y patentes esfuerzos de JMWAVE por colocar los programas [aprobados por la CIA] del Directorio en el plano de los intereses mutuos[1150].

Una vez más, un tema central en el desencuentro entre la CIA y el DRE fue el asunto relacionado con el control que la Agencia quería ejercer sobre las delegaciones del Directorio en América Latina. De acuerdo a Shackley, la dirigencia del DRE adoptó una postura «rígida» en relación a este asunto pues rehusó que los delegados estuvieran financiados directamente por las respectivas bases que la CIA tenía en los países latinoamericanos en donde el DRE tenía delegaciones. Desde la perspectiva de Shackley, la razón fundamental para explicar la resistencia en este punto es que la dirigencia del Directorio quería preservar el sistema de «descuento», «mordida» o «kickback» como lo llamaría Shackley, que llevaba a cabo el DRE en las nóminas de sus militantes con el propósito de engrosar fondos para el programa militar de la organización[1151]. Según explicó Eduardo Muñiz, responsable principal de la Sección Internacional del DRE, la razón para resistir el afán de la CIA por controlar las delegaciones era evitar que los delegados se convirtieran en empleados de la CIA que respondieran, en primer lugar a los intereses de Estados Unidos y no a los del Directorio[1152]. Pero Shackley fue más lejos en su análisis acerca de cómo explicar la posición asumida por la dirigencia del DRE en estos tópicos. Según el jefe de JMWAVE, en el fondo, lo que movía al Directorio era la desconfianza que sentía su dirigencia hacia los objetivos políticos de Estados Unidos. Según relató Shackley en su informe a Harvey, el DRE, simplemente no desea estar atado a políticas «prudentes» y puede que quiera optar por «aventuras unilaterales» de su propio dise-

[1150] *Ibid.*

[1151] *Ibid.*

[1152] Eduardo Muñiz, entrevista.

ño[1153]. Para Shackley, esa actitud que asumió la dirigencia del DRE no justificaba el «apoyo financiero masivo que se le daba a la organización» y expuso en su informe que se estaba considerando una desvinculación con el Directorio para finales de octubre. Mientras tanto, el funcionario de la CIA anunció que, por el momento, se estaban suspendiendo nuevas tareas para el programa internacional del DRE[1154].

Shackley intentó una vez más por llegar a un acuerdo con el DRE. El 3 de noviembre de 1962 volvió a reunirse con Luis Fernández Rocha y le preguntó que si habían llegado a una decisión final en el asunto concerniente a la posición de JMWAVE sobre el futuro de las relaciones entre el DRE y la CIA[1155]. La posición del secretario general del Directorio fue la de rechazar el ultimátum que le daba Shackley aunque hizo una contrapropuesta: los puntos expuestos por JMWAVE se podían negociar si la base de la CIA en Miami aceptaba la posición del DRE. La respuesta de Shackley fue rotunda, ya había pasado el tiempo para ese tipo de negociación y que, por lo tanto, si no tenían interés de negociar seriamente la posición de JMWAVE ya no habría más discusiones[1156]. Al recordar este encuentro, Fernández Rocha aludió que ese día había tenido una fuerte discusión con Shackley y que su posición fue que «no teníamos nada que perder porque lo hemos perdido todo», en clara referencia a la lectura que se hacía en el DRE sobre cómo había resultado el final de la Crisis de Octubre[1157]. Además, el secretario general del DRE asumía su posición consciente de la fuerte presión que JMWAVE le estaba poniendo a su organización: *Trinchera* había suspendido su publi-

[1153] «AMSPELL Progress Report for October 1962».

[1154] *Ibid.* Sobre el desencuentro que afloró en el mes de octubre de 1962 entre el DRE y JMWAVE/CIA, véase también: cable de JMWAVE a Director, Miami, 23 de octubre de 1962 y cable, JMWAVE a Director, Miami, 28 de octubre de 1962, ambos en «DRE Operations», JFK, Doc. Id number 1994.05.06.09.:39:23:590005, MFF.

[1155] Despacho, de Chief of Station, JMWAVE a Chief, Task Force W, Miami, 27 de diciembre de 1962, «AMSPELL Progress Report for Novembre 1962», CIA, RN 104-10171-10281, MFF.

[1156] *Ibid.*

[1157] Luis Fernández Rocha, entrevista.

cación por falta de fondos y Eduardo Muñiz le avisó a los delegados del DRE en América Latina que había retraso en el pago de la nómina, que se estaban confrontando «serias dificultades» pero que no podía dar más detalles por medio de la correspondencia y pedía que se mantuvieran en sus puestos[1158]. Diez días después Muñiz fue más explícito. En una «Circular Especial» el secretario de Relaciones Internacionales del DRE hizo un resumen de las dificultades que estaba teniendo la organización debido a la posición que había asumido JMWAVE/CIA con respecto a las delegaciones. Indicó que hacía cuatro meses que estaban negociando y destacó la renuencia de la dirigencia del Directorio a aceptar las condiciones que se les quería imponer. Sin embargo, advirtió que la situación había hecho crisis «a finales del mes pasado [octubre] amenazándose con un rompimiento total de relaciones que pueda hacerse efectivo este mismo mes»[1159].

En la «Circular Especial» Muñiz no se limitó a describir unos hechos que, indudablemente, estaban afectando el funcionamiento del DRE como organización beligerante en la lucha por erradicar el castrismo de Cuba; también quiso hacer una exégesis acerca del proceder que había asumido la CIA en las relaciones con el Directorio. Para el dirigente del DRE, el comportamiento de la Agencia, y de su base en Miami, se podía explicar acudiendo a varios argumentos. Desde la perspectiva de Muñiz, el DRE se había convertido en una organización muy poderosa, tanto dentro como fuera de Cuba[1160], con quien la CIA no podía seguir relacionándose si la misma seguía una vía independiente que ellos no podían controlar. Así mismo, Muñiz estaba convencido que el Directorio, con su aparato de propaganda, la labor de sus delegaciones y el uso de la prensa internacional había adelantado una agenda que en ocasiones habían afectado los planes de Estados Unidos de tal forma que le había obligado a variarlos o acele-

[1158] Eduardo Muñiz, «Circular», Miami, 2 de noviembre de 1962, DRE, AJFC.
[1159] Eduardo Muñiz, «Circular Especial», Miami, 12 de noviembre de 1962, DRE, AJFC.
[1160] Tal parece que en ese momento Eduardo Muñiz no estaba al tanto del golpe mortal que había sufrido el aparato clandestino del Directorio a causa de la delación de Jorge Medina Bringuier.

rarlos. En ese sentido, Muñiz era de la opinión que tal comportamiento por parte del DRE, lejos de beneficiar a Estados Unidos les «perjudicaba notablemente». Por último, el responsable de la Sección Internacional del Directorio asume que si Estados Unidos se decide «a no intervenir en Cuba...lógicamente no tiene sentido el que ellos sigan manteniendo relaciones»[1161] Ante esta situación, Muñiz vuelve a tocar el tema de la nómina y, aunque no ve que el pago del mes de noviembre se vea afectado, sí es de la opinión que se prevé un problema con la nómina de diciembre[1162]

Con la «Circular Especial» Eduardo Muñiz ratificó un hecho que se hacía evidente: JMWAVE/CIA retenía los fondos que mensualmente se le asignaban al DRE como forma de presión para lograr la conformidad de su dirigencia con los planes que la CIA tenía para el Directorio. Aunque este problema se resolvería eventualmente, el hecho fue particularmente notable dentro de aquella coyuntura: en los fondos entregados al Directorio por la CIA entre octubre y noviembre de 1962 se aprecia un descenso importante: la asignación de octubre fue de $49,383.00 y la que se otorgó en noviembre resultó en $36,968, una diferencia de $12,415.00[1163].

Hacia el 8 de noviembre la paciencia de JMWAVE con el DRE parecía haber llegado a un límite. Del Directorio le había llegado el mensaje de que no se consentiría que la CIA le pagase directamente a los delegados en América Latina. Es más, el DRE le aseguró que no se tuviese contacto entre la CIA y los delegados y que toda comunicación a las delegaciones se hiciera a través del jefe de cada delegación[1164]. Se aseguró, además, lo que ya se había insinuado en otras ocasiones pero que ahora se ponía de manera totalmente clara: «la dirigencia del DRE no siente respeto

[1161] Eduardo Muñiz, «Circular Especial»

[1162] *Ibid.*

[1163] Véanse «AMSPELL Progress Report for October 1962» y «AMSPELL Progress Report for Novembre 1962».

[1164] Cable, de JMWAVE a Director, Miami, 8 de noviembre de 1962 en «DRE Operations».

alguno por la CIA»[1165]. Ante semejante panorama, JMWAVE recomendó que como la relación con el DRE había llegado un punto de «no retorno» se debía terminar toda relación con la organización. Advirtió que era posible que, si se llevaba a cabo la recomendación que estaba apoyando JMWAVE, el Directorio pudiera tomar alguna acción que perjudicase a la CIA, lo cual, según se incluye en el cable, no era razón para detener la ruptura[1166].

La advertencia que hizo JMWAVE con relación a la posibilidad de que el DRE pudiera tomar algún tipo de acción que dañara la imagen de la CIA llevó a la base de Miami a solicitar de los superiores en Washington un permiso para penetrar en las oficinas del Directorio y buscar y sustraer cualquier documento que fuese comprometedor para la reputación de la Agencia. El 9 de noviembre cursaron una comunicación a esos efectos[1167]. La iniciativa, sin embargo, parece que no fue aprobada por Washington. Un documento que tiene fecha de 9 de noviembre, cuya firma es ininteligible y que tiene el formato de un memorándum, analizó la sugerencia de JMWAVE y sus conclusiones apuntan a que se proceda con la acción de penetrar en las oficinas del DRE, aunque se sugirió que se intentara llegar a un acuerdo con la dirigencia del Directorio[1168]. Y ese fue, precisamente, el curso que se tomó en las más altas instancias de la CIA. El pretexto para tomar ese curso fue un anuncio que hizo el Directorio acerca de unas posibles cuevas en donde el gobierno cubano estaría escondiendo el armamento soviético que supuestamente no se había devuelto a la URSS. Fue en esa coyuntura cuando Richard Helms se entrevistaría con dos de los líderes del DRE, los cuales serán convocados para que se reunieran con él en la oficina central de la CIA en Washington.

[1165] *Ibid.*

[1166] *Ibid.*

[1167] Cable, de JMWAVE a Director, Miami, 9 de noviembre de 1962, en «DRE Operations».

[1168] [Memorandum], «Casing and Possible Breaking and Entering Exile's Building», [Washington], 9 de noviembre de 1962, CIA, RN 104-10170-10034, MFF.

Al vislumbrar que la Crisis de Octubre terminaría mediante un acuerdo entre Estados Unidos y la Unión Soviética en el que Estados Unidos se comprometería a no invadir a Cuba, el DRE inició una campaña pública dirigida a impedir o atemperar el compromiso que asumiría el presidente Kennedy. La empresa consistió en denunciar que no todo el armamento que Estados Unidos exigía que fuese desmantelado y devuelto a la URSS estaba corriendo ese fin. El Directorio afirmó que una parte se estaba escondiendo en cuevas y en bases subterráneas que escapaban a la inspección aérea. Si esa campaña tenía resonancia en la sociedad, el DRE esperaba que, por lo menos, el gobierno de Estados Unidos exigiese, para cumplir la parte de su compromiso, lo que Fidel Castro rehusaba, es decir, una inspección *in situ*. Así, por ejemplo, es la instrucción que le da Eduardo Muñiz a los delegados del DRE en América Latina. En un memorándum que envía el 5 de noviembre la Sección Internacional del Directorio, caracterizado como «Importante. Orientación inmediata y urgente de la propaganda en América Latina», se incluye la información «sobre las bases subterráneas de cohetes en Cuba de acuerdo con la declaración emitida por el Directorio». De acuerdo con el documento enviado, para el DRE, la desmantelación de los cohetes es «una farsa para consumo externo» y se urge a los delegados darle una publicidad **«enorme»** a esta información «pues de ello depende que la acción contra Fidel Castro vaya (sic) o para siempre se caiga en la coexistencia con el régimen comunista»[1169].

El 9 de noviembre JMWAVE envió un cable a las oficinas centrales de la CIA en Washington informando que el DRE había dado a la publicidad una nota en la que afirmó que en Cuba se estaban construyendo hangares subterráneos para la Fuera Aérea Revolucionaria y advirtió que esa información, recogida por la agencia de prensa UPI, no se había discutido previamente con los funcionarios de JMWAVE[1170]. Por su parte *The Cuban Report*,

[1169] Secretaría de Relaciones Internacionales a Delegaciones, «Importante. Orientación inmediata y urgente de la propaganda en América Latina», Miami, 5 de noviembre de 1962, DRE, AJFC.
[1170] Cable de JMWAVE a Director, Miami, 9 de noviembre de 1962, en «DRE Operations».

en su edición del 14 de noviembre, dedicó el número completo a detallar las supuestas bases subterráneas que estaban en Cuba[1171]. Por su parte, el secretario general del Directorio, Luis Fernández Rocha, compareció ante el *Today Show* de la cadena televisiva NBC en la mañana del 12 de noviembre como parte de la misma campaña. En ese programa Fernández Rocha manifestó que él tenía información sobre la presencia en Cuba de ochenta y dos misiles, de los cuales solo se habían removido cuarenta y dos. El resto se habrían escondido en las cuevas del valle de Yumurí en Matanzas, en las colinas de Camagüey y en Hershey, en las cercanías de La Habana[1172]. Fue, precisamente, esta comparecencia de Fernández Rocha en el *Today Show* el detonante que motivó la entrevista con Richard Helms en las oficinas centrales de la CIA en Washington.

El mismo día en el que el secretario general del DRE hacía las denuncias en la cadena NBC, se reunió en Washington el Ex-Comm. Fue en ese encuentro cuando se le informó al presidente Kennedy acerca de la comparecencia de «un cubano» en el *Today Show* y de la información que allí se había vertido sobre la situación de los cohetes en Cuba. De acuerdo con el memorándum que sobre la reunión escribió el director de la CIA, John McCone, el presidente solicitó un informe sobre el particular y que se mantuviera una vigilancia sobre este tipo de reporte «el cual, presumiblemente, se basaba en el rumor y en el chisme»[1173].

El periodista Jefferson Morley sostiene que cuando John F. Kennedy se enteró de las declaraciones de Fernández Rocha, «se puso furioso» porque «los refugiados están naturalmente intentando desarrollar un cuento en un esfuerzo por hacernos invadir a Cuba»[1174]. Según el relato de Morley, para el cual no revela sus

[1171] DRE, *The Cuban Report*, Miami, 14 de noviembre de 1962, DRE, AJFC.

[1172] Luis Fernández Rocha fue acompañado por José Antonio. G. Lanuza y los pasajes a la ciudad de New York fueron cortesía de los editores de las revistas *Time* y *Life*. Secretaría de Relaciones Internacionales a Delegaciones, «Importante. Orientación inmediata y urgente de la propaganda en América Latina».

[1173] «Memorandum of Executive Committee Meeting by McCone, November 12 (519)», en *FRUS, 1961-1963, XI, Cuban Missile Crisis and Aftermath.*

[1174] Jefferson Morley, «Revelation 1963» en *Miami New Times*, Miami, 19-25 de abril de 2001, 27.

fuentes históricas, Kennedy le ordenó a la CIA que controlara a los «jóvenes exiliados» y es por eso que en menos de veinticuatro horas Helms convocó a Fernández Rocha[1175]. Sin embargo, el interés de la CIA por controlar al DRE no era un asunto nuevo y la idea de convocar a los dirigentes del Directorio a una conversación con Helms ya se había considerado anteriormente. Como cuestión de hecho, el mismo día 12 de noviembre, José María de Lasa se encontraba en Washington y tuvo una entrevista con Helms. Fue, precisamente, después de este encuentro cuando se decidió que Luis Fernández Rocha también acudiera a la capital de Estados Unidos para entrevistarse con el director adjunto de la CIA. En ese sentido se puede afirmar que la intervención de Kennedy en la cuestión fue un aspecto conveniente que le dio un último impulso a algo que estaba por pasar.

La primera reunión que tuvo Helms con un dirigente del DRE fue con José María de Lasa quien ya se encontraba en Washington el 12 de noviembre. El encuentro tuvo lugar en la oficina de Helms entre las 3:00 p.m. y las 4:30 p.m. También estuvo presente el agente de la CIA Néstor D. Sánchez quien fue el que redactó todos los resúmenes de las conversaciones que tuvieron lugar en aquella ocasión[1176]. El primer asunto que abordó Helms en su encuentro con de Lasa fue el de las declaraciones que esa mañana había hecho Luis Fernández Rocha en el *Today Show*. De acuerdo a la relación de Sánchez, el dirigente estudiantil dijo que no tenía conocimiento concreto sobre lo que había declarado el secretario general del DRE y que la cifra de los ochenta misiles no le era familiar[1177]. En ese momento Helms se ausentó para acudir a otra reunión y de Lasa aprovechó para llamar a Luis Fernández Rocha quien se suponía que estuviese de regreso en Miami. La intención que tuvo de Lasa fue la de reiterarle a Fernández

[1175] *Ibid.*

[1176] Néstor D. Sánchez era uno de los funcionarios de la CIA que estuvieron involucrados en el derrocamiento del presidente guatemalteco Jacobo Arbenz. Desde comienzos de la década de los sesenta se enfocó en el caso cubano. Llegó a ser el «case officer» de Rolando Cubela (AMLASH).

[1177] Néstor D. Sánchez, «Memorandum for the Record», [Washington, D.C.], 12 de noviembre de 1962, JFK Assassination Records, RN 104-10170-100323, NARA.

Rocha un mensaje que ya le había comunicado con anterioridad, que debía volar esa misma noche a Washington para poder participar en el diálogo que se estaba teniendo con la dirección de la CIA. Como Fernández Rocha estaba llegando en ese momento a Miami, de Lasa solo pudo dejar el recado en la confianza de que podría hablar más tarde con el dirigente del Directorio[1178].

Una vez Helms regresó a su oficina, de Lasa se mostró deseoso de discutir la columna de Al Burt en *The Miami Herald* que tanto revuelo había causado en JMWAVE. De acuerdo a los apuntes de Sánchez, de Lasa se refirió a lo expuesto por el DRE en esa entrevista como una «auténtica estupidez» y dijo que no había excusas por los comentarios que fueron publicados. De Lasa explicó que Burt los había invitado a un almuerzo al mejor restaurante de Miami con el propósito de entrevistar a Fernández Rocha después de su regreso de Cuba. El periodista del *Herald* también abordó las dificultades que el DRE estaba teniendo con la CIA y que, a pesar de que había un acuerdo de hablar «off the record», no dudó en publicar algunos de los comentarios que se vertieron durante la conversación. Al describir esta parte de la conversación entre de Lasa y Helms, Sánchez insertó una nota diciendo que «en pocas palabras, los muchachos no supieron cuando mantener la boca cerrada»[1179].De acuerdo a Sánchez, Helms aceptó las excusas ofrecidas por de Lasa alegando que, como él sabía algo del mundo del periodismo, él sabía que esas cosas pasaban.

Por su parte, Helms, demostrando que estaba muy bien informado sobre lo que sucedía con el DRE en Miami, aprovechó el momento para fustigar con benevolencia la práctica del Directorio de acudir a la prensa y a las entrevistas radiales y televisivas para exponer constantemente sus argumentos sin consultar previamente con la Agencia. La razón argüida por el director adjunto de la CIA fue que esa práctica les podía dar prestigio en el corto plazo pero que, a la larga, muchas veces podían resultar en nocivas. Insistió, por tanto, en que lo primero era consultar con la Agencia para evitar parecer «una organización de jóvenes cabe-

[1178] *Ibid.*
[1179] *Ibid.*

za-calientes e irresponsables»[1180]. Para ilustrar su punto a la vez que hizo una amenaza velada, Helms puso como ejemplo el caso de la remoción de las armas que Estados Unidos estaba negociando con la Unión Soviética. De acuerdo con lo que se supone que dijera Helms, unos partes de prensa y entrevistas «irresponsables» podían crear irritación en el gobierno de Estados Unidos. Si, por otro lado, continuó el funcionario de la CIA, el Directorio compartiera la información con la CIA antes de darlas a la publicidad en los medios de comunicación, eso le pudiera traer muchos beneficios[1181]. Helms terminó su amonestación sugiriendo el beneficio que traería el trabajar al unísono con vistas a conseguir el objetivo común. Según Sánchez, de Lasa entendió la irritación que podían causar las intervenciones del DRE en la prensa y los problemas que le causaban al gobierno de Estados Unidos.

En otro momento del encuentro con Helms, de Lasa abordó la preocupación que se tenía en Miami acerca de los fondos que el gobierno de Estados Unidos dispensaba a grupos que, como el DRE, estaban involucrados en la gestión de una Cuba democrática. Al señalar que la cantidad destinada para los gastos operacionales del DRE había sido paralizada en el mes de noviembre, el dirigente del Directorio preguntó si el significado de esa política era que el gobierno de Estados Unidos pensaba coexistir con Castro[1182]. La respuesta de Helms fue ambigua pues, al indicar que el gobierno de Estados Unidos no había tomado esa decisión dejaba la puerta abierta para que esa fuera la política en un momento del futuro[1183].

De acuerdo con los apuntes que hizo Sánchez de lo acontecido aquel día, de Lasa se trasladó a su hotel en el Dupont Circle de la ciudad de Washington. Helms había colocado en su calendario una segunda reunión para las 10:30 de la mañana del día siguiente y en la que se esperaba la presencia de Luis Fernández Rocha. Una vez en el hotel, de Lasa pudo comunicarse con el secretario general del DRE y le transmitió, con urgencia, la necesidad de

[1180] *Ibid.*
[1181] *Ibid.*
[1182] *Ibid.*
[1183] *Ibid.*

que él estuviera en Washington al día siguiente. La petición que de Lasa le hizo a Fernández Rocha es que «viniera con toda la autoridad de un Secretario General ya que en esa reunión se discutiría el futuro del DRE»[1184]. El asunto, según le aclaró de Lasa a Sánchez cuando volvieron a verse, es que la práctica en el Directorio era que el secretario general siempre consultaba con otros dirigentes de la organización las cuestiones en las que había que tomar decisiones importantes. En esta ocasión, y dada la gravedad del asunto que se discutiría, era necesario que el secretario general pudiera ejercer su poder ejecutivo tan pronto como la circunstancia lo requiriese. Fernández Rocha volaría a Washington ese mismo 12 de noviembre en un vuelo que saldría de Miami a las 11:00 p.m.

El encuentro entre Helms y los dos dirigentes del DRE tendría lugar el 13 de noviembre y se dividiría en dos partes, una en la mañana en la que se quería aclarar las denuncias del DRE sobre las bases subterráneas que según la organización existían en Cuba, y otra por la tarde en la que se discutiría la relación entre el Directorio y la CIA[1185]. Al plantearse el asunto de los cohetes, Helms le preguntó a Fernández Rocha acerca de las fuentes consultadas por el DRE con relación a esta cuestión. La respuesta de Fernández Rocha fue que eran varias y entre ellas mencionó fuentes del propio gobierno y ejército, campesinos y obreros. También se refirió a una reciente conversación telefónica del 11 de noviembre en el que un individuo residente en la ciudad de Sagua la Grande le informó que los misiles que se desmantelaron en la zona se movieron al aeropuerto de Maleza. Cuando Helms le preguntó sobre la cifra de ochenta y siete cohetes que había dado el DRE, Fernández Rocha respondió que era un estimado que se había hecho basándose en informes que llegaban desde Cuba en los que las personas que reportaron sobre el asunto con-

---

[1184] *Ibid.* Por la forma en que se redactó esta parte del documento se puede inferir que de Lasa comentó con Sánchez esta conversación privada que él sostuviera con Luis Fernández Rocha.

[1185] Néstor D. Sánchez, «Memorandum for the Record», [Washington, D.C.], 15 de noviembre de 1962, JFK Assassination Records, RN 104-10170-10024, NARA. Este documento resume solamente la sesión de por la mañana.

taban los cohetes que viajaban por distintos puntos de la isla en dirección a las bases en donde estaban los misiles[1186]. Ante el cuestionamiento que le hizo Helms sobre el procedimiento de contar, el secretario general del DRE argumentó que para él las cifras eran válidas ya que provenían de las mismas fuentes que denunciaron la presencia de misiles en Cuba hacía uno o dos meses atrás y citó, además, el número de *The Cuban Report* del 12 de octubre como ejemplo del tipo de información verás que se ofrecía desde el DRE[1187]. «Si la información estuvo correcta en el pasado», expuso Fernández Rocha, «está correcta en el presente»[1188].

Para concluir con el asunto de los misiles, Richard Helms le pidió al Secretario General del Directorio que se reuniera con el Coronel Albert Davies y el señor William Tidwell de manera que pudiera señalar en unos mapas que le enseñarían donde se guardaban los misiles que el DRE alegaba que estaban escondidos en Cuba. Aunque Fernández Rocha adelantó que la persona idónea en el DRE para hacer esa identificación era Ángel Lozano y no él, no tuvo reparos para reunirse con las dos personas señaladas por Helms y discutir con ellos el conocimiento que sobre el tema tenía él.

Como se propuso, la sesión de por la tarde se dedicó al tema de las relaciones entre el DRE y la CIA. Al comenzar esta reunión, también relatada por Sánchez, el secretario general del Directorio quiso ofrecer, como antes lo había hecho de Lasa, disculpas por lo que se había publicado en el artículo de Al Burt[1189]. De igual manera, agradeció la deferencia que Helms había mostrado con ellos al estar disponible para discutir con los dos dirigentes del DRE el problema de las relaciones con la CIA. Helms aceptó las excusas y se mostró deseoso de comenzar la discusión del asunto que era el interés de ambas partes.

[1186] *Ibid.*

[1187] *Ibid.*

[1188] *Ibid.*

[1189] Nestor D. Sánchez, «Memorandum for the Record», [Washington, D.C.], 15 de noviembre de 1962, JFK Assassination Records, RN 104-10170-10022, NARA.

El director adjunto de la CIA comenzó su participación en la conversación dejando claro que él estaba familiarizado con el trabajo que hacía el DRE y continuó aclarando que, en lo referente al futuro manejo del problema cubano, ninguna decisión se había tomado aún por el gobierno de Estados Unidos[1190]. Seguidamente aclaró que la prioridad de Estados Unidos en ese momento era la remoción de los misiles y de los bombarderos que se encontraban en la isla y la cuestión relacionada a las inspecciones *in situ*. Explicó, también, que se pudiera estar tomando decisiones relacionadas con las negociaciones que se llevaban a cabo entre Estados Unidos y la Unión Soviética que «no fueran aceptables para el DRE». Que, si ese fuese el caso, y si el curso que se decidiera tomar no fuera compatible con los objetivos del Directorio, él quería que el DRE fuese claro y honesto y que así lo dejara saber. Así mismo, Helms expresó el deseo de «desarrollar una relación de 'colaboración razonable'» con la organización[1191]. Precisamente, para facilitar ese punto, Helms le informó a Fernández Rocha y a de Lasa que estaría cambiando el contacto de la CIA en Miami que se comunicaba con el Directorio[1192]. Lo importante del nuevo contacto, según Helms, es que a través de él se podían comunicar con Helms para cualquier aclaración.[1193].

[1190] *Ibid.*

[1191] *Ibid.*

[1192] *Ibid.* El nuevo contacto que tendría la CIA en Miami para comunicarse con el DRE fue George Efythron Joannides, también conocido como «Howard» o Walter D. Newby. Le fue presentado a Luis Fernández Rocha el 4 de diciembre de 1962. Cable de JMWAVE a Director, «Walter D. Newby Introduced as Rep. to Handle AMSPELL Affairs», Miami, 7 de diciembre de 1962, CIA, RN 104-10170-10016, MFF. Según el relato de Jefferson Morley, la impresión que Luis Fernández Rocha llegó a tener de «Howard» fue muy positiva. Según el secretario general del DRE, Joannides comparaba muy favorablemente respecto al antiguo contacto del DRE, Ross Crozier. Mientras que Fernández Rocha pensaba que «Roger» era un sargento, él sentía que cuando hablaba con «Howard» estaba hablando con un coronel. Fernández Rocha le dijo a Morley que «Howard» siempre estuvo disponible. Algunas veces se reunían hasta tres veces por semana y solían tomarse un café en el Howard Johnson de la U.S. 1. Jefferson Morley, «Revelation 1963», *Miami New Times*, Miami, Florida, 12 de abril de 2001, 27.

[1193] *Ibid.*

Por su parte, Fernández Rocha le confesó a Helms que, con toda honestidad, él no podía garantizar que el DRE pudiera mantener su relación con la CIA en cualquier circunstancia, sobre todo, si la política de Estados Unidos hacia Cuba seguía las pautas de la «coexistencia». Lo que si podía hacer es darle su palabra de que, en ese caso, se lo informaría a su contacto en Miami. De todas maneras, Fernández Rocha quiso aclarar que ellos querían cooperar con la CIA y que era tonto pensar que sin el apoyo de la CIA el DRE pudiera seguir trabajando al nivel de actividad que tenía en ese momento. Para el secretario general del Directorio, según lo recogió Sánchez en su memorándum, «del ochenta al noventa por ciento de la actividad del DRE tendría que ser descontinuada si la Agencia le retiraba su apoyo».[1194]. Revelando la fragilidad con la que operaba el Directorio pero consciente, a la vez, del compromiso que la organización tenía con su forma de operar, Fernández Rocha le dijo al Director Adjunto de la CIA que la ruptura sería un «suicidio» que se podría evitar si se llegaba a un acuerdo satisfactorio[1195].

Llegado a este punto, Fernández Rocha y de Lasa tocaron un tema que, desde la perspectiva del DRE podía ser parte importante de la explicación sobre el grave desacuerdo que existía entre los estudiantes y la CIA. En palabras de Fernández Rocha, tal y como las recogió Sánchez, uno de los problemas que condicionaba la forma de operar del Directorio era «el no conocer cuáles eran los planes [de la CIA/Estados Unidos] y qué se esperaba del DRE», es decir, la dificultad en comunicarse uno con otro. La respuesta de Helms fue que ellos «le dirían la verdad y cuál era el asunto [que se estaba tratando] cuando nosotros también lo sepamos»[1196]. Es decir, que, en ese momento, cuando aún no se sabía cuál sería el curso que seguiría en el caso cubano el gobierno de Estados Unidos, el director adjunto de la CIA solo podía prometer una comunicación sincera con el Directorio, nada más. Eso sí, les aclaró que cuando se les hiciera llegar ese tipo de información se les estaría dando en «estricta confidencialidad», dando a

[1194] *Ibid.*
[1195] *Ibid.*
[1196] *Ibid.*

entender que la misma no se podía divulgar. Les aseguró, además, que él sería muy honesto con ellos y que podrían recibir tres tipos de respuestas diferentes: 1- «yo no sé», 2- «yo no les voy a decir» y 3- «yo les diré»[1197]. Lo que si les solicitó Helms es que el DRE les proveyera con información sobre lo que estaba pasando en Cuba, mientras que las cuestiones relacionadas con asuntos militares y propaganda dependerían de la política que adoptara el gobierno de Estados Unidos. De todas maneras, Helms si les mencionó que, en las cuestiones militares, ellos podían someter la información a la CIA y que la Agencia estudiaría el proyecto. De la misma manera les pidió que, aunque la CIA no pretendía limitarles la libertad de expresión, si sería beneficioso que cuando tuviesen planes de celebrar una conferencia de prensa o de dar un comunicado al público, que les comunicaran esa información ya que, de esa manera, podía ser de interés para el DRE conocer cuál era la opinión de la CIA acerca del asunto que se trataría en público[1198].

Otro aspecto que se trató en la reunión entre Helms y los dirigentes del DRE fue el asunto del descuento que la organización le hacía a sus miembros en la nómina mensual. Helms usó el concepto anglo de «kickback» que era el que solía utilizarse por JMWAVE en sus informes sobre el Directorio. Este término en inglés tiene una connotación peyorativa ya que implica que es una obligación de la persona a quien se le aplica el descuento para, a cambio, recibir el salario. Fernández Rocha explicó que lo que el Directorio hacía era solicitar de sus miembros una donación de su salario, y dependiendo de lo que esa persona podía, para poder sufragar los gastos de actividades que llevaba a cabo la organización y que no eran financiadas por la asignación monetaria que les daba la CIA. En ese sentido, dio como ejemplos la publicación de *The Cuban Report* y el apoyo que le brindaba el DRE a los familiares de aquellos miembros de la organización que estaban presos en Cuba[1199]. Curiosamente se dejó fuera el uso de ese descuento para cuestiones militares. El documento no

[1197] *Ibid.*
[1198] *Ibid.*
[1199] *Ibid.*

da indicio para saber si Sánchez lo dejó fuera del memorándum o que Fernández Rocha no lo mencionó en la conversación.

De lo que Fernández Rocha sí se quejó en la conversación fue de Ted Shackley. Aunque no lo mencionó por su nombre y apellido, se puede inferir que cuando se refirió «al hombre a cargo de Miami» lo hizo pensando en el jefe de JMWAVE. El secretario general del DRE fue específico en este punto pues relató que Shackley le solicitó a Fernández Rocha que él, Salvat y otros tres hombres del DRE se infiltraran en Cuba en medio de la Crisis de los Misiles con el propósito de hacer trabajo de inteligencia. Al tomar en consideración que en Cuba se había movilizado todas las fuerzas militares, Fernández Rocha consideró que las probabilidades de éxito de una misión como la que sugería Shackley eran mínimas. Según le relató a Helms, Fernández Rocha le solicitó al jefe de JMWAVE que le diera más detalles sobre la operación y que la única respuesta que se le ofreció fue que probablemente «ellos estarían expuestos a fuego de artillería». Por supuesto, el Directorio declinó participar en la operación dado el alto riesgo de esta. El comentario de Fernández Rocha a Helms respecto al relato que le acababa de contar fue que a él se le hacía muy difícil comprender la seriedad de lo que les estaba pidiendo Shackley. La posición de Helms ante lo que le contó el secretario general del Directorio es que todas las propuestas y requerimientos que se hacían por ambas partes tenían que ser de contenido serio[1200]. Al no haber otro tópico que tocar, se dio por terminada la reunión.

La recapitulación de las conversaciones sostenidas durante esos dos días de noviembre entre el director adjunto de la CIA y los dos dirigentes del DRE fue responsabilidad de Sánchez. El mismo día 13 de noviembre se reunió con de Lasa y Fernández Rocha en el hotel en el que se alojaban los dos estudiantes, el Dupont Plaza Hotel de Washington. De acuerdo con el memorándum que escribió el agente de la CIA sobre esta reunión, tanto José María de Lasa como Luis Fernández Rocha se mostraron muy complacidos y contentos con el resultado del encuentro que

[1200] *Ibid.*

habían tenido con Helms[1201]. Fernández Rocha volvió a señalar, sin embargo, que, al menos que la política de Estados Unidos siga la línea de la coexistencia con Cuba, él estaba seguro de que se podía continuar con una relación mutuamente beneficiosa entre la CIA y el DRE[1202]. Así mismo, el secretario general del Directorio opinó que, desde la perspectiva de la organización que él representaba, los desacuerdos que habían tenido con la Agencia eran «menores» y señaló a JMWAVE como agente responsable de convertirlas en causas mayores por la forma en que las representaba[1203]. No obstante, los temas que se trataron en el resto de la conversación sugirieron que, en efecto, existían tópicos en los que si había serias diferencias y que indicaban que mucho del malestar que ambas partes sentían acerca del curso que llevaba la relación entre ellos se originaba en las formas distintas de entender lo que era el DRE, su función y, partiendo de esa comprensión, cual debía ser la relación ideal entre los dos.

El primer asunto que se consideró, por la importancia que tenía para el DRE, fue el de las operaciones militares. En este caso los dirigentes del Directorio querían saber si la organización que ellos representaban sería considerada para participar en operaciones militares o si se permitía que ellos llevaran a cabo sus propias acciones. En este particular, Fernández Rocha se mostró partidario, como le había dicho a Helms, de presentarle a la CIA para su estudio los planes que, sobre el particular, se fueran concibiendo[1204]. Después se discutió el tópico de las operaciones en América Latina. Era la opinión del Directorio de que se hacía necesario una renovación en la propaganda y de que la organización estimaba como beneficioso el tener dos miembros de la Sección Internacional que se dedicaran a viajar por los países en el que existían delegaciones del DRE con el propósito de estar constantemente actualizando los trabajos de los delegados, así como re-

[1201] Néstor D. Sánchez, «Memorandum for the Record», [Washington, D.C.], 15 de noviembre de 1962, JFK Assassination Records, RN 104-10170-10020, NARA.

[1202] *Ibid.*

[1203] *Ibid.*

[1204] *Ibid.*

solviendo aquellos problemas que se pudieran presentar. Una observación que se hizo fue que había que tomar previsiones para impedir que sus delegados fuesen identificados como personal de la CIA en los países en los que estuvieran destacados. Dieron como ejemplo el caso del delegado en Perú quien, aun cuando había hecho un trabajo excepcional, tuvo que ser retirado del país por comenzar a ser visto como un funcionario de la Agencia. De ahí se pasó a la consideración del pago de los salarios de los miembros del DRE en América Latina, un tema sumamente irritante para el DRE. La posición de Sánchez fue que los agentes de la CIA que trabajaban en cada país de la región, «eran responsables de la coordinación de todas las actividades de la Agencia». En ese sentido, desde la perspectiva de Sánchez, lo normal era que también pagasen los salarios. El funcionario expresó su opinión de que, dados los beneficios que el DRE recibía de la labor en América Latina, lo que se les estaba pidiendo era una «pequeña concesión» y sugirió que si el problema era el asunto del «descuento» al salario, eso se podía arreglar con una fórmula en que la CIA le entregase directamente al Directorio la parte del descuento que hubiese recibido cada delegado. Según Sánchez, Fernández Rocha pareció estar de acuerdo, pero para él era evidente que, en ese asunto, «arrastraba los pies» pues dijo que lo tenía que discutir con «su gente en Miami»[1205]. El último asunto que se trajo a la conversación fue el de las finanzas del DRE. Se pasó por encima sobre un asunto de procedimiento burocrático sobre el tiempo requerido por el papeleo que justificaban los gastos en los que incurría la organización y se terminó con un tópico medular desde el punto de vista del Directorio: la retención en el mes de noviembre de los fondos operacionales. Sánchez prometió inquirir sobre el tema[1206]

Al iniciar el resumen de la conversación que tuvo Sánchez con de Lasa y Fernández Rocha, el funcionario de la CIA señaló que el propósito principal de la reunión era definir de manera más específica los puntos en los que, según Fernández Rocha, residían los desacuerdos entre el DRE y la CIA. Y, efectivamente, fue lo

[1205] *Ibid.*
[1206] *Ibid.*

que hicieron durante el tiempo en el que estuvieron los tres reunidos. Sin embargo, y quizá inadvertidamente, el propio Sánchez aludió a un asunto que de haberse profundizado hubiese llevado a él, a de Lasa y a Fernández Rocha a tocar un tema que de alguna manera resultaba ser la matriz de donde surgía toda la desavenencia que existía entre el DRE y la CIA. Ese asunto no era nuevo y se fue desarrollando con el tiempo. Fue una cuestión que ya estuvo presente desde que se dieron las primeras conversaciones entre algunos de los estudiantes que fundarían el Directorio y representantes de la Agencia. Según Sánchez, lo que al Directorio le irritaba era que se le dictasen órdenes y que se le amenazara[1207]. Dicho de esta forma, se podría especular que lo que el funcionario de la CIA propuso era que el malestar que caracterizaba la relación entre la Agencia y el Directorio era una cuestión menor que se podría resolver si en el vínculo que unía a las dos partes se introducía un tipo de tratamiento de mayor respeto y más comprensión.

Si esa fue la intención de Sánchez, entonces quedaba claro que no se comprendía el problema pues el origen de todo el conflicto residía en la forma diferente en que cada una de las partes se enfrentaba a la relación. Si el DRE resentía que se le dieran órdenes y que se le amenazara por su conducta, era porque quienes componían el Directorio asumían que la suya era una organización totalmente independiente que se vinculaba a lo que ellos consideraban como un aliado con el que compartían un enemigo común y aspiraciones parecidas. En otras palabras, desde la perspectiva del Directorio aquella era una relación entre *iguales*[1208]. Pero esa no era, precisamente, la forma en que la CIA interpretaba esa relación. La Agencia, como parte de la rama Ejecutiva del gobierno de Estados Unidos, seguía la agenda que pautaba el gobierno de Estados Unidos y asumía que quienes se relacionaban con ellos participaban plenamente de los objetivos que perseguía ese gobierno. En ese sentido, era lógico que Estados Unidos, como gran potencia en el contexto de la política internacional, pautara la estrategia y las tácticas que debían seguirse para que esa agenda fuese exitosa.

[1207] *Ibid.*

[1208] Énfasis del autor.

Todo lo demás quedaba fuera de la relación y hasta podía ser interpretado como un obstáculo para la política de Estados Unidos. Por eso es que Ted Shackley, en cable al director de la CIA, se expresó con alarma cuando expuso que el DRE «se mantiene firme y le dice a la CIA lo que ellos quieren sin aprecio o consideración por lo que son nuestros deseos. [Cuando] es nuestro dinero el que los mantiene vivos. [El Directorio] inclusive intenta dar la impresión de que nosotros les debemos a ellos el financiamiento de sus actividades sin que existan condiciones que aten esos fondos»[1209]. Es decir, que mientras la CIA entendía que aquella era una relación asimétrica, el Directorio se empeñó en verla como si las dos partes que se relacionaban fuesen iguales. Esa incapacidad de reconocerse como lo que cada parte quería ser, era lo que daba origen a la desavenencia que los separaba. Además, la incomprensión se alimentó de la gran y cada vez mayor desconfianza que se desarrolló en el DRE por la política de la administración Kennedy hacia Cuba. Por eso era muy difícil que se llegara a una resolución del conflicto.

Por su parte, el DRE nadaba a contracorriente. En la misma circular que la Sección Internacional del Directorio enviara el 5 de noviembre a sus delegados en América Latina, en la que recomendó darle empuje a la campaña sobre la presencia de bases subterráneas en Cuba, se incluyó una carta de Eduardo Muñiz en la que el dirigente del DRE ilustró como el Directorio se colocaba en una posición desde la cual se hacía muy difícil el diálogo con su presunto aliado. Al aludir al asunto que se trataba en la circular, a que como resultado del acuerdo que le puso fin a la Crisis de Octubre, Estados Unidos no invadiría a Cuba, Muñiz se refirió a la necesidad de mover la «opinión pública norteamericana» a que ejerciera presión sobre el presidente John F. Kennedy. Creyendo que el fenómeno indicado estaba pasando, el responsable de la Sección Internacional del DRE comentó que «al gobierno de Kennedy no le quedará más remedio que dar una respuesta satisfactoria» a la resistencia de Fidel Castro a permitir la inspección del desmantelamiento de los cohetes en el mismo te-

[1209] Cable, JMWAVE a Director, Miami, 8 de noviembre de 1962, en «DRE Operations».

rritorio cubano[1210]. Sin embargo, al día siguiente se celebró un proceso electoral en Estados Unidos que resultó ser un triunfo para Kennedy y un apoyo del electorado norteamericano hacia la forma en que el primer mandatario de Estados Unidos enfocó su política hacia Cuba. El Partido Demócrata logró aumentar su representación en el Senado de Estados Unidos al sumar cuatro nuevos senadores. Las pérdidas en la Cámara de Representantes fueron mínimas y cuatro de los candidatos republicanos que resultaron perdedores estaban entre los partidarios republicanos que abogaban por una invasión a Cuba[1211]. La Crisis de Octubre, en vez de llenar las expectativas expresadas por Muñiz, y que también eran las del Directorio, ratificó la orientación que Kennedy le estaba dando a la política de Estados Unidos con respecto a Cuba. Para los votantes de Estados Unidos, Kennedy era el líder adecuado para dirigir la política exterior del país. En ese sentido, las esperanzas que pudieran existir para crear un trabajo armónico entre el DRE y la CIA, sobre todo después de las reuniones de Washington entre Helms y los dirigentes del Directorio, no parecían ser particularmente favorables. Los próximos encuentros entre Fernández Rocha y Shackley serían testigos de que esa sería la situación.

Dos veces en el mes de noviembre, y después de regresar de Washington, fueron los contactos de Luis Fernández Rocha con JMWAVE. El resumen de estas conversaciones las hizo Ted Shackley. Una parte fue cubierta en el «Progress Report» del mes de noviembre y otra en un despacho fechado el 10 de diciembre de 1962 identificado como «AMSPELL Status»[1212]. De acuerdo al documento, el secretario general del DRE se reunió con el agente a cargo del Directorio el 16 de noviembre, apenas setenta y dos

---

[1210] Eduardo Muñiz a «Estimados compañeros», Miami, 5 de noviembre de 1962, DRE, AJFC.

[1211] Tom Wicker, «Gain in Kennedy Program Seen As Results of Congress Election», *The New York Times*, New York, 8 de noviembre de 1962, 1.

[1212] Despacho, de Chief of Station, JMWAVE a Chief, Task Force W, «AMSPELL Progress Report for November 1962», Miami, 27 de diciembre de 1962, CIA, RN 104-10171-10281, MFF y Despacho, de Chief of Station, JMWAVE a Chief, Task Force W, «AMSPELL Status», Miami, 10 de diciembre de 1962, CIA, RN 104-10170-10027, MFF.

horas después de su encuentro con Helms y Sánchez, una reunión de la que JMWAVE aún no tenía noticias. Aunque en la conversación del 16 de noviembre Fernández Rocha se mostrara «satisfecho» de su encuentro en Washington, en JMWAVE se tenía el convencimiento de que el Directorio estaba a punto de romper con la CIA. La inferencia la hacían después de leer una de las circulares que Eduardo Muñiz había enviado a los delegados del DRE en América Latina y en la que les advertía de cuán difícil se le estaba haciendo al Directorio sus relaciones con la CIA debido a la creciente incompatibilidad entre los objetivos del DRE y los de Estados Unidos. Además, en ese encuentro, en el que Fernández Rocha no quiso entregarle una copia de la mencionada circular al agente de la CIA y en la que también dijo que no continuaría negociando con JMWAVE hasta que no se tuvieran noticias de Washington sobre el resultado de las conversaciones con Helms, el dirigente estudiantil informó que en el DRE se había instruido a la militancia acerca de la necesidad de buscar trabajo por si se daba la ruptura con la CIA.

La segunda reunión tuvo lugar el 28 de noviembre. En este encuentro, Fernández Rocha le solicitó al agente de la CIA con el que se entrevistó, que se adelantase el pago de los salarios correspondientes al mes de diciembre. El secretario general del Directorio también mencionó que él asumía que había una fecha límite para saber las determinaciones que se habían tomado en Washington después de las reuniones del 12 y 13 de noviembre. Dijo, además, que, aunque él era «flexible» con ese límite, sí es verdad que esperaba que las noticias llegaran para principios del mes de diciembre. Otro aspecto que compartió con su interlocutor fue que el DRE había tomado la decisión de suspender temporalmente sus operaciones militares esperando la respuesta de Washington.

En esta reunión, y de acuerdo con lo recogido en el despacho de JMWAVE, Fernández Rocha ofreció algunos puntos de los expuestos por él y de Lasa a Helms y Sánchez, destacándose, entre ellos, el pesimismo del DRE acerca de la futura postura del gobierno de Estados Unidos con respecto a Cuba y que ellos se reservaban el derecho de romper con la CIA si veían que la política de Washington hacia Cuba no era compatible con los objetivos del Directorio. Para Shackley, quien es el que firma los dos despachos, Fernández Rocha estaba impaciente y los detalles que se recogían de ambas conversaciones, pero, sobre todo, la referencia a una fecha límite, les daban a los encuentros un tono de amenaza. Para mayor preocupación de JMWAVE, el despacho del 10 de diciembre termina informándole a su superior en Washington, que Ángel Fernández Varela le ha pasado a la base de la CIA en Miami la noticia que el DRE estaba preparando una carta al presidente Kennedy y que en ella se incluía un «ultimátum» al presidente de Estados Unidos: que se cumpliera con las promesas que el presidente había hecho acerca de Cuba o que el Directorio «actuaría»[1213].

Poco después de recibir la noticia de que el DRE estaba preparando una carta al presidente Kennedy, JMWAVE obtuvo nuevos informes que hablaban sobre un plan de propaganda más amplio que habría de coincidir con la publicación de la carta. Según con lo que informó la base de la CIA en Miami a sus superiores, la carta se haría pública el 13 de diciembre y ese mismo día, varios militantes del DRE que habrían viajado a distintos países de América Latina ofrecerían declaraciones dando a conocer el contenido del mensaje y el análisis que se hacía en el Directorio sobre la situación internacional en lo concerniente a Cuba. Entre los miembros del DRE que asumían esa responsabilidad estarían Juan Manuel Salvat que se trasladaría a Costa Rica e Isidro Borja que haría lo mismo desde México[1214]. Así mismo, el cable de JMWAVE afirmó que si la campaña de publicidad tenía éxito y el DRE recibía apoyo en América Latina, la organización estaría lista para llevar a cabo «acciones» en contra del régimen de Castro tan pronto como el 17 de diciembre. De igual manera, dejó saber que el DRE estaba considerando «ampliar su base de apoyo para, eventualmente, convertirse en un movimiento político». El documento habla de que, siguiendo esa línea, el Directorio se ha

[1213] Despacho, de Chief of Station, JMWAVE a Chief, Task Force W, «AMSPELL Status».

[1214] Cable de JMWAVE a Director, Miami, 8 de diciembre de 1962, en «DRE Operations».

aproximado a una persona para que se convierta en el líder del nuevo movimiento y que ese sea el punto de partida para la esperada ampliación de la base. Debido a que el documento está censurado en algunas partes, no es posible saber con exactitud de quien se trata esa persona. También sucede lo mismo con un comentario en el que JMWAVE deja saber que se ha instruido a un individuo para que trate de disuadir al Directorio de seguir adelante con el plan de llevar a cabo una acción paramilitar[1215].

Lo que si queda claro de la lectura del mencionado cable es que JMWAVE está convencido de la intención del DRE de romper de «manera dramática» con la CIA para poder actuar libremente en el futuro. Así mismo, el cable anticipa que parte de la campaña que supuestamente preparaba el DRE era para avergonzar a la CIA y mantener el asunto cubano vivo ante la opinión pública norteamericana. La comunicación termina advirtiendo que JMWAVE no contempla que estos planes del DRE puedan prevenirse bajo el marco de la política vigente con relación a operaciones cubanas[1216].

El mismo día en que JMWAVE enviara esta información a Washington, Richard Helms se comunicó con McGeorge Bundy, el asesor para seguridad nacional del presidente Kennedy. En un memorándum fechado también el 8 de diciembre, el Director Adjunto de planes le hizo un resumen de lo que JMWAVE esperaba que sucediera con el DRE en el futuro cercano incluyendo el envío de una carta al presidente y, así mismo, le dejó saber que en Miami se hacía «todo tipo de esfuerzo para disuadir a la dirigencia del DRE de no intentar presionar al gobierno de Estados Unidos»[1217].

De la misma manera, el 15 de diciembre, la CIA envió un cable a distintas agencias del gobierno de Estados Unidos vinculadas al tema de la seguridad nacional y las relaciones exteriores, advirtiéndoles acerca de la posibilidad de que el Directorio lleva-

---

[1215] *Ibid.*

[1216] *Ibid.*

[1217] de Richard Helms a McGeorge Bundy, «Memorandum: Intention of Cuban Exile Student Organization (DRE) to Send Letter to President Kennedy», [Washington, D.C.], 8 de diciembre de 1962, en «DRE Operations».

ra a cabo acciones paramilitares contra el territorio cubano en los próximos días[1218]. Pocos días después, el 19 de diciembre, la CIA le remitió otro cable a las mismas agencias informándoles que el Directorio había decidido suspender, por el momento, toda acción militar en contra de Cuba[1219].

Para JMWAVE, la razón para explicar el por qué el DRE abandonó momentáneamente el plan de iniciar acciones paramilitares contra el régimen de Castro era que la carta a Kennedy, dada a la prensa el 13 de diciembre, no había recibido la atención anticipada por la organización[1220]. A pesar de caracterizarla como un documento muy bien escrito y atribuyéndole la autoría de esta a José Ignacio Lasaga, JMWAVE consideró que había sido un ardid publicitario y pura demagogia. Refiriéndose a la dirección del Directorio, el cable señaló que «Ellos se creen que pueden dictar condiciones a [Estados Unidos]»[1221]. Y en otro cable similar, la base de la CIA en Miami, después de que el agente encargado del DRE se reuniese con su contacto en la organización, probablemente Fernández Rocha, adelantó que el Directorio seguiría esperando por noticias acerca de la política que Estados Unidos habría de seguir en el caso cubano. Y como parece que en esa misma conversación, el dirigente del DRE tocó el tema de los fondos que se le asignaban al Directorio y solicitó apoyo económico para algunos de los programas en los que la organización estaba involucrada, JMWAVE aprovechó la circunstancia para comentar que las necesidades financieras de los miembros del DRE se habían acentuado al tomar en consideración la cercanía de las navidades, y propuso que el presente clima era favorable para hacer «discretas imposiciones en los controles de las finan-

[1218] Cable de Central Intelligence Agency a Federal Bureau of Investigation, Department of State (Security), *et al.*, «Planned Military Action Against Cuba», 15 de diciembre de 1962, en «DRE Operations»

[1219] Cable de Central Intelligence Agency a Federal Bureau of Investigation, Department of State (Security), *et al.*, «Directorio Revolucionario Estudiantil (DRE)», 19 de diciembre de 1962, en «DRE Operations».

[1220] Cable de JMWAVE a Director, Miami, 19 de diciembre de 1962, en «DRE Operations».

[1221] *Ibid.*

zas y profesionales»[1222]. Es decir, que después de varios días de resquemor por posibles acciones del DRE en el campo de la propaganda y de acciones militares que por una u otra razón se habían disipado, JMWAVE estaba dispuesto a seguir tratando al DRE como en el pasado.

Por otro lado, la evidencia que está disponible para adquirir conocimiento sobre el tema de las relaciones entre el DRE y la CIA no da luz acerca de si de las oficinas centrales de la CIA en Washington se volvieron a comunicar directamente con la dirigencia del Directorio. Sin embargo, una carta firmada por Lawrence R. Houston, el principal consejero legal de la CIA en aquel momento, sí permite concluir que la forma en la que la Agencia veía al DRE tampoco había cambiado a fines de 1962. La comunicación a la que se hace referencia es del 9 de enero de 1963 y es una carta que responde otra que con fecha de 21 de diciembre de 1962 le enviara a la CIA el secretario asistente del fiscal general a cargo la División de Seguridad Interna del Departamento de Justicia, J. Walter Yeagley. En su carta Houston afirma que «la Agencia tiene interés en el DRE, lo patrocina y apoya en las actividades de propaganda y recolección de inteligencia en contra de Cuba y en áreas selectas del hemisferio occidental. No se contempla ninguna acción militar conjunta en el futuro predecible. Se le ha informado al DRE que al menos que sus acciones paramilitares sean específicamente aprobadas con anticipación por esta Agencia [CIA], ellos estarán sujetos a acciones preventivas y podrán ser procesados por las apropiadas agencias del gobierno de Estados Unidos. Como el DRE no es un grupo bajo el completo control de la Agencia, lo antes dicho no asegura que ellos puedan acometer operaciones paramilitares aisladas (ininteligible) notificaciones previas»[1223]. Es decir, que la misma visión y función que la CIA tenía para el DRE desde que en 1960 se habían iniciado las relaciones entre ambas entidades seguían vigentes al comienzo de 1963. La CIA seguía teniendo al DRE como

[1222] Cable de JMWAVE a Director, Miami, 19 de diciembre de 1962, en «DRE Operations».
[1223] Carta de Lawrence R. Houston a J. Walter Yeagley. Washington, D.C., 9 de enero de 1963, RN 104-10171-10078, JFK Assassination Records, NARA.

un grupo especializado en propaganda y recolección de inteligencia, que en algunas instancias podría participar en acciones de carácter paramilitar cuando las mismas fueran aprobadas por la CIA. Fuera de esa relación, el DRE podría actuar como una organización autónoma, pero quedaba sujeta a las normas y leyes que regulaban la vida en Estados Unidos. Desde el punto de vista de la CIA, si el DRE quería seguir manteniendo esa relación no tendría más opción que la de ajustarse a los términos que se le imponían por la Agencia Central de Inteligencia, exigencia, que, por otra parte, no parecía que sería aceptada gratuitamente por la dirigencia del DRE. Al menos, así se desprende, del memorándum que con fecha de 13 de diciembre le dirigió Luis Fernández Rocha a «Howard». En esta comunicación el Secretario General del Directorio le solicitaba a su contacto con JMWAVE que le reportara a Richard Helms varios asuntos, entre ellos, que se ratificaban todos los puntos y declaraciones que se incluían en la carta que se le había dirigido al presidente John F. Kennedy; y pedían disculpas por haber publicado la carta antes de que la misma llegara a manos del presidente y que se ratificaba un asunto que fue discutido con Helms en la reunión de noviembre, es decir, que como Secretario General no podía dar garantías en relación a las acciones unilaterales que pudiera acometer el DRE[1224]. Además, tampoco hay evidencia de que JMWAVE o las altas instancias de la CIA le ofreciera información sobre la nueva política hacia Cuba que podría adoptar el presidente Kennedy. En ese sentido, el DRE no tendría más remedio que descansar en sus propias fuentes y análisis para poder llegar a una conclusión sobre el particular.

Al finalizar 1962, el DRE era una organización de la oposición cubana que aún disfrutaba de gran prestigio en la comunidad exiliada. Sin embargo, su capacidad de infligir golpes significativos a su enemigo, el régimen que en Cuba dirigía Fidel Castro, parecía disminuir. Los cuadros que trabajaban en el clandestinaje estaban diezmados por la delación de Jorge Medina Bringuier y su estrategia de «forzar las condiciones» para que una fuerza in-

[1224] Memorándum a Howard de Luis Fernández Rocha, Miami, 13 de diciembre de 1962, DRE, AJFC.

ternacional encabezada por Estados Unidos interviniera en el caso cubano y forzara así un cambio de régimen parecía destinada al fracaso. De la Crisis de Octubre se podía inferir un resultado que afectaba directamente la forma en que el Directorio enunciaba su fórmula para promover un cambio en Cuba: lo que el historiador cubano José Manuel Hernández caracterizó como «el fantasma del holocausto termonuclear» que obligó al presidente Kennedy a evitar una nueva crisis que pudiera desatar otro conflicto similar al que ya se dejaba atrás[1225]. Esto quería decir, que la probabilidad de organizar una intervención militar directa en Cuba por parte de las Fuerzas Armadas de Estados Unidos, como esperó el DRE durante los días críticos de octubre de 1962, quedaría reservada para un caso de extrema necesidad como podía ser una amenaza seria a la seguridad norteamericana. Eso no quería decir que el gobierno de Kennedy abandonara el objetivo de deshacerse de Castro, sino que perseguiría otros medios para logar el mismo resultado. Precisamente, el propio Ted Shackley afirmó en sus memorias que el sustituto de William Harvey en la CIA, Desmond Fitzgerald, le comentó en un viaje a Miami que hizo a principios de 1963 que el cambio de régimen en Cuba seguía siendo prioridad en Washington pero que la opción preferida para conseguir tal resultado era la acción de un golpe de estado militar[1226]. A finales de 1962, la dirigencia del Directorio se tuvo que enfrentar a un panorama complejo y difícil que le obligaba a buscar una nueva línea estratégica. Solo así se podría mantener como una de las organizaciones de mayor beligerancia dentro de la oposición cubana que luchaba por promover el retorno de la democracia a su país.

[1225] Carta de José Manuel Hernández a José Ignacio Lasaga, Washington, D.C., 7 de diciembre de 1962 en *Recuerdos y Escritos de José Ignacio Lasaga*, Vol. XIII.
[1226] Ted Shackley, *Spymaster*, 69.

Bohemia LIBRE

INTERNACIONAL

EN CUBA ROJA

ATAQUE NAVAL

...contra los "técnicos" militares soviéticos que ocupan la isla...

LAS AGUAS del Estrecho de la Florida estaban furiosas la noche del 24 de agosto. Las crestas de las olas se empinaban hacia el cielo obscuro como si quisieran tocarlo. Las ondas abrían profundos camellones que los relámpagos de la tormenta iluminaban.

Un chubasco roció con agua dulce los rostros cubiertos de un grupo de veinticinco muchachones sobre las cubiertas de dos veloces lanchas surcando el mar proa al sureste.

Objetivo: la patria invadida por tropas militares del imperialismo soviético.

La veloz lancha "Moppy", artillada con un cañón de 20 mm. y un mortero 60, llevaba a bordo a ocho estudiantes armados con carabinas M-1, M-2, rifles "Fal", y ametralladoras "Thompson".

A pocos nudos de distancia, sobre la estela de las aguas cortadas, una rápida P.T. tripulada por otros quince estudiantes. Los calibres 30 y 50 de proa y popa oteando la obscuridad.

Misión: escoltar la nave de vanguardia. Contener al enemigo durante la acción. Detectar con el radar los guardacostas y las lanchas de vigilancia, persecución y ametrallamiento a los fugitivos del infierno rojo en el Caribe. Y cubrir la retirada.

a 200 metros

Unas millas antes de entrar en la zona de detección del radar de la Fortaleza del Morro —faro de la bahía de La Habana— la lancha P.T. redujo la velocidad y se desvió de la ruta rumbo al punto establecido previamente.

La "Moppy", más aplastada e invisible, burló las ondas hertzianas del radar en acecho. Fue bordeando las costas erizadas de cañones y antiaéreos de las milicias comunistas. Pasó frente al Castillo de la Punta.

Los patriotas del Directorio Revolucionario Estudiantil que participaron en la acción. En primer plano, centro, Juan Manuel Salvat.

Atravesó la rada de la desembocadura del río Almendares, desafiando las baterías emplazadas en la Puntilla. Trazó un compás frente al litoral hasta situarse a solo 200 metros del objetivo, proa a la ruta del retorno.

El joven capitán, **Isidro Borjas**, timón en mano, advirtió, señalando a ambos lados de la lancha:

—Estamos situados entre dos guardacostas. La operación hay que hacerla en unos minutos. Si nos demoramos demasiado pueden bloquearnos la salida.

A lo lejos, abrigada por la obscuridad de la noche, la P.T. se mecía sobre el fuerte oleaje proa también hacia el norte. Nada indicaba que los milicianos atrincherados, y los distantes guardacostas de la Marina de Guerra, hubieran descubierto la presencia de los patriotas anticomunistas.

el objetivo

Frente por frente a la popa artillada de la lancha "Moppy", en el litoral del suburbio de Miramar, se levantaba el lujoso hotel Rosita de Hornedo, recién bautizado con el nombre de Sierra Maestra, destinado ahora al alojamiento y al placer burgués de un contingente de "técnicos" militares de la Brigada Internacional Comunista que ha invadido la isla de Cuba en barcos procedentes de la Unión Soviética.

Bohemia "Libre" describe el ataque del DRE al hotel Rosita de Hornedo. En la foto se destacan Isidro Borja; Evelio Ley, Juan Manuel Salvat, General Fatjó y Enrique Vidal.

Capítulo 11

«Por la libre»

Si el fin de la Crisis de Octubre dejó algo claro en la dirigencia del DRE fue que el panorama al que se enfrentaba su organización a partir de aquel momento era uno sumamente confuso. En un documento anónimo, pero que probablemente fue redactado por Juan Manuel Salvat y que fue escrito después de los sucesos de octubre y noviembre de 1962, aparecen las claves que permiten llegar a la conclusión aludida. De acuerdo al documento, se reconoce que al concluir la crisis no se sabía ni de los términos negociados por la Unión Soviética y Estados Unidos, ni se conocía cual era la disposición de los soviéticos para seguir ayudando a Cuba, ni tampoco la disposición de Estados Unidos de «ir o no a la solución o a la coexistencia», ni se sabía cuál era la situación interna de Cuba, ni cuál era la posición de Castro frente al problema representado por la decisión soviética de desmantelar todo el equipo militar traído a Cuba hasta octubre[1227]. No obstante, y a pesar de ese panorama «confuso» al que decían enfrentarse, se decidió aceptar como «verdad» un enunciado que proponía que «los americanos no van a hacer nada sobre Cuba», una fórmula que años más tarde ratificaría Salvat cuando señaló en una entrevista que en aquellas circunstancias se veía que la Crisis había terminado con un acuerdo entre Estados Unidos y la Unión Soviética y que en el mismo expresaba la voluntad del gobierno de Estados Unidos de «desmantelar la lucha contra Castro»[1228]. Ante esa realidad y tomando como premisa lo declarado en el documento, el Directorio se propuso elaborar un «Plan de Acción»

[1227] Anónimo, «Ideas para el DRE», Miami, S.F., DRE, documentación de Cecilia la Villa, carpeta «Miami».

[1228] *Ibid* y Juan Manuel Salvat, entrevista.

para erradicar el castrismo de Cuba, pero descansando solo en «nuestras fuerzas»[1229].

Un camino similar al expresado por el documento «Ideas para el DRE» y Salvat es el que tomó Eduardo Muñiz cuando se dirigió a sus compañeros del Directorio en América Latina. El 20 de diciembre de 1962 les escribió una larga carta exponiendo el análisis que se hacía en la Sección Internacional del DRE sobre los acontecimientos relacionados con la política de Estados Unidos hacia Cuba. Al abordar las noticias que se tenían sobre las negociaciones entre Estados Unidos y la Unión Soviética que tramitaron el fin de la Crisis de los Misiles, Muñiz sostuvo que se había producido «un cambio violento en las perspectivas nuestras y en nuestras posibilidades»[1230]. El secretario de la Sección Internacional del Directorio opinó en su carta que el gobierno encabezado por John F. Kennedy asumía «una política de coexistencia» en relación al problema cubano. Para él, todo un conjunto de medidas que se estaban poniendo en práctica confirmaban su afirmación. Sobre este particular aludió, en primer lugar, a la relocalización masiva de los cubanos exiliados en Miami, una medida que, según él, dividía y atomizaba a la población cubana residente en el sur de la Florida y cortaba «las posibilidades de acción contra el régimen de Castro». Así mismo, Muñiz apuntó a la amenaza de las autoridades gubernamentales de «aplicar a los rebeldes leyes que en infinidad de ocasiones ya han sido violadas» como otro ejemplo de la política que seguía la administración Kennedy después de las negociaciones aludidas[1231]. De igual forma, Muñiz consideró que un exilio que se siente frustrado y pesimista, ante lo que él cree que es la prolongación de la condición de desterrado y ante la asimilación cultural de los cubanos que asisten a los «High School» y los «Junior College» (sic), y al «impacto desfavorable que produce en el cubano el bienestar económico y la superabundancia de esta nación [Estados Uni-

[1229] «Ideas para el DRE».

[1230] Carta de Eduardo Muñiz a «Estimados compañeros», Miami, 20 de diciembre de 1962, DRE, AJFC.

[1231] *Ibid.*

dos]», aumente su descorazonamiento ante la posibilidad de conseguir un regreso victorioso a su país de origen.

Sin embargo, el dirigente estudiantil también contempló la posibilidad de que, «de este cuadro lamentable» surja una forma distinta de enfrentarse al enemigo cubano. De acuerdo con Muñiz, esta nueva manera de enfrentarse al objetivo que ha traído a los cubanos al exilio tendría que, en primer lugar, «volver a confiar en nuestro esfuerzo y solo de nuestro esfuerzo». Es decir, Muñiz propuso con sus palabras y su fórmula un camino semejante al enunciado en el documento «Ideas para el DRE» y que, a la vez, era diferente al que había seguido el Directorio hasta ese momento. En el fondo, se ha aceptado que a finales de 1962, los objetivos del DRE ya no eran compatibles con aquellos que Muñiz asume que eran los perseguidos por la política de Estados Unidos hacia Cuba. Y aunque Muñiz afirma en su carta que en ella solo se refleja la opinión de los «que laboramos en esta oficina de Relaciones Internacionales en Miami» y «no la opinión oficial del DRE», es evidente que su enfoque era similar al que tiene el resto de la dirigencia del Directorio en aquella coyuntura y que podría convertirse, con toda probabilidad, en la postura oficial de la organización. Al menos, en la manera en que quedó formulado en estas dos instancias.

Por otro lado, era evidente que el análisis que se hizo en el Directorio sobre la coyuntura histórica que surgía de la Crisis de Octubre era problemático. Contrario a lo que ellos supusieron, los «americanos» no habían decidido «no hacer nada sobre Cuba», ni tampoco «desmantelar la lucha contra Castro» como se propuso en el DRE. Se debe aclarar, sin embargo, que el Directorio no fue el único miembro de los grupos políticos de cubanos exiliados que llegó a la misma conclusión. El ejemplo más elocuente de ese modo de considerar la política que la administración Kennedy tenía para Cuba es el expresado por el presidente del Consejo Revolucionario Cubano, José Miró Cardona, cuando renunció a ese cargo el 9 de abril de 1963. Según lo expresó en su carta de renuncia al propio Consejo, Miró señaló que «el propósito del actual gobierno es el de situar a nuestra patria en la órbita de la guerra fría, de aislarla de la comunidad americana para preservar el resto del Continente de la penetración comunista, de abandonarla a su propia suerte, 'para que en su día, un día cualquiera de un año incierto, decidir unilateralmente el destino de Cuba'»[1232]. En términos muy parecidos se expresó José Ignacio Lasaga, una figura de gran respeto dentro de la dirigencia del DRE, cuando le escribió una carta a Manuel Artime el 19 de abril de 1963 y en la que renunciaba a seguir siendo parte del Ejecutivo del MRR. En esa carta Lasaga afirmó que el gobierno de la administración Kennedy estaba «dirigido en su política internacional por los hombres de ideología 'liberal' ('liberal' en el mundo anglosajón quiere decir 'socialista') que fueron culpables del desplome de China en manos del comunismo, colaboraron fría y conscientemente en la traición a Polonia y Yugoeslavia, y aceptaron cobardemente el derrumbe del resto de la Europa Oriental sin mover un solo dedo por evitarlo» y que, por lo tanto, «mientras estén en el poder, Cuba no podrá verse libre del Comunismo, porque ellos mismos lo van a impedir, por sus compromisos de orden internacional»[1233].

Un análisis diferente y más sosegado que el expresado por el DRE, pero, sobre todo, por aquellos que elaboraron Miró Cardona y Lasaga, fue el de otro cubano involucrado como ellos en la lucha activa de la oposición cubana al régimen de Castro. Se trata de José Manuel Hernández, militante del MRR desde sus inicios en Cuba y exdelegado de este movimiento en el Frente Revolucionario Democrático. Su examen sobre la situación cubana a raíz de la Crisis de Octubre se formuló en una extensa carta que le escribiera a José Ignacio Lasaga el 7 de diciembre de 1962. El punto de partida del análisis que hizo Hernández sobre la coyuntura que se vivía en aquel momento, y siempre enfocado en la cuestión cubana desde la perspectiva de quienes se oponían al régimen de Castro, fue que la estrategia de la oposición siempre había postulado «la acción militar norteamericana contra Castro»

[1232] José Miró Cardona, «Renuncia», Miami, 9 de abril de 1963, JMC, CHC.

[1233] José Ignacio Lasaga a Manuel Artime, Miami, 19 de abril de 1963, en *Recuerdos y escritos de José Ignacio Lasaga,* Vol. XIII.

como una necesidad para garantizar el éxito de esta[1234]. Un ejemplo que para Hernández ilustró el aludido axioma fue el caso del clandestinaje cubano antes de la invasión por Bahía de Cochinos el 17 de abril de 1961. De acuerdo con Hernández, esa «clandestinidad» era «numerosa, fuerte, bien dirigida y articulada, con medios de comunicación y líneas de abastecimiento bien establecidas. Pero su rol era, en cierta medida, subordinado y accesorio: preparar el terreno, madurar la situación, apoyar y cooperar con lo que vendría de afuera, que se consideraba lo decisivo»[1235]. No obstante, y a pesar de que Hernández admitía que al postular la tesis de la «acción militar norteamericana» se le hacía daño a la propia oposición por impedir el desarrollo de «toda la iniciativa, todos los recursos y todo el espíritu de sacrificio que, de otra manera, hubiésemos desplegados», también piensa que era «perfectamente lógico» que al darse la invasión del 17 de abril, Estados Unidos «nos ayudarían» [con una acción militar] «a zafarnos de Castro»[1236]. Para Hernández, quien poco después se convertiría en profesor de historia en la universidad de Georgetown, la «lógica» en su argumento se derivaba tanto de la historia de Estados Unidos como país imperial como del papel central que asumía en la Guerra Fría en tanto adversario de la Unión Soviética. Según Hernández, la «lógica» no se cumple porque Estados Unidos, bajo Kennedy y por diferentes razones, se encontraba en una «nueva etapa» en la que «los tiempos de Teodoro Roosevelt, de los 'rough riders' y asalto a la Loma de San Juan, sencillamente, habían pasado»[1237]. De ahí que, desde el análisis de Hernández, «la tesis de la invasión» había hecho crisis desde el momento en que Estados Unidos no invadió militarmente a Cuba en 1961. El problema es que, de acuerdo al relato de Hernández, «cierto líderes cubanos» no se dieron cuenta de que Estados Unidos ya no funcionaba bajo la misma lógica que ellos asumían como vigente en

---

[1234] José Manuel Hernández a José Ignacio Lasaga, Washington, D. C., 7 de diciembre de 1963, en *Recuerdos y escritos de José Ignacio* Lasaga, Vol. XIII.
[1235] *Ibid.*
[1236] *Ibid.*
[1237] *Ibid.*

aquellas circunstancias y que, en vez de abandonarla, «todo el mundo se abrazó con renovado vigor a ella»[1238]. Pero si para Hernández la «tesis de la invasión» había hecho crisis durante los sucesos de abril de 1961, con la Crisis de Octubre «ha hecho crisis de manera definitiva»[1239]. Ahora bien, al llegar a esta conclusión, Hernández, contrario al DRE, a Miró o a Lasaga, no piensa que Estados Unidos, guiado por la administración de John F. Kennedy, ha «abandonado» la causa que también defendía la oposición cubana al régimen de Castro. Desde su punto de vista él afirmó en su carta que en ese momento «estarían más interesados que nunca en la liquidación de Castro»[1240]. Y, en ese sentido, los hechos le darán la razón.

Unos días después del asesinato del presidente John F. Kennedy y estando ya en la presidencia Lyndon B. Johnson, McGeorge Bundy, el asesor del primer ejecutivo para asuntos de seguridad nacional, redactó un memorándum para que el nuevo presidente tuviese un conocimiento certero acerca de cuál había sido la política de Estados Unidos hacia Cuba desde enero de 1963. En ese principio de año, el peligro que había representado la Crisis de Octubre se había disipado, si no en su totalidad pues quedaban asuntos por resolver como el de los aviones IL-28 que permanecían en territorio cubano, la posibilidad de detonar una guerra nuclear había pasado. De ahí que el gobierno de John Kennedy tomase un conjunto de decisiones con respecto al curso que seguiría el país con relación a la isla caribeña. El documento de Bundy, que está fechado en 19 de diciembre de 1963, ofreció un resumen pormenorizado de las medidas que se fueron poniendo en práctica a lo largo de todo ese año.

Lo primero que hizo el asesor de seguridad nacional al redactar el memorándum fue dejar muy claro cuál era el objetivo que quería lograr Estados Unidos en su política hacia Cuba. En ese sentido Bundy afirmó que el propósito perseguido por la administración Kennedy desde que terminara la Crisis de Octubre

---

[1238] *Ibid.*
[1239] *Ibid.*
[1240] *Ibid.*

era el de evitar que Cuba fuera un país que representara un peligro para sus vecinos y que no siguiera siendo un satélite de la Unión Soviética[1241]. De acuerdo con el propio Bundy, para conseguir el fin que se estaba buscando, Estados Unidos había rechazado «las opciones de una intervención militar en Cuba sin antes ser provocado y la de un ineficaz bloqueo total de la isla» y, en ambos casos, para «no arriesgar otra confrontación entre Estados Unidos y la Unión Soviética»[1242].

Según resumió Bundy en su comunicación con el presidente Johnson, la primera medida que asumió la Casa Blanca con el propósito de coordinar todo lo referente a los asuntos de Cuba fue la creación de un grupo de trabajo interdepartamental que encabezaría el Departamento de Estado, el Comité de Coordinación de asuntos Cubanos. Dicho grupo tuvo origen el 2 de enero de 1963[1243]. A partir de aquel momento se fueron aprobando un conjunto de medidas diseñadas para promover los objetivos del gobierno de Estados Unidos con respecto a Cuba. De acuerdo con el memorándum de Bundy estas medidas fueron de dos naturalezas, unas defensivas y otras ofensivas.

En el acápite de las medidas de carácter defensivo, el asesor de seguridad nacional definió tres objetivos: asegurarse de que Cuba no volviese a convertirse en un «armamento ofensivo» contra Estados Unidos o para América Latina; que se llevase a cabo la remoción de todo el personal militar soviético de Cuba y tratar de impedir o detener si fuese posible, toda subversión en el hemisferio que tuviese base y apoyo en Cuba[1244]. Con respecto al primer objetivo, Bundy afirmó que, gracias a la vigilancia aérea y marítima, Estados Unidos había logrado un éxito total pues ya Cuba había dejado de ser un poder «ofensivo». De todas maneras, sí reconoció que aunque Cuba seguía siendo una fuerza militar

---

1241 «Memorandum from McGeorge Bundy to President Johnson (729)», Washington, D. C., 19 de diciembre de 1963, en *FRUS, 1961-1963, Cuba 1961-1962; Cuban Missile Crisis and Aftermath, Volumes X/XI/XII, Microfiche Supplements*.

1242 *Ibid.*

1243 *Ibid.*

1244 *Ibid.*

considerable en América Latina, el gobierno de Estados Unidos había advertido que cualquier agresión de esa naturaleza por parte del estado cubano en la región tendría consecuencias nefastas para Cuba[1245]. En cuanto al segundo de los objetivos delineados en el documento, consideró que se habían logrado avances sustanciales debido a que, aun cuando quedaban tropas soviéticas en la isla, se podía considerar que el descenso en el número de efectivos militares de la URSS en Cuba se había reducido entre un sesenta y cinco y un setenta por ciento en relación con la cantidad que se llegó a alcanzar en el otoño de 1962. De todas maneras, Bundy consideró que el asunto seguiría siendo uno de naturaleza delicada ya que los soviéticos podían tomar la decisión, en cualquier momento, de enviar nuevas tropas a la isla. También sentía preocupación por la posibilidad de que los «volátiles» cubanos asumieran a mediados de 1964 el control de los proyectiles de tierra a aire[1246]. En cuanto al asunto concerniente a la «subversión» que Castro pudiera promover en América Latina, Bundy hizo énfasis en la necesidad de aumentar la conciencia de la región en cuanto al alcance y naturaleza de la amenaza cubana y de buscar la cooperación de los países de la región para poder contener este peligro. En ambos casos se asume que se ha logrado avanzar en esos fines, pero se reconoce la necesidad de abundar en ambas prácticas[1247].

En relación a las medidas ofensivas adoptadas por el gobierno de Estados Unidos, el funcionario especificó los tres objetivos de carácter intermedio que se estarían trabajando en función de alcanzar la meta principal, es decir, remover el satélite soviético del Hemisferio: acrecentar las ya serias dificultades económicas de Cuba, hacer que el costo de mantener a Cuba por parte de los soviéticos incrementara y estimular de formas directas e indirectas el desarrollo de la resistencia interna de Cuba[1248]. A su vez, y para poder cumplir con estos objetivos intermedios, la ad-

[1245] *Ibid.*
[1246] *Ibid.*
[1247] *Ibid.*
[1248] *Ibid.*

ministración Kennedy se propuso utilizar dos tipos de medidas, unas dirigidas a aislar a Cuba y otras de aspecto encubierto. Bundy reconoció que las primeras estaban dando mucho más trabajo que las segundas ya que requerían la cooperación de otros sujetos que no estaban bajo el control de Estados Unidos. Por otro lado, la referencia no era solo al aislamiento diplomático sino también al de naturaleza económica incluyendo, de manera prioritaria, el área comercial. No obstante, la dificultad apuntada por el funcionario, éste reconoció que gran parte del «caos económico» que existía en Cuba y de la «enormidad» que para la Unión Soviética significa su relación con Cuba, se debía a los esfuerzos de Estados Unidos[1249].

En cuanto a las medidas encubiertas que el gobierno presidido por Kennedy había puesto en práctica en referencia a Cuba, Bundy señaló que estas cubrían seis áreas: inteligencia; propaganda dirigida a estimular lo que caracterizó como sabotajes de bajo riesgo y simples y «otras formas de resistencia, tanto activa como pasiva» además de estimular tensiones dentro del régimen y entre éste y el bloque soviético; obstaculizar la llegada a Cuba de los productos básicos que necesita con «urgencia»; el contacto con elementos cercanos al poder que pudieran convertirse en disidentes con el propósito de fomentar un golpe de estado en Cuba; la promoción de operaciones de sabotaje de pequeña escala montadas desde el exterior de la isla con el propósito de estimular la resistencia al régimen y para llevar operaciones de sabotaje y resistencia interna de escala mayor se ha ayudado a grupos «autónomos» de cubanos exiliados que no necesariamente responden a guías originadas en instituciones oficiales del gobierno de Estados Unidos[1250]. Sobre este particular, Bundy hizo un señalamiento importante que tendría consecuencias en algunos sectores de la resistencia cubana que, como el DRE, operaban desde el territorio de Estados Unidos: «la presente política», dice Bundy en su memorándum al presidente Johnson, «impide ataques aéreos encubiertos en contra de objetivos cubanos e impide que desde el

[1249] *Ibid.*
[1250] *Ibid.*

territorio de Estados Unidos se lleven a cabo las incursiones militares contra Cuba de grupos cubanos independientes» («freelance»)[1251].

Lo que quedó claro del memorándum de McGeorge Bundy fue que la política hacia Cuba que sancionó el presidente Kennedy en las postrimerías de la Crisis de Octubre seguía siendo hostil al régimen encabezado por Fidel Castro. Fue una política que buscaba ponerle fin al peligro que representaba Castro y su régimen para los intereses generales de Estados Unidos, tales como fueron definidos por el conjunto de individuos e instituciones que asesoraron a Kennedy hasta comienzos de 1963. Fue una política que no rompía ni alteraba los principios generales que habían guiado las relaciones de Estados Unidos hacia Cuba desde que el presidente Eisenhower decidiera que era el interés de su país remover de Cuba al régimen de Castro. En ese sentido, la política que siguió Kennedy después de terminar la Crisis de los Misiles fue una ratificación de la anterior. Lo que cambió, quizá, fue la forma de obtener los objetivos vinculados con la política, un proceder que fue definiéndose a lo largo de todo el año 1963 y que tenía como condicionante el recuerdo acerca de una guerra nuclear que pudo haber sucedido y que pudo haber traído gravísimas consecuencias para la humanidad.

Por supuesto, cuando José Manuel Hernández le escribió la carta a José Ignacio Lasaga el 7 de diciembre de 1962 él no tenía modo de conocer cuáles serían las medidas específicas que adoptaría el gobierno de Estados Unidos para poner en práctica su política hacia Cuba. Pero si tuvo claridad en intuir cuál sería su objetivo principal y por esa razón en su carta a Lasaga no se limitó a un análisis sobre lo que había sucedido en el ámbito de la oposición cubana hasta que sobrevino la Crisis de Octubre. El propósito del mensaje que él quiso transmitir a su amigo y también militante del MRR era que, partiendo de lo que para él era la conclusión evidente de los hechos históricos a los que se habían aludido, Estados Unidos no acudiría a la acción militar directa como mecanismo para deshacerse de Castro. En ese sentido, los cubanos

[1251] *Ibid.*

de la oposición tenían la necesidad de orientar su lucha contra el régimen cubano de una manera distinta a la que habían seguido hasta ese momento. «Después del desenlace de la crisis de los cohetes», dice Hernández en su carta, «la situación debe estar lo suficientemente madura para que podamos dar un giro de 360 grados y enfocar el problema con un poco más de realismo»[1252]. De acuerdo con lo propuesto por Hernández, la «única vía» que les quedaba a los cubanos de la oposición era «la de la rebelión interna». En ese sentido, también adelantó la necesidad de «contar con elementos que todavía hoy se mantienen dentro del régimen» y, de promover «la unidad de las fuerzas más importantes del exilio». Sobre este último punto, Hernández hizo una observación para que se entendiera que lo que él estaba proponiendo se diferenciaba de coaliciones históricas que como el Frente o el Consejo habían previamente aglutinado a los grupos más importantes de la oposición cubana que operaban desde el exterior. Según Hernández, tales «unidades» habían sido forjadas por el gobierno de Estados Unidos como parte de su estrategia. Ahora se imponía la necesidad de hacerla desde «abajo» y creando lo que él caracterizó como «una unidad amplia, generosa, de base ancha y poderosa»[1253].

Es evidente que el análisis de José Manuel Hernández, aunque no comparte la visión que tienen algunos grupos de la oposición cubana en lo que ellos catalogaron como «abandono» por parte del gobierno de Estados Unidos, sí se vincula con algunos de esos movimientos cuando considera que es el momento adecuado para que ese sector político asuma la iniciativa en la lucha por derrotar al régimen de Castro; es lo que insinúa Eduardo Muñiz cuando habla de «volver a confiar en nuestro esfuerzo y solo de nuestro esfuerzo». Y en el caso específico del DRE, la coincidencia parece ser todavía más estrecha. En un momento de su carta, Hernández afirmó que «otro punto esencial» en la estrategia que él le propuso a José Ignacio Lasaga fue el de «mantener

[1252] José Manuel Hernández a José Ignacio Lasaga.

[1253] *Ibid.*

el contacto con los americanos»[1254]. Según su punto de vista «la cooperación del exilio a un levantamiento en Cuba tendría valor y los ofrecimientos que pudieran hacerse podrían estimularla en tanto en cuanto contemos con el respaldo de los Estados Unidos: clandestinamente en el orden militar; abiertamente en lo que se refiere a la futura reconstrucción del país. Hasta para evitar que los rusos, a última hora, intervengan en Cuba para mantener a un régimen que le sea afecto hacen falta los americanos»[1255].

Por su parte, el Directorio, en «Ideas para el DRE», declaró que «Nosotros tenemos que hacer nuestro Plan y realizarlo de manera que tenga como fin la total liberación por nuestros medios. Si en el camino se viera disposición por parte de E. U. de ayudarnos pues aceptarla gustoso en la forma que se presentase, de acuerdo con los intereses presentes y futuros de Cuba»[1256]. Es cierto que en la fórmula propuesta por Hernández para los planes de la oposición cubana la participación de Estados Unidos resulta ser mucho más indispensable que el papel que le asigna el Directorio en su prescripción sobre cómo alcanzar el triunfo sobre Castro, y recordando sin olvidar que el DRE mantendría su tensa relación con la CIA; pero lo que es común en ambos casos, es que no se rechaza la participación de Estados Unidos si es que la misma estuviese disponible. Y es muy posible que esa diferencia en énfasis sobre el papel que Estados Unidos debía desempeñar en el esfuerzo de la oposición cubana por deshacerse del régimen castrista y el modo de analizar el pasado sean algunos de los muchos elementos que expliquen el curso distinto que siguieron ambas organizaciones, es decir, el MRR y el DRE, a partir de los primeros meses de 1963. Mientras que el MRR, donde militaba Hernández, se acopló a una estrategia militar en la que el gobierno norteamericano jugó un papel significativo, el DRE mantuvo, en lo referente a este renglón, un camino independiente. De ahí que la tesis de la «confianza en nuestro propio esfuerzo» esbozada por Eduardo Muñiz en su carta del 20 de diciembre de 1962 y que también fue propuesta en el

---

[1254] *Ibid.*

[1255] *Ibid.*

[1256] «Ideas para el DRE».

documento «Ideas para el DRE» se convirtió en política oficial del Directorio a partir de enero de 1963.

La primera vez que se expresa públicamente la tesis que se elabora en el DRE es el 24 de enero de 1963. Ese día reapareció *Trinchera* y en el editorial reprodujo, como «Mensaje al pueblo cubano», la carta que José Martí le escribiera a Máximo Gómez en que le exhorta al veterano general a unirse a la guerra por la liberación de Cuba y que termina afirmando «Por eso es llegada la hora de ponernos en pie»[1257]. Haciéndose eco del espíritu del mensaje y de su exhortación final, la conclusión del Directorio al comentar la carta de Martí es que son los cubanos quienes tienen la responsabilidad de iniciar la lucha para erradicar el régimen autoritario que prevalecía en Cuba y que encabezaba Fidel Castro.

La propuesta quedó reiterada y ampliada en el número de *Trinchera* publicado el 10 de febrero de 1963. Un gran titular lo anunció: «NUESTRA TESIS», y en el acápite inicial colocó el lema que resumiría lo que ya se vislumbraba como la doctrina del DRE en el esfuerzo militar de la organización: «La dirección y el inicio de la lucha de liberación es solo responsabilidad de los cubanos». Con un comentario que parecía ser un eco del análisis que José Manuel Hernández le había señalado a José Ignacio Lasaga, el Directorio reconoció que desde los inicios de la actividad oposicionista en contra de Castro se había dependido «de que se produzca una Invasión (sic)». Admitió, además, que, como consecuencia de esta «dependencia absoluta» se produjo «la silenciosa ausencia de la voluntad cubana en los afanes por la solución de la tragedia que vive nuestra Patria»[1258]. A partir de las nuevas circunstancias originadas en el fin de la Crisis de Octubre, y en la que se toma conciencia de la lejanía de una potencial invasión, el Directorio asume como un imperativo general para la oposición cubana pero de carácter particular para el DRE, que se rompiera con ese modo de pensar y que se tomara como una necesidad que

[1257] DRE, *Trinchera*, Editorial, «Mensaje al pueblo cubano», 24 de enero de 1963, 2.

[1258] DRE, *Tinchera*, «Nuestra Tesis», 10 de febrero de 1963, 1.

el inicio y dirección del «combate» fuese tarea esencial de los cubanos. Mientras tanto, el análisis, vinculado siempre a la acción militar como vehículo único para enfrentarse al régimen de Castro, también asumió como fundamento que la oposición al castrismo era inferior en «fuerzas» al «poderío político-militar-económico del Bloque Comunista». En ese sentido no rompen con todas las premisas de sus análisis anteriores y por eso insiste, como antes, en la necesidad de tener que buscar, eventualmente, «esa ayuda necesaria para dar los golpes finales al enemigo», aclarando que siempre sería un apoyo «en calidad de digna y justa alianza»[1259].

Sin embargo, lo significativo de la formulación que ahora hacía el DRE, y, a pesar de las advertencias sobre posibles similitudes con etapas anteriores, es que el Directorio no estaba dispuesto a supeditar lo que caracterizó como «lucha de liberación» a consideraciones que no fuesen de origen cubano. Y, aunque no aclaró como podría montarse «la ayuda necesaria», sí parecía convencido de la necesidad de iniciar la acción militar porque esta movilizaría a la oposición cubana y traería, eventualmente, el auxilio exterior. Por eso, en una reunión que tuvo el Ejecutivo de la organización el 3 de enero de 1963, y al acordar «una nueva etapa para el DRE y la lucha de liberación cubana» se definió el fin del «Plan» que se estaba adoptando como «forzar las condiciones generales del problema cubano para que se produzcan las fuerzas necesarias que llevarán a la liberación de Cuba» y, particularmente, «forzar la posición de Estados Unidos»[1260].

No obstante que el DRE hiciera pública su intención de actuar por cuenta propia en el campo de la lucha armada, el secretario general del DRE asumió la tarea de comunicar formalmente al gobierno de Estados Unidos cual era la resolución de la organización que él dirigía. A tales efectos, Luis Fernández Rocha se reunió en Miami con John Crimmins, funcionario del Departamento de Estados y recién nombrado Coordinador de Asuntos

[1259] *Ibid.*

[1260] DRE, «Primera Reunión del Buró Ejecutivo del DRE», Miami, 3 de enero de 1963, DRE, documentación de Cecilia la Villa, carpeta, «Miami».

Cubanos. De acuerdo con el testimonio que recogió un acta del DRE sobre la entrevista, en la misma «se le expusieron de una manera clara los criterios del DRE sobre la situación actual, nuestra tesis y la imperiosa necesidad en que nos vemos de actuar por nuestra cuenta y riesgo»[1261]. De la misma manera, el Directorio supo, por conducto del propio Crimmins, que él «comprendía nuestro punto de vista, y que pedía al propio tiempo comprendiéramos el del gobierno americano»[1262].

Conscientes de las repercusiones que la tesis del DRE para «la liberación de Cuba» podría tener en las relaciones que vinculaban al Directorio con el gobierno de Estados Unidos a través de la CIA, fue necesario que el Ejecutivo del DRE reflexionara con detenimiento las mismas. Eso fue, precisamente, lo que hicieron en la reunión que tuvieron el 5 de febrero. De acuerdo con el «Acta» que se levantó aquel día, se discutieron «las relaciones del DRE con los aliados» y se concluyó que se contemplaban tres posibilidades: «la ruptura total», «trato de aliados con autonomía de ciertos sectores para el DRE» y «coordinación total de ambas partes». De todas ellas se consideró que la más viable parecía ser la segunda[1263]. Una vez que se llegó a esa conclusión se determinó que el secretario general escribiese una carta a «nuestros aliados» exponiéndoles el punto de vista del DRE en todo el asunto de la participación de los cubanos de la oposición en el esfuerzo por cambiar el régimen cubano y se les concedería «un tiempo prudente para la respuesta»[1264].

Mientras tanto, la posición adoptada por el DRE recibió un importante refuerzo por el apoyo que le dieron los delegados del Directorio en América Latina que, al coincidir en Miami por el comienzo del nuevo año, celebraron un Congreso con los miem-

[1261] DRE, «Acta # 4», Miami, 19 de febrero de 1963, DRE, AJFC.

[1262] *Ibid.* Crimmins haría un resumen de la posición asumida por el DRE en una comunicación que le dirigiría al Departamento de Estado el 14 de octubre de 1963. Véase Airgram de Office of Coordinator of Cuban Affairs, Miami a Department of State, «Political Situation and Prospects of Cuban Exiles in Miami», Miami, 14 de octubre de 1963, copia en DRE, AJFC.

[1263] DRE, «Acta # 1», Miami, 5 de febrero de 1961, DRE, AJFC.

[1264] *Ibid.*

bros de la Sección Internacional. La actividad se llevó a cabo entre el 29 de enero y el 5 de febrero. La Comisión Política, que estaba compuesta por Rafael Tremols, E. Campanioni, Rogelio Helú y José Guerra, redactó una ponencia que sería aprobada por el pleno y que comenzó formulando una pregunta importante, «¿Cuál es la estrategia de lucha?». La respuesta fue elocuente. Los ponentes afirmaron que solo cabía una: «Es la lucha principal de cubanos con énfasis en el proceso interno de Cuba, con acciones extras que ayuden, complementen y afiancen la anterior, y con ayuda internacional a las acciones externas e internas, directa o indirectamente mediante fuerte presiones de carácter colectivo»[1265]. Si se toma en consideración el enorme interés que tuvo la CIA por asumir el control de las delegaciones del DRE en América Latina, se puede calibrar el especial significado que tuvo para la cohesión del Directorio la resolución presentada por la Comisión Política del congreso de delegados. Era evidente que la organización se mostraba unida detrás de la estrategia de lucha que se venía esbozando dentro del DRE. En ese contexto, la carta a los «aliados», que estaría lista el 21 de febrero, sería contundente en cuanto al mensaje que se le quería transmitir al gobierno de Estados Unidos.

Un examen detenido del documento que firmó Luis Fernández Rocha y que comenzó con un simple «Señores», revela el profundo convencimiento que había en el DRE acerca de la forma de conducir su plan y lograr sus objetivos. Como en el Directorio se insistía que la relación que se sostenía con Estados Unidos era en calidad de aliados, el lenguaje que aparece en el documento es el de una entidad autónoma que le exige a su interlocutor, al que considera como su igual, el respeto por sus derechos. Igualmente, el tono que se emplea es un reflejo del nacionalismo que permea al discurso del Directorio y que se constata tanto en sus publicaciones como en sus documentos. ¿No había negociado el secretario general de la organización con el segundo al mando de la CIA? En el propio inicio de la carta se proyecta la

[1265] DRE, «Congreso de Delegados», Miami, 29 de enero de 1963 a 5 de febrero de 1963, DRE, AJFC.

imagen del Directorio como un sujeto autónomo: «Señores, hace casi tres años que, basándonos en principios de *mutuo respeto*, amistad y *alianza, iniciamos relaciones especiales con vuestro gobierno*»[1266]. No obstante, y desde la perspectiva del Directorio, la carta reconoce y agradece la ayuda que el gobierno de Estados Unidos le ha concedido a la organización pero, no deja de aclarar que «esa ayuda hasta el momento no ha sido suficiente ni efectiva». Es más, el señalamiento posibilita una queja aún mayor: la dirección de la lucha, hasta ahora, ha estado en manos de «vuestro gobierno». La «iniciativa cubana ha sido truncada y nuestras proposiciones pobremente escuchadas». Y es esta, precisamente, la conclusión que le permite al secretario general del DRE exponer cual será el principio que, de ese momento en adelante, guiará la acción del Directorio: «Para nosotros es un deber el que sobre los cubanos recaiga el peso de la lucha y un derecho llevar la iniciativa de la misma»[1267]. En ese sentido, la dirigencia del Directorio pone en un segundo plano cualesquiera que sean las consideraciones internacionales que guían la política de Estados Unidos hacia Cuba. Para el DRE hay un solo referente y es lo que importe a Cuba. Por esa razón, en la carta se le «exige» al gobierno de Estados Unidos que «respete el derecho de los cubanos a desarrollar libremente sus planes siempre que nosotros respetemos las leyes y derechos de los países que nos han dado refugio»[1268]. Es sobre ese fundamento que el DRE está dispuesto a seguir teniendo relaciones con el gobierno de Estados Unidos a través de la CIA y, en consecuencia, comunica su disposición a continuar recibiendo ayuda y de coordinar «esfuerzos en un plano de mutua comprensión»[1269]. La carta se le entregó a «Howard» el 26 de febrero[1270].

[1266] Carta de Luis Fernández Rocha a Señores, Miami, 21 de febrero de 1963, en documentos de Cecilia la Villa, carpeta «Miami». Énfasis del autor.

[1267] *Ibid.*

[1268] *Ibid.*

[1269] *Ibid.*

[1270] Despacho, de Chief of Station, JMWAVE a Chief, Special Affairs Staff, «AMSPELL Decision to Continue Raid Policy», CIA, RN 104-10171-10255, MFF.

La determinación que tomó el Directorio de seguir poniendo énfasis de lograr sus objetivos políticos mediante la vía insurreccional, y de no depender de las directrices que el gobierno de Estados Unidos emitiera para los grupos cubanos de oposición con quien sostuvieran algún tipo de relación, implicó la necesidad de hacer un esfuerzo mayor en el área de la recaudación de ingresos. De ahí la Secretaría de Asuntos Americanos se dirigiera a las delegaciones que tenía el Directorio en varias ciudades de Estados Unidos para animar la recaudación de fondos. La circular es del 30 de enero de 1963 y, utilizando un tono de urgencia le comunica a los miembros del DRE que eran parte de estas delegaciones que «NECESITAMOS (sic) dinero a la mayor brevedad y en la mayor cantidad posible»[1271]. Explicando que el DRE contempla llevar a cabo acciones militares con un incremento en la frecuencia, y que «no disponemos de fondos dedicados especialmente a esto» ya que no se le conceden a la organización, se hace necesario el rápido aumento de ingresos. El documento acude a un modo gráfico y popular en el lenguaje de los cubanos para decir que una vez que se produzca la primera acción militar «nos quedamos 'en la calle y sin llavín'», es decir que la CIA dejaría de continuar subsidiando al Directorio[1272]. De esta forma el documento no solo informa sobre la determinación que a principios de 1963 hay en el DRE para poner en práctica la iniciativa militar que se ha ido adoptando, sino que es también elocuente en manifestar el alto grado de conciencia que hay dentro de la organización con relación a las posibles repercusiones que tendría para el Directorio la ejecución de esos planes.

Los dos aspectos volvieron a expresarse durante la reunión del Buró Ejecutivo que tuvo lugar el 12 de febrero. El secretario de Finanzas, General Fatjó, informó ampliamente sobre los planes económicos elaborados en su secretaría. La meta de los pla-

---

[1271] Sección de Asuntos Americanos, «Plan de finanzas para las delegaciones del DRE en E.U.A», Miami, 30 de enero de 1963, DRE, documentación de Cecilia la Villa, carpeta «Asuntos Americanos».

[1272] *Ibid.*

nes era lograr el «autofinanciamiento» de la organización[1273], un objetivo que tenía origen en la convicción de que los fondos que se recibían de la CIA se perderían en el momento en el que el DRE ejecutara su plan militar. De acuerdo con Fatjó, y haciendo un cálculo «conservador», él esperaba obtener de cincuenta mil a sesenta mil dólares en recaudación. Aunque no aclara si esas cantidades se alcanzarían mensualmente o con qué frecuencia, sí especificó que las mismas procederían de lo que se obtuviera de las delegaciones en distintas partes de la geografía, y puso por ejemplo a Puerto Rico en donde confiaba lograr una cantidad que fluctuaba entre diez y quince mil dólares, más de veinte y cinco mil en Venezuela, cerca de ocho mil en Chicago, de cuatro a cinco mil en la zona metropolitana de Miami y otra cantidad parecida en el área de la Florida. Asimismo, y anticipando las necesidades que confrontaría el DRE una vez que se llevara a cabo el corte en los fondos, el Secretario de Finanzas propuso otras «restricciones de tipo económico» entre las que mencionó que todos los miembros del Ejecutivo «para dar el ejemplo, obtengan un trabajo por horas que le permitan continuar desarrollando sus labores en el DRE»[1274]. Otra medida que se estaba contemplando era la de buscar personas particulares que se comprometieran con el financiamiento de actividades que el DRE solía llevar a cabo por cuenta propia como era la publicación de *The Cuban Report*. En ese sentido, Fernando García Chacón informó sobre las gestiones que se habían hecho con el señor Tirso del Junco. Al final se determinó que del dinero que se obtuviera se le daría preferencia a las acciones militares y después a la publicación de *Trinchera*, los programas de radio que se transmitían a través de la emisora WRUL y a *The Cuban Report*. Con esta resolución quedó claro la íntima conexión que se le dio al DRE a los planes militares y a la propaganda. Se asumió que la ejecución de acciones militares atraería dinero a la organización y que la propaganda era necesaria en los planes de finanzas. Había una unión simbiótica entre esas tres actividades.

[1273] DRE, «Acta # 3»Miami, 12 de febrero de 1963, DRE, AJFC.
[1274] *Ibid.*

En esa misma reunión del Buró Ejecutivo se informó que cuando se celebrara la próxima junta de la dirigencia del DRE se discutirían «los planes definitivos sobre las Acciones (sic) preparadas»[1275]. Y, efectivamente, así sucedió. De acuerdo con el acta que recogió las incidencias de aquella reunión «Isidro Borja habló en extenso sobre las dificultades surgidas en el Plan Militar, la imposibilidad de la Base[1276], los problemas del Juanín y del Virgilio[1277], el mal tiempo con olas de 4 y 6 pies, pero que esperaba realizar de todas maneras la acción el próximo 24 de febrero, y que las otras dos planeadas probablemente quedarían aplazadas para una fecha posterior»[1278]. La acción militar tendría lugar a las siete de la mañana del día en que se realizara la misma y estaría acompañada por un «Plan de Propaganda para el Día X»[1279]. A tales efectos se preparó un bosquejo que delineó todos los pasos que se darían el día de la acción en el ámbito de la publicidad[1280]. La noticia se daría en Venezuela y se leería un manifiesto elaborado previamente. El DRE asumiría toda la responsabilidad de la acción. Seguidamente se daría a conocer en Estados Unidos y en el resto de América Latina. Posteriormente Luis Fernández Rocha ofrecería una conferencia de prensa. El «Plan» contemplaba tres fines: «Lanzar y convencer sobre la tesis de lucha del DRE»,

---

[1275] *Ibid.*

[1276] Probablemente en las Bahamas.

[1277] Se refiere a las embarcaciones del DRE. El «Virgilio» era una embarcación «Scotty Craft» de veintidós pies y medio con dos motores de 110 HP cada uno. De acuerdo con Luis Camps «el Virgilio se compró cuando los americanos nos prohibieron las acciones contra el gobierno de Cuba. Salíamos de Miami a escondidas y teníamos una base en Elbow Key en las Bahamas donde rellenábamos de gasolina y seguir hacia Cuba. Un barco más pequeño que nos permitía llegar a la costa y esconderlo sin que nos detectaran. Guardábamos el Virgilio en un warehouse en Homestead sobre un trailer y lo tirábamos al mar por la tarde el día de la operación», correo electrónico de Luis Camps, Miami, 18 de mayo de 2020.

[1278] DRE, «Acta # 4», 19 de febrero de 1963, DRE, AJFC.

[1279] *Ibid* y Juan Manuel Salvat, «Plan de Propaganda Para el Día X», Miami, 20 de febrero de 1963, DRE, documentación de Cecilia la Villa, carpeta «Miami».

[1280] Juan Manuel Salvat, «Plan de Propaganda para el Día X», Miami, 20 de febrero de 1963, DRE, documentación de Cecilia la Villa, carpeta «Miami».

hacer «propaganda alrededor de Luis» y «conseguir medios económicos que hagan viable el plan»[1281]. Además de pormenorizar todos los pasos que se deberían dar en la organización de la propaganda, el bosquejo indica que en la misma mañana en que se produjera la acción, el secretario de Finanzas del Directorio pondría en marcha «toda la maquinaria de finanzas» para comenzar a recoger los fondos que se contemplaban como imprescindibles para mantener la actividad bélica del DRE y, si sobrevenía como se anticipaba el rompimiento con la CIA, poder sostener funcionando el movimiento[1282]. Así mismo, el documento delineando la propaganda para el «Día X» revela un aspecto de la historia del DRE dentro de aquella coyuntura que ya había sido anticipado por Eduardo Muñiz en su carta del 20 de diciembre: el Directorio estaba en conversaciones con otros grupos de la oposición para tratar de coordinar acciones comunes en contra del régimen de Castro. En este caso específico, hay una nota que indica que «en reunión celebrada de los Movimientos con Luis y el Gordo [Juan Manuel Salvat], el MRP propuso que de producirse la acción se debería apoyar por todos los movimientos dándole mayor fuerza»[1283]. Por último, en la documentación del DRE que organizó Cecilia la Villa hay un borrador de una proclama que con toda seguridad se puede identificar como el manifiesto que se leería una vez realizada la acción programada para el 24 de febrero, fecha que en el calendario cubano conmemoraba el día en que se había iniciado la Guerra de Independencia de 1895. En el documento se ratifica la lógica que venía dominando la actividad del DRE desde que había finalizado la Crisis de Octubre y de la que emanó el principio de que la responsabilidad de «un plan total de liberación» recaía en los cubanos quienes no podían «esperar a

[1281] *Ibid.*
[1282] *Ibid.*
[1283] *Ibid.*

que las Naciones Libres del Mundo (sic) nos brinden la ayuda generosa que era su obligación»[1284].

No obstante toda la anticipación y preparación llevada a cabo con el propósito de utilizar la fecha del 24 de febrero como punto de partida para las acciones autónomas del Directorio, la acción militar que se tenía preparada para ese día no se efectuó. De acuerdo con Isidro Borja, la razón que produjo la cancelación de aquel ataque fue el mal tiempo, las marejadas que impedían la navegación de las pequeñas embarcaciones del DRE y que, además, tuvieron como consecuencia la pérdida de equipo[1285].

El revés sufrido en febrero no implicó la paralización del «Plan Militar» del DRE, aunque sí una revisión de este. El 5 de marzo volvió a reunirse el Buró Ejecutivo y el tema lo presentó el secretario general. Sin embargo, lo que sobresalió en la discusión sobre el asunto fue «las fallas en el sistema de seguridad». De acuerdo con el acta de la reunión, se aludió a «las indiscreciones de los miembros del Directorio [que estaban] enterados de la acción» así como al «tráfico de armas» todo lo cual posibilitó «que la acción militar que se iba a realizar fuera de público conocimiento, con el consiguiente riesgo para el éxito de la operación»[1286]. Sobre este particular hay un memo originado en la oficina del FBI en Miami que corrobora la filtración de información. En el documento aludido se informa que el 22 de febrero una agencia del gobierno de Estados Unidos, la cual conduce investigaciones de seguridad e inteligencia y que identifica solo como MM T-1, había sabido, por una fuente cubana considerada como «bastante confiable», que dos embarcaciones del DRE, el «Juanín» y el «Susan Ann», fondeados en Maratón, estaban siendo

[1284] Borrador de manifiesto, S.F. pero que alude directamente a la acción militar que llevaría a cabo el DRE el 24 de febrero de 1963, en DRE, documentación de Cecilia la Villa, carpeta «Miami».

[1285] Declaraciones de Isidro Borja al FBI el 5 de abril de 1963, United States Department of Justice, Federal Bureau of Investigation, «Directorio Revolucionario Estudiantil (Students Revolutionary Directory) (DRE) Internal Security-Cuba Neutrality Matters», Miami, 13 de abril de 1963, FBI, RN 124-10281-10085, JFK Assassination Records.

[1286] DRE, «Acta # 5», Miami, 5 de marzo de 1963, DRE, AJFC.

preparadas para llevar a cabo una acción en Cuba en el futuro cercano.[1287]. En la reunión del Buró Ejecutivo del DRE se le pidió al responsable de los asuntos militares del DRE, Isidro Borja, «que tomara cuenta de las fallas de seguridad y adoptara las medidas necesarias para evitarlas»[1288]. Así mismo, se aprobó una nueva acción militar la cual debería efectuarse «lo más rápidamente posible» y que la Sección Militar «presentase un plan definitivo para que sea considerado en la próxima reunión que tuviese el Buró Ejecutivo»[1289].

La reunión se efectuó el 12 de marzo y, como era de esperar, se discutió el Plan Militar que presentó Isidro Borja. Según aparece en el acta de aquella reunión, el plan constaría de tres etapas. La primera duraría unos cinco meses, la segunda de dos a tres meses y la tercera y final tendría una extensión de dos a tres meses. Como objetivo, claramente intermedio, se fijó el conseguir el apoyo «decisivo» de la comunidad internacional democrática a la causa cubana. Ese apoyo quedaría demostrado mediante el reconocimiento de «un gobierno en armas establecido en Cuba» y que se constituiría en el dispositivo que provocase la etapa final. Para el entrenamiento y aprovisionamiento de suministros se contempló tener bases en los países latinoamericanos, «en especial los de la Cuenca del Caribe». Después de referirse a algunos otros asuntos periféricos del Plan, Borja señaló que no hacía falta «más de mil hombres para este plan» y que el esfuerzo económico para financiar el mismo debería «provenir de los propios cubanos» apuntando que el monto total no debería sobrepasar la suma de dos millones de dólares los cuales tendrían que recaudar en un período de «doce meses»[1290]. Por otra parte, lo que no aparece en el acta es mención alguna a la próxima acción militar del DRE

[1287] Memorandum, United States Department of Justice, Federal Bureau of Investigation, «Directorio Revolucionario Estudiantil (Students Revolutionary Directory) (DRE) Internal Security-Cuba Neutrality Matters», Miami, 5 de abril de 1963, FBI, RN 124-10281-10085, JFK Assassination Records.

[1288] DRE, «Acta # 5».

[1289] *Ibid.*

[1290] DRE, «Acta # 6», Miami, 12 de marzo de 1963, DRE, AJFC.

que debía tener lugar el 14 de marzo. Por esta razón no se puede saber si la misma se discutió en la reunión del Buró Ejecutivo.

Noticias sobre la misma, sin embargo, aparecen en las declaraciones que hiciera Isidro Borja al FBI el 3 y 5 de abril de 1963 y explicó la cancelación de esta acudiendo a la misma explicación que ofreció para la operación del 24 de febrero, es decir, el mal tiempo[1291]. Luis Fernández Rocha, en circunstancias similares a las de Borja, corroboró con su declaración al FBI que el ataque se había pautado para el 14 de marzo y, aunque no ofreció detalles sobre los pormenores de la fallida operación si afirmó que con la misma no se intentaba, como motivo ulterior, arrastrar a Estados Unidos a una guerra[1292]. Sin embargo, tanto Borja como Fernández Rocha coincidieron en declarar que el DRE tenía la intención de continuar sus esfuerzos para promover acciones militares en contra del régimen de Fidel Castro, así como que la organización en la que militaban haría gestiones encaminadas a conseguir una base de operaciones fuera del territorio de Estados Unidos[1293]. Por su parte Fernández Rocha añadió que el Directorio estaba considerando rechazar la ayuda que le daba la CIA y que se estaban teniendo reuniones con otras organizaciones del exilio cubano[1294]. Sobre el tema de la relación entre el DRE y la CIA, el FBI consultó con el jefe de JMWAVE, Ted Shackley, quien informó que, efectivamente, la CIA mantenía vínculos con

[1291] Declaraciones de Isidro Borja al FBI el 3 y 5 de abril de 1963, en United States Department of Justice, Federal Bureau of Investigation, «Directorio Revolucionario Estudiantil (Students Revolutionary Directory) (DRE) Internal Security-Cuba Neutrality Matters».

[1292] Declaraciones de Luis Fernández Rocha al FBI, en United States Department of Justice, Federal Bureau of Investigation, «Directorio Revolucionario Estudiantil (Students Revolutionary Directory) (DRE) Internal Security-Cuba Neutrality Matters».

[1293] *Ibid.* Agentes del FBI se presentaron en las oficinas del DRE el 2 de abril de 1963 y se llevaron a Luis Fernández Rocha e Isidro Borja «para tener una conversación privada». Cable de JMWAVE, «3 APR AMINT [sic] 8 Reported Morning 2 APR AMSPELL Called Special Meeting its Military Section, Speaker Was AMHINT 5», Miami, 4 de abril de 1963, CIA, RN 104-10171-10253, MFF.

[1294] *Ibid.*

el Directorio pero que esto se limitaban a cuestiones que tenían que ver con asuntos de inteligencia y de propaganda. Como cuestión de hecho, Shackley informó que JMWAVE trataba de evitar que el DRE participara en acciones militares[1295].

De todas maneras, cuando el FBI informó sobre la investigación que había llevado a cabo con relación a las planificadas y abortadas incursiones militares del DRE sobre el territorio cubano, también advirtió que, aunque se estaba cerrando la pesquisa, se continuaría monitoreando las actividades de la organización estudiantil y que se informaría sobre las mismas[1296].

El DRE, por su parte, siguió contemplando la ejecución de una nueva acción armada sobre Cuba[1297]. No obstante, mientras contemplaba las posibilidades de llevarla a cabo recibió una advertencia de la CIA vía el contacto que tenían con JMWAVE. Esta fue, quizá, la respuesta de la Agencia a la carta que Luis Fernández Rocha dirigiera a «Señores» unos días antes. De acuerdo con el informe que ofreció Luis Fernández Rocha al Buró Ejecutivo reunido el 23 de marzo en una junta extraordinaria, la CIA había planteado que se disolviera «la parte militar», que el DRE recibiría de JMWAVE unos planes militares diseñados por la CIA y que «si el Directorio realizaba alguna acción sin previo acuerdo, las relaciones entre ambas partes cesarían inmediatamente»[1298]. Ante semejante ultimátum, y después de compartir el consejo del «contacto», probablemente «Howard», en el sentido de que «meditáramos y pesáramos las consecuencias de nuestra decisión», el Ejecutivo tomó nuevos acuerdos. Se decidió, entre otras cosas, entablar «negociaciones con los aliados *para ganar*

1295 Comunicación de Ted Shackley a FBI, en United States Department of Justice, Federal Bureau of Investigation, «Directorio Revolucionario Estudiantil (Students Revolutionary Directory) (DRE) Internal Security-Cuba Neutrality Matters».

1296 Director de FBI a J. Walter Yeagley, Fiscal General Adjunto, Washington, D. C., 23 de abril de 1963, en FBI, RN 124-10281-10085, JFK Assassination Records.

1297 DRE, «Acta Extraordinaria # 2», Miami, 23 de marzo de 1963, DRE, AJFC.

1298 *Ibid.*

tiempo», llevar a cabo «una reducción general de la nómina» y, cuando «se realice la acción planeada por la sección militar, se convocará el pleno del DRE y se le explicará nuestra política y se les pedirá a los miembros que traten de reintegrar (sic) sus haberes». Por lo discutido y aprobado en esta reunión quedó claro que el DRE intentaba dar un nuevo golpe sabiendo, además, que el costo de la próxima operación sería altísimo para la operación futura de la organización.

Sin embargo, y a pesar de las intenciones que tenía la dirigencia del DRE y su Sección Militar, el ataque no se pudo realizar. En esos días ocurrieron todo un conjunto de acontecimientos que tuvieron como efecto la paralización del tipo de actividad que planificaba el Directorio. El 17 de marzo otra de las organizaciones de la oposición cubana que operaba desde Miami, Alpha 66/Segundo Frente, llevó a cabo un ataque marítimo contra el mercante soviético *Lvov* que estaba anclado en el puerto de Isabela de Sagua en la costa norte de la isla de Cuba y, entre el 26 y 27 del mismo mes, otro grupo, los Comandos L, efectuaron una operación similar en el puerto de Caibarién contra la nave, también soviética, *Baku*[1299]. Estas dos operaciones movilizaron a varios de los funcionarios del gobierno de Estados Unidos quienes tenían la responsabilidad de supervisar los asuntos cubanos.

El 27 de marzo Roger Hilsman, a cargo de la oficina de Inteligencia e Investigaciones dentro del Departamento de Estado le escribió un memorándum al secretario de Estado, Dean Rusk, analizando la reacción de la Unión Soviética en relación a los ataques a sus barcos en Cuba. En ese momento solo se había recibido una respuesta, la que se refería a la agresión al buque *Lvov*

[1299] Para una descripción del ataque efectuado por los grupos Alpha 66/Segundo Frente véase «Memorandum from McGeorge Bundy to the President, (645)», Washington, D. C., 3 de abril de 1963, «Memorandum from McGeorge Bundy to the President, (645)», *FRUS, American Republics, Cuba, 1961-1962, Cuban Missile Crisis and Aftermath*, Volumes X/XI/XII, Microfiche Supplement y para la acción militar de Comandos L, CIA, Telegram-Information Report, «Details on L-66 Raid on Caibarien» USA, 28 de marzo de 1963, NSA, «Mongoose Operation».

y la misma estaba fechada diez días después del incidente[1300]. Para Hillsman, el dato de la fecha y el tono de la nota, considerado como moderado, indicaba que, en ese momento, los soviéticos no querían que la crisis por Cuba volviera a revitalizarse. Sin embargo, en opinión del funcionario, se esperaba que la nota que enviaría la cancillería soviética en relación con el segundo ataque fuese de un tono más severo. En todo caso, Hilsman sugería que no se debería dar ningún pretexto para que los soviéticos escalaran el tono y posible respuesta con relación a los asuntos cubanos[1301]. Ese mismo día Gordon Chase, asistente del asesor del presidente Kennedy, le envió un memo a su superior, informando sobre el tema de los ataques recientes. En el memo, Chase mencionó que el FBI y la CIA estaban coordinando la inteligencia que ambas agencias tenían acerca de los grupos cubanos que operaban desde Miami. Chase era de la opinión que el FBI asumiría la responsabilidad primaria en la investigación de los ataques y comentó que los mismos «nos pueden afectar de manera marginal pero *no nos ayudan*»[1302]. Una opinión parecida a la de Chase fue la que McGeorge Bundy le expresó a Kennedy cuando le envió un memorándum en el que relataba una conferencia de prensa ofrecida en Washington por miembros de Alpha 66. De acuerdo al asesor de seguridad nacional, acciones como la efectuada por Alpha 66 en Isabela de Sagua era «un ejemplo del tipo de acción que no hace avanzar los intereses de Estados Unidos o aquellos de una Cuba libre»[1303]. Mientras tanto, en otro memorándum entre Chase y Bundy, e igualmente fechado el 27 de marzo, se da a

---

[1300] La nota de la URSS concerniente a este ataque se encuentra en «Telegram 2422 from Moscow (638)», Moscú, 27 de marzo de 1963, *FRUS, American Republics, Cuba, 1961-1962, Cuban Missile Crisis and Aftermath*

[1301] Roger Hilsman, «Intelligence Note from Hilsman to Rusk (635)», Washington, D. C., 27 de marzo de 1963, *Ibid.*

[1302] Gordon Chase, «Memorandum from Gordon Chase to McGeorge Bundy (636)», Washington, D. C., 27 de marzo de 1963, en *FRUS, American Republics, Cuba, 1961-1962, Cuban Missile Crisis and Aftermath*. Énfasis del autor.

[1303] McGeorge Bundy, «Memorandum from McGeorge Bundy to the President (645)», Washington, D. C., 3 de abril de 1963, en *FRUS, American Republics, Cuba, 1961-1962, Cuban Missile Crisis and Aftermath.*

conocer que el presidente Kennedy ha sido informado de los pormenores de las acciones cubanas contra los buques soviéticos por su ayudante en asuntos de inteligencia el general Chester Clifton. También se supo que el secretario Rusk estaba preparando un memorándum para el presidente afirmando que no quería que la política exterior de Estados Unidos *fuese conducida por los exiliados cubanos activistas* y, para evitar que tal cosa sucediese, estaría recomendando *medidas para detener los ataques*[1304]. En última instancia, lo que se estaría recomendando desde el Departamento de Estado sería que se aumentase la supervisión de los grupos cubanos que se encontraban en Miami u otras partes de Estados Unidos[1305].

El tema de las acciones marítimas que estaban llevando a cabo algunos miembros de la oposición cubana desde la Florida fue abordado por el ExComm el 29 de marzo. En esa reunión fue el presidente Kennedy quien inició la discusión al preguntar qué cual debería de ser la política del gobierno con relación al asunto. La opinión general de los presentes fue que se debería evitar las operaciones en contra de objetivos soviéticos. La voz más enérgica en contra de las operaciones fue la del vicepresidente Lyndon Johnson quien propuso que «los militares deberían estudiar inmediatamente que se debe hacer para parar los ataques y que se tomaran todas las acciones para paralizar todas las incursiones»[1306].

La respuesta del gobierno de Estados Unidos fue contundente. Varias fueron las medidas que se adoptaron, entre ellas: vigilancia aérea por los guardacostas sobre las Bahamas y, sobre todo, en Norman Cay; procurar la cooperación británica en relación a la actividad de los guardacostas norteamericanos en territorios

[1304] Gordon Chase, «Memorandum from Gordon Chase to McGeorge Bundy (637)», Washington, D. C., 27 de marzo de 1963, *FRUS, American Republics, Cuba, 1961-1962, Cuban Missile Crisis and Aftermath*. Énfasis del autor.

[1305] Gordon Chase, «Memorandum from Gordon Chase to McGeorge Bundy (639)», Washington, D. C., 28 de marzo de 1967, *FRUS, American Republics, Cuba, 1961-1962, Cuban Missile Crisis and Aftermath.*

[1306] John McCone, «Memorandum for the Record, Executive Committee Meeting-29 March 1963», en NSA, «Operation Mongoose».

bahamenses y, particularmente, que se permitiese el desembarco en Norman Cay de efectivos del servicio de guardacostas; cooperación de la CIA y el FBI con las autoridades británicas para facilitar el traspaso de información cuando existan sospechas sobre posibles incursiones militares a Cuba por parte de cubanos exiliados; autorizar al Servicio de Naturalización e Inmigración a imponer restricciones de viajes a cubanos exiliados o ciudadanos de Estados Unidos que fuesen sospechosos de participar en ataques marítimos o aéreos contra el territorio cubano; autorizar al servicio de guardacostas a retener embarcaciones que fuesen sospechosas de ser parte de acciones bélicas contra Cuba; autorizar la emisión de advertencias a individuos que sean sospechosos de formar parte de incursiones militares a Cuba. A estos individuos se les podría arrestar si ignorasen las advertencias; advertir a todos los exiliados sospechosos que el gobierno de Estados Unidos deseaba detener las incursiones militares a Cuba y que estaba preparado para tomar las acciones que fuesen necesarias para lograr este objetivo y, también se aprobó iniciar la vigilancia de aquellos individuos que fuesen sospechosos de participar en el tipo de actividad que se quería suprimir[1307]. El 30 de marzo se entregaron las correspondientes órdenes restringiendo la movilidad de veinticinco cubanos exiliados residentes en el Condado de Dade, tres de ellas a dirigentes del DRE: Luis Fernández Rocha, Juan Manuel Salvat y Bernabé Peña. También se le entregó un requerimiento a Leslie Nóbregas, capitán de la embarcación «Susan Ann» que solía colaborar con el Directorio.

Como era de esperarse, la reacción dentro del DRE fue la de censurar las medidas que estaba tomando el gobierno de Estados Unidos para detener lo que allí caracterizaron como acciones «por la libre». Una de las primeras expresiones públicas que se hicieron en el Directorio fue la que se hizo mediante una hoja suelta en inglés fechada en el Condado de Dade el 1 de abril de

[1307] William Brubeck, «Memorandum from Brubeck to McGeorge Bundy (642)», Washington, D. C., 1 de abril de 1963, *FRUS, American Republics, Cuba, 1961-1962, Cuban Missile Crisis and Aftermath.*

1963[1308]. El Directorio se mostró sorprendido y preocupado por la actitud sorprendente asumida por el gobierno de Estados Unidos. No comprendía como era posible que los cubanos de la oposición fuesen *abandonados otra vez* por aquellos poderes que, como Estados Unidos, *tenían el deber* de asistirles en una lucha que también se asumía en defensa de los principios democráticos. La conducta del gobierno norteamericano se contrastó con el de la Unión Soviética. Mientras el primero coartó el derecho a combatir por la libertad de su patria el segundo otorgaba, «diariamente», un «apoyo militar masivo» al régimen de Fidel Castro. El DRE era de la opinión que con las medidas restrictivas que el gobierno de Estados Unidos asumía, lo que hacía, en la práctica, era defender al régimen cubano y darle estabilidad. Ante semejante actitud, que para el Directorio era el resultado de las negociaciones que habían llevado a cabo el gobierno de Estados Unidos y el de la Unión Soviética durante la Crisis de Octubre, el DRE se ratificó en su empeño de seguir enfrascado en la lucha por conseguir la libertad de Cuba. Así mismo declaró que, «como *pueblo soberano* nadie puede menoscabar nuestro derecho a realizar las acciones que consideramos necesarias para darle libertad a Cuba»[1309]. Unos días más tarde la declaración se reprodujo en el periódico *Trinchera* bajo un titular a todo el ancho de la publicación que decía: «Ante las medidas adoptadas: RESPONDE EL DRE AL GOBIERNO DE ESTADOS UNIDOS»[1310]. En ese mismo número se utilizó el editorial para explicar las razones que llevaron al Directorio a efectuar las declaraciones aludidas a la vez que se aprovechó la oportunidad para arengar el espíritu de combate de la comunidad cubana exiliada, siempre apelando a un lenguaje de clara inclinación nacionalista[1311]. JMWAVE caracterizó la declaración del DRE como «anti-Estados Unidos», con lo

[1308] DRE, «To the Public Opinion», Condado de Dade, Florida, 1 de abril de 1963, DRE, AJFC.

[1309] *Ibid.*

[1310] DRE, *Trinchera*, Miami, 7 de abril de 1963, 3.

[1311] *Ibid*, «Editorial», 2.

cual se podía anticipar el desarrollo de nuevas fricciones entre el Directorio y JMWAVE[1312].

Por supuesto, el DRE no rehusaría confrontar a la CIA en aquel momento. El 2 de abril se reunió el Buró Ejecutivo de la organización y entre las resoluciones que se aprobaron en aquella ocasión estuvo la de encargar al secretario general del DRE la redacción y presentación «a nuestros aliados una carta donde constará nuestra posición de no aceptar el control que pretenden ejercer»[1313]. La comunicación se redactó ese mismo día y se le envió a «Howard». Una vez más, la nota estaba dirigida a «Señores» y se justificó como una respuesta del DRE a «los planteamientos efectuados a nuestra organización por vuestro Gobierno en días pasados, y teniendo en cuenta los últimos acontecimientos y pronunciamientos del Gobierno de los Estados Unidos de América»[1314]. En la nota se ratificaron plenamente los puntos mantenidos en la carta que el DRE había enviado a «Señores» el 21 de febrero de 1963 haciendo énfasis en los párrafos cuarto y décimo de la aludida carta. En el cuarto el Directorio reclamó el derecho a seguir llevando la iniciativa en el empeño por derrocar al régimen de Fidel Castro y declaró que, para la organización, distinto al gobierno de Estados Unidos, «la intrincada política internacional» no era una razón primordial para determinar su participación en la lucha contra Castro; y en el décimo expuso su «disposición de coordinar esfuerzos en el plano de mutua comprensión y respeto con vuestro gobierno». Se afirmó, asimismo, que el DRE no variaba «ni un ápice la línea sustentada» por la organización y se lamentaba «profundamente la insalvable diferente (sic) existente entre ustedes y nosotros». En ese sentido, y anticipando un posible rompimiento entre ellos, el Directorio expresó su determina-

[1312] Cable, JMWAVE, «Recent AMSPELL Declaration Of Anti-PBPRIME Tone Which Has Come to Our Attention», Miami, 12 de abril de 1963, CIA, RN 104-10170-10097, JFK Assassination Records.

[1313] DRE, «Acta # 9», Miami, 2 de abril de 1963, DRE, AJFC.

[1314] DRE, Luis Fernández Rocha a «Señores», Miami, 2 de abril de 1963, DRE, AJFC.

ción «a continuar nuestro camino» ya que de lo contrario sería «una violación flagrante a nuestros principios»[1315].

De acuerdo con el análisis que se hizo en el DRE del panorama que tuvieron delante al finalizar la Crisis de Octubre, la impresión predominante fue que los asuntos de Cuba entraban en una etapa «confusa». De aquella falta de claridad, sin embargo, se dedujo que, en lo que se refería a la participación del Directorio en el empeño por derrotar al régimen de Fidel Castro, se abría una «nueva etapa» caracterizada por un cierto desenganche de la lucha por parte del gobierno de Estados Unidos. Ante esa aparente realidad, en el DRE se desarrolló una estrategia de lucha en cuyo centro se colocó lo que Eduardo Muñiz definió como «volver a confiar en nuestro esfuerzo y solo de nuestro esfuerzo», sobre todo en lo que se refería a la actividad insurreccional en contra del régimen. No obstante, y a pesar de la voluntad que se mostró en la organización por seguir la ruta trazada y de la conciencia del alto riesgo que la misma conllevaba para la capacidad del DRE de actuar como una organización autónoma, el tránsito inicial por ese camino no llegó a producir los resultados que se esperaban. Todo lo contrario, el derrotero seleccionado colocó al Directorio en una situación de crisis. Algunas de las incidencias ocurridas en la reunión del Buró Ejecutivo que tuvo lugar el 2 de abril y que fueron recogidas en la correspondiente acta ofrecieron una idea de las frágiles circunstancias que afectaban a los miembros del DRE.

Previendo un posible recorte en el presupuesto como resultado de un también posible rompimiento con la CIA a causa de una futura acción militar, se discutió, entre otras cosas, la necesidad de buscar un nuevo local para las oficinas de la organización, publicar *The Cuban Report* quincenalmente en vez de tirarlo cada semana como se hacía hasta ese momento, publicar *Trinchera* dos veces al mes cobrando $0.05 por ejemplar, reducir cinco minutos del programa de radio que se transmitía por WRUL, y ordenarle a la Sección Militar, columna vertebral de toda la estrategia del DRE, que solo podía gastar la suma de $1,000 en la pre-

[1315] *Ibid.*

paración de una acción «ya que en el mes pasado [marzo] sus gastos ascendieron a $4,500»[1316]. De igual forma, también se discutió «ampliamente» la política que debía seguirse con los delegados en América Latina «si los americanos le ofrecían dinero una vez hubieran roto con nosotros» y algo parecido se estudió en relación con el personal que pertenecía a la Sección Militar del Directorio[1317].

Ese mismo día tuvo lugar una reunión de la Sección Militar, encuentro del que, según la CIA, el miembro del DRE y de la sección, Johnny Koch, informó a JMWAVE [1318]. En ese sentido, el conocimiento de lo acontecido en dicha reunión se obtiene de lo reportado por JMWAVE en el correspondiente cable. Según esta fuente, el vocero de la Sección Militar, Isidro Borja, mencionó que la CIA quería desmantelar el aparato militar del DRE, una condición rechazada por la dirigencia de la organización. Con respecto a este asunto, el cable menciona que Borja afirmó que el DRE seguiría actuando por su cuenta y que buscaría donaciones para poder sostener el quehacer del Directorio. Así mismo, admitió que las circunstancias eran difíciles ya que algunos de sus miembros perdían movilidad debido a la política de restricción puesta en práctica por el gobierno de Estados Unidos. También informó que la CIA podía solicitar la colaboración de algunos de los miembros de la Sección. Sobre este aspecto, Borja dijo que el DRE no se opondría pero que, aquellos que aceptaran trabajar directamente con la Agencia tendrían que romper con la organización. De la misma manera, Borja informó que el Directorio estaba preparándose para reducir sus gastos y, sobre ese particular, Koch aparece en el cable diciendo que en el mes anterior el DRE había dejado vacía su cuenta de banco. Mientras tanto, Borja le entregó una cantidad de dinero a cada uno de los miembros para compensar el trabajo que se había hecho hasta ese momento, algo que, de acuerdo con la

---

[1316] DRE, «Acta # 9».

[1317] *Ibid.*

[1318] Cable, de JMWAVE, «3 APR AMINT [sic] 8 Reported Morning 2 APR AMSPELL Called Special Meeting its Military Section. Speaker Was AMHINT-5», Miami, 4 de abril de 1963, CIA, RN 104-10171-10253, MFF.

fuente, creó malestar en el grupo ya que, supuestamente, se les había prometido una paga doble como pago final[1319]. La información final del cable fue que, después de la reunión, varios miembros de la Sección Militar se acercarían a la CIA para ofrecer sus servicios[1320].

Otra Sección del DRE que también atravesó por un momento crítico durante aquellos días del mes de abril de 1963 fue la Internacional. En la reunión del Buró Ejecutivo del 16 de abril se discutieron algunos de los problemas que se confrontaron en el grupo que dirigía Eduardo Muñiz. El mismo los expuso ante los miembros de la Ejecutiva. El asunto número uno seguía siendo la cuestión del pago a las delegaciones. Según Muñiz, no habían pagado a las delegaciones de Argentina y Uruguay. Es más, «los aliados» querían sacar de la Argentina al delegado Alejandro Portes «por dificultades en el pago»[1321]. Los miembros del Ejecutivo acordaron enfrentar la situación encomendándole al secretario general y al secretario de la Sección Internacional que redactaran un memorándum para «los aliados» haciéndole una relación de todos los problemas que aquejaban al programa internacional del Directorio a la vez que reiteraron la confianza en Portes y volvieron a demandar que todos los pagos a las delegaciones se hicieran directamente desde la oficina de Miami[1322]. Por su parte, la nota referente a los contratiempos que afectaban a las delegaciones comenzó recordándole a «los aliados» que habían sido varias las instancias en las que el Directorio se había dirigido a ellos explicando las dificultades que entorpecían la labor de las delegaciones y que, lejos de resolverse, algunas se habían agravado[1323].

[1319] *Ibid.* En este caso, el cable de JMWAVE afirma que el 25 de marzo se le había entregado a Luis Fernández Rocha el pago final para dieciocho miembros de la Sección Militar que quedarían fuera del de la Sección. Cada uno recibiría el equivalente a dos meses de labor.

[1320] *Ibid.*

[1321] DRE, «Acta # 11», 16 de abril de 1963, DRE, AJFC.

[1322] *Ibid.*

[1323] Luis Fernández Rocha y Eduardo Muñiz a «Howard», «Problems in the Latin American plan that should be settled immediately in Miami until they be given solution in Washington or Latin America», Miami, S. F., DRE, AJFC.

Según el memorándum, era imposible que el plan Latinoamericano siguiera funcionando si no se solucionaban los problemas y solicita que se resuelva de forma permanente el problema económico que existía[1324].

No obstante, el panorama enrarecido que se enfrentaba en aquellos días, en la reunión del 16 de abril se aprobó el llevar a cabo una nueva acción militar[1325]. Y, efectivamente, la próxima vez que se reunió el Buró Ejecutivo, el 26 de abril de 1963, se supo que al día siguiente se haría un nuevo intento de atacar un objetivo en Cuba[1326]. Al discutirse el asunto, salieron a la superficie algunas de las tensiones que ya existían en la organización y que tienen que haber sido producto de la situación crítica que existía en el Directorio. Dos de los presentes, Fernando García Chacón y General Fatjó se opusieron a que se ejecutara la acción prevista. La primera razón que esgrimieron fue que la incursión no se había aprobado en «la Junta anterior ordinaria»; argumento que fue rebatido por Juan Manuel Salvat al señalar que existía un acuerdo del Ejecutivo otorgándole «plenas facultades al Sr. Isidro Borja para la preparación de la mencionada acción sin fijar tiempo»[1327]. Sin embargo, Fatjó y García Chacón siguieron insistiendo en la necesidad de suspender el golpe que se quería dar argumentando, esta vez, lo que en el fondo era el origen del dilema crítico que hacía peligrar la existencia del DRE: «*que, al realizarse el hecho, el futuro del Directorio se presentaba completamente incierto ya que no teníamos los contactos necesarios para mantener nuestra subsistencia*»[1328]. Además, insistieron, se estaba poniendo en peligro un viaje que harían varios dirigentes del DRE por América Latina y que sería financiado con fondos provistos por la CIA. A su vez, Eduardo Muñiz, aprovechó el argumento expresado por Fatjó y García Chacón y tocó un tema que era motivo de gran tensión dentro de la organización. El respon-

[1324] *Ibid.*
[1325] *Ibid.*
[1326] DRE, «Acta Extraordinaria # 3», 26 de abril de 1963, DRE, AJFC.
[1327] *Ibid.*
[1328] *Ibid.* Énfasis del autor.

sable de la Sección Internacional explicó que «había un divorcio total entre los planes militares y los llamados planes civiles, ya que de realizarse unos, no se podían realizar los otros»[1329]. La intervención de Muñiz aludió a la brecha que separaba a los dos componentes principales de la organización, aquel que se ocupaba de los asuntos militares y del que corría con las demás tareas que eran competencia del resto de los miembros del DRE. Esa no era la primera vez que se reflejó semejante división. El 23 de octubre de 1962, en medio de la Crisis de Octubre, un grupo de antiguos miembros del DRE dirigidos por Ángel Vega, Aldo Messulam, Mariano Loret de Mola y Warry Sánchez, antiguos miembros del grupo de acción del Directorio que trabajaba en La Habana, publicó un anuncio en *Diario Las Américas*, criticando duramente la trayectoria que seguía el DRE por aquellos días e instando a su dirigencia a abandonar «de una vez y por todas las poses de patriotas y los primeros planos de la propaganda política»[1330]. El propio Isidro Borja reconoció la división que tensaba los ánimos dentro del DRE en los primeros meses de 1963 y que

---

[1329] *Ibid.*

[1330] «A la Opinión Pública«, *Diarios Las Américas*, Miami, 23 de octubre de 1962. En una entrevista que Cecilia la Villa le hizo a Bernabé Peña y José María de Lasa, la Villa menciona que Aldo Messulam y Mariano Loret de Mola alegaron que ellos «se sintieron excluidos porque no eran agrupados [miembros de la ACU] y no eran parte de la piña». Bernabé Peña reaccionó diciendo que «es posible que tengan un punto de razón» y la Villa comentó que «eso parece ser que fue uno de los problemas en Cuba y aquí [Miami] según algunas entrevistas que ya he hecho». Cecilia la Villa, entrevista a Bernabé Peña y José María de Lasa, Miami, 7 de enero de 2013. Hay que recordar que el vínculo de varios de los disidentes con el DRE era Miguel García Armengol quien en ese momento cumplía años de prisión en Cuba. Por su parte Eduardo Muñiz colocó la disidencia de éste grupo dentro del contexto «que siempre existió [de] una gran tensión entre la Sección Militar y la Sección Internacional», Eduardo Muñiz, entrevista. Por su parte, Mariano Loret de Mola se ha expresado sobre el particular argumentando que cuando ellos, refiriéndose a los que después se separaron del Directorio, llegaron a Miami se encontraron que el DRE estaba en manos de individuos que habían hecho muy poco en Cuba, es decir, en el campo de la acción y sabotaje. Este argumento de Loret de Mola no es incompatible con las otras razones que dio el grupo para explicar el comportamiento que tuvieron. Mariano Loret de Mola, entrevista.

según él se proyectaría hacia el verano de ese año. En una entrevista que le concediera al periodista Jefferson Morley le confesó que en aquella coyuntura «el Directorio estaba desesperado y dividido. En aquel momento existió una gran brecha entre la facción internacional y la militar». Y la posible razón para explicar dicha división la ofrece el mismo Borja al afirmar que «la CIA estaba bombeando el dinero para hacer cualquier cosa en América Latina, pero no daba dinero para hacer nada en Cuba»[1331].

La contraparte del dilema expuesto claramente por Muñiz en la reunión del 26 de abril, la formuló Juan Manuel Salvat quien, por su parte, reconoció que aquel no era el momento ideal para ejecutar la acción militar que se tenía prevista para el día siguiente; pero, afirmó al mismo tiempo, «que estaba firmemente convencido de que si la acción no se realizaba ahora, *más nunca podría efectuarse, la Sección Militar entraría en tal crisis, que lógicamente desaparecería, así como de que si la acción fracasaba, también traería como consecuencia la definitiva disolución de la acción militar,* teniendo en cuenta su incapacidad para realizar los hechos programados»[1332]. El problema planteado por Salvat tocó el asunto existencial del DRE. La organización se había fundado como un instrumento «para llevar la guerra a Cuba» y si no cumplía con su objetivo estaba abocada a desaparecer. Pero, por otra parte, y dada su dependencia económica de la CIA, si llevaba a cabo la acción militar, corría el riesgo que se le retiraran los fondos y las probabilidades de subsistir irían a menos.

Para resolver la disyuntiva sobre si se debía llevar a cabo la incursión militar planificada para el día 27 de abril, se le preguntó a Isidro Borja, como responsable de la Sección Militar, sobre su opinión. En primer lugar, se le preguntó si él creía que, una vez que los miembros de la Sección Militar fueran enterados de los argumentos conducentes a suspender la acción, si la Sección desaparecería de no llevarse a cabo la incursión. Borja contestó «que era imposible el aplazamiento, ya que estaba convencido que, si

[1331] Jefferson Morley, «Revelation 1963», *Miami New Times*, 12 de abril 2001, https://www.miaminewtimes.com/content/printView/6353139

[1332] DRE, «Acta Extraordinaria # 3». Énfasis del autor.

el Ejecutivo adoptaba esa determinación, él estaba plenamente convencido que la Sección Militar desaparecería, *teniendo en cuenta la frustración que gravita sobre todos sus miembros al llevar ocho meses sin éxitos en ese sector*», respuesta que, por otra parte, era reveladora de la fragilidad que caracterizaba a lo que, sin lugar a duda, se había convertido en la columna vertebral del Directorio[1333]. También fue preguntado acerca de un posible fracaso en la operación y si esa circunstancia afectaría el futuro funcionamiento de la Sección Militar. La respuesta de Borja en esta instancia fue que un fracaso no provocaría la disolución del grupo[1334]. Con semejante contestación, la moción para considerar si era apropiado llevar a cabo la acción militar del día 27 fue llevada a votación, quedando aprobada por seis votos a favor y dos en contra[1335].

Tal como se planificó y aprobó, el 27 de abril se intentó llevar a cabo el ataque comando que se había discutido el día anterior. Sin embargo, una vez más, la acción quedó frustrada cuando las embarcaciones que participaron en la operación confrontaron dificultades para navegar en un punto a treinta millas de la costa cubana[1336]. La cuestión cobró gravedad cuando se supo que uno de los barcos se había hundido a causa del mal tiempo. El 30 de abril volvió a reunirse el Buró Ejecutivo. Esta vez el acta correspondiente a dicha asamblea fue breve y sombría al dar los datos de la misma: «Una vez comenzada la reunión, y ante la gravedad de los últimos acontecimientos ocurridos en la Sección Militar, y el hundimiento de uno de los barcos, después de una amplia discusión se acuerda por unanimidad convocar una reunión extraordinaria mañana día primero de mayo, y que sean invitados a con-

---

[1333] *Ibid.*

[1334] *Ibid.*

[1335] *Ibid.*

[1336] «HSCA Material Reviwed at Headquarters...Cuban Counterrevolutionary H», Washington, D. C., 1 de abril de 1963, Document id number 1993.08.05.10:41:34:710005, MFF. Esta operación naval, y su fracaso, está narrada en Machado, *Cuba. My (Twice) Betrayed Generation*, locs. 1998-2047.

currir con el Ejecutivo los Señores José María Lasa, Mario Pita, Bernabé Peña y Rodolfo Vidal»[1337].

Como estaba prevista, la reunión extraordinaria del Buró Ejecutivo, acordada en la reunión anterior de ese organismo, se celebró el 1 de mayo de 1963. El impacto del fracaso con la operación del 27 de abril fue de tal naturaleza que el mismo provocó una reflexión franca y a la vez dura entre los que asistieron al encuentro del Ejecutivo. El ambiente que predominó en el encuentro ha sido caracterizado como de «desorientación y cierto pesimismo»[1338]. El propósito de la reunión fue la de «hacer un replanteo general y una revisión de los planes del Directorio. Sus fallas y quiebras, sus logros y posibles modificaciones»[1339]. Era un contexto de encrucijada para la organización. La visión más real de lo que le sucedía al DRE pudo estar en las palabras iniciales del secretario general. Luis Fernández Rocha opinó que, aunque el Directorio todavía ocupaba «el primer lugar» en la estima de la opinión pública exiliada, «su labor de actualidad se concreta solo a *sobrevivir*» y ante la sugerencia de que había que abrir las puertas a nuevos miembros antepuso el argumento de «cómo aceptar nuevos miembros si no hay trabajo que ofrecerles»[1340]. Por otro lado, varios de los asistentes, entre ellos José María de Lasa, Mario Pita y Eduardo Muñiz, aludieron a la falta de organización dentro del DRE y en la necesidad de mejorar la coordinación para que se pudiera cumplir con el Plan del movimiento. Según se expresó de Lasa, «hasta ahora no hemos hecho otra cosa que inventar»[1341]. Por su parte, José A. G. Lanuza apuntó lo que a todas luces debió ser evidente para toda la militancia del DRE, o al menos a su dirigencia, y era que en el Directorio se confiaba todo

[1337] DRE, Acta Ordinaria # 13, Miami, 30 de abril de 1963, DRE, AJFC.
[1338] Enrique Ros, *El Clandestinaje*, 337.
[1339] DRE, «Acta Extraordinaria # 4», Miami, 1 de mayo de 1963, DRE, AJFC. La reunión también se puede seguir mediante el acta que redactó General Fatjó, «Reunión Extraordinaria del Ejecutivo # 4 - 1 de mayo de 1963», Miami, 1 de mayo de 1963, DRE, AJFC.
[1340] *Ibid.* Énfasis del autor.
[1341] Fatjó, «Reunión Extraordinaria».

«a una acción»[1342]. Y, sobre este particular, Fernando García Chacón advirtió lo que todos sabían: «si con anterioridad a esta reunión se hubiera realizado alguna acción militar, probablemente en estos momentos el DRE no existiría como una organización pujante, pues no existía nada preparado de una manera ponderada y lógica que asegurara la subsistencia del DRE una vez realizada la acción»[1343]. Precisamente, sobre ese asunto la CIA en Washington había tomado una decisión que revestía de credibilidad la advertencia de García Chacón. El 4 de abril se le avisó a JMWAVE que no se le cortara el subsidio al DRE al menos que se hiciera un ataque comando y, sobre todo, si el objetivo era una embarcación soviética[1344], y el 29 del mismo mes se reiteró que la relación entre la CIA y el Directorio no podría terminarse sin la previa aprobación de la Oficina Central de la CIA[1345].

Consciente de que el DRE corría el peligro de convertirse en una organización carente de financiamiento, con las consecuencias que tal condición tenía para el futuro de la organización, García Chacón exhortó a sus compañeros a no «echar por la ventana» todos los esfuerzos realizados por el DRE hasta el presente «mediante un acto irresponsable»[1346]. En ese sentido, Lanuza le recordó al grupo reunido en aquella junta extraordinaria «que todavía se habla del Blanquita», aludiendo al ataque al Rosita de Hornedo y que contribuyó a levantar el ánimo de la comunidad exiliada a la vez que catapultó el prestigio del DRE a niveles insospechados[1347]. Es decir, no existía la necesidad imperiosa de actuar de manera precipitada como parecía que era el cálculo que guío la actividad del DRE durante los primeros meses de 1963. Aunque se estuviera trabajando por «sobrevivir» como afirmó Fernández Rocha en su primera intervención durante la reunión,

[1342] *Ibid y «*Acta Extraordinaria # 4».

[1343] «Acta Extraordinaria # 4».

[1344] CIA, Cable de Director a JMWAVE, Washington, D. C., 4 de abril de 1963, DRE, AJFC.

[1345] CIA, Cable de Director a JMWAVE, Washington, D. C., 29 de abril de 1963, DRE, AJFC.

[1346] «Acta Extraordinaria # 4».

[1347] *Ibid.*

«todavía el Directorio sigue ocupando el primer lugar»[1348]. Es verdad que había problemas serios por resolver, como los que afectaban a la Sección Militar, pero, al final de la reunión, se determinó hacer frente a esos asuntos a la vez que se reexaminarían los planes de cada una de las secciones, incluyendo el militar, y se discutirían en una próxima reunión extraordinaria que se citó para 8 de mayo de 1963[1349]. Todo indicaba que la encrucijada que se confrontó al iniciar la reunión podía superarse sin tener que tomar acuerdos que pusieran en peligro la vida del movimiento. En el recuento de la junta extraordinaria, General Fatjó anotó un comentario que resumió la tenue esperanza que afloraba al resumir los acontecimientos del día, *«a ver si caminamos»* fue la exclamación del Secretario de Finanzas del DRE[1350]. Años más tarde, Juan Manuel Salvat reconoció el grave riesgo que corrieron los militantes del DRE si se hubiese podido concretar algunos de los ataques comandos que se planificaron durante aquellos primeros meses de 1963 y si, como se esperaba, la CIA hubiese cumplido con su decisión de dar por terminadas sus relaciones con el Directorio. «Si había rompimiento», afirmó Salvat, «nuestras posibilidades de acción eran mínimas o imposibles»[1351].

El cambio principal que se dio en la forma en que el DRE enfocó sus planes futuros quedó reflejado en el documento «Análisis de Ideas Para el Plan Militar del DRE» que, con fecha de 10 de mayo de 1963, preparó Juan Manuel Salvat. En su momento durante la reunión extraordinaria del 1 de mayo, el propio Salvat había dado una definición clara sobre el objetivo que perseguía el DRE con su «Plan de Liberación», al que el Plan Militar quedaría supeditado. De acuerdo con Salvat, «el fin del plan...es la creación de una fuerza cubana para la liberación total o la casi liberación de Cuba, mediante la creación de un instrumento eficiente, militar, político y económico, organismo que represente digna-

[1348] *Ibid.*

[1349] *Ibid.*

[1350] Fatjó, «Reunión Extraordinaria». Énfasis del autor.

[1351] Juan Manuel Salvat, entrevista.

mente al pueblo cubano que logre derrocar a Fidel»[1352]. Según esta definición el DRE no era ese organismo sino un instrumento para crearlo. Para ello, explicó Salvat en aquella ocasión, había que fortalecer al Directorio «para que se constituya en un organismo grande, fuerte, militar, y con suficientes medios económicos, mediante todo lo cual pueda ayudar a la creación del instrumento idóneo que dirija todo lo anterior»[1353]. Por asumir que «el exilio cubano está podrido en su dirigencia y falta de conciencia en el pueblo», Salvat estaba convencido de que solo «Círculos reducidos de la cubanía representados por aquellos que tuvieron la 'Gracia' de recibir y conocer mejor a Cristo mantienen la posibilidad de salvar a la Patria»; y, por supuesto, para él, el DRE era «el movimiento más apto para hacerse cargo de esta responsabilidad»[1354].

Con el fin de consolidar al Directorio como la organización vanguardia sugerida por Salvat se dirigió toda la reorganización hablada en la reunión extraordinaria y que se iría perfilando a lo largo del mes de mayo y junio de 1963[1355]. Un gran énfasis en dicha reorganización estuvo en el diseño de un organismo y formas eficaces para aumentar los ingresos del DRE para sus planes militares. Entre las ideas que se consideraron estuvieron las de crear un grupo de personalidades de prestigio que, como el empresario de las comunicaciones Abel Mestre, pudieran ayudar al Directorio en la recaudación de ingresos. Así mismo, se contempló y se puso en práctica la constitución de «comités de finanzas» en las distintas delegaciones con el mismo propósito que el aludido anteriormente. De igual manera se puso un gran énfasis en la

[1352] «Acta Extraordinaria # 4».

[1353] *Ibid.*

[1354] Juan Manuel Salvat, «Al Secretario General del DRE», Miami, 4 de diciembre de 1963 [por algunos de los acontecimientos referidos en este documento, el año correcto debe ser 1962], DRE, documentación de Cecilia la Villa, carpeta «Miami».

[1355] Véanse las actas correspondientes a los días 7 de mayo de 1963 (# 14), 9 de mayo de 1963 (Extraordinaria # 5), 14 de mayo de 1963 (# 15), 22 de mayo de 1963 (# 16), 28 de mayo de 1963 (# 17) y 17 de junio de 1963 (# 18), DRE, AJFC.

delegación de Puerto Rico ya que en esa jurisdicción caribeña existía una colonia cubana pujante y con habilidad para recoger fondos destinados a movimientos beligerantes como el DRE. En ese sentido, en el Directorio se discutió la posibilidad de nombrar un delegado en Puerto Rico que se dedicara exclusivamente a los asuntos de la delegación. Eventualmente se nombrará a Vicente Sosa en esa posición.

En cuanto al Plan Militar y lo expuesto por Salvat en su documento, se reconoció, en primer lugar, la importancia que para el DRE tenía esta cuestión. La primera premisa del Plan a la que alude Salvat fue, precisamente, que «el plan militar es la parte más importante del Plan General del DRE»[1356]. Y la razón para llegar a esa afirmación, según Salvat, era que «de su desarrollo o no, depende el que se pueda realizar o no el Plan de Liberación del DRE»[1357]. Salvat también admitió la insignificancia de las acciones marítimas que con propósito de propaganda habían sido el eje central del plan militar que había guiado la acción del DRE después de que terminara la Crisis de Octubre. Sobre este particular, el dirigente del DRE explicó que no eran efectivas, que no le hacían daño al régimen y que no ameritaban el riesgo de hombres ni el trabajo que representaba realizarlas y que ponían «al movimiento a bailar sobre imponderables»[1358]. En relación con los objetivos que usualmente justificaban el querer llevar a cabo este tipo de acción, es decir, levantar fondos y darle prestigio al DRE, Salvat afirmó que no valían la pena ya que el Directorio tenía «prestigio» y el dinero que se recogía era limitado[1359]. De igual forma analizó las acciones del DRE en el campo militar en relación con la posición que se creía que sería asumida por el gobierno de Estados Unidos ante ellas. En este renglón, el análisis de Salvat también fue sumamente realista. De acuerdo con Salvat, cualquier acción pública del Directorio en el campo militar

[1356] Juan Manuel Salvat, «Análisis de Ideas Para el Plan Militar del DRE», Miami, 10 de mayo de 1963, DRE, AJFC.

[1357] *Ibid.*

[1358] *Ibid.*

[1359] *Ibid.*

conllevaría: «un corte en nuestras relaciones con los americanos», «la posibilidad de que destruyan nuestro aparato militar y de propaganda», «la expulsión de dirigentes del territorio de E. U.» y «la posibilidad casi cierta de que lanzarían contra nosotros todo su aparato represivo»[1360]. Al considerar cada una de estas variables, Salvat concluyó que no valía la pena arriesgar tanto por los menguos resultados que podrían obtenerse de las acciones marítimas.

En relación con la posibilidad de un rompimiento de relaciones, el dirigente estudiantil adelantó que, si la misma ocurría cuando el DRE no contara aún con fuentes independientes de ingreso que garantizaran el desarrollo de los planes de la organización, las posibilidades de lograr los fines de esos planes serían mínimas. Planteó, además, que al tener la «ayuda americana» el DRE mantendría sus planes en desarrollo, sobre todo el de propaganda «y la oportunidad de buscar recursos para lo militar fuera»[1361]. Así mismo, consideró que si los aparatos de propaganda y militar eran destruidos, «el rehacerlos significaría un esfuerzo que quizá no pudiéramos desarrollar» y, a la vez, se correría el riesgo de que «la cosa cubana» fracase totalmente y que «Castro se haría invencible»[1362]. Es por todo eso que Salvat sugiere que el DRE asuma «actitudes inteligentes que eviten los riesgos de un aniquilamiento por parte de ello [el gobierno de Estados Unidos] hacia nosotros»[1363]. Y la «actitud inteligente» a la que se refiere Salvat no es otra que «dar un golpe sorpresivo tan fuerte que sea la realización de nuestro plan»; o dicho de otra forma, «acciones que deben debilitar de manera extraordinaria y eficaz al régimen comunista»[1364].

El planteamiento que hizo Juan Manuel Salvat con relación a cómo debía el Directorio enfocar el «Plan de Liberación» cerraba, al menos teóricamente, el ciclo marcado por el fin de la Crisis

1360 *Ibid.*
1361 *Ibid.*
1362 *Ibid.*
1363 *Ibid.*
1364 *Ibid.*

de Octubre y recondujo la consigna propuesta por Eduardo Muñiz acerca de cómo afrontar la nueva etapa, es decir, «volver a confiar en nuestro esfuerzo y solo de nuestro esfuerzo», por un camino distinto al asumido por el DRE durante los meses de febrero, marzo y abril de 1963. En vez de transitar ese «esfuerzo propio» por la vía del ataque marítimo con propósitos propagandísticos, se adoptó uno que se asumió como de gran envergadura y de impacto extraordinario en cuanto a su capacidad de debilitar al régimen enemigo. Para llevarlo a cabo se necesitaban recursos financieros, tiempo y paciencia, pero también era imprescindible seguir organizados. En mayo de 1963, el DRE que había superado la crisis de Girón, que había perdido sus cuadros del clandestinaje a causa de una delación, que se sintió abatido por la forma en que se resolvió la Crisis de Octubre y que intentando dar zarpazos para revitalizar la lucha en contra del régimen castrista corrió el riesgo de transformarse en una organización impotente, parecía cobrar una nueva vitalidad al reenfocar sus objetivos y su forma de conducir la lucha en la que estaba empeñado. Ya Salvat había advertido que «cuando se traza un plan es necesario hacerlo observando la parte más negativa, y nunca cimentarlo sobre bases optimistas, pues estaría presto al derrumbe»[1365]. Todos los indicios apuntaron a que en mayo de 1963 el DRE colocó sus planes sobre cimientos sólidos. Ahora quedaba por demostrar si se podía construir sobre ellos.

[1365] *Ibid.*

Tripulación de la PT «José Antonio Echeverría»

Al frente: José María de Lasa, Willy Hernández, Julio Jo y Manolito Contreras.
En el medio: Kiko Torres, Orestes Hernández.
Arriba: Juan Marcelo Fiol, Isidro Borja, Raúl Alorda y Jorge de Cárdenas

Capítulo 12

Gestionando la guerra

Uno de los aspectos que ayudó a que el DRE mantuviera el prestigio adquirido a lo largo de su breve historia, sobre todo cuando se vio imposibilitado de producir acciones militares como aquella que llevó a cabo al cañonear al Hotel Rosita de Hornedo, fue el desarrollo de un discurso nacionalista en el que se presentó como un David luchando contra dos Goliat, el régimen de Fidel Castro y el gobierno de Estados Unidos. Fue un discurso que se construyó a partir del momento en el que el gobierno de Estados Unidos adoptó medidas que restringieron la movilidad de algunos de los más beligerantes miembros de la comunidad exiliada, entre ellos tres del DRE, y que, a la vez, trataron de impedir acciones militares contra el régimen cubano «por la libre» y desde territorio de Estados Unidos. Hasta ese momento, las contradicciones entre el Directorio y el gobierno norteamericano se solían atender en privado, ya con los contactos de la CIA con el DRE o, como lo hicieron Luis Fernández Rocha y José María de Lasa con Richard Helms en noviembre de 1962. A partir de 1963, pero, sobre todo, después del instante en el que el gobierno norteamericano tomó las medidas coercitivas que afectó a parte de la dirigencia del DRE a finales del mes de marzo, el disgusto se ventilaría en público y estaría revestido de un fuerte lenguaje antagónico. Es en el periódico *Trinchera*, órgano oficial del Directorio, en donde se puede rastrear muy bien este proceso.

Si se examinan los primeros siete números de *Trinchera*, aquellos que fueron publicados en un formato pequeño entre el 26 de junio de 1961 y el 8 de abril de 1962, queda claro que en todo ese tiempo, que transcurre después de la debacle en Girón, no se emiten críticas hacia la política que seguía Estados Unidos con referencia a Cuba y el régimen de Castro. Es al mes siguiente, en el número correspondiente al 17 de junio, el primero que aparece en formato de gaceta o tabloide, que se puede encontrar cierta crítica hacia el gobierno norteamericano. En el titular de *Trinchera* se expresó la oposición del DRE a la «coexistencia» y su postura a resolver el problema cubano mediante la «guerra»[1366]. Así y todo, la alusión a Estados Unidos no era directa, aunque se podía inferir un temor por parte del Directorio a que esa fuera la posición del gobierno norteamericano ante el caso cubano. Algo parecido, por ejemplo, fue la postura que apareció en el número del periódico publicado con fecha de 19 de agosto y que se expresó por medio de José María de Lasa en una columna fija de la publicación llamada «Frentes». De acuerdo con este dirigente del Directorio, era necesario criticar al «Mundo Libre» y a «las democracias del Continente (sic)», por las aparentes inclinaciones que parecían tener hacia la «coexistencia»[1367]. De nuevo, no hay un ataque directo a Estados Unidos, pero si una crítica velada.

Un pronunciamiento más fuerte que los anteriores fue el que hizo el secretario de Finanzas del DRE, General Fatjó, en un artículo publicado en *Trinchera*, el 23 de septiembre de 1962 y que tituló «¡Despierta Yanki!». El artículo apareció en medio de la campaña que hacía el DRE acerca de la presencia de tropas y material bélico soviético en la isla de Cuba. Según la opinión emitida por Fatjó, el gobierno de Estados Unidos no había reaccionado a esta denuncia porque ha estado «dormido» y «engañado por los 'rosados' de este país, los llamados 'liberales', el New York Times y otros órganos parecidos»[1368]. Fatjó consideró que era necesario que el gobierno de Estados Unidos se «definiera» lo antes posible. Un reclamo similar se hizo en el editorial aparecido en el número del periódico correspondiente al 14 de octubre. La nota era una reacción a lo que suponía que era una ofensiva a favor de

---

[1366] DRE, *Trinchera*, «¡Coexistencia Pacífica NO, Guerra Sí!», Miami, 17 de junio de 1962, 1.

[1367] José María de Lasa, «Frentes» en *Trinchera*, Miami, 19 de agosto de 1962, 8.

[1368] General Fatjó, «¡Despierta Yanki!», *Trinchera*, Miami, 23 de septiembre de 1962, 4.

la «coexistencia pacífica» y reclamó, en una clara alusión a Estados Unidos, una respuesta de «nuestros aliados naturales»[1369].

Aunque en todos estos comentarios citados no hay una crítica directa hacia la política cubana del gobierno de Estados Unidos, los mismos sí reflejan las dudas que existían dentro del DRE acerca del compromiso que tenía ese gobierno a enfrentar el régimen cubano dirigido por Fidel Castro de la misma manera en que lo tenía el Directorio. En ese sentido, la Crisis de Octubre se convirtió en un parteaguas que desde la perspectiva del DRE aclaró los fines de Estados Unidos, al menos del poder ejecutivo tal y como lo dirigía el presidente Kennedy. Es verdad que ese convencimiento no cristalizó en el corto plazo. Durante ese tiempo, en el que *Trinchera* dejó de publicarse y en el que el DRE fue duramente impugnado por JMWAVE, inclusive en sus finanzas, predominó la sospecha y la misma se manifestó en la carta pública que Luis Fernández Rocha le dirigiera al presidente de Estados Unidos el 13 de diciembre de 1962. En ese sentido, el secretario general del DRE se refirió a la Crisis de Octubre y sobre ella dijo que la misma «ha entrado en una fase de negociaciones cuyos alcances y consecuencias desconocemos los cubanos»[1370]. Y es, precisamente, ese desconocimiento el que le lleva a proclamar su sospecha: «Nos preocupa», dijo, «el destino de las naciones del hemisferio y del propio pueblo cubano, *si cualquier negociación tendiera a reconocer un status quo, que diera derecho de permanencia a un régimen marxista-leninista en el mismo corazón de las Américas*»[1371]. Para Fernández Rocha, como para la organización que dirige, la única legitimidad que le pudieran reconocer a la negociación entre los gobiernos de Estados Unidos y de la Unión Soviética, es si la misma conduce «a la eliminación del régimen comunista de La Habana», de lo contrario, desde la perspectiva del Directorio, lo contrario no sería aceptable[1372].

[1369] DRE, «Editorial», *Trinchera*, Miami, 14 de octubre de 1962, 2.

[1370] Luis Fernández Rocha a John F. Kennedy, Miami, 13 de diciembre de 1962, DRE, AJFC.

[1371] *Ibid.* Énfasis del autor.

[1372] *Ibid.*

Una vez que *Trinchera* vuelve a publicarse, el 10 de febrero de 1963, la «sospecha» expresada por Fernández Rocha ha desaparecido. Para el Directorio, la negociación que le puso fin a la Crisis de Octubre no hizo posible la desaparición «del régimen comunista de La Habana» e inmediatamente aparece la crítica dura y explícita al gobierno de Estados Unidos que será la base del discurso nacionalista en el que el DRE se ve como una víctima que, como el David aludido, lucha contra dos Goliat, el régimen de Fidel Castro y la política del gobierno de Estados Unidos. Es en la columna de comentarios breves, «Actualidad», que firma Juan Manuel Salvat donde se presenta por primera vez algunos de los elementos esenciales del discurso. Aludiendo a los sucesos de Playa Girón, dice Salvat: «Pero sí podemos decir que en aquella época hubo muchas promesas y *ninguna se cumplió.* El clandestinaje no tenía armas, *ni fue avisado* de la fecha de la Invasión. En la Sierra Maestra cientos de guajiros y un puñado de estudiantes dirigidos por A. Muller *no recibieron nunca el apoyo prometido.* Hubo, si, *muchas promesas que no se cumplieron*»[1373]. No es casualidad que, en ese mismo número del periódico, y con un despliegue amplio y llamativo en la primera página, el DRE presentó lo que sería su «tesis» y que en su primer acápite proclamó que «La dirección y el inicio de la lucha de liberación es solo responsabilidad de los cubanos»[1374]. Es decir, ante el «abandono» del «aliado natural» y con el empeño de seguir la lucha, la responsabilidad recae en los cubanos, y, como parte de esa comunidad, en el DRE.

El proceso se hizo todavía más claro cuando el gobierno de Estados Unidos tomó las medidas dirigidas a detener los ataques comandos como el que había realizado el DRE en agosto de 1962 o más recientemente Alpha-66/Segundo Frente y Comandos L. Casi todo el periódico, reducido a cuatro páginas y costando $0.05, fue dedicado a comentar la situación. El titular, amplio y ocupando casi media página proclamó: «Responde el DRE al

---

[1373] Juan Manuel Salvat, «Actualidad», *Trinchera*, Miami, 10 de febrero de 1963, 2. Énfasis del autor.

[1374] DRE, *Trinchera*, Miami, 10 de febrero de 1963, 1.

Gobierno de Estados Unidos»[1375]. Por supuesto, el reclamo siguió lo establecido por Salvat en el comentario aludido: «la respuesta ha sido siempre la de dejar *abandonados* a los cubanos. La de *traicionar* promesas. La de *incumplir* juramentos» e ilustrándolo con los ejemplos de la clandestinidad desarmada, la Brigada 2506 abandonada en Girón, la falta de armas en el alzamiento de Alberto Muller y ahora impidiendo combatir a los cubanos que luchan contra Castro.[1376]. Lo notable es que se añadió un nuevo elemento al análisis con lo que se reforzó el discurso del «David contra los dos Goliat»: las nuevas medidas, así como la actitud del gobierno norteamericano era la consecuencia de la negociación que puso fin a la Crisis de Octubre[1377]. Es decir, que los cubanos que luchaban por promover un cambio hacia la democracia en Cuba también fueron abandonados durante la Crisis de Octubre. Por otro lado, el ingrediente nacionalista del relato histórico que construyó el DRE en esos días no solo se expresó cuando su propaganda manifestaba abiertamente el rechazo en contra de la política norteamericana, sino que también estaba contenido en la impugnación, ya aludida en la carta a Kennedy de Luis Fernández Rocha, a la legitimidad de la negociación entre la URSS y Estados Unidos ya que, al no estar presente «la voluntad cubana», «nosotros no podemos aceptarla»[1378]. Así, Juan Manuel Salvat pudo rebatir el argumento de algunos que en el exilio censuraron al Directorio por criticar la política que el gobierno de Estados Unidos seguía para el caso cubano. De acuerdo con el dirigente del DRE, y uno de sus voceros principales y con más autoridad, afirmó que si lo hacían era «por defender nuestra soberanía, nuestra dignidad y libertad» y no precisamente la de la organización en la que él militaba sino la del pueblo de Cuba que asume representar[1379].

[1375] DRE, *Trinchera*, Miami, 7 de abril de 1963, 1.

[1376] *Ibid.*

[1377] *Ibid,* 4.

[1378] *Ibid.* Curiosamente, ese fue el mismo argumento utilizado por Fidel Castro para rechazar el acuerdo entre Estados Unidos y la Unión Soviética acerca de las inspecciones en suelo cubano.

[1379] Juan Manuel Salvat, «Actualidad», *Trinchera*, Miami, 7 de abril de 1963, 2.

Implícito en el discurso del «abandono», la «traición» y el «incumplimiento» estaba el concepto de «víctima» que José María de Lasa eleva a un nivel cuasi-sagrado en su columna *Frentes* al tocar el tema de las relaciones entre el gobierno de Estados Unidos en sus relaciones con los cubanos de la oposición y alude a la conmemoración de la Semana Santa. En su análisis de Lasa reconoce el derecho de ese gobierno a adoptar «las leyes y medidas que les convenga» pero le reprocha que lo hace «aunque ello signifique *abandonar* a un pueblo o *entregar* los destinos del mundo», un contexto que utiliza para referirse al «sacrificio» de Cristo en la cruz y para mencionar a «Judas y traidores» y de esa manera referirse al caso del DRE y de los cubanos de la diáspora [1380].

La elaboración de todo ese cuadro semántico le permitió al DRE poner el énfasis de su propaganda en la importancia del esfuerzo cubano para conseguir el cambio de régimen en Cuba. El titular aparecido en *Trinchera* el 21 de abril de 1963 decía, en parte: «Frente a las negociaciones: *Cuba dirá la última palabra*»[1381]. Es decir, el protagonismo pertenecía a los cubanos beligerantes, al DRE, de manera que la comunidad exiliada era transformada en el principal responsable de proveer todo el apoyo, particularmente el financiero, para que estas organizaciones, y el Directorio en primer lugar, pudiese emprender el camino de la «liberación». Ya el DRE había expresado esta idea al dar a conocer su «tesis» el 10 de febrero de 1963 al proclamar que «La dirección y la lucha de liberación es solo responsabilidad de los cubanos»[1382]. Solo que ahora el reclamo estaba reforzado por lo que había sucedido a finales del mes de marzo con las restricciones impuestas por el gobierno de Estados Unidos y por la explícita formulación del discurso del «abandono», la «soledad» y la «traición», fuertes componentes para suscitar el apoyo de la co-

[1380] José María de Lasa, «Frentes», *Trinchera*, Miami, 21 de abril de 1963, 4. Énfasis del autor.

[1381] DRE, «Ante las negociaciones: Cuba dirá la última palabra. Nuestra soberanía no es negociable», *Trinchera*, Miami, 21 de abril de 1963, 1. Énfasis del autor.

[1382] DRE, «Nuestra Tesis», *Trinchera*, Miami, 10 de febrero de 1963, 1.

munidad. Poco después, el DRE apuntaló aún más la respuesta a su interpelación presentando, también públicamente, una «Nueva estrategia de lucha» a la vez que esbozó los contornos de un «Plan Militar»[1383]. Más adelante, el 8 de septiembre de 1963, el DRE publicó en *Trinchera* su «Plan de Liberación»[1384] que recogió muchos de los planteamientos hechos por Salvat en su «Análisis de Ideas Para el Plan Militar del DRE» de mayo de 1963. La presentación pública del «plan de Liberación» se hizo, en parte, para responder a cierta inquietud que se detectó en la opinión pública acerca de la aparente falta de actividad por parte del DRE. En cuanto a este asunto ya José María de Lasa había advertido que había que tener paciencia y que no se podía actuar desde la «improvisación»[1385]. De manera similar, el Directorio aseveró en la presentación de su «Plan de Liberación» que «tomaremos el tiempo que sea necesario»[1386]. De ahí que fuese tan importante continuar con la ofensiva propagandística en reclamo de apoyo a la organización. Había que demostrar que el DRE era una organización seria y comprometida con la democratización de Cuba y que, además, no estaba inactiva como lo percibían algunos sectores del exilio cubano.

Para el DRE era de suma importancia mantener su credibilidad ante la opinión pública de la comunidad cubana exiliada; una comunidad que en aquellas circunstancias se enfrentaba a la desesperanza y a la dispersión. La necesidad de generar ingresos para mantener a las familias que habían llegado de Cuba era cada vez más necesaria. Para muchos se fue haciendo imprescindible aceptar la «relocalización», es decir, salir del bastión simbólico de resistencia representado por Miami o el sur de la Florida para poder encontrar trabajo en otras latitudes de Estados Unidos. Es verdad que el DRE contó con un aparato propagandístico de pri-

[1383] DRE, «Nueva estrategia de lucha en Cuba» e Isidro Borja, «Necesidad de un Plan Militar», *Trinchera*, Miami, 9 de junio de 1963, 1.

[1384] DRE, «Nuestro Plan de Liberación», *Trinchera*, Miami, 8 de septiembre de 1963, 1.

[1385] José María de Lasa, «Frentes», «*No se puede improvisar*», *Trinchera*, Miami, 9 de junio de 1963, 8.

[1386] «Nuestro Plan de Liberación», *Trinchera*, Miami, 8 de septiembre de 1963.

mer orden. Gracias a los esfuerzos de su sección preuniversitaria, que repartía o vendía *Trinchera* los domingos en los templos católicos a los que muchos cubanos se acercaban para asistir a la misa, o que distribuían la propaganda de la organización en muchas de las escuelas a las que acudían los estudiantes cubanos residentes en Miami, y a la labor de las delegaciones repartidas por múltiples puntos de Estados Unidos, el Directorio tenía un contacto directo con muchos exiliados al que no necesariamente llegaban otras organizaciones.

Sin embargo, a pesar de esta ventaja, el problema del DRE era la posible competencia proveniente de otros movimientos de cubanos beligerantes, como, por ejemplo, aquellos agrupados en Alfa 66-Segundo Frente y Comandos L. Aunque hubo varios intentos de forjar una coordinación con algunos de ellos, particularmente para llevar a cabo acciones comandos, ninguna llegó a concretarse. No obstante, el reto mayor no provendrá tanto de ellas, que por el momento estaban, como el DRE, siendo vigiladas por el gobierno de Estados Unidos, sino de otras dos, el MRR y el JURE, que recibirán un fuerte apoyo por parte de ese mismo gobierno para que desarrollasen un trabajo, particularmente el militar, que pudiera lograr un cambio de régimen en Cuba.

La competencia presentada por estas organizaciones no se refería tanto al aspecto económico, es decir, a la posibilidad de recibir respaldo financiero de aquellos individuos u entidades privadas dispuestos a colaborar monetariamente con los grupos beligerantes, aunque ese podría ser un problema a largo plazo. Era más bien, de presencia efectiva en el campo de la oposición cubana. En la medida en que estos grupos con amplios recursos fuesen eficaces en la lucha contra el régimen de Fidel Castro, un DRE «inmovilizado» en su actividad militar corría el riesgo de perder protagonismo, de transformarse en un movimiento irrelevante. Hay que considerar que la lucha insurreccional, dentro de la cultura cubana, era el campo privilegiado para alcanzar prestigio político. La actividad de los otros y la «inercia» del Directorio era una combinación que podía convertirse en una amenaza al reconocimiento alcanzado por el DRE a lo largo de su historia. Y el problema para la organización era que esa competencia que surgiría en el futuro inmediato fue el resultado de decisiones tomadas por la administración Kennedy que, lejos de desentenderse del problema cubano como predicaba el DRE con su discurso del *abandono*, buscó nuevos mecanismos para enfrentar el desafío que representaba la presencia de un régimen comunista a noventa millas de sus costas. Es decir, el Directorio, que no contaba con el apoyo de Estados Unidos para operar como una organización militar, tendría que enfrentarse a un cuadro en el que los contendientes disfrutarían del amplio respaldo del gobierno norteamericano.

Una vez que el gobierno de Estados Unidos se deshizo en enero de 1963 del programa cobijado bajo la «Operación Mangosta», se comenzó un proceso de reflexión para encontrar un sustituto con el cual poder alcanzar los objetivos de la administración Kennedy con respecto a Cuba. Esas metas serían resumidas por el funcionario del Departamento de Estado, Robert A. Hurwich como, la no reintroducción de armas ofensivas en Cuba, la remoción de las fuerzas militares soviéticas de la isla, evitar las acciones militares ofensivas por parte de Castro, reducir la subversión en el hemisferio, divorciar a Castro de la URSS, reemplazar el régimen de Castro, maximizar los costos de la Unión Soviética en Cuba, aislar políticamente a Cuba y prepararse para contingencias militares[1387]. El tema se retomó en una reunión del Special Group que se celebró el 11 de abril de 1963. En el encuentro se discutió un programa de «sabotaje y hostigamiento» que al final no se aprobó pues se pidió más tiempo para reflexionar y así poder discutirlo con el presidente[1388].

La búsqueda del nuevo programa se llevaba a cabo cuando, el 9 de abril de 1963, José Miró Cardona renunciaba como presidente del Consejo Revolucionario Cubano al mismo tiempo que impugnaba la política de Kennedy hacia Cuba. La renuncia de

[1387] Robert Hurwitch, «Memorandum from Hurwitch to the NSC Standing Group (658)», Washington, D. C., 19 de abril de 1963, *FRUS, 1961-1962; Cuban Missile Crisis and Aftermath*, Vol. X/XI/XII, Microfiche Supplement.

[1388] «Memorandum for the Record» (posiblemente de John McCone), Washington, D. C., 11 de abril de 1963 publicado en «Understanding the CIA», NSA, https://nsarchive.gwu.edu/briefing-book/intelligence/2019-03-04/understanding-cia -how-covert-overt-operations-proposed-approved-during-cold-war

Miró se produjo a raíz de la imposición por parte del gobierno de Estados Unidos de las medidas conducentes a detener los ataques a objetivos cubanos por parte de algunas organizaciones de la oposición que operaban desde territorio norteamericano. De igual manera en que el DRE utilizó la ocasión para desarrollar públicamente su discurso sobre el *abandono*, la renuncia de Miró reforzó esa forma de aproximarse a la política de Estados Unidos con respecto al problema cubano. Aludiendo a la misma, e insinuando que el acto de Miró más que una preocupación podía servir para iniciar un proceso para reorientar la política cubana de la administración Kennedy, el funcionario de la CIA responsable de los asuntos cubanos, Desmond Fitzgerald, le sugirió al director de la Agencia, John McCone, que la utilidad de Miró para el gobierno de Estados Unidos y para la comunidad cubana exiliada, «había llegado a su fin»[1389].

La cuestión cubana fue considerada por el presidente Kennedy el 15 de abril. Ese día lo visitó el Director de la CIA, McCone. El encuentro tuvo lugar en Palm Beach donde el presidente tenía una casa de veraneo. Según el memorándum redactado por McCone resumiendo la conversación con Kennedy, él trajo a la atención del primer mandatario norteamericano el asunto cubano. Lo primero fue resumir los objetivos de la política para después transmitirle al presidente las vías que se estaban estudiando en la CIA para conseguir los objetivos. En ese sentido, McCone habló de dos caminos. Uno era «el ejercicio sobre Nikita Khrushchev de una presión constante y de todas las naturalezas posibles para forzar su retirada de Cuba» y la otra fue la de obtener la caída de Castro por medios que pudieran desarrollarse «después de la remoción de las tropas soviéticas y no antes. De

[1389] Desmond Fitzgerald, «Memorandum for Director of Central Intelligence»-«Current Status of Cuban Exile Reactions to the Resignation of Dr. José Miró Cardona», Washington, D. C., 13 de abril de 1963, CIA, JFK Assassination Records, RN 104-10306-10015. El documento viene acompañado por un apéndice en el que se resume la ayuda económica dada por el gobierno de Estados Unidos al CRC durante el período comprendido entre el 1 de mayo de 1961 y 11 31 de marzo de 1963. El total de fondos durante ese tiempo fue de $11,300,000.

esa manera se podría establecer un gobierno satisfactorio en Cuba»[1390]. El problema que el director de la CIA le planteó al presidente acerca de estas dos vías era que él no había tomado una decisión en relación a la viabilidad de cualquiera de los dos planes. La respuesta de Kennedy señaló el camino a seguir. Para el presidente de Estados Unidos, valía la pena estudiar ambas aproximaciones cuidadosamente a la vez que sugirió que se contemplara la posibilidad de «perseguir ambas vías a la vez»[1391]. Como en esa misma reunión McCone compartió con el presidente detalles de las gestiones que hacía el abogado Donovan en Cuba para incitar en Fidel Castro el deseo de mejorar las relaciones de Cuba con Estados Unidos, Kennedy dispuso que se mantuviera ese canal abierto[1392] con lo cual se sugería que la vía de negociación se utilizaría, no para mantener el *status quo q*ue proclamara la «coexistencia pacífica» como se temía en el DRE y en otros sectores del exilio, sino como mecanismo que sirviera para alcanzar los objetivos de la política de Estados Unidos hacia Cuba.

El esquema general acerca de los medios y maneras de proceder para lograr los fines que perseguía el gobierno norteamericano en Cuba están contenidos en un documento suscrito por Desmond Fitzgerald y que tiene fecha de 17 de abril de 1963[1393]. La información había sido requerida por el presidente Kennedy y por su hermano, el fiscal general Robert Kennedy. La propuesta del programa descartó, entre otras cosas, proponer operaciones encubiertas que, aunque fuesen inspiradas e inatribuibles a Estados Unidos, pudiesen causar una confrontación directa con la Unión Soviética. Por esa razón se prescindió de una acción pare-

---

[1390] John McCone, «Memorandum for the File: Meeting with the President in Palm Beach, Florida», Washington, D. C., 16 de abril de 1963, «Kennedy and Cuba: Operation Mongoose», NSA, https://nsarchive.gwu.edu/briefing-book/cuba/2019-10-03/kennedy-cuba-operation-mongoose.

[1391] *Ibid.*

[1392] *Ibid.*

[1393] «Paper prepared by the CIA (655). Prospects and Limitations of a Maximum Covert Program Against the Castro Communist Regime», Washington, D. C., 17 de abril de 1963, *FRUS, 1961-1962; Cuban Missile Crisis and Aftermath*, Vol. X/XI/XII, Microfiche Supplement.

cida a la protagonizada por la Brigada 2506 el 17 de abril de 1961. De la misma manera, se consideró que no era recomendable, por el momento, estimular un levantamiento popular en Cuba ya que no existían las circunstancias necesarias para garantizar el éxito de este[1394].

De forma similar, el análisis asumió como premisas que condicionarían el tipo de operaciones que se adoptarían asegurar el éxito de la política, que el paso del tiempo solo favorecía a Castro y la consolidación de su régimen y que Castro y la Unión Soviética habían logrado superar el desacuerdo surgido durante la Crisis de Octubre como consecuencia de la retirada de los cohetes y que, por lo tanto, era muy probable que ambos estuviesen de acuerdo en buscar una mejoría en las relaciones entre Cuba y Estados Unidos como condición para estabilizar y consolidar internamente el régimen castrista[1395]. En ese sentido, se dio por sentado que un programa que dependiera exclusivamente en operaciones encubiertas no podía predicarse sobre la presunción de que con él se podía lograr el derrocamiento del régimen castrista[1396]. Por lo tanto, se estimó que un objetivo «válido y realista» para un programa de operaciones encubiertas para el futuro inmediato sería intentar obstruir o desacelerar la consolidación y estabilización del régimen comunista de Castro mediante el hostigamiento y el desorden interno[1397]. Por su parte, el documento advirtió que la ejecución del programa que se proponía no era «contingente a la retirada de las fuerzas soviéticas de Cuba»; es más, se indicó que la «ocupación» soviética podía ser explotada en la propaganda en contra del régimen y así, motivar el desafecto de algunos sectores de la población, particularmente el de «oficiales claves en las fuerzas armadas cubanas»[1398].

[1394] *Ibid.*

[1395] *Ibid.* Sobre este asunto se puede consultar el «Memorandum from Sherman Kent to McCone (656)», Washington D. C., 19 de abril de 1963, *FRUS, 1961-1962; Cuban Missile Crisis and Aftermath*, Vol. X/XI/XII, Microfiche Supplement.

[1396] «Paper prepared by the CIA (655)».

[1397] *Ibid.*

[1398] *Ibid.*

El programa de operaciones encubiertas recomendado por Desmond Fitzgerald se concentró en dos categorías principales de operaciones: sabotaje general y hostigamiento; los cuales, a su vez perseguirán tres objetivos: debilitar económicamente al régimen, propiciar un clima favorable para llevar a cabo operaciones encubiertas y facilitar el crecimiento de la resistencia interna y darle esperanza y razón de ser a la misma[1399]. Para llevar a cabo las operaciones, Fitzgerald habla de varios sujetos que él define como, colaboradores externos que están disponibles, o colaboradores internos que ya existen o que pueden desarrollarse; así mismo menciona a colaboradores entrenados y controlados por la CIA y a «grupos selectos de exiliados»[1400]. No obstante, muchas de las operaciones que se están considerando bajo el programa que Fitzgerald estaba proponiendo tendrían que ser, según él, de una «escala mayor» y bajo esta categoría habría que descartar a los agentes controlados por la CIA ya que con ellos solo se podrían emprender operaciones de menor magnitud que las requeridas en la nueva etapa. De ahí que el funcionario de la Agencia sugiera la utilización de «grupos autónomos de exiliados cubanos»[1401]. Pero existían varias razones adicionales para emprender este camino. Con las «operaciones autónomas» se podía argumentar que las acciones las llevaban a cabo cubanos y se daba el mensaje de que solo cubanos eran los responsables de derrocar a Castro[1402]. De esta manera, el gobierno de Estados Unidos podía negar cualquier participación en las operaciones. Además, dado el interés mostrado por la administración Kennedy de alcanzar el objetivo final de su política hacia Cuba, es decir, reemplazar al régimen de Castro, a través de un movimiento interno, quizá promovido por militares desafectos al castrismo, el programa de Fitzgerald apostó por la participación de personalidades o grupos que en adición a tener claras credenciales como miembros de la resistencia anticastrista, pudieran proyectar «las aspiraciones

[1399] *Ibid.*
[1400] *Ibid.*
[1401] *Ibid.*
[1402] *Ibid.*

idealistas de la revolución que habían sido traicionados por Castro»[1403]. Desde la perspectiva del documento redactado por Desmond Fitzgerald, estos serían los grupos con mayores posibilidades de lograr un vínculo con los sectores del régimen que estuvieran dispuestos a enfrentarse al gobierno. El interés por este sector de la élite gobernante en Cuba se había demostrado anteriormente entre quienes diseñaban la política norteamericana para Cuba. Un excelente ejemplo es el documento que redactó en 19 de noviembre de 1962 el secretario ejecutivo del Departamento de Estados, William H. Brubeck. Al ocuparse del tema relacionado con la posibilidad de derrocar a Castro «desde adentro», este funcionario de la Cancillería estadounidense propuso un conjunto de categorías representando a los componentes de la dirigencia cubana. Entre ellos destacó a quienes llamó «nacionalistas de izquierda», los cuales, según su descripción, «le debían una firme lealtad a Fidel y que eran 'comunistas' por circunstancia más que por convicción»[1404]. De acuerdo con Brubeck, «los nacionalistas de izquierda constituyen en el régimen la única fuente para un golpe [de Estado] y para romper con la Unión Soviética»[1405].

Por su parte, Fitzgerald propuso que se cumplieran con una serie de condiciones para poder ejecutar el programa de «operaciones autónomas» y, entre ellas, señaló que las mismas operarían desde bases fuera del territorio de Estados Unidos y que se establecería como norma clara que Estados Unidos no tenía intención de intervenir militarmente en el conflicto excepto para enfrentarse a una intervención soviética[1406]. El propio Desmond

---

[1403] *Ibid.* En el citado memorándum de Robert Hurwitch se incluye, como parte de la «Política Actual», el apoyo a «los esfuerzos de ciertos exiliados cubanos que están asociados con los ideales originales del Movimiento 26 de Julio y quienes creen que el régimen de Castro puede ser derrocado desde dentro». Robert Hurwitch, «Memorandum from Hurwitch to the NSC Standing Group (658)».

[1404] William H. Brubeck, «Memorandum for Members of the NSC Executive Committe from Brubeck (543)», Washington, D. C., 19 de noviembre de 1962, *FRUS, 1961-1962; Cuban Missile Crisis and Aftermath*, Vol. X/XI/XII, Microfiche Supplement.

[1405] *Ibid.*

[1406] «Paper prepared by the CIA (655)».

Fitzgerald propició los argumentos para que el programa que él estaba proponiendo, o uno similar, fuese aprobado lo antes posible. Desde la perspectiva de este funcionario de la CIA, el apremio para concretar rápidamente su propuesta se derivaba de algunas de las consecuencias que podía generar la orden dada por su gobierno para detener los ataques comandos que se hacían «por la libre». Según Fitzgerald, la medida restrictiva podía «descorazonar a los elementos anticastrista dentro de Cuba»[1407]. Fue su opinión que la orden podía «ser interpretada y proclamada a toda voz como una victoria para Fidel y un acomodo adicional a la presencia de Fidel en Cuba»[1408]. Más aún, Fitzgerald expresó su temor que, a partir de ese momento, «los esfuerzos para reclutar funcionarios del gobierno de Castro podrían tornarse más difíciles» y que unos cuantos individuos dentro de Cuba desilusionados con el régimen y que estaban esperando alguna acción por parte de Estados Unidos, pudieran convencerse de que la misma no se iba a producir[1409].

Pocos días después de los memorándums de Desmond Fitzgerald, el Director de la CIA, John McCone, dejó constancia de su afinidad con las ideas principales expresadas por su subalterno al redactar un documento en que formuló algunas ideas sobre la «Política hacia Cuba»[1410]. Coincidía con Fitzgerald en proclamar que la posición política de Fidel Castro en Cuba «podía mejorar en el próximo año», elemento que podía tener como consecuencia la «resignación» de los cubanos hacia la permanencia de Castro en el poder. Ahora bien, McCone también opinó que semejante situación se podía detener y hasta podía revertirse «si la acción de Estados Unidos se lleva a cabo con determinación,

---

[1407] Desmond Fitzgerald, «Memorandum from Fitzgerald to McCone (664), Effects of the Curtailment of Exile Hit and Run Raids», Washington, D. C., 22 de abril de 1963, *FRUS, 1961-1962; Cuban Missile Crisis and Aftermath*, Vol. X/XI/XII, Microfiche Supplement.

[1408] *Ibid.*

[1409] *Ibid.*

[1410] John McCone, «Memorandum on Cuban Policy», Washington, D. C., 25 de abril de 1963, en «Understanding the CIA», NSA.

continuidad y consistencia»[1411]. Su programa, como el de Fitzgerald, se enfocó en poner en práctica medidas que perjudicaran económicamente al régimen y un plan de sabotajes a gran escala, provisiones que por sí mismas no tenían la capacidad de provocar el fin del régimen pero que si podían causar «desasosiego y división dentro de la organización» de Castro. Para McCone, esas serían circunstancias adecuadas para «agrietar al régimen en su cúspide y catapultar una rebelión» que podía incluir a «un segmento de los militares»[1412]. Es más, para el director de la CIA, esa era «la única vía abierta para derrocar el Castro-comunismo y remover la amenaza soviética»[1413].

Toda esta argumentación fue puesta a la consideración del Grupo Especial del Consejo Nacional de Seguridad en el mes de junio de 1963 y entre las medidas que quedaron aprobadas por el presidente el 19 de ese mes estuvo la del apoyo a los «grupos autónomos» antes aludidos por Fitzgerald[1414]. Como se había propuesto anteriormente, estos grupos recibirían dinero y medios para operar, pero «bajo un acuerdo que asegura que sus operaciones no puedan ser atribuidas a Estados Unidos y que excluye operaciones que se puedan llevar a cabo desde el territorio de Estados Unidos o Británico»[1415]. El documento que alude a la aprobación de las «operaciones autónomas», incluye una nota explicativa de la CIA informando que la filosofía de la Agencia era «apoyar solamente a los grupos anticastristas que fuesen potencialmente poderosos y efectivos»[1416]. Los dos movimientos que serían escogidos para trabajar dentro de la categoría de «grupos au-

[1411] *Ibid.*

[1412] *Ibid.*

[1413] *Ibid.*

[1414] National Security Council, «Board Panel on Covert Action Operations», Washington, D. C., 10 de septiembre de 1963, President' Foreign Advisory Intelligence Advisory Board, RN 206-10001-10016, JFK Assassination Records. Un examen amplio del programa aprobado en esta ocasión se encuentra en Bohning, *The Castro Obsession*, 185-202.

[1415] *Ibid.*

[1416] *Ibid.*

tónomos» serían el MRR dirigido por Manuel Artime y la Junta Revolucionaria Cubana (JURE) encabezada por Manolo Ray.

A pesar de que el programa de sabotajes y hostigamiento que propuso Desmond Fitzgerald a sus superiores en la CIA consideró que los «colaboradores» entrenados y controlados por la Agencia no podían llevar a cabo las operaciones a «gran escala» que él concebía como necesarias para poder debilitar al régimen de Castro, el funcionario no descartó la colaboración de tales grupos en la iniciativa por él propuesta. En ese sentido, es muy probable que la llegada durante la primavera de 1963 al área de Miami del capitán del ejército de Estados Unidos, Bradley Earl Ayers, respondiera al esquema sugerido por Fitzgerald. Ayers fue asignado a trabajar con la CIA y JMWAVE en el entrenamiento de cubanos exiliados reclutados para convertirse en comandos que eventualmente atacarían diferentes objetivos en la isla de Cuba[1417]. Ayers entrenaría a estos cubanos en una base ubicada en los cayos Marathon y Elliot al sur de la Florida. En el libro en el cual narra su experiencia como entrenador de grupos cubanos controlados por la CIA, Ayers afirmó que fue, más o menos, en el mes de julio cuando la iniciativa de hostigamiento hacia Cuba se vuelve más agresiva[1418]. De acuerdo con su observación, en aquel momento, la administración Kennedy pareció convencida acerca de la necesidad de iniciar ataques contra objetivos estratégicos de la economía cubana, tales como refinerías de petróleo y petroquímicas[1419].

Otra iniciativa que la CIA activó como parte del programa de hostigamiento sugerido por Fitzgerald y aprobado por el presidente Kennedy fue el de promover un cambio en Cuba mediante

---

[1417] Bradley Earl Ayers, *The War That Never Was*, New York, Bobbs-Merrill Company, Inc., 1976.

[1418] *Ibid*, 101.

[1419] *Ibid.* Ted Shackley relata en sus memorias varias acciones que se llevaron a cabo durante el período de tiempo referido por Ayers y que coinciden con el tipo de objetivos señalados por Ayers en su libro. De acuerdo a Shackley, los responsables de esas acciones fue un grupo de comandos cubanos que trabajaban con la CIA y quienes asumieron el nombre de «Comando Mambises», Shackley, *Spymaster*, 74-75.

el uso de individuos cercanos al régimen o de «la izquierda nacionalista» a la que se refirió Brubeck. Ese fue el caso del comandante Rolando Cubela, «AMLASH 1», quien se involucró con la Agencia en una operación para reemplazar al gobierno cubano. Cubela ya había sido contactado por la CIA durante la celebración del Festival de la Juventud llevado a cabo en Helsinki durante 1962. Néstor Sánchez, el mismo agente que estuvo presente en las conversaciones entre Richard Helms y los dirigentes del DRE Luis Fernández Rocha y José María de Lasa en noviembre de 1962, sería el contacto entre la CIA y Cubela. El primer encuentro entre ambas partes se produjo en Porto Alegre, Brasil, durante la celebración de los Juegos Panamericanos[1420]. En aquella reunión el cubano insistió en sostener un encuentro con un funcionario de alto rango en la administración Kennedy. Su argumento era que él necesitaba ese tipo de encuentro para asegurarse que tenía el apoyo moral del gobierno de Estados Unidos[1421]. El funcionario asignado para la misión de encontrarse con Cubela y garantizarle el apoyo norteamericano fue Desmond Fitzgerald quien tenía que viajar a París en donde estaría el comandante cubano. El encuentro se sostuvo el 29 de octubre y Fitzgerald, utilizando un alias y con Néstor Sánchez como traductor, le aseguró a Cubela que él estaba representando a Robert F. Kennedy y que tenía el apoyo que estaba buscando.[1422]. Fue en esa reunión en la que Rolando Cubela solicitó que se le entregara un rifle de alto calibre y con mira telescópica para poder asesinar a Fidel Castro[1423].

Concurrente a la iniciativa de hostigamiento, la diplomacia de Estados Unidos, tal y como lo había sugerido el presidente Kennedy en su conversación con John McCone en Palm Beach, mantuvo activo los canales de comunicación con el gobierno cubano para ver si, a través de ellos, se podían conseguir en Cuba

---

[1420] Bohnning, 221.

[1421] *Ibid.*

[1422] *Ibid.* Robert F. Kennedy no había sido informado acerca de la reunión entre Cubela y Fitzgerald.

[1423] *Ibid,* 222.

los objetivos estratégicos del gobierno norteamericano. Ese canal fue abierto por James B. Donovan, el abogado que negoció con el gobierno cubano el canje que permitió la liberación de los miembros de la Brigada 2506 que estaban presos en Cuba. A esa circunstancia se le añadió la señal emitida por Fidel Castro en la entrevista que el cubano sostuvo con la periodista norteamericana Lisa Howard de la cadena televisiva ABC. Según Howard le relató a la CIA en la entrevista que la Agencia le hizo al regresar de Cuba, Castro demostró un posible interés por una reconciliación con los Estados Unidos[1424]. Unos días después del encuentro entre Castro y Howard, el cubano partió de viaje hacia la Unión Soviética en donde permaneció hasta el 4 de junio. Aquella coyuntura estuvo marcada, además, por la suspensión de los vuelos de reconocimiento a baja altura que Estados Unidos había emprendido en Cuba durante la Crisis de los Misiles y por la imposición de las medidas restrictivas a los cubanos exiliados que eran sospechosos de promover ataques marítimos a Cuba, acontecimientos que desde Cuba se podían interpretar como una reducción en las tensiones que enfrentaban al régimen cubano con el gobierno de Estados Unidos. Más aún, dado que las relaciones entre Cuba y la URSS parecieron retornar a un nuevo entendimiento después del aparente alejamiento que los dos aliados tuvieron al concluir la Crisis de Octubre, desde la CIA se asumió que se aproximaba un período de tiempo en el que tanto los cubanos como los soviéticos trabajarían por la promoción de la estabilidad política en el Caribe[1425]. El interés de la alta dirigencia cubana por fomentar la distensión con Estados Unidos fue corroborado por la CIA a tra-

[1424] Richard Helms a Director, Memorandum, «Interview of U. S. Newswoman With Fidel Castro Indicating Possible Interest in Rapprochement With United States» en CIA, Briefing Paper, Doc. 3, 'Cuba and the U. S.: 'Intimate Diplomacy', https://nsarchive.gwu.edu/briefing-book/cuba/2018-04-20/cuba-us-intimate-diplomacy

[1425] Sherman Kent, «Memorandum from Sherman Kent to McCone (656)», Washington, D. C., 19 de abril de 1963 y «Memorandum from Kent to McCone (684)», Washington, D. C., 29 de mayo de 1963, ambos en *FRUS, 1961-1962; Cuban Missile Crisis and Aftermath*, Vol. X/XI/XII, Microfiche Supplement.

vés de distintos canales a los que la Agencia tuvo acceso. Así se lo comunicó Richard Helms a John McCone el 5 de junio[1426]. Al día siguiente el «Special Group» asumió la discusión del tema y consideró que la iniciativa representaba un «esfuerzo útil»[1427]. Sin embargo, el mismo no tuvo un seguimiento inmediato, particularidad que pudiera ser explicada como el resultado de la oposición que la idea encontró en varios sectores de la administración Kennedy[1428]. Inclusive, unas declaraciones del propio presidente dadas a la prensa el 17 de julio, podían sugerir que la iniciativa estaba paralizada. En esa ocasión, el presidente Kennedy declaró que no se podía coexistir pacíficamente «con un satélite soviético en el Caribe»[1429]; lo que, por otro lado, no contradecía los objetivos de la política norteamericana hacia Cuba ya que la posibilidad de un acuerdo con el régimen de Castro se mantenía si Cuba dejaba de ser «un satélite» de la Unión Soviética. En ese sentido, el canal de la negociación continuaba abierto y, esta vez, sería un miembro del servicio exterior norteamericano, el embajador William Attwood, quien se encargaría de seguir explorando un posible acuerdo entre Estados Unidos y el régimen de Castro.

Attwood había sido embajador en la republica africana de Gana pero en 1963 se convirtió en asesor del embajador de Estados Unidos en las Naciones Unidas, Adlai Stevenson. Fue, precisamente, a través de un diplomático guineano que supo del interés de Fidel Castro por mejorar las relaciones de Cuba con Estados Unidos[1430]. Attwood consultó con el entonces Subsecretario de Estado Averell Harriman y con su jefe, el embajador Stevenson la posibilidad de iniciar un «diálogo discreto» con algún fun-

---

[1426] LeoGrande & Kornbluh, *Back Channel*, 71.

[1427] *Ibid*, 71-72.

[1428] *Ibid.*

[1429] President John F. Kennedy, News Conference 58, 17 de julio de 1963, https://www.jfklibrary.org/archives/other-resources/john-f-kennedy-press-conferences/news-conference-58.

[1430] William Attwood, «Memorandum from William Attwood to Gordon Chase of the National Security Council (374)», *FRUS, FRUS, 1961-1963*, Vol. XI, Cuban Missile Crisis and Aftermath. https://history.state.gov/historical documents/frus1961-63v11/d374.

cionario cubano perteneciente a la delegación de Cuba en la ONU. Al recibir el visto bueno de sus superiores, Attwood inició un proceso de consultas que involucró, por la parte cubana al embajador Carlos Lechuga y al comandante René Vallejo, y por la parte norteamericana, además de los ya citados, incluyó a la periodista Lisa Howard y a varios altos oficiales de la administración Kennedy como el fiscal general Robert Kennedy, Gordon Chase y McGeorge Bundy[1431]. La iniciativa de Attwood se extenderá hasta los primeros meses de 1964.

Paralela a las gestiones de Attwood fue la misión que llevó a cabo en Cuba el periodista francés Jean Daniel.[1432]. Camino a La Habana y con la tarea de entrevistar a Fidel Castro, Daniel visitó primero a Washington, D. C. y, por iniciativa de Attwood, tuvo un encuentro con el presidente Kennedy el 24 de octubre de 1963. En su conversación con el primer mandatario norteamericano, Daniel se llevó la impresión de que Kennedy quería enviarle un mensaje a Castro con el propósito de explorar la posibilidad de mejorar las relaciones entre los dos países adversarios. Daniel, como estaba previsto, se encontró con Fidel Castro y le transmitió al cubano su conversación con Kennedy. La misión, sin embargo, no pudo continuar pues al francés le sorprendió el asesinato del presidente de Estados Unidos mientras estaba reunido con Castro en la playa de Varadero. Llama la atención que, tanto en la misión de Daniel como en la que se conducía en la ONU por medio de Attwood, siempre se tuvo como meta que una reconciliación con Cuba tenía que pasar por el cumplimiento de los objetivos generales que la administración Kennedy se había trazado para Cuba. Más aún, la prueba de que una distensión en las relaciones entre Cuba y Estados Unidos está en las palabras que el propio presidente Kennedy pronunció en Miami el 18

[1431] *Ibid.* El citado memorándum de Attwood contiene una cronología que resumen las distintas gestiones que se llevaron a cabo con esta iniciativa hasta el mes de noviembre de 1963. También se puede consultar a LeoGrande & Kornbluh, *Back Channel*, 72-76.

[1432] LeoGrande & Kornbluh, *Back Channel*, 76-78 y Jean Daniel, «I was with Fidel Castro When JFK Was Assassinated», *The New Republic*, 7 de diciembre de 1963, https://newrepublic.com/article/115632/castros-reaction-jfk-assassination

de noviembre, cuatro días antes de morir, al dirigirse a los periodistas que asistía a una reunión de la Sociedad Interamericana de Prensa (SIP). En esa ocasión, Kennedy señaló que el régimen cubano había entregado la independencia y soberanía de Cuba a «fuerzas externas al hemisferio» y afirmó que mientras persista esta situación, «nada es posible»[1433]. Es decir, que si el régimen castrista cumplía con uno de los objetivos de la política exterior de Estados Unidos en referencia a Cuba, el alejamiento de la Unión Soviética, se podía intentar un reacomodo en las relaciones entre los dos países vecinos.

La inserción del DRE en la estrategia cubana de la Casa Blanca era un asunto de enorme dificultad. Por supuesto, dado el discurso y objetivos del Directorio con respecto al régimen de Castro, hubiese sido fantasioso contemplar al DRE dentro de la vía diplomática adoptada por la administración del presidente Kennedy aun cuando el propósito de ella era, entre otras cosas, deshacer la naturaleza autoritaria y de ideología marxista que Castro le había dado al Estado cubano. Tampoco se podía esperar que el Directorio se colocase en la órbita de las «operaciones autónomas» que serían responsables de hostigar al régimen por la vía insurreccional. En aquel momento en que se aprobó esta vía, el DRE ya no tenía organización dentro de la isla y carecía de vínculos con los sectores que se asumían como posibles protagonistas de un cambio en Cuba, es decir, los pertenecientes a la categoría de la «izquierda nacionalista». Donde sí se podía ubicar el DRE era en el área de la propaganda. Así lo reconoció Robert Crimmins, el funcionario del Departamento de Estado responsable de la Oficina del Coordinador de Asuntos Cubanos en Miami. En un informe titulado «Political Situation and Prospects of Cuban Exiles in Miami», fechado el 14 de octubre de 1963, Crimmins se refirió sobre el DRE como una organización que «donde funciona con más efectividad es como grupo de propaganda, principalmente en los círculos estudiantiles de América

---

[1433] Marjorie Hunter, «Kennedy Cautions Latins on Curbing Rights of Others», *The New York Times*, p. 1. El texto completo del discurso de Kennedy se encuentra en la p. 14.

Latina»[1434]. «Sus dirigentes», continuó Crimmins, «fueron, en gran medida, instrumentales en prevenir que se llevara a cabo este año un propuesto Congreso de la Juventud Latinoamericana que era un frente comunista. [El Directorio] cuenta con delegaciones eficaces en varios países de América latina»[1435].

Lo expuesto por el funcionario del Departamento de Estado en octubre de 1963 era cierto en cuanto a la capacidad que tenía el Directorio de dirigir su voz hacia la comunidad cubana en Estados Unidos, particularmente la residente en la región del sur de la Florida, hacia ciertos sectores de la opinión pública norteamericana mediante *The Cuban Report* y hacia aquellos lugares de América latina en el que la organización tenía delegados. Sin embargo, a donde el alcance era mucho menor, sobre todo al principio de 1963, era hacia Cuba. En el Plan de Propaganda que se consideró en la reunión del Ejecutivo del DRE celebrada el 14 de mayo de 1963 se informó que, en ese momento, el único instrumento que tenía el Directorio para llegar a los cubanos residentes en la isla era a través de la emisora WRUL de Nueva York[1436]. Esa situación cambiaría muy pronto, sobre todo, al recibir el apoyo de la CIA para esta iniciativa.

En el mes de agosto se pudo comprobar el avance significativo que estaba dando el DRE en el área de la propaganda. En un detallado informe que se elaboró durante ese mes se dan a conocer planes amplios para todo el sector, pero destaca que en la propaganda para Cuba hay más actividad. En ese sentido se definieron cinco medios diferentes que podían utilizarse para transmitir el mensaje del DRE hacia los residentes en la isla. Estos fueron: «La Cadena de la Libertad» que incluiría, a su vez, de emisiones por onda larga desde barcos cercanos al litoral cubano y de las estaciones WRUL y WMIE, ésta última en Miami, más

[1434] Robert Crimmins, Department of State Airgram, «Political Situation and Prospects of Cuban Exiles in Miami», Miami, 14 de octubre de 1963, DRE, AJFC.

[1435] *Ibid.*

[1436] DRE, «Plan General de Propaganda del DRE», Miami, 13 de mayo de 1963, DRE, AJFC. documentación de Cecilia La Villa, carpeta. «Miami».

las que se harían desde un conjunto de emisoras de radio ubicadas en distintos países de América Latina, preferiblemente en la zona del Caribe. Otras formas que se detallan fueron las del envío de propaganda por globos y otras que llegarían a las costas cubanas en bolsas que se enviarían en barcos. También se mencionó remitir la propaganda por correo[1437]. El informe hace hincapié en el concepto de «guerra psicológica» para la propaganda que estaba dirigida para Cuba. Se organiza una Sección de Información para nutrir la propaganda, se detalla el personal que trabajará en todo el sector y se termina aludiendo a que se pasará un «memorándum a los aliados»[1438]. Asimismo, se afirmó que «los aliados» se encargaría del envío de la propaganda que se distribuiría a Cuba mediante el correo[1439]. La coordinación con la CIA se comprueba cuando el 23 de septiembre, JMWAVE envía unas muestras de volantes a las oficinas centrales de la Agencia enseñando formas simples de sabotajes que serían enviados ese mes mediante la «operación flotante», refiriéndose a la propaganda que viajarían a las costas cubanas mediante sobres de plásticos sellados[1440].

Con respecto al vínculo entre la «guerra psicológica» y la propaganda, el DRE incluye el asunto en un análisis que aparece en el número de *Trinchera* publicado el 25 de agosto de 1963, el cual se ocupa de demostrar la vulnerabilidad del régimen[1441]. En el caso específico de esta alusión, el artículo explicó que siendo los Comités de Defensa de la Revolución (CDR) uno de los pilares del sistema represivo del régimen, los mismos perderían eficacia si fuesen atacados «a través de una guerra psicológica orga-

---

[1437] DRE, «DRE Propaganda», Miami, agosto de 1963, DRE, documentación de Cecilia la Villa, Carpeta. Miami.

[1438] *Ibid.*

[1439] *Ibid.*

[1440] Despacho, de Chief of Station, JMWAVE a Chief, Special Affairs Staff, Miami, 23 de septiembre de 1963, CIA, RN 104-10170-10094, JFK Assassination Records.

[1441] DRE, «Vulnerable el régimen comunista de Cuba», *Trinchera*, Miami, 25 de agosto de 1964, 1.

nizada»[1442]. Más adelante el DRE expondría su interés por el tema al dedicarle el titular principal de su periódico: «La Guerra Sicológica. Arma Poderosa. Debemos emplear también este recurso decisivo»[1443]. En el extenso artículo se explican los recursos de la llamada «guerra psicológica» y como la propaganda forma parte esencial en el uso de esta.

En cuanto a la «Cadena de la Libertad», la misma aparece organizada en octubre de 1963. En ese momento, el DRE logró transmitir su mensaje mediante ocho estaciones de radio ubicadas en siete países diferentes, Estados Unidos (Nueva York y Miami), Costa Rica, Honduras, República Dominicana, México, Panamá y Venezuela[1444]. Como se explicó en el número de *Trinchera* que dio la noticia sobre el funcionamiento de este medio de propaganda, el programa se transmitía todos los lunes a la misma hora, de 10:00 a 10:10 de la noche, y como se utilizaban diferentes frecuencias se hacía muy difícil interferir la transmisión[1445]. Otro aspecto destacable de la «Cadena» fue que, al utilizar emisoras latinoamericanas, el público en esos países se exponía al mensaje del Directorio.

Concurrente a todos estos esfuerzos fue la publicación de *Trinchera* para enviar a Cuba por correo. Cada número reproducía parte del material que aparecía en el periódico que normalmente se tiraba para el público exterior, pero en un formato más pequeño, con solo cuatro páginas y en un papel ligero que podían viajar en los sobres que usualmente se utilizaban para cartas. Los envíos se dirigían a personas escogidas al azar utilizando las direcciones que aparecían en las guías de teléfono de Cuba y de las cuales el DRE tenía varios ejemplares. También se confeccionaron listas de partidarios del régimen a quienes también se les enviaba la propaganda. Esta *Trinchera* se publicó a través de los años de 1964, 1965, y el mes de enero de 1966.

[1442] *Ibid.*

[1443] DRE, «La Guerra Sicológica. Arma Poderosa. Debemos emplear también este recurso decisivo», *Trinchera*, 12 de enero de 1964, 1.

[1444] DRE, «Cadena de la Libertad», *Trinchera*, Miami, 13 de octubre de 1963, 1.

[1445] *Ibid.*

La opinión pública internacional no fue desatendida en la iniciativa propagandística que llevó a cabo el DRE desde el año 1963. Además de los usuales programas emprendidos por las distintas delegaciones del Directorio en América Latina, la Sección Internacional del DRE se ocupó de publicar, a partir del mes de julio de 1964 y hasta 1965, el boletín *DRE Internacional*. Esta publicación, que salió en ediciones en inglés y francés además de español, estaba directamente dirigida a estudiantes universitarios y a organizaciones estudiantiles que operaban en distintas partes del mundo. Fue una época en que el Directorio tuvo una presencia destacada en varios congresos internacionales que como la Conferencia Internacional de Estudiantes (CIE), Pax Romana o la Asamblea Mundial de la Juventud (WAY), reunía a estudiantes de los cinco continentes. Con el boletín y la presencia en estos eventos internacionales el DRE diseminaba noticias sobre Cuba desde la perspectiva de la oposición y contrarrestaba la participación de organismos estudiantiles procedentes de Cuba que como la FEU representaban la línea oficial del régimen. Como parte de esta iniciativa hay que incluir la «Exposición Económica» que preparó el DRE a finales de 1963 y que pretendía, de una forma gráfica, exponer la difícil situación que vivían los cubanos bajo la dirección del gobierno comunista de la isla. La primera vez que la Exposición se mostró al público fue durante XIX Asamblea de la Sociedad Interamericana de Prensa que se efectuó en Miami Beach en noviembre de 1963[1446]. Al año siguiente, una delegación del DRE se encargaría de llevar la Exposición a varios países de América Latina.

Ahora bien, como había definido el DRE durante los orígenes de la organización, el Directorio era un movimiento insurreccional que buscaba el cambio en Cuba a través de la guerra. Desde esa perspectiva la dirigencia del DRE no aceptaba ser, como lo pretendía la CIA, una organización que se dedicase solo a la propaganda y a la recolección de inteligencia. Por eso, en 1963, siguió comprometido con la vía insurreccional. No obstante, para

[1446] DRE, La Realidad: «Ruina Económica en Cuba. Exposición del DRE sobre la situación Actual del país», *Trinchera*, Miami, 24 de noviembre de 1963, 1.

seguir por ese camino tenía dos obstáculos principales. Uno era que para ese propósito no recibiría fondos del gobierno de Estados Unidos. El otro fue la necesidad de buscar una base para operar y promover sus operaciones militares fuera del territorio norteamericano. Al perseguir esos dos fines, claramente entrelazados, es que se dirigirán muchos de los esfuerzos llevados a cabo por los dirigentes del DRE a partir de la segunda mitad de 1963.

La búsqueda de recursos financieros se concentrará en Estados Unidos. Una fuente principalísima será la constituida por las comunidades cubanas dispersas por el territorio norteamericano incluyendo a Puerto Rico y, sobre todo, al sur de la Florida. En un momento dado se consideró crear un grupo financiero encabezado por el empresario Abel Mestre que asumiría la responsabilidad de dirigir la recaudación de fondos[1447]. Esta iniciativa no prosperó a pesar de que se llevaron a cabo numerosas conversaciones con las personas que se consideraron para formar parte de este grupo financiero. Lo que sí se logró organizar fueron los «Comités de Finanzas» que estarían formados dentro de cada delegación que el DRE tenía en las ciudades de Estados Unidos.

El Plan de Finanzas que se preparó por el secretario de esta sección, General Fatjó, incluyó las medidas aludidas pero amplió el foco de atención en algunos aspectos con los que se podía aumentar los ingresos del DRE. Fatjó, por ejemplo, puso énfasis en la necesidad de trabajar la plaza puertorriqueña. Allí, además de contar con una delegación muy activa, se encontraba Ángel Hernández Rojo quien desarrollaba importantes contactos para los planes militares que el Directorio quería llevar a cabo en el futuro pero, también, asuntos relacionados con los planes para recaudar dinero en aquella isla caribeña. Contando con ese trasfondo, General Fatjó urgió al DRE que se nombrase un delegado permanente y que pudiese dedicarse a las cuestiones de la organización a tiempo completo[1448]. Según afirmó Fatjó, «no podemos perder esa plaza nunca», declaración que destacó la relevancia que ten-

[1447] DRE, «Acta # 14», Miami, 7 de mayo de 1963, DRE, AJFC.
[1448] General Fatjó, «Metas del Plan de Finanzas, DRE», Miami, 15 de mayo de 1963, DRE, AJFC.

dría Puerto Rico para los planes del Directorio[1449]. Fatjó, así mismo, recomendó una «campaña violenta» para lograr un gran número de suscripciones para *Trinchera* como también para adquirir nuevos anunciantes para el periódico de la organización[1450]. De manera similar animó a que las delegaciones en América Latina dedicaran parte del esfuerzo que se hacían en sus respectivos países en la recaudación de nuevos ingresos para el Directorio[1451].

La iniciativa para recoger fondos en Puerto Rico se inició a los pocos días en que Fatjó presentara su informe de finanzas al Ejecutivo del Directorio. La ocasión fue el 20 de mayo, día en que los cubanos conmemoran la independencia de la República de Cuba. Para la celebración de la efeméride en Puerto Rico se invitó al secretario general del DRE, Luis Fernández Rocha para que se dirigiera al público que asistiría al acto en el local de la Casa Cuba en la playa de Isla Verde. De acuerdo con la reseña que sobre el acto apareció en *Trinchera*, «nunca antes los salones de la Casa Cuba se habían visto tan llenos» al calcularse la audiencia en más de mil personas[1452]. Además de Fernández Rocha también Ángel Hernández Rojo se dirigió a la audiencia y se aprovechó la ocasión para poner una cinta grabada con las palabras de Juan Manuel Salvat, recordándole a los presentes que su asistencia era imposible debido a las restricciones impuestas por las autoridades de Estados Unidos[1453]. Según se informó en la reunión del Ejecutivo del DRE efectuada el 22 de mayo de 1963, en el acto de Puerto Rico se recogieron, aproximadamente, $1,000.00 y se comentó que en aquel momento se habían recogido entre $6,000.00 y $7,000.00 por «el movimiento unitario» que estarían disponibles para ser entregados al Directorio si la organización podía cumplir «con una serie de compromisos»[1454]. Al te-

[1449] *Ibid.*
[1450] *Ibid.*
[1451] *Ibid.*
[1452] *Ibid.*
[1453] DRE, «Desde Puerto Rico», *Trinchera*, Miami, 26 de mayo de 1963, 6.
[1454] DRE, «Acta No 16», Miami, 22 de mayo de 1963, DRE, AJFC.

ner una perspectiva tan positiva en Puerto Rico, el Ejecutivo decidió enviar al secretario de Finanzas y al de Asuntos Militares, Isidro Borja, a la isla para que aclarasen todas las dudas que se pudieran tener con respecto a los planes de la organización y de esa manera se tuviera acceso a las cantidades recaudas[1455].

La maquinaria de finanzas que se puso a funcionar a mediados de 1963 ya estaba dando frutos en septiembre de ese año. De acuerdo con un «Informe de Finanzas» que suscribió General Fatjó el día 10 de ese mes, ya estaban organizados dieciséis «comités de Finanzas», nueve en Estados Unidos y seis en América Latina incluyendo tres en Puerto Rico, los de San Juan, Ponce y Mayagüez y dos en Venezuela[1456]. Según este informe, los «Comités» organizados en Estados Unidos eran los de Stanford y Bridgeport en Connecticut, Chicago, New York, Orlando, Dallas, Los Angeles y San Francisco, ambos en California, y en Washington, D. C. En América latina, además de los tres en Puerto Rico, funcionaban en Ciudad Panamá, San José, Costa Rica y Caracas y Maracaibo en Venezuela. El informe anuncia que también hay otros que están en vías de comenzar a operar en varias ciudades de Estados Unidos y América latina[1457]. Igualmente se ofrece un sumario de los fondos recaudados durante los dos últimos meses en que han operado estos Comités. Según indicó Fatjó, el monto total de estos fondos era de $25,200.00 los cuales correspondían a los siguientes comités: Costa Rica, $8,800; Panamá, $900.00; Puerto Rico, $10,000.00; Chicago, $2,000.00; New York, $2,000.00; Bridgeport, $500.00; Dallas, $500.00 y Washington, D. C., $500.00[1458]. La cifra que se ofreció acerca de lo recaudado en Miami fue de unos $800.00, explicando que la cantidad era mayor pero que ya se estaba utilizando «para cubrir

[1455] *Ibid.*

[1456] General Fatjó, «Informe de Finanzas», Miami, 10 de septiembre de 1963, Fondo Delegación de Puerto Rico, DRE-Central Finanzas, AJFC. El funcionamiento de los «Comités de Finanzas» del DRE está descrito en «Normas e Ideas Generales para el Mejor Funcionamiento de los Comités de Finanzas del DRE», DRE, Fondo Delegación de Puerto Rico, DRE-Central Finanzas, AJFC.

[1457] *Ibid.*

[1458] *Ibid.*

los gastos cada vez mayores de la Sección Militar»[1459]. Fatjó aclaró que todos los fondos citados pasaban a engrosar lo que él denominó «fondo congelado» que estaba destinado al financiamiento del plan militar del DRE. De acuerdo con el secretario de Finanzas del Directorio, en aquel momento, el «fondo congelado» contaba con $30,000.00 pero que para poner a funcionar el plan militar se necesitaban $100,000.00[1460]. Fatjó terminó su informe explicando que el DRE estaba trabajando para «conseguir estos fondos lo antes posible...a fin de desarrollar plenamente los planes trazados»[1461].

Aunque el informe de Fatjó reflejó que la delegación de Puerto Rico fue la que más fondo recaudó en los dos meses cubiertos por el reporte del secretario de Finanzas, la situación de esta actividad, la recogida de dinero en la isla, será más complicada en el futuro debido a la forma peculiar en que la comunidad exiliada residente en Borinquen organizó las aportaciones de fondos a los movimientos insurreccionales como el DRE. Los cubanos en Puerto Rico organizaron un «Comité de Unidad», al que se sumó el Directorio. Este «Comité», a su vez, desarrolló un «Banco Unido de Recaudación» que recibiría fondos de suscriptores comprometidos a entregar mensualmente un mínimo de $5.00 cada uno. El «comité de Unidad» se encargaría de repartir las asignaciones dispuestas para cada una de las organizaciones que estuvieran afiliadas al «Banco» y que estuviesen activas en la causa de la oposición cubana. De acuerdo con el delegado del DRE en Puerto Rico, Vicente Sosa, al 16 de noviembre de 1963, el «Banco» contaba con unos mil suscriptores[1462]. La existencia del «Banco» fue muy beneficiosa para el Directorio; en diciem-

---

[1459] *Ibid.*

[1460] *Ibid.*

[1461] *Ibid.*

[1462] Carta de Vicente Sosa a General Fatjó, San Juan, Puerto Rico, 16 de noviembre de 1963, DRE, Fondo Delegación de Puerto Rico, DRE-Central Finanzas, AJFC.

bre de 1963, Sosa pudo enviar a Miami un cheque del «Banco» por la cantidad de $810.10[1463].

Mientras tanto, y a pesar del optimismo que reflejó Fatjó en el citado informe del 10 de septiembre de 1963 y en el que describió la organización de la Sección de Finanzas del DRE y dio una relación de las positivas recaudaciones que se habían obtenido hasta el mes de septiembre, el secretario de Finanzas se retiró de la organización hacia el mes de noviembre de ese año. La razón, según se puede deducir de un memorándum que le escribe a Fernando García Chacón, su sustituto al frente de la sección, es su descontento con la forma anárquica que, según él, se siguió operando en el tema de las finanzas de DRE. Según este memorándum, la información que se requería para tener un cuadro completo de los fondos que lograba recaudar el Directorio, muchas veces no llegaban a su conocimiento; lo que, por otra parte no significó irregularidad alguna en el manejo de los fondos sino que, según afirma el propio Fatjó, muchas de las cantidades recaudadas pasaban directamente a la Sección Militar que las iba requiriendo para sus gastos[1464].

A pesar de la situación descrita por General Fatjó, el DRE siguió su campaña de recaudación de fondos para poder poner a funcionar su programa militar. El 10 de enero de 1964 los miembros del DRE recibieron una carta suscrita por Luis Fernández Rocha, secretario general, Fernando García Chacón, secretario de Finanzas, Juan Manuel Salvat, secretario de Propaganda e Isidro Borja, secretario Militar. El propósito de la carta fue la de informar a la militancia del Directorio que la organización estaba muy cerca de iniciar su «Plan Militar» y que para que fuese posible darle inicio a lo que en el DRE se consideraba como el aspecto más importante

[1463] Carta de Vicente Sosa a Fernando García Chacón, San Juan, Puerto Rico, 16 de diciembre de 1963, Fondo Delegación de Puerto Rico, DRE-Central Finanzas, AJFC. Véase «Habla para *Trinchera* el Presidente del Comité Unido de Recaudación de Puerto Rico», *Trinchera*, Miami, 27 de octubre de 1963, 6.

[1464] General Fatjó, «Memorándum a Fernando García Chacón. Estado Actual de los Comités de Finanzas», Miami, 3 de noviembre de 1963, DRE, AJFC.

de la organización, se necesitaban $30,000.00[1465]. Por supuesto, además de informar de la cifra que faltaba para el inicio del «Plan Militar», y de dar cuenta de la campaña que se estaba llevando a cabo para poder recaudar esa cantidad lo antes posible, la carta también fue una iniciativa para animar a la membresía del DRE a ayudar en ese esfuerzo que se suponía como necesario para encaminar la vía insurreccional fomentada por el Directorio.

Sobre la necesidad de obtener fondos con el cual financiar el Plan Militar habló Isidro Borja a la sección que él dirigía. Fue en una reunión celebrada el 1 de julio de 1963. El documento que trata del aludido encuentro se originó en JMWAVE por lo que se debe deducir que la información allí contenida la deben haber obtenido de una fuente que asistió a la reunión pero que no es citada en el mismo. La imagen proyectada en el documento es que los miembros de la Sección Militar del DRE seguían desilusionados por la falta de actividad. Precisamente, el motivo que tuvo Borja para reunirlos fue el de subirles la moral[1466]. Con ese propósito, el dirigente del Directorio les informó que el Plan Militar estaba completo y que su primera parte consistía en buscar fondos para poder iniciarlo, un asunto que era responsabilidad de toda la membresía del DRE incluyendo a los que trabajaban en la Sección Militar[1467]. Igualmente, Borja intentó, sin mucho éxito, convencer a varios de los allí reunidos de que aceptaran misiones en varias de las delegaciones que tenía el DRE en América latina, mencionando, específicamente a México, Costa Rica y Honduras, así como en algunas ciudades en Estados Unidos. También les

[1465] Carta de Luis Fernández Rocha, *et al.*, a Hermanos del DRE, Miami, 10 de enero de 1964, DRE, Fondo Delegación de Puerto Rico, DRE-Central Finanzas, AJFC.

[1466] CIA [JMWAVE], Telegram Information Report, [Miami], [Julio, 1963], DRE, AJFC.

[1467] En un documento de la CIA fechado el 4 de julio de 1963 se puede deducir que JMWAVE ha recibido la 1a parte del Plan Militar del DRE y que la fuente es «un cubano con excelentes contactos en el DRE». El plan no está adjunto al documento. CIA, Cable, de JMWAVE a Director, Miami, 4 de julio de 1963, «Part One of the Military Plan of the Directorio Revolucionario Estudiantil (DRE)», DRE, AJFC.

informó que, en viajes relacionados con el Plan Militar, Luis Fernández Rocha se encontraba en Venezuela y Juan Manuel Salvat viajaba por varios países de Centro América[1468]. El propósito de estos viajes fue explorar la posibilidad de establecer alguna base desde la cual llevar a cabo las operaciones militares que se contemplaban en el Plan Militar del Directorio. El documento, sin embargo, no mencionó que ni Fernández Rocha ni Salvat tuvieron éxito en sus respectivas gestiones[1469]. Lo que sí se apuntó es que, al terminar la reunión, varios de los asistentes criticaron el plan y, aunque estuvieron de acuerdo en señalar que la recogida de dinero era un asunto importante, ellos no tenían grandes expectativas en cuanto a que se pudiera levantar fondos suficientes que pudieran sostener lo que se pretendía con el Plan Militar[1470].

No obstante, según se expone en otro documento generado por JMWAVE, al regresar Salvat de su viaje por Centro América se mostró optimista con la posibilidad de que el DRE sí pudiera levantar fondos en los países visitados[1471]. También se aludió a la posibilidad de que en algunos de los países visitados sí se pudieran ejecutar ataques a objetivos en Cuba sin tener el control o conocimiento de Estados Unidos. De igual forma se habló del proyecto de propaganda que resultaría en la operación de la Cadena de la Libertad[1472].

[1468] CIA [JMWAVE], Telegram Information Report, [Miami], [Julio, 1963], DRE, AJFC.

[1469] Juan Manuel Salvat, entrevista. De acuerdo a Salvat, él y Fernández Rocha, a quienes les estaba prohibido salir del Condado de Dade, pudieron viajar fuera de Estados Unidos gracias a los permisos que les extendió el gobierno norteamericano.

[1470] CIA [JMWAVE], Telegram Information Report, [Miami], [Julio, 1963], DRE, AJFC.

[1471] Despacho, de [JMWAVE] a Director, Miami, 23 de julio de 1963, CIA, DRE, AJFC.

[1472] *Ibid.* Después de este viaje por Centroamérica, Juan Manuel Salvat visitó Río de Janeiro, Brasil, donde participó en un acto en solidaridad con la oposición cubana y en el que el discurso principal fue ofrecido por el gobernador del estado de Guanabara, Carlos Lacerda. «Cuba será Libre», DRE, *Trinchera*, Miami, 11 de agosto de 1963, 1.

A pesar del ánimo positivo con el que Salvat enfocó sus gestiones en Centroamérica, la evidencia histórica sugiere que todavía había miembros de la Sección Militar del DRE que no quedaron muy convencidos de las posibilidades que tenía el Directorio para poner en marcha su plan militar. Así, por ejemplo, lo señaló Manuel Artime, el principal dirigente del MRR y uno de los beneficiados por el programa de «operaciones autónomas» aprobados por el gobierno de Estados Unidos. En una conversación que sostuviera Artime con Raúl Hernández, uno de sus contactos con la CIA, el cubano relató que se había reunido el 26 de agosto con un sector de la Sección Militar del Directorio que le había solicitado una entrevista y que en la misma le transmitieron el deseo y disponibilidad para trabajar bajo su jefatura[1473]. La idea de incorporar la Sección Militar del DRE en el proyecto de las «operaciones autónomas» bajo la dirección de Artime sería acogida por la CIA unos meses después de esta conversación. En un cable que el director de la CIA le envía a JMWAVE en noviembre 13 de 1963, se le informa que la oficina central de la Agencia decidió terminar con la asistencia económica que se le enviaba al DRE para cubrir ciertos gastos de su sección militar pero que, a la vez, se le quería dar tiempo para deshacerse de la misma. En ese sentido, la CIA opinaba que había que incentivarlos para que los miembros de la Sección Militar pasasen a trabajar bajo la dirección de Artime[1474].

La decisión de la CIA acerca de no seguir cubriendo algunos gastos militares en los que incurría el DRE estaba vinculada a la presentación que le hizo el Directorio a la CIA para que le aprobara un plan militar utilizando Venezuela como base[1475]. Como la Agencia le informó al DRE que no estaba inclinada a apoyar el

[1473] CIA, Raúl Hernández, «Telephone Conversation Between AMBIDDY 1 [M. Artime] and Raúl Hernández», 27 de agosto de 1963, CIA, RN 104-10240-10407, MFF.

[1474] Cable, de Director a JMWAVE, «Disposition of Military Section of AMSPELL», Washington, D. C., 15 de noviembre de 1963, CIA, RN 104-10170-10001, MFF.

[1475] Cable, de JMWAVE a Director, «Intention to Depart and Stay in Costa Rica», Miami, 4 de diciembre de 1963, CIA, RN 104-10076-10039, MFF.

plan, se le recomendó, precisamente, lo que se había sugerido anteriormente, es decir, que buscara el apoyo de una organización que tuviera compatibilidad ideológica y militar con el DRE la cual estaba ubicada fuera de los límites continentales de Estados Unidos y que tenía los medios para conducir operaciones militares contra el territorio cubano[1476]. En ese momento Luis Fernández Rocha y Juan Manuel Salvat se encontraban en San José, Costa Rica, tratando de conseguir el visto bueno de las autoridades costarricenses para que el DRE pudiera gestionar una base desde ese país[1477]. De acuerdo a las noticias que tenía la Agencia, ya el DRE había comenzado a negociar con Artime aunque en el momento en el que se redactó el cable con esta información, las dos organizaciones no habían llegado a un acuerdo. No obstante, la CIA se mostró optimista de que por esa vía se podría llevar al DRE hacia las «operaciones autónomas»[1478].

Sin embargo, las posibilidades de una coordinación militar entre el DRE y el MRR en la cual las operaciones estuvieran subordinadas a la jefatura de Artime, a pesar de lo que esperaba la CIA, tenían muy pocas probabilidades de concretarse. Entre otras razones por la tradicional insistencia del DRE en mantenerse como un movimiento independiente, pero, quizá también, por una cierta animosidad que se tenía en el Directorio hacia Artime y al MRR. Tanto Luis Fernández Rocha como Juan Manuel Salvat eran partícipes de ese sentimiento. No obstante, la composición de lugar que existía en algunos miembros de la Sección Militar del DRE en Miami era que muy pronto podrían comenzar a operar un campamento. La delegación del Directorio en Puerto

---

[1476] *Ibid.*

[1477] *Ibid.* Ver carta de Ángel Hernández Rojo a Vicente Sosa, Miami, 30 de diciembre de 1963, DRE, Fondo Delegación de Puerto Rico, DRE-Central, Militar, AJFC

[1478] *Ibid.* El programa de las «operaciones autónomas» que estaría bajo la dirección de Manuel Artime fue «AMWORLD». Véase CIA, Despacho, de Chief, WH Division a Chiefs, Certain Stations and Bases, «Book Dispatch AMWORLD-Background of Program, Operational Support, Requirements and Procedural Rules», Washington, D. C., 28 de junio de 1963, CIA, RN 104-10315-10004, MFF.

Rico, por órdenes de la oficina central del Directorio, fue muy activa durante los meses de octubre, noviembre y diciembre en reclutar personal para la Sección Militar y recoger suministros, particularmente alimentos, efectos personales para el aseo del personal y medicinas[1479]. En una carta que le escribe Ángel Hernández Rojo a Vicente Sosa se habla, inclusive, que a Miami ha llegado personal de Puerto Rico que está destinado para ser trasladado a «la base»; ellos eran Ramón Barquín, Edgardo Velázquez y Jorge Beresteín[1480]. Y en otras dos se alude a la necesidad de obtener planos de «caminos y carreteras» en Cuba, así como la necesidad de que se enviara a Miami un estudio que se estaba haciendo sobre «las líneas de la Marina Mercante de Cuba Comunista»[1481]. En ésta última también se hizo alusión del reclutamiento del Capitán de la Marina de Guerra de Cuba, Manuel Álvarez Llaneras como miembro del personal militar que trabajaría con el DRE. Álvarez se convertiría en un recurso importante en los planes militares del Directorio.

Concurrente a todos estos hechos, el DRE continuó adquiriendo el equipo necesario para ejecutar su propio proyecto de operaciones militares. Las armas se fueron almacenando en diferentes puntos de Miami hasta que se pudiesen trasladar a la base que se esperaba obtener en poco tiempo. Después de las advertencias de abril, fueron cuidadosos en no concentrar todo el material en un mismo lugar. Parte del equipo que se había conseguido, por ejemplo, se guardó en casas particulares como fue el caso del que acabó custodiando una familia cubana que vivía en Coral Gables. El grupo residente en la vivienda estaba compuesto por

---

[1479] Véase la correspondencia entre el delegado en Puerto Rico, Vicente Sosa y varios de los miembros de la Sección Militar del DRE en Miami, entre ellos Ángel Hernández Rojo y Delio González en Fondo Delegación de Puerto Rico, DRE-Central, Militar, AJFC.

[1480] Ángel Hernández Rojo a Vicente Sosa, Miami, 11 de noviembre de 1963, Fondo Delegación de Puerto Rico, DRE-Central, Militar, AJFC.

[1481] Carta de Delio González a Vicente Sosa, Miami, 9 de octubre de 1963 y Carta de Ángel Hernández Rojo a Vicente Sosa, Miami, 16 de noviembre de 1963, ambas en Fondo Delegación de Puerto Rico, DRE-Central, Militar, AJFC

dos miembros del DRE, la hermana de uno de ellos y sus cuatro hijas. La residencia, a la que llamaron «Dracula's» por lo oscura que resultó cuando se alquiló, tenía un estacionamiento cubierto y allí se depositó el material que se le encomendó. Entre las armas guardadas en aquel garaje había un cañón al que se referían como «Mamerto»[1482]. El arsenal también incluyó algunos rifles y dos barriles que por su contenido necesitaban estar bajo vigilancia ya que uno siempre tenía que estar seco y el otro húmedo. Por supuesto, la situación no dejaba de ser arriesgada y peligrosa y un día los inquilinos fueron avisados por el administrador de la propiedad acerca de una próxima visita de inspección que tenía que hacer en la casa. Ante esta situación, la hermana del miembro del DRE se ocupó del asunto y cuando llegó el administrador y fue al garaje, se encontró una serie de bultos tapados con lonas. Por supuesto, la presencia del envoltorio le intrigó y preguntó sobre la naturaleza de lo que allí se ocultaba. La señora le contestó que aquello era maquinaria de uno de los ingenios azucareros que se encontraban en Belle Glade, Florida. También inquirió por unos baúles en donde se guardaba munición y de nuevo, con una respuesta de sentido común le informó que «eran para mudar cosas de un lado para otro» y, según consta en su testimonio, «todo se liquidó en tres minutos»[1483].

Un incidente más serio fue el que ocurrió cuando se desató un fuego en una de las habitaciones, precisamente en la que dormía la señora con dos de sus hijas. El origen del siniestro fue un corto-circuito en unas conexiones eléctricas defectuosas. El problema al que se enfrentaron fue que no se podía llamar a los bomberos por la presencia de las armas ocultas en el estacionamiento. Los vecinos se alarmaron, pero al fin se les convenció de apagar el incendio sin necesidad de acudir a las autoridades y se les pidió que trajeran cubos de agua. Entre todos, apagaron las

[1482] Testimonio anónimo, entrevista, Coral Gables, Florida, 2015. Ramón E. Machado, en sus memorias, alude al cañón «Mamerto» y declara que fue su esposa quien le puso el nombre al arma. Machado, *Cuba. My (Twice) Betrayed Generation*, loc. 1963.

[1483] *Ibid*

llamas sin mayores inconvenientes. Solo se quemaron unos colchones que se sacaron por las ventanas y acabaron quemándose en el patio[1484]. El incidente no tuvo consecuencias nefastas para la familia residente en la casa. Además, se logró salvar el arsenal que custodiado en la residencia de Coral Gables y el percance no trascendió al público.

Lo que sí provocó una gran conmoción, no solo en el Directorio, sino en todo Estados Unidos, fue el asesinato del presidente John F. Kennedy en Dallas el 22 de noviembre de aquel año de 1963. No obstante, la naturaleza trágica del magnicidio, el atentado de Dallas se transformó en una oportunidad para que el protagonismo del DRE volviese a destacarse.

El día en el que John F. Kennedy fue asesinado, José A. G. Lanuza se encontraba en casa de otro miembro del DRE, Alfredo Cepero. La razón para encontrarse con su compañero del Directorio era que ambos tenían que asistir a la Convención que la SIP estaba celebrando en el Hotel Americana de Bal Harbour en Miami Beach. Allí se encontraba la Exposición Económica del DRE y ambos militantes del DRE se encargarían de atender a los miembros de la prensa que asistían al evento. De acuerdo con el testimonio de Lanuza, a eso de la 1:00 pm el pasó por la casa de Cepero y estando esperando por él escucharon como una vecina alertaba a la madre de Cepero con la noticia sobre el asesinato de Kennedy. Al enterarse del suceso ambos se dirigieron a las oficinas del DRE en la ciudad de Miami.

Estando en el Directorio, donde ya estaban alertas de lo que estaba sucediendo, Lanuza recibió dos llamadas seguidas de su madre. En la primera se le transmitió la información de que la persona acusada por disparar contra Kennedy era un tal Harvey Lee Oswald y la segunda fue para corregir el orden del nombre del presunto asesino que era Lee Harvey Oswald. Para Lanuza aquel nombre le sonó familiar y se dirigió a las oficinas de la Sección Americana que él dirigía. Al llegar le pidió al personal que sacaran todas las carpetas que contenían la información de cada una de las delegaciones que el DRE tenía en Estados Unidos

[1484] *Ibid.*

y encontraron que, en una, la de Nueva Orleans, contenía numerosos documentos sobre Oswald.

En agosto de 1963 Lee H. Oswald se presentó en el local de la ciudad de Nueva Orleans desde donde operaba la delegación del Directorio en esa ciudad. Su delegado era Carlos Bringuier. Oswald, que había sido miembro del «Marine Corps» de las Fuerzas Armadas de Estados Unidos se ofreció a participar en el entrenamiento militar de los miembros del DRE que así lo requirieran. Inclusive, llegó a dejar un manual de los «Marines» con su nombre en la primera página[1485].

Al poco tiempo después de esa visita, Bringuier, acompañado por otros dos miembro del DRE, se encontraron que en la transitada calle Canal de la ciudad estaba Oswald repartiendo panfletos del Fair Play for Cuba Committee defendiendo al régimen de Fidel Castro. Por supuesto, se dio una confrontación que terminó con varios de los presentes detenidos por la policía, entre ellos Oswald y el propio Bringuier[1486]. Unos días más tarde, tanto Bringuier como Oswald participaron en un debate auspiciado y transmitido por la emisora de radio WDSU de Nueva Orleans. De acuerdo con el relato que hizo Bringuier del debate, en el mismo se presentaron pruebas demostrando que, en una ocasión, Oswald había estado en Moscú a la vez que el futuro asesino de Kennedy se declaraba marxista durante la transmisión de radio[1487].

Todos estos datos, incluyendo el manual de los «Marines» que Oswald había entregado a Bringuier en agosto, estaban en el archivo de la Sección Americana del DRE. Al darse cuenta del contenido que había en toda esta información, Lanuza compartió la misma con Luis Fernández Rocha quien, a su vez, se comunicó con su contacto en JMWAVE, «Howard», y lo puso al tanto del asunto[1488]. El funcionario de la CIA le transmitió toda la infor-

---

[1485] Carta de Carlos Bringuier a DRE, Nueva Orleans, S. F., «Presuntos Asesinos. Antecedentes del Criminal», *Trinchera*, suplemento, Miami, 23 de noviembre de 1963, 2.

[1486] *Ibid.*

[1487] *Ibid.*

[1488] José Antonio. G. Lanuza, entrevista.

mación al FBI y en una hora un agente de esta agencia se presentó en las oficinas del DRE para recoger toda la documentación que el Directorio tenía sobre el presunto asesino del presidente. Lanuza recuerda que él le entregó la documentación al agente Jim O'Connor quien prometió devolverlo tan pronto se hubiese tramitado el caso. De acuerdo con Lanuza, el FBI nunca devolvió lo que se había llevado del DRE en esa ocasión. Mientras tanto, Lanuza se dedicó, durante dos horas, a transmitirle toda la información que se tenía en el DRE sobre Oswald a los medios de prensa con quien el Directorio, y sobre todo, la Sección Americana mantenía contactos[1489]. Al día siguiente se publicó el suplemento de *Trinchera* acusando a Oswald de ser el presunto culpable de la muerte del presidente Kennedy y a Fidel Castro de ser el instigador del asesinato[1490]. Poco después, la oficina de Propaganda del DRE preparó un «dossier» con información apoyando la tesis que había aparecido en el suplemento de *Trinchera*. Por supuesto, toda la información publicada por el Directorio acerca de Oswald en Nueva Orleans era exclusiva y al darla inmediatamente a la prensa hizo que el DRE fuese un notable protagonista del trágico acontecimiento vinculado al asesinato del presidente Kennedy.

Quedaba por dilucidar las posibles repercusiones que la muerte del presidente tendría para el caso cubano. De acuerdo a la constitución de Estados Unidos, la presidencia pasaba al vicepresidente, en este caso a Lyndon Johnson. ¿Cómo enfocaría el nuevo presidente la política de Estados Unidos hacia Cuba? ¿Serían compatibles los planes del DRE con la manera en que Johnson quería manejar los asuntos cubanos bajo su administración? En ese sentido la muerte de Kennedy abría un período de incertidumbre para los cubanos que como el DRE estaban opuestos al régimen de Castro y seguían la vía insurreccional para provocar un cambio en Cuba. En una carta firmada por la militante del DRE María Victoria de los Reyes comenta lo sucedido en Dallas y, al aludir a los comentarios que ha escuchado en Miami le dice

[1489] *Ibid.*

[1490] DRE, «Asesinado Presidente de EE. UU.», *Trinchera*, suplemento, Miami, 23 de noviembre de 1963

a su interlocutor, Juan García, que «algunos comienzan de nuevo a tener esperanzas de un cambio de política de parte de este País (sic)»[1491]. Sin embargo, cuando aborda la posición que ha asumido el DRE, y refiriéndose al optimismo aludido en su comentario anterior, afirma: «nosotros, sinceramente, no las tenemos [las esperanzas], aparte de continuar opinando, *que la responsabilidad y el deber de liberar a nuestra Patria (sic) es nuestro con o sin ayuda y por lo tanto marchamos adelante en nuestros planes iniciales*»[1492]. Quedaba por comprobar si esos «planes» podían desarrollarse bajo la nueva administración de gobierno en Estados Unidos. 1964 podía ser el momento para esa definición.

***La base en la Isla Catalina,* República Dominicana**

La comandancia: Isidro «Chilo» Borja, capitán Manuel Álvarez Llaneras y Bernabé Peña

Una vista de La base. José María de Lasa en el primer plano, a la izquierda

[1491] Carta de María Victoria de los Reyes a Juan García, Miami, 25 de noviembre de 1963, Fondo Delegación de Puerto Rico, DRE-Central, Militar, AJFC.
[1492] *Ibid.* Énfasis del autor.

Entrenándose en la Isla Catalina: arrodillados: Raúl Alorda, Bernabé Peña y el «Gordo» Méndez. Arriba (de izquierda a derecha): Raúl López, Jorge de Cárdenas, Lázaro Fariñas, Miguel Lasa, José María de Lasa, Juan Marcelo Fiol, Hernández y Servando de la Cruz

La PT «José Antonio Echeverría» (antes «Susan Ann»)

Capítulo 13

Una base en República Dominicana

A raíz del asesinato del presidente Kennedy, José María de Lasa comentó en la columna *Frentes* que habitualmente escribía para el periódico *Trinchera* lo que él llamó «movimientos extraños» y algunos «hechos» que indicaban «la disposición de los Estados Unidos de prestarnos su apoyo en la liberación»[1493]. Es probable que alguno de los hechos a los que se refirió José María de Lasa en su comentario tuviera relación con las «operaciones autónomas» que fueron fomentados por la administración de Kennedy y en la que participaba el MRR, un movimiento con el cual varios miembros del Directorio tenían vasos comunicantes. Además, la CIA quería empujar a la Sección Militar del DRE hacia una estrecha colaboración con el MRR. Pocos días después de aparecer el comentario de de Lasa, JMWAVE envió a la oficina central de la CIA un cable informando, precisamente, de los contactos entre el Directorio y el MRR para explorar la posibilidad de algún tipo de arreglo con vistas a la participación del DRE en el programa de «operaciones autónomas»[1494]. De manera que, con estas noticias, no era infundado el hablar de los «movimientos extraños» a los que se refirió de Lasa en su columna.

[1493] José María de Lasa, «Frentes», *Trinchera*, Miami, 24 de noviembre de 1963, 8.

[1494] Cable, de JMWAVE a Director, «Intention to Depart and Stay in Costa Rica», Miami, 4 de diciembre de 1963, CIA, RN 104-10076-10039, MFF. En otro documento fechado el 24 de diciembre de 1963 hay otra referencia acerca del DRE en un contexto similar al referido antes: Richard B. Beal, «AMWORLD Meeting in Washington on 24 December 1963. Information on Ex-DRE Members», Washington, D. C., 24 de diciembre de 1963, CIA, MFF. En este documento se relata la reunión en la que el militante del MRR Rafael Quintero informa sobre varios miembros del DRE que están colaborando con el MRR.

En términos generales se puede afirmar que la política de Estados Unidos hacia Cuba no ha variado de manera dramática en el momento cuando ocurre el asesinato de John F. Kennedy. Si es cierto que la relación de Oswald con el régimen de Castro, muy destacada por la propaganda del DRE[1495], contribuyó a modificar algunos aspectos de las iniciativas con las que el gobierno de Estados Unidos quería lograr sus objetivos con respecto a Cuba, particularmente aquella que descansaba en la vía diplomática. Así lo constató un memorándum escrito por Gordon Chase y fechado el 25 de noviembre de 1963[1496]. Como agravante, Chase argumentó que el nuevo presidente tendría que enfrentarse a un proceso electoral al año siguiente y que una política que proyectase una imagen de acercamiento al régimen cubano podía afectar negativamente al seguro candidato del Partido Demócrata, sobre todo cuando, con toda probabilidad, tuviera que enfrentarse a un candidato republicano que sostuviese políticas agresivas contra la Unión Soviética y sus aliados[1497].

Las posibilidades de desarrollar la vía diplomática con Cuba se complicó aún más cuando el 28 de noviembre el gobierno de Venezuela denunció el hallazgo de un cargamento de armas procedentes de Cuba y destinadas a las guerrillas castristas alzadas en las montañas del país petrolero. A finales del mes de noviembre, el presidente Johnson le indicó al director de la CIA, John McCone, que era necesario la adopción de unas medidas más agresivas en relación a Cuba[1498]. Con este contexto de trasfondo, y tomando en consideración la presencia de un nuevo presidente al frente del poder Ejecutivo, la política del gobierno de Estados Unidos hacia Cuba se sometió a una revisión en un conjunto de reuniones que llevó a cabo el equipo de seguridad nacional de Lyndon Johnson.

1495 *Trinchera*, suplemento, Miami, 23 de noviembre de 1963; DRE, dossier exponiendo los numerosos ataques de Fidel Castro al presidente John F. Kennedy y la militancia castrista de Lee H. Oswald y que fue reproducido en inglés en *The Cuban Report*, Miami, 25 de noviembre de 1963.

1496 Citado por LeoGrande & Kornbluh, *Back Channel to Cuba*, 79-80.

1497 *Ibid.*

1498 *Ibid*, 80.

Las reuniones tuvieron lugar el 12 y el 19 de diciembre de 1963. Ambas contaron con la presencia del nuevo presidente. El resumen de cuál era la política de Estados Unidos hacia Cuba se incluyó en un memorándum preparado por la CIA para la reunión del 12 de diciembre y su lectura revela que la misma no se había modificado[1499]. De manera más amplia y detallada es la exposición que le hace McGeorge Bundy al presidente Johnson al escribirle un memorándum para la reunión que se efectuó el 19 de diciembre[1500]. Con este documento se pueden observar todos los elementos que integran la política que hasta ese momento sigue el gobierno de Estados Unidos para conseguir sus objetivos en Cuba. Así mismo, el memorándum le advirtió al presidente que se podían discutir medidas adicionales, aunque siempre considerando que no se contemplaba ni una invasión ni un bloqueo[1501]. Un aspecto notable que sobresalió en la reunión celebrada el 12 de diciembre fue la intervención del secretario de Estado Dean Rusk. Mientras que la mayor parte de los presentes, incluyendo al secretario de Defensa, McNamara, el fiscal general, Robert Kennedy, y el director de la CIA, McCone, dieron su apoyo a la política cubana del gobierno de Estados Unidos, Rusk, aunque respaldó la mayor parte de la misma, incluyendo los objetivos que se querían alcanzar, se opuso a las incursiones de ataques sorpresivos para llevar a cabo un acto de sabotaje[1502]. Por su parte, Johnson fue partidario de posponer, por el momento, las operaciones que fuesen de una magnitud considerable tomando en consideración que las mismas pudieran causar confusión en las negocia-

---

1499 CIA, «Memorandum prepared in the CIA (725)», Washington, D. C., 12 de diciembre de 1963, *FRUS, 1961-1963, American Republics; Cuba 1961-1962; Cuban Missile Crisis and Aftermath*, Vols X/XI/XII, Microfiche Supplement.

1500 McGeorge Bundy, «Memorandum from McGeorge Bundy to President Johnson (729)», Washington, D. C., *FRUS, 1961-1963, American Republics; Cuba 1961-1962; Cuban Missile Crisis and Aftermath*, Vols. X/XI/XII, Microfiche Supplement.

1501 *Ibid.*

1502 Bruce B. Cheever, «Memorandum for the Record (718)», Washington, 14 de noviembre de 1963, *FRUS, 1961-1963, American Republics; Cuba 1961-1962; Cuban Missile Crisis and Aftermath*, Vols. X/XI/XII, Microfiche Supplement.

ciones que se llevaban a cabo en la OEA con respecto al cargamento de armas de Cuba descubierto en Venezuela[1503]. No obstante, el presidente también recomendó engavetar los irregulares y contactos no oficiales diplomáticos que se tenían con funcionarios del Estado cubano con el propósito de propiciar un acercamiento entre Cuba y Estados Unidos[1504]. La coyuntura abierta por el asunto de las armas cubanas descubiertas en Venezuela permitió, además, que Washington hiciera hincapié en desarrollar los aspectos que tenían que ver con el aislamiento de Cuba, muy particularmente en las áreas de las relaciones diplomáticas y en las económicas como el comercio internacional[1505]. Sin embargo, a pesar de la recomendación del presidente Johnson acerca de detener los ataques marítimos a objetivos en el territorio cubano, el 23 de diciembre los Comandos Mambises, un grupo bajo el control directo de JMWAVE, escenificó una de esas incursiones en Isla de Pinos[1506]. Fue la última de ese año y aunque no hubo otra bajo este grupo, para el público cubano del exilio constituyó un indicio adicional de que la oposición estaba activa y de que Castro, como postulaba el DRE, era vulnerable.

En ese sentido no debe extrañar que el propósito manifiesto de los comentarios formulados por José María de Lasa en su columna *Frentes* del 24 de noviembre estuvieran dirigidos a convencer a la opinión pública cubana que leía *Trinchera* acerca del apoyo que tenía que darle a los esfuerzos bélicos que hacían los cubanos de la oposición y, sobre todo, los fomentados por el DRE. Al aludir a «los movimientos extraños» y a la posible «disposición» del gobierno de Estados Unidos a apoyar las iniciativas de los cubanos de la oposición, de Lasa no se olvida de reiterar lo que eran elementos principales en las tesis políticas del Directorio. A sus lectores les dice que «al destierro en pleno le corres-

---

[1503] Marshall S. Carter, «Memorandum for the Record. Meeting with the President on Cuba at 11:00 am on 19 December 1963», Washington, D. C., 19 de diciembre de 1963, «Understanding the CIA: How Covert (and Overt) Operations Were Proposed and Approved during the Cold War», NSA.

[1504] LeoGrande & Kornbluh, *Back Channel to Cuba*, 84.

[1505] *Ibid,* 82-83.

[1506] Véase a Bohning, *The Castro Obsession*, 162-165.

ponde reclamar y hasta exigir que esa colaboración se realice en un plano de mutuo respeto y con las debidas garantías de que no seremos abandonados» a la misma vez que insiste que «la dirección de cualquier proceso de liberación debiera estar en manos cubanas»[1507]. De las palabras del comentarista, de Lasa, se desprendía la idea de que el sujeto principal en el esfuerzo por derrocar al régimen de Castro era el cubano de la oposición. De ahí que, unos días después, el 29 de diciembre de 1963, el DRE proclamara en su órgano oficial que 1964 era el «Año de la Guerra en Cuba»[1508]. En un extenso artículo que ocupó tres páginas completas del periódico, el Directorio explicó que su estrategia no descansaba en una guerra convencional ya que los requerimientos exigidos por un esfuerzo de tal naturaleza no eran alcanzables por ninguno de los movimientos de la oposición[1509]. La propuesta del DRE era, entre otras cosas, «una guerra de ataque constante en las medidas de nuestras fuerzas; clandestinaje activo, atentados, sabotajes, guerra de guerrillas; bombardeos aéreos a puntos claves...bombardeos navales a costas y embarcaciones que lleven combustible o refuerzos a la dictadura roja, guerra de conquista, de desplome, de ataques constantes...(etc.)»[1510]. Un programa que tenía como una de sus premisas principales el convencimiento de que, si se hacía lo que el DRE estaba proponiendo una parte sustancial de las tropas que eran parte de las fuerzas armadas de Cuba y de las milicias se unirían a la oposición y, juntos, lograrían derrotar al régimen[1511]. No obstante, la advertencia contenida en el artículo era que todo ese esfuerzo no era posible sin la adquisición del equipo necesario para iniciar la guerra. De donde se derivó una conclusión: la necesidad de que los cubanos del destierro colaborasen en la adquisición de todo ese

---

[1507] de Lasa, «Frentes», *Trinchera*, 24 de noviembre de 1963, 8.

[1508] DRE, «1964. Año de la Guerra en Cuba», *Trinchera*, Miami, 29 de diciembre de 1963, 1.

[1509] *Ibid, 5.*

[1510] *Ibid.*

[1511] *Ibid.*

material[1512]. Así mismo se advirtió que, para poder llevar a cabo la iniciativa era un requisito indispensable disponer de «Bases Operacionales»...en «aguas extraterritoriales, de donde operar bajo el pabellón de la Estrella Solitaria»[1513]. Por supuesto, ya el DRE se encontraba encaminado en el empeño de lograr ambos objetivos.

El 9 de diciembre de 1963, Fernando García Chacón, nuevo secretario de Finanzas del DRE, le escribió una carta al delegado del Directorio en Puerto Rico, Vicente Sosa. En la comunicación con Sosa, García Chacón trató varios asuntos relacionados con la búsqueda de fondos que estarían destinados al financiamiento del plan militar de la organización. La primera alusión es para informarle a Sosa que Juan Manuel Salvat, quien ha estado visitando Puerto Rico en ocasión de la celebración del 27 de Noviembre, le ha entregado el dinero recaudado en aquella oportunidad y el cual «ha sido debidamente ingresado en el fondo congelado»[1514]. También le anuncia la posibilidad de que se le preste al DRE la película «La Cuba de Ayer», que en ese momento se exhibe en los cines de San Juan. El propósito sería que la película se pudiese mostrar, una vez que terminase la exhibición comercial, para recoger fondos para el Directorio[1515]. Por último, el secretario de Finanzas del DRE le solicitó al delegado en Puerto Rico que continuase unas gestiones que en su momento iniciara Salvat relacionadas a un préstamo del «Banco de la Revolución» por la cantidad de $25,000.00[1516]. De acuerdo a lo expuesto por García Chacón, la gestión que se le solicitaba a Sosa era «fundamental» ya que de su éxito dependía «en gran parte el futuro de nuestros planes militares»[1517]. Una semana después, el secretario de Fi-

---

[1512] *Ibid.*

[1513] *Ibid.*

[1514] Carta de Fernando García Chacón a Vicente Sosa, Miami, 9 de diciembre de 1963, DRE, fondo de la Delegación en Puerto Rico, DRE-Central--Finanzas, AJFC.

[1515] *Ibid.*

[1516] *Ibid.* García Chacón se refería al «Banco de Unidad» organizado en Puerto Rico por miembros de la comunidad cubana residente en aquella isla.

[1517] *Ibid.*

nanzas volvía a insistir en la importancia que el préstamo tenía para los planes del DRE[1518]. De todas maneras, aun cuando no se pudo resolver el asunto del préstamo, y aunque se hicieron posteriores gestiones con el empresario puertorriqueño, Luis A. Ferré, que tampoco terminaron con éxito, estos trámites reflejaron el afán que en ese tiempo demostró tener la dirigencia del Directorio para obtener los medios financieros de origen privado que le permitieran acelerar el inicio del plan militar de la organización[1519]. Hay que tomar en consideración que estas gestiones ocurrían a la misma vez que Luis Fernández Rocha y Juan Manuel Salvat visitaban distintos países de Centro América con el propósito de organizar una base de operaciones militares. A pesar de los contratiempos, la delegación del DRE en Puerto Rico sí pudo enviar a la oficina central del Directorio en Miami varios cheques procedentes de donaciones que se hicieron en el «Banco de Unidad». Esas cantidades fueron por $810.00 en 19 de diciembre de 1963, $1,169.03 en 10 de febrero de 1964, $1,148.25 en 26 de febrero de 1964 y 2,429.00 en 2 de abril de 1964[1520].

[1518] Carta de Fernando García Chacón a Vicente Sosa, Miami, 16 de diciembre de 1963, DRE, fondo de la Delegación en Puerto Rico, DRE-Central--Finanzas, AJFC.

[1519] La historia por obtener un préstamo por la cantidad de $25,000.00 en Puerto Rico se puede seguir en los siguientes documentos: carta de Vicente Sosa a Fernando García Chacón, Santurce, Puerto Rico, 27 de diciembre de 1963; carta de Vicente Sosa a Fernando García Chacón, Santurce, Puerto Rico, 26 de febrero de 1964 y carta de Fernando García Chacón a Vicente Sosa, Miami, 4 de marzo de 1964, en DRE, fondo de la Delegación en Puerto Rico, DRE-Central–Finanzas, AJFC. Carta de Jerónimo Esteve Abril a Luis A. Ferré, San Juan, Puerto Rico, 25 de diciembre de 1962 y carta de Luis A. Ferré a Jerónimo Esteve Abril, Ponce, Puerto Rico, 3 de enero de 1964, en fondo Delegación en Puerto Rico, DRE-Central–J. M. Salvat, AJFC.

[1520] Carta de Vicente Sosa a Fernando García Chacón, Santurce, Puerto Rico, 16 de diciembre de 1963; carta de Vicente Sosa a Fernando García Chacón, Santurce, Puerto Rico, 10 de febrero de 1964; carta de Vicente Sosa a Fernando García Chacón, Santurce, Puerto Rico, 26 de febrero de 1964 y carta de Vicente Sosa a Fernando García Chacón, Santurce, Puerto Rico, 2 de abril de 1964, en fondo de la Delegación en Puerto Rico, DRE-Central–Finanzas, AJFC.

Los resultados que se estaban obteniendo en la campaña para levantar fondos privados que le permitiese al DRE alcanzar la «meta mínima» de preparación militar y de esa manera «poder iniciar su realización» hicieron posible que la dirigencia del Directorio se sintiese muy cerca de «la meta prevista». Al menos así lo declararon en una circular que dirigieron a todos los miembros del DRE el 10 de enero de 1964[1521]. Sin embargo, también afirmaron que faltaban unos $30,000.00 para emprender la última etapa. En ese sentido explicaron que hasta ese momento «hemos vencido más de las tres cuartas partes de los trabajos requeridos en la etapa de organización. Queda poco por andar. Pero necesitamos un esfuerzo especial para que en este mes pueda ser vencida definitivamente esa etapa y podamos iniciar las acciones bélicas que constituyen nuestro plan»[1522]. Y esa era, precisamente, la razón de ser de la circular que se estaba enviando, el requerir de los miembros del DRE un esfuerzo adicional para completar la cantidad señalada. Por supuesto, la responsabilidad de obtener los fondos que se precisaban no recayó solo en la militancia del Directorio. En la propia circular se anunció que se estaban enviando otras dos mil cartas como las que les estaban llegando a ellos.

En paralelo a la campaña por allegar nuevos fondos para financiar el plan militar, el DRE llevó a cabo una iniciativa que tuvo el propósito de coordinar las operaciones militares con otros movimientos afines. El *Cuban Counterrevolutionary Handbook* confeccionado por el comité exclusivo de la Cámara de Representantes del Congreso de Estados Unidos afirma que el 5 de marzo de 1964 hubo un acuerdo verbal entre el DRE y el MDC para concertar un pacto militar[1523]. La información queda ratificada por una circular que Juan Manuel Salvat les envió a todos

---

[1521] Carta de Luis Fernández Rocha, Fernando García Chacón, Juan Manuel Salvat e Isidro Borja a Hermanos del DRE, Miami, 10 de enero de 1964, fondo de la Delegación en Puerto Rico, DRE-Central–Finanzas, AJFC.

[1522] *Ibid.*

[1523] United States House of Representatives, Select Committee on Assassinations *Cuban Counterrevolutionary Handbook, HSCA 77-0080*, «Directorio Revolucionario Estudiantil/Students Revolutionary Directorate», Washington, D. C., 1 de mayo de 1964, ID # 1993.08.05.10:41:34:710005, MFF.

los miembros del Directorio en 18 de abril de 1964. De acuerdo con Salvat, «el DRE ha logrado coordinar algunos esfuerzos con el MDC, que dirige Laureano Batista»[1524]. Más aún, al mes siguiente, el 22 de mayo, se redactó un «Proyecto de Secretaría Militar Conjunta» auspiciado por los dos movimientos mencionados por Salvat en su carta y que no solo propuso la fusión de las secretarías militares del DRE y del MDC sino que también contempló «la incorporación posterior de otras fuerzas institucionales o individuales»[1525].

Sin embargo, a pesar de los frutos conseguidos por el Directorio en el área de recaudación de fondos y en la de coordinación militar, no todos en la organización estuvieron convencidos acerca del éxito que en esa etapa podría alcanzar el DRE. En la carta escrita por Salvat el 18 de abril se anunció una profunda reestructuración en los cuadros dirigentes del Directorio. Luis Fernández Rocha renunció a la Secretaría General de la Organización y tanto Eduardo Muñiz como Mario Pita se retiraron de la Sección Internacional. Según relató Fernández Rocha, él sostuvo una conversación con «Howard», el agente de la CIA que era el enlace entre JMWAVE y el DRE. El encuentro tuvo lugar en un banco del centro comercial «Dadeland» ubicado en el sector de Kendall al sur de Miami. Cuenta Fernández Rocha que en esa conversación «Howard» le preguntó que si estaba casado y que si tenía familia, información que de acuerdo a Fernández Rocha el «case officer» de la CIA conocía perfectamente. También le dijo que estaba perdiendo el tiempo, que «aquello no tenía futuro y que se debía dedicar a estudiar»[1526]. Según Fernández Rocha, aquella conversación con «Howard» fue importante para tomar decisiones personales y, a principio de 1964, le comunicó a Salvat que él

---

[1524] Juan Manuel Salvat, «Hermanos del Directorio Revolucionario Estudiantil», Miami, 18 de abril de 1964, DRE, documentación de Cecilia La Villa, carpeta «Miami».

[1525] «Proyecto de Secretaría Militar Conjunta», Miami, 22 de mayo de 1964, DRE, documentación de Cecilia la Villa, carpeta «Miami». Al final del documento aparece una nota escrita a mano y con letra de Juan Manuel Salvat que dice: «De Laureano Batista».

[1526] Luis Fernández Rocha, entrevista.

no estaba dispuesto a promover la iniciativa de la base para operaciones militares. Por esa razón, renunció a la Secretaría General y se dedicó a continuar sus estudios de medicina en la Universidad de Miami[1527]. Por su parte, Juan Manuel Salvat recuerda que Fernández Rocha tomó la decisión durante una tanda de Ejercicios Espirituales que ofreció ese año el P. Amando Llorente, S. J., el director de la ACU[1528]. Dice Salvat que «cuando terminó [el retiro] me dijo, me voy...yo tuve una discusión con él, pero fue una estupidez, ahora veo que yo no tenía razón»[1529]. En cuanto a Muñiz, el hasta entonces responsable de la Secretaría Internacional, señaló que él y Mario Pita se retiraron «cuando se dieron cuenta de que el proyecto del DRE no tenía posibilidades de éxito»[1530]. En una carta que Salvat dirigió a varios de los miembros de la delegación del Directorio en Brasil se abordó el asunto de los militantes del DRE que encaminaron sus pasos fuera de la organización: «Muchos hermanos han abandonado el movimiento o se han apartado momentáneamente por razones personales...En muchos casos las comprendo y especialmente en el caso de Luis»[1531].

La renuncia de varios de los miembros de la Ejecutiva del DRE obligó a que se llevara a cabo una reestructuración en los cuadros dirigentes de la organización. Juan Manuel Salvat ocupó el cargo de secretario general, Juan Antonio Rodríguez Jomolca fue nombrado al frente de la Sección Internacional, mientras que José María de Lasa junto con Albor Ruiz se ocuparon de Propaganda. Se creó la Secretaría de Organización, la cual, entre otras cosas, asumió las tareas que antes eran de la Sección de Asuntos Americanos. Al frente de Organización se colocó a Dámaso Oliva. Albor Ruiz siguió como responsable de Formación y en Finanzas Fernando García Chacón, auxiliado por Fausto Álvarez

[1527] *Ibid.*

[1528] Juan Manuel Salvat y Bernabé Peña, entrevista.

[1529] *Ibid.*

[1530] Eduardo Muñiz, entrevista.

[1531] Carta de Juan Manuel Salvat a Carlos Valdesuso, Pedro Luis Castelló, Benito Díaz y Guillermo Asper, Miami, 12 de julio de 1964, DRE, AJFC.

seguiría dirigiendo esta secretaría. Por último, Ricardo Rubiales y Jorge Ruiz estarían al frente de la Pre-Universitaria. En cuanto a la dirección de la Sección Militar se esperaba la llegada a Miami de la persona que ocuparía la jefatura militar del DRE. Este sería el Capitán de Corbeta (retirado), Manuel Álvarez Llanera quien estaría ocupando el puesto en el mes de junio. Mientras tanto, Isidro Borja sería el jefe de la base que adquiriría el DRE[1532]

Una vez concluida la reorganización, el Directorio organizó un acto artístico-patriótico en el Dinner Key Auditorium el 12 de abril de 1964. El propósito del acto fue el de recaudar dinero para el Plan Militar. Asistieron más de dos mil personas que, además de pagar el importe de la entrada general, $1.00, pudieron contribuir al fondo del DRE mediante la adquisición de libros, folletos, banderas y papeletas que allí se vendieron[1533]. Entre los artistas que se presentaron estuvieron Zoraida Marrero, Fernando Albuerne, Nobel Vega y el Ballet Cubano. Se escenificó la obra dramática *Abdala de José Martí* que dirigió Ramón Antonio Crusellas con actores aficionados que aportó la delegación del DRE en Nueva York. Cerró el acto el secretario general del Directorio, Juan Manuel Salvat quien explicó el compromiso del DRE con la liberación de Cuba y explicó la «Tesis de Lucha» de la organización[1534].

A los pocos días de la celebración del acto en el Dinner Key, Dámaso Oliva se comunicó con la militancia del DRE que se encontraba agrupada en las distintas delegaciones que tenía el Directorio en Estados Unidos. El propósito de su carta fue, principalmente, iniciar una relación fluida con todos ellos a la vez que le ofreció varias noticias sobre las actividades recientes del DRE. También los animó a seguir colaborando en la recaudación de fondos para el Directorio y terminó su carta con un dato esperanzador acerca de la situación en la que se encontraba la marcha del

[1532] Juan Manuel Salvat, «Hermanos del Directorio Revolucionario Estudiantil», Miami, 18 de abril de 1964, DRE, AJFC.

[1533] DRE, «Cuatro Mil Cubanos Presentes», *Trinchera*, 26 de abril de 1964, 1.

[1534] *Ibid* y DRE, «Palabras de Juan Manuel Salvat en el Dinner Key Auditorium», *Trinchera*, 10 de mayo de 1964, 7.

plan militar de la organización. Según la comunicación del secretario de Organización, «nuestro plan militar...tiene que estar en pleno funcionamiento a más tardar en dos meses»[1535]. Por su parte, Salvat, quien acompañó la carta de Oliva con su propia circular a los miembros del DRE, fue todavía más explícito que el secretario de Organización al dar datos más concretos sobre lo que faltaba por recaudar para iniciar el plan militar y al ofrecer su opinión acerca de la cercanía del tal esperado comienzo. «Creemos que en poco tiempo podrá iniciarse parte del plan», afirmó Salvat. «Para iniciar el plan total aún son necesarios unos $20,000.00. Pero quizás iniciando parte del plan podamos obtener el resto para iniciar la acción en todos los frentes señalados en la primera etapa de realización»[1536].

Ante el fracaso que enfrentaron las gestiones hechas en Centro América por Luis Fernández Rocha y Juan Manuel Salvat para conseguir una base de operaciones para el DRE, la dirigencia del Directorio encontraría una respuesta positiva en la República Dominicana. Una de las primeras alusiones a esa posibilidad aparece en una carta que Vicente Sosa, el delegado del DRE en Puerto Rico, le escribiera a Ángel Hernández Rojo el 23 de marzo de 1964[1537]. En esa comunicación, Sosa le dice a su compañero en Miami que se están «jugando posibilidades de contacto formal directos (sic) de nosotros...para Base (sic) en Sto. Domingo»[1538]. En una carta posterior, Sosa volvió a tratar el asunto cuando le informó a Hernández Rojo que se habían dado una serie de cambios en los mandos superiores de las Fuerzas Armadas dominicanas debido a que habían ayudado «demasiado visiblemente en un plan de cooperación para la lucha anticastrista, que se frustró por

[1535] Carta de Dámaso Oliva a «Queridos hermanos del DRE», Miami, 18 de abril de 1964, DRE, documentación de Cecilia la Villa, carpeta «Miami».

[1536] Juan Manuel Salvat, «Hermanos del Directorio Revolucionario Estudiantil», Miami, 18 de abril de 1964.

[1537] Carta de Vicente Sosa a Ángel Hernández Rojo, Santurce, Puerto Rico, 23 de marzo de 1964, fondo de la Delegación en Puerto Rico, DRE-Central--Militar, AJFC.

[1538] *Ibid.*

los 'pujos' entre cubanos»[1539]. Sin embargo, Sosa también comentó que uno de esos oficiales, «un Almirante de la Marina Dominicana», «estaría en disposición de ayudar aún. Tal vez en menor escala y con más precauciones, pero no cabe duda que vale la pena considerarlo si entra en las posibilidades estudiadas por ustedes»[1540]. La documentación consultada no permite concluir si esas gestiones rindieron algún fruto, pero, un conjunto de hechos que tuvieron lugar a partir de aquella coyuntura sugieren que el permiso para obtener la base en el territorio dominicano estaba cerca de conseguirse.

Una primera señal indicando que las negociaciones con las autoridades de la República Dominicana estaban encaminadas es el optimismo que demostró Salvat cuando envió a sus «Hermanos del DRE» la circular del 18 de abril de 1964. En ella anunció Salvat que «Creemos que en poco tiempo podrá iniciarse parte del plan [militar]»[1541]. Al poco tiempo, el propio Salvat le deja saber a un funcionario de JMWAVE que el DRE está próximo a comenzar operaciones militares fuera del territorio de Estados Unidos. Así, por ejemplo, es lo que informa el «Progress Report» que el jefe de la base de la CIA en Miami envió a sus superiores en la oficina central de la Agencia[1542]. Según este despacho, Salvat se había reunido varias veces con agentes de JMWAVE durante el mes de mayo y en sus conversaciones con los funcionarios había admitido que el DRE estaba solicitando fondos «para financiar las actividades paramilitares de manera independiente a

[1539] Carta de Vicente Sosa a Ángel Hernández Rojo, Santurce, Puerto Rico, 2 de abril de 1964, fondo de la Delegación en Puerto Rico, DRE-Central--Militar, AJFC.

[1540] *Ibid.*

[1541] Juan Manuel Salvat, «Hermanos del Directorio Revolucionario Estudiantil», Miami, 18 de abril de 1964.

[1542] Despacho, de Chief of Station, JMWAVE a Deputy Chief, WH/SA, «AMSPELL Progress Report, May 1964», Miami, 8 de junio de 1964, CIA, RN 104-10170-10069, MFF. En este despacho se informa que George E. Joannides («Howard») ha sido sustituido por Anthony Sileo («Keith T. Dongirno») y que el agente «Bruce P. Vedder», que era el funcionario de JMWAVE a cargo de la guerra sicológica, también se había reunido con Juan Manuel Salvat durante el mes de mayo.

la CIA»[1543]. La comunicación de JMWAVE también mencionó que el DRE contaba con tres embarcaciones y veinticinco hombres los que estaban bajo la dirección de un capitán retirado de la marina cubana[1544]. De igual manera señaló que el DRE no tenía intenciones de montar operaciones desde Estados Unidos y que estaba buscando una base en el Caribe, diligencia que, de acuerdo con el despacho, recibió el impulso de JMWAVE[1545]. Salvat, por su parte, recordó que habló «solo una vez...de nuestros planes con un CIA que era militar (creo le decían Coronel). Esa reunión fue en un edificio que hay o había por donde hoy está Radio Mambí cerca de la calle 8 [calle 8, SW, 37 ave, Miami]. Le dije que nosotros íbamos a conseguir una base fuera de USA para nuestros ataques. Que nos dejaran tranquilos pues no los íbamos a comprometer a ellos. Todo era por nuestra cuenta. Y si ellos querían darnos alguna información útil o de algo que ellos podrían considerar grave que pudiéramos hacer, por supuesto que lo tendríamos en cuenta y haríamos lo posible por no interferir en otros planes»[1546]. Un «Cable con Información de Inteligencia» de la CIA, cuya fecha está eliminada del documento que está disponible, es todavía más explícito en cuanto a la información que obtuvieron de Salvat[1547]. En este caso, se cita la fecha del 25 de junio de 1964 como la correspondiente al día en el que Salvat ofreció la información sobre los planes militares del DRE. Una vez más aparece el dato de que el Directorio tiene la intención de trasladar veinticinco hombres y cuatro embarcaciones a una base en el Caribe «porque es imposible conducir operaciones contra Cuba desde Estados Unidos debido al control ejercido por las autoridades norteamericanas y a la confiscación de barcos a los

[1543] *Ibid.*

[1544] *Ibid.*

[1545] *Ibid.*

[1546] Correo electrónico, Juan Manuel Salvat a Javier Figueroa, Miami, 9 de abril de 2020.

[1547] CIA, «Intelligence Information Cable», S. F., en CIA, «DRE Operations», 29 de enero de 1964, Document id number 1994.05.06.09:37:09:680004, MFF.

grupos que tratan de evadir ese control»[1548]. Asimismo, el cable informa que el DRE ha obtenido permiso de la Fuerza Aérea Dominicana para operar una base en la costa sur del país además de proveerle armas de manera que se hacía innecesario el traslado de armamentos desde Estados Unidos, algo que no estaba permitido por las autoridades norteamericanas[1549]. Se supo, también, que ya el DRE había enviado a la República Dominicana la PT «Susan Ann» con cuatro tripulantes y que se encontraba en la base desde principio de junio. Igualmente se habló de las gestiones que se estaban haciendo para enviar hacia la base una embarcación de treinta y tres pies de eslora y con el nombre «Puchinchia». Esta nave estaba destinada al traslado de suministros. En la operación se contaba, igualmente, con el «Juanín» y un barco, el «Cadello I», para el cual se había dado un adelanto de $6,000.00 pero que aún se encontraba en Estados Unidos[1550].

De acuerdo al cable, Salvat dijo que el DRE no podía enfrentar nuevas dificultades con las autoridades de Estados Unidos ya que una confrontación de esa naturaleza podría significar la pérdida de embarcaciones costosas y del equipo militar. Por esa razón, Salvat quería ser extremadamente cauteloso en aclarar de manera transparente todos los movimientos de los barcos y de sus tripulaciones con las autoridades pertinentes. Era el testimonio de Salvat que el DRE estaría listo para iniciar las acciones militares a finales de julio de 1964 y que los planes eran hacer ataques rápidos a objetivos en la costa cubana así como, de manera limitada, infiltrar personal en Cuba[1551]. En ese mismo orden de cosas, el secretario general del Directorio informó que las embarcaciones del DRE no tenían la capacidad para enfrentarse en combate con los botes patrulleros del régimen cubano y que, además, no eran las intenciones del Directorio el ataque contra la navegación internacional ya que acciones de ese tipo le pudieran acarrear problemas mayores a la organización, incluyendo la presión a la

---

[1548] *Ibid.*
[1549] *Ibid.*
[1550] *Ibid.*
[1551] *Ibid.*

Fuerza Aérea Dominicana para que retirase el apoyo al Directorio[1552]. De otro cable que JMWAVE enviara al director de la Agencia el 26 de junio de 1964, se desprende que el DRE ofreció coordinar con la CIA sus operaciones desde la base en la República Dominicana a cambio de un apoyo mínimo pero que el mismo fue rechazado debido a las restricciones impuestas por la política que estaba vigente en ese momento[1553]. No obstante, se contempló proveerles inteligencia táctica, «debidamente saneada», para poder monitorear las operaciones paramilitares del DRE e influenciar la elección del momento justo de las operaciones y así proteger los intereses de la CIA y del [¿DRE?][1554].

El testimonio de Salvat está corroborado por otro cable de JMWAVE enviado a Washington el 2 de septiembre de 1964. En esta comunicación se afirmó, entre otras cosas, que de acuerdo con la conversación sostenida con el dirigente del DRE[1555], existiría una coordinación con la CIA para *evitar que se pueda causar un incidente internacional* y que, por esa razón, el Directorio estaba dispuesto a recibir «orientaciones razonables de la CIA»[1556]. A la misma vez, se le advirtió a Salvat que la CIA no podía ofrecer

---

[1552] *Ibid.*

[1553] Cable de JMWAVE a Director, Miami, 26 de junio de 1964, en CIA, «DRE Operations», 29 de enero de 1964, Document id number 1994.05.06.09:37:09:680004, MFF.

[1554] *Ibid.* En la última parte de este cable hay una sugerencia para que se le pasara esta información a alguien que debido a la censura no queda identificado pero que, por el sentido que tiene esta parte del mensaje, se puede inferir que se están refiriendo a un agente de la CIA en la República Dominicana. El propósito es que para que lo tenga «en caso de una posible mención de los dominicanos sobre la presencia de este [el DRE] grupo en su área. Tomando nota que este grupo *es un respetado grupo del exilio de una orientación católica centrista*». Énfasis del autor. Véase, también, CIA, despacho, de Chief of Station, JMWAVE a Deputy Chief, WH/SA, «AMSPELL Progress Report - June 1964», Miami, 16 de julio de 1964 en CIA, «DRE Operations», 29 de enero de 1964.

[1555] En la copia del cable el nombre de la persona con quien un agente de la CIA se entrevista aparece censurado pero se puede deducir que es Juan Manuel Salvat.

[1556] Cable, de JMWAVE a Director, Miami, 2 de septiembre de 1964, MFF. Énfasis del autor.

ese tipo de apoyo pero que sí se le podía proveer «una orientación mínima diseñada a prevenirla». En el cable se afirmó que Salvat se mostró satisfecho con ese tipo de arreglo a la vez que JMWAVE expresó que era un arreglo justo y que *contribuye a evitar cualquier incidente internacional*[1557], que al fin y al cabo, era el asunto que más le preocupaba a la Agencia.

El capitán retirado de la Marina de Guerra cubana al que se refiere el despacho citado de la CIA es Manuel Álvarez Llaneras quien se trasladó de Puerto Rico a Miami al principio de junio de 1964. Fue, precisamente, el primer día de ese mes que el nuevo responsable de la jefatura militar del DRE firmó un conjunto de Ordenes Especiales otorgando responsabilidades militares a distintos miembros del Directorio. En la Orden Especial No. 1/964 del 2 de junio de 1964 se nombró a Isidro Borja como «Jefe de la Base de Operaciones» y Miguel Lasa como «Oficial Auxiliar» a las órdenes del Jefe de la Base Operacional. En el caso de Lasa se le ordena trasladarse «*a la mayor brevedad al área de la base*», con lo cual se indica que la base de operaciones ya estaba concedida[1558].

La base quedó ubicada en la isla Catalina, al sur de La Romana, en el mar Caribe. Según se describió en un documento del DRE, la base sería utilizada para el entrenamiento de los miembros del Directorio que se trasladarían a la misma[1559]. La misma contó con un muelle de atraque y una pista de aterrizaje de tres mil pies que podía ser utilizada por aviones tipo C-47 o DC-3; tenía suministro de agua, víveres y combustible con los que se solían abastecer algunos buques de la armada dominicana; asimismo, poseía una embarcación pequeña para comunicación urgente o rutinaria con tierra firme, comunicación por radiotelegrafía con Estados Unidos y con Santo Domingo mediante radiotele-

[1557] *Ibid.* Énfasis del autor..

[1558] DRE, «Orden Especial No. 1/964», Miami, 1 de junio de 1964 y 2 de junio de 1964, DRE, documentación de Cecilia la Villa, carpeta «Miami».

[1559] DRE, Memorándum a Secretaría General del Departamento Militar, «Análisis de la Situación Actual del Directorio Revolucionario Estudiantil», S. F., DRE, AJFC.

fonía. En la misma residía una guardia permanente de las Fuerzas Armadas dominicanas[1560]. Como las embarcaciones que tenía el Directorio para llevar a cabo sus operaciones militares tenían un radio de acción muy limitado, sobre todo en referencia a la isla de Cuba, se contó con la posibilidad de trasladarse más adelante a otra base en la costa norte cerca de la ciudad de Montecristi[1561].

Cuando se hicieron los planes preliminares del plan se consideró que el personal que estaría en la base estaría compuesto por unas veintidós personas entre ellas cuatro que constituirían la jefatura y un personal operacional de dieciocho miembros del Directorio. Finalmente, y por diferentes razones, la jefatura quedó en un solo mando, el del capitán Álvarez Llanera[1562]. En cuanto al equipo, se trasladarían a la isla las embarcaciones del DRE. Como se mencionó en el cable de la CIA que alude a la conversación con Salvat del 25 de junio, irían a la República Dominicana la PT «Susan Ann» que había sido adquirida por el Directorio y el «Juanín»[1563]. Los dos buques adicionales que fueron considerados, una «cutter» de ochenta y tres pies de eslora que se reparaba en Miami y una embarcación más pequeña, «Puchinchia», cuyo dueño se la había cedido al Directorio, nunca llegaron a República Dominicana. El material bélico se trasladaría en aviones para evitar «conflictos con patrullas» que quisieran inspeccionar el cargamento que estas naves llevarían al trasladarse a Catalina[1564]. La PT, sin embargo, fue habilitada con medios suministrados por los militares dominicanos que estuvieron involucrados en la operación del DRE en el país caribeño[1565]. El equipo, que fue descrito como «material de guerra de primera y con gran poder ofensivo», consistió en un cañón de 20 mm y cuatro ametrallado-

[1560] *Ibid.*

[1561] *Ibid.*

[1562] DRE, «Estudio de la Situación Actual del DRE», 25 de octubre de 1964 (a mano), DRE, AJFC.

[1563] DRE, Memorándum a Secretaría General del Departamento Militar, «Análisis de la Situación Actual del Directorio Revolucionario Estudiantil».

[1564] *Ibid.*

[1565] DRE, «Estudio de la Situación Actual del DRE».

ras calibre 50[1566]. Al «Juanín» se le podía montar un mortero y una de las ametralladoras calibre 50[1567].

De acuerdo a lo relatado en el documento «Estudio de la Situación Actual del DRE», la posibilidad de que el DRE pudiese ubicar las bases de entrenamiento en la isla Catalina se debió a «la amistad con los tres jefes de las Fuerzas Armadas, principalmente con el de la Fuerza Aérea»[1568]. En ese sentido, los oficiales más cercanos al proyecto paramilitar del Directorio fueron los generales Atila Luna Pérez y Juan Nepomuceno Folch Pérez, aunque también se menciona al General Félix Hermida[1569]. Los contactos iniciales se hicieron a través de «Fatty» García Armengol, el padre del miembro del DRE Miguel García Armengol quien se encontraba preso en Cuba, y Frank Varona, un cubano residente en la República Dominicana quien ocupaba un puesto gerencial importante en una firma tabacalera del país. En el «Estudio» aludido se menciona a un tal Máximo como uno de los gestores de las relaciones con los militares dominicanos[1570]. Una vez que se establecieron los primeros contactos con estos oficiales, la responsabilidad principal en mantenerlos recayó en Isidro Borja y Miguel Lasa. El autor del «Estudio» reconoció que «los inmensos esfuerzos de Chilo [Borja] y Miguel [Lasa] lograron una amistad [con los oficiales dominicanos] que nos representó la obtención de mayores facilidades y de un material con el que no soñábamos»[1571]. A su vez, Bernabé Peña corroboró la familiaridad que los miembros del Directorio que llegaron a Catalina tuvieron con los militares que hicieron posible sus operaciones en

[1566] *Ibid.*

[1567] *Ibid.*

[1568] *Ibid.*

[1569] Bernabé Peña, entrevista. Véase cable, de Santo Domingo a Director, Santo Domingo, República Dominicana, 14 de agosto de 1964, CIA, RN 104-10170-10059, JFK Assassination Records.

[1570] DRE, «Estudio de la Situación Actual del DRE». La participación de «Fatty» García Armengol fue corroborada por su hijo Miguel en una conversación con Juan Manuel Salvat. Correo electrónico, Juan Manuel Salvat a Javier Figueroa, Miami, 24 de febrero de 2020.

[1571] DRE, «Estudio de la Situación Actual del DRE».

la isla cuando recordó que «los generales llegaban en aviones a la pista (de la isla) y allí nos llevaban chivos y compartían con nosotros»[1572]. No obstante, para el autor del «Estudio», aquella situación llegó a tener repercusiones algo negativas para la buena conducción de la base. Según se hace constar en el trabajo, «esta informalidad fue relajando un poco la seriedad de la operación hasta el punto de que pudiera haberse presentado una situación de desastre...La base se convirtió en un punto de reunión y de tragos de jefes los fines de semana. Las relaciones con el Mayor Jefe de la zona se informalizaron tanto que llegaron a constituir un riesgo para la más elemental seguridad»[1573].

De acuerdo con José María de Lasa, el propósito que tuvo el DRE para poner en práctica sus operaciones militares desde la República Dominicana eran «impedir, o hacer muy difíciles las operaciones marítimas de buques de carga que iban a Cuba, atacar instalaciones costeras, faros, para hacer un impacto en el transporte comercial hacia Cuba y desde Cuba», aclarando que «no era desembarcar, era simplemente, desde el mar, atacar barcos e instalaciones costeras»[1574]. Quizá así se explique la carta que el miembro de la delegación del DRE en Venezuela, Rafael Tremols, le escribiera a Ramón Martínez, de la delegación del Directorio en Puerto Rico. En su comunicación, Tremols alude a una conversación que tuvo en Caracas con un cubano residente en Puerto Rico, Cesáreo Alfonso, y en la cual se mencionó que la compañía aseguradora Lloyd de Londres publicaba un boletín en el cual aparecían los movimientos de los barcos que eran asegurados por ella[1575]. Lo que Tremols le pide a Martínez en su carta es que se comunique con Alfonso, quien estaba asociado a una compañía de seguros en San Juan, para que le dé copias de ese boletín. El uso no era difícil de adivinar. Según explicó Tremols,

---

[1572] Bernabé Peña, entrevista.

[1573] DRE, «Estudio de la Situación Actual del DRE». Es muy probable que el autor del «Estudio» fuese el Capitán Manuel Álvarez Llaneras.

[1574] José María de Lasa, entrevista.

[1575] Carta de Rafael Tremols a Ramón Martínez, Caracas, 15 de junio de 1964, fondo de la Delegación en Puerto Rico, DRE-Central--Militar, AJFC.

«NECESITAMOS URGENTE el movimiento de barcos EN CUALQUIER PARTE DEL MUNDO, que llevan carga a Cuba, sean CUBANOS o no...Creo que, con esto, de lograrlo, podremos hacer algo en alguna parte»[1576]. No obstante, cualquier plan para atacar la navegación internacional estaría atemperado por el acuerdo al que Salvat había llegado con la CIA cuando se reunió con ellos en las semanas anteriores al traslado del personal del DRE a la base en la República Dominicana.

Por otra parte, los planes originales del DRE contemplaron una actividad ambiciosa que incluyó «ataques de tipo comando contra instalaciones vitales cercanas a las costas...[la infiltración] de personal y material que auxilie al clandestinaje organizado para iniciar atentados incendiarios o dinamiteros con un mínimo de riesgos», así como la infiltración de personal especializado en guerrilla urbana y serrana además de «establecer sistemas de suministros desde el exterior»[1577]. En una reunión que tuvo lugar entre los días 19 y 21 de agosto de 1964, el Ejecutivo del Directorio describió las responsabilidades que cada una de las secciones de trabajo que componían la organización tendrían con relación a las operaciones militares que se contemplaban llevar a cabo[1578]. En términos generales, y muy particularmente en lo que se refería a la ejecución de una acción militar, se seguían los lineamientos que habían sido aprobados cuando se efectuó el ataque al Hotel Rosita de Hornedo en agosto de 1962[1579].

Los miembros del DRE destinados a la base en isla Catalina fueron llegando a su destino por distintos medios. Cuatro de ellos, entre los que se encontraban Julio Jo y Kico Torres, fueron navegando desde la Florida en la PT antes conocida como «Susan

---

[1576] *Ibid.* Énfasis en el original.

[1577] Documento sin fecha ni lugar de origen [probablemente redactado por Manuel Álvarez Llaneras] caracterizado como «CONFIDENCIAL» y que es parte de un trabajo más amplio que no está en las fuentes consultadas. Este documento contiene la parte E de ese trabajo. Fondo de la Delegación en Puerto Rico, DRE-Central–Militar, AJFC.

[1578] DRE, «Reunión Ejecutivo: Días 19-21 de agosto de 1964», Miami, S. F., DRE, AJFC.

[1579] *Ibid.*

Ann» y ahora rebautizada como «José Antonio»[1580]. Otros de los primeros en presentarse en la isla fue José María de Lasa quien recuerda haber volado a Catalina desde Fort Lauderdale, en Florida[1581]. «Fui con un piloto muy conocido de Cubana de Aviación», rememoró de Lasa en el relato sobre ese viaje. «Fui solo con él», continuó, «y paramos para coger gasolina en uno de los cayos de las Caicos...La isla Catalina no es muy grande, es visible desde La Romana...tenía una pista de tierra, sin asfaltar, y me acuerdo del miedo horroroso que pasé al aterrizar pues la yerba era tan alta que no se veía nada y era el avión el que cortaba la yerba con la hélice»[1582]. Por su parte, Bernabé Peña voló a San Juan, Puerto Rico desde Miami y desde allí se trasladó a la ciudad occidental de Mayagüez donde le recogió Julio Jo quien cruzó el canal de la Mona en el «Juanín»[1583]. Según su recuerdo, fue el 28 de julio. Juan Manuel Salvat, quien visitó el campamento por una semana, desde el 8 de agosto hasta el 15 de ese mes, hizo el mismo trayecto que Peña. De acuerdo con su narración voló a San Juan bajo el nombre Juan Sánchez Portela y utilizó un pasaporte impreso por un pariente que los imprimía en su imprenta[1584]. En Mayagüez Salvat se encontró con Álvarez Llaneras y ambos navegaron a Catalina en el «Juanín»[1585].

En un principio, el Departamento de Estado de Estados Unidos se opuso a que se le otorgara permiso al Directorio para que trasladase su personal a la República Dominicana[1586]. La posición de la Cancillería norteamericana se fundamentó en un argumento

[1580] El 3 de junio de 1964 completó su embarque con aduanas en Estados Unidos. Cable de JMWAVE a Director, Miami, 26 de junio de 1964, en CIA, «DRE Operations», 29 de enero de 1964, Document id number 1994.05.06.09: 37:09:680004, MFF.

[1581] José María de Lasa, entrevista.

[1582] *Ibid.*

[1583] Mensaje electrónico, de Bernabé Peña a Javier Figueroa y Juan Manuel Salvat, 9 de abril de 2020.

[1584] Mensaje electrónico, de Juan Manuel Salvat a Javier Figueroa y Bernabé Peña, 9 de abril de 2020.

[1585] *Ibid.*

[1586] Cable, de Director a JMWAVE, «State Will Not Issue Docs to AMSPELLS», Washington, D. C., 6 de julio de 1964, CIA, RN 104-10170-10067, MFF.

que tenía como base la sospecha de que el DRE pudiera llevar a cabo acciones de «alto nivel de ruido» que podían perjudicar las gestiones que llevaba a cabo la diplomacia de Estados Unidos para disuadir a los miembros de la OEA a tomar una firme oposición contra Cuba[1587]. La referencia que hacía el Departamento de Estado a la OEA estaba vinculada a una reunión que tenía ese organismo para discutir la denuncia venezolana sobre los cargamentos de armas descubiertos en Venezuela y que procedían de Cuba.

La CIA, por su parte, recomendó que se les diera el permiso basándose entre otros argumentos, en que dado el tipo de equipo bélico que poseía el DRE y el lugar en donde se ubicaba la base, el Directorio no tenía la capacidad de llevar a cabo la clase de acción temida por el Departamento de Estado[1588]. Argumentó, también, que la Cancillería de Washington había consentido en darle ese permiso a los miembros del MRR y añadió que, teniendo el DRE en importante aparato de propaganda, el mismo podía ser utilizado para criticar a la política del gobierno de Estados Unidos[1589]. Como parte de esa argumentación, la CIA advirtió que la política del gobierno de Estados Unidos tácitamente animaba a que los exiliados creyeran que Estados Unidos no objetaría a que los exiliados montaran sus operaciones militares en contra de Castro si lo hacían fuera del territorio norteamericano[1590]. En un principio, las gestiones que hizo la CIA para que el Departamento de Estado aprobase los permisos necesarios para que los miembros del DRE que querían viajar a República Dominicana

---

[1587] Memorandum, de Deputy Chief, WH [Western Hemisphere] a Acting Director Central Intelligence, «State Department Proposal to Deny Permission to Members of the DRE to Establish a Military Base in the Dominican Republic». Washington, D. C., 22 de agosto de 1964, CIA, RN 104-10170-10049, MFF.

[1588] *Ibid.*

[1589] *Ibid.* Véase también cable de JMWAVE a Director, Miami, 29 de junio de 1964, en CIA, «DRE Operations», 29 de enero de 1964, Document id number 1994.05.06.09:37:09:680004, MFF.

[1590] Cable de JMWAVE a Director, Miami, 29 de junio de 1964, en CIA, «DRE Operations», 29 de enero de 1964, Document id number 1994.05.06.09:37:09:680004, MFF.

pudiesen hacerlo, no tuvieron el éxito inmediato que querían alcanzar pero sí parece que obtuvieron la seguridad de que los mismos no serían acreditados hasta finales de julio[1591]. Al referir esta información a JMWAVE, el director de la CIA sugirió que se le informara al DRE que la Agencia estaba tratando de resolver el asunto de las solicitudes pero que la Agencia no podía especular que las mismas fuesen aprobadas[1592]. Según el «Informe de Progreso» sobre el DRE y del mes de junio que JMWAVE envió a las oficinas centrales de la CIA, [probablemente] Salvat se quejó de la tardanza del Departamento de Estado en aprobar la documentación solicitada ya que la misma ha creado problemas masivos en las finanzas de la organización, así como para el personal del Directorio[1593].

En un cable posterior que el director de la CIA dirigió a JMWAVE se sugiere que el Departamento de Estado estuvo dispuesto a otorgar los permisos que antes negaban[1594]. El cable en cuestión señaló que la decisión se tomó en un «nivel superior» y que la notificación al Directorio debería de ser precedida por una advertencia que señalara el peligro inherente al tipo de operaciones que se llevarían a cabo y que se tendría que evaluar si los resultados que se derivarían de las acciones paramilitares serán capaces de herir al régimen de Castro[1595]. Asimismo se apuntó que, si después de esa advertencia el Directorio insistía en seguir adelante con sus planes, entonces JMWAVE le advertiría al DRE

[1591] Cable de Director a JMWAVE, fecha ilegible, en CIA, «DRE Operations», 29 de enero de 1964, Document id number 1994.05.06.09:37:09: 680004, MFF.

[1592] *Ibid.*

[1593] Despacho, de Chief of Station, JMWAVE a Deputy Chief WH/SA, Miami, 16 de julio de 1964, en CIA, «DRE Operations», 29 de enero de 1964, Document id number 1994.05.06.09:37:09:680004, MFF.

[1594] Cable, de Director a JMWAVE, «Decision Lifting ODACID [Departamento de Estado] Travel Restrictions», Washington, D. C., 31 de agosto de 1964, CIA, RN 104-10170-10050, MFF.

[1595] *Ibid.*

que volviera a solicitar los documentos de viaje indicando que era la creencia de la CIA que el permiso de viaje sería otorgado[1596].

Aunque para el momento en que se redactaron estos cables ya el DRE tenía sus hombres colocados en la base de isla Catalina, no dejan de tener interés porque muestran que, aunque ambas agencias vinculadas a la ejecución de la política exterior del gobierno de Estados Unidos parecían coincidir en los objetivos generales de esa política, al menos en lo que se refería a Cuba, sí tenían discrepancias en aquello que estaba asociado a las formas de conseguir los resultados. En el caso del DRE, ambas estaban al tanto de lo que estaba haciendo la gente del Directorio pero mientras que una, el Departamento de Estado, se sentía incómoda con las operaciones paramilitares proyectadas por el DRE, la otra, la CIA, daba señales que permiten señalar que, al menos en ese momento, no se oponía a las mismas. Y el argumento puede ser importante para arrojar luz al desenlace que tuvo la experiencia del Directorio en la República Dominicana.

El dispositivo que probablemente sirvió de detonante para marcar el fin de la presencia del DRE en la República Dominicana fue el ataque perpetrado por el MRR al buque mercante español *Sierra Aranzazu*. El evento tuvo lugar el 13 de septiembre y en el mismo murieron el capitán Pedro Ibargürengoitía, el tercer maquinista José Vaquero Iglesias y el segundo oficial Javier Cabello[1597]. La operación tuvo lugar en el Canal de Las Bahamas mientras el buque español se dirigía hacia el puerto de La Habana. El MRR, que en ese momento operaba desde campamentos situados en Costa Rica y Nicaragua, utilizó una base de reabaste-

---

[1596] *Ibid.*

[1597] Tomás Vaquero Iglesias y Julio Antonio Vaquero Iglesias, «La tragedia del *Sierra Aranzazu*, 50 años después», El País, Madrid, 14 de septiembre de 2014, https://elpais.com/internacional/2014/09/12/actualidad/1410553406_554883.html. El manuscrito de Judith M. Artime sobre su padre, «The Golden Boy...Dr. Manuel Francisco Artime Buesa», contiene el relato que sobre el ataque al *Sierra Aranzazu* hace René Cancio quien entonces era el Jefe de Operaciones Navales del MRR y quien alega ser la persona que preparó la operación. Véanse las páginas 58 a 61. Otro relato sobre el mismo incidente aparece en Enrique Ros, *El Clandestinaje*, 403-407.

cimiento que tenía en la República Dominicana y que probablemente estaba ubicada en la isla Beata en el suroeste del país. El incidente provocó una crisis diplomática cuando el gobierno español protestó ante el gobierno de Estados Unidos al sospechar que la responsabilidad de lo que había sucedido recaía en los grupos cubanos de oposición que actuaban en aquella zona[1598]. Para los autores de *Back Channel to Cuba*, el «incidente *Aranzazu*...marcó el comienzo de un lento y extendido cierre del apoyo activo de la CIA para las actividades violentas de los exiliados anticastristas»[1599], entre los que, por supuesto, se encontraba el DRE.

De acuerdo con el informe que el embajador de Estados Unidos en República Dominicana envió al Departamento de Estado en Washington el 9 de noviembre de 1964, a raíz del ataque al *Sierra Aranzazu*, el embajador de España en Santo Domingo encaró el asunto de manera dura ante la posibilidad de que la acción se hubiese originada en la República Dominicana[1600]. El diplomático norteamericano añadió en su nota que el gobierno dominicano solicitó que se hiciese el informe del incidente lo más completo posible para ayudar en la respuesta que se le quería dar al gobierno de España[1601]. Es muy probable que fuese esa orden la que se reprodujo en un cable que el agente de la CIA en Santo

[1598] En *FRUS, V. XXXII, Dominican Republic, Cuba, Haiti, Guyana*, «Memorandum of Conversation (287). Subject: Cuba, Ambassador Anatoly F. Dobrynin & Llewellyn E. Thompson, Ambassador at Large, Department of State», Washington, D. C., 6 de octubre de 1964, se ofrece un resumen de algunas de las actividades llevadas a cabo por el Departamento de Estado de Estados Unidos en relación con el incidente. También se ofrecen citas de otros documentos relacionados al asunto. Véase a Dan Bohning, *The Castro Obsession*, 217-218.

[1599] LeoGrande & Kornbluh, *Back Channel To Cuba*, 101. Además del DRE, las otras organizaciones cubanas que tenían base en la República Dominicana eran grupos vinculados al comandante Eloy Gutiérrez Menoyo, el Movimiento Demócrata Cristiana dirigido por Laureano Batista, Comandos L, el MRR y el JURE que tenía una embarcación y algunos hombres en Santo Domingo. DRE, «Estudio de la Situación Actual del DRE».

[1600] Bohning, *The Castro Obsession*, 217.

[1601] *Ibid.*

Domingo, «SHRYOC» [probablemente Thomas Hazlett, también identificado como «CLYDE»] incluyó en un cable enviado a las oficinas centrales de la Agencia en Washington el 14 de septiembre y en el que además informó que la orden ordenaba incluir «las bases clandestinas que supuestamente están en Punta Presidente y La Romana»[1602]. Al día siguiente, y en otro cable de la CIA también originado en Santo Domingo, se advirtió que se habían dado órdenes a la Marina dominicana para que «registraran y expropiaran» a «todos y todo en la isla Catalina y Punta Presidente»[1603].

La orden se cumplió el 18 de septiembre cuando un General de la Fuerza Aérea dominicana le comunicó a un representante del DRE que tenían que remover los botes y la tripulación de la base en isla Catalina y que no los podían transferir a la base que supuestamente ocuparían en la costa norte de la República[1604]. Bernabé Peña, quien se encontraba en la base cuando llegaron las instrucciones de irse recuerda el momento y afirma que «los generales nos dicen que tenemos que recoger todo, hasta las colillas de los cigarros porque viene la prensa. Había ya denuncias que los cubanos estaban allí y la prensa venía para cubrir una conferencia de prensa. Nos fuimos en la PT y el 'Juanín' se quedó allí porque no funcionaba y estábamos esperando piezas...y nos mandan a irnos con idea de decirnos a dónde nos íbamos»[1605]. Los miembros del DRE que estaban en la base salieron en la PT en dirección a Samaná, en la costa norte de la República Dominicana. Antes de llegar a su destino hicieron escala en Punta Cabrón,

---

1602 Cable de Santo Domingo a Director, «Received Order to do Story», Santo Domingo, República Dominicana, 14 de septiembre de 1964, CIA, RN 104-10170-10047, MFF.

1603 Cable de (inelegible) a («Humphrey Eberwein»), Dominican Navy Orders to «Search and Seize», Santo Domingo, República Dominicana, RN 104-10170-10040, MFF. Muchos de los documentos relacionados al incidente del *Sierra Aranzazu* están editados haciendo difícil el reconocimiento de personas y, a veces, el sentido recto del mensaje que se quiere transmitir.

1604 CIA, Intelligence Information Cable, «(-----) Concerning Dominican Support of Anti-Castro Activities of the DRE», Miami, 23 de septiembre de 1964, CIA, RN 104-10170-10038, MFF.

1605 Bernabé Peña, entrevista.

donde fondearon la embarcación. El propio Peña le relató a Cecilia La Villa que «cuando salieron en la PT llevábamos los tanques de gasolina encima del barco y cuando se acababa uno había que empezar a bombear el otro con una planta eléctrica y hacía chispa la conexión del cable...¡no volamos de milagro»[1606]. De acuerdo con Peña, estando en Punta Cabrón, los militares se comunicaron con ellos y les dicen que tienen que regresar pero que no pueden entrar en la base y que siguieran rumbo hacia la capital y que entraran en el río Ozama[1607]. Según la información que obtuvo la CIA del episodio, la orden de fondear en Santo Domingo era para esperar la decisión definitiva que tomaría el gobierno del presidente Donald Reid Cabral con relación al futuro de la estancia del DRE en su país. De acuerdo con la misma fuente, el oficial también le dijo al representante del Directorio que la Fuerza Aérea intentaría obtener una decisión favorable del primer mandatario dominicano para el 26 de septiembre[1608]. Efectivamente, el día señalado, y según se le informó a la CIA desde «AMWORLD», nombre de la operación autónoma dirigida por Manuel Artime[1609], ya se tenía la respuesta de Reid Cabral y la misma fue en el sentido de cortar la ayuda a los grupos cubanos en la República Dominicana y de «expulsar al DRE» del país[1610].

Mientras tanto, el General de la Fuerza Aérea que avisó a los militantes del Directorio que tenían que abandonar la base, también les explicó que la orden dada por el presidente Reid Cabral respondía a la presión que sobre él había ejercido el embajador de Estados Unidos para que el gobierno dominicano mantuviese alejado de cualquier ataque a Cuba a los grupos del exilio cubano

[1606] Bernabé Peña, entrevista con Cecilia La Villa.

[1607] Bernabé Peña, entrevista.

[1608] CIA, Intelligence Information Cable, «(-----) Concerning Dominican Support of Anti-Castro Activities of the DRE»,

[1609] CIA, Project Report, de M. K. Holbick a Director de Seguridad, «Project AMWORLD», Washington, D. C., 16 de octubre de 1964, CIA, RN 104-10109-10170, MFF.

[1610] Cable, de Director a Santo Domingo, «Information Connected with AMWORLD», Washington, D. C., 26 de septiembre de 1964, CIA, RN 104-10170-10035, MFF.

que operaban desde la República Dominicana, al menos hasta el 8 de noviembre, es decir, hasta pasadas las elecciones presidenciales que estaban por celebrarse en Estados Unidos[1611]. Cuando el «Estudio de la Situación Actual del DRE» alude a esa conversación, su autor repite la misma información y de manera casi textual a como se presentó en el cable de la CIA, corroborando, de esa manera la veracidad de lo transmitido por la CIA[1612].

Sobre la información recogida por la CIA en Santo Domingo y comunicada a Washington mediante este documento, habría que advertir dos cosas; una es que la «sugerencia» del embajador norteamericano era general para todas las organizaciones cubanas de oposición con bases en la República Dominicana y no de manera exclusiva al DRE y que la misma no cerraba la posibilidad de que las actividades de estos grupos pudieran reanudarse en los días posteriores a la fecha señalada.

Por otra parte, y refiriéndose a esa supuesta presión ejercida sobre el presidente dominicano, hay un cable que el director de la CIA le envía a JMWAVE que parece contradecir esa posición. En esa comunicación se afirmó que la «interagencia» del gobierno norteamericano con autoridad para aprobar ese tipo de medidas decidió «que se le informara al DRE que no era cierta cualquier información relativa a una petición del Departamento de Estado al presidente Reid para prevenir los ataques»[1613]. Más aún, en esa misma comunicación también se solicitó que se le señalara a la dirigencia del Directorio que era desaconsejable intentar llevar a cabo alguna operación *en ese momento* ya que podría traer consecuencias desastrosas[1614].

Por su parte, y en opinión también recogida por la CIA en el mismo cable en el que se hace referencia a la presión del embajador de Estados Unidos sobre el presidente Reid Cabral, Juan Ma-

[1611] CIA, Intelligence Information Cable, «(-----) Concerning Dominican Support of Anti-Castro Activities of the DRE».
[1612] DRE, «Estudio de la Situación Actual del DRE».
[1613] Cable de Director a JMWAVE, «AMSPEL Info On Prevent Raids», Washington, D. C., 24 de septiembre de 1964, CIA, RN 104-10170-10090, MFF.
[1614] *Ibid.* Énfasis del autor.

nuel Salvat advirtió que la totalidad de la comunidad cubana en República Dominicana estaba convencida de que la responsabilidad por la actitud negativa del presidente dominicano era del Departamento de Estado de Estados Unidos a la vez que intentaba convencer a Reid Cabral para que retirara su apoyo a todos los grupos cubanos excepto al MRR[1615]. Para Salvat, el incidente del *Sierra Aranzazu* fue un pretexto para sacar al DRE de Santo Domingo. Él ha sostenido que «aunque no hubiera pasado lo del *Aranzazu*, ellos [la CIA] estaban dando [cuerda] para que gastáramos nuestra plata, nuestro esfuerzo y todo»[1616]. Es más, lo ve como un plan del gobierno de Estados Unidos para acabar con el Directorio[1617]. «Nos dejaron ir a Dominicana, gastar lo que teníamos. Y nos iban a cerrar pues era una operación libre», y añadió, «tuve el privilegio de decírselo al último contacto con la CIA, un viejito bueno (sic) que venía de trabajar para la CIA en Chile. Y creo que estuvo, sin decirlo, de acuerdo conmigo»[1618]. El autor del «Estudio de la Situación Actual del DRE» estuvo de acuerdo con la hipótesis de Salvat pues en su informe señaló que «Dicha agencia [CIA] mantiene el concepto de que el DRE no debe participar en acciones militares, y debe preverse que pudiéramos tener dificultades en la República»[1619].

Un cable de JMWAVE fechado en el 24 de septiembre de 1964 puede arrojar alguna luz acerca de cuál fue la posición de la CIA con respecto las operaciones militares del DRE en la República Dominicana. El problema que tiene el documento es que

---

[1615] CIA, Intelligence Information Cable, «(-----) Concerning Dominican Support of Anti-Castro Activities of the DRE»,

[1616] Bernabé Peña y Juan Manuel Salvat, entrevista.

[1617] Juan Manuel Salvat, entrevista.

[1618] Correo electrónico de Juan Manuel Salvat a Javier Figueroa, Miami, 11 de mayo de 2020.

[1619] DRE, «Estudio de la Situación Actual del DRE». hay que tomar en consideración que este «Estudio» se confeccionó el 25 de octubre de 1964, es decir, después de que se cerrara la base en isla Catalina pero en un momento en el que todavía se tenía la esperanza en el DRE de que se podría volver a la República Dominicana. Sobre el juicio de la responsabilidad de la CIA en el asunto sobre el cierre de la base concurren Bernabé Peña y José María de Lasa en sendas entrevistas.

tiene muchos nombres tachados y le falta la página dos. De todas maneras, hay partes en el mismo que tienden a suavizar la manera en que la Agencia actuó con respecto al DRE durante el tiempo en el que DRE comenzó sus entrenamientos en isla Catalina. En el cable queda reiterado el acuerdo al que JMWAVE y Salvat llegaron antes de que comenzara la operación del Directorio en República Dominicana, es decir, que el DRE no atacaría a la navegación internacional mientras que JMWAVE le ofrecería a la organización inteligencia táctica sobre objetivos en la costa cubana[1620]. Es más, se insinúa que Salvat hizo énfasis en que el DRE no quería crear un incidente incómodo y que por esa razón se habían seguido las orientaciones de WAVE[1621]. Sobre ese particular, el cable menciona que «WAVE» ha podido jugar un papel de contención con el *DRE* pero que con la nueva situación esa influencia se puede acabar y que se decidió, además, descontinuar el compartir información de inteligencia[1622]. El asunto por el que JMWAVE sí mostró preocupación es que con el cierre de la base, la situación del DRE se volvía «desesperada» y que, por esa razón, intentaran llevar a cabo un ataque en las próximas semanas excepto si se les confiscaban las embarcaciones[1623]. No obstante, el cable advirtió que una acción de esa naturaleza podría crear un escándalo de «grandes proporciones» que podría ser utilizada por la prensa antes de las elecciones de noviembre[1624]. En ese sentido se afirmó que se creía que, permitiendo al DRE operar desde las bases dominicanas e implementando un asunto que no aparece en el documento, era la mejor oportunidad para prevenir actos de desesperación que puedan llevar a un incidente internacional[1625].

Al abundar sobre la situación del DRE en otro cable fechado el 26 de septiembre, JMWAVE volvió a abordar el asunto y, des-

---

[1620] Cable de JMWAVE a (ilegible), en «DRE Operations», Miami, 24 de septiembre de 1964, document id number 1994.05.06.09:37:09:680005, MFF.

[1621] *Ibid.*

[1622] *Ibid.*

[1623] *Ibid.*

[1624] *Ibid.*

[1625] *Ibid.*

de su perspectiva, afirmó que el cierre de la base podía ser el detonante para que el DRE llevase a cabo una operación que fuese contraria a los intereses de la administración Johnson[1626]. El argumento de JMWAVE fue que la deuda del DRE, debido a sus operaciones militares, ascendían a unos $20,000.00 y que una acción militar le podría ayudar a conseguir nuevos fondos. Dada esa posibilidad, JMWAVE sugirió que esa situación se podía aliviar si la CIA asumía la deuda, reconociendo que el subsidio constituía «un soborno de facto para ganar tiempo» y evitar el problema que podría suscitar un ataque sorpresivo[1627]. Eso sí, la recomendación de JMWAVE fue opuesta a ese procedimiento, pero, como el mismo estaba disponible se presentaba por si se quería hacer un esfuerzo máximo para asegurar que no se harían acciones del DRE antes de noviembre[1628].

Sobre este particular, el «Estudio Sobre la Situación Actual del DRE» afirmó que «las gestiones que se han realizado con los amigos, hasta el momento, han resultado negativas en lo que a (sic) ayuda económica se refiere para asuntos militares»[1629]. Aunque esa fuera la realidad, la lectura de los documentos citados permite especular con cierto grado de certeza que, al menos JMWAVE, durante aquellas circunstancias, no parecía mostrar hostilidad alguna hacia la operación del DRE en República Dominicana. Si esta conclusión fuese cierta, y tomando en consideración que de todas las organizaciones cubanas que tenían el visto bueno de las autoridades dominicanas para que utilizaran su país como base de sus operaciones militares el DRE fue el único que sería proscrito, quedaría por dilucidar la cuestión que explicara la razón de esa expulsión[1630].

[1626] Cable de JMWAVE a (ilegible), Miami, 24 de septiembre de 1964, en «DRE Operations», Miami, 24 de septiembre de 1964, document id number 1994.05.06.09:37:09:680005, MFF.

[1627] *Ibid.*

[1628] *Ibid.*

[1629] DRE, «Estudio de la Situación Actual del DRE».

[1630] La operación en la que estuvo involucrado el comandante Eloy Gutiérrez Menoyo terminó en enero de 1965 cuando el grupo que él dirigía se infiltró en

Una vía por explorar, la cual no aparece en ninguna de las hipótesis que se han ventilado acerca de esta cuestión, es la de una mirada a la situación política interna de la República Dominicana como una posibilidad.

Al redactarse el cable de la CIA que dio a conocer la noticia del cierre de la base del DRE en la isla Catalinas, se incluyó, como parte del reporte, un relato que advertía de las tensiones existentes entre el presidente Reid Cabral y algunos militares dominicanos[1631]. Según el autor del cable, la Fuerza Aérea dominicana rehusó aceptar la orden que Reid Cabral había dado para sacar al Directorio de su base y para que se confiscara todo su equipo y amenazó al presidente con la expulsión de su cargo si insistía con la expropiación[1632]. Por su parte, el autor del «Estudio de la Situación Actual del DRE» aludió a esa situación, pero en términos menos drásticos que lo representado en el cable de la CIA. Según el «Estudio», «El presidente planteó el problema en forma definitiva de que, o se suspendían las actividades, o se salía para no regresar más a la República. *Los militares amigos trataron de resolver la situación, pero el Presidente se mantuvo firme*»[1633].

Mientras tanto, la documentación diplomática del gobierno de Estados Unidos presentó un panorama políticamente complicado para Reid Cabral durante aquella coyuntura. En un telegrama que envía la embajada norteamericana en Santo Domingo el 16 de julio de 1964 se informa que el momento estaba condicionado por un clima de inestabilidad con una huelga en el transporte público, una negociación poco popular con el Fondo Monetario Internacional y por los movimientos de *una facción militar truji-*

Cuba y fue capturado por tropas del régimen. Comandos L no llegó a ocupar la base que se le había prometido.

[1631] CIA, Intelligence Information Cable, «(-----) Concerning Dominican Support of Anti-Castro Activities of the DRE».

[1632] *Ibid.* Es muy probable que el militar en referencia fuese el General Atila Luna, uno de los jefes militares que llevó a cabo el golpe de Estado que sacó del poder al presidente Juan Bosch en 1963. Véase Cable de JMWAVE a (ilegible), Miami, 24 de septiembre de 1964, en «DRE Operations».

[1633] DRE, «Estudio de la Situación Actual del DRE». Énfasis del autor.

llista a favor del expresidente Joaquín Balaguer[1634]. Al poco tiempo de esta comunicación, el Departamento de Estado en Washington comentó la situación dominicana en otro telegrama dirigido a la embajada en Santo Domingo. «La caída en este momento del régimen de Reid» decía el mensaje firmado por el secretario Dean Rusk, «no beneficiaría a nadie excepto a una pequeña camarilla de trujillistas sedientos de poder y a militares reaccionarios»[1635]. A su vez, y unos días más tarde, el conjunto de agregados militares de Estados Unidos en Santo Domingo aludió a la posibilidad de un golpe de Estado organizado por el conjunto de militares dominicanos vinculados al «Grupo San Cristóbal» también asociados a Balaguer[1636].

Con un panorama tan adverso como el descrito por la documentación diplomática de Estados Unidos, no sería un hecho extraordinario que el presidente Reid Cabral aprovechara las circunstancias abiertas por el ataque al «*Sierra Aranzazu*» para fortalecer su posición frente a los militares que amenazaban con sacarlo del poder. En ese sentido, el eslabón más débil entre los grupos operando en la República Dominicana era el DRE ya que, efectivamente, no tenía, como el MRR, el respaldo oficial de Estados Unidos y era una organización muy cercana a militares de escasa tradición democrática y que según se afirma en el «Estudio de la Situación Actual del DRE», eran «totalmente contrarios a dicha agencia [CIA]»[1637]. De nuevo, el autor del «Estudio» hace unas observaciones muy agudas que pueden ayudar a colocar al Directorio como peón en un juego de poder entre los militares y

[1634] *FRUS, 1964–1968, Volume XXXII, Dominican Republic; Cuba; Haiti; Guyana,* «Telegram from Embassy in the Dominican Republic to the Department of State (9)», Santo Domingo, República Dominicana, 16 de julio de 1964.

[1635] *FRUS, 1964-1968, Volume XXXII, Dominican Republic; Cuba; Haiti; Guyana,* «Telegram from Department of State to the Embassy in the Dominican Republic (11)», Washington, D. C., 21 de agosto de 1964.

[1636] *FRUS, 1964-1968, Volume XXXII, Dominican Republic; Cuba; Haiti; Guyana,* «Telegram from the Joint Army/Navy/Air Force Attachés to the Chief of Naval Operations (McDonald) (13)», Santo Domingo, República Dominicana, 26 de agosto de 1964.

[1637] DRE, «Estudio de la Situación Actual del DRE».

el presidente Reid Cabral. Dice el autor del «Estudio»: «Los militares amigos, principalmente el de la Fuerza Aérea, han luchado por nuestra causa en el alcance de sus fuerzas y, si de ellos dependiera, hubiéramos tenido una ayuda máxima para nuestra causa y nunca hubiera surgido la situación actual. A pesar de sus posiciones de influencia en la vida nacional, carecen de madurez política y desconocen las intrigas a que normalmente están sometidos los movimientos revolucionarios como el que ellos encabezaron. El presidente, mucho más hábil y político que ellos, pacientemente ha ido controlando la situación, primero ganando su respeto y admiración, más tarde ganando el apoyo de los E. U. A. y, finalmente, minando su poder como sucedió, y está sucediendo en estos momentos al trasladar a uno de ellos, el Secretario de la Marina[1638], y al mover otros oficiales en posiciones claves para situar personas de su absoluta confianza»[1639].

En cuanto a la ausencia de represalias contra el MRR, autor del ataque al «*Sierra Aranzazu*», además de contar con el respaldo de Estados Unidos[1640], su dirigente principal, Manuel Artime, sostuvo una cercana relación con Reid Cabral. Una vez más, la información sobre este particular está contenida en un cable sobre Información de Inteligencia de la CIA[1641]. Según se narra en este

[1638] Recuérdese que el «Estudio» tiene fecha del 25 de octubre de 1964. Sobre la confrontación entre el presidente Reid Cabral y los militares dominicanos a los que se refiere el autor del «Estudio» véase en *FRUS, 1964-1968, Volume XXXII, Dominican Republic; Cuba; Haiti; Guyana*, «Memorandum from Robert M. Sayre of the National Security Council to the President's Special Assistant (Dungan) (16)», Washington, D. C., 15 de octubre de 1964.

[1639] DRE, «Estudio de la Situación Actual del DRE».

[1640] En su libro, *The Castro Obsession (*218-236), su autor propuso que el apoyo del gobierno de Estados Unidos al MRR y a Artime después del incidente del *Sierra Aranzazu* se debió al vínculo que el opositor cubano logró hacer con el Comandante Rolando Cubela con el propósito de facilitar un golpe de Estado en Cuba.

[1641] CIA, Intelligence Information Cable, «Promise of Donald Reid Cabral To Have Available An Operating Base To Cuban Exile Leader/Comments of Donald Reid of Plotting to Overthrow Dominican Government/Attempt By Donald Reid To Gain Recognition From Costa Rican Government», 4 de noviembre de 1964 en Colección Bernardo Vega, Archivo General de la Nación, Santo Domingo, República Dominicana.

documento, Donald Reid, quien tenía «excelentes relaciones con Rafael García, el representante de Artime en Santo Domingo se reunió con Manuel Artime en la capital dominicana el 19 de octubre de 1964»[1642]. En la conversación que sostuvieron, Reid le prometió a Artime que le concedería una base de operaciones en la República Dominicana para que fuese utilizada «después de la elección del presidente Johnson». Acordó, igualmente, *negarle derechos de operar a cualquier otro grupo de exiliados cubanos*. Sugirió, también, que Artime enviara sus equipos «a través de la Marina dominicana para evitar las inspecciones de aduanas y otras similares». Por su parte, el presidente dominicano pidió la asistencia de Artime para obtener, entre otras cosas, doce embarcaciones veloces para ser utilizadas por la Marina dominicana en el control del contrabando y de posibles infiltraciones. Sobre ese punto aclaró que la adquisición de las embarcaciones las haría él mismo para evitar que oficiales de la marina obtuvieran ganancias por las compras. Otro asunto para el que Reid Cabral solicitó la asistencia del dirigente del MRR fue para que se monitorease las actividades de los partidarios del exdictador cubano Fulgencio Batista. Según propuso el cable de la CIA, Reid estaba convencido de que Batista estaba asociado con Joaquín Balaguer con el propósito de derrocarlo y le recordó que otro socio de Batista, Rolando Masferrer, se estaba involucrando en los asuntos de Haití. El propósito de esta conspiración sería la utilización de la isla La Española como base para atacar a Cuba. Por último, el presidente dominicano solicitó los buenos oficios de Artime para que abogara ante el gobierno de Costa Rica, país en el que el MRR tenía un campamento, para que se reconociese a su gobierno como el gobierno legítimo de la República Dominicana, ya que Costa Rica lo responsabilizaba con el derrocamiento del presidente Juan Bosch[1643].

[1642] El documento señala que las relaciones entre Rafael García y Reid Cabral se estrecharon durante la amenaza del golpe de Estado que se fraguó en octubre de 1964.

[1643] *Ibid.* Énfasis del autor.

Al momento en que se redactó el «Estudio de la Situación Actual del DRE», su autor está persuadido de que el DRE podría volver a la República Dominicana. Desde su perspectiva, era una posibilidad que se enfrentaba a obstáculos importantes que incluían asuntos de tipo económico como la falta de recursos financieros para hacer frente a un sinnúmero de gastos relacionados al personal y a los equipos, como también de carácter político, particularmente el temor a la influencia que la CIA pudiera tener en la República Dominicana. Sobre el aspecto económico, que quizá era al que mayor peso se le daba en el «Estudio», se corroboró lo que sobre ese particular había informado JMWAVE en su cable del día 24 de septiembre[1644] y se argumentó que «Según los reportes de la Sección de Finanzas y las circunstancias que actualmente se atraviesan, el DRE se encuentra en crisis desesperada que es necesario afrontar inmediatamente»[1645]. Sin embargo, aun cuando se pudiese solucionar en el corto plazo el problema de los fondos necesarios para volver a poner en marcha el plan militar desde la República Dominicana, «el único baluarte con que podemos contar para poder operar activamente con el material que tenemos», el autor del «Estudio» sabía que no todas las soluciones estaban en manos del Directorio. Su conclusión así lo dejó saber: «La posibilidad y forma de actuar en un futuro inmediato», afirmó, «constituye una incógnita en cuya solución entran factores ajenos a nuestras fuerzas»[1646]. Uno de esos factores, el que bloqueó definitivamente toda posibilidad de regreso a los militantes del DRE a la base en isla Catalina, fue el acuerdo al que llegaron Manuel Artime Buesa y Donald Reid Cabral el 19 de octubre de 1964 en el que, entre otras cosas, comprometió al presidente de la República Dominicana a excluir de su territorio a todas las organizaciones del exilio cubano excepto al MRR[1647]. En cuanto

---

[1644] Cable de JMWAVE a (inelegible), Miami, 24 de septiembre de 1964, en «DRE Operations»

[1645] DRE, «Estudio de la Situación Actual del DRE».

[1646] *Ibid.*

[1647] M. K. Holbik, en su memorándum sobre el «Proyecto AMWORLD» señaló que en JMWAVE había un personal «poseído de cierta sensación de malestar hacia AMWORLD y hacia Artime por ser la única operación autorizada

al papel que Artime tuvo en el proceso de excluir al DRE de la República Dominicana, ya se perfila en una carta que el delegado del Directorio en Puerto Rico, Vicente Sosa, le escribió al capitán Álvarez Llanera, el probable autor del «Estudio», el 23 de octubre de 1964. Sosa comentó en su carta que en Puerto Rico ya se hablaba de lo sucedido al DRE en República Dominicana y añade que se conocía «la interesada labor de zapa del Titán de la CIA [Artime], que recién pasó por aquí de escala hacia Santo Domingo»[1648].

El hecho cierto para el DRE fue que, por las razones que fueran, el mensaje que le transmitió el general de la Fuerza Aérea dominicana el 18 de septiembre de 1964, marcaría el fin de su estancia en la República Dominicana. Sin embargo, dada la incertidumbre inicial de la orden que se les había dado, los miembros del DRE que habían desalojado la isla Catalina tuvieron que dilucidar si se quedaban en Santo Domingo o si regresaban a Miami. Cuenta Bernabé Peña que al llegar a la capital dominicana y al fondear la PT en el río Ozama, tuvieron que buscar un hospedaje en el que quedarse ya que no cabían todos en la embarcación[1649]. De acuerdo con su relato de aquellos primeros días, Peña recuerda que fueron a ver a los jesuitas, pues, al fin y al cabo, algunos de ellos eran miembros de la ACU que era una obra de la provincia antillense de la Compañía de Jesús que incluía el territorio dominicano. En esta ocasión, sin embargo, los jesuitas no les dieron albergue «porque no podían arriesgar el Colegio [Loyola]». «Como alguien en el grupo había sido alumno de La Salle», rememoró Peña, «fuimos al colegio que los Hermanos tienen en

para llevar a cabo actos de sabotajes«. La referencia de Holbik es que el presidente Johnson había suspendido, desde enero de 1964, las operaciones de sabotaje que se llevaban a cabo en contra de Cuba desde JMWAVE.

[1648] Carta de Vicente Sosa a Manuel Álvarez Llaneras, Santurce, Puerto Rico, 23 de octubre de 1964, DRE, fondo de la Delegación en Puerto Rico, DRE-Central–Militar, AJFC. Por su parte, el autor del «Estudio» ofrece una posible clave para entender la posición asumida por Artime en la República Dominicana cuando afirmó que el MRR tenía como principio, «la absorción de otros y no la coordinación». DRE, «Estudio de la Situación Actual del DRE».

[1649]. Bernabé Peña y Juan Manuel Salvat, entrevista.

Santo Domingo. Allí estaba el rector, que era mexicano y que había sido rector en La Salle de Marianao [en Cuba] y nos dijo: 'les contesto porque voy a reunir el concejo. Yo no puedo tomar esa decisión enseguida'». Dice Peña que algunos de los del grupo pudieron quedarse en casa de Varona y otros, cuando los Hermanos les dieron permiso, se quedaron en el Colegio. Según el relato de Peña, «ya habían salido noticias en el periódico sobre los cubanos que estaban en Santo Domingo...fuimos a hablar con el hermano Pablo [el rector] y le dijimos que nos íbamos porque no los queríamos perjudicar. Volvió a reunir al concejo y dijo 'si tenemos que cerrar el colegio por ustedes, lo cerramos'»[1650]. De acuerdo a Peña, llegó un momento en que se pensó que «todo había terminado» y comenzó el traslado hacia Miami[1651]. Eventualmente, el «Juanín» fue embarcado hacia la Florida en un transporte naviero y la PT, que fondeada en el río Ozama, fue hundida durante la guerra civil que afectó a la República Dominicana en 1965.

La pérdida del «único baluarte con que podemos contar para operar activamente con el material que tenemos», como caracterizó el «Estudio» a la base que tenía el DRE en la República Dominicana, tendría repercusiones muy serias para la vida de la organización. La realidad era que con la privación de aquel recurso, las posibilidades de que el Directorio pudiera continuar la actividad insurreccional contra el régimen de Castro, disminuía considerablemente. Tenían que enfrentar la deuda generada por los gastos incurridos en la operación dominicana. En el mes de julio de 1964, Juan Manuel Salvat le había advertido a la delegación que el DRE tenía en Brasil, que la cantidad de $100,000.00 que se había presupuestado para iniciar el plan militar, «no pudo ser recogida en su totalidad» y que, por lo tanto, se había tenido que incurrir en «préstamos e hipotecas»[1652]. Además de las penurias económicas, el Directorio dejó de tener un lugar desde el cual

[1650] *Ibid.*

[1651] Bernabé Peña, entrevista con Cecilia la Villa.

[1652] Carta de Juan Manuel Salvat a Carlos Valdesuso, Pedro Luis Castelló, *et. al.* Miami, 12 de julio de 1964, DRE, AJFC

poder llevar a cabo sus operaciones militares. Siendo una organización cuyo eje central era el derrocamiento del régimen castrista por la vía de las armas, si no podía cumplir con ese objetivo corría el peligro de perder su razón de ser. En ese sentido, habría que tomar el mensaje transmitido por aquel general de la Fuerza Aérea dominicana al representante del DRE en San Domingo como el inicio de la desintegración del DRE como organización activa en la oposición del régimen cubano dirigido por Fidel Castro.

Delegación del DRE que llevó la Exposición Económica por varios países en América Latina.

En La Paz, Bolivia, Alejandro González, José A. G. Lanuza, Alfredo Cepero, Carlos García Soler y el delegado en Bolivia Luis González.

Capítulo 14

Conclusión de una etapa

En 1964, la actividad política del DRE no solo se enfocó en el desarrollo de su plan militar, su tarea principal, sino que, también abarcó otras áreas con las que pretendió confrontar al régimen de Fidel Castro. Entre algunas de esas iniciativas, una de las más importante fue la de exhibir por varios países de América Latina su Exposición Económica, «Cuba, historia de un desastre económico», el proyecto que se había mostrado originalmente ante la XIX Asamblea General de la SIP celebrada en Miami Beach en noviembre de 1963. La idea de llevar la exhibición al público latinoamericano fue gestándose en conversaciones que llevaron a cabo algunos de sus creadores, entre los que se destacaron los economistas José Álvarez Díaz y Oscar Echevarría y el ingeniero José Luis Díaz de Villegas, y los miembros de la Sección Internacional del DRE. El proyecto fue financiado, por supuesto, por la CIA y la delegación que se encargó de acompañar a la Exposición estuvo compuesta por Alfredo Cepero, Carlos García Soler, Alejandro González y José A. G. Lanuza. Los países visitados por la exhibición fueron Colombia, Ecuador, Chile, Bolivia, Argentina, Uruguay y Venezuela. Ni Perú ni Brasil permitieron la entrada de la Exposición. Se planificó otro viaje por Centroamérica, pero este nunca se llegó a ejecutar.

El propósito del viaje quedó identificado en una hoja que contenía los temas de discusión para una posible conferencia de prensa que los delegados ofrecerían en Argentina. De acuerdo con el documento, el tema de la Exposición era «un estudio comparativo de la economía cubana antes de Castro y bajo Castro que demuestra con el lenguaje incontrovertible de las cifras como el sistema económico comunista solo conduce al fracaso[1653]. Igual-

[1653] DRE, «Conferencia de Prensa», DRE, Exposición Económica, AJFC.

mente se incluyó un resumen de los temas generales cubiertos por la exhibición y los cuales eran educación, transporte, vivienda, salubridad, finanzas, producción agropecuaria, producción industrial, comercio exterior y comunicaciones[1654].

Para divulgar el mensaje inherente a la Exposición, los miembros de la delegación contaron, en primer lugar, con los paneles gráficos que constituían la parte principal de la exhibición. Otro instrumento que utilizaron fue el de las conferencias que pudieron dictar en varios de los lugares que visitaron. Acudieron, igualmente, a diversos medios de prensa como periódicos, programas de radio y de televisión en donde divulgaban, no solo la cuestión propiamente económica de la Exposición sino, también, un mensaje político acerca de la lucha en la que estaba enfrascado el Directorio. Además, los miembros de la delegación hicieron múltiples y variadas gestiones dirigidas a recaudar fondos que serían destinados a la ejecución del plan militar que el DRE intentaba poner en marcha en 1964 y para cumplir con este objetivo, a la misma vez que vendían el folleto que acompañaba a la exhibición, los delegados se reunían con personas de medios económicos que pudieran contribuir con donaciones para el DRE o que quisieran hacerse cargo de establecer los Comités de Finanzas que se encargarían de ese tipo de gestiones en sus respectivas comunidades. Así, por ejemplo, se pudieron constituir embriones de este tipo de comité en Bogotá, Cali y Guayaquil. Otro aspecto que fue cubierto en el viaje realizado por estos miembros del DRE fue el de ofrecerle a la organización una descripción del panorama político prevaleciente en cada uno de los países que visitaron[1655].

[1654] *Ibid.*

[1655] Los delegados del DRE que constituyeron el grupo que llevó la Exposición Económica por algunos países de América Latina se preocuparon de escribir un informe resumiendo todas las actividades que llevaron a cabo en cada uno de los países visitados. Carlos García Soler le proveyó al autor una copia de ese resumen, aunque le faltó el correspondiente a Uruguay que fue suplido por José Antonio G. Lanuza. DRE, «Informe Exposición Económica: Cuba, Historia de un Desastre Económico», AJFC.

En términos generales, la Exposición contó con una planificación deficiente. Por los informes que escribieron los delegados que acompañaron la exhibición, se da a entender que las delegaciones del DRE que operaban en los países visitados o no estaban enterados de que la Exposición llegaría al lugar en el que estaban destacados o tenían confusión acerca del itinerario que se tenía concertado. Así, por ejemplo, cada vez que la Exposición llegaba a algún destino, no se contaba con un lugar en el cual se tenía que montar la Exposición. Esto significó que, cuando los miembros del DRE que llevaban la exhibición se presentaban en una de las ciudades en las que querían montar la Exposición, se tenían que poner a buscar un local para cumplir con ese cometido. Por esa razón, además de perder tiempo en tales gestiones, no siempre lograban obtener el sitio óptimo para llevar a cabo su labor. Este inconveniente se trató de subsanar haciendo, varias veces, que dos de los delegados viajaran al próximo destino con un día de anticipación. Pero, además, muchas veces tuvieron que enfrentar la tibieza de quienes regenteaban algunos de los lugares que les fueron recomendando. El caso más dramático de estos rechazos fue el que confrontaron en Buenos Aires cuando la persona encargada de un buen local, «La Casa de Mendoza», en la céntrica calle Florida de la capital argentina, se negó a cederles el espacio porque ya había sido víctima de una bomba colocada anteriormente en aquel lugar.

De igual manera, el viaje se inició sin que los delegados tuvieran visas de entrada para Perú y Brasil y como no las pudieron obtener por el camino, perdieron la oportunidad de visitar esos dos importantes países. Tampoco se tomó en consideración algunos asuntos que resultaron vitales para determinar el éxito de la labor que se quiso llevar a cabo. Por ejemplo, la Exposición llegó a La Paz, Bolivia, en el momento en el que el país llevó a cabo una jornada para reclamar la salida al mar, cuestión a la que los bolivianos le daban una significación de primera importancia. Como consecuencia de esa circunstancia, los trámites para montar la exhibición sufrieron demoras ya que los días dedicados a la reivindicación de un espacio marítimo determinó el cierre de la mayor parte de las actividades en el país. De igual forma, se afectó la posibilidad de llevar la exhibición a la ciudad boliviana de Cochabamba por carecer del tiempo necesario para realizar la actividad. Algo parecido tuvo lugar en Buenos Aires pues cuando llegaron se celebraba la Semana Santa. Otro contratiempo parecido ocurrió en Uruguay ya que en este país el DRE no tenía delegación.

De otra naturaleza fue el tropiezo confrontado en Cali, Colombia, en donde la Exposición se vio saboteada por personas que eran partidarias del régimen de Castro. La actividad en esta ciudad colombiana había comenzado bajo buenos auspicios pues contó con la valiosa colaboración del periodista cubano José Pardo Llada. De igual manera, dos de los miembros del DRE, Jorge Nieto, que era el delegado en Bogotá, y José A. G. Lanuza, viajaron a Cali con un día de anticipación para preparar el local y establecer los contactos necesarios con los periódicos *Diario de Occidente* y *El País*.

El montaje se hizo en un local llamado «La Tertulia», que servía de punto de reunión para grupos de diferentes naturalezas. Por sugerencia de Pardo Llada, la Exposición estaría abierta al público entre las seis y diez de la noche ya que eran las horas de mayor circulación de personas. Una vez que se abrieron las puertas del local se fue llenando de personas que, por el cálculo que hicieron los miembros del DRE que allí se encontraban, fueron más de cien, la mayor parte de ellos «grupos de jóvenes estudiantes...en el que casi todos eran menores de veinte años» y afiliados a la Universidad del Valle y el Colegio Santa Librada «ambos centros controlados por los comunistas»[1656]. En un momento dado empezaron a gritar «Viva Castro», provocaron un corto circuito y «lanzaron algunas bombas de peste para salir corriendo para la calle». Una vez fuera del local, lanzaron piedras y botellas y amenazaron con forzar la entrada, obligando a la delegación del Directorio a sacar los paneles de la exhibición por el techo del edificio que albergaba el local[1657].

[1656] *Ibid.*

[1657] DRE, «Atacada la Exposición Económica del DRE», *Trinchera*, Miami, 8 de marzo de 1964, 1.

El problema confrontado en Chile fue diferente. Aquí los militantes del DRE cumplieron perfectamente con lo indicado por el itinerario que se habían impuesto antes de salir de Miami. El propósito de estar en Santiago durante los primeros días de marzo era el interés de montar la Exposición Económica a la misma vez que se celebraba en la capital chilena el Segundo Congreso Latinoamericano de Juventudes (II CLAJ), una actividad auspiciada por organizaciones estudiantiles afines al régimen castrista. A la delegación itinerante del Directorio se le uniría en Chile tres miembros del DRE provenientes de Miami, Juan Manuel Salvat, Bernabé Peña y Juan Antonio Rodríguez Jomolca[1658].

La sorpresa al llegar a Santiago fue la retención en aduanas de todo el material relacionado con la Exposición. La excusa que le dieron a la delegación que llevaba la exhibición fue, de acuerdo a lo expuesto por ellos en el informe que enviaron a Miami, que «no sé qué inciso de que regulación aduanera sobre obras de arte», aunque después supieron que fue una de las medidas que tomó el gobierno «para restar combustible a la hoguera del Congreso»[1659]. En ese sentido, la Exposición Económica del DRE no fue la única perjudicada por la acción tomada por las autoridades chilenas ya que el resto de las delegaciones a la actividad de la CLAJ, exceptuando la brasileira que envió su material por valija diplomática, «pudieron introducir propaganda en el país»[1660]. En el informe rendido por los miembros del Directorio se pudo corroborar que el gobierno chileno tenía el interés de rebajar las tensiones que se pudiesen generar en la CLAJ pues un miembro del Partido Demócrata Cristiano de Chile, Fernando Sanhuesa, le dijo a Salvat que «el CLAJ era un fracaso y que cualquier propaganda [por el DRE] serviría para revivir el cadáver»[1661].

[1658] DRE, «II CLAJ: Segundo Congreso Latinoamericano de Juventudes, Nuevo Fracaso de Fidel Castro», *Trinchera*, 8 de marzo de 1964, 1 y «Desastre Comunista: Fracas II CLAJ», *Trinchera*, 29 de marzo de 1964, 1.

[1659] DRE, «Informe Exposición Económica: Cuba, Historia de un Desastre Económico».

[1660] *Ibid.*

[1661] *Ibid.*

Al no poder montar la Exposición en Chile, los miembros del DRE que acompañaron a la exhibición se unieron a sus compañeros de la organización para poder hacer alguna actividad con la cual poder contribuir a la causa que ellos representaban. En un momento dado, almorzando en un restaurante de la capital chilena, se toparon con parte de la delegación de Cuba que estaba en el mismo local. Entre los comensales que allí se encontraron estaban Joaquín Más, a quien Juan Manuel Salvat acompañó en la candidatura que aspiró a representar a la Facultad de Ciencias Sociales de la Universidad de La Habana en la FEU durante las elecciones de 1959 y Ricardo Alarcón a quien muchos de ellos conocían, sobre todo Alejandro González. Después de una conversación que duró por más de dos horas, en la que hubo tensión al principio, pero en la que se logró, finalmente, alcanzar un clima distendido, los miembros del DRE se dieron «a la tarea de organizar un plan de sustracción» de una de las personas de más alto rango en la delegación cubana con el propósito de intercambiarlo por Alberto Muller, el dirigente del Directorio que se encontraba preso en Cuba. Una vez que precisaron algunos de los detalles, se decidió consultar a los «aliados», es decir, la CIA, que trabajaban en Chile. Estos, sin embargo, rechazaron el plan y el mismo no se llevó a cabo[1662]. Al no tener otro cometido que cumplir, los delegados del DRE y la Exposición Económica se dirigieron a Bolivia en donde aterrizaron el 20 de junio. Después de exponer la exhibición en la ciudad de La Paz y de confrontar

[1662] *Ibid* y CIA, despacho, de Chief of Station, JMWAVE a Deputy Chief, WH/SA, «AMSPELL Tour of Latin America», Miami, 23 de julio de 1964, CIA, RN 104-10170-10064, MFF. El «Informe» enviado por los miembros de la delegación del DRE que acompañó a la Exposición Económica no menciona a Ricardo Alarcón como parte de los individuos que estuvieron en aquel almuerzo. Sin embargo, José Antonio G. Lanuza confirmó al autor la presencia del delegado cubano como parte de los miembros de la delegación de Cuba que estaban almorzando en el restaurante y que se reunieron con algunos de los miembros del DRE aquella tarde. Es más, el recuerdo de Lanuza es que en el almuerzo solo estaba Alarcón con dos guardaespaldas y que el funcionario cubano «se separó de su grupo y se sentó solo invitando a Alejandro [González] y Alfredo [Cepero] a que se sentaran con él», José Antonio G. Lanuza, mensaje al autor, 30 de julio de 2021.

los problemas relacionados a los días feriados de Bolivia, los cuatro miembros del Directorio volaron a Buenos Aires. En la capital argentina se encontraron que no tenían los folletos explicativos de la Exposición. Estos habían sido devueltos a Miami cuando el delgado del DRE en Argentina no los había reclamado. Sin embargo, en los cuatro días que se expuso la Exposición al público, se recibió la visita de unas mil doscientas personas; se dictaron cuatro conferencias y se hicieron entrevistas en emisoras de radio y de televisión[1663]. De Buenos Aires pasaron a la ciudad de Rosario y después a Córdoba donde estuvieron tres días en los que se concentraron en mostrar la exhibición. El 26 de abril llegaron a Montevideo, en donde ya se encontraban dos de los delegados, Carlos García y Alfredo Cepero. La Exposición tuvo muy poco éxito en Uruguay. En el propio «Informe» se da cuenta del fracaso y en el cual se admitió que «menos de veinte personas visitaron la exposición durante los tres días en que fue exhibida»[1664]. Para explicar la ausencia de público, la delegación del DRE apuntó, en adición a la falta de delegado en el país, a tres causas principales: «el profundo sentimiento anti-yanki que existe en este pueblo, con quienes se nos identifica totalmente; la precaria situación económica que los hace exigir un cambio de estructura como posible solución» y el convencimiento que tienen los uruguayos de que «el comunismo solo debe ser combatido con las ideas y nunca por medio de la violencia (Nos consideran trogloditas)»[1665]. De todas maneras, la delegación sintió que no todo fue pérdida pues obtuvieron publicidad en la prensa escrita y tanto en la radial como en la televisiva.

La última parada de la Exposición Económica fue en Venezuela, país en el que el DRE tenía una delegación importante y en donde tuvieron un clima político mucho más favorable que en algunos de los países que habían visitado con anterioridad. A pesar de las condiciones apuntadas, algún problema tuvieron que confrontar pues la delegación venezolana no los esperaba hasta

[1663] DRE, «Informe Exposición Económica».
[1664] *Ibid.*
[1665] *Ibid.*

veinte días después de la llegada, que fue el 8 de mayo. Después de ver algunos de los locales que se les había ofrecido decidieron colocar la Exposición en la Casa Sindical «El Paraíso», que pertenecía al Partido Acción Democrática del presidente Rómulo Betancourt. De acuerdo con lo que pensaron los delegados, ellos favorecieron el lugar porque «daría un sabor más popular al evento» además de poder tener la protección del «cuerpo de 'choque' contra los comunistas» que se les había ofrecido. Con respecto a este asunto, en el informe que rindieron posteriormente, los responsables de la Exposición anotaron que «mientras los comunistas dispongan de sus efectivos aparatos de violencia, se hace imprescindible el fortalecimiento de nuestros cuadros de 'choque', única forma de impedir el sabotaje o la destrucción de dicha propaganda [la Exposición Económica]»[1666].

Además del usual recuento acerca de las actividades que llevaron a cabo en Venezuela, los delegados del Directorio resaltaron en el «Informe» de su visita venezolana, varios asuntos relacionados con los avatares de la amplia comunidad cubana residente en la patria de Bolívar. Uno fue «la tremenda competencia que existe en esta plaza por el control de la colonia cubana», destacando, sobre todo, la simpatía de la que gozaba el movimiento dirigido por el ingeniero Manolo Ray, el JURE, «un movimiento que era la continuación de la tesis revolucionaria que [los venezolanos] habían apoyado anteriormente»[1667]. Otro comentario tuvo que ver con una visita que Manuel Artime había hecho a Caracas el 20 de mayo de 1964. Una vez más, sobresalía la desconfianza que se tenía en el DRE acerca del líder del MRR. Según anotaron en el «Informe», Artime «mostró demasiado a las claras su decisión de usar y abusar a solas del poder sin disposición alguna de compartirlo»[1668]. Y el último aspecto que se destaca en el informe es el que tuvo que ver con la relación tan estrecha que existía en el Directorio entre la lucha armada que quería emprender la organización y la necesidad de obtener fondos con que financiarla.

[1666] *Ibid.*
[1667] *Ibid.*
[1668] *Ibid.*

Aludiendo a la simpatía que existía en Venezuela en relación con la lucha de los cubanos anticastrista, el «Informe» señaló que «más que propaganda negativa se hacen inaplazables la realización de acciones militares que, además de demostrar nuestra voluntad inquebrantable de ser libre, despierten una mística de lucha que facilite la obtención de ayuda económica y apoyo moral»[1669].

Terminado el itinerario de la Exposición en Venezuela, los miembros del DRE que llevaron la exhibición por América Latina llegaron a Miami a finales del mes de mayo. El 11 de junio circuló entre toda la militancia del Directorio un boletín informativo con las principales actividades que estaba llevando a cabo la organización y al exponer los asuntos de la Sección Internacional, se le dedicó un espacio a la Exposición Económica. De acuerdo con esta hoja informativa, la Exposición Económica del DRE «obtuvo grandes éxitos y completó eficientemente su labor». Se anunció, además, que se estaba preparando un nuevo recorrido para visitar los países de Centroamérica, Puerto Rico, República Dominicana y Brasil, añadiendo que «en pocas semanas se iniciará el nuevo viaje»[1670].

Un informe más detallado apareció en el número de *Trinchera* publicado el 21 de junio de 1964. Después de hacer un resumen del paso de la Exposición por los países visitados, la noticia fue acompañada por un cuadro estadístico mostrando la cantidad estimada de público que, por distintos medios, tuvo acceso a la Exposición. Sin tomar en consideración el número de personas que supieron de la exhibición a través de periódicos o programas de radio, se estimó que un 1,339,512 personas tuvo contacto directo con la Exposición; de ellos, 6,720 visitándola personalmente, 1,330,000 por medio de programas televisivos y 2,792 mediante conferencias[1671].

[1669] *Ibid.*

[1670] DRE, «Hermanos del Directorio Revolucionario Estudiantil», Miami, 11 de junio de 1964, DRE, documentación de Cecilia la Villa, carpeta «Miami».

[1671] DRE, «Regresó la Exposición Económica sobre Cuba del DRE», *Trinchera*, Miami, 21 de junio de 1964, 4.

Por su parte, JMWAVE hizo una valoración menos triunfalista que la ofrecida por los medios del DRE. En un despacho firmado por Ted Shackley como «Andrew K. Reuteman», se afirmó que la Exposición tuvo «excelentes resultados» en Guayaquil y La Paz, que fue un «fracaso» en Quito, Santiago y Montevideo, y que obtuvo un rendimiento [moderado» en el resto de los lugares visitados[1672]. En términos generales, la valoración que le dio JMWAVE a todo el proyecto fue de «éxito moderado» y afirmó que pudo haber tenido una mejor calificación si «hubiese estado mejor organizada y si el equipo del DRE hubiese tenido más experiencia». Así y todo, asumió que por los aproximadamente $12,000.00 que costó todo el proyecto, valió la pena aunque recomendó que no se repitiera en un futuro cercano dada la «inexperiencia del equipo» que la llevó y de las dificultades que confrontaron para organizarla[1673]

La Sección Internacional del DRE, ahora bajo la dirección de Juan Antonio Rodríguez Jomolca, también mantuvo cierto nivel de actividad en la participación en eventos internacionales que reunían a estudiantes o juventudes de todo el mundo. Una de esas actividades en las que el DRE quiso participar fue en la XI Conferencia Internacional de Estudiantes que se reuniría en Nueva Zelanda a partir del 22 de junio de 1964. A tales efectos, y según se relató en un cable de la CIA, Rodríguez Jomolca se comunicó con miembros de la directiva de la U. S. National Student Association con el propósito de intercambiar información acerca del evento al que se quería insistir. Tal parece que de esta asociación salió la noticia sobre el proyectado viaje de una delegación del Directorio a Nueva Zelanda y se comentó que el DRE contaba con fondos para cubrir los gastos de su grupo aunque no sabían todavía del número de delegados que asistirían a la Conferen-

---

[1672] CIA, despacho de Chief of Station, JMWAVE a Deputy Chief, WH/SA, «AMSPELL Tour of Latin America», Miami, 23 de julio de 1964, CIA, RN 104-10170-10064, MFF.

[1673] *Ibid.*

cia[1674]. La posición que transmitió el director de la CIA a JMWAVE sobre este particular, fue que se desalentara la presencia del DRE en dicha actividad alegando que en la misma se llevarían a cabo «cambios estructurales significativos» que requerían el «mantenimiento de un balance político delicado» que pudiera ponerse en peligro con la presencia de delegados del DRE en la Conferencia[1675]. A la misma vez se le solicitó a JMWAVE que cuando le transmitieran al Directorio este mensaje no aludieran a las razones expuestas en el mismo para que, de esa manera, se pudiera mantener protegida la relación entre la CIA y la U. S. National Student Association[1676].

No obstante, JMWAVE consideró deseable que el DRE tuviera presencia en el XI CIE. Según se desprende del cable que en relación con este asunto le enviaran al director de la Agencia, la base de la CIA en Miami discutió la cuestión con Juan Manuel Salvat quien explicó que el DRE podría contar con fondos provenientes del grupo de la democracia cristiana chilena o, quizá, de otras fuentes[1677]. Fue la opinión de JMWAVE que la probabilidad de obtener ese financiamiento era remota pero que había que estar preparados para cualquier eventualidad. En ese sentido, recomendó que era preferible que la CIA pagara el viaje de manera que se pudiera asegurar que el DRE «aceptaría instrucciones detallada de la CIA» y así se evitaría un problema[1678]. Por la conversación que sostuvieron con Salvat, se obtuvo la impresión que la ausencia de una representación del Directorio en Nueva Zelanda como consecuencia de una orden dada por JMWAVE sin alguna explicación lógica, causaría una grave crisis dentro de la organización y entre el DRE y la CIA, en un momento en que parecía que se estaba gestando un mejor entendimiento entre las

[1674] CIA, cable de Director a JMWAVE, «Iden 1 Participation in event and Iden Cable», Washington, 27 de mayo de 1964, CIA, RN 104-10170-10073, MFF.
[1675] *Ibid.*
[1676] *Ibid.*
[1677] CIA, Cable, de JMWAVE a Director, Miami, 5 de junio de 1964, JFK Assassination Records.
[1678] *Ibid.*

dos partes[1679]. En adición, y como parte de su argumentación a favor del financiamiento del viaje por parte de la CIA, JMWAVE explicó que el DRE siempre había asumido operaciones internacionales como la que se celebraría en Nueva Zelanda y que negarle ese financiamiento en un momento en que el Directorio estaba pasando por una reorganización interna difícil, se haría complicado para Salvat orientar a la organización que él dirigía hacia operaciones más especializadas como era el deseo de la CIA[1680].

Cuatro días después de recibir la comunicación de JMWAVE acerca de la presencia del DRE en la XI CIE, la oficina central de la CIA aceptó financiar el viaje, pero impuso un conjunto de condiciones queriendo asegurar que el resultado del evento no fuera adverso a los objetivos de la CIA. Lo primero que advirtió es que se le pagaría el viaje a una sola persona pero que no quería que se enviara a más de un delegado aun cuando consiguieran fondos de otras fuentes[1681]. Este representante del DRE no debe llegar a la Conferencia antes del 26 de junio y debe restringir sus actividades a desarrollar contactos personales y a tener discusiones «tras bastidores»; no debe hablar en las reuniones abiertas a los participantes ni dedicarse a ejercer presión de manera activa[1682]. Así mismo se sugirió que se familiarizase con la delegación de la Unión Nacional de Estudiantes Universitarios de Australia para agenciarse de ellos una invitación informal a participar en el seminario que estarán celebrando en su país después de la actividad de Nueva Zelanda. La asistencia a este seminario le podría ayudar a conseguir prestigio para el DRE además de tener la oportunidad de diseminar el mensaje anticastrista entre grupos de la región asiática[1683]. El cable de Washington también advirtió que, como Cuba no estaría enviando una delegación y la primera parte de los trabajos de la Conferencia serían dedicados a cues-

[1679] *Ibid.*

[1680] *Ibid.*

[1681] CIA, cable de Director a JMWAVE, «Pay to Send One AMSPELL Rep and Iden Cable», Washington, D. C., 9 de junio de 1964, CIA, RN 104-10170-10070, MFF.

[1682] *Ibid.*

[1683] *Ibid.*

tiones organizativas de las que el Directorio no podía participar, la llegada en la fecha indicada le permitiría al delegado contar con suficiente tiempo a la vez que se evitaría cualquier alteración en las discusiones organizativas del CIE.

Un asunto al que se le dio mucha importancia en el cable de la CIA fue el de la imagen del DRE. De acuerdo con la comunicación, una idea que se tenía en varias de las organizaciones estudiantiles que eran parte del CIE era que el DRE era una organización contrarrevolucionaria que algunos identificaban con Batista[1684]. Por esa razón se tenía que hacer énfasis en las conversaciones que se sostuvieran durante el evento en que muchos de los miembros del Directorio habían participado en la lucha contra Batista y que varios de ellos habían tenido cargos en la FEU. De esa manera, se comentó en el cable, el DRE podría ofrecer una imagen de organización seria y de valores democráticos. Por último, se le comunicó a JMWAVE que cuando se reunieran con Salvat le dejaran saber que había que seguir estas instrucciones al pie de la letra[1685].

Al no tener disponible una documentación que demuestre una posible reunión entre Salvat y JMWAVE para transmitir el mensaje enviado por la oficina central de la CIA con relación al DRE y el CIE, se pudiera asumir que la misma ocurrió ya que el 11 de septiembre se anunció por el Directorio que Rodríguez Jomolca asistiría al evento de Nueva Zelanda[1686]. No obstante, en esta comunicación se trataron una serie de anuncios que parecían contradecir las sugerencias emanadas por la CIA. Además de asumir erróneamente que la FEU cubana enviaría una delegación al CIE, en el anuncio se indicó que se estaría distribuyendo entre los asistentes a la actividad un boletín especial «llevando un mensaje negativo acerca de la terrible situación de los estudiantes en Cuba y un mensaje positivo acerca de nuestra lucha por rescatar la plena soberanía e independencia de Cuba»[1687]. Esa publicación

[1684] *Ibid.*

[1685] *Ibid.*

[1686] DRE, «Hermanos del Directorio Revolucionario Estudiantil».

[1687] *Ibid.*

fue el boletín *DRE Internacional* que se imprimiría en español, inglés y francés. El primer número con fecha de julio de 1964 colocó en su portada un «Saludo a la XI Conferencia Internacional de Estudiantes». Sí es verdad que en ese «Saludo» se incluyeron las sugerencias que se dieron para favorecer la imagen del DRE como una organización que tenía como antecedentes la lucha contra Batista y la pertenencia de algunos de sus miembros a la FEU[1688]. Asimismo, la posición del DRE ante la XI CIE quedó expuesta en el periódico *Trinchera* con fecha de 21 de junio de 1964 y en el siguiente número, publicado el 29 de julio de 1964, apareció un reportaje sobre la participación del delegado del Directorio en la Conferencia[1689]. En éste último se destacó la resolución aprobada durante la asamblea de la CIE condenando al régimen de Castro, en una instancia por haber situado, junto a la URSS, bases de armas atómicas en el Caribe y en otra por su injerencia en los asuntos internos de varios países de América Latina[1690]. El periódico también informó que la CIE aprobó una resolución permitiendo al delegado del DRE hacer uso de la palabra. Con estas resoluciones se hizo evidente que la prudencia sugerida por la CIA no tuvo que ejercerse para que el Directorio pudiera conseguir un buen resultado con su presencia activa en la Conferencia.

Mientras tanto, en el informe mensual que JMWAVE produjo relatando las actividades del DRE para el mes de junio, apareció la noticia de que el Directorio enviaría sendos delegados a dos reuniones de organizaciones internacionales que agrupaban a jóvenes, el Congreso de Pax Romana que se celebraría en la universidad de Georgetown en Washington, D. C. y la Asamblea Mundial de la Juventud (WAY) que tendría lugar en Amherst,

[1688] DRE, *DRE Internacional*, Miami, Año I, No. 1, Julio 1964. Se imprimieron un total de tres mil copias.

[1689] DRE, *Trinchera*, Miami, 21 de junio de 1964, 1 y *Trinchera*, Miami, 29 de julio de 1964, 1.

[1690] DRE, *Trinchera*, Miami, 29 de julio de 1964, 5.

Massachusetts[1691]. La primera tendría lugar del 20 al 30 de julio de 1964 y la segunda del 31 de julio al 12 de agosto del mismo año[1692]. Sin embargo, las fuentes disponibles no permiten comprobar si por fin el DRE pudo tener representación en algunas de estas actividades. De lo que sí hay evidencia es del malestar que se tuvo en el DRE por el resultado del Congreso de Pax Romana.

Un artículo publicado en *Trinchera* bajo el título «Escuche Pax Romana a Pablo VI» y firmado por Alfredo Cepero dio cuenta de la controversia que se suscitó en el Congreso de esta organización cuando se discutió una moción para que Pax Romana ingresara en la Unión Internacional de Estudiantes (UIE) en carácter de observador[1693]. El problema que se derivó de la citada moción fue que la UIE era un organismo «dependiente del bloque comunista» mientras que Paz Romana era una institución que reunía a estudiantes católicos. Desde la perspectiva del DRE expresada por Cepero, había una incompatibilidad entre las orientaciones filosóficas sostenidas por cada una de estas dos organizaciones; así que, además de aludir a la controversia que al interior del Congreso suscitaron la moción y las contra mociones sobre el asunto, el artículo entresacó párrafos de la carta encíclica de su Santidad Pablo VI, *Ecclesiam Suam*, que parecían poner en entredicho la posible vinculación entre un movimiento católico y otro de inclinación marxista. Sin embargo, la asamblea sí aprobó una declaración solidaria con los católicos de Cuba y los países del centro y este de Europa que vivían bajo regímenes comunistas[1694]. El comentario que apareció en *DRE Internacional* aludiendo a esta resolución afirmó que «Aunque la terminología [de

[1691] CIA, despacho de JMWAVE a Deputy Chief, WH/SA, «AMSPELL Progress Report --June 1964», Miami, 16 de julio de 1964, en «DRE Operations», Miami, 24 de septiembre de 1964.

[1692] DRE, *DRE Internacional*, «Saludo al Congreso de Pax Romana y a la V Asamblea Mundial de la Juventud», Miami, Año I, No. 2, Miami, agosto de 1964, 1.

[1693] Alfredo Cepero, «Escuche Pax Romana a Pablo VI», *Trinchera*, Miami, 23 de agosto de 1964, 1.

[1694] DRE, *DRE Internacional*, «Noticiero Estudiantil», Miami, Año I, No. 3, Agosto-septiembre de 1964, 4.

la resolución] es imprecisa y dubitativa trataron de cumplir su obligación como cristianos»[1695].

Es dentro de este período de tiempo marcado por el final del viaje que llevó la Exposición Económica por algunos países de América Latina, por la presencia de delegados del DRE en algunos eventos estudiantiles internacionales y cuando comenzó la publicación del *DRE Internacional*, que la Sección Internacional del DRE empezó a disminuir su ritmo de actividad. Una señal de lo que estaba ocurriendo apareció en la comunicación interna de la organización, «Hermanos del Directorio...» del 11 de junio de 1964. Al explicar la «organización y planes» de la sección, la carta firmada por Juan Manuel Salvat como secretario general del DRE explicó que «Esta es la tarea más difícil que emprendemos en relación con esta sección. *Nuestras delegaciones han sufrido el paso del tiempo*, el cambio de situaciones, los golpes que características adversas han propiciado»[1696]. Parte del señalado deterioro se expuso en el informe que enviaron los delegados del Directorio que acompañaron a la Exposición por el viaje latinoamericano pero el mismo asunto se reflejó en el intercambio de correspondencia que se suscitó en julio de 1964 entre Juan Manuel Salvat y varios de los delegados del DRE en Río de Janeiro, Brasil. Desafortunadamente, la carta escrita por Carlos Valdesuso, Pedro Luis Castelló, Benito Díaz y Guillermo Asper no se encuentra en la documentación disponible para ser consultada, pero por el contexto de la respuesta de Salvat se puede inferir que existía cierto malestar entre los miembros de esa delegación. Más aún, por la forma en que Salvat abordó temas como la renuncia de varios miembros de la directiva del DRE o el asunto económico y la relación del Directorio con la CIA, se desprende que esa parte de la delegación del DRE en Brasil se sentía desilusionada con el porvenir de la organización[1697]. Tal fue el desencanto que

---

[1695] *Ibid.*

[1696] DRE, «Hermanos del Directorio Revolucionario Estudiantil». Énfasis del autor.

[1697] Carta de Juan Manuel Salvat a Carlos Valdesuso, Pedro Luis Castelló, *et al.*

tuvieron al escribir la carta dirigida al secretario general del DRE que, como evidencia un documento titulado «Plan de la Secretaría de Relaciones Internacionales», estos delegados renunciaron a su militancia en el Directorio[1698]. Ese mismo documento reflejó el desgaste de la Sección Internacional pues dio cuenta que seis delegaciones estaban desactivadas, aunque por diferentes motivos. Ellas eran las de Argentina, Uruguay, Guatemala, Honduras, Perú y Bolivia[1699]. También se señaló la necesidad que tenían otras de tener mayor personal o de fondos para operar[1700]. En todo caso, y a pesar de los problemas que tuvo y seguiría confrontando, la Sección Internacional de DRE se mantendría activa con delegaciones en México, Panamá, Colombia, Venezuela, Chile, Ecuador, Santo Domingo, Costa Rica y Sao Paulo, Brasil, seguiría produciendo su boletín *DRE Internacional*, y, por supuesto, continuaría denunciando cualquier acto o declaración que se pudiera considerar como un apoyo al régimen de Castro como lo hizo al criticar mediante un comunicado de prensa el llamamiento del Congreso de la Juventud Demócrata Cristiana para que se restauraran las relaciones diplomáticas con Cuba[1701] Lo significativo, sin embargo, fue, que su importancia como uno de los pilares del DRE estaba disminuyendo.

Para infortunio de la Sección Internacional su deterioro fue concurrente con la situación adversa que sufrió el otro pilar del DRE, es decir, la Sección Militar, la cual, a partir de la expulsión de su base en la República Dominicana se constituiría en el detonante principal de una crisis mayor que afectaría a toda la organi-

---

[1698] DRE, «Plan de la Secretaría de Relaciones Internacionales», Miami, S. F. DRE, documentación de Cecilia la Villa, carpeta «Latinoamérica». Aunque el documento no tiene fecha pero, por las alusiones que hace a acontecimientos de ese momento como el triunfo de Eduardo Frei en Chile o el derrocamiento de Goulart en Brasil, se puede situar en la segunda mitad de 1964.

[1699] *Ibid.*

[1700] *Ibid.*

[1701] CIA, despacho de Chief of Station, JMWAVE a Deputy Chief, WH/SA, «AMSPELL Progress Report --November 1964», Miami, 23 de diciembre de 1964, CIA en «DRE Operations», document number 1994.05.06.09:37:09:680005, MFF.

zación. En su informe mensual sobre las actividades del Directorio JMWAVE comentó esa situación y advirtió a sus superiores que el futuro del DRE no estaba claro en ese momento como tampoco lo estaba la futura relación entre la CIA y el DRE[1702].

Con una carta a Vicente Sosa, el delegado del DRE en Puerto Rico, Fernando García Chacón puso al descubierto la situación crítica que comenzaba a vivir el Directorio. La comunicación es del 6 de octubre de 1964 y el secretario de Finanzas le anuncia a Sosa que su asignación mensual ha disminuido y le explicó que «desgraciadamente nos hemos visto obligados a hacer un descuento a todos los miembros del Directorio para hacer frente a los gastos militares en que hemos incurrido»[1703]. No obstante, un acontecimiento que tuvo lugar en el mes de noviembre nubló aún más el panorama de la organización. El 10 de ese mes la policía de Miami intervino en la oficina del DRE para confiscar armas y explosivos que estaban almacenados en los cuarteles generales de la organización[1704]. De acuerdo con un cable de JMWAVE relatando el incidente, la policía se llevó dos cartones del explosivo C-4, un cañón y gran cantidad de munición, además de un gabinete con carpetas que sería examinado por JMWAVE antes de ser devuelto al Directorio[1705]. Sin embargo, lo más significativo de ese cable enviado por JMWAVE fue que en él se informa que quien le dio el aviso a la policía sobre la presencia de armas y explosivos en la oficina del Directorio fue la propia base de la CIA en Miami. Según se expuso en el cable, en la mañana del 10 de noviembre ellos recibieron un reporte con esa información la

[1702] CIA, despacho de Chief of Station, JMWAVE a Deputy Chief, WH/SA, «AMSPELL Progress Report --September, 1964», Miami, 10 de octubre de 1964, CIA en «DRE Operations», document number 1994.05.06.09:37:09:680005, MFF.

[1703] DRE, carta de Fernando García Chacón a Vicente Sosa, Miami, 6 de octubre de 1964, Fondo Delegación de Puerto Rico, DRE Central-Finanzas, AJFC.

[1704] DRE, «Lamentable ocupación de armas al DRE», *Trinchera*, Miami, 22 de noviembre de 1964, 1 y *DRE Internacional*, Miami, Año I, No. 6, Noviembre de 1964, «Confiscación de armas. Una nueva limitación a la juventud cubana», 2.

[1705] CIA, cable, de JMWAVE a WH/SA, Miami, 11 de noviembre de 1964, en «DRE Operations», document number 1994.05.06.09:37:09:680005, MFF.

cual se la pasaron a la policía pues al DRE se le había advertido en numerosas ocasiones que el almacenaje de armas y explosivos en su local constituía un peligro público[1706].

Como era de esperarse, el DRE publicó una nota en *Trinchera* protestando por la confiscación del material bélico. La misma aludía a eventos del pasado histórico de Cuba en el que patriotas como José Martí o aquellos que lucharon contra las dictaduras de Machado y Batista tuvieron que confrontar eventos similares cuando el mismo gobierno de Estados Unidos, evocando sus leyes de neutralidad, les confiscó armas destinadas a promover la lucha armada en Cuba[1707]. Por supuesto, en su protesta por la expropiación del material bélico, el Directorio proclamó su intención de continuar en el empeño de seguir batallando a favor de sus objetivos en Cuba. Sin embargo, es sorprendente leer en otra comunicación de la CIA, en la que caracterizó las declaraciones del DRE como «suave», que la publicación de la nota del Directorio en *Trinchera* había recibido el permiso de JMWAVE ya que la misma estaba diseñada para que el DRE apareciese como «un grupo de acción independiente»[1708]; una «independencia» que, por otra parte, llevó al Directorio a publicar en *DRE Internacional* la misma nota pero con un contenido mucho más crítico del gobierno de Estados Unidos, al menos, así fue como lo leyeron en JMWAVE[1709]. Entre otras cosas, la nueva comunicación del Directorio comparó la situación en Cuba, en donde el régimen de Castro recibía ayuda militar de la Unión Soviética, con lo que sucedía en Estados Unidos donde su gobierno, según lo publicado en el boletín de la Sección Internacional, «invierte su tiempo en confiscar armas a los grupos que tratan de cumplir con la promesa de libertad que han hecho a su Pueblo»[1710]. Para JMWAVE la

---

1706 *Ibid.*

1707 DRE, «Lamentable ocupación de armas al DRE».

1708 CIA, despacho de Chief of Station, JMWAVE a Deputy Chief, WH/SA, «AMSPELL Progress Report -November 1964», en «DRE Operations», document number 1994.05.06.09:37:09:680005, MFF.

1709 *Ibid.*

1710 DRE, «Confiscación de armas. Una nueva limitación a la juventud cubana», 4.

nota del Directorio era una «versión exagerada de la historia que había aparecido» en *Trinchera* y se le solicitó a la organización que no la publicaran en las ediciones inglesa y francesa de *DRE Internacional*[1711]. Además, JMWAVE advirtió, que de ese momento en adelante insistiría en «revisar toda la propaganda antes de que se publicara»[1712]. De esta manera, JMWAVE volvía a manifestar su incomodidad con el comportamiento del Directorio.

La situación crítica advertida en la carta de García Chacón a Vicente Sosa del 6 de octubre volvió a formar parte de la evaluación que JMWAVE hacía del DRE al repasar las actividades de la organización durante el mes de noviembre[1713]. En esta ocasión el análisis que hizo la base de la CIA en Miami fue muy certera en su diagnóstico sobre el Directorio pues señaló que el problema de la organización residía en que la mayoría de los militantes del Directorio concebían al DRE como un movimiento cuya razón de ser era su actividad paramilitar[1714]. Evaporada en la práctica esa función, sus actividades quedaban restringidas al campo de la propaganda, una condición que, para JMWAVE, podía poner en entredicho el compromiso que tenían los miembros del DRE con su organización[1715]. No obstante, el autor del despacho observó que la dirigencia del Directorio aparentaba tener esperanza en un cambio de la política de Estados Unidos en los próximos meses y

[1711] *Ibid.* La edición inglesa no publicó la nota periodística sobre la confiscación de las armas. En su lugar apareció una carta de varios estudiantes venezolanos respondiendo a otra firmada por la Asociación de Estudiantes de la Escuela de Ingeniería Mecánica y Eléctrica de la Universidad de Guanajuato. En la carta de los venezolanos se aludió a la injerencia del régimen cubano en los asuntos internos de Venezuela al prestarle auxilio material a las guerrillas procastristas que operaban en el territorio venezolano. Junto a la carta aparecía una foto del material bélico cubano que se ocupó en Venezuela. Era una forma oblicua de referirse al asunto del DRE que había irritado a JMWAVE. Véanse DRE, «A Letter from Venezuelan Students», *DRE* International, Year I, No. 6, 2 y «Answer to a Letter», *DRE International*, Year I, No. 5, 2.

[1712] CIA, despacho de Chief of Station, JMWAVE a Deputy Chief, WH/SA, «AMSPELL Progress Report -November 1964».

[1713] *Ibid.*

[1714] *Ibid.*

[1715] *Ibid.*

que tal mutación pudiese ser favorable para un resurgimiento de la actividad militar. Desde esa perspectiva, JMWAVE concluyó que el DRE podría querer replegarse en su deseo de actuar en el campo de la acción militar «para seguir las orientaciones de JMWAVE en el campo de la propaganda»[1716].

Una posible explicación para entender ese último comentario en el informe de JMWAVE destacando el supuesto optimismo de la dirigencia del DRE, es que, en un momento dado, después del cierre de la base en isla Catalina, se tuvo la esperanza de volver al campamento una vez que hubiese pasado la elección presidencial de Estados Unidos en el mes de noviembre. Pero, si esa hubiese sido la base para que en el DRE se tuviese una visión optimista sobre el futuro, la realidad de como el presidente Johnson abordaba el problema cubano sería suficiente para que la misma desapareciera muy pronto. Como propuso Don Bohning en *The Castro Obsession*, la participación de Johnson en la formulación de la política exterior de Estados Unidos en general y de Cuba en particular durante el período en que fue vicepresidente, fue menor[1717]. La misma aumentó al llegar a la presidencia después del asesinato de Kennedy, y en lo que se refería a Cuba, se inclinó por aquellos asesores que se oponían a las operaciones encubiertas que se llevaban a cabo en contra del régimen cubano[1718]. El resultado de esa particular manera de confrontar la situación cubana se vio en las primeras semanas de la gestión de Johnson como presidente. El primer evento señalando que los instrumentos con los que el gobierno de Estados Unidos quería conseguir sus objetivos en Cuba estaban cambiando fue la decisión tomada en diciembre de 1963 de suspender temporalmente las operaciones encubiertas que eran responsabilidad de la CIA. Así, por ejemplo, la última operación que efectuaron el grupo de la CIA, los Comandos Mambises, se llevó a cabo el 23 de ese mes[1719].

[1716] *Ibid.*

[1717] Bohning, *The Castro Obsession*, 238-239.

[1718] *Ibid*, 239.

[1719] *Ibid*, 244; Shackley, *Spymaster*, 76 y Ros, *El clandestinaje*, 392-393. Ros ofrece los nombres de algunos de los miembros de Comandos Mambises.

Otra determinación que marcó el cambio de rumbo del nuevo ejecutivo fue la de terminar con el programa aprobado por el presidente Kennedy en marzo de 1963 para entrenar a los combatientes de la Brigada 2506 en el ejército de Estados Unidos como una unidad especial[1720].

Por otra parte, la orientación que le daba Johnson a su política hacia Cuba no implicó el deseo de mejorar las relaciones con el vecino país. Todo lo contrario. El nuevo presidente demostró que no tenía interés por acercarse al régimen dirigido por Fidel Castro, sobre todo si se toma en consideración que durante todo el 1964 y parte de 1965 de Cuba partieron varias iniciativas oficiales para tratar de mejorar el nexo entre los dos países[1721]. Todos esos intentos terminaron en fracasos debido a la falta de acogida que le dio Lyndon Johnson. El nuevo presidente mantuvo e, inclusive, reforzó la política de aislar a Cuba. Bajo su presidencia, se adoptaron nuevas medidas para endurecer el embargo que regía sobre las relaciones económicas entre ambos países. De igual manera, aprovechando el descubrimiento de armas cubanas en Venezuela y la subsiguiente denuncia de este país en la OEA, se avanzó en el aislamiento diplomático de Cuba cuando en el mes de julio de 1964 el organismo panamericano promovió el rompimiento de relaciones con la república antillana. En aquel momento solo México y Jamaica mantuvieron sus lazos formales con Cuba.

Antes de las elecciones de noviembre de 1964, uno de los pocos programas auspiciados por el gobierno de Estados Unidos para promover acciones encubiertas por parte de grupos de la oposición cubana era el de las «operaciones autónomas» en el que participaban el JURE de Manolo Ray y el MRR de Manuel Artime. El proyecto del JURE se debilitó de forma estrepitosa con el fracaso que tuvo el ingeniero Ray por infiltrarse en Cuba. El antiguo dirigente del M-26-7 y después del MRP, había anunciado que estaría dentro de la isla el 20 de mayo de 1964 para di-

---

[1720] Bohning, 244-245.

[1721] Un resumen de todas estas iniciativas se puede encontrar en LeoGrande & Kornbluh, *Back Channel to Cuba*, 79-103.

rigir la lucha contra Castro. Sus planes, sin embargo, quedaron frustrados cuando el contingente que acompañaba a Ray en su intento por infiltrarse en la isla fue descubierto por las autoridades británicas en un cayo de las Bahamas, en Cayo Anguila[1722]. En cuanto al MRR, su vigencia se extendió hasta mediado de 1965. El primer escollo que confrontó la organización dirigida por Artime fue el ataque al buque español *Sierra Aranzazu* en septiembre de 1964. No obstante, y a pesar del escándalo internacional que ocasionó el incidente, Artime pudo mantener su campaña como movimiento «autónomo» gracias al vínculo que logró establecer con Rolando Cubela en la operación AMLASH que buscaba derrocar a Castro mediante un golpe de Estado y en la que también estuvo involucrada la CIA[1723]. Según el testimonio de Richard Helms, el vínculo con Cubela y con posibles disidentes dentro de las filas del régimen que estarían dispuestos a promover la inhabilitación de Castro y un cambio dentro del gobierno cubano era fundamental «en toda la cuestión de lo que habíamos tratado de hacer» [con respecto a Cuba][1724]. Sin embargo, a mediados de 1965 la CIA llegó a la conclusión de que todo lo concerniente a AMLASH se había vuelto inseguro y que los contactos entre agentes de la agencia y dicha operación amenazaba las acciones de la CIA en contra de Cuba y al personal de la Agencia en Europa occidental[1725]. Con esa advertencia, la CIA terminó todos los contactos con Cubela y la operación en la que él estaba involucrado[1726].

[1722] U. S. House of Representative, Select Committee on Assassinations, Ninety-Fifth Congress, *Investigation of the Assassination of President John F. Kennedy*, Appendix to Hearings, Volume X, Washington, 1979, 79.

[1723] U. S. Senate, Select Committee to Study Governmental Operations, *Alleged Assassination Plots Involving Foreign Leaders, An Interim Report*, Fredonia Books, Amsterdam, The Netherlands, 2001, 86-90 y 170-180. En Bohning, *The Castro Obssession*, 220-229 se puede encontrar un resumen de toda la operación y la relación con Artime.

[1724] Citado por Bohning, 221.

[1725] *Ibid*, 235.

[1726] De acuerdo a una de las fuentes citadas por Bohning, la CIA tuvo conocimiento de varias indiscreciones de Rolando Cubela que ponían en peligro toda la operación. El 1 de marzo de 1966 el gobierno cubano anunció el arresto de

Por otra parte, en el momento en que se cerró la iniciativa de AMLASH, la ubicación de Artime y del MRR como parte de las «operaciones autónomas» también estaban siendo liquidadas. La razón inmediata para provocar su terminación tuvo que ver con unos escándalos que tuvieron lugar en los campamentos que el MRR tenía funcionando en Costa Rica y Nicaragua y que salieron a la luz pública en una serie de reportajes publicados por *The Miami Herald* en noviembre y diciembre de 1964 y el 14 de marzo de 1965[1727]. Al no tener la malla de seguridad que representaba el vínculo con AMLASH, y con la falta de apoyo que la administración Johnson le estaba dando al tipo de operación en la que estaba involucrado el MRR, el financiamiento a la organización de Artime como movimiento «autónomo» desapareció.

Al tomar en consideración la orientación que Lyndon Johnson le fue dando a su política con respecto a Cuba, si como insinuó JMWAVE sobre el supuesto optimismo del DRE fuese cierto, los hechos obligarían a la organización estudiantil a tener que discernir muy seriamente acerca de cómo proceder en su confrontación con el régimen dirigido por Fidel Castro. El estado de ánimo reflejado en la correspondencia que se cruzaron Juan Manuel Salvat y Vicente Sosa revela cuán lejos estaba JMWAVE en su valoración de cómo se veía en el DRE el panorama al que se enfrentaba la organización en noviembre de 1964. El 6 de ese mes Salvat le confesó al delegado del Directorio en Puerto Rico que «la situación en general sigue complicada» aunque, quizá con el propósito de no parecer del todo negativo añadió que «esperamos que con el favor de Dios romper las barreras que nos separan de las realizaciones»[1728]. Sin embargo, la respuesta de Sosa, fechada el 17 de noviembre, es más sombría pues pone de manifiesto lo que pensaban varios miembros de la organización. Sobre

---

Rolando Cubela quien, en un juicio celebrado poco después fue sentenciado a treinta años de prisión de los que cumplió un poco menos de la mitad. Bohning, 235.

[1727] Bohning, 219-220 y 233-234.

[1728] Carta de Juan Manuel Salvat a Vicente Sosa, Miami, 6 de noviembre de 1964, fondo Delegación de Puerto Rico, DRE-Central-- F. J. M. Salvat, AJFC.

ese particular Sosa le dice a Salvat: «solo nos permitimos indicarte con toda lealtad que debes valorar bien la situación y las manifestaciones derrotistas que están proviniendo del corazón mismo de ustedes a través de cartas y comentarios personales: 'Todo se acabó', 'la base está liquidada', 'el DRE está terminado', etc. y esto lo dicen los que no debieran decirlo: los nuestros mismos»[1729]. No obstante, Sosa incluye también palabras de ánimo en su carta pues le transmite a Salvat «de todo corazón de todos los que aquí estamos entregados de cuerpo y alma a esta dura lucha, nuestra solidaridad y respaldo en estos momentos de reiterada adversidad que hace soplar últimamente vientos de fronda para nosotros»[1730].

Es ese contexto de «vientos de fronda» aludido por Sosa el que sirve de trasfondo al editorial de fin de año que el DRE publica en *Trinchera*. El comentario reconoció, de entrada, que ha pasado un año completo y «las esperanzas del pasado aún no han visto realización para nuestra felicidad como pueblo»[1731]. Fue una indicación clara del pesimismo que arropaba al Directorio y a la comunidad cubana en ese momento y que quedó reforzado con las constantes referencias a la falta de noticias que anunciaran un pronto cambio en la vida del país. Por supuesto, el propósito del editorial es el de infundir esperanza en los lectores del periódico, pero, en un tácito reconocimiento al contexto adverso que enfrenta la oposición cubana, el comentario termina aludiendo al «camino difícil lleno de espinas y de sacrificios» que se debe cruzar para poder lograr «la victoria de nuestro esfuerzo»[1732].

No obstante los deseos de promover un clima más positivo del que imperaba a fines de 1964, la realidad se fue imponiendo gradualmente en el quehacer del DRE. En su informe de diciembre sobre el estado del DRE, JMWAVE comentó que el Directorio había logrado superar la crisis interna que se derivó del cierre

[1729] Carta de Vicente Sosa a Juan Manuel Salvat, Santurce, Puerto Rico, 17 de noviembre de 1964, Fondo Delegación de Puerto Rico, DRE-Central-- F. J. M. Salvat, AJFC.

[1730] *Ibid.*

[1731] DRE, «Editorial», *Trinchera*, Miami, 20 de diciembre de 1964, 2.

[1732] *Ibid.*

de la base en República Dominicana pero advirtió que todavía tenía que superar el escollo representado por las deudas que aquejaban a la organización[1733]. De acuerdo a lo aparecido en este informe, que tiene como fuente a Juan Manuel Salvat, el Directorio tenía una deuda a corto plazo por la cantidad de $12,000.00 y otra de $20,000.00 por la cual se pagaban $1,300.00 mensuales[1734]. En ese mismo mensaje se reportó que JMWAVE ejercería presión sobre Salvat para que el boletín *The Cuban Report* no se volviera a publicar, a pesar de que era una publicación que no era subsidiada por la CIA; pero es que, desde la perspectiva de JMWAVE, se asumía que el DRE no produjera propaganda dirigida a los ciudadanos de Estados Unidos[1735]. De todas maneras, el boletín, cuya circulación tuvo tanto despliegue durante la Crisis de Octubre, enfrentaba sus propias dificultades. El número que se envió con fecha de 17 de diciembre de 1964 incluyó una nota para sus lectores disculpándose por la irregularidad con que se estaba publicando el boletín, explicando que la razón era la falta de fondos[1736]. Quizá por carecer de financiamiento, o por la presión que pudo ejercer JMWAVE para que no se volviera a publicar el boletín, el último número de *The Cuban Report* fue el de 16 de febrero de 1965. Pero esa no fue la única publicación del DRE que sufrió por carecer de apoyo financiero. En su informe de diciembre, JMWAVE anunció que la tirada de *Trinchera*, tanto en su edición regular como en la más pequeña que se enviaba a Cuba mediante sobres de correo, se reduciría a 10,000 ejemplares ya que, según la base de la CIA en Miami, era la cifra más adecuada para su distribución[1737]; todo un conjunto de circunstancia que manifestó el desgaste del Directorio.

1733 CIA, despacho de Chief of Station, JMWAVE a Deputy Chief, WH/SA, «AMSPELL Progress Report -December 1964», Miami, 12 de enero de 1965, en «DRE Operations», Miami, 24 de septiembre de 1964.

1734 *Ibid.*

1735 *Ibid.*

1736 DRE, *The Cuban Report*, Miami, 17 de diciembre de 1964, 3.

1737 CIA, despacho de Chief of Station, JMWAVE a Deputy Chief, WH/SA, «AMSPELL Progress Report -December 1964».

La situación imperante en el DRE sirvió de detonante para que la organización hiciese una composición de lugar acerca del momento que estaba viviendo y de los cambios que tendría que hacer para sobrevivir. Dos documentos fechados dentro de esa coyuntura, un análisis de la situación del DRE y posibles cursos de acción y una carta de Juan Manuel Salvat a Enrique Baloyra, recogen los frutos de esa reflexión.

El primero de esos dos documentos tiene fecha de 28 de enero de 1965 y es útil por dos razones principales; porque reconoce la debilidad política que caracteriza al DRE en ese momento y porque en vez de fijarse en el corto plazo mira hacia el porvenir cambiando el énfasis de lo militar a la formación[1738]. Sobre la fragilidad en la que se encontraba el Directorio, el «Análisis» explicó que aquella era una circunstancia «en que nos jugamos quizás la desaparición política» y que para evitar que tal cosa sucediese, para «que la organización se fortalezca y prepare» es que se cambiaban los «objetivos, tesis y hombres»[1739]. En ese sentido, el documento reconoció la necesidad de que se garantizara la supervivencia del Directorio asumiendo que era el centro de «las ilusiones de una generación y que de esta manera podrá en un momento conjurar voluntades hacia la tarea de futuro»[1740]. De ahí, entonces, el hincapié en la «formación» como la actividad principal de la organización. «En esta etapa», dice el «Análisis» en su parte final, «es deber y derecho de los miembros todos del DRE proclamar la importancia del estudio y la formación»[1741].

Por su parte, la carta de Salvat a Baloyra, quien se encontraba en Caracas trabajando con la delegación del Directorio en Venezuela, se escribió a los pocos días de que el «Análisis» fuese completado. La fecha es el 2 de febrero de 1965 y sirve para ampliar y reiterar el mensaje del documento anterior[1742]. En su carta,

---

1738 DRE, «Análisis de la Situación del DRE: Cursos de Acción», Miami, 28 de enero de 1965, DRE, AJFC.

1739 *Ibid.*

1740 *Ibid.*

1741 *Ibid.*

1742 Carta de Juan Manuel Salvat a Enrique Baloyra, Miami, 2 de febrero de 1965, DRE, AJFC.

Salvat le explicó a Baloyra que el plan militar del Directorio, que «estaba en el inicio de su realización» cuando él se había marchado a Venezuela, se había tenido que paralizar debido a «una serie de presiones», añadiendo que estuvieron buscando «la fórmula mejor de hacerlo efectivo» pero que todavía «no la hemos encontrado»[1743]. Reconoció, además, que por toda una serie de acontecimientos que habían tenido lugar durante ese tiempo se aceptaba «lo inútil de esfuerzos individuales del exilio» agregando «que la situación económica del DRE es difícil y angustiosa»[1744]. Ante semejante realidad, Salvat admitió que «sería absurdo por nuestra parte tratar de precipitarnos a un nuevo empeño sin el estudio necesario, sin análisis de posibilidades y sin haber superado la situación que nos plantea la paralización del plan militar»[1745]. Un asunto de esa naturaleza requería lo que Salvat llamó y subrayó, «un alto». Así mismo, comprendió que poner en práctica la pausa sugerida implicaba que «dejemos de estar en un primer plano por nuestra actuación militar», una acción que para el secretario general del Directorio no era motivo de preocupación ya que, como le explicó a Baloyra, no importaba si el «alto» implicaba la «preparación para el cumplimiento de nuestros fines»[1746]. Abundando sobre el asunto, Salvat abordó una cuestión que sería medular para la etapa que se quería comenzar. Era necesario modificar la naturaleza de la organización. El DRE se había orientado, desde su fundación, hacia la lucha armada. Ahora, la lucha armada se convertía en un elemento secundario para el Directorio. En ese momento, los acontecimientos señalaban lo complicado que era seguir por ese camino. Pero no se perdía la esperanza de que en algún modo, en el futuro, de manera impredecible, algo pasase que pudiese traer un cambio de régimen en Cuba. Por esa razón, había que estar preparado ya que, según el análisis de Salvat, «nuestra finalidad, no ya como movimiento *que pasará,* sino como generación de ideales *que permanece*, es

[1743] *Ibid.*
[1744] *Ibid.*
[1745] *Ibid.*
[1746] *Ibid.*

el futuro, es crear un Orden Cristiano en Cuba (sic)»[1747]. Dentro de la composición de lugar que hacía el dirigente estudiantil en su carta a Baloyra, el DRE, como movimiento armado, quedaba eclipsado, aunque no se renunciara completamente a esa condición, y mutaba para tratar de convertirse en movimiento-de-formación-y-propaganda. Prueba de la transformación que se quería llevar a cabo es que en el «Análisis» del 28 de enero, cuando se consideraron posibles soluciones al problema económico del DRE, entre las propuestas que se hicieron estaban las ventas de los barcos «Susan Ann» y «Cadello» así como la del «equipo militar no útil»[1748]. De ahí que, en la nueva coyuntura que confrontó el Directorio en los comienzos de 1965, el tema de la formación intelectual de sus cuadros de militantes se impulsara como una prioridad dentro de las actividades de la organización. En cierto sentido, el «nuevo» DRE se alejaba del modelo de organización que tuvo desde su fundación y se acercaba más al que era preferido en JMWAVE.

Otro aspecto que sobresalió en la carta de Salvat a Baloyra fue el análisis que hizo el Secretario General del Directorio sobre la política de Estados Unidos hacia Cuba. Sobre este particular Salvat reconoció que la posición del gobierno norteamericano era «compleja» y que dependía «de las variaciones de sus intereses dentro del cuadro internacional»[1749]. «Hoy luce existir un plan que les sirva para adaptarlo a cualquier finalidad», afirmó Salvat al hacer una relación de esas posibilidades: «Plan de ahogo económico por bloqueo y bajar el precio del azúcar en el mercado internacional; plan de agudizar la crisis política entre facciones del régimen; plan de lograr alejar a Rusia del problema cubano; plan de evitar el triunfo comunista en cualquier parte de América mientras se presenta a Cuba como vitrina del fracaso de un experimento comunista en América; plan de guerra psicológica sobre la gran masa del pueblo cubano que se plantea por todos los medios desde un simple programa de radio hasta cerrar las salidas de

---

[1747] *Ibid.* Énfasis del autor.

[1748] DRE, «Análisis de la Situación del DRE: Cursos de Acción».

[1749] Carta de Juan Manuel Salvat a Enrique Baloyra.

Cuba y permitir ataques esporádicos bien controlados; plan de mantenimiento de un exilio atomizado pero unible (sic) de acuerdo con sus intereses en cualquier momento etc.»[1750].

El examen que hizo Salvat lo acercó mucho más a la realidad de cómo el gobierno de Estados Unidos solventaba el problema cubano y lo alejó de las fórmulas simples a las que se solía acudir en el Directorio para explicar la conducta de ese gobierno hacia el régimen castrista, sobre todo de aquella de naturaleza binaria en la que solo existía la posibilidad de la «liberación» o la «coexistencia». En esta ocasión el dirigente del DRE se dio cuenta de las múltiples salidas contempladas por la administración Johnson para tratar de resolver el problema cubano, desde la coexistencia y la «liquidación» del régimen de forma directa o con la OEA, hasta el uso de «un golpe de estado interno» o el Titoismo «neutralista o pro occidental»[1751]. El asunto para el DRE era el qué hacer ante semejante cuadro y la respuesta de Salvat fue la insistencia sobre «el estudio y la formación...en busca del cumplimiento más responsable de nuestro objetivo último». Ese «nuevo» DRE imaginado por Salvat para un tiempo que ha cambiado, ya no tendría la lucha armada como su principal sostén. Así lo implicó Salvat cuando le comunicó a su amigo Baloyra el deseo de «que el vínculo ideológico se fortalezca y sirva de motivo de existencia al movimiento, dejando como factor secundario, aunque necesario, el estudio de los medios, tácticas...de lograrlo»[1752]. Solo quedaba por ver si un Directorio, caracterizado de la manera en que Salvat lo ha ido perfilando, podría contar con el apoyo necesario para sobrevivir en un ambiente acostumbrado a tener, como en su momento se proclamó en *Trinchera*, la «Guerra» como el medio principal para conseguir sus objetivos.

Mientras tanto, además de tener que enfrentar el período de transición propuesto en el documento «Análisis de la Situación del DRE» y la carta de Salvat a Baloyra, es decir, transitar de un movimiento para la lucha armada a una organización con énfasis

[1750] *Ibid.*
[1751] *Ibid.*
[1752] *Ibid.*

en la formación y el estudio, el Directorio tendría el agravante de tener que enfrentar a una CIA cada vez menos interesada en sostener al DRE. En un extenso despacho firmado por Ted Shackley como «Andrew K. Reuteman» y fechado el 9 de marzo de 1965, el jefe de la estación JMWAVE explicó a sus superiores en Washington que, al hacer una evaluación de las operaciones del DRE se llegó a la conclusión «que la CIA está recibiendo un producto marginal por el dinero que invierte». Por esa razón JMWAVE ha decidido reducir considerablemente el presupuesto asignado al Directorio así como que «se debe considerar la terminación eventual de la relación»[1753]. Para evitar que la separación propuesta pudiera resultar en un posible escándalo publicitario que dañara la imagen de la CIA, Shackley sugirió que se hiciera de manera que la responsabilidad de la posible ruptura recayera en los hombros de Salvat. Para conseguir este desenlace, el jefe de JMWAVE recomendó que se le dijera al secretario general del DRE que el subsidio se mantendría por unos sesenta días a un nivel más reducido que el que se otorgaba en aquel momento y que, más allá de ese término el apoyo sería contingente a tres condiciones: una decidida mejoría en las operaciones de propaganda, una mejor cooperación con JMWAVE y que se detuviese la conducta anti-CIA que prevalecía en el Directorio[1754]

Shackley añadió que muy posiblemente Salvat aceptaría esas condiciones porque en ese momento el Directorio no tenía otras fuentes alternas para obtener fondos aunque pudiera suceder que, por razón de la «mística» del DRE como una importante e independiente organización de acción, la dirigencia del Directorio decidiera romper las relaciones; algo que pudiera suceder pero que era subsanable. De acuerdo con Shackley, lo más importante si se diera la ruptura era que la CIA pudiera retener el trabajo de los delegados del DRE en América Latina, alguno de los cuales colaboraban con la Agencia en sus respectivos países. Tampoco

[1753] CIA, despacho, de Chief of Station, JMWAVE a Deputy Chief, WH/SA, «Reduction of KUBARK Subsidy to AMSPELL», Miami, 9 de marzo de 1965, CIA, RN 104-10170-10107, MFF.

[1754] *Ibid.*

le preocupó el asunto relacionado a la propaganda ya que éste pudiera ser llevado a cabo por otro programa de la CIA donde la Agencia tenía mayor control y resultaría más barato que seguir con el Directorio[1755]. Sobre el renglón de la propaganda, el jefe de JMWAVE comentó que, aunque ésta había mejorado en los últimos tiempos, todavía dejaba mucho que desear y daba como razón para este problema lo que para él era el poco interés que tenía el DRE en la propaganda ya que lo consideraba como una tarea secundaria que se explotaba para «justificar el apoyo financiero de la CIA»[1756].

Al final de su despacho, Shackley incluyo su propuesta para reducir la asignación financiera que la CIA le daba mensualmente al Directorio. En términos generales, el subsidio se reduciría de la cantidad de $16,000.00 a $6,850.00, de los cuales, $850.00 pagarían un programa de radio de 15 minutos para transmitirse una vez en semana y no diario como era en el momento de redactar el despacho; $2,500.00 para la publicación de la *Trinchera* que se enviaba a Cuba y para el *Boletín Internacional*. Dentro de esta propuesta, se eliminaría la publicación del periódico regular del DRE, es decir, el *Trinchera* dirigido a la comunidad exiliada. Los salarios se reducirían a $3,000.00 y solo se asignarían $500.00 para el alquiler de la oficina y gastos generales[1757]. El informe mensual que elaboró JMWAVE sobre las actividades del DRE durante los meses de enero y febrero de 1965, ratificó el mensaje del despacho de Shackley[1758].

Los efectos de la decisión que recomendó Shackley se vieron al poco tiempo. El 23 de marzo se le comunicó a Salvat que a partir del 1 de abril se reduciría el presupuesto del DRE[1759]. En

---

[1755] *Ibid.*

[1756] *Ibid.*

[1757] *Ibid.*

[1758] CIA, despacho, de Chief of Station, JMWAVE a Deputy Chief, WH/SA, «AMSPELL Progress Report -January and February 1965», Miami, 23 de marzo de 1965, CIA, RN 104-10170-10121, MFF.

[1759] CIA, despacho de Chief of Station, JMWAVE a Chief, WH, «AMSPELL Progress Report -March 1965», Miami, 10 de mayo de 1965, CIA, RN 104-10170-10121, MFF.

esa misma reunión se le advirtió al secretario general del Directorio que tenían que cesar las críticas hacia la CIA, manifestadas en aquel momento por el delegado del DRE en Panamá[1760]. La mengua en la asignación determinó que el 28 de marzo apareciera el último número de *Trinchera*; la transmisión del espacio radial fue una vez en semana a partir del mes de abril[1761] y en el mismo mes, diez militantes del DRE que trabajaban en la organización tuvieron que ser despedidos por falta de fondos a la vez que la oficina del Directorio tuvo que mudarse a un local menos costoso[1762]. Otra consecuencia que se derivó de la decisión tomada por la CIA al reducir el subsidio que le daba al DRE fue la disminución del salario que se le asignaba a quienes siguieron trabajando en el Directorio.

Las razones que tuvo Salvat para aceptar las medidas que impuso JMWAVE fueron expuestas por el secretario general del DRE en una carta que le escribió a Vicente Sosa, el delegado del movimiento en Puerto Rico. La carta tiene fecha de 10 de abril de 1965 y en ella Salvat explicó que el origen del problema fue planteado por «ellos» y que la respuesta del Directorio estuvo condicionada por la existencia de las deudas que tenía la organización[1763]. De acuerdo con lo que expuso Salvat en su carta, al Directorio le convenía «en cualquier situación lograr pagar todas las deudas que serían siempre un peso irresistible para la organización»[1764]. Así mismo le dejó saber a Sosa que la decisión final acerca de las relaciones del DRE con la CIA serían tomadas «después de realizar el análisis y estudio fijado por nosotros como necesidad» pero también aclaró que se necesitaba «ganar

[1760] CIA, cable de JMWAVE a [ininteligible], Miami, 31 de marzo de 1965, CIA, RN 104-10170-10121, MFF.

[1761] CIA, cable, de JMWAVE a [ininteligible], Miami, 3 de marzo de 1965, CIA, RN 104-10170-10121, MFF.

[1762] CIA, despacho, de Chief of Station, JMWAVE a Chief, WH, «AMSPELL Progress Report -April 1965», Miami, 26 de mayo de 1965, CIA, RN 104-10170-10121, MFF.

[1763] Carta de Juan Manuel Salvat a Vicente Sosa, Miami, 10 de abril de 1965, Fondo Delegación de Puerto Rico, DRE Central-J. M. Salvat, AJFC.

[1764] *Ibid.*

tiempo» con el propósito de «preparar la organización para cumplir sus objetivos a pesar de cualquier cambio». Es decir, que en aquel momento ya se vislumbró como posible, y probablemente inevitable, la ruptura con la CIA pero, a la misma vez, es evidente que se conservaba la esperanza de poder mantener al Directorio activo más allá del momento en que ocurriera el alejamiento definitivo.

El análisis aludido por Salvat en su carta a Sosa se efectuó durante un conjunto de reuniones que llevó a cabo el Ejecutivo del DRE en los meses de mayo y Junio de 1965. En esas ocasiones estuvieron presentes Fernando García Chacón, José María de Lasa, Rafael Tremols, Dámaso Oliva, Albor Ruiz, Juan Manuel Salvat y Juan Antonio Rodríguez Jomolca quien nada más que pudo asistir a una de ellas[1765]. El estudio que se hizo fue extenso y abarcó, entre otros temas, la esencia del DRE, un análisis de la situación general en relación con Cuba, posibilidades de solución, alternativas posibles, papel del DRE y relación entre Estados Unidos y el Directorio. En términos generales, el resultado de aquellas jornadas reflexivas ratificará las propuestas hechas anteriormente por Salvat en la citada carta a Enrique Baloyra.

Uno de los puntos sobresalientes del análisis contenido en el documento que resumió la discusión de la agenda y que titularon «Plan General del DRE», fue la manera peculiar en que se definió la «esencia» del DRE. De acuerdo con lo postulado en el «Plan», se expuso que «La razón de ser principal del DRE, lo que constituye la esencia del movimiento, radica en sus principios», un enunciado que sirvió para que después se afirmara que, mientras los principios no fueran modificados, «*todo lo demás podría ser adaptado a las exigencias de las circunstancias*» y que, inclusive, lo que se hiciera en el futuro «*no necesariamente tendría que ser realizado bajo el nombre actual*»[1766]. Al ofrecer esta definición sobre la esencia del DRE, quienes lo hicieron dejaron claro que, por las razones que fueran, existía cierta voluntad de transformar al Directorio en un movimiento político en el que la lucha

[1765] DRE, «Plan General del DRE», mayo-junio de 1965, DRE, AJFC.
[1766] *Ibid.* Énfasis del autor.

armada, que no se descartaría, era un medio más para poder conseguir los objetivos de la organización que, hasta podría llamarse de forma distinta a como se le conocía en aquel momento. De ahí que en un acápite del documento llamado «proyección futura», y después de fijar la meta que buscaban, se señaló que el criterio más generalizado para poder llegar a ella era «la formación de un movimiento de juventudes como etapa inicial...y luego la formación de *un movimiento o Partido nacional* (siendo parte o todo de acuerdo con las circunstancias)»[1767]. Es más, quienes dirigían al DRE cuando se efectuó esta reflexión, dieron un paso adicional en la definición de lo que era el Directorio pues estuvieron dispuestos a deshacerse del elemento que había sido una de las principales características de la organización, su autonomía. En ese sentido señalaron que «si en el primer momento o en cualquier momento de la liberación se integrara un movimiento nacional eficaz que sostuviera nuestros principios [«Somos Demócratas, Somos Cristianos, Aspiramos a construir un Orden Mejor en Cuba»] sería conveniente o quizás deber nuestro participar o ser parte de él»[1768].

Al abordar el tema de la situación general con relación a Cuba, el análisis contenido en el «Plan General del DRE» no se apartó fundamentalmente de lo anteriormente expresado por Salvat en la carta a Baloyra. Se volvió a concluir que lo único cierto en los planes del gobierno de Estados Unidos era que «nunca se fijaría un ataque armado directo, sino más bien una solución por negociación sin Fidel» aunque se dio margen para que, en un cambio de circunstancia, se contemplara la posibilidad de una intervención militar «directa o indirecta»[1769]. Bajo esas condiciones generales y aludiendo a la lucha armada, el «Plan» afirmó que era muy difícil que el exilio pudiera hacer «algo esencial por iniciativa propia». De igual forma, se expresó con pesimismo ante la posibilidad de la resistencia dentro de la isla ya que, en opinión del DRE, «internamente se produce una adaptación del pue-

[1767] *Ibid.* Énfasis del autor.
[1768] *Ibid.*
[1769] *Ibid.*

blo al régimen, debido a la ineficiencia de los planes y la falta de esperanza», añadiendo también «la inexistencia del clandestinaje organizado»[1770].

En el análisis que hicieron quienes discutieron el panorama al que se enfrentaba, no solo el DRE sino otros grupos de la oposición cubana, la conclusión que prevaleció respecto a una posible solución de la «situación» cubana fue que, en el momento en que se hizo el discernimiento, «la situación no puede considerarse definida de una u otra forma»[1771]. Ante semejante cuadro, en el que dominaban la ambigüedad y la indefinición, y al proponer dos alternativas posibles de solución, la permanencia del *status quo* y una «posición activa en busca de una solución», la pregunta que se hicieron los autores del «Plan General del DRE» fue ¿cuál debería ser el papel del Directorio? La respuesta se concentró en dos alternativas: una «influencia indirecta en la liberación de Cuba por acción sobre las alternativas de solución» y una «permanencia del trabajo del DRE pese a no poder desarrollarse un plan directo o indirecto de liberación»[1772]. En última instancia se prefirió darle prioridad a la primera de las dos opciones aunque se afirmó que ambas se complementaban y que, por lo tanto, no se podía descartar el trabajo de la segunda. La cuestión quedó expresada más claramente cuando el «Plan» abordó el punto en el que se consideró la «estrategia del DRE». Sobre este particular, se definieron cuatro puntos para desarrollar: acción, formación, propaganda y actividades generales. Lo más concreto que se expuso sobre el capítulo dedicado a la «acción» fue que se formaría una comisión especial para que estudiara la situación, realizara contactos con otras organizaciones y determinase el plan a seguir[1773]; es decir, acuden a una fórmula que reveló las pocas posibilidades que tenía el DRE en aquellos momentos para moverse en el campo de la «acción». Sin embargo, el inciso dedicado a la «Formación» fue mucho más preciso y se especificó que el mis-

1770 *Ibid.*
1771 *Ibid.*
1772 *Ibid.*
1773 *Ibid.*

mo constituía la «misión presente y futura del DRE»[1774]. Para fomentar el desarrollo de la «Formación» dentro del Directorio, el «Plan» consideró varios medios, entre ellos la organización de «Círculos de Formación Social y Política», el «estudio universitario», la formación de miembros del DRE en «cursillos de América Latina» para no perder la realidad y el pensamiento de los países latinos del Continente, más cercanos a Cuba que los Estados Unidos, la lectura individual dirigida y conferencias generales[1775]. La propaganda también fue considerada como parte de la misión presente y futura del Directorio mientras que las «Actividades Generales», todo lo referente al campo de la organización, solo se caracterizó como «misión presente» para ser coherentes con lo que se había mencionado en otro momento sobre la posibilidad de que el DRE se transformase en un movimiento o partido.

Como era de esperarse, la reflexión emprendida por el Ejecutivo del Directorio para tratar de darle una dirección firme a la organización en vista a los cambios que le habían afectado desde finales de 1964 también consideró el tema de las relaciones entre el DRE y la CIA. En el mes de marzo, Alberto Muller había escrito una carta desde la prisión de Isla de Pinos a Juan Manuel Salvat[1776]. En su comunicación, que no llegó a Salvat hasta después del 7 de junio, el que fuera secretario general del DRE le escribía a su amigo acerca de las relaciones del Directorio con la CIA. Sobre ese particular Muller afirmó que era «utópico pensar que sin la ayuda efectiva de los 'amigos' se pueda hacer la guerra total tan necesaria para la victoria. A estas alturas», siguió diciendo Muller, «es imprescindible conjugar nuestros planes y nuestra marcha con los 'amigos'»[1777]. Pero como, el aislamiento en prisión no le permitía tener a quien fue uno de los fundadores del Directorio una idea precisa sobre cómo se fue desarrollando la relación entre la CIA y el DRE, su perspectiva sobre el asunto

1774 *Ibid.*

1775 *Ibid.*

1776 Carta de Alberto Muller a Juan Manuel Salvat, Isla de Pinos, 4 de marzo de 1965, DRE, AJFC.

1777 *Ibid.*

no podía tomarse en cuenta a la hora de abordar tan espinoso problema. Por esta razón la reflexión que se hizo en el DRE partió de una premisa: «que la actitud americana hacia todos los movimientos incluyendo al DRE es de colaboración en las actividades que se desarrollen en el campo de la Propaganda o interno en Cuba», aclarando que «cualquier actividad fuera de esto pudiera determinar un rompimiento de relaciones»[1778]. De éste enunciado el DRE derivó una conclusión, «que los planes se fijarán de acuerdo a los fines del DRE y lo que se considere un deber para el movimiento. *Se hará omisión, por tanto, de lo que puedan pensar los Estados Unidos o cualquier otro*»[1779]. Es decir, que, aunque muy débil desde el punto de vista organizativo y con muy pocas probabilidades de poder trabajar en el campo de la «acción», la dirigencia del DRE no abandonó la ilusión de volver a incursionar en la vía de la lucha armada aunque la ejecución de esa preferencia implicaba el fin de su relación con la CIA. Era claro que en Miami se sabía lo que no se conocía en la prisión de Isla de Pinos y por esta razón, el «Plan General del DRE» aclaró que «estas relaciones se mantendrán en tanto sean medio para cumplir el objetivo de liberación» aunque puntualizó que «los objetivos de formación o propaganda no bastarían para mantenerlos»[1780]. Es decir, que, aun cuando las indicaciones eran que se seguiría un camino que no era incompatible con lo que la CIA quería del DRE, la dirigencia del Directorio estimó que el derrotero por el que parecían dirigirse, la formación y la propaganda, no justificaban el tipo de vínculo que los había unido a la Agencia.

A pesar del esfuerzo que hizo el Ejecutivo del Directorio por fortalecer y garantizar la continuidad de la organización, la realidad a la que se enfrentaban no era la más auspiciosa. El propio Salvat lo reconoció en varias cartas que escribió durante ese período de tiempo. En una cuyo destinatario era Orestes García, «Pablo», un miembro del Directorio que había estado en prisión y

---

[1778] *DRE,* «Plan General del DRE».
[1779] *Ibid.* Énfasis del autor.
[1780] *Ibid.*

que residía en Cuba, le expuso la dificultad que encuentra el desterrado que está empeñado en mantener vigente la oposición contra el régimen cubano[1781]. Si para Salvat, como le dijo a «Pablo», «Esta lucha ha sido muy amarga», es en el exilio en donde ha resultado mucho más aguda. Y es que quien está comprometido con el empeño de lograr un cambio en Cuba se tiene que enfrentar a «la presión de un exilio que no entiende nada de lo que pasa y que se aparta cada día más de la realidad, viviendo una locura desenfrenada»[1782]. Pero no se detiene en tan escueta observación. En otro párrafo abunda sobre la carga que representa enfrentarse a ese exilio que según él es «cómodo [y] donde no existen, o en muy pequeño grado el sacrificio y las privaciones materiales; donde no existe el temor a la cárcel y la represión; donde no hay que mantener el valor para enfrentarse a cada minuto con el peligro del 'paredón'. Ese exilio es más que dolor...se siente. Dolor espiritual, dolor en el alma por el cansancio, por la falta de esperanzas, por la tentación, siempre presente, por la Impotencia (sic)»[1783]. Y sobre este particular añadió: «La impotencia de hacer sin resultados; la impotencia de no poder hacer nada, en ocasiones que todo el deseo y el esfuerzo pugnan por romper cadenas imposibles de evitar; impotencia de vivir muchas veces sin esperanzas materiales»[1784].

Por supuesto, en la relación de dificultades que enumera Salvat y que, de acuerdo a su criterio impiden que una organización como el DRE pueda mantenerse activa en la «guerra total tan necesaria para la victoria» aludida por Muller, quedó incluido el papel que según Salvat jugaba el gobierno de Estados Unidos. Sobre este particular, Salvat le advirtió a Orestes García que «todos los esfuerzos se estrellan contra la represión de los E. U. que no admite ni permite que se haga nada fuera de sus propios pla-

[1781] Carta de Juan Manuel Salvat a «Pablo» (Orestes García), Miami, 9 de julio de 1965, DRE, AJFC.

[1782] *Ibid.*

[1783] *Ibid.*

[1784] *Ibid.*

nes, utilizando la vigilancia, el incautamiento y todo tipo de medidas para avalar sus propósitos»[1785].

Ese sombrío panorama al que debe enfrentarse el DRE aparece nuevamente en sendas cartas que Salvat le escribe a Josefina Suárez, una militante del Directorio que vivía en Puerto Rico y quien formó parte de una cadena de contactos con los miembros de la organización que estaban en la prisión. En la primera, que tiene fecha del 12 de julio de 1965, Salvat le comentó que la situación del DRE era muy «grave». En ese sentido, explicó que «la gente se va cansando y retirando y cada día estamos más solos», añadiendo que «la cosa cubana no luce muy clara en ningún aspecto»[1786]. En la segunda, fechada cuatro días más tarde, Salvat vuelve al tema de la «crisis» afirmando que la misma «es más que una crisis dentro del DRE...es una crisis total de los cubanos...que pudiera provocar la retirada absoluta»[1787]. De acuerdo con Salvat, las causas de la situación estaban en «la impotencia, y el desaliento; en la confusión y la falta de planes»[1788].

Con la última carta a Josefina Suárez, Salvat ofreció una clave importante para poder entender la situación en la que se había colocado la dirigencia del Directorio a mediados de 1965. Según Salvat le explicó a Suárez, «determinar una postura para el DRE en estas circunstancias es bastante difícil» a la vez que subrayó que «ideas tenemos pero veremos a ver en la práctica si funcionan»[1789]. Es muy probable que Salvat se estuviera refiriendo al «Plan General del DRE» que recién se había elaborado y con el cual se le daba centralidad al aspecto de la «formación» en el quehacer de la organización. Sin embargo, y quizá ahí se encuentre la duda de Salvat respecto a la posibilidad de ponerlo a funcionar, era muy difícil para una militancia que se había organiza-

[1785] *Ibid.*

[1786] Carta de Juan Manuel Salvat a Josefina Suárez, Miami, 12 de julio de 1965, DRE, AJFC. Suárez había servido de chofer de Alberto Muller cuando éste se había infiltrado en Cuba a fines de 1960.

[1787] Carta de Juan Manuel Salvat a Josefina Suárez, Miami, 16 de julio de 1965, DRE, AJFC.

[1788] *Ibid.*

[1789] *Ibid.*

do alrededor de la lucha armada el poder hacer una transición sosegada hacia un movimiento cuyo énfasis fuese la formación intelectual de sus cuadros. La probabilidad de imaginar otros caminos para tratar de lograr sus metas primarias quedaba limitada por la dependencia que tenía el DRE en una solución única.

Es cierto, al menos en el pensamiento de Juan Manuel Salvat, que en el Directorio se contemplaba a la formación, la propaganda y lo militar como elementos complementarios e indispensables para la definición de lo que debía ser la organización. Así lo expresó Salvat en una carta que le escribió a Juan Lorenzo González en septiembre de 1965[1790]. Pero es que, en esa misma comunicación, el entonces Secretario General del DRE también admitió que uno de los errores del Directorio había sido el «haber disminuido la importancia de lo formativo», falta que, evidentemente, se quería corregir[1791]. El problema que quizá no consideró Salvat fue que esa corrección podía haber llegado demasiado tarde para garantizar el entusiasmo de la militancia del DRE cuando la vía de la lucha armada parecía desvanecerse. En una carta que Salvat le escribió a Alberto Muller el 16 de julio de 1965, le dice a su compañero de lucha que se encontraba en prisión: «*lo único que se me ocurre*» es «tratar de mantener en la formación, en el trabajo de equipos de estudio, en el mantenimiento de una *fuerza potencial a nuestro movimiento* preparándolo para cualquier coyuntura futura y haciendo que trate de hacerse presente en la realidad *de manera que pudiera actuar para cambiar el estado de cosas*»[1792]. No hay dudas acerca del compromiso que tenían quienes dirigían al DRE a mitad de 1965. Ellos no perdían la esperanza de volver a los orígenes, de mantener «el esfuerzo de liberación como el objetivo indispensable de nuestra lucha y esfuerzo, como objetivo fundamental de nuestra

[1790] Carta de Juan Manuel Salvat a Juan Lorenzo González, Miami, 28 de septiembre de 1965, Fondo de la Delegación de Puerto Rico -DRE Central -J. M. Salvat, AJFC.

[1791] *Ibid.*

[1792] Carta de Juan Manuel Salvat a Alberto Muller, Miami, 16 de julio de 1965, DRE, AJFC. Énfasis del autor.

organización»[1793]. Las condiciones existentes, sin embargo, dificultaban el cumplimiento de semejante aspiración y si la «formación» no suplía la pasión que la lucha armada parecía inspirar, las posibilidades de mantener activo al Directorio no podían ser muchas.

Asimismo, el trabajo para garantizar la continuidad del DRE se vio complicado con la desmovilización de muchos de sus militantes. En la carta que le dirigió a Alberto Muller, Salvat alude al problema cuando le comenta que «los últimos años, a partir de la crisis de Octubre y la renuncia de Luis [Fernández Rocha], han sido muy duros. Muchos son los que se han ido, buscando en la formación y el estudio una forma de eficacia que no encuentran en la lucha directa debido a la impotencia»[1794]; idea que reafirma en su comunicación con Orestes García: «¿Sabes cuántos quedamos luchando en el exilio? Casi se pudieran contar con los dedos de la mano. Y el resto de aquellos hombres que un día lo ofrecieron todos (sic) por conquistar libertades se han separado»[1795]. En mayo de 1965, dos pilares de la Sección Militar, Bernabé Peña y Manuel Álvarez Llanera se trasladaron a Puerto Rico. Más tarde fueron Dámaso Oliva y José María de Lasa quienes tomaron la decisión de retomar los estudios. Enrique Baloyra también renunció a la dirección de la delegación en Venezuela para emprender estudios en Estados Unidos. Las razones eran múltiples. Aquellos que eran jóvenes estudiantes cuando se fueron involucrando en las tareas conspirativas en Cuba, ahora comenzaban a contraer matrimonio y a tener familia. Además de contemplar cerrado el horizonte por el que habían emprendido la lucha para oponerse al régimen de Fidel Castro, la «impotencia» a la que se refirió Salvat, estos militantes del DRE fueron adquiriendo responsabilidades que para ellos no eran compatibles con la dedicación absoluta al quehacer de la organización. Además, los recursos financieros de los que disponía el Directorio fueron menguando gradualmente hasta que la CIA determinó que la asignación, a partir de febre-

[1793] Carta de Juan Manuel Salvat a Juan Lorenzo González.

[1794] Carta de Juan Manuel Salvat a Alberto Muller.

[1795] Carta de Juan Manuel Salvat a «Pablo» (Orestes García).

ro de 1966, fuese de $1,000.00 y solo para financiar una revista que se publicaría bajo el nombre de *Trinchera*. Más aún, en agosto de 1965 ya se había comunicado a JMWAVE que la colaboración entre el DRE y la CIA terminaría en diciembre de 1965. Bajo estas condiciones se hacía imposible dedicar el tiempo disponible para cubrir los gastos de la vida cotidiana en las labores que antes hacían en el Directorio. Por más que ese fuese el deseo de todos ellos, la realidad se fue imponiendo.

Sin embargo, a pesar de las dificultades que tuvo que enfrentar el DRE desde el cierre de su base en República Dominicana, una razón importante que tuvieron sus dirigentes para tratar de mantener la vigencia del Directorio en aquel año de 1965 fue el trabajo a favor de sus militantes que estaban cumpliendo prisión en Cuba. Fue el propio Salvat quien señaló ese deber en su carta a «Pablo». Al aludir al penoso asunto de la desmovilización de muchos militantes del DRE, Salvat alegó que la justificación más importante que tenían en esos momentos para seguir sobreviviendo era «los presos»[1796]. Con respecto a este tema, el secretario general del DRE sostuvo que «no se concibe abandonar el primer plano de la batalla mientras existan hermanos luchando y sufriendo en las prisiones»[1797]. A esos efectos, el Directorio, con el apoyo financiero de JMWAVE, puso en marcha una campaña a favor de los presos políticos cubanos

El origen de la campaña se encuentra en un documento firmado por un conjunto de los presos que cumplían sentencias de cárcel en el Presidio Modelo de Isla de Pinos y que enviaron al exterior con el propósito de denunciar las pésimas condiciones en las que tenían que sobrevivir. La denuncia de los presos coincidía con la puesta en práctica de un plan de trabajo forzado conocido como el «Plan Camilo Cienfuegos». La pretensión del programa era promover el desarrollo económico de Isla de Pinos e incluía a los presos del penal como parte de la mano de obra que se utiliza-

[1796] *Ibid.*
[1797] *Ibid.*

ría para llevarlo a cabo[1798]. A la misma vez, se instituyó por las autoridades del presidio con el propósito de forzar la aceptación por los presos de un programa anterior, el «Plan de Rehabilitación». La peculiaridad del «Plan Camilo Cienfuegos» fue su obligatoriedad para todos los presos. Desde 1959 se habían decretado sentencias que incluían el trabajo forzado, pero no todos los recluidos estaban sujetos a semejante pena. A partir de 1964, se hizo obligatoria la participación. Por supuesto, muchos de los reclusos se opusieron a ser parte del «Plan» y resistieron su ejecución. La respuesta de la autoridad fue la represión[1799]

Una vez que el DRE recibió en Miami el documento-denuncia enviado por los presos de Isla de Pinos, se puso en marcha la campaña para dar a conocer la situación por la que atravesaban los prisioneros que habían sido condenados por cometer «delitos contra los poderes del Estado», que es como los tribunales revolucionarios tipificaron el tipo de trasgresión en los que supuestamente incurrían los opositores políticos juzgados por ellos[1800]. La campaña contempló una variedad de objetivos; el general fue el de alertar a la opinión pública internacional acerca de las condiciones en las que tenían que vivir los presos cubanos. Así mismo se pretendió lograr la participación de organismos o gobiernos para que hicieran gestiones ante el gobierno cubano a favor de la libertad de los prisioneros o de que mejoraran las condiciones en las que eran obligados a vivir. De igual forma, también se quiso aprovechar la campaña para que el «problema» de Cuba se mantuviese activo «en las conciencias del Mundo» y para romper «la

---

[1798] ICOSOCV, *El presidio político en Cuba Comunista: testimonio*, Caracas, Venezuela, ICOSOCV Ediciones, 1982, 264-265 y Javier Figueroa de Cárdenas, «*Por delitos contra los poderes del Estado»: memorias y relatos del presidio cubano. Isla de Pinos, 1959-1967*, *Historia y Sociedad*, Departamento de Historia, Universidad de Puerto Rico-Recinto de Río Piedras, Año XIV, 2003, 116 y 118.

[1799] La citada fuente de ICOSOCV, *El presidio político en Cuba Comunista: testimonio*, contiene innumerables testimonios que narran las medidas puestas en práctica por las autoridades del penal. El próximo capítulo examinará el paso por la cárcel de los militantes del DRE.

[1800] Véase a Javier Figueroa de Cárdenas, «*Por delitos contra los poderes del Estado*».

imagen de un Fidel libertador por un Fidel asesino»[1801]. De igual manera, entre los objetivos descritos en el documento que delineó la «Campaña», se incluyó el «tratar de levantar el prestigio y la imagen positiva del DRE»[1802].

El plan general de la campaña indicó que en el desarrollo de esta estarían involucrados todos los miembros del Directorio, incluyendo, por supuesto, aquellos que formaban parte de las delegaciones que tenía el DRE en algunos países de América Latina[1803]. Sin embargo, Rafael Tremols y José María de Lasa fueron los dos militantes del Directorio que tendrían la máxima responsabilidad en la ejecución de la campaña. El centro de atención de toda la publicidad que se llevaría a cabo lo constituyó el documento enviado desde la prisión. El informe-denuncia sería resumido y presentado en un folleto cuya introducción estaría a cargo de Guillermo Martínez Márquez, un prestigioso periodista cubano que había sido presidente de la SIP. El folleto se imprimió en dos versiones, una en español y otra en inglés[1804]. El último número de *Trinchera*, publicado el 28 de marzo de 1965, ofreció un adelanto de la campaña al denunciar el «Plan de Rehabilitación» que le querían imponer a los presos políticos cubanos[1805]. El inicio de la campaña se señaló para los días 7 al 9 de marzo pues se esperaba que en algún momento durante esas fechas se le hiciese entrega de una carta sobre el asunto al político chileno y próximo presidente de su país, Eduardo Frei Montalva[1806]. El documento fue escrito por Antonio García Crews, el preso más antiguo del DRE y quien había conocido a Frei en 1959. Sin embargo, la carta no pudo ser entregada a tiempo, sobre todo, des-

[1801] DRE, «Campaña de Presos Políticos», Miami, 12 de febrero de 1965, DRE, AJFC.
[1802] *Ibid.*
[1803] Juan Manuel Salvat, Juan A. Rodríguez Jomolca y Dámaso Oliva, «Hermanos del DRE», Miami, 23 de marzo de 1965, DRE, AJFC.
[1804] DRE, «Mensaje de los prisioneros políticos cubanos a los hombres y países libres del mundo», Miami, S. F., DRE, AJFC.
[1805] DRE, «El Plan de Rehabilitación. Maniobra criminal contra los presos políticos», *Trinchera*, Miami, 28 de marzo de 1965, 3.
[1806] DRE, «Campaña de Presos Políticos».

pués de posponer la fecha para el 1 de abril[1807]. Dos eventos que tuvieron lugar en Chile en el mes de marzo de 1965 fueron los responsables de la tardanza. El primero fueron las elecciones parlamentarias celebradas el 7 de ese mes y el segundo un terremoto que azotó a Chile en la región de Valparaíso el 28 de marzo[1808].

Otro asunto que surgió en Chile y que desde el Directorio se contempló como una amenaza o peligro para el desarrollo de la «Campaña» en ese país fue un comentario aparecido en *Liborio*, una revista de opinión publicada por cubanos que residían en Chile, siendo su principal promotor Javier Pazos. El conocimiento del problema llegó de forma indirecta a las oficinas del DRE en Miami. Fue Vicente Sosa, el delegado del Directorio en Puerto Rico quien alertó a Juan Manuel Salvat al hacerle llegar una fotocopia del boletín *SOCI* de Información publicado el 3 de abril de 1965 por la Confederación Latino Americana de Sindicatos Cristianos (CLASC). En la publicación de los sindicalistas cristianos se expuso un documento extraído de *Liborio* en el que se planteaba un cambio evolutivo dentro de Cuba con el que se rechazaba la violencia como instrumento para alcanzar semejante fin[1809]. Como labor inicial de la acción política que se propuso estuvo asignar «a los cubanos que se encuentran en el exterior la tarea de presionar a la opinión pública internacional la libertad de todos los presos políticos y liberar también la situación interna del país, a fin de permitir a los elementos internos una mejor oportunidad para hacer sus planteamientos, y cooperar al mismo tiempo con los elementos internos en la elaboración de las bases ideológicas y programáticas de la nueva sociedad cubana»[1810].

[1807] DRE, «Hermanos del Directorio Revolucionario Estudiantil», Miami, 8 de abril de 1965, DRE, AJFC.

[1808] CIA, despacho, de Chief of Station, JMWAVE a Chief, WH, «AMSPELL Progress Report -March 1965», Miami, 10 de mayo de 1965, CIA, RN 104-10170-10121, MFF.

[1809] Carta de Vicente Sosa a Juan Manuel Salvat, Santurce, Puerto Rico, 10 de abril de 1965, Fondo de la Delegación de Puerto Rico -DRE Central -J. M. Salvat, AJFC.

[1810] *Ibid.*

Mientras que el planteamiento que se hizo en *Liborio* sobre la liberación de los presos políticos cubanos parecía compatible con lo que se estaba haciendo en el DRE, en la organización se vio con desconfianza el alcance político del llamado que hacían algunos cubanos residentes en Chile. La razón fue simple, la renuncia a la violencia implicaba su sustitución por el diálogo y la negociación con aquellos a quienes se consideraban enemigos a ultranza. La respuesta de Juan Manuel Salvat a Sosa se dirigió a responder ese punto.

Salvat le escribió a Sosa el 12 de abril y en su carta repudió, de forma contundente, la propuesta que se hizo en *Liborio*. De acuerdo con Salvat «Estos muchachos llenos de un complejo intelectual han recogido las tesis chilenas (léase democra-cristianas (sic)) sobre el problema de Cuba y las han hecho suyas. Se olvidaron de un detalle: Que (sic) los chilenos eran chilenos y podían darse el lujo de analizar sin apasionamiento, sin interés y hasta con una gran dosis de oportunismo el problema cubano. Pero que ellos eran cubanos y al plantear o seguir tesis oportunistas se convierten en traidores». Salvat se dio cuenta, asimismo, de cómo el planteamiento de *Liborio* podía afectar la campaña que llevaba a cabo el DRE a favor de la libertad de los presos políticos cubanos. En ese sentido le dice a Sosa: «Pedimos libertad de los presos políticos, pero como exigencia fundamentada en el derecho que tienen de ser libres, en el derecho que tienen de combatir una tiranía. *Nunca a base de negociación, conversación o diálogo con la misma tiranía.* Esto [lo planteado en *Liborio*] fue opuesto al criterio del DRE como fue planteado cuando el canje de Girón. Y la posición no ha variado nunca...Si salen bien. Si no salen algún día seremos nosotros los que le daremos la libertad, rompiendo las rejas y destrozando los muros»[1811].

El temor planteado por la propuesta aparecida en *Liborio* no llegó a concretarse. Dejó, eso sí, evidencia de la dificultad de cambiar el discurso político en aquel momento de transición que

[1811] Carta de Juan Manuel Salvat a Vicente Sosa, Miami, 12 de abril de 1965, Fondo de la Delegación de Puerto Rico -DRE Central -J. M. Salvat, AJFC. Énfasis del autor.

se vivía en el DRE. Lo que se veía como un principio, es decir, no abordar el problema cubano desde la *política,* era algo irrenunciable aun cuando de lo que se trataba era de intentar promover cambios en Cuba y de liberar a los presos políticos. Lo que sí entorpeció la marcha de la «Campaña» fue el estallido de la guerra civil en la República Dominicana el 24 de abril de 1965 y la consecuente intervención militar de tropas del ejército de Estados Unidos. Como comentó JMWAVE en su informe sobre las actividades del DRE durante el mes de abril de 1965, aquel acontecimiento le presentó grandes dificultades al Directorio para que su campaña sobre los presos políticos cubanos recibiera la atención de la opinión pública internacional[1812]. De ahí en adelante, la campaña fue languideciendo hasta que quedó agotada y sin obtener los resultados esperados, al mismo tiempo en que el DRE se acercó a su final.

Con la desmovilización gradual de la militancia, incluyendo a parte de la dirigencia, la disminución de los fondos que se recibían de la CIA y la falta de un plan concreto que entusiasmara con la propuesta de hacer énfasis en la formación, los días del DRE como una de las organizaciones más importante de la oposición cubana operando desde el exilio, estaban contados a finales de 1965. Solo faltaron unos fogonazos hirientes lanzados por algunos miembros de la delegación del Directorio en Puerto Rico para que la situación se tornara más dolorosa aún.

La posibilidad de que en la delegación de Puerto Rico pudiera surgir una desavenencia seria apareció en un documento que el Comité Ejecutivo del grupo envió a Miami el 13 de junio de 1965[1813]. La carta resumió las principales conclusiones que derivaron los miembros del Comité en una reunión extraordinaria que celebraron el 8 de ese mismo mes. El tono de la comunicación fue amable y fraterno y no dejaron de incluir opiniones que de

[1812] CIA, despacho, de Chief of Station, JMWAVE a Chief, WH, «AMSPELL Progress Report, April 1965», Miami, 26 de mayo de 1965, CIA, RN 104-10170-10121, MFF.

[1813] Carta de Vicente Sosa, Marta Hernández, *et al.* a Juan M. Salvat y Dámaso Oliva, [Puerto Rico], 13 de junio de 1965, Fondo de la Delegación de Puerto Rico -DRE Central -J. M. Salvat, AJFC.

ninguna manera se podían interpretar como negativas hacia el curso que llevaba la organización por aquellos días difíciles. Recomendaron, por ejemplo, ampliar la base del DRE y mejorar la comunicación entre el Ejecutivo central y las delegaciones; sí expresaron preocupación por las relaciones que el Directorio mantenía con «nuestros aliados norteamericanos; apoyaron el desarrollo del área relacionada a la formación, así como la de propaganda». En donde se notó cierto distanciamiento con la forma de ver el panorama al que se enfrentaba el DRE fue en lo que propusieron para el trabajo de la acción militar. En este acápite, quienes firmaron la carta sostuvieron que era una «inquietud básica» y «vital». Por supuesto, en eso no se apartaron de las consideraciones prevalecientes en la organización, pero parecían insinuar la necesidad de mantenerse activos en ese renglón de la actividad del Directorio. Fue la razón que les llevó a afirmar que la misma era «uno de los aspectos que puedan determinar la razón de ser o de seguir constituyendo el DRE una verdadera fuerza moral en la lucha de Liberación (sic)»[1814]. Sobre este particular hicieron un requerimiento: después de señalar «cuán importante juzgamos la fase de acción libertaria» solicitaron «*tener una cabal definición dentro de los propósitos que se estén elaborando*» a la vez que insistieron en subrayar que, para ellos, esa actividad era «condición vital para la nueva etapa»[1815].

Más allá de proponer una discusión que abordara la idoneidad de la lucha armada como instrumento útil para obtener los fines por los que luchaba el DRE, la discrepancia que se anuncia en la exposición hecha por el Comité Ejecutivo de la delegación del Directorio en Puerto Rico está en considerar, contrario a lo que se asume en la dirección del movimiento, lo militar como una actividad posible en la coyuntura por la que atravesaba la organización. El desacuerdo se convertiría en rompimiento unas semanas después de tomar estas resoluciones.

[1814] *Ibid.*

[1815] *Ibid.* Énfasis del autor. La carta fue firmada por Vicente Sosa, Marta Hernández, Ramón Cernuda Jr., José Terrada, Gustavo Cepero, Mercedes Ramírez, Juan L. González y Jorge Rodríguez-Beruff.

La primera en separarse del DRE fue Josefina Suárez. El 31 de agosto anunció su renuncia de la organización[1816]. En la carta que escribió expresó su desacuerdo con lo que ella pensaba que era la forma en la que en el DRE asumía la decisión de abordar el futuro. A la misma vez criticó, entre otras cosas, la presencia de personal «no Directorio» en la dirigencia del movimiento, la «irresponsabilidad» de «no enviar informes a Cuba», la «irresponsabilidad» de no hacer efectiva «desde el primer momento la ayuda a los presos», la aceptación de la ayuda de los «americanos» y de mantener las relaciones con ellos, y, sobre todo, de no estar de acuerdo «en el abandono del frente de lucha»[1817]. El fin de su exposición terminó con una dureza inusitada pues hizo constar que ella no podía ser «cómplice de semejante actuación» que había «visto y comprobado a través de mi corto tiempo en el exilio». Pidió, además, que no se acusara recibo a su renuncia, aunque dejó la puerta abierta para regresar a la organización «si a pesar de esta basura se pudiera construir y viniera el coraje que se ha perdido junto al Grito de Guerra (sic)»[1818].

A la carta de Suárez le acompaña un documento que contiene las respuestas pertinentes a las críticas que hizo la, hasta entonces, militante del DRE. La contestación, con el título de «Aclaraciones», no está firmada, pero se puede asumir que la misma fue redactada por Salvat. Tampoco se puede determinar si la misma le fue enviada a Suárez. Entre las aclaraciones que se le ofrecieron estuvieron las siguientes: todos los miembros de la Ejecutiva del DRE provenían de la militancia en la organización; a Cuba no se habían enviado informes después de la infiltración de «Mongo» y a la falta de dirigencia en la clandestinidad; el problema quedó subsanado cuando Orestes García, «Pablo», había salido de prisión; precisamente, el asunto sobre las relaciones con los «americanos» no había sido resuelto definitivamente por-

[1816] Carta de Josefina Suárez Leyva a DRE, Caguas, Puerto Rico, 31 de agosto de 1965, Fondo de la Delegación de Puerto Rico -DRE Central -J. M. Salvat, AJFC.

[1817] *Ibid.*

[1818] *Ibid.*

que se esperaba la respuesta de «Isla de Pinos», es decir, de los presos del DRE, a la propuesta que se les había enviado a través de «Pablo». Sobre este mismo asunto, se le dijo a Suárez que se querían resolver algunos problemas pendientes en el DRE antes de dar ese paso pero que ya se había tomado la decisión de romper en diciembre de 1965. En cuanto al «abandono del frente de lucha», la respuesta fue que «Nadie pensó en abandonar el frente de lucha que se mantuvo sin interrupción en todos estos años. Se enfatizó las dificultades y se llegó a la conclusión de que solo acciones simples serían eficaces»[1819].

La desavenencia provocada por el tema de la lucha armada volvió a ser centro de dos renuncias adicionales que se concretaron en sendas cartas que escribieron los miembros de la delegación del DRE en Puerto Rico Juan Lorenzo González y Ramón Cernuda. Ambas tienen fecha de 25 de septiembre de 1965 y están dirigidas a Juan Manuel Salvat. González le dijo a Salvat que él creía que «tu determinación es sincera y honesta. Has determinado, tras largos estudios y consultas con otros hermanos del DRE, dirigir los pasos de nuestra querida Organización (sic) hacia trabajos Formativos (sic) y Propagandísticos (sic) especialmente, dejando la participación militar reducida, limitada y eventual». A renglón seguido González le afirmó a Salvat que él no compartía «ese criterio por no considerar dicha alternativa compatible con el concepto que tengo del DRE, ni tampoco con su historia y mucho menos con las necesidades del momento». Y si había alguna duda del derrotero que González quería para el Directorio, su mensaje lo deja saber al sentenciar que la «verdadera y justa razón de ser» de la organización era «participar en forma directa y coordinada en el proceso de Guerra (sic) que demanda la Liberación (sic) de nuestra Patria (sic)»[1820]. Por su parte, la carta de Ramón Cernuda, escrita después de haber pasado por Miami y de entrevistarse con Salvat, no difiere sustancialmente

[1819] «Aclaraciones» en *Ibid.*

[1820] Carta de Juan Lorenzo González a Juan Manuel Salvat, San Juan, Puerto Rico, 25 de septiembre de 1965, Fondo de la Delegación de Puerto Rico -DRE Central -J. M. Salvat, AJFC.

de la escrita por su amigo Juan Lorenzo González. Cernuda ofreció como razones para su ruptura con el Directorio el abandono del «proceso bélico» y «la importancia que se han trazado» al darle énfasis a la formación y la propaganda ya que, en este caso, él estaba en desacuerdo en que fuese trabajo «dentro del DRE»[1821].

A pesar de las enormes dificultades confrontadas por el DRE y la desmovilización de muchos de sus miembros, Juan Manuel Salvat siguió intentando mantener activa la organización que él ayudara a fundar en 1960, El 5 de octubre de 1965 volvió a enviar una nueva circular a sus «Hermanos del Directorio Revolucionario Estudiantil»[1822]. En la comunicación se explicó que el envío de esta circular se había atrasado debido a la «compleja situación existente, que exigía una búsqueda inteligente de orientación antes de señalar las líneas generales sobre las que se volcaría la acción de nuestro movimiento». La carta admitió, sin embargo, que no se había podido llegar a una «conclusión cerrada y absoluta» por lo que se quería abrir un diálogo con los militantes del DRE para poder perfilar «las bases de la futura proyección» del Directorio[1823].

Para preparar el camino de la consulta, la circular ofreció un breve análisis de la situación a la que se enfrentaba la cuestión cubana. Con respecto a Estados Unidos, no se pudo proponer nada concreto más allá de decir que «podía estar siguiendo algún plan» y que parecía concentrarse en el «bloqueo económico y la propaganda». Describió la situación interna de Cuba como grave y para el exilio dibujó un cuadro sumamente pesimista caracterizado como el aumento de la impotencia, la adaptación al medio y a la inexistencia de algún «instrumento que pueda movilizarse en

[1821] Carta de Ramón Cernuda a Juan Manuel Salvat, «En el exilio», 25 de septiembre de 1965, Fondo de la Delegación de Puerto Rico -DRE Central -J. M. Salvat, AJFC. Junto a Juan Lorenzo González y Ramón Cernuda renunciaron otros miembros de la delegación del DRE en Puerto Rico. Muchos de ellos se incorporaron al MDC y, más tarde, fundaron una nueva organización que llamaron Vanguardia Social Cristiana.

[1822] DRE, «Hermanos del Directorio Revolucionario Estudiantil», Miami, 5 de octubre de 1965, DRE, documentación de Cecilia la Villa, carpeta «Miami».

[1823] *Ibid.*

el presente»[1824]. Ante esta situación, la carta se preguntó «¿Qué hacer?» y la respuesta se concentró en los ya especificados objetivos de «luchar por la liberación de Cuba hasta lograrla» y «Preparar una generación para la obra de realizar una Cuba cristiana, libre y justa»[1825]. Después de dar algunos detalles sobre cómo canalizar los dos «campos de acción» se especificaron, entre otras actividades que se llevarían a cabo, las de compartir una publicación con temas ideológicos, de información cubana y con noticias sobre el DRE; publicar una revista y exigir cuotas a todos sus miembros, solicitar donaciones para la organización y suscripciones y anuncios para la revista. Se aclaró, además, que las recaudaciones públicas «se llevarían a cabo sólo para planes especiales o militares». Por último se anunció que para fin de año se suprimiría la oficina aunque se trataría de mantener «normalmente las actividades del DRE» [1826].

Al mes siguiente de esta circular, apareció la publicación interna que se había anunciado en la misma y que se llamó «Entre Nosotros». El tema principal que se trató en esta hoja de orientación y comunicación para los miembros del DRE fue el del reciente éxodo de cubanos por el puerto matancero de Camarioca[1827]. Aprovechando la coyuntura, «Entre Nosotros» incluyó en aquel número una encuesta «para los miembros del DRE» que intentó, a través de varias preguntas, conocer la opinión de los

---

[1824] *Ibid.*

[1825] *Ibid.*

[1826] *Ibid.*

[1827] DRE, *Entre Nosotros*, Miami, noviembre de 1965, DRE, AJFC. El éxodo comenzó el 28 de septiembre de 1965 cuando el régimen cubano permitió que cubanos exiliados recogiesen en Camarioca a sus familiares y los trasladasen a Estados Unidos en embarcaciones privadas. El evento dio pie para que los gobiernos de Cuba y Estados Unidos negociaran un acuerdo migratorio que reguló el flujo de refugiados cubanos hacia Estados Unidos. El acuerdo entró en vigor a fines de octubre y el 1 de diciembre de aquel año se iniciaron los llamados «Vuelos de la Libertad», consistentes en dos vuelos diarios entre Varadero y Miami. De acuerdo a los autores de *Back Channel to Cuba*, este fue el primer acuerdo diplomático formal entre Washington y La Habana desde que se había iniciado la Revolución. Véase a LeoGrande y Kornbluh, *Back Channel to Cuba*, 106-107.

lectores sobre el fenómeno de Camarioca. Asimismo, pidió ideas y sugerencias para la revista que se pensaba publicar y propuestas para la mejor forma de implementar el «Plan de Formación»[1828].

La iniciativa que Salvat había puesto en marcha a partir de la circular de octubre y que empezaba a concretarse con la publicación de «Entre Nosotros» animó al secretario general del DRE. Así lo manifestó el 24 de noviembre al escribirle una nueva carta al todavía delegado del Directorio en Puerto Rico, Vicente Sosa. En esa comunicación Salvat le transmitió las noticias sobre el plan recién aprobado y terminó con una nota muy optimista: Creo en definitiva Vicente que vamos a lograr superar esta crisis en que después del problema con el plan militar nos vimos envueltos. No tendremos un movimiento extenso en cantidad, pero fuerte en la calidad y la comprensión. Pero es que todo en la vida es obra de pocos...Se está trabajando mucho y la respuesta es buena por parte de muchos...Todos los planes esbozados en la circular van marchando y se van venciendo los obstáculos más difíciles»[1829].

A pesar del entusiasmo que demostró Salvat con su última carta a Sosa, lo que quedaba del DRE al finalizar el 1965 era una estructura mínima de organización, con muy pocos militantes en activo y con una tarea por delante que prácticamente quedó enfocada en la subsistencia. La asignación presupuestaria para el Directorio durante el período comprendido entre los meses de julio y diciembre de 1965 fluctuó entre los $6,100.00 del mes de octubre, siendo el más bajo de todos, y los $7,950.00 que recibió en septiembre como la más alta. Estas cifras se distribuyeron entre salarios y gastos operacionales[1830]. Las principales actividades que se llevaron a cabo durante ese tiempo fueron la producción y envío a

[1828] DRE, *Entre Nosotros.*

[1829] Carta de Juan Manuel Salvat a Vicente Sosa, Miami, 24 de noviembre de 1965, DRE, Fondo de la Delegación de Puerto Rico -DRE Central -J. M. Salvat, AJFC.

[1830] CIA, despacho de Chief of Station, JMWAVE a Chief, WH, «AMSPELL Progress Report, July-October 1965», Miami, 24 de noviembre de 1965, CIA, RN 104-10170-10121, MFF y CIA, despacho, de Chief of Station, JMWAVE a Chief, WH, «AMSPELL Progress Report, November and December 1965», Miami, 17 de febrero de 1966, RN 104-10170-10121, MFF.

Cuba del periódico *Trinchera* confeccionado especialmente para lectores residentes en la isla; la publicación del boletín *DRE Internacional* y el programa semanal emitido por ondas radiales.

La dificultad de mantener el ritmo productivo del DRE al nivel en el que la organización estuvo acostumbrada hasta, más o menos, los primeros seis meses del año 1965, se reflejó en una larga carta que Juan Manuel Salvat le dirigió a Vicente Sosa. La comunicación tiene fecha de 13 de enero de 1966 y en la primera parte del documento, Salvat hizo un extenso análisis de la situación cubana. De lo que había acontecido en Cuba durante las últimas semanas concluyó que el régimen de Castro enfrentaba una crisis interna que «ahonda y progresa»[1831]. No obstante, aunque quisiera haber puesto una nota de optimismo con su extenso comentario, llegó un momento en que sus observaciones sobre la política de Estados Unidos hacia Cuba y acerca de cómo él percibía al exilio, dejaron ver que el panorama no era alentador para la causa que se defendía en el DRE. En relación con Estados Unidos, Salvat solo hizo hincapié en la intención que tenía el gobierno de ese país en «ahogar al régimen» en el plano económico y no incluyó alusión alguna sobre otras posibles acciones que se estuvieran contemplando para promover un cambio en la isla. En cuanto al exilio, su visión era tenebrosa. «El exilio no tiene fuerzas», afirmó Salvat, añadiendo que había «poca participación de la mayoría, cansancio de las minorías, decisión que permanece, medidas de E. U. en todas partes contra nuestra acción, falta de recursos, etc.»[1832]. El único consuelo que le transmitió a su interlocutor fue que si el exilio era débil «también es real la de Castro y más grave»[1833].

A pesar del cuadro peculiarmente difícil y complicado que expuso en su carta a Sosa, Salvat insistió que en el Directorio seguían con proyectos. Sobre este particular le dijo a Sosa: «Los planes de formación-revista-Entre-Nosotros-relaciones interna-

[1831] Carta de Juan Manuel Salvat a Vicente Sosa, Miami, 13 de enero de 1965, Fondo de la Delegación de Puerto Rico -DRE Central -J. M. Salvat, AJFC.

[1832] *Ibid.*

[1833] *Ibid.*

cionales, etc., están prácticamente terminados». No obstante, inmediatamente tuvo que referirse a la condición anémica de la organización que dirigía. «La única dificultad», argumentó Salvat, «es en relación a (sic) los miembros. La respuesta a las circulares, aunque no pudiera llamarse negativa por el número, sí es insuficiente. Pensaba que más miembros responderían». A pesar de esta admisión, no se rindió: «En una próxima circular haremos este análisis para ver si *despertamos a muchos que duermen el sueño de la pasividad.* Este problema», concluyó, «pudiera significar pocas colaboraciones para la revista y pocas cuotas»[1834]. Pero, el asunto que apuntó en relación a este último asunto era mucho más grave de lo que, a primera vista pudiera significar el comentario de Salvat. Un poco después puso el dedo en la llaga al afirmar que «de las cuotas-anuncios-donaciones-suscripciones y ventas *depende la vida del DRE*»[1835]. Más aún, la situación se tornaba todavía más compleja cuando Salvat admitió que, una parte sustancial de la vida del Directorio quedaría dependiendo de la fortuna personal que tuvieran los pocos miembros que querían responsabilizarse con el funcionamiento de la organización. En ese sentido le dijo a Sosa que no quería pecar de optimista porque no se le ocultaba «una realidad difícil y limitada. Especialmente temo en el terreno personal, pero aquí mantengo encendida una esperanza de que Dios me ayude a encausar los gastos familiares *para mantener gran dedicación a nuestra causa.* Además, existen varios dispuestos a todos (sic), algunos dispuestos a algo y muchos dispuestos a un poco. Con eso es suficiente»[1836]. Todo era cuestión de buena voluntad, demostrando así, el amor y el compromiso que tenían con la causa que defendieron desde que fundaron la organización en 1960 y el amor al DRE.

Pocos días después de que Salvat escribiera la carta a Vicente Sosa, el jefe de la estación JMWAVE envió un nuevo despacho a sus superiores en la oficina central de la CIA. El título anunciaba el fin de una relación: «Revision of AMSPELL Pro-

---

[1834] *Ibid.* Énfasis del autor.
[1835] *Ibid.*
[1836] *Ibid.* Énfasis del autor.

ject»[1837]. La comunicación informó que, a partir de ese momento, la asignación que se le daría al DRE sería de $1,000.00 mensuales y con el único propósito de financiar una revista bimensual que se quería publicar[1838]. La razón que se dio para tomar la decisión fue que el Directorio se había afectado por la desmovilización de muchos de los miembros más capacitados quienes, además, eran concebidos en la estación como los que más habían aportado al programa encubierto de guerra psicológica promovido desde JMWAVE[1839].

La revista aludida en el despacho de JMWAVE, también llamada *Trinchera*, se publicó en el mes de mayo de 1966. Fue el único número que salió a la calle y fue la última actividad importante del Directorio Revolucionario Estudiantil. El final del DRE está constatado en un memorándum de la CIA fechado en 3 de enero de 1967. Está dirigido al Jefe de la estación de la CIA en Miami y cubre el informe sobre las actividades de la organización para el período entre el 1 de octubre y 31 de diciembre de 1966. El documento constata la poca actividad que se llevó a cabo durante ese tiempo. Se señaló que no se otorgó ningún apoyo económico a la organización excepto una asignación mensual de $200.00 que se le entregaba a la familia de Alberto Muller. Se informó, además, que los meses cubiertos por el memorándum se dedicaron a cerrar las oficinas del Directorio, a liquidar lo que quedaba de propiedad y de deudas. Así mismo, se revisaron los archivos de la organización y que todo el material relacionado con la CIA fue destruido o entregado a JMWAVE. Notificó, también, que Juan Manuel Salvat estaba operando una librería y que no se anticipaban problemas con él o con cualquier otro miembro del DRE[1840].

[1837] CIA, despacho, de Chief of Station, JMWAVE a Chief, WH, «Revision of AMSPELL Project», Miami, 28 de enero de 1965, JFK Assassination Records, RN 104-10170-1001.

[1838] *Ibid.*

[1839] *Ibid.*

[1840] CIA, Memorandum, de PW/Monestier a Chief of Station, «AMSPELL-Progress Report 1 October-31 December», CIA, JFK Assassination Records, RN 104-10170-10006.

El Presidio Nacional Modelo en Isla de Pinos

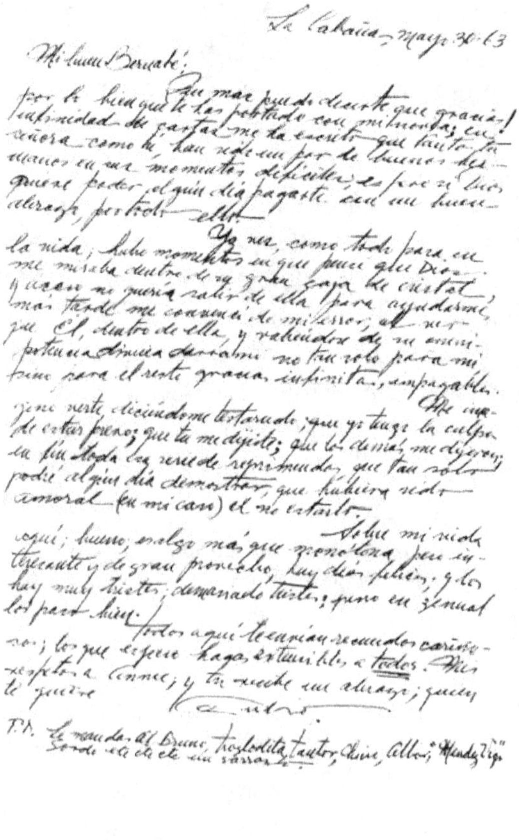

La Cabaña, mayo 30-63

Mi buen Bernabé:

¿Qué más puedo decirte que gracias! por lo bien que te has portado con mi [illegible]; la infinidad de cartas me ha escrito que tanto [illegible] señora como tú, han sido un par de buenos hermanos en mis momentos difíciles, espero si Dios quiere poder algún día pagarte con un buen abrazo, por todo ello.

Ya ves, como todo para en la vida; hubo momentos en que pensé que Dios me miraba dentro de su gran caja de cristal y acaso no quería salir de ella para ayudarme, más tarde me convencí de mi error, al ver que Él, dentro de ella, y valiéndose de su omnipotencia divina [illegible] no tan solo para mí sino para el resto gracias infinitas, impagables.

Me imagino verte diciéndome tartamudo, que yo tengo la culpa de estar preso; que tú me dijiste; que los demás me dijeron; en fin toda la serie de reprimendas, que tan solo podré algún día demostrar, que hubiera sido amoral (en mi caso) el no estarlo.

Sobre mi vida aquí; bueno, no algo más que monótona pero interesante y de gran provecho, hay días felices, y los hay muy tristes, demasiado tristes; pero en general los paso bien.

Todos aquí te envían recuerdos cariñosos; lo que espero hagas extensible a todos. Mis respetos a [illegible]; y tú recibe un abrazo; quien te quiere

[firma]

P.D. Recuerdos al Bruno, [illegible], Chino, Albor; [illegible]

Carta de Julio Hernández Rojo a Bernabé Peña desde la prisión de La Cabaña en La Habana.

Capítulo 15

El DRE en la Prisión

Además de organizarse como un movimiento insurreccional de estudiantes que operó como parte de la resistencia interna de Cuba y desde el exilio, el DRE se constituyó como un organismo de lucha dentro del espacio carcelario cubano, muy particularmente a partir de abril de 1961 y con una notable presencia en el Reclusorio Nacional para Varones, el llamado Presidio Modelo enclavado en la Isla de Pinos. Las razones que tuvieron los militantes encarcelados del Directorio para organizarse dentro del presidio fueron varias, pero se destacó el deseo de enfrentar al carcelero, es decir, al Estado revolucionario. En ese sentido, la cárcel se convirtió en otro campo de lucha, de resistencia.

Aunque antes de abril de 1961 hubo miembros del DRE que comenzaron a cumplir sentencias de prisión por cometer «delitos contra la seguridad del Estado», y es el caso de Antonio García Crews, por ejemplo, es después de ese mes cuando las cárceles cubanas comienzan a nutrirse de militantes del Directorio, condición fundamental para que el movimiento se pudiera organizar en el espacio carcelario.

El primer gran grupo de combatientes del Directorio en ser detenido fue el constituido por aquellos que formaron parte del alzamiento que dirigió Alberto Muller en la Sierra Maestra. Después, y durante los meses subsiguientes, fueron cayendo otros militantes, muchos provenientes de los grupos provinciales del Directorio, y en 1962 aquellos que fueron delatados por Jorge Medina Bringuier, «Mongo».

Un aspecto común en el caso de la mayoría de los individuos que eran detenidos por los cuerpos represivos del Estado cubano era el interrogatorio al que eran sometidos antes de ser juzgados. La experiencia que sobre este particular tuvo García Crews, uno de los primeros miembros de la incipiente organización que a finales de 1960 era el DRE, contiene elementos que serán comunes al tipo de situación por la que habrían de pasar muchos de los militantes del Directorio que serían detenidos después que él. En sus memorias, *Three Worlds. A Journey to Freedom*, García Crews deja constancia de algunos de esos aspectos que compartiría con quienes tuvieron que pasar por esa misma vivencia. Una de ellas fue la de utilizar la pena de muerte como elemento de presión para que el detenido produjera una declaración que coincidiera con el delito por el cual era acusado[1841]. De igual forma, la obligación de convivir en la celda con un recluso que ha sido condenado a muerte y cuya sentencia se ejecutaría a las pocas horas de ese encuentro, sería otra práctica que García Crews tuvo que compartir con otros miembros de la oposición que eran enviados a las cárceles cubanas durante aquellos primeros años en que se gestó la Revolución cubana[1842]. Ese fue el caso, por ejemplo, de Tomás Fernández Travieso, un miembro del DRE que fue detenido junto a Virgilio Campanería y Alberto Tapia Ruano. Tanto Campanería como Tapia Ruano fueron condenados a muerte por fusilamiento, mientras que, a Fernández Travieso, por ser menor, le conmutaron la sentencia y le impusieron treinta años de prisión. El juicio comenzó el 17 de abril de1961, el mismo día en que tuvo lugar el desembarco de la Brigada 2506 por distintos puntos de Bahía de Cochinos, al sur de la provincia de Matanza. De acuerdo con el testimonio de Tomás Fernández Travieso, el procedimiento judicial, que se efectuó en la fortaleza de La Cabaña, duró unos veinte minutos[1843]. Una vez dictada las sentencias, los tres compañeros militantes del DRE fueron trasladados a la capilla del viejo bastión militar que era el sitio en el que los condenados a la pena de muerte por fusilamiento tenían que esperar el turno para ser llevados al paredón. En el recinto en el que fueron encerrados estarían acompañados por otros seis sentenciados a morir. Según

[1841] Antonio García Crews, *Three Worlds. A Journey to Freedom*, Miami, Ediciones Universal, 2021, 51.

[1842] *Ibid.*

[1843] Tomás Fernández Travieso, «Ocho fusilados», *El Nuevo Herald*, Miami, 17 de abril de 1991, 8a.

el relato de Fernández Travieso, fueron llamando uno a uno. Los que iban quedando escuchaban los disparos de los fusiles utilizados para llevar a cabo cada una de las sentencias y los respectivos tiros de gracia que recibían los cuerpos de los fusilados[1844]. Un relato parecido es el que hizo Roberto Borbolla, miembro del DRE que participó en el alzamiento de la Sierra Maestra y que fue encarcelado en la prisión de Boniato en las cercanías de Santiago de Cuba. En sendas cartas escritas por el militante del Directorio el 30 de septiembre de 1961 y el 3 de octubre del mismo año, da cuenta de siete fusilamientos que tuvieron que escuchar en esos días y de la interacción que él tuvo con algunos de los condenados[1845]. Durante este período también fue frecuente que algunos de los detenidos tuviesen que ser sometidos a fusilamientos falsos, como fue el caso de los miembros del DRE Alberto Muller y Sixto Rubiales.

Sin embargo, la práctica del interrogatorio quedará transformada de manera rigurosa y sistemática después del 17 de abril de 1961. Lo usual en el caso de los opositores capturados por las instituciones de seguridad del Estado cubano, al menos en lo que respecta a la ciudad de La Habana y cercanías, es que el preso fuese trasladado a una residencia ubicada en la Quinta avenida y calle catorce en el barrio de Miramar. Aquella casa fue uno de los principales centros de operaciones del G-2 o Departamento de Seguridad del Estado, nombre que adquirieron los órganos de inteligencia desde el 6 de junio de 1961 cuando se aprobó mediante una ley la creación oficial del Ministerio del Interior de Cuba. En aquel recinto se llevaban a cabo los primeros interrogatorios, pero después, muchos de los detenidos pasaban a «Las Cabañitas» o «Punto X» que era un edificio en las afueras de La Habana en

[1844] Los fusilados esa noche en La Cabaña fueron, además de Virgilio Campanería y Alberto Tapia Ruano, Carlos Rodríguez Cabo, Efrén Rodríguez López, Filiberto Rodríguez Ravelo, Lázaro Reyes Benítez, José Calderín y Carlos Calvo Martínez.

[1845] Roberto Borbolla, carta a Carlos y Maggie, Boniato, 30 de septiembre de 1961 y Roberto Borbolla, carta a Carlos y Maggie, Boniato, 3 de octubre de 1961, colección de Ricardo Rubiales.

donde continuaban los careos[1846]. Como narra Reinol González, un opositor que pasó por la experiencia del «Punto X», en ese recinto, el preso era sometido a «un tratamiento especial de interrogatorios y torturas refinadas» con el propósito de sacarle toda la información que los operarios del centro deseaban tener[1847]. Entre las prácticas a las que se refiere González, así como algunos de los miembros del Directorio que fueron «huéspedes» de «Las Cabañitas»[1848], se encontraban el mantener al preso desnudo o con poca ropa, el ubicarlo en una pequeña celda tapiada de manera que no entrara la luz natural pero con un bombillo que nunca se apagaba, el suministrarle la alimentación a deshoras de manera que el preso se confundiera y perdiese la noción del tiempo, la interrupción constante del sueño, el obligarlo a estar parado, o sentado, por largos períodos de tiempo, el tener que dormir en un suelo mojado a la vez que la temperatura suministrada por un acondicionador de aire cambiaba de temperaturas muy frías a otras muy calientes y otras «no-torturas» hasta obtener el resultado buscado[1849]. La estancia del detenido en «Las Cabañitas» o «Punto X» podía durar días, semanas y hasta meses dependiendo de la calidad y cantidad de información que se pudiera obtener del interrogado.

Una vez completado el interrogatorio, el opositor detenido pasaba a juicio en el cual quedaba sentenciado. La práctica más usual hasta 1967 fue que, si la pena a cumplir sobrepasaba los

[1846] Una amplia descripción de la experiencia por la que tenía que pasar cualquier detenido que era trasladado a «Las Cabañitas» se puede encontrar en el libro de Reinol González, *Y Fidel creo el Punto X*, capítulo II y III.

[1847] *Ibid,* 41.

[1848] Gerardo Reyes, «Las Cabañitas: un infierno cubano», *El Nuevo Herald*, Miami, 8 de enero de 2006, https://www.cubanet.otg/htdocs/CNews/y06/jan06/09o1.htm. En este artículo aparecen las declaraciones de Alfredo Pequeño, Raúl Cay Gispert y Juan Valdés de Armas, todos militantes del DRE.

[1849] Como explicó Reinol González en su libro, «Ellos, los guardias, estaban 'conscientes' de que no me estaban 'torturando'. Estaban 'convencidos' que estar horas y horas de pie no era tortura. La Revolución sapientísima les había enseñado que torturar era sólo dar golpes. Poner a los hombres de pie, desnudos, acorralados, humillados, no era tortura porque no se les daba golpe». *Y Fidel Creo el Punto X*, 70.

tres años de prisión, el preso fuese enviado al Reclusorio Nacional de Varones, o Presidio Modelo que estaba ubicado en Isla de Pinos, una isla localizada al sur de Cuba y que, en aquella época era parte de la provincia de La Habana. Fue en este recinto carcelario en donde se dio la mayor concentración de miembros de la oposición al régimen de Castro que habían sido condenados a largas penas de confinamiento.

La construcción del Presidio Modelo se inició oficialmente el 1 de febrero de 1926 siendo presidente de la República de Cuba el General Gerardo Machado y Morales y se inauguró el 16 de septiembre de 1931. El plano que inspiró al arquitecto responsable del diseño de esta cárcel fue el del reclusorio de Jolliet en el estado de Illinois en Estados Unidos, siguiendo los principios del modelo panóptico que propuso el filósofo alemán Jeremy Bentham en 1791. El penal constaba de un conjunto de edificios en donde sobresalían cuatro galeras circulares de cinco pisos cada una. Cada una de las galeras constaba de noventa y tres celdas individuales por piso para un total de cuatrocientas sesenta y cinco celdas por galera. Cada celda albergaría, idealmente, hasta un máximo de dos presos. En el centro de estos edificios se erigió una torre desde donde se vigilaba a los confinados. Los guardias penales entraban a cada una de las torres mediante un sistema de túneles. El comedor del penal estaba en otro edificio circular que fue construido entre las cuatro galeras. En adición a estas estructuras, se erigieron otras facilidades que ofrecían los servicios administrativos y de hospital, así como dos edificios de forma rectangular que servían de cárcel y donde se confinaban a los presos que llegaban al presidio y a los que demostraban tener buen comportamiento. De igual forma, se construyeron pabellones de castigo en donde los presos quedaban aislados del resto del penal[1850].

Desde que desapareciera el régimen de Batista en la madrugada del primero de enero de 1959, la población penal de Isla de Pinos comenzó a incrementar su población con opositores del nuevo gobierno. Un penal diseñado para albergar a unas cuatro

[1850] Para los orígenes del Presidio Modelo véase a Héctor del Castañal, «El Presidio Modelo», *Bohemia*, La Habana, 9 de mayo de 1926, 16.

mil personas llegará a tener más de seis mil durante los ocho años iniciales de vida que tuvo el Reclusorio después de aquel comienzo de 1959. Los primeros fueron, precisamente, individuos identificados con el régimen depuesto y quienes tuvieron que enfrentar el fenómeno de la convivencia con una población penal que se encuentra encarcelada por delitos ajenos a la vida política del país a diferencia de aquellos que son castigados por incurrir en «delitos contra los poderes del Estado». Estos últimos asumirán la identidad de presos «políticos» mientras que a los otros se les reconocerán con el apelativo de «comunes»[1851]. Una diferenciación que, por otro lado, no querrá ser reconocida por las autoridades del nuevo régimen para quienes la categoría «política» que asumen sus opositores es de una naturaleza ética que, según ellos, no le correspondería a quienes se enfrentan al orden revolucionario. Hay que tomar en consideración que en Cuba la prisión «política» constituye un recinto virtuoso, sobre todo al asumir a José Martí, el Apóstol de la independencia cubana, como su más ilustre representante[1852]. Un ejemplo contemporáneo de ese punto de vista lo representó el dossier *El Presidio Político en Cuba* que publicara la revista *Encuentro de la Cultura Cubana* en el 2001[1853]. El dossier está constituido por un conjunto de artículos y memorias sobre diferentes aspectos del presidio político y que comienza con un testimonio anónimo sobre la estancia de un deportado cubano a la cárcel española de Fernando Poo en la época colonial hasta una denuncia sobre el presidio de varios cu-

[1851] Véase el testimonio de Eulalio I. Beruvides Ballesteros en Esteban M. Beruvides, *Cuba y su presidio político*, Coral Gables, Florida, 12th Avenue Graphics, 1994, 72-78.

[1852] José Martí fue enviado como prisionero a la Isla de Pinos después de ser condenado a seis años de trabajo forzado por su oposición al régimen español. Comenzó a cumplir la pena en las canteras de San Lázaro en las cercanías de la ciudad de La Habana. De ahí pasó a Isla de Pinos en donde residió solo dos meses, del 13 de octubre de 1870 al 18 de diciembre de ese mismo año cuando emprendió un viaje hacia España en donde fue finalmente desterrado. Aquella experiencia le sirvió para escribir *El presidio político en Cuba* que se publicó en Madrid por la imprenta de Ramón Martínez en 1871.

[1853] *El Presidio Político en Cuba*, *Encuentro de la Cultura Cubana*, Madrid, XX, Primavera de 2001, 154-240.

banos opositores que están encarcelados en Cuba en 2001. Por supuesto, entre ambos documentos hay una variedad de textos cubriendo varias etapas de la vida republicana y revolucionaria en que opositores a distintos regímenes dictatoriales tuvieron que sufrir prisión por sus actividades políticas. De esa manera se da vida al linaje constituido por el presidio de naturaleza «política».

Con esa perspectiva en mente, y asumiendo que quienes comenzaron a regir los destinos de Cuba a partir de 1959 pretendían perseguir la creación de una sociedad distinta y éticamente superior a la que combatió y desplazó, no se podía aceptar que sus opositores pudiesen ser caracterizados como presos «políticos». De ahí, por ejemplo, la descalificación que hace el historiador Julio Le Riverend en el prólogo que escribe de un texto que estudia la prisión de Isla de Pinos y cuya autora fue Thelvia Marín[1854]. De acuerdo a Le Riverend, la población carcelaria de Isla de Pinos que examina Marín está compuesta por lo que él llama «una verdadera antología de la mugre capitalista» que comprende «un abigarrado y exhaustivo desfile de toda clase de delincuentes: los ladrones y estafadores, los homosexuales, los mercadonegreros, los asesinos, los contrarrevolucionarios, todos ellos conectados unos con otros por alguna vía...y todos ellos mezclados con elementos mágico-religiosos y sus respectivas instituciones o sociedades»[1855]. Mientras tanto, los opositores al régimen castrista que son encarcelados insistirán, en todo momento, en que ellos no eran presos «comunes» sino «políticos», en una clara intención de vincularse con el linaje enaltecedor de la experiencia carcelaria que era común a la de José Martí.

Esta dualidad de identidades entre la población carcelaria que cohabita en las prisiones cubanas fue generadora de conflictos en las cárceles de Cuba a partir de 1959 y, sobre todo, en el Reclusorio de Varones en Isla de Pinos en donde se concentran la

[1854] Thelvia Marín, *Condenados: del presidio a la vida*, México, Siglo XXI Editores, 1976.
[1855] Julio Le Riverend en Marín, *Condenados*, 10-11.

mayor parte de ellos[1856]. Sin embargo, esa diferenciación entre «comunes» y «políticos» no será la única circunstancia que promueva la confrontación entre otras identidades que se originaron dentro del presidio cubano de aquellos años; entre los propios «políticos» hubo brechas importantes, sobre todo, a partir del ingreso en la cárcel de opositores que previamente se habían manifestado en contra del gobierno de Fulgencio Batista. Cuando estos ingresan a prisión se inician las desavenencias entre los «revolucionarios», particularmente quienes se distinguieron en la lucha contra Batista, y los «batistianos». Antonio García Crews, quien ingresó en el Presidio Modelo de Isla de Pinos el 5 de febrero de 1961, relata en su libro de memorias que al poco tiempo de comenzar su estancia en aquella cárcel comenzó a colaborar con los cursillos sobre Doctrina Social de la Iglesia que organizaban unos compañeros de prisión que estaban afiliados a la Juventud Obrera Católica (JOC)[1857]. Según García Crews, «plantear estos temas en medio de una mayoría de prisioneros que habían sido parte del ejército de Batista era peligroso», algo que comprobó cuando fueron acusados de enseñar la doctrina comunista[1858]. Por su parte, Reinol González afirmó en su libro *Y Fidel Creo el Punto X*, que cuando él llegó al penal de Isla de Pinos se encontró «un presidio excesivamente polarizado y atomizado...y con aislados problemas de comportamiento impropios de un preso político»[1859].

A pesar de esas notables diferencias, Salvador Subirá, un militante del MRR que estuvo preso en la cárcel de Isla de Pinos desde 1961, propuso en un ensayo publicado en el dossier aludido sobre el presidio político en Cuba, que hubo momentos en que

---

[1856] Una discusión de este asunto se puede encontrar en, *El Presidio Político en Cuba Comunista. Testimonio*, 43-48. Reinol González añade una categoría intermedia, la de «policomunes» y los define como «elementos antisociales condenados por hechos de naturaleza política, la mayor parte de ellos con antecedentes de delitos comunes, los cuales crearon dentro del presidio un submundo particular». González, *Y Fidel Creo el Punto X*, 162.

[1857] García Crews, *Three Worlds*, 76.

[1858] *Ibid.*

[1859] González, *Y Fidel Creo el Punto X*, 166.

la población carcelaria de Cuba, particularmente la confinada en el Presidio Modelo de Isla de Pinos, se unió para enfrentar un mal común. En palabras de Subirá, «Nada une tanto como el estar en una situación extrema que amenaza a todos por igual»[1860]. Una ocasión en la que de acuerdo con Subirá se logró esa unidad referida por él fue aquel en que la población penal de Isla de Pinos tuvo que enfrentarse a la colocación de dinamita y TNT en las circulares en donde los presos estaban recluidos. Tanto Subirá como García Crews aluden a la colocación de los explosivos en sus testimonios[1861]. Subirá, quien en aquella época era estudiante de arquitectura, ofrece algunos detalles técnicos acerca de cómo se colocaron las cargas dentro de los muros de las galeras y tanto él como García Crews coinciden en señalar que fue después del 17 de abril de 1961 cuando se comenzó la obra para dinamitar esa parte del presidio de Isla de Pinos. Tan pronto la población del presidio tomó conciencia de lo que estaba sucediendo y de las implicaciones que la presencia de los explosivos tenía para sus vidas, se desarrolló la actividad clandestina que llevaría a la eventual desactivación de la dinamita y del TNT. Desactivar los explosivos requirió de la colaboración de variados sectores de la población penal, desde los técnicos que diseñaron el sistema que haría inoperante el mecanismo que detonaría el material explosivo, hasta el de la vigilancia para que no se descubriera la labor de sabotaje, pasando por los «topos» que excavarían túneles y los momentos en que partes de los confinados tocaban música y entonaban cantos para poder acallar los ruidos originados por el trabajo que neutralizaría el polvorín que se colocó bajo las galeras[1862]. El trabajo de los presos fue un éxito ya que lograron inutilizar, sin que las autoridades carcelarias se dieran cuenta, el dispositivo para activar una explosión que acabaría con gran parte

[1860] Salvador Subirá, «Tres Crisis», dossier *El Presidio Político en Cuba*, *Encuentro*, XX, 209.

[1861] Subirá, *ibid*, 207-209 y García Crews, *Three Worlds*, 75. Una excelente descripción de aquellos hechos es la expuesta por un ex preso del Presidio Modelo identificado como H. H. en *El Presidio Político en Cuba Comunista. Testimonio*, 219-230.

[1862] Subirá, *ibid*, 209-213.

de los presos del Presidio Modelo. Finalmente, los mandos de la cárcel decidieron retirar los explosivos en febrero de 1963.

Otro instante en que se obtuvo una amplia unidad en la población del Reclusorio de Isla de Pinos tuvo lugar el 18 de mayo de 1962 cuando la población penal en general, tomó la decisión de declarar una huelga de hambre que duraría tres días. Para esa época el número de confinados «políticos» había aumentado considerablemente, una circunstancia que favoreció el fortalecimiento de las distintas organizaciones políticas de oposición que antes habían trabajado en el clandestinaje. A la misma vez, las actividades culturales organizadas por los propios presos, particularmente los círculos de estudios pasaban por un período de auge dentro del presidio de Isla de Pinos, condición que favorecía una mejor formación política entre los confinados[1863]. Y otro aspecto importante para entender esta coyuntura es el que apunta el texto *El Presidio Político en Cuba Comunista. Testimonio*, cuando señala que en aquel momento se habían rebajado las tensiones entre los presos que provenían del sector batistiano y el grupo, cada vez mayor, de quienes habían sido opositores del régimen depuesto el 31 de diciembre de 1958[1864].

La huelga de hambre fue precedida por un deterioro marcado en la calidad de la alimentación que el penal le proveía a los presos. La situación empeoró aún más cuando a principios del mes de mayo de 1962 el agua que consumían los presos comenzó a limitarse. La huelga se declaró el día 18 de mayo y la respuesta fue amplia[1865]. Terminó al cabo de tres días cuando la dirección del penal solicitó una reunión con un comité de prisioneros con el cual gestionarían las condiciones para terminar con la protesta. De acuerdo con *El Presidio Político en Cuba Comunista. Testimonio*, «la comida mejoró en calidad y cantidad»[1866]. Como acotación notable de aquel momento, el mismo día 21, cuando inició

[1863] Véase la discusión que sobre este tema se desarrolla en *El Presidio Político en Cuba Comunista. Testimonio*, 250.

[1864] *Ibid,* 249.

[1865] *Ibid*, 250.

[1866] *Ibid.*

la conversación con los altos mandos del presidio, dos presos que se encontraban en la circular número uno lograron escalar hasta la parte central del techo y colocaron una bandera cubana que se podía ver desde otras circulares[1867]. Para muchos de los reclusos del penal, aquella bandera constituyó todo un símbolo de la victoria que ellos habían obtenido con la huelga. Algunos, sin embargo, fueron enviados a las celdas de castigo. Alberto Muller fue uno de ellos y según cuenta en sus memorias, junto a él, en una celda en la que cabían tres personas confinaron a siete de sus compañeros, entre ellos a su hermano Juan Antonio. Hacinados de esa manera, no podían acostarse todos a la vez y muchas veces tuvieron que dormir en un suelo que previamente era regado con agua por los guardias penales[1868].

El período de tiempo que transcurrió entre el fin de la huelga de mayo y el 8 de septiembre de 1962, transcurrió con relativa calma en el Presidio Modelo. Los incidentes de coerción, sin embargo, no fueron ajenos durante esos meses. Uno de los recursos a los que apeló la dirección del Presidio para mantener su autoridad sobre la población penal fue, por ejemplo, la manipulación de la correspondencia. En las cartas que Roberto Borbolla escribió desde Isla de Pinos, y antes desde la cárcel de Boniato, se manifiesta la necesidad que tenían los presos de poder intercambiar cartas entre ellos y sus familiares y amigos. En una que le escribe a Ricardo Rubiales el 3 de abril de 1962, y en la que expresa su alegría por saber que muchos de sus amigos más queridos no tienen que pasar por la experiencia del Presidio Modelo —«Aquí no es tan fácil como en Boniato»— afirmó que «cualquier cosa lo destroza a uno, como cuando estoy semanas sin saber nada de los

---

[1867] *Ibid*, 251.

[1868] Al momento de escribir este capítulo, las memorias de Alberto Muller no se habían publicado. La información que aquí se transcribe proviene de un manuscrito que Muller le cedió al autor. La información citada se encuentra en el capítulo 5 de ese manuscrito. Una descripción breve de los pabellones de castigo se puede encontrar en Roberto Jiménez, «El plan de trabajo forzado en Isla de Pinos», dossier *El Presidio Político en Cuba*, *Encuentro*, XX, 2001.

que tanto extraño»[1869]. Ya en otra ocasión le había advertido a su amigo que todo lo relativo a la correspondencia era incertidumbre; en ese momento solo le permitían escribir una carta a la semana[1870]. Pero el 20 de mayo le anuncia que van a permitir dos semanales, escritas por las dos caras[1871]. Es la misma carta en la que le dice a Rubiales que «es que aquí cualquier cosa es muy difícil. Todo se hace muy pesado»[1872]. Ya en junio insiste en la necesidad de la correspondencia a la vez que advirtió sobre las dificultades que tenían para recibir cartas desde la isla de Cuba[1873]. Para octubre, el asunto había empeorado pues, según le escribe Borbolla a Rubiales, no sabía nada de sus familiares en La Habana desde hacía mes y medio mientras que en ese momento solo le permiten escribir una carta semanal y solo por una cara del papel[1874].

La paz, sin embargo, se rompió hacia el 8 de septiembre de 1962. El dispositivo que desató la tensión fue una delación acerca de algunos barrotes cortados en varias celdas del penal[1875]. Al llevar a cabo el registro correspondiente, los guardias encontraron los barrotes semi cortados de una ventana en una celda en la circular número dos. Los dos presos confinados en ese recinto fueron golpeados y llevados al pabellón de castigo. Los compañeros que estaban fuera de la circular se dieron cuenta de lo que estaba pasando y presentaron resistencia cuando fueron obligados a regresar a sus respectivas celdas. En el relato que hace Salvador Subirá de los hechos, estos reclusos también fueron enviados al

[1869] Carta de Roberto Borbolla a Ricardo Rubiales, Nueva Gerona, Isla de Pinos, 3 de abril de 1962, colección de Ricardo Rubiales.
[1870] Carta de Roberto Borbolla a Ricardo Rubiales, Nueva Gerona, Isla de Pinos, 19 de marzo de 1963, colección de Ricardo Rubiales.
[1871] Carta de Roberto Borbolla a Ricardo Rubiales, Nueva Gerona, Isla de Pinos, 20 de mayo de 1962, colección de Ricardo Rubiales.
[1872] *Ibid.*
[1873] Carta de Roberto Borbolla a Ricardo Rubiales, Nueva Gerona, Isla de Pinos, 6 de junio de 1962, Colección de Ricardo Rubiales.
[1874] Carta de Roberto Borbolla a Ricardo Rubiales, Nueva Gerona, Isla de Pinos, 18 de octubre de 1962, colección de Ricardo Rubiales.
[1875] *El Presidio Político en Cuba Comunista. Testimonio*, 253.

pabellón de castigos a la vez que fueron víctimas de «una golpiza brutal»[1876]. La respuesta de la población penal no se hizo esperar pues muchos de ellos pudieron observar lo que estaba pasando fuera de la circular dos. La reacción de los presos se expresó a través de gritos y lanzamientos de múltiples objetos de cristal, palos y piedras. Los guardias, a su vez, contestaron disparando sus armas contra los edificios en donde se concentraban los presos que protestaban[1877]. La reacción ante el comportamiento de las autoridades del penal fue la declaración de una nueva huelga de hambre por gran parte de los reclusos.

El testimonio de Subirá resume lo que sucedió después: «Al amanecer del día siguiente, vimos en la distancia polvorienta que se acercaba una caravana de tanquetas y camiones con guarnición al área del Presidio. Esta guarnición se veía diferente a la del penal. Venían en franco uniforme de campaña. Las tanquetas se detuvieron a cierta distancia de las Circulares 1 y 2 pero apuntando hacia las mismas con sus cañones. También se emplazaron nidos con ametralladoras calibre 50. Algunos helicópteros sobrevolaban al área del penal»[1878].

En ese ambiente comenzó uno de los momentos en que los presos confinados en el Reclusorio Nacional de Isla de Pinos recuerdan con mayor dolor. Los mandos del penal anunciaron que se haría una requisa general «pacífica», de ahí el nombre con que los presos que pasaron por aquella experiencia recuerden ese registro como «La Pacífica»[1879]. Pero, contrario a lo anunciado, la requisa fue todo menos pacífica. Los presos en cada una de las

[1876] Subirá, «Tres crisis», 214. También se puede consultar *El Presidio Político en Cuba Comunista. Testimonio*, 253-257.

[1877] Subirá, *ibid.*

[1878] *Ibid*, 215.

[1879] En la correspondencia de Roberto Borbolla se encuentra una carta en la que describe con detalle la pesquisa que les hicieron a los presos en la cárcel de Boniato y en la que destruyeron una parte considerable de las pocas pertenencias que tenían los reclusos de aquel penal. Carta de Roberto Borbolla a sus padres y hermanos, Boniato, 7 de septiembre de 1961, colección de Ricardo Rubiales. En ese momento habían confinados en aquella cárcel unos treinta y siete miembros del DRE.

circulares fueron obligados a descender en calzoncillos al piso inferior de los respectivos edificios. Los guardias ocuparon las escaleras y emplearon su tiempo en golpear a los reclusos mientras bajaban a la vez que lanzaban sus bayonetas hacia los cuerpos de los presos. Una vez en la planta baja los desnudaron y los mantuvieron de pie hasta que terminara la revisión. De acuerdo con Subirá, el registro en su circular duró desde las seis y treinta de la mañana hasta las ocho y treinta de la noche. Al final, todas las pertenencias de los presos fueron lanzadas hacia el primer piso y después sacadas del edificio[1880]. Por supuesto, después de la respuesta violentas con la que las autoridades del Presidio respondieron a la huelga de hambre del 8 de septiembre, el acto de rebeldía tuvo que finalizar, y como se resume en *El Presidio Político en Cuba Comunista. Testimonio*, «La derrota fue completa políticamente y la experiencia decisiva»[1881].

El 1964 será otro año en el que los presos del Reclusorio Nacional de Isla de Pino tendrán que pasar por una experiencia crítica y dolorosa pues al llegar el mes de junio las autoridades del penal pusieron en práctica un plan de trabajo forzoso que se conoció con el nombre de «Plan Camilo Cienfuegos». Este nuevo régimen de trabajo obligatorio para todos los reclusos del Presidio Modelo tenía como objetivo principal provocar que los presos aceptaran un Plan de Rehabilitación aprobado por el gobierno después de la fracasada invasión del 17 de abril de 1961. El propósito de la «rehabilitación» no era otro que transformar al preso en un sujeto dispuesto a aceptar y acomodarse al orden revolucionario impulsado por el régimen de Castro[1882]. El preso rehabilitado sería aquel que, entre otras cosas, asistía a centros de instrucción política, que cumplía con labores de trabajo y que participaba en actos en los que estaba implícito el apoyo al régimen[1883]. De acuerdo a un informe que la Dirección del DRE en

[1880] Subirá, «Tres crisis», 216.

[1881] *El Presidio Político en Cuba Comunista. Testimonio*, 257.

[1882] González, *Y Fidel Creo el Punto X*, 166.

[1883] Pedro Pérez Castro, *El Presidio Político en Cuba Comunista. Testimonio*, 195-196.

presidio enviara a la Dirección de la organización en el exterior y que está fechado en marzo de 1965, los presos acogidos a la rehabilitación tenían que, entre otros trámites, «Reconocer que nuestra lucha es injusta y una traición a la Patria», «cooperar con informes y delaciones sobre sus respectivas causas y compañeros», «aportar todos los esfuerzos a la producción», «aceptar la ideología marxista como solución verdadera a nuestros problemas nacionales» y «convivir y confraternizar con los adoctrinadores políticos y custodios»[1884].

La coyuntura en la que comenzó el plan no fue casual pues con el triunfo sobre la Brigada 2506, el régimen proyectó una imagen de invencibilidad y consolidación que chocaba con las aspiraciones de los presos políticos. De aceptar el plan de rehabilitación, el preso podía aspirar a que su condena carcelaria fuese rebajada y que su estancia en la cárcel careciera de muchas de las condiciones severas que prevalecían en el sistema carcelario cubano de aquella época. A la misma vez, el proceso de persuasión al que el preso estaría sometido sería acompañado por métodos represivos que harían de su vida una mucho más dolorosa de lo que comúnmente era[1885].

El Plan de trabajo «Camilo Cienfuegos» contó con un objetivo adicional más allá de inducir a la población penal en Isla de Pinos a aceptar la rehabilitación. Con el trabajo de los presos se procuraba adelantar el desarrollo económico de algunas zonas agrícolas de la isla que estaban pobremente explotadas[1886]. Sin embargo, el plan no se introdujo de forma súbita y masiva en el Reclusorio Nacional. Antes de incorporar a la generalidad de los presos, el plan se ensayó con un grupo de confinados en el que la mayor parte de ellos eran campesinos provenientes de la región montañosa de Escambray en la provincia central de Las Villas y

[1884] DRE, «Informe de la Dirección del DRE en Presidio», Isla de Pinos, marzo de 1965, DRE, AJFC. Para un tratamiento más amplio y detallado sobre el tema de la «rehabilitación» véase *El Presidio Político en Cuba Comunista. Testimonio*, 266-278.

[1885] González, *Y Fidel Creo el Punto X*, 166.

[1886] *El Presidio Político en Cuba Comunista. Testimonio*, 359.

en la que habían colaborado con las fuerzas guerrilleras que allí operaban[1887]. Los presos que participaron en el ensayo fueron sacados del Presidio Modelo y llevados a unos campamentos fuera del penal. Este plan piloto, con el que se empezó a institucionalizar la práctica del trabajo forzado en el Presidio Modelo, se conoció como el «Plan Morejón» y se puso en práctica a fines de 1963[1888].

De acuerdo con Roberto Jiménez, a medida que las noticias sobre el plan de trabajo fueron llegando a las circulares del presidio, se inició la discusión acerca de cómo responder al régimen de trabajo, si es que este era impuesto a toda la población del penal[1889]. El debate no condujo a una respuesta concreta en aquel momento, pero sí sirvió para ir creando conciencia entre los presos de Isla de Pinos en cuanto a la posibilidad de fomentar la resistencia una vez que se ordenara la incorporación de todos ellos a la fuerza de trabajo del «Camilo Cienfuegos». La orden llegó en junio de 1964.

Para organizar el trabajo, las autoridades agruparon a los presos en «bloques» al que podían incorporar hasta unas doscientas personas. Los bloques eran divididos en brigadas de trabajo y, según relata Roberto Jiménez, cada una estaba comandada «por un cabo armado de pistola soviética, bayoneta de Springfield o machete español de la marca Gallito o Carpintero»[1890]. Los «bloques» eran numerados siendo el número 19 el que agrupó a los estudiantes, muchos de ellos miembros del DRE, aunque también se dio la situación en la que militantes del Directorio fueran asignados a «bloques» diferentes. De todas maneras, al estar constituido por estudiantes, el Bloque 19 adquirió una homogeneidad que no tenían otras cuadrillas de trabajo y esta cualidad le permitió al grupo exhibir una «cerrada resistencia» hacia los requerimientos de trabajo que se le hicieron, lo que, a su vez, les convir-

[1887] Jiménez, «El plan de trabajo forzado en Isla de Pinos», 199.
[1888] Alberto Muller, «Memorias», manuscrito, capítulo 5.
[1889] *Ibid.*
[1890] *Ibid*, 201-202.

tió en blanco de fuertes castigos[1891]. De acuerdo con la descripción que propone *El Presidio Político en Cuba Comunista. Testimonio*, cada «bloque» que salía a trabajar era custodiado por una patrulla compuesta por ocho o diez soldados, «todos con armas largas y dos ametralladoras de tierra» y que formaban una suerte de «cordón» alrededor del territorio en el que trabajaban los presos[1892]. La jornada de trabajo empezaba al amanecer hasta alrededor de las seis de la tarde[1893]. Desde que comenzó a operar el Plan «Camilo Cienfuegos», el conjunto de la población penal de Isla de Pinos lo enfrentó mediante la resistencia. Sobre este particular, Roberto Jiménez hace una observación particularmente importante para la historia de la vida política cubana. Según Jiménez, de las discusiones que precedieron la implantación del trabajo forzado en el Presidio Modelo de Isla de Pinos surgió, como respuesta a la imposición originada en el Estado, la «resistencia pacífica», la cual él mismo vincula a las propuestas de Mahatma Ghandi y Martin Luther King sobre la lucha política y la que Jiménez valora como un hito en la historia cubana[1894]. Es verdad, y así lo atestiguan varios autores que examinaron la historia del presidio político cubano, que en el caso de cómo enfrentar el trabajo forzado en Isla de Pinos se presentaron diferentes posiciones, desde aquellos que abogaron por un rechazo radical a la participación en el «Plan» hasta los que defendieron una resistencia de «paso de jicotea» o lentitud en el cumplimiento de las tareas asignadas y sabotaje[1895]. Como consecuencia de esa disparidad de posturas, y con la necesidad de que la respuesta que se le diera al requerimiento del trabajo contase con la mayor cantidad de simpatizantes, es que surgió un cuerpo aglutinador y con vocación de ejercicio de la autoridad, el Bloque de Organizaciones Revolucionarias (BOR).

[1891] *El Presidio Político en Cuba Comunista. Testimonio*, 343.

[1892] *Ibid*, 296.

[1893] Un relato detallado acerca de la cotidianidad de la jornada de trabajo se encuentra en González, *Y Fidel Creo el Punto X*, 168-170.

[1894] Jiménez, «El plan de trabajo forzado en Isla de Pinos», 200.

[1895] *Ibid*, 200, González, *Y Fidel Creo el Punto X*, 170 y *El Presidio Político en Cuba Comunista. Testimonio*, 291-296.

Según se expuso en *El Presidio Político en Cuba Comunista. Testimonio*, la iniciativa que originó el BOR surgió entre los responsables de las principales organizaciones que habían operado en la lucha clandestina contra el régimen de Castro[1896]. El propósito que tuvieron, por supuesto, fue el de «constituir un mando operativo común que coordinara la respuesta colectiva de la comunidad carcelaria al trabajo forzado»[1897]. Los movimientos que formaron parte del BOR fueron el MRR, el 30 de Noviembre, el MRP, el MDC, Unidad Revolucionaria y el DRE. Así mismo, aunque no fueron invitados, el BOR quiso mantener contactos con el conjunto de presos que se identificaban como seguidores de Batista y, de igual manera, con otros grupos más pequeños que, como los simpatizantes del Partido Auténtico, también estaban organizados en el presidio.

Antes de que se constituyera oficialmente el BOR, los militantes del DRE que cumplían condena en Isla de Pinos tuvieron que enfrentarse a un problema interno que funcionó como catalítico para que una parte de esa militancia adoptara un nuevo esquema organizativo. El asunto que encararon fue la aparición de un grupo «disidente» a los comienzos de 1964. Reinol González, en su texto *Y Fidel Creo el Punto X* explicó el fenómeno, que no fue privativo al Directorio. Según argumentó González «El Plan de Trabajo Forzado, por su propio dinamismo, generó y multiplicó entre los presos las más diversas actitudes, posiciones y confrontaciones, que, si bien no afectaron el sentimiento general de oposición al régimen comunista, abrieron fisuras y contradicciones entre los presos y las organizaciones»[1898].

En el caso del DRE fue en un informe escrito en la prisión de Isla de Pinos, fechado el 29 de septiembre de 1964 y dirigido a Juan Manuel Salvat, donde aparecen las primeras noticias sobre la cuestión. De acuerdo con el documento, se explicó, de manera telegráfica, que «Internamente DRE dividido por grupo dirigido por Julio Hernández Rojo, crea dificultades constantemente. Gru-

---

[1896] *El Presidio Político en Cuba Comunista. Testimonio*, 290.

[1897] *Ibid.*

[1898] González, *Y Fidel Creo el Punto X*, 182-183.

pos nuevos bastante influenciados por él. Es probable pronto tengamos que separar algunos por indisciplina. Se mantienen dentro como táctica. Elementos debilitados del DRE, otros elementos pro-rehabilitación, no claros en el G-2 se agrupan a su alrededor»[1899]. La carta es firmada por Antonio García Crews y Miguel García Armengol quienes han aclarado que el problema se ha consultado con otros presos que como Enrique Casuso y Ricardo Menéndez están vinculados al DRE. Por otro lado, es importante destacar que en la comunicación no aparece la firma de Alberto Muller, uno de los principales fundadores del Directorio que estaba en el Presidio Modelo. En aquel momento, Muller se encontraba aislado en una celda de castigo y, por lo tanto, al estar incomunicado no se podía conocer su criterio acerca del asunto.

La carta menciona a los miembros del Directorio Manuel Sabas Nicolaides, Raúl Cay y Nicolás Pérez Diez Argüelles como colaboradores de Hernández Rojo y alega, sin mostrar prueba que corrobore las acusaciones, que éstos llevaban a cabo «una premeditada campaña de división dentro del movimiento como medio de desilusionar y así quebrar la resistencia de nuestros hombres»[1900].

De acuerdo con otra carta dirigida a Salvat y suscrita por la «Dirección del DRE», y que debe ser del año de 1965, se explica que, debido a la aludida «disidencia» «la Organización (sic) cayó en un período de inactividad y de desconfianza interna» que duró alrededor de nueve meses[1901]. Es la opinión de quienes rubricaron esta carta a Salvat que la motivación que guio al grupo de Hernández Rojo fue el querer «obtener el control máximo de la Or-

[1899] Antonio García Crews y Miguel García Armengol, «Confidencial Gordo», Isla de Pinos, 29 de septiembre de 1964, DRE, AJFC.

[1900] *Ibid.* En una carta posterior dirigida a Juan Manuel Salvat, se añadieron los nombres de Laureano Pequeño, José Guerra Cabrera, Hans Hengler y Eraiser Martínez a la lista de los militantes del DRE que eran colocados en el grupo «disidente» o «faccioso» que es como los identificaban. Véase carta de la Dirección del DRE a Juan Manuel Salvat, -Estrictamente Personal, Isla de Pinos, ¿1965?, DRE, AJFC.

[1901] Carta de Dirección del DRE a Juan Manuel Salvat, -Estrictamente Personal, Isla de Pinos, ¿1965?, DRE, AJFC.

ganización (sic) y de esta manera ponerla al servicio de sus ambiciones personales» y que por esa razón «se han situado en una línea de conducta completamente opuesta a la nuestra»[1902]. Así mismo, llegaron a especular, sin aportar evidencia alguna, que otra razón para explicar el comportamiento de los «disidentes» fue la de haber sido indiscretos durante los interrogatorios a los que habían sido sometidos cuando fueron detenidos[1903].

Sobre este último punto en particular, el testimonio de Nicolás Pérez Diez Argüelles que aparece en el libro *Clandestinos* de Cecilia la Villa, pudiera arrojar alguna luz sobre el tema. Un aspecto que sobresale al analizar la composición del grupo «disidente» es que muchos de ellos fueron detenidos a raíz de las múltiples delaciones que hiciera Jorge Medina Bringuier, «Mongo». En el testimonio que le ofrece a la Villa, Pérez Diez Argüelles alude al momento posterior a la detención, cuando han pasado por el interrogatorio en «Las Cabañitas» y se encuentran en la prisión de La Cabaña antes de pasar a Isla de Pinos. Es alrededor de mayo de 1963. De acuerdo con Pérez Diez Argüelles, dentro del grupo se tenía la sospecha de que habían sido delatados y quieren averiguar si tal cosa ha sucedido y, sobre todo, desean encontrar al delator. De todas maneras, en esa reunión, dice Pérez Diez Argüelles, «*se confirmó que todos aceptamos nuestra culpabilidad pero nadie había delatado a nadie*» y se decidió hacer una pesquisa para tratar de aclarar el asunto porque «había cosas raras, el G-2 sabía demasiado»[1904]. La misión le fue encargada a él mismo ya que, según sus palabras, «Julio [Hernández Rojo] estaba totalmente destruido...Julio estaba tan destruido después de Las Cabañitas que era un guiñapo humano»[1905]. El resultado de la indagación que hizo Pérez Diez Argüelles después de reunirse con todos los compañeros que pertenecían al grupo, fue que «*hubo gente que dijo cosas que no tenía que haber dicho*; sin embargo, yo concluyo que tenemos un infiltrado y que tenía que

---

[1902] *Ibid.*
[1903] *Ibid.*
[1904] Cecilia La Villa, *Clandestinos, 222.* Énfasis del autor.
[1905] *Ibid*, 222-223.

ser Mongo»[1906]. El único que no estuvo de acuerdo en señalar a Medina Bringuier como el delator fue Julio Hernández Rojo. Aunque este testimonio de Pérez Diez Argüelles abre la posibilidad de aceptar que, en ese grupo de militantes del DRE, o de algunos de sus miembros en particular, hubo imprudencias durante la investigación que se les hizo en «Las Cabañitas», es difícil concluir, como propone la Dirección del DRE a Salvat, que los militantes del DRE que serán caracterizados como «facciosos» fueran cómplices del régimen que los había encarcelados. Es verdad que en la comunicación que se le dirigiera a Salvat el 29 de septiembre de 1964 apareció una «aclaración» suscrita por «Pablo» [Orestes García] en la que se alega que la acusación que se ha hecho contra el grupo nucleado alrededor de Julio Hernández Rojo es el resultado de «Informaciones practicadas en Cuba por nosotros»[1907]. Pero, una vez más, no se ofrecen detalles del contenido de las «Informaciones» por lo que se hace prácticamente imposible hacer una valoración justa de las imputaciones.

Es muy probable que las acusaciones que le hacen al grupo caracterizado como «faccioso» hayan sido el resultado, como propuso Reinol González, de las «fisuras y contradicciones» generadas por el Plan de Trabajo Forzado. En ese sentido, para poder apreciar mejor la naturaleza del conflicto es pertinente aludir al contexto dentro del cual se da la confrontación que divide a la militancia del Directorio recluida en la prisión de Isla de Pinos[1908]. La coyuntura está marcada por la puesta en marcha del Plan de Rehabilitación y, sobre todo, por el momento en el que se ha iniciado el Plan de Trabajo «Camilo Cienfuegos». Hay que tomar en consideración que quienes resisten a estos planes lo ha-

[1906] *Ibid*, 223. Énfasis del autor.

[1907] «Confidencial al Gordo», Isla de Pinos, 29 de septiembre de 1964, «Pablo», «Aclaración al Informe», DRE, AJFC.

[1908] En una nota adjunta a una carta de Alberto Muller a Juan Manuel Salvat y que está suscrita por «Pablo», Orestes García, se aclaró que la disidencia aludida en los citados documentos no se estaba dando entre los presos del DRE ubicados en otras cárceles de Cuba. Carta de Alberto Muller a Juan Manuel Salvat, Isla de Pinos, mayo de 1965. la nota de «Pablo» tiene fecha de 7 de junio de 1965, DRE, AJFC.

cen por querer mantener la integridad moral y política del «presidio», es decir, la de un conjunto de individuos que se consideraban una reserva imprescindible de «los elementos que participarían en la reconstrucción de la nueva Cuba»[1909]. Más aún, es parte importante de ese contexto el ejercicio represivo que lleva a cabo la autoridad del penal sobre los prisioneros que rechazan los objetivos perseguidos por ambos planes. Una represión que no solo contempló el envío de algunos de estos presos a celdas de castigos, sino que también acudió a golpes con machetes, a bayonetazos e inclusive, a la obligación de trabajar en la «limpieza» de la zanja que conducía las aguas albañales que se originaban en el Reclusorio y que era conocida por los presos como «La Mojonera»[1910]. Todavía más, al considerar la represión como elemento esencial del contexto aludido, no se puede eludir la mención a las muertes que el castigo ocasionó en varios de los presos que fueron sometidos al trabajo forzado. Fue el caso del miembro del DRE Ernesto Díaz Madruga quien falleció el 9 de agosto de 1964 a causa de diversos bayonetazos que le perforaron el intestino en tres puntos diferentes[1911]. Igualmente, notoria fue la muerte de Julio Tang Texier, militante de la JOC, víctima, también, de un bayonetazo que le propinó un guardia de apellido Arcia[1912].

Al tener como referencia semejante contexto, y, como explicó Reinol González, al estar estimulados por un conjunto de variables externas que fueron interpretadas por muchos presos co-

---

[1909] «Extracto del documento sobre la rehabilitación y el trabajo forzado aprobado por las organizaciones revolucionarias», Isla de Pinos, abril de 1965, DRE, AJFC.

[1910] «La Mojonera» era una zanja de un metro de ancho por cinco de profundidad. La labor de los presos castigados a trabajar en este canal era la de extraer de la misma cualquier objeto que obstaculizara el flujo de su contenido en su camino hacia el mar. Los presos tenían que introducirse en la misma y eran constantemente hostigados por los custodios que se situaban al borde de la zanja. Véanse los testimonios de Alberto Muller en «Memorias», manuscrito, capítulo 5; de Reinol González, *Y Fidel Creo el Punto X*, 171-177 y *El Presidio Político en Cuba Comunista. Testimonio*, 327-340.

[1911] Alberto Muller en «Memorias», manuscrito, capítulo 5

[1912] *El Presidio Político en Cuba Comunista. Testimonio*, 360-363.

mo dispositivos para generar cambios en Cuba[1913], la opción por la rebeldía se fortaleció en amplios sectores de la población penal de Isla de Pinos. Desde esa perspectiva, aquellos miembros del DRE que optaron por la resistencia a las iniciativas rehabilitadoras impuestas por las autoridades penales de Cuba asumieron su posicionamiento como un acto patriótico, legítimo y el único que podía ser ético. De ahí que, cualquier otro comportamiento, como el que adoptaba el grupo dirigido por Julio Hernández Rojo, se considerara como una acción desleal hacia todo lo que representaba la organización en la que todos eran militantes. Se debe señalar que el sector del Directorio que favoreció la resistencia a la rehabilitación y al trabajo forzado indicó que ellos trataron de gestionar la solución de la desavenencia que dividía al DRE en Isla de Pinos, pero que, al no poder lograr un «un entendimiento y solución total de estos problemas» decidieron tratar a sus contrarios como «facciosos» y resolvieron afrontar la situación generando un proceso de reorganización del movimiento, el cual, igualmente respondería «a las nuevas exigencias impuestas por el trabajo forzado»[1914]. De esa manera, razonaron, obtendrían «la disciplina y unidad indispensable para subsistir y cumplir nuestra misión a cabalidad»[1915]. A la misma vez, hay que puntualizar que el sector del Directorio que asumió la lucha frontal contra la rehabilitación y el trabajo forzado en Isla de Pinos estuvo constituido por la mayoría de los presos que se identificaron como miembros del DRE; mientras los que los que optaron por dudar o cuestionar la autoridad inherente al grupo mayoritario quedaron en minoría. La asimetría numérica favoreció a los primeros quienes, además, serían beneficiados por el apoyo recibido de la generalidad de los presos y grupos políticos organizados en el Reclusorio Nacional. Por otra parte, un factor que pudo contribuir a acercar posiciones

---

[1913] González, *Y Fidel Creo el Punto X*, 178-179. González aludió a tres elementos que reforzaron «psicológicamente» el deseo de muchos presos a resistir: «la atmósfera política internacional del momento...; la generalización de gestiones de canje colectivo y, la situación de deterioro económico del país».

[1914] Carta de la Dirección del DRE a Juan Manuel Salvat,-Estrictamente Personal, Isla de Pinos, ¿1965?, DRE, AJFC.

[1915] *Ibid.*

entre los dos grupos confrontados fue que dos de los principales dirigentes antagónicos, Julio Hernández Rojo y Antonio García Crews, tuvieron que compartir por dos meses, de diciembre de 1964 a febrero de 1965, el mismo calabozo de castigo. Ambos fueron represaliados a la vez, sin razones específicas que explicaran el castigo y ambos, al entrar, fueron víctimas de planazos descargados contra ellos por los guardias que los custodiaban[1916]. Fue dentro de este contexto favorable hacia el grupo mayoritario de militantes del DRE en Isla de Pinos que esa mayoría pudo reclamar el ejercicio de la autoridad del Directorio dentro de la prisión.

Una vez demostrada la amplitud del respaldo, y apremiados por el deseo de neutralizar los objetivos perseguidos por el régimen con sus planes carcelarios, el sector favorable a promover la resistencia a la dirigencia de este grupo inició un proceso de reorganización interna en las filas del DRE. Los resultados del empeño quedaron delineados en un «Informe» que está fechado en mayo de 1965. De acuerdo con el documento, la Dirección del Directorio en el Reclusorio Nacional fue encabezada por Alberto Muller como Coordinador General. Junto a él, y compartiendo como «Fundadores» la autoridad máxima de la organización estaban Antonio García Crews al frente de la Secretaría de Relaciones Exteriores y Miguel García Armengol como secretario de Seguridad y Trabajo Forzado. El resto de los miembros de la Dirección fueron Gustavo Caballero, Ricardo Menéndez, Rafael Marques Tabares y Enrique Casuso que eran los encargados, respectivamente, de Personal, Formación y Militar. También se nombraron responsables de Circulares y estos fueron Jorge Fernández, Roberto Gesne y Pablo Méndez en la III; Alfredo González, Antonio Ramírez Sáenz y Kemel Jamís Bernal en la II y de los cuatro miembros que se encontraban en la I y Léster García en la

[1916] Antonio García Crews recuerda que mientras los guardias descargaban los golpes contra él y Hernández Rojo, otro compañero del DRE, Juan Ferrer, quien se encontraba en otra celda de castigo, gritaba «asesinos» contra los custodios. Así mismo, García Crews no se olvida que esa noche de diciembre, cuando hacía un gran frío en el penal, Ferrer se las agenció para enviarles dos mantas para que se taparan y combatieran el frío. Antonio García Crews, entrevista.

V[1917]. La máxima autoridad de la Dirección estaba en la circular IV. De igual forma, se nombraron jefes para los bloques y cuadrillas de trabajo en los que había miembros del DRE[1918]. Así mismo, y como parte del proceso organizativo de la militancia presa en Isla de Pinos, se redactaron y adoptaron unos estatutos secretos «que solo conoce esta Dirección, y por los cuales nos regimos»[1919]. A pesar de la estructura piramidal que adquirió la dirección del Directorio en el Reclusorio Nacional, el ejercicio de la autoridad se repartió entre los distintos niveles en los que estaba dividida la jefatura de la organización. En la carta «estrictamente personal» que le escriben a Salvat informando de la situación general de la comunidad del Directorio en prisión se comenta, aludiendo particularmente a los niveles inferiores de mando, que «gracias a la efectividad de las comunicaciones [en el Presidio Modelo], [los diferentes responsables] participan de todas las orientaciones y directrices que parten de la dirección con gran prontitud. Sus sugerencias son escuchadas y estudiadas adecuadamente por nosotros». Se añadió, además, que «Estos responsables de edificio tienen la autoridad y el respaldo nuestro suficientes como para resolver cualquier problema, en su nivel, en caso de no poder consultar con la Dirección»[1920].

La reorganización que se llevó a cabo en nombre del DRE en la prisión permitió que la nueva dirigencia de la organización se sintiera optimista gracias a los resultados que por esa vía lograron obtenerse. Uno de los últimos párrafos en la comunicación que le dirigieron a Juan Manuel Salvat en la carta «Estrictamente Personal» pudieron manifestar el ánimo positivo que les embargaba: «Podemos asegurar que hemos superado completamente la crisis planteada por los facciosos. Hemos salido de ella fortalecidos. Tanto interna como externamente se ha salvado nuestro prestigio

---

[1917] Dirección del DRE, «Informe al Ejecutivo Nacional y al Ejecutivo en el Exilio del DRE», Isla de Pinos, mayo de 1965, DRE, AJFC.

[1918] Carta de la Dirección del DRE a Juan Manuel Salvat -Estrictamente Personal.

[1919] *Ibid.*

[1920] *Ibid.*

y situación, ascendiendo estos, cada día más, con nuestra actitud frente al comunismo. Los miembros fieles al ideario —somos 71— han aumentado su unidad y mística combativa, obteniendo de esta manera, mayor espíritu de sacrificio y entrega a la causa. Hasta ahora, los facciosos siguen siendo miembros de la Organización (sic); pero han tenido que acatar nuestra jerarquía y disciplina. A la primera violación de las mismas seremos intransigentes; como ya hemos sido con algunos; los cuales ya han sido separados. Hay nueve miembros que no se han definido ni con ellos ni con nosotros; lo que hace un total de 113 miembros en todo el Presidio»[1921].

Hay que destacar que, durante todo ese tiempo, una actividad que contribuyó al fortalecimiento del DRE fue aquella dedicada a la formación de sus miembros[1922]. Con los estudios se perseguían dos importantes objetivos, la preparación de los militantes del DRE para una posible participación en la vida política del país una vez que fuese superada la etapa revolucionaria y la otra, mucho más inmediata, la de proveerle a los miembros del Directorio «la base ideológica necesaria para resistir las penalidades del presidio»[1923]. Alberto Muller dejó expresado en *El Presidio Político en Cuba Comunista. Testimonio*, su convicción de que la fortaleza ideológica fue un elemento esencial para explicar lo que él caracterizó como «la entereza de los presos» ante los rigores extremos del penal[1924].

Para poder llevar a cabo la labor formativa, el DRE, como otras organizaciones que se involucraron en esta actividad, contó con una biblioteca. En la carta que le escribe a Salvat la Dirección del DRE, se le informó al secretario general de la organización que pudieron hacerse de una «Biblioteca Universitaria con gran cantidad de volúmenes, que prestan su respectiva función social en el Presidio, y que, además, es usada por todos noso-

---

1921 *Ibid.*

1922 Alberto Muller, «Memorias», capítulo 5.

1923 Carta de la Dirección del DRE a Juan Manuel Salvat -Estrictamente Personal.

1924 *El Presidio Político en Cuba Comunista. Testimonio*, 140-141.

tros»[1925]. Es muy posible que se estén refiriendo a la biblioteca organizada por los miembros de la JOC, la cual, según relata Reinol González, llegó a contar con más de quinientos títulos[1926]. Por su parte, Antonio García Crews señaló que estudiaban historia, economía, idiomas y la Doctrina Social de la Iglesia [católica]. Recuerda que las familias les hicieron llegar dos encíclicas importantes escritas por el papa Juan XXIII, *Madre y Maestra* y *Paz en la Tierra*. En su recuento sobre las actividades culturales que llevó a cabo el DRE en Isla de Pinos incluye la preparación de cursos y charlas en los que se discutían las materias y afirmó que todo aquello fue una suerte de «universidad presidiaria»[1927]. De igual manera, García Crews subrayó el trabajo extenso e importante que un compañero del DRE elaboró y que tituló «La Nueva Realidad». En palabras de García Crews, «Era una toma de conciencia de los profundos cambios establecidos por el Gobierno (sic) cubano para poder adoptar su sistema totalitario —un despertar a la realidad de que el futuro se vislumbraba diferente al pasado»[1928]. Durante la misma coyuntura, y con el propósito de difundir algunos de los temas formativos que se discutían entre los miembros del DRE en el Presidio Modelo, el Directorio pudo publicar varios números de *Trinchera*[1929]. Tan significativa e importante fue la formación y la actividad cultural desplegada por los militantes del DRE, así como los de otras organizaciones en la cárcel de Isla de Pinos, que el propio Julio Hernández Rojo pudo comentar años más tarde, que «con todas estas actividades los

---

[1925] Carta de la Dirección del DRE a Juan Manuel Salvat -Estrictamente Personal.

[1926] Reinol González, *I Fidel Creo el Punto X*, 162-163. En su descripción de esta biblioteca, González expuso que, entre los volúmenes que contenía la misma habían «varios estudios críticos del marxismo y del comunismo. Los libros anti-marxistas y otros especialmente prohibidos por el régimen entraron al penal disfrazados con portadas y libros 'santificados' por las autoridades gracias a un hábil trabajo artesanal de nuestros familiares».

[1927] García Crews, *Three Worlds*, 81.

[1928] *Ibid.*

[1929] Carta de la Dirección del DRE a Juan Manuel Salvat -Estrictamente Personal.

presos nos uníamos por encima de nuestras naturales desavenencias»[1930].

La solidez que alcanzó el DRE como organización al aglutinar a un número sustancial de sus seguidores prisioneros en el Reclusorio Nacional, le permitió jugar un papel valioso dentro del BOR y, junto con el resto de las organizaciones que formaron este movimiento unitario, contribuyó a mantener la resistencia de gran parte de la población penal hacia la rehabilitación y el trabajo forzado. Fue, precisamente, dentro del BOR en donde se elaboró el documento que denunció el sistema carcelario de Cuba y que el DRE utilizó como elemento central, junto a la carta al presidente electo de Chile, Eduardo Frei, en su campaña internacional a favor de los prisioneros políticos cubanos en 1965.

Sin embargo, mantener la resistencia de forma constante fue una tarea complicada. La presión ejercida sobre los presos por el trabajo forzado y los continuos malos tratos a los que fueron sometidos fue el origen de situaciones que presagiaron un estallido violento dentro del presidio, particularmente después de que varios presos fallecieran como consecuencia del maltrato carcelario. Así, por ejemplo, apareció toda una colección de armas rudimentarias que los presos fabricaron y acumularon para defenderse[1931]. De igual manera creció la polarización de los prisioneros que discutían nuevas alternativas para encarar el duro régimen de trabajo y castigos que se les imponía. Como se expuso en *El Presidio Político en Cuba Comunista. Testimonio*, ante «el sentimiento de desesperación y amargura...recobró fuerzas la idea del plante colectivo», es decir, la noción de rechazar radicalmente el trabajo forzado[1932]. Esa postura no era favorecida por muchos de los que se agrupaban bajo la sombrilla del BOR, incluyendo a los militantes del DRE. Entre ellos se consideró que un plante como el que se propuso podría traer consecuencias nefastas para el con-

---

[1930] Testimonio de Julio Hernández Rojo en *El Presidio Político en Cuba Comunista. Testimonio*, 464. Julio Hernández Rojo desarrolló su afición a la pintura y se destacó como pintor en la cárcel y después de salir de la prisión.

[1931] *El Presidio Político en Cuba Comunista. Testimonio*, 366.

[1932] *Ibid*, 367.

junto de los prisioneros. Ante semejante enfrentamiento, la autoridad del BOR quedó desgastada. No obstante, el acontecimiento que hizo inoperante la unidad incubada en el Presidio Modelo fue la decisión del Ministerio del Interior para llevar a cabo traslados masivos de los presos en Isla de Pinos hacia otros recintos carcelarios dispersos en Cuba.

De acuerdo con el testimonio de Antonio García Crews, en mayo de 1966 se inició el primer gran traslado de prisioneros. En ese mes se sacaron de Isla de Pinos a unos cien presos que fueron llevados a la fortaleza de La Cabaña situada en la orilla este de la bahía de La Habana[1933]. El traslado continuó durante los meses sucesivos. Unos, por ejemplo, fueron a la cárcel de Mijial, otros a Boniato, ambos en Oriente. A otro grupo lo enviaron a la prisión de Remedios, en Las Villas y algunos grupos siguieron para Pinar del Río. Así hasta marzo de 1967, cuando salieron de Isla de Pinos los últimos reclusos del Presidio Modelo. Al salir este grupo, el Reclusorio Nacional de Varones dejó de ser una institución carcelaria[1934].

Al valorar la política de dispersión de prisioneros llevada a cabo por el gobierno cubano entre los años de 1966 y 1967, Alberto Muller incluyó en su análisis un dato que es particularmente importante para comprender que una etapa en la historia política de la primera oposición al régimen encabezado por Fidel Castro estaba llegando a su final. En opinión del dirigente estudiantil y uno de los fundadores del DRE, la dispersión significó «la quiebra de los grupos»[1935]. Un análisis parecido es el que se hizo en *El Presidio Político en Cuba Comunista. Testimonio* al explicar que, al desaparecer o deteriorarse «la autoridad del BOR...no se llenó el espacio político que dejó, sino que se produjo un descabezamiento al diluirse la dirección colectiva estable»[1936]. Lo que había sido posible en Isla de Pinos con la concentración de opositores políticos en un mismo recinto, sería un fenómeno difícil de

[1933] García Crews, *Three Worlds*, 82. Véase a Muller, «Memorias», capítulo 6.
[1934] *El Presidio Político en Cuba Comunista. Testimonio*, 393.
[1935] *Ibid*, testimonio de Alberto Muller, 394.
[1936] *El Presidio Político en Cuba Comunista. Testimonio*, 438.

repetir. A partir de ese momento, la población penal de aquel período estaría cumpliendo el resto de sus sentencias en las diferentes cárceles que el Ministerio del Interior habilitó a lo largo de todo el territorio cubano. Pero, inclusive, aún en estos recintos el preso político no tendría la seguridad de cumplir la plenitud de sus sentencias ya que, en la práctica, fue usual seguir trasladando grupos de presos de una cárcel a otra. Más aun, hay que añadir que cuando estos prisioneros llegaban a sus nuevos destinos, se encontraban con una población penal nueva que no siempre estaba constituida por «políticos» y con la cual tenía que convivir; un panorama nuevo que les obligaba a rehacer, una vez más, las relaciones sociales. Era todo un contexto distinto al previamente conocido y en el cual no se daban, como en Isla de Pinos, las condiciones que permitieran la continua reconstitución de los antiguos grupos de oposición. Aquella «primera» cohorte de presos políticos que comenzó a forjarse a partir de 1959 y 1960, no volvería a tener la oportunidad de otra vez reunirse en un solo recinto.

Es cierto que las razones para resistir algunas de las exigencias que emanaron de la política carcelaria del régimen no desaparecieron después de salir de Isla de Pinos. Y también es verdad que hubo resistencia general en algunos momentos. Una de esas instancias, por ejemplo, tuvo lugar cuando la autoridad carcelaria quiso imponer a los presos políticos el uso del uniforme azul que era distintivo de los presos «comunes»; una demanda que fue rechazada por muchos de ellos, que a partir de esa exigencia quedaron en calzoncillos. Para ellos, el uniforme azul implicó la pérdida de una identidad, la de preso «político». Fue un acto de resistencia, que, como otros que siguieron dándose durante el tiempo en el que esta «cohorte» presidiaria cumplía sus condenas, implicó la presencia de algún grado de organización pero que nunca llegó a alcanzar el nivel de cohesión y significado que tuvo el BOR mientras estuvo constituido[1937].

[1937] Para una discusión detallada de la experiencia que los presos «políticos» tuvieron con el uniforme azul véase «La ropa azul en La Cabaña», capítulo 24, *El Presidio Político en Cuba Comunista. Testimonio*.

Las mismas razones que explicaron la desaparición del BOR, afectaron al DRE. En ese sentido se puede afirmar que hacia 1967, cuando el Directorio no existía como organización clandestina dentro de Cuba, ni tampoco operaba como movimiento político en el exterior del país, es decir, en el exilio, el DRE también dejó de operar como grupo de resistencia dentro del presidio político cubano, su último bastión de lucha organizada. Por supuesto, muchos de los militantes del Directorio que quedaron en prisión hasta reintegrarse a la vida libre, conservaron el espíritu de grupo y como tales trataron de mantener un consenso parecido al que habían tenido previamente. Tal fue lo que sucedió al tener que confrontar el dilema provocado por el llamado a una nueva huelga de hambre en 1968.

La ocasión fue el retorno al uniforme amarillo y en el contexto de un cambio sensible en los mandos del Ministerio del Interior. En esa oportunidad, el comandante Sergio del Valle sustituyó a Ramiro Valdés como autoridad máxima de esa dependencia e introdujo una política carcelaria menos severa que la prevaleciente hasta ese momento[1938]. Al poco tiempo de ocurrir el cambio de uniforme, que muchos presos interpretaron como un triunfo político, un grupo de los prisioneros encarcelados en La Cabaña comenzó a promover una nueva huelga de hambre así como «una escalada de confrontaciones» ya que, para ellos, el aparente cambio en la política del Ministerio del Interior era una señal de «debilidad» que había que aprovechar para aguijonear aún más al régimen[1939]. Si esta propuesta hubiese sido hecha en el penal de Isla de Pinos

---

[1938] El proceso mediante el cual, y desde la perspectiva de los presos políticos, se dio la transformación en el Ministerio del Interior y la introducción de una nueva política carcelaria se puede seguir también en el capítulo 24 de *El Presidio Político en Cuba Comunista. Testimonio*. Algunos de los testimonios, como los de Alberto Muller y Miguel Torres Calero, son particularmente interesantes para conocer los primeros signos de un posible cambio, 421-424. Véase, también, a García Crews, *Three Worlds*, 86. La visita de Sergio del Valle a La Cabaña se efectuó a finales del mes de Julio. Allí, frente a unos presos con los que conversó, reconoció el carácter represivo de la política carcelaria ejecutada por el gobierno cubano, y prometió la vuelta al uniforme amarillo como parte de un nuevo régimen penal.

[1939] *El Presidio Político en Cuba Comunista. Testimonio*, 437.

mientras funcionaba el BOR, es muy probable que este organismo unitario hubiese señalado el rumbo que se tomaría por los presos adheridos a las diferentes organizaciones que lo componían. Pero ese ya no era el caso y, por lo tanto, quedaba a la discreción de cada prisionero asumir una conducta con respecto a la convocatoria.

Sin embargo, lo que relata Antonio García Crews sobre este particular es revelador en cuanto a la continuidad de ciertas lealtades. Según narra este antiguo militante del DRE, él se reunió con sus «*compañeros cercanos en la lucha* y otros grupos afines» y determinaron no aceptar el llamado a la confrontación «pues nos parecía inoportuna dado los acontecimientos recientes»[1940]. Es cierto que en las palabras de García Crews no hay una referencia directa al DRE ni al BOR, pero queda implícita la idea de que, a pesar de la probable inexistencia de un movimiento formalmente organizado como fue el Directorio en Isla de Pinos, los vínculos gestados durante el período de lucha contra el régimen de Castro, eran muy fuertes y tenían peso a la hora de determinar ciertos comportamientos colectivos. Lo significativo es que esa no fue la última ocasión en que se manifestó el fenómeno aludido. Algo parecido volvió a suceder algunos años después.

Más adelante en el relato de sus memorias, García Crews se refiere al destino que corrieron aquellos presos de La Cabaña que optaron por rechazar la convocatoria a la huelga de hambre hecha por un grupo de compañeros de aquella cárcel. Esos presos fueron trasladados al presidio ubicado en el poblado de Guanajay al oeste de La Habana[1941]. Cuenta García Crews que, al poco tiempo de llegar a la nueva prisión, «durante un recreo en el patio», se les acercó el director de la cárcel, el teniente Tejada, para informarles que les estaría permitido «salir al patio para coger sol y

[1940] García Crews, *Three Worlds*, 86-87. Es preciso aclarar que no todos los presos que habían sido militantes del DRE y que en ese momento aún continuaban en prisión debieron de acatar la decisión tomada por el grupo señalado por García Crews. Hay que recordar, además, que, muy probablemente, algunos de esos prisioneros estarían ubicados en otras cárceles y que, por esa razón, estarían ajenos a esas discusiones.

[1941] *Ibid.* Véase, también, el testimonio de Jorge Gutiérrez Izaguirre en *El Presidio Político en Cuba Comunista. Testimonio*, 438-439.

practicar deportes si así lo deseábamos». De igual forma les comunicó a los presos, que también podrían acudir a ver las películas que se exhibirían semanalmente en el penal[1942]. La política anunciada por el mando carcelario de Guanajay se cumplió y aquellos prisioneros pudieron ver que un clima sin tantas tensiones y penurias como las que habían tenido que vivir en los años anteriores comenzó a prevalecer en aquel penal. De acuerdo con García Crews, hasta llegaron a organizar campeonatos de béisbol y baloncesto[1943]. Sin embargo, todavía tendría que pasar un poco más de un año para que los prisioneros pudieran ver que el régimen penal, anticipado por la visita del comandante del Valle a La Cabaña, pudiera hacerse realidad.

Según se recoge en el testimonio del preso José Ramón Cosío Martínez, el momento que definió la posibilidad de un cambio positivo para los presos políticos cubanos fue el 29 de enero de 1970[1944]. Ese día, la cárcel de Guanajay recibió la visita de una comisión de «alto nivel» presidida por el comandante Enio Leyva del Ministerio del Interior. Alberto Muller recuerda aquel acontecimiento y señala en sus «memorias» que la comisión tenía «la intención de dejar atrás el ambiente de hostilidad y maltratos imperantes de los últimos años»[1945]. Por su parte, Cosío Martínez corrobora la impresión de Muller y puntualizó varias de las declaraciones que algunos de los miembros de la comitiva oficial vertieron en la reunión: «Insistieron en que se habían cometido muchos errores con los presos, y utilizaron expresiones como: 'La rehabilitación fue un completo error', 'Nos volvimos locos echando años' y otras similares»[1946]. Mientras tanto, García Crews, quien participó en la reunión, afirma que se les preguntó a los presos por la razón que tenían para no aceptar el Plan de Rehabilitación. De acuerdo a esta fuente, «Les explicamos nuestras ra-

[1942] García Crews, *ibid,* 87.

[1943] *Ibid.*

[1944] Véase el testimonio de José Ramón Cosío Martínez en *El Presidio Político en Cuba Comunista. Testimonio*, 446-447.

[1945] Muller, «Memorias», capítulo 6.

[1946] Cosío Martínez en *El Presidio Político en Cuba Comunista. Testimonio*, 446.

zones y de ahí surgió el esbozo de un 'Plan de Trabajo'»[1947]. A la misma vez, del testimonio que Cosío Martínez ofreció sobre el aludido encuentro, se desprende que la presunción sobre la que trabajaba el gobierno cubano para diseñar la política carcelaria que estaba por aprobarse era que la mayoría de los presos políticos abandonarían el país una vez que terminaran de cumplir sus sentencias[1948]. Por eso este preso deduce que, en ese momento, la posición del régimen acerca de la rehabilitación era «que no tenía sentido»[1949]. Es dentro de esa línea de pensamiento que, según afirmó Cosío Martínez, la comisión oficial insistió en que los presos deberían «elaborar y presentar un método para salir de prisión», una declaración que el propio Cosío Martínez caracterizó como «gratuita porque nadie se la pidió»[1950]. Para Cosío Martínez, aquella proclamación de la fuente gubernamental fue un dispositivo que generó una nueva dinámica para el presidio político cubano porque la misma, según expone en su testimonio, «nos puso a pensar, pues brindaba la posibilidad de una salida airosa de presidio y en consonancia con nuestra tradición de oposición y confrontación»[1951].

La concreción de un plan que trajera como consecuencia «la posibilidad de una salida airosa de presidio», como lo expresara Cosío Martínez, no fue inmediata y fue producto de una negociación en la que los presos de Guanajay designaron a los compañeros que los representarían. Para colmo, la convocatoria para negociar no se hizo de una manera directa, sino que tuvo que pasar por diferentes etapas de tanteo. Todo comenzó con una invitación cursada por las autoridades carcelarias para que una delegación de presos visitara varias instalaciones agropecuarias cercanas a la cárcel de Guanajay. Es de rigor aclarar que no todos los presos ubicados en Guanajay aceptaron esta convocatoria. Específicamente, los que rechazaron la invitación eran aquellos que se ne-

---

[1947] García Crews, *Three Worlds*, 88.
[1948] Cosío Martínez en *El Presidio Político en Cuba Comunista. Testimonio*, 447.
[1949] *Ibid.*
[1950] *Ibid.*
[1951] *Ibid.*

gaban a negociar con el régimen porque, entre otras cosas, se pensaba que había que mantener intacta la combatividad del presidio político[1952].

Sin embargo, entre los que sí aceptaron acudir al posible proceso negociador, insinuado previamente y sugerido por la invitación, estuvo un grupo de presos vinculados al DRE. En sus «memorias, García Crews expone una serie de hechos que, según su explicación, ayudaron a que ellos se inclinaran a participar en el camino que parecía abrirse y con el que esperaban poder terminar pronto con sus respectivas condenas. Entre los acontecimientos apuntados por García Crews, sobresalieron la constatación de que «la lucha armada contra Castro por parte de las organizaciones que conocíamos había concluido» y la intuición de que la vida política de Cuba, tal y como la conducía el régimen de Castro se había consolidado[1953]. Así mismo, el antiguo militante del Directorio señala algunos cambios que durante ese tiempo habían tenido lugar al interior de la Iglesia católica y menciona, como ejemplos el Comunicado de la Conferencia Episcopal de Cuba «A Nuestros Sacerdotes y Fieles» que fuera leída en los templos católicos el domingo 20 de abril de 1969 y que cuestionaba, por «injusta», la política de embargo económico con Cuba adoptada por el gobierno de Estados Unidos y «los nuevos vientos que soplaban dentro de la Iglesia mundial posteriores al Concilio Vaticano II» que los obispos cubanos «habían respirado» al participar en la Conferencia de Obispos Latinoamericanos celebrada en Medellín, Colombia en septiembre de 1968[1954]. La referencia que hace García Crews a las posturas asumidas dentro de la Iglesia universal, así como en la latinoamericana y la cubana son significativas por la conclusión a la que según él llegaron él y sus «*compañeros católicos*» que estaban en prisión y que fue

---

[1952] González, *Y Fidel Creo el Punto X*, 201 y *El Presidio Político en Cuba Comunista. Testimonio*, 449.

[1953] García Crews, *Three Worlds*, 87-89.

[1954] *Ibid*, 89. El Comunicado de los obispos católicos de Cuba se puede encontrar en Secretariado General Conferencia de Obispos Católicos de Cuba, *La Voz de la Iglesia en Cuba. 100 Documentos Episcopales,* México, D. F., Obra Nacional de la Buena Prensa, A. C., 1995, 171.

que, en aquella coyuntura, «la visión de cómo enfrentar al comunismo estaba cambiando». Sobre el particular dice García Crews: «Las nuevas circunstancias en cuanto al trato más humano en la cárcel nos permitían estudiar y abrir nuestro pensamiento a la nueva realidad de Cuba»[1955].

Arropados por las «nuevas circunstancias» aludidas por García Crews, y sin descontar la posible influencia de otros elementos en el ánimo de los presos que respondieron positivamente a la invitación que les hacían las autoridades carcelarias para visitar las instalaciones agropecuarias, estos reclusos políticos de Guanajay escogieron a los compañeros que los representarían en el proceso que se iniciaba con la inspección a las unidades económicas. Los seleccionados fueron Miguel García Armengol, Enrique Casuso, Raúl Verrier, Manuel Díaz Pérez, Sergio Tula, Reinol González y Fernando de Rojas[1956]. De los siete presos que conformaron la delegación, los tres primeros en la lista habían sido militantes del DRE. Una vez más, y a pesar de que ya no aparece el Directorio como un movimiento formal, vuelve a manifestarse la fortaleza que mantenían los vínculos fraternales forjados en la militancia de la organización estudiantil.

La negociación, que culminaría meses después, en febrero de 1971 con lo que lo que se conoció como el Plan Progresivo, no fue fácil ya que la parte gubernamental era reacia a definir de una manera concreta los resultados a las propuestas que se iban presentando. Por fin se acordó que los presos podían aceptar un programa de trabajo siempre y cuando la incorporación al plan no exigiera «el arrepentimiento político e ideológico, la colaboración con la Seguridad y las clases de adoctrinamiento político». Los presos también insistieron en que se aprobara un programa de reducción de penas a base de tiempo trabajado. Al final, el gobierno aceptó «que las únicas condiciones para la obtención de la libertad [serían] trabajo y buena conducta», lo que no implicó, sin embargo, que se estableciera un régimen concreto para determi-

[1955] García Crews, *Ibid.* Énfasis del autor.
[1956] *El Presidio Político en Cuba Comunista. Testimonio*, 448.

nar, como lo pedían los presos, la condonación de la pena.[1957]. No obstante, el «Progresivo» fue aceptado por muchos de ellos y de esa manera tuvieron la oportunidad de obtener la libertad antes de que terminara de cumplirse el tiempo dictado por sus respectivas sentencias. En 1976, por ejemplo, Alberto Muller, Antonio García Crews y Julio Hernández Rojo fueron algunos de los antiguos militantes del DRE que pudieron salir de la cárcel. Un caso anómalo fue el de Tomás Fernández Travieso quien fue sentenciado en 1961 a cumplir treinta años de prisión y que, en 1976, se le extendió la pena como castigo al hecho de que una obra teatral escrita por él en prisión, «Prometeo Encadenado» se representara en Miami ese mismo año. Por fin, y después de múltiples gestiones, fue puesto en libertad y salió de Cuba en octubre de 1979.

Con la salida de prisión de la mayoría de los presos del DRE sentenciados a años de cárcel por perseguir el sueño de crear una Cuba diferente a la engendrada por Fidel Castro y su régimen, se desvanecieron los últimos destellos del Directorio. La prisión, y muy especialmente, el Presidio Modelo de Isla de Pinos, había sido el último bastión en el que este movimiento de estudiantes cubanos, fundado en 1960, pudo ejercer su lucha como una organización formal. Atrás quedó la ilusión de 1959, las dudas acerca del rumbo que se le daba a Cuba, las luchas universitarias, la protesta en el Parque Central, la gestación de un movimiento estudiantil de oposición, la fundación, la vida clandestina, los sabotajes, la búsqueda de armas, el alzamiento en la Sierra Maestra, la invasión de abril, los fusilamientos, el exilio, la cárcel, la CIA, el Rosita de Hornedo, la traición de «Mongo», la Crisis de Octubre, las delegaciones en América Latina, las delegaciones en Estados Unidos, la base en Isla Catalina, las esperanzas, los desengaños, la dispersión, el sueño.

El camino recorrido fue duro y doloroso; dejó a compañeros muertos: Julio Antonio Yebra, Virgilio Campanería, Alberto Tapia Ruano, Marcelino Magañas, Juanín Pereira Varela y Ernesto Díaz Madruga. Otros sufrieron años de prisión y muchos tuvieron

[1957] *Ibid*, 449-450.

que marchar al exilio. Pero, en su momento, cuando concibieron el sueño y fundaron el Directorio Revolucionario Estudiantil, cuando llevaron adelante su lucha, tanto en Cuba como fuera de ella, en el clandestinaje, en la cárcel o en el exilio, lo hicieron porque para todos ellos era un deber y «lo más importante en sus vidas». Persiguieron un sueño que no llegó a concretarse. Fue un sueño que quedó inconcluso. Esta ha sido su historia.

Miembros de la delegación del DRE en Puerto Rico. Se pueden identificar a Jorge Nogales, el delegado Vicente Sosa, Juan Lorenzo González y los últimos tres, José Raúl Labrador, Ramón Cao e Isaac Slodarz.

Epílogo

Al llegar al final de este relato, con el que intento contar la historia del Directorio Revolucionario Estudiantil (DRE), no puedo dejar de evocar uno de los últimos encuentros que tuve con Luis Fernández Rocha. Fue el domingo 27 de octubre de 2019. El lugar, la casa de Marta y Juan Manuel Salvat. El «Gordo» había convocado a un pequeño grupo compuesto por antiguos militantes del DRE. Yo estaba enfrascado en la investigación para mi futuro libro acerca del Directorio y Salvat quería que yo me reencontrara con algunos de ellos. Recuerdo que estaban, además de Luis, Eduardo Muñiz, Bernabé Peña y Miguel García Armengol. Almorzamos un fabuloso arroz con pollo y al final de la tarde, cuando la mayoría de los comensales se habían retirado y estaba oscureciendo, nos quedamos conversando el «Gordo», Luis y yo. En un momento dado, después de un rato de estar hablando sobre el DRE, Luis me hizo una pregunta que no he podido olvidar y que me ha acompañado durante todo el tiempo en el que he estado escribiendo *El sueño inconcluso*. La pregunta fue muy simple, pero muy honesta: «*Javier, ¿valió la pena?*».

Hoy, después de leer tantos libros y artículos sobre la materia, de entrevistar a varios de los que fueron miembros del DRE, de intercambiar impresiones y datos con algunos de ellos, de examinar cientos de documentos, de someter a mi razón toda la información que he podido recopilar para poder elaborar esta historia, de cuestionarme asuntos tan controversiales como si se pudo escoger otro camino o si se contó con la estrategia correcta para obtener los objetivos que se buscaban; después de conocer los anhelos y los fracasos, las esperanzas y los cansancios, el sacrificio de la vida, la cárcel o el exilio, en fin, después de conocer la historia del Directorio Revolucionario Estudiantil, de los hombres y mujeres que la forjaron, casi todos estudiantes que tenían toda la vida por delante y que hicieron un alto en el camino porque concibieron un futuro mejor para Cuba que aquel que se contemplaba cuando tomaron la decisión de luchar por ese porvenir, mi respuesta, Luis, es la siguiente: «*Sí. Cuando lo que hicieron se hizo para buscar un bien, y, aun cuando el fin que se persiguió no se pudo alcanzar, había que intentarlo, y, por eso, Luis, sí, valió la pena*».

Luis y Alicia Fernández Rocha en el almuerzo ofrecido por Juan Manuel y Marta Salvat el 27 de octubre de 2019.

Agradecimientos

Tengo el convencimiento de que una obra como *El sueño inconcluso* no puede llevarse a cabo sin la colaboración de muchas personas. Yo he sido afortunado al recibir el apoyo de toda una comunidad que de diferentes maneras me dio un respaldo increíble. Menciono, en primer lugar, a Juan Manuel Salvat, José María de Lasa y José Antonio G. Lanuza que han estado colaborando conmigo desde aquel, ya lejano, 9 de octubre de 2018 en que empecé con el proyecto. En gran medida, los tres han sido mis grandes cómplices. Con ellos, y a medida en que yo avanzaba con el trabajo, comenté los resultados preliminares, aclaré dudas, obtuve información, me proveyeron de fuentes. A veces, inclusive, llevados por la ansiedad de ver culminado el libro, me presionaban para que acelerara la labor. Fueron, sin embargo, comprensivos cuando, en varias ocasiones, les tuve que explicar que la investigación y escritura de una obra como esta, en la que yo estaba enfrascado, era, por naturaleza lenta, sobre todo si se quería alcanzar, con éxito, la meta que me había impuesto. Fueron ellos tres los primeros lectores del manuscrito y fueron muchas las correcciones que tuve que atender gracias a los comentarios que me ofrecieron y, que, sin duda, mejoraron el resultado final del libro.

Otros dos lectores del manuscrito fueron Alfredo Torres y Francisco Scarano, ambos puertorriqueños, con quienes he tenido la suerte de tener una larga y gran amistad. Alfredo es un excelente conocedor del mundo del libro. Gestionó una librería maravillosa, «La Tertulia», y ha sido editor por muchos años. Además, por su experiencia como militante político en sus años universitarios, conoce profundamente la historia de los movimientos estudiantiles puertorriqueños. Franco Scarano ha sido mi amigo y colega desde aquellos lejanos días en los que éramos profesores en la Universidad del Sagrado Corazón en Puerto Rico. Además, es uno de los más prestigiosos historiadores de Puerto Rico y el Caribe, con numerosos títulos publicados, entre ellos su imprescindible texto *Puerto Rico: Cinco Siglos de Historia*. Es profesor emérito del departamento de Historia de The University of Wisconsin-Madison. Fue, precisamente, en un simposio para honrar a Scarano, en abril de 2019, en este centro de estudios, en donde hice una de las preliminares presentaciones de mi proyecto de investigación acerca del DRE. Con Alfredo y Franco obtuve, para mi trabajo, unas miradas críticas desde el origen de sus respectivas experiencias. Uno desde el mundo del libro y las luchas estudiantiles, el otro, con la academia. También, recogí, además, la mirada externa de dos personas familiarizadas con la historia cubana, pero desde la perspectiva de quien no es cubano. Dos lecturas sumamente enriquecedoras.

Tengo que agradecer, igualmente, el respaldo que recibí de Bernabé Peña. Además de entrevistarlo, siempre estuvo disponible para responder a mis preguntas cuando me comunicaba con él, ya sea por medio de una llamada telefónica o a través de mensajes electrónicos. De Bernabé también recibí unos álbumes de gran valor histórico con recortes de periódicos que aludían al ataque naval del DRE al hotel Rosita de Hornedo y con fotos sobre algunas de las actividades militares del Directorio, incluyendo varias de la base que el DRE tuvo en la isla Catalina en la República Dominicana.

Cecilia la Villa fue en parte responsable de que yo pudiera terminar con este proyecto sin necesidad de esperar la reapertura de la Cuban Heritage Collection, la cual estuvo cerrada a los investigadores por causa de la pandemia del Covid-19. De Cecilia recibí tres voluminosas carpetas que contenían documentos del DRE y que complementaban los que yo había reunido desde 1988. Después, con su libro póstumo, *Clandestinos*, logré el acceso a las numerosas entrevistas que ella le había hecho a muchos antiguos militantes del DRE. Por otra parte, Ricardo Rubiales, la persona que me reclutó para la Preuniversitaria del Directorio y con quien he sostenido una larga y gran amistad a lo largo de todos estos años, me entregó los papeles del DRE que él guardaba, entre ellos una valiosísima colección de cartas escritas desde el presidio, en Cuba, por varios militantes del Directorio, sobresaliendo las de Roberto Borbolla. Ricardo es el autor del relato incluido como apéndice de este libro y que describe el juicio que le celebraron en Santiago de Cuba, en 1961, a los miembros del DRE que intentaron organizar un grupo guerrillero en la Sierra Maestra.

Con Antonio García Crews sostuve innumerables conversaciones telefónicas. Lo entrevisté para que me contara su experiencia como militante del Directorio, en la clandestinidad primero y, después, como preso político. Tuvo, además, la gentileza de enviarme el manuscrito del libro en el que narra sus memorias. De la misma manera, tengo una deuda con Alberto Muller. Alberto me facilitó su libro de memorias, y tuvimos un intercambio valioso mediante el correo electrónico con datos sobre la historia del DRE. Alberto, junto a Salvat, fue uno de los primeros miembros del Directorio que pude entrevistar.

De Luis Fernández Rocha guardo los mejores recuerdos. Con él conversé una tarde memorable en casa de Juan Manuel Salvat, y logré entrevistarlo poco tiempo antes de su fallecimiento. También, en unas circunstancias difíciles, fue la entrevista con Carlos García Soler. Lo entrevisté por teléfono durante dos días consecutivos pues estaba muy delicado de salud, pero con gran entusiasmo con mi proyecto. Fue en agosto de 2019. Al poco tiempo fallecía, pero antes me hizo llegar un sobre con el informe de un viaje importante que una delegación del DRE, de la que él fue parte, llevó a cabo por América Latina durante varios meses de 1964.

Como una parte de mi investigación tiene que ver con la base que tuvo el Directorio en la República Dominicana, traté de obtener información documental de los archivos dominicanos relacionados con la estancia del DRE en aquel país. Fue por medio de otro buen amigo desde la época de la Preuniversitaria, Jorge Ruiz, residente en Santo Domingo, que llegué hasta la historiadora dominicana y Directora del Centro de Estudios Caribeños de la Universidad Madre y Maestra, Mu-Kien Adriana Sang. Mu-Kien, a quien conocí en un viaje que ella hizo a Puerto Rico, se entusiasmó con mi proyecto y me puso en contacto con el investigador Yovanny Céspedes. Gracias a la pericia de Céspedes pude tener acceso a algunos documentos e informaciones periodísticas de la época en que el DRE operó desde la isla Catalina. Esa aportación documental me dio un ángulo significativo para poder entender aquellos hechos.

Marina I. González Figueroa me localizó un artículo publicado en el *Scandinavian Journal of History* que sirvió para darle contexto a la participación del DRE en el VIII Festival Mundial de la Juventud celebrado en Helsinki en 1962. Asimismo, Julio Hernández me facilitó una serie de documentos relativos a los orígenes del DRE. Esta fuente pertenece a la colección de José Ignacio Rasco. Igualmente, y gracias a su generosidad, también pude entrevistar a Julio.

Joaquín Pérez Rodríguez fue uno de los organizadores de la jornada que tuvo lugar en el Parque Central el 5 de febrero de 1960 y en la que varios estudiantes cubanos efectuaron una protesta en contra de la presencia en Cuba del funcionario soviético, Anastas Mikoyan. A través de varios correos electrónicos, Joaquín me facilitó datos sobre aquel acontecimiento, así como la perspectivas de su experiencia en la lucha que entablaron algunos de los estudiantes de su grupo en la Universidad de La Habana. Sobre el Parque Central también recibí una perspectiva importante de José A. «Pepe» Ramy. En la entrevista que le hice me habló, además, de su experiencia como preso político. Joaquín y «Pepe», junto a Eduardo Muñiz y «Tony» García Crews, todos compañeros del curso 1957 del Colegio de Belén, constituyeron una fuente valiosísima para informarme del trasfondo que llevó a muchos de estos estudiantes de formación católica al espacio de la oposición. También valioso ha sido el intercambio con Manuel Alberto Ramy. «Titi», quien también fue preso político, leyó el capítulo en el que trato de la prisión. De igual manera, leyó el segundo capítulo en el que examino el impacto que tuvo el laicado católico en la gestación de la oposición al régimen de Castro. Asimismo, a través de una entrevista que le hice a Eduardo Muñiz, me familiaricé con la Sección Internacional del DRE que él dirigió. Eduardo me contó de los constantes roces que tuvieron con la CIA y de las noticias sobre la vida cotidiana del Directorio, asunto del que apenas se ocupa la documentación oficial. Luis González, quien fuera delegado del

Directorio en La Paz, Bolivia, y Rafael Orizondo, delegado en Quito, Ecuador, me permitieron ampliar el conocimiento sobre el funcionamiento de las delegaciones del DRE en América Latina. Con Armando Acevedo obtuve información de la vida en el clandestinaje, particularmente en los días difíciles de Playa Girón y con Luis Camps supe de las complicaciones que se pueden tener cuando se navega con naves pequeñas en el Estrecho de la Florida. A todos ellos, mi agradecimiento por la generosidad que tuvieron al compartir conmigo sus memorias sobre el DRE. A Julio Grabiel y a Carlos Fleitas les debo la formidable portada del libro creada por Carlos. Julio fue el responsable de pensar en Carlos para hacer el trabajo y Carlos, generosamente, se ofreció para ejecutar el diseño. A ambos, mis afectos.

Además de los ya mencionados, debe reconocer, y agradecer, los comentarios alentadores que recibí de dos personas entrañables: Thomas G. Paterson y Enrique Baloyra. Ambos vislumbraron la posibilidad de que yo asumiera la investigación que hoy culmina con la publicación de *El sueño inconcluso*. Los gestos que hicieron a favor del proyecto, los hicieron poco después de que yo, por primera vez, examinara la documentación del DRE que guardaba Salvat en su librería. De igual forma, los dos, por distintos caminos y con razones diferentes, mostraron un gran interés por lo que esa documentación podría revelar, tanto para la historia cubana como para la de Estados Unidos.

Quiero reconocer, igualmente, la deuda intelectual que tengo con una de las instituciones cubanas que más responsabilidad ha tenido en la promoción del conocimiento de Cuba, la de hoy y la del pasado. Me refiero al Instituto de Estudios Cubanos (IEC) que fundara un grupo de exiliados bajo la dirección de esa extraordinaria mujer que fue María Cristina Herrera. Ella, junto a Carmelo Mesa Lago, Emilio Cueto, Marifeli Pérez Stable, Nazario Vivero, Manuel Fernández Santalices y muchos otros hombres y mujeres de la diáspora cubana, de la academia y de otros campos, fomentaron la pasión por lo cubano a través del estudio y la discusión. Sin lugar a dudas, en mi vínculo con el IEC y con muchos de sus miembros, obtuve un refuerzo significativo para mi interés por Cuba y su pasado inmediato.

Hay otros amigos que, sin estar conectados directamente con la historia que relato, contribuyeron a mejorar este libro más allá de lo que yo hubiese podido lograr por cuenta propia. Salvador Miranda fue una de esas personas. Además de haber estado presente en la protesta del Parque Central, de ser miembro de la Brigada 2506 y prisionero del régimen, Salvador me acompañó durante más de un año en la búsqueda y organización de los documentos de lo que hoy debe ser el archivo de la Agrupación Católica Universitaria. A lo largo de todo ese tiempo, en el que encontré un material valioso para componer la historia del DRE, me enriquecí de su prodigiosa memoria y experiencia personal, que incluyen un conocimiento excepcional sobre la Iglesia católica, en general, y, sobre el catolicismo en Cuba. De igual manera, no puedo olvidar mi relación con quienes fueron mis excepcionales colegas en los años en los que fui profesor en la Universidad de Puerto Rico, Recinto de Río Piedras. Entre ellos destacan Luis Agrait, Silvia Álvarez Curbelo, Carlos Altagracia, Armando Cruz-Cortés, el inolvidable Juan Hernández, María Dolores Luque, Javier Ortiz, Carlos Pabón, Manuel Rodríguez, Mayra Rosario, Pedro San Miguel y Arturo Torrecillas. Con ellos desarrollé una gran amistad, y mi formación intelectual se pudo enriquecer. Tengo una deuda grande con las conversaciones que sostuve con todos ellos, tanto en el Recinto como en los imborrables almuerzos que pudimos tener en aquel oasis que Alfredo Torres nos entregó en la librería La Tertulia. Casi nunca teníamos que ser serios, pero en ese mundo singular e irrepetible, se consolidó mi compromiso con la honestidad académica.

Cuando llegué a Puerto Rico en 1966 y al comenzar mis estudios universitarios en la UPR, me encontré con un grupo de estudiantes cubanos que fueron parte de esta historia. Muchos de ellos también fueron militantes del DRE y con ellos logré fraguar fuertes lazos de amistad y compañerismo. Algunos de esos vínculos han sobrevivido al paso del tiempo y con varios de ellos he sostenido conversaciones que también han sido útiles para la elaboración de *El sueño inconcluso*. Ramón Cao, Ramón Cernuda, Rafael Mayola, Mike Moenck, Jorge Rodríguez Beruff y Pedro Subirats son parte de ese «bonche» como también lo son algunos que ya no están con nosotros, entre ellos Ignacio Azcoitia, Orlando Canales y Harry Swan. A ellos, también, les tengo que extender mi gratitud.

A lo largo de todos estos tres años de investigación y escritura he recibido el respaldo de amigos y de personas anónimas que han querido ver publicado este libro. A todos ellos, las gracias más sinceras pues, el apoyo que me han ofrecido, también es responsable del esfuerzo que ha significado llegar al final de este libro.

Por supuesto, a todos mis «cómplices» les aclaro que no son responsables de los posibles defectos que pueda tener este trabajo. Esos son míos, en exclusividad. Ellos colaboraron de múltiples maneras, y no siempre de forma consciente, para que se pudiese obtener resultado de excelencia. Si se ha alcanzado esa meta, pues entonces, ¡compartamos el júbilo!

Por último, y como siempre, mi agradecimiento a Sylvia, mi gran compañera y mi gran apoyo. Me escuchó, leyó e hizo innumerables correcciones. Como dije en otra ocasión, sin ella nada de esto tiene sentido.

Mártires del DRE

1-Virgilio Campanería Ángel. Fusilado en La Cabaña el 18 de abril de 1961
2-Alberto Tapia Ruano. Fusilado en La Cabaña el 18 de abril de 1961
3-Juan Pereira Varela. Murió en acción en la provincia de Pinar del Río el 17 de diciembre de 1961
4-Ernesto Díaz Madruga. Asesinado de un bayonetazo en el presidio de Isla de Pinos el 9 de agosto de 1964
5-Abelardo Aguilar. Fusilado en La Cabaña el 13 de abril de 1961
6-(sin foto) Marcelino Magañas, campesino de la Sierra Maestra que cayó durante el alzamiento del DRE en las montañas de la provincia oriental, abril de 1961.

Bibliografía

Fuentes primarias

Central Intelligence Agency, *Documents on the Cuban Missile Crisis 1962*, «Timetable of Soviet Military Build-Up in Cuba. July-October 1962», http://dracobooks.com/Cuban-Missile-Crisis-CIA-Documents.html

Colección Bernardo Vega, Archivo General de la Nación, Santo Domingo, República Dominicana

Colección Ricardo Rubiales

Colección José Ignacio Rasco (FRD), Archivo Julio Hernández

Colección DRE (documentos internos del Directorio Revolucionario Estudiantil), Archivo «Javier Figueroa»

Colección DRE (documentos internos del Directorio Revolucionario Estudiantil), Archivo «Cecilia la Villa»

Colección José Miró Cardona, Cuban Heritage Collection, University of Miami, Coral Gables, Florida

Laureano Batista Collection, Cuban Heritage Collection, University of Miami, Coral Gables, Florida

Department of Police Interoffice Correspondence, Nueva Orleans, Luisiana

Department of State, United States of America, *Foreign Relations of the United States (FRUS)*

Laureano Batista Collection, Cuban Heritage Collection (CHC), University of Miami, Coral Gables

Justo Carrillo Collection, Cuban Heritage Collection. University of Miami, Coral Gables

Mary Ferrell Foundation -JFK Assassination

President John F. Kennedy, News Conference 58, 17 de julio de 1963, https://www.jfklibrary.org/archives/other-resources/john-f-kennedy-press-conferences/news-conference-58

President John F. Kennedy Assassination Records Collection, National Archives, Washington, D. C.

JFK Assassination Records -2018 Additional Release, National Archives, Washington, D. C.

United States Select Committee to Study Governmental Operations, *Alleged Assassination Plots Involving Foreign Leaders*, Amsterdam, The Netherlands, Fedonia Books, 2001 (reprinted from the 1975 ed.)

United States House of Representatives, Select Committee on Assassinations, *Cuban Counterrevolutionary Handbook, HSCA 77-0080*, «Directorio Revolucionario Estudiantil/Students Revolutionary Directorate», Washington, D. C., 1 de mayo de 1964

______, Select Committee on Assassinations, Ninety-Fifth Congress, *Investigation of the Assassination of President John F. Kennedy*, Appendix to Hearings, Volume X, Washington, 1979

United States Senate, Select Committee to Study Governmental Operations, *Alleged Assassination Plots Involving Foreign Leaders, An Interim Report*, Fredonia Books, Amsterdam, The Netherlands, 2001

Fuentes periódicas

ABC, Madrid, España

Bohemia, La Habana, Cuba

Bohemia Libre Internacional, Caracas, Venezuela

Boletín Oficial de la Provincia de Madrid, Madrid, España

Diario de la Marina, La Habana, Cuba

Diario Las Américas, Miami, Florida

El Avance Criollo, Miami, Florida

El Caribe, Santo Domingo, República Dominicana

El Herald.com, Miami, Florida

El Mundo, Madrid, España

El País, Madrid, España

El Nuevo Herald, Miami, Florida

Esto Vir. Hoja Íntima de la ACU, La Habana, Cuba

Girón. Órgano Oficial de la Asociación de Veteranos de Bahía de Cochinos. Brigada de Asalto 2506, Miami, Florida

Granma, La Habana, Cuba

La Quincena, La Habana, Cuba

Life, New York

Lumen, Agrupación Católica Universitaria, La Habana, Cuba

Miami New Times, Miami, Florida

Patria, Miami, Florida

Prensa Libre, La Habana, Cuba

The Miami Herald, Miami, Florida

The Miami News, Miami, Florida

The New York Review of Books, New York

The New York Times, New York
The Washington Post, Washington, D. C.
U. S. A. Today, Tysons, Virginia
Publicaciones Periódicas del directorio Revolucionario Estudiantil
DRE Internacional (ediciones en español e inglés), Miami, Florida
The Cuban Report, Miami, Florida
Trinchera, Miami, Florida
Colección de recortes de prensa de Bernabé Peña
Video
Ochéntame Otra Vez, Televisión Española, orbits.nola.com

Entrevistas

Armando Acevedo, Miami, 17 de agosto de 2021
Luis Camps, Miami, Florida, 17 de agosto de 2021
José María de Lasa, Key Biscayne, Florida, del 11 al 15 de noviembre de 2016
José María de Lasa, Bernabé Peña y Juan Manuel Salvat, febrero de 2017
Luis Fernández Rocha, Coral Gables, Florida, 16 de diciembre de 2019
Antonio García Crews, Key Biscayne, Florida, 10 de noviembre de 2019
Carlos García Soler, entrevista telefónica, Block Island, Rhode Island-San Juan, Puerto Rico, 23 y 30 de agosto de 2019
Luis González, Guaynabo, Puerto Rico, 30 de noviembre de 2019
José A. G. Lanuza, Coral Gables, Florida, 19 de noviembre de 2020
Alberto Muller, Miami, Florida, 16 de marzo de 1999
Eduardo Muñiz, Miami, Florida, 22 de enero de 2020
Rafael Orizondo, Miami, Florida, 27 de enero de 2020
José A. Ramy, entrevista telefónica, San Juan, Puerto Rico, 7 de febrero de 2020
Juan Manuel Salvat, Miami, Florida, 17 de marzo de 1999
Entrevistas de Cecilia la Villa (cedidas al autor por Bernabé Peña y Juan Manuel Salvat)
Bernabé Peña, Miami, S. F.
Luis Fernández Rocha y Juan Manuel Salvat, Miami, 23 de mayo de 2012

Correspondencia electrónica

Emilio Cueto
José A. G. Lanuza

Joaquín Pérez
Alberto Muller
Bernabé Peña
Ricardo Rubiales
Juan Manuel Salvat

Fuentes secundarias

Arboleya, Jesús, *La contrarrevolución cubana*, La Habana, Editorial de Ciencias Sociales, 1997

Artime, Judith M., *The Golden Boy...Dr. Manuel Artime Buesa*, copia de manuscrito, 1996

Ayers, Bradley Earl, *The War That Never Was*, New York, Bobbs-Merrill Company, Inc., 1976

Berle, Adolph A., *Navigating the Rapids. 1918-1971*, New York, Harcourt Brace Jovanovich, Inc., 1973

Bernal, Beatriz, *Cuba y sus constituciones republicanas*, Miami, Florida, Instituto y Biblioteca de la Libertad, 2003. La Constitución de 1901

Beruvides Esteban M., *Cuba y su presidio político*, Coral Gables, Florida, 12th Avenue Graphics, 1994

Blight, James G. and Peter Kornbluh, eds., *Politics of Illusion. The Bay of Pigs Reexamined*, Boulder, London, Lynne Ryner Publishers, 1998

Bohning, Don, *The Castro Obsession. U. S. Covert Operations Against Cuba, 1959-1965*, Washington, D. C., Potomac Books, Inc., 2005

Bonachea, Ramón L., y Marta San Martín, *The Cuban Insurrection. 1952-1959*, New Brunswick, New Jersey, Transaction Books, 1974

Boza Domínguez, Luis, *La situación de las universidades en Cuba*, SE, SF.

Brigada de Asalto 2506, *La Sentencia. Brigada de Asalto 2506*, edición facsimilar, S. F.

Cabrera, Olga y Carmen Almodóvar, compiladoras, *Las luchas estudiantiles universitarias. 1923-1934*, La Habana, Editorial de Ciencias Sociales, 1975

Castellanos, Sylvia, «The Cuban Refugee Problem in Perspective, 1959-1980», Background # 124, 18 de julio de 1980, The Heritage Foundation (www.heritage.org/Research/LatinAmerica/bg124.cfm)

Chang, Laurence & Peter Kornbluh, eds., *The Cuban Missile Crisis, 1962. A National Security Archive Documents Reader*, New York, The New Press, 1998

Clark, Juan, *Cuba: Mito y Realidad. Testimonios de un Pueblo,* Miami, Florida, Saeta Ediciones, 1990

Comisión de Historia de Seguridad de los Órganos, *30 Años. Historia de la Seguridad Cubana. Las reglas del juego*. La Habana, Comisión de Historia de Seguridad de los Órganos, 1988

Conferencia de Obispos Católicos de Cuba, *La Voz de la Iglesia en Cuba. 100 Documentos Episcopales*, México, D. F., Obra Nacional de la Buena Prensa, A. C., 1995

Daniel, Jean, «I was with Fidel Castro When JFK Was Assassinated», *The New Republic*, 7 de diciembre de 1963

de la Huerta, René, *Encuesta. Como Piensa el Pueblo de Cuba Sobre: la existencia de Dios, Jesucristo, la Virgen, Divorcio, Supersticiones*, La Habana, S. F., Buró de Información y Propaganda, Agrupación Católica Universitaria

del Cerro, Ángel, «¿Ha comenzado la persecución religiosa?», *CUBA 1961*, Suplemento de *Cuadernos*, Francia, marzo-abril 1961

de Paz Sánchez, Manuel, *Zona Rebelde. La Diplomacia Española ante la Revolución Cubana (1957-1960)*, Santa Cruz de Tenerife, Taller de Historia, 1997

Dinnerstein, Herbert S., *The Making of the Missile Crisis. October 1962*, Baltimore, The Johns Hopkins University Press, 1976

Directorio Revolucionario Estudiantil, *Ideario*, Cuba, 1961.

Directorio Revolucionario Estudiantil, *Nuestro Sentir y Nuestro Pensar...Nuestras Armas para la Lucha*, Camagüey, Cuba, diciembre de 1960

Dobbs, Michael, *One Minute to Midnight. Kennedy, Khrushchev, and Castro on the Brink of Nuclear War*, New York, Alfred A. Knopf, 2008

Escalante Font, Fabián, *Cuba: la guerra secreta de la CIA. Agresiones de Estados Unidos contra Cuba 1959-1962*, La Habana, Editorial Capitán San Luis, 1993

Farber, Samuel, *The Origins of the Cuban Revolution. Reconsidered*, Chapel Hill, N.C., The University of North Carolina Press, 2006

Fernández, Álvaro F., «Looking Ahead through», *Progreso Weekly*, Miami, 14 de mayo de 2008

Fernández Santalices, Manuel, *Cronología Histórica de Cuba. 1492-2000*, Miami, Florida, Ediciones Universal, 2001

______, *Presencia en Cuba del Catolicismo. Apuntes históricos del siglo XX*, Caracas, Konrad Adenauer Stiftung/Organización Demócrata Cristiana de América, 1998

Figueroa, Javier, *El exilio en invierno. Miguel Figueroa y Miranda. Diario del destierro*, San Juan, Puerto Rico, Librería La Tertulia/Ediciones Callejón, 2008

______, *El Deber y la Patria.* El Directorio Revolucionario Estudiantil *(DRE)*, *Encuentro de la Cultura Cubana*, 39, invierno 2005-2006

______, *«Por delitos contra los poderes del Estado»: memorias y relatos del presidio cubano. Isla de Pinos, 1959-1967*, *Historia y Sociedad*, Departamento de Historia, Universidad de Puerto Rico-Recinto de Río Piedras, Año XIV, 2003

Figueroa y Miranda, Miguel, *Historia de la Agrupación Católica Universitaria, 1931-1956*, La Habana, edición privada de la ACU, 1957

Fornés-Bonavía Dolz, Leopoldo, *Cuba, Cronología. Cinco siglos de historia, política y cultura*, Madrid, Editorial Verbum, 2003

Franqui, Carlos, *Retrato de familia con Fidel*, Barcelona, Editorial Seix Barral, 1981

______, *Cuba, la Revolución: ¿Mito o Realidad? Memorias de un fantasma socialista*, Barcelona, Editorial Península, 2006

Fursenko, Aleksandr & Timothy Naftali, *One Hell of a Gamble. Khrushchev, Castro, and Kennedy, 1958-1964*, New York, W. W. Norton & Company, 1997

______, *Khrushchev's Cold War. The Inside History of an American Adversary*, New York, W. W. Norton & Company, 2006

García Crews, Antonio, *Three Worlds. A Journey to Freedom*, Miami, Ediciones Universal, 2021

González, Reinol, *Y Fidel Castro Creo el Punto X*, Miami-Caracas, Ediciones Saetas, 1987

González Llorente, José M., ed., *Mártir de Guajaibón, homenaje a Julián Martínez Inclán*, Miami, Florida, Ediciones Universal, 2009

Guerra, Lilliam, *Visions of Power in Cuba. Revolution, Redemption, and Resistance, 1959-1971*, Chapel Hill, The University of North Carolina Press, 2012, Kindle Edition

Hernández, José Manuel, *ACU. Agrupación Católica Universitaria. Los primeros cincuenta años*, Miami, Florida, 1981

Hilsman, Roger, *To Move A Nation. The Politics of Foreign Policy in the Administration of John F. Kennedy*, Garden City, New York, Doubleday & Company, Inc., 1967

Hinckle, Warren & William Turner, *The Fish is Red. The Story of the Secret War Against Castro*, New York, Harper & Row, Publishers, 1981

Holland, Max, «A Luce Connection. Senator Keating, William Pawley and the Cuban Missile Crisis», *Journal of Cold War Studies*, Fall 1999, Vol. 1, No. 3

ICOSOCV, *El presidio político en Cuba Comunista: testimonio*, Caracas, Venezuela, ICOSOCV Ediciones, 1982

Jiménez, Roberto, «El plan de trabajo forzado en Isla de Pinos», dossier *El Presidio Político en Cuba, Encuentro de la Cultura Cubana,* Madrid, XX, Primavera de 2001

Johnson, Haynes, *The Bay of Pigs. The Leaders' Story of the Brigade*, Toronto, Canadá, George McLeod Limited, 1964

Kagan, Donald, *On the Origins of War And the Preservation of Peace*, New York, Anchor Books, 1995

Karol, K. S., *Guerrillas in Power. The Course of the Cuban Revolution*, New York, Hill & Wang, 1970

Keating, Kenneth, discurso del 10 de octubre de 1962, https://digitalarchive.wilsoncenter.org/document/134657

Kerkola, Joni & Simo Mikkonen, «Backlash of the Free World: the U. S. presence at the World Youth Festival in Helsinki, 1962», *Scandinavian Journal of History*, Vol 36, No. 2, mayo 2011

Kornbluh, Peter, ed., *Bay of Pigs Declassified. The Secret Report on the Invasion of Cuba*, New York, The New Press, 1998

Lasaga, José I., *Recuerdos y Escritos del Dr. José Ignacio Lasaga*, Vols. 4, 5, 7, 10, 13. Miami, 2004

Larrúa-Guedes, Salvador, *Francisco. Itinerario de vida de un mártir cubano*, Miami, Florida, Alexandria Library Publishing House, 2016

La Villa, Cecilia Fernández Travieso, *Clandestinos*, Miami, Alexandria Library Publishing House, 2021

______, ed., *Juanín ¡Presente! Juan Pereira Varela su vida en testimonios*, Miami, Ediciones Universal, 2011

LeoGrande, William M. & Peter Kornbluh, *Back Channel to Cuba. The Hidden History of Negotiations Between Washington and Havana*, Chapel Hill, The University of North Carolina Press, 2014

Llorente, P. Amando, S. J., «Declaración Jurada», Miami, Florida, mayo de 2007

Machado, Ramón E., *Cuba. My (Twice) Betrayed Generation: Memoirs From Those Who Fought for Freedom*, Kindle edition, 2014

Marín, Thelvia, *Condenados: del presidio a la vida*, México, Siglo XXI Editores, 1976

Matos, Huber, *Cómo llegó la noche*, Barcelona, Tusquets Editores, S.A., 2002

Maza, S. J., Manuel, *Iglesia cubana: cinco siglos de desafíos y respuestas*, Santo Domingo, República Dominicana, Amigo del Hogar, 1995

Medrano, Humberto, «Cómo se suprimió la libertad de prensa» en *Cuba 1961. Suplemento de Cuadernos*, París, 1961

Mellen, Joan, *The Great Game in Cuba. How the CIA Sabotaged Its Own Plot to Unseat Castro*, Delaware, Skyhorse, 2016

Miller, Nicola, *Soviet Relations with Latin America, 1959-1987*, New York, Cambridge University Press, 1989

Mires, Fernando, «Capriles, o el regreso de la política» en el blog *Polis*, 6 de septiembre de 2020, https://polisfmires.blogspot.com/2020/09/fernando-mires-capriles-o-el-regreso-de.html.

Morley, Jefferson, «Revelation 1963», *Miami New Times*, Miami, Florida, 12 de abril de 2001

Morley, Morris H., *Imperial State and Revolution. The United States and Cuba, 1952-1986*, New York, Cambridge University Press, 1987

Muller, Alberto, «Memorias» manuscrito.

National Security Archives, *Bay of Pigs. 40 Years Later. An International Conference. Havana, Cuba, March 22-24, 2001*, «Chronology»

______, *Kennedy and Cuba: Operation Mongoose*, https://nsarchive.gwu.edu/briefing-book/cuba/2019-10-03/kennedy-cuba-operation-mongoose

Núñez-Portuondo, Ricardo, Arthur Young & Company CPA, *A Report to the Social Rehabilitation Service. U. S. Department of Health and Rehabilitation Service. Cuban Residents in Florida. Tax Contributions and Public Programs Costs*, Miami, Florida, agosto, 1976

Organización de Estados Americanos, Acta Final, Octava Reunión de Consulta de Ministros de Relaciones Exteriores, Punta del Este, Uruguay, 22 a 31 de enero de 1962

Paterson, Thomas G., *Contesting Castro. The United States and the Triumph of the Cuban Revolution*, New York, Oxford University Press, 1994

______, ed., *Kennedy's Quest for Victory. American Foreign Policy, 1961-1963*, New York, Oxford University Press, 1989

______, «The Historian as Detective. Senator Kenneth Keating, the Missile Crisis in Cuba, and His Mysterious Sources», *Diplomatic History*, Vol. 11, No. 1, Winter 198

Prados, John, *Safe for Democracy. The Secret Wars of the CIA*, Chicago, Ivan R. Dee, 2006

Pavone, Sabina, *Los Jesuitas desde los orígenes hasta la supresión*, Buenos Aires, Libros de la Araucaria, 2007

Pazos, Javier, «The Revolution» en Javier Pazos, ed., *Cambridge Opinion Cuba*, Londres, 1963, 25-27

Pérez-Stable, Marifeli, *The Cuban Revolution. Origins, Course, and Legacy*, 2nd ed., New York, Oxford University Press, 1999

Perreau-Saussine, Emile, *Catholicism and Democracy. An Essay in the History of Political* Thought, Princeton, Princeton University Press, 2012

Plokhy, Sergii, *Nuclear Folly. A History of the Cuban Missile Crisis*, New York, W. W. Norton & Company, 2021, Kindle edition

Poyo, Gerald E., *Cuban Catholics In The United States, 1960-1980*, Notre Dame, Indiana, University of Notre Dame Press, 2007

Purón, Esperanza, *Acción Católica (I)*, http://espaciolaical.net/wp-content/uploads/2016/09/0640.pdf

Rodríguez, Dionisio, *Yo robé un furgón blindado*, Madrid, Mueve tu Lengua, 2019

Rojas, Rafael, «*Introducción. Dossier: La Primera Oposición Cubana (1959-1965)*» en *Encuentro de la Cultura Cubana*, Madrid, No. 39, Invierno de 2005-2006

______, *La Revolución Cubana*, México, D.F., El Colegio de México, 2015

Ros, Enrique, *El Clandestinaje y la Lucha Armada contra Castro*, Miami, Florida, Ediciones Universal, 2006

Sánchez García, Ramiro, «La Iglesia en Cuba en enero de 1959», *Anuario de la Iglesia Católica. Cuba Diáspora, 1976*, Miami, Florida, 1976

Schackley, Ted with Richard A. Finney, *Spymaster. My Life in the CIA*, Washington, D.C., Potomac Books, Inc., 2006

Schlesinger, Arthur M., *A Thousand Days John F. Kennedy in the White House*, Boston, Houghtton Mifflin Company, 1965

______, «Four Days With Fidel: A Havana Diary», *New York Review of Books*, 26 de marzo de 1962

______, *Journals, 1952-2000*, New York, The Penguin Press, 2007

Soriano, Jaime/Leonardo, *Cuba no existe o Quién sabe qué propósito*, selección, notas y prólogo de Carlos Velazco, Miami, Florida: Editorial Silueta, 2018

Secretariado General Conferencia de Obispos Católicos de Cuba, *La Voz de la Iglesia en Cuba. 100 Documentos Episcopales,* México, D. F., Obra Nacional de la Buena Prensa, A. C., 1995,

Stockton, Bayard, *Flawed Patriot. The Rise and Fall of CIA Legend Bill Harvey*, Washington, D.C., Potomac Books, Inc., 2006

Subirá, Salvador, *ACU. 75 Aniversario*, Miami, Florida, 2007

______, *Historia del Movimiento de Recuperación Revolucionaria, 1959-1963*, Miami, Florida, Alexandria Library Publishing House, 2015

______, «Tres Crisis», dossier *El Presidio Político en Cuba, Encuentro*, Madrid, XX, Primavera de 2001

Torres Ramírez, Blanca, *Las relaciones cubano-soviéticas (1959-1968)*, México, D.F., El Colegio de México, 1971

Traverso, Enzo, «Historia y memoria. Notas sobre un debate», en Marina Franco y Florencia Levín, *Historia reciente. Perspectivas y desafíos para un campo en construcción*, Buenos Aires, Paidos, 2007

Uría, Ignacio, *Iglesia y Revolución en Cuba. Enrique Pérez Serantes (1883-1968), el Obispo que Salvó a Fidel Castro*, Madrid, Ediciones Encuentro, 2011

Vivero, Nazario, «La Iglesia Católica en Cuba (I): un marco de referencia», *Raíz*, Miami, Florida, Año I, No. 3, julio 1990

Weiner, Tim, *Legacy of Ashes. The History of the CIA*, New York, Doubleday, 2007

Wyden, Peter, *Bay of Pigs. The Untold Story*, New York, Simon and Schuster, 1979

Zubok, Vladislav M., *Un imperio fallido. La Unión Soviética durante la Guerra Fría*, Barcelona, Crítica, 2008

Fuentes audiovisuales

Interview with Alexander Alekseyev by Sherry Jones, «Cuban Missile Crisis: What the World Didn't Know», produced by Sherry Jones for Peter Jennings Reporting, ABC News (Washington Media Associates, 1992) en http://nsarchive2.gwu/NSAEBB/NSAEBB400/docs/Interview%20with%20Alekseev.pdf

Entrevista audiovisual de José Antonio Solis-Silva a Juan Antonio Rubio Padilla. Archivo del autor.

Entrevista audiovisual de José Antonio Solís-Silva a José Ignacio Lasaga, archivo del autor

Entrevista grabada al P. Amando Llorente, S. J., en Archivo de la Agrupación Católica Universitaria, (AACU)

Fernández Varela, Ángel, «Yo trabajé con la Compañía», video, http://digitaltamiment.nyu.edu/s/bravo/item/6787

Apéndices

Juicio de Alberto Muller y demás miembros del alzamiento. Causa 129 de 1961. Día 22 de agosto

Ricardo Rubiales

A mediados del mes de agosto de 1961 nos enteramos súbitamente de que en unos pocos días seríamos juzgados, apenas tuvimos tiempo para hablar con los abogados, hubo muchos de nosotros que ni siquiera pudieron ver a los que se suponía que iban a ser sus defensores.

Estábamos todos convencidos de que si nos manteníamos en la misma actitud que habíamos asumido desde nuestra captura, ibamos a tener una gran cantidad de dificutades, pero estábamos dispuestos a todo con tal de dejar bien sentada nuestra postura de franca rebeldía de demostrar que estábamos conscientes de lo que habíamos hecho y de las consecuencias que nos podía traer.

Desde el día anterior al juicio empezaron los primeros problemas, el primer incidente surgió cuando el director de la carcel, que a su vez era el presidente de la escuela de derecho de la Universidad de Oriente, Capitan Kelly, nos dijo que teníamos que quitarnos los trajes de casquito, como le llaman y que, en lugar de ellos nos pondríamos unos «pull-overs» blancos que nos serían entregados. Inmediatamente Alberto Muller, secundado por todos nosotros, le mandó a decir que de ninguna manera, que al juicio iríamos con los trajes que habíamos llevado por más de cuatro meses o que no iríamos; eso trajo como consecuencia que esa noche sacaran a un grupo de compañeros para llevarlos al G-2, más conocido por «El Castillito», allí los trataron muy mal y les dijeron que solos los habían llamado para decirles que tenían que decir la verdad en el juicio o las penas serían muy grandes y que no apoyaran a Alberto Muller, pues debido al miedo que tenía, decían ellos, estaba tratando de utilizar el caso de los «pull-overs» para demorar el juicio, la respuesta fue la misma de parte de todos los compañeros, que le contestaron a los interrogadores, que acatarían en todo momento lo que dijera Muller.

De regreso ya a la cárcel, siendo de madrugada, trataron de sacar otro grupo más, para tratar de tener éxito, pero los que fueron llamados se negaron a salir de las celdas, quedándose por largo rato los escoltas del G-2 a la espera de ellos, hasta que cansados se dieron cuenta de que no iban a salir y se retiraron.

Debido al anterior incidente, apenas habíamos dormido esa noche y ya a las seis de la mañana estábamos todos en pie y preparándonos para lo que iba a suceder dentro de unas pocas horas. A esa hora nos asomamos todos a las rejas de nuestras celdas y juntos rezamos el rosario ofreciendole a Dios todos los sacrificios que tuviéramos que hacer ese día y poder actuar como lo requirieran las circunstancias.

Serían las ocho de la mañana cuando con nuestros trajes de casquito salimos de nuestras celdas para los camiones donde seríamos conducidos a la Audiencia de Santiago. Al salir recibimos las primeras muestras de simpatía que a lo largo de todo el dia nos mantendríamos recibiendo, todo el penal nos saludaba y aplaudía, solo veíamos cientos de manos y pañuelos sobresaliendo de los barrotes y entonces nosotros, 71 hombres, entonamos a una sola voz el Himno Nacional y recuerdo perfectamente que nos dimos cuenta de que la bandera que ese día ondeaba en el asta estaba completamente desteñida y nos sirvió para ver en ella a la Cuba que sufría y se sacrificaba en aras de la libertad.

Nos montaron en dos camiones siendo custodiados por varios jeeps llevando cada uno una ametralladora calibre 30 y cada rebelde una thompson o un fall-belga. Al iniciar su marcha los camiones, quedamos todos de frente a las montañas de Oriente y como un signo de la rebeldía del pueblo cubano estaban los cientos de pañuelos y manos que todavía se veían allá a lo lejos, en la cárcel de Boniato.

El viaje demoró bastante ya que la distancia de Boniato a la Audiencia es considerable y a pesar de que los camiones iban a toda velocidad para tratrar de impedir el escándalo que causábamos pues en todo el viaje no dejamos de cantar el himno nacional, la marcha del Directorio o de gritar «Cuba Sí, Rusia No», «Fidel Traidor», «Directorio Revolucionario Estudiantil ¡Presente!». Una de las cosas que nos alegraron y que más nos ayudó fue ver la reacción del pueblo de Santiago ante nuestros gritos, fueron solo unos pocos que nos gritaron paredón o algo parecido, el resto de todo el pueblo, por decenas, nos saludaba o sonreía, demostrándonos su solidaridad con nuestra causa. Llegamos a la Audiencia alrededor de las nueve de la mañana, afuera nos esperaban una inmensidad de gente, la Audiencia estaba completamente rodeada por decenas de milicianos, pero eso no intimidó al pueblo que estaba afuera, a los pocos gritos de «paredón» o «patria o muerte» con que fuimos recibidos, todos respondieron con aplausos que callaron por completo a los comunistas, respondiéndoles nosotros con nuestros gritos de «Cuba sí, Rusia no», «Fidel Traidor», etc.

Entramos a la Audiencia cantando nuestro Himno Nacional como respuesta a las continuas amenazas de los que nos custodiaban, que trataban por todos los medios que nos callaramos, y por fin, llegamos a la sala donde seríamos juzgados.

El juicio demoró más de una hora en iniciarse, la sala estaba repleta de personas que no sabíamos de que parte estaban, el tribunal ya estaba allí, compuesto por oficiales del ejercito rebelde y uno de la Marina, ademas de eso, la sala estaba llena de rebeldes y milicianos, y las ventanas apenas se veían pues en todas estaban apostados los milicianos y rebeldes.

El presidente del tribunal dio por iniciado el juicio, se leyeron las acusaciones y las conclusiones provisionales del fiscal, despues de esto llamaron a declarar al primer acusado, Alberto Muller Quintana, quien con respuestas claras y precisas y con un alegato fulminante dejo sentada su posición que era la de todos nosotros.

Explicó todo el proceso de la traición castrista y terminó diciendo que si mil veces se viera en la posicion de alzarse, mil veces lo haría. Al terminar, todos nos pusimos de pie, como si hubiéramos estado de acuerdo, y comenzamos a aplaudirlo con todas nuestras fuerzas, era el alegato del estudiantado que no se rendía, era el alegato de todos nosoros a un tribunal que creía que ibamos a dejarnos impresionar por las bayonetas caladas y las amenazas que el día anterior nos habían hecho.

El fiscal, David Diaz de la Roche, trató de contestarle a Alberto Muller, pero no pudo, porque nuestra era toda la razón, como tampoco pudo contestarle a ninguno de nosotros que a continuación declaramos. Transcurrió el resto del juicio con nuestras continuas interrupciones cuando el fiscal decía algo que no nos gustaba o cuando la claque comunista que estaba en la sala trataba de interrumpir a uno de los nuestros.

El incidente más importante fue el que se suscitó cuando al final del juicio el fiscal estaba elevando sus conclusiones provisionales a conclusiones finales, hubo un momento en que el fiscal tomó una Biblia en sus manos y dijo lo siguiente: «Juro ante esta Biblia que Cristo fue el primer revolucionario, que Cristo fue el primer socialista». La respuesta fue la que se merecía, nos subimos en los bancos y nos pasamos más de diez minutos gritandole cientos de cosas al fiscal, no logrando que paráramos en nuestros gritos las amenazas que custodios nos hacian con los rifles y ametralladoras.

El juicio terminó a las nueve y media de la noche, quedando lista a ser dictada la sentencia. Afuera de la Audiencia había muchas más personas que por la mañana, trataron otra vez de gritarnos paredón, pero los aplausos volvieron a callar los gritos de la claque comunista que era mucho menor que las decenas de personas que espontáneamente habían ido a ver el juicio y que constantemente nos habían aplaudido. Nuestra salida fue idéntica a la entrada, salimos cantando el Himno Nacional y después entonamos la marcha del Directorio, terminando cuando montabamos en los camiones con nuestros repetidos gritos en contra de la tiranía comunista.

Llegamos a la cárcel siendo más de las diez de la noche, nos esperaban una inmensa cantidad de rebeldes, alineados para que nosotros pasáramos entre ellos. Volvimos a tener la alegría de ver los pañuelos y manos saludándonos, entonamos todos la marcha del Directorio Revolucionario Estudiantil ¡Presente! como habíamos iniciado el día antes del Rosario. Lo único que esta vez había quedado demostrado, que en Cuba el pueblo no se rendiría, que en Cuba el estudiantado estaría siempre dispuesto, costara lo que costara, a decir con todas sus fuerzas ¡PRESENTE!

Dispuesto EE. UU. a entrar en amistosas conversaciones con Cuba, según el N. Y. Times

FUEGO EN EL EDIFICIO AMBAR MOTORS

Prensa Libre

AL CIERRE

Disparos en el Parque Central y en los alrededores del Palacio de Bellas Artes

LLEGA MIKOYAN

Ejecutadas

Prórroga de un año de la Ley Azucarera

Emplazo

CENTRALIZA

ESTUDIANTES ARRESTADOS

Prensa Libre

Intervenida

REUNION DE LA OEA EL LUNES

para conocer la denuncia de Venezuela contra violación de derechos humanos por Trujillo

Encabeza Soustelle frente político opuesto a De Gaulle

Solo faltan por moler 16 centrales azucareros

INAUGURADA LA EXPOSICION SOVIETICA

Confisca Recuperación varias casas en Camagüey

Dictan sobreseimiento de varios expedientes

INICIAN

El periódico *Prensa Libre* reporta la protesta contra Anastas Mikoyán por los estudiantes en el Parque Central de La Habana el 5 de febrero de 1960.

Participantes en la protesta en el Parque Central
5 de febrero de 1960

Francisco Abadel
Isabel Alonso-Muñiz
José Enrique Alvaré
Sergio Álvarez Grabiel
Nelson Amaro
Frank Bernardino
Roberto Borbolla
Mario Bravo
Andrés Castellanos
Enrique Casuso
Antonio Crespo Olivero
José Manuel Díaz
Julia Díaz Esquivel
Armando Diego Finoch
Luis Fernández Rocha
Ernesto Fernández Travieso
Antonio García Crews
Mario García Roca
Jorge Garrido
Rosalía González Anteo
Pedro González González
Francisco Haded Bachine
Ernesto Jiménez Fernández
Miguel García Armengol
Juan Koch Gené
Guillermo León
Evelio Ley
Armando Lugo
Luis Maderal
Manuel Martínez
Luis Martínez Leiro
Raúl Masvidal
Salvador Miranda
Alberto Muller Quintana
Francisco Nasser
Guillermo Othon Pacho
Juan Pereira Varela
René Pérez Cáceres
Aurelio Pérez Lugones
Joaquín Pérez Rodríguez
Jesús Permuy García
Reinaldo Ramos
José A. Ramy
George Saint George
Juan Manuel Salvat
Javier Souto
Josefina Suárez
Fernando Trespalacios Martínez
Francisco Uriarte Díaz
Teresita Valdés Hurtado
Ady Viera

Miembros del DRE

Antonio Abella
Armando Acevedo
Gustavo Acosta
Max Acosta
Armando Agramonte
Abelardo Aguiar
Aleida Aguilera
Mercedes Aguilera
Eduardo Aguirre
Mario Albert
José Albertini
Fernando Albuerne, jr.
Alberto de Alejo
Gilberto Alemán
Carlos Alonso
Modesto Alonso
Raúl Alorda
Carlos M. Álvarez
Luis Alonso Álvarez
Manuel Álvarez
René Álvarez
Fausto Álvarez
Felipe Álvarez (Felipe Lázaro)
Héctor Álvarez
Manuel Álvarez Llanera
Florinda Alzaga
José A. Amaro
Nelson Amaro
Lois F. Andrews
Fernando Arcos
Tomás Argüelles
Jorge Arias
Alejandro Armas
René de Armas
Carlos de Armas
Guillermo Aspert
Carlos Artecona
Ignacio Azcoitia
Carlos Badías
Teresa Baldor
Enrique Baloyra
Ramón Barquín, jr.
Eduardo Barranco
Celestino Barreiras
Alberto Barrocas
Rebeca Barroso
José Bello Ferrer
Manuel Benítez
Jorge Berestein
Andrés Blanco
Frank Blanco
José Blanco
Roberto Borbolla
Isidro Borja
Ramón Boza
Guillermo Boza Domínguez
Luis Boza Domínguez
Pedro Bregolat
Marcelo Bretón
Carlos Bringuier
Rafael Brizuela
Leonor Bugarin
Lourdes Buján
Lilita Butary
Rodolfo Caballero
Gustavo Caballero Díaz

Miembros del DRE (continuación)

David Cabarrocas
Evaldo Cabarrouy
Miguel Cabeza
Roberto Cáceres
Carlos Cacicedo
Jorge Calvo
Juan Calvo
José Calvo Forte
Berta Camasellas
Virgilio Campanería Ángel
Néstor Campanería Ángel
Evelio Campanioni
Luis Camps
Orlando Canales
Emilio Cancio Bello
Ramón Cao García
Eduardo Capestany
Eusebio Capestany
Zoraida J. Carballeira
Jorge de Cárdenas
Rafael de Cárdenas, jr.
Roberto Carmenate
Lourdes Casal
Pedro Luis Castelló
Ramón Castellón
Ángela Castun
Enrique Casuso Pérez
Pedro Castelló
Patrocinio Castillo
Sara del Castillo
Siro del Castillo
Raúl Cay Hernández
Raúl Cay Gispert
Antonio Centurión Noriegas
Alfredo Cepero
Gustavo Cepero
Oscar Cerallo
Ramón Cernuda
Armando Cervera Arango
Francisco Chaviano
Juan Manuel Chinea
Manolo Cibrián
Mateo del Collado
Antonio Collado Galera
Evelio Campanioni
Jorge Cheonq
Manuel Collera
Manuel Contreras
Eduardo Crews
Antonio Criado
Armando Criado
Sergio Cruz
Sonia Cruz
Aniceto Cuesta
José Deetjen (Pepe)
Servando de la Cruz
Roberto Delgado
Benito Díaz
Isidro Díaz
Luis Díaz
Zoila Díaz
Hugo Díaz Egües
Ernesto Díaz Madruga
María Elena Diez
Elena Dussacq
Ana Díaz Silveira
A. R. Domínguez
Luis Domínguez

Miembros del DRE (continuación)

Carlos Duquesne
Armando Egües
Rafael Espinosa
Luisita Esquiroz
Margarita Esquiroz
Antonio Estévez
Roberto Estévez
José Estrada
Olimpio Fando Hernández
General Fatjó Miyares
Lázaro Fariñas
Ernesto Feria
Jorge V. Fernández
Luis Fernández
Octavio Fernández
Pilar Fernández
Rolando Fernández
Eddy Fernández Calienes
Luis Fernández Corredera
Felix Fernández de la Vega
Luis Felipe Fernández Diego
Luis Fernández Rocha
Ernesto Fernández Travieso
Tomás Fernández Travieso
Juan Ferrer Ordoñez
Ricardo Ferrera
Antonio Figueras
Luis Figueras
Javier Figueroa
Juan Marcelo Fiol
Natalio Flaifel
Jorge Flores
Charles Fontanils
Alejandro Fontans
Armando Frías Mesa
Rafael E. Frometa
Francisco Gallego
Hortensia Gallegos
Ofelia Gayo
Inés Gayo Morúa
Carlos Garcerán
Edelmira García
Faustino García
Horacio García
Jorge García
Marcelino García Pérez
Norberto García
Orestes García
Orlando García
Ramón García
Sonia García
Miguel García Armengol
Fernando García Chacón
Teresita García Chacón
Antonio García Crews
Rafael García Frometa
Lester García Rosales
Rafael Garcia Rubio
Carlos García Soler
Jorge Garrido
Osvaldo Garrido
Antonio Gasset
Hans Gengler Ebner
Roberto Gesne
Julián Gómez
Juan Gómez
Ramiro Gómez Barrueco
Marta María Gómez Cortés

Miembros del DRE (continuación)

Alejandro González
Alina González
Ángel González
Alberto González
Alfredo González
Andrés González
Bernardo González
Carmelo González
Delio González
Efren González
Juan Lorenzo González
Luis González
José A. González Lanuza
Mireya González
Pablo González Menocal
José González Silva
Raúl González Simón
Emilio Grenet
Amy Grovas
Alicia Güastella
Iliana Güelvenso
Nelson Güelvenso
Elpidio Guerra
Jorge Guerra
José Guerra Cabrera
José «Cheo» Guerra
Pedro Ladislao Guerra
Roberto Guerrero
José Guigoa
Francisco Gutérrez
Luis Gutiérrez
Silvia Haro
Rogelio Helú
Guillermo Hernández
José M. Hernández
Marta Hernández
Mauro Hernández
Miguel Hernández
Orestes Hernández
William Hernández
Alberto Hernández Chiroldes
Otón Hernández Marrero
J. Hernández Miyares
Ángel Hernández Rojo
Julio Hernández Rojo
Orlando Herrera
Alberto Hidalgo
Manuel Hidalgo
Josefina Higuera
Lázaro Hurtado
Javier Ibarluzea
Alfredo Incera
Roberto Iglesias
Hatuey Infante
Kemel Jamis Bernal
Juan Jané
Jorge Luis Jiménez
Justo Jiménez
Julio Jo
Peggy Jordán
Dolores Kindelán
Johnny Koch
Bernardo Lamadrid
José Raúl Labrador
Armando Lago
Luis Laosa
Roberto Lavín
Jorge Lamerán

Miembros del DRE (continuación)

José María de Lasa
Miguel Lasa
Natalia Lasa
René Leonard
Evelio Ley
David López
Juan López
Martha López
Omar López
Roberto López
Elio López Arencibia
Pedro López Díaz
Ricardo Lorenzo
Mariano Loret de Mola
Agustín Luis
Ramón E. Machado
Waldo Machado
Xiomara Machín
Carlos M. Madam
Roberto Madam
José Antonio Madrigal
Marcelino Magaña
José Marbán
Ramón E. Machado
Wilma Machado
Roger Madrazo
Armando Marcayda
Rafael Marqués Tabares
Cuca Martínez
Enrique Martínez
Lizardo Martínez
Eraizer Martínez
Luis Martínez
Ramón Martínez
Vicente Martínez
Guillermo Martínez Arocena
Pedro Martínez Calderín
Joaquín Martínez de Pinillos
Elio Mas
Jorge Mas Canosa
Gastón Maya
Luis Mayato
Ernesto Mena González
Pablo Méndez
Rodolfo Méndez
Jorge Mendigutía
César Menéndez
Faustino Menéndez
Ivo Menéndez
Ricardo Menéndez Peña
Horacio Mengillón
Aldo Messulam Leal
Becky Milián
José Mirabal
Carlos Miranda
Salvador Miranda
David Miyares
Miguel A. Moenck
Carol Molleda
Elias Montoya
Reinaldo Morales García
José Antonio Moré
Abdón Moretón
Martín Morúa
Gastón Moya
Martín Muguruza
Alberto Muller Quintana
Eduardo Muñiz Melo

Miembros del DRE (continuación)

Tomás Muñoz
Jorge Luis Nieto
Eduardo Nodarse
Jorge Nogales
Vicente Nonall
Arsenio Núñez
Mario Núñez
Leopoldo Núñez Toñarely
Arturo de la O
Annie Odio del Toro
Sara Odio del Toro
María Odoardo
Guillermo Othon
Dámaso Oliva
Carlos Orizondo
Ciro Orizondo
Rafael Orizondo
Julián Osante
Ricardo Osmany
Roberto Padrón
Santiago L. Parladé
Diego Parra Leiva
María del Carmen Parra
Adalberto Parrilla
Alfredo Parrilla
Agustín Pascual
Mario Pedraza
Fernando Pedroso
Roberto Pedroso
Rolando Peláez
Lorenzo Pelly
Bernabé Peña
Sergio Peña
Laureano Pequeño
Guillermo Pereira
Juan Pereira Varela
Ismael Pérez
Mario Pérez
Osvaldo Pérez
René Pérez
Arhan Pérez Alea
Concha Pérez Álvarez
Manuel Pérez Carbonell
Nicolás Pérez Díez Argüelles
René Pérez López
Joaquín Pérez Rodríguez
Osmín del Pino
Ady Pino
Ignacio Pintado
Raúl Pintado
Jorge Piñón
James Piper
Rubén Pirulsa
Mario Pita
Alejandro Portes
Juan Luis Porro
Armando del Pozo
Máximo Prado
Pedro Enrique Prado
José Prieto
Rafael J. Prohías
Roberto Puente
Ricardo Puertas
Gonzalo de Quesada
Mario Quevedo
Rafael Ángel Quevedo
Pedro Quiñones
Roberto Quintairos

Miembros del DRE (continuación)

Mara Rafart
Antonio Ramírez Saenz
Reinaldo Ramos
Sol Ángel Rangel
José P. Redondo
Mario Redondo
Celestino Rey
Manuel Rey
Manuel Reyes
Julio Reymóndez
Mireya Ribas
Roberto Roberts
Eduardo Robreño
Allan Rodríguez
Antonio Rodríguez
Carlos Rodríguez
Carmelo A. Rodríguez
Frank Rodríguez
Hector Rodríguez
Joaquín Rodríguez
Jorge Rodríguez
Juan A. Rodríguez
María Luisa Rodríguez
María Teresa Rodríguez
Mary A. Rodríguez
Nieves Rodríguez
Oscar Rodríguez
Jorge Rodríguez Beruff
José Rodríguez Beruff
Margarita Rodríguez Cayro
Francisco Rodríguez Gallo
Juan A. Rodríguez Jomolca
José Rodríguez Lombillo
Omar Rodríguez Sánchez
José Rodríguez Soria
Pedro Roig
Andrés de la Rosa Valdesuso
Ricardo Rubiales
Sixto Rubiales
Carlos Rubiera Fleite
Albor Ruiz
Jorge Ruiz
Carlos Saavedra
Nicolás Sabas Nicolaides
Juan Manuel Salvat Roque
Gustavo Sánchez
Manolo Sánchez
Rafael «Warry» Sánchez
Valentín Sánchez
Virginia Sánchez
Alejandro Sans
Arnaldo Santa Cruz-Pacheco
Bertha Santa Cruz de Kindelán
Lula Santos
Armando de los Santos Anglade
Ricardo Sarabasa García
Roberto Silva
Jorge M. Simón
Roberto Sinai
Isaac Slodarz
Jorge Socías
Hilda Solaún
José Antonio Sosa
Vicente Sosa
Francisco Soto
Magda Sotolongo
Antonio Sowers Gómez
Ellie Suárez

Miembros del DRE (continuación)

Josefina Suárez
Osvaldo Suárez
Rafael Suárez
Pedro Subirats
Alberto Tapia Ruano
Rafael Tejeda Olite
Antonio Terrada
José Terrada
Sergio Tigera
Hector de la Torre
Eduardo Torres
Oscar Torres
Rafael Torres
Enrique Torres Larrauri
Esteban R. Torriente
Jorge de la Torriente
Raimundo Travieso
Rafael Tremols
Julio R. Trelles, jr.
Maximiliano Trujillo
Jorge Valdés
Luis Valdés
Nelson P. Valdés
C. P. Sergio Valdés
Juan Valdés de Armas
Teresita Valdés Hurtado
Antonio Valdesuso
Carlos Valdesuso
Antonio Vallaga
Fermín Varela
José Varona Primelles
Antonio Vega
Ángel Vega
María Vega de Febles
Carlos de la Vega
Maggie Velazco
Edgardo Velázquez
Raúl Verrier
Rafael Victorero
Enrique Vidal
Rodolfo Vidal
Ady Viera
Cecilia La Villa
Raquel La Villa
Dora Villanueva
Manuel Villanueva
Elvirita Weiss
Alfredo Wong
Francisco Wong
Julio Antonio Yebra
Pedro Ynterián
Héctor Zulueta

(CRYPTONYMS)
Códigos cifrados utilizados por la Agencia Central de Inteligencia (CIA) para el DRE[1958]

AMSPELL-Directorio Revolucionario Estudiantil
AMHINT-rama del DRE dedicada a operaciones paramilitares y de infiltración en Cuba
AMBARB-proyecto de propaganda para colocar miembros del DRE en América Latina

AMHINT-1-Alberto Muller Quintana
AMHINT-2-Juan Manuel Salvat Roque
AMHINT-3-Miguel García Armengol
AMHINT-4-Antonio García Crews
AMHINT-5-Isidro Borja
AMHINT-8-José Antonio G. Lanuza (también aparece como **AMHINT-12**)
AMHINT-13-Ernesto Fernández Travieso
AMHINT-26-Johnny Koch Gene
AMHINT-28-Ángel Alfredo Fontanills
AMHINT-30-Albor Ruiz y Salazar
AMHINT-39-Delio González
AMHINT-40-Julio Hernández Rojo
AMHINT-42-Mario Núñez
AMHINT-53-Luis Fernández Rocha
AMHINT-56-Francisco Blanco Fernández
AMHINT-58-Ángel Lozano y Lozano

AMFED-1-Jorge Medina Bringuier «Mongo»

Colaboradores con el DRE que la CIA identifica con el nombre cifrado de AMHINT

AMHINT-14-Julio Hernández Suárez (aparece como miembro del DRE del FRD aunque fue militante del MDC)
AMHINT-21-José J. Basulto (participó en el ataque al Hotel Rosita de Hornedo)
AMHINT-33-Carlos E. Hernández Sánchez (participó en el ataque al Hotel Rosita de Hornedo)
AMHINT-42-Leslie Nóbregas (participó en el ataque al Hotel Rosita de Hornedo. Capitán de la PT «Susan Ann»)

[1958] Fuente: Mary Ferrell Foundation (MFF), «Cryptonyms».

AMBARB-16-Eduardo Muñiz Melo
AMBARB-32-Carlos Valdesuso Rodríguez
AMBARB-41-Rafael Tremols Fresneda (también aparece identificado como **CITUTOR-1**)
AMBARB-53-Juan Manuel Chinea
AMBARB-54-José María de Lasa
AMBARB-70-Martín Morúa Arrechea

AMPALM-esquema original de la CIA para una organización opositora en la que se vislumbra una posible unidad entre el MRR y el MDC

AMPALM-1-Oscar Echevarría y Salvat (*)
AMPALM-2-Laureano Batista Falla
AMPALM-3-Roberto Ortíz Crabb
AMPALM-4-Ángel Fernández Varela (*)
AMPALM-5-José Ignacio Rasco
AMPALM-6-Rafael María Calleja
AMPALM-7-Ramón Domínguez y Sánchez
AMPALM-8-Alberto F. Hidalgo
AMPALM-9-Otto E. Lanz
AMPALM-10-Ángel Ros
AMPALM-11-Fernando Figueredo y Clarens
(*)-Mantuvieron un vínculo estrecho con el DRE

Otros códigos cifrados para identificar personas o instituciones relacionadas a la historia del DRE

AMBIDDY-1-Manuel Artime
AMBUD-Consejo Revolucionario Cubano (CRC)
AMBUD-1-José Miró Cardona
QUANTUM-51-Jaime Capdevilla (funcionario de la Embajada de España en La Habana)
AMHINT-27-Manuel Baró Esteva
KUBARK-Agencia Central de Inteligencia (CIA)
JMWAVE-base de la CIA en Miami, Florida
ODENVY-Buró Federal de Investigaciones (FBI)
PBPRIME-The United States of America
PBRUMEN-Cuba
ODYOKE-U. S. Government
ODACID-U. S. Department of State
GPIDEAL-John F. Kennedy
GPFOCUS-Robert F. Kennedy
GPLOGIC-Lyndon B. Johnson

ACRÓNIMOS

AC-Acción Católica

ACU-Agrupación Católica Universitaria

AJFC-Archivo de Javier Figueroa de Cárdenas

AIE-Ala Izquierda Estudiantil

ASNE-American Society of Newspaper Editors

BOR-Bloque de Organizaciones Revolucionarias

CHC-Cuban Heritage Collection

CIA-Agencia Central de Inteligencia

CIE-Congreso Internacional de Estudiantes

CINCLANT-United States Atlantic Command

CLAJ-Congreso Latinoamericano de Juventudes

CLASC-Confederación Latinoamericana deSindicatos Cristianos

CLAE-Congreso Latinoamericano de Estudiantes

CNM-Colegio Nacional de Maestros

CRI-Cuban Research Institute

CTC-Confederación de Trabajadores de Cuba

DEFCON-Defense Condition

DEU-Directorio Estudiantil Universitario

DRE-Directorio Revolucionario Estudiantil

DRE del FRD-Directorio Revolucionario Estudiantil del Frente Revolucionario Democrático

DR-13-M-Directorio Revolucionario 13 de Marzo

DSE-Departamento de la Seguridad del Estado (Cuba)

ExComm-Executive Committee of the National Security Council

FALN-Fuerzas Armadas de Liberación Nacional (Venezuela)

FAR-Fuerza Aérea Revolucionaria

FAR-Fuerzas Armadas Revolucionarias

FEU-Federación Estudiantil Universitaria

FEUD-Frente Estudiantil Universitario Democrático

FRD-Frente Revolucionario Democrático

FRUS-Foreign Relations of the United States

GRAPO-Grupo de Resistencia Antifascista Primero de Octubre

HSCA-House Select Committee on Assassinations
ICAP-Instituto Cubano de Amistad con los Pueblos
INRA-Instituto Nacional de Reforma Agraria
IRBM-Intermediate-Range Ballistic Missile
JMCC-José Miró Cardona Collection
JOC-Juventud Obrera Católica
JURE-Junta REvolucionaria Cubana
KGB-ComitéPara la Seguridad del Estado (Unión Soviética)
LAR-Legión de Acción Revolucionaria
LASA-Latin America Studies Association
MDC-Movimiento Demócrata Cristiano
MFF-Mary Ferrell Foundation
MRBM-Medium-Range Ballistic Missile
MRP-Movimiento Revolucionaria del Pueblo
MRR-Movimiento de Recuperación Revolucionaria
M-26-7-Movimiento 26 de Julio
NARA-National Archives and Record Administration
NSA-National Security Archives
NSC-National Security Council/Consejo de Seguridad Nacional (Estados Unidos de América)
PC-Partido Comunista
PCUS-Partido Comunista de la Unión Soviética
PSP-Partido Socialista Popular
SAC-Strategic Air Commnad
SAM-Surface-to-air-missile
SG-Special Group
UIE-Unión Internacional de Estudiantes
UPR-Universidad de Puerto Rico
UR-Unidad Revolucionaria
URSS-Unión de Repúblicas Socialistas Soviéticas
USIAUnited States Information Agency
WAY-World Assembly of Youth/Asamblea Mundial de la Juventud

Los estudiantes que protestan en contra de la presencia de A. Mikoyan en Cuba llevan la ofrenda floral a José Martí en el Parque Central de La Habana.

Universidad de La Habana

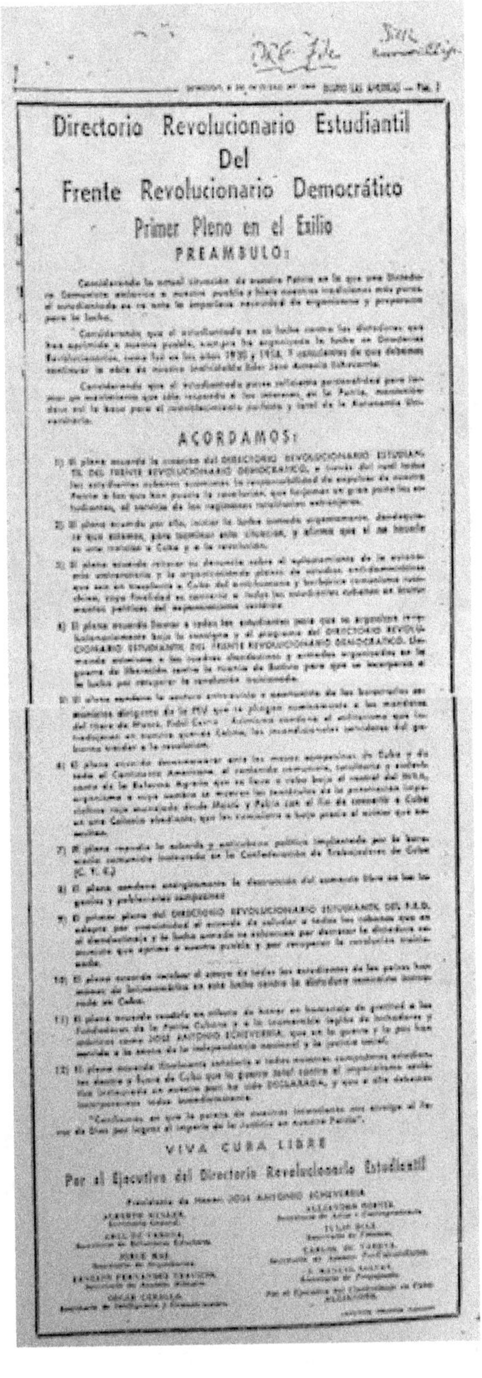

Directorio Revolucionario Estudiantil Del Frente Revolucionario Democrático

Primer Pleno en el Exilio

PREAMBULO:

ACORDAMOS:

VIVA CUBA LIBRE

Por el Ejecutivo del Directorio Revolucionario Estudiantil

Manifiesto anunciando la creación del Directorio Revolucionario Estudiantil del Frente Revolucionario Democrático. Publicado en Miami el 9 de octubre de 1960.

CLAMOR

LOS UNIVERSITARIOS CUBANOS ANTE LA CONFERENCIA DE CANCILLERES

DELEGACION DEL D. R. E. EN VIAJE A URUGUAY A SU PASO POR LIMA DEJO DICHO:

(Exclusiv. para CLAMOR)

"América tiene que librar con los patriotas cubanos la guerra al comunismo internacional hasta arrojar de todas nuestras costas los últimos vestigios d. su funesta ideología".

Universitarios Cubanos del DRE

"En Cuba, como la cosa más normal del mundo, se fusilan de uno a dos patriotas diariamente", nos dice Fernando García Chacón, uno d. los dirigentes del Directorio Revolucionario Estudiantil, de paso por Lima en viaje hacia la República Oriental del Uruguay, donde en unión de los señores José María Lasa y Ernesto Fernández Travieso, representarán al DRE ante la conferencia d. Cancilleres.

"En Cuba, el sanguinario régimen de Castro ha establecido un precedent. de extraordinaria gravedad para todo el estudiantado americano. Nunca antes ningun régimen por tiránico y despótico que fuera se había atrevido a fusilar estudiantes.

Constancia gráfica de la Conferencia de Prensa brindada por los jóvenes universitarios cubanos Sres.: Ernesto Fernández Travieso, José María Lasa y Fernando García Chacón, dirigentes del Directorio Revolucionario Estudiantil a su paso por la ciudad de Lima en ruta hacia Uruguay, sede de la Conferencia de Cancilleres. Con ellos, en el extremo derecho, el Sr. Rolando Fernández, Delegado Oficial para el Perú de la referida organización estudiantil.

5

Parte de la delegación del DRE que asistió a la Conferencia de Cancilleres en Punta del Este en enero de 1962. En ese momento se encontraban en Lima, Perú. Presentes en la foto Ernesto Fernández Travieso, José María de Lasa, Fernando García Chacón y el delegado en Lima Rolando Fernández.

En una actividad de Formación con los preuniversitarios miembros del DRE aparecen en la foto Reinaldo Ramos, Evelio Ley, Ernesto Fernández Travieso, Secretario de Formación y Joaquín Martínez de Pinillos.
A la izquierda, de perfil, Jorge Ruíz, Secretario de la Preuniversitaria.

Foto de los ejercitantes que asistieron a un retiro espiritual ofrecido en Atlanta, Georgia, en 1964 por el P. Amando Llorente, S. J. Fue durante esa actividad que Luis Fernández Rocha, arrodillado, primero a la izquierda, tomó la decisión de renunciar a la Secretaría General del DRE y retomar sus estudios de medicina. También en la foto Enrique Baloyra (segundo en la última fila), Isidro Borja (penúltimo en la última fila), General Fatjó (cuarto en la fila intermedia), P. Amando Llorente, S. J. En sotana blanca, Fernando García Chacón, Juan Manuel Salvat y Luis Mayato (inmediatamente después del P. Llorente). Arrodillado con espejuelos oscuros, José Basulto.

DRE

internacional

AÑO 1.- AGOSTO, 1964 BOLETIN INFORMATIVO DEL DIRECTORIO REVOLUCIONARIO ESTUDIANTIL No. 2

NUESTRA OPINION

SALUDO AL CONGRESO PAX ROMANA Y A LA V ASAMBLEA MUNDIAL DE LA JUVENTUD

I- A la salida de este número de DRE Internacional, estará celebrándose en Washington el Congreso Mundial de Pax Romana.

Pax Romana no es organismo político estudiantil sino, un movimiento estudiantil católico que como tal, basa sus principios y constitución dentro de los marcos del pensamiento y filosofía cristianos.

Es objetivo principal de este Congreso, estrechar los vínculos y unificar el pensamiento entre los Estudiantes Católicos del Mundo, en busca de un mejor entendimiento entre los hombres y acelerar el esfuerzo de los jóvenes estudiantes cristianos por llevar al mundo hacia destinos mejores que garanticen una Paz duradera en base de un respeto a la dignidad plena del hombre, bajo las normas que señala una vida cristiana.

A Pax Romana queremos llevar un mensaje de adhesión y reconocimiento por el esfuerzo que realizan en defensa de los verdaderos valores morales en contraposición al materialismo que trata de corromper las bases de nuestra sociedad y el fundamento mismo del género humano.

Hacemos votos porque de este Congreso salgan al igual que en años anteriores nuevos planes y soluciones a la grave crisis en que se debate la humanidad y en especial el campo estudiantil.

Miramos desde lejos este evento esperanzados de que el movimiento estudiantil católico, una sus esfuerzos a fin de solucionar los problemas que confronta la sociedad actual, y se enfrente al avance de ideologías materialistas, que sólo ayudan a empeorar la presente situación envenenando las conciencias y propagando el odio y la lucha entre los hombres.

II- Entre los días 31 de julio y 12 de agosto tendrá lugar en la ciudad de Amherst, en los Estados Unidos la V Asamblea Mundial de la Juventud (WAY).

El tema que se tratará durante la celebración de tan importante evento será "La Juventud y la Paz Mundial en la Era Atómica".

En un Mundo que se debate en medio de la guerra fría amenazando a veces con tomar calor de guerra verdadera, un tema como éste se reviste de una real importancia y magnitud, que sólo no es apreciada por los inhumanos belicistas que siembran el odio entre los pueblos para comerciar con su sangre y su tragedia.

Cada día la juventud toma un lugar de mayor responsabilidad en la defensa de la Paz y la estabilidad política y social del Mundo, tratando de encaminar a la humanidad hacia más positivas realizaciones y evitando el latente peligro de las guerras y las injusticias sociales.

Para la WAY tenemos un saludo en esta ocasión por el especial interés que ha demostrado siempre en elaborar soluciones a los graves problemas que amenazan a la humanidad.

La V WAY será sin duda alguna un aporte beneficioso de la juventud mundial, a la causa de la libertad y la justicia en pro de un Mundo Mejor.

DIRECTORIO REVOLUCIONARIO ESTUDIANTIL

Boletín DRE Internacional, publicado en español, inglés y francés por la Sección Internacional.

ASISTE A
LA AUTOPSIA
DE UNA
ECONOMIA
ASESINADA
INAUGURACION :
Sabado 16 de Mayo
a las 8 p.m.
Local: Casa Sindical
del Paraiso
Abierta todos los dias del
17 al 21 de mayo entre
las 5 p.m. y las 10 p.m.
VENGA Y VEA...¡¡Lo esperamos!

Cartel anunciando la apertura de la Exposición Económica del DRE en Caracas Venezuela.

Llegada a Caracas, Venezuela de la delegación del DRE con la Exposición Económica. Se encuentran en la foto Carlos García Soler, Lula Santos, un miembro del DRE residente en Caracas, José A. G. Lanuza, Alfredo Cepero, Rafael Tremols, delegado del DRE en Caracas, y Alejandro González.

Índice onomástico

C

D

E

F

G

H

I

J

T